이석명(李錫明)

경희대 영어영문과를 졸업하고 지곡(芝谷)서당에 들어가 한학(漢學)을 공부했다.
고려대 대학원 철학과에서 석사와 박사 학위를 받고
중국 베이징대에서 박사후과정을 이수했으며 전북대에서 HK교수를 역임했다.
주요 저서로『노자와 황로학』(학술원우수학술도서 선정),
『노자, 비움과 낮춤의 철학』,『회남자: 한대지식의 집대성』(학술원 우수학술도서선정),
『장자, 나를 깨우다』 등을 썼고,『노자도덕경하상공장구』(학술원 우수학술도서 선정),
『회남자』,『문자』 등을 옮겼다.

노
자

― 이석명 역주 ―

노자

민음사

## 일러두기

1. 이 책에서는 다음과 같은 부호를 사용하여 인용한 서명과 편명, 글 등을 표기하였다.

   서명:『 』

   편명과 글:「 」

   원문과 한글을 병기할 때 음이 일치하는 경우: ( )

   원문과 한글을 병기할 때 음이 일치하지 않는 경우: 〔 〕

2. 이 책에서 사용된『노자』원문들의 출처는 각각 다음과 같다.

   죽간본『노자』:『郭店楚墓竹簡』(荊門市博物館, 文物出版社, 1998)

   백서본『노자』:『馬王堆漢墓帛書·壹』(國家文物局古文獻硏究室, 文物出版社, 1980)

   왕필본『노자』:『王弼集校釋·上』(樓宇烈 校釋, 中華書局, 1999)

3. '판본 비교'의 원문상에 나타난 기호들의 의미는 각각 다음과 같다.

   □: 훼손되어 그 원형을 알 수 없는 글자다.

   ●, ■: 죽간본이나 백서본상에 본래 나타나 있는 부호들이다. 단락 혹은 내용의 구분이나, 장의 구분 부호로 쓰인 것들로 추정된다.

   〈 〉: 오자로 추정되는 글자를 교정한 글자이다.

   ( ): 고대 한자 및 '빌린 글자(仮借字)'를 현재에 상용되는 한자로 바꾸어 놓은 글자이다.

4. 판본상의 비교는 다음과 같이 하였다.

   우선 원문상의 고문자나 빌린 글자는 상용한자로 해독된 형태에서 비교하고 있다. 단 비교 논의에 필요한 고문은 원형 그대로 표기하여 비교한다.

   백서본은 갑본을 중심으로 하고 있으나, 훼손되거나 불완전한 부분은 을본을 참조하여 보충했다. 단 갑본의 훼손이 심해 부득이 을본을 비교 원문으로 삼을 경우는 문구의 뒤에 '(을)'이라는 표시를 하였다. (간혹 필요에 따라 백서 갑·을본 모두 비교하는 경우에는 문구의 뒤에 각각 '(갑)' '(을)' 표시를 하였다.)

# 서문

1973년과 1993년, 중국 학계에 역사적인 사건들이 발생했다. 1973년 호남성(湖南省) 장사(長沙) 마왕퇴(馬王堆)에서 백서본『노자』가, 그리고 그로부터 20년 후 호북성(湖北省) 형문시(荊門市) 곽점촌(郭店村)에서 죽서본『노자』가 발굴된 것이다. 이들 두『노자』판본은 노자 사상의 원형을 밝히는 데 매우 귀중한 자료가 되었다. 죽간본과 백서본을 통해 왕필본을 살펴보면 착간(錯簡)과 오탈, 불필요한 문자의 첨가, 주문(注文)의 경문화(經文化) 등 다양한 오류들이 확인된다.

참으로 기이하다! 죽간본과 백서본이 세상에 나온 지 30~50년이 지난 지금도 세상 사람들이 여전히 저 오류투성이 왕필본에 의지해『노자』를 읽고 있다는 사실이. 왜 이런 현상이 벌어졌는가? 학계에 축적된 정보를 대중과 적극적으로 공유하지 않은 노자 연구자들의 책임은 아닐까? 이 점에서는 노자 연구자의 한 사람으로서 필자 역시 책임을 통감한다.

『노자』의 성립 순서로 보면 당연히 가장 오래된 판본인 죽간본이 노

5

자 본의에 가까울 것이다. 따라서 현시점에서 우리는 마땅히 죽간본을 기본 텍스트로 삼아 『노자』를 읽고 해설해야 할 것이다. 그러나 이 책에서는 백서본 『노자』를 저본으로 삼았다. 죽간본은 훼손된 부분이 많아 지나치게 불완전하고, 왕필본은 고본(古本) 『노자』로부터 너무 멀리 떨어져 있어 여러 가지 오류들이 발견되기 때문이다. 죽간본과 왕필본의 중간에 해당하는 백서본도 완전하지는 않다. 그래서 일부 장의 경우, 판본 비교 결과 백서본에 명백한 문제가 있을 경우 죽간본이나 왕필본을 참고하여 수정했다. 고본 『노자』에는 본래 장의 구분이 없지만, 기존의 관행을 완전히 무시할 수는 없어 『노자』 경문은 편의상 왕필본에 의거하여 1장부터 81장의 순서로 배열했다.

이 책의 모태는 20여 년 전 출간된 졸저 『백서 노자』다.[1] 『백서 노자』에서 필자는 당시 학계에서 활발하게 논의되던 『노자』 판본 비교에 초점을 맞추어 죽간본, 백서본, 왕필본을 상호 비교하면서 왕필본이 지닌 문제점들을 밝히고, 아울러 『노자』를 번역하고 간단한 해설을 곁들였다. 그러나 책의 내용이 지나치게 전문적이어서 일반 독자들이 다가서기에는 벽이 너무 높았다.

그동안 세월이 많이 흘렀다. 40대 초반의 의욕 왕성했던 필자도 이젠 머리가 희끗희끗한 '늙은이'가 되어 가고 있다. 그러면서 『노자』에 대한 이해도 조금씩 변했다. 『백서 노자』 출간 당시에는 『노자』를 여러 번 읽었어도 노자의 생각에 제대로 다가서지 못했고, 따라서 나의 언어로 『노자』의 의미를 설명하기가 어려웠다. 당시 책 서문에 나는 이렇게 썼

---

[1] 엄밀히 말하자면 이 책은 『백서 노자』의 증보판이다. 그리고 이 증보의 과정에서 오래 전에 출간된 졸역 『도덕경』의 내용도 상당 부분 수용했다.

다. "이 책에서 나는 아쉽게도 나의 말로 『노자』를 말하지 못하였다. 그러나 언젠가는 순수한 나의 말로 『노자』를 풀이하고 이야기하게 되길 기대해 본다."

이제 20여 년 전의 약속을 이행하게 되었다. 지금도 노자의 그 깊은 사유를 온전히 이해했다고 자신할 수는 없다. 하지만 『노자』에 대한 이해가 젊은 시절에 비해서는 더 넓어지고 깊어진 듯하다. 그동안 대학 강단에서 또는 일반인 대상 시민 강좌에서 수없이 노자를 강의해 왔다. 교학상장(敎學相長)이라 했던가, 가르치면서 배웠다. 노자 강의를 준비할 때마다 고금의 여러 선배 학자들의 '노자 풀이'를 들여다보았다. 한비자의 「유로(喩老)·해로(解老)」를 기점으로 하상공, 엄군평, 성현영, 두광정, 왕안석, 소철, 오징 등 중국의 역대 저명한 노자 연구자들이 남긴 주석서들을 두루 살펴보았다. 국내외의 대표적인 『노자』 번역서 및 해설서도 빠짐없이 찾아 읽어 보았다. 그러면서 『노자』 경문에 대한 나의 생각을 정리했다. 이 책은 바로 그 결과물이다.

아울러 기존 『백서 노자』 판본 비교 부분도 함께 수록했다. 왕필본 이전의 고본 『노자』들이 어떤 모습이었는지, 그것들이 어떤 과정을 거쳐 왕필본의 형태가 되었는지, 그리고 왕필본에 어떤 오류가 있는지를 확인하고 싶은 독자들에게 적잖은 도움이 될 것이다.

세상의 모든 일이 그러하듯이, 이 책이 나오기까지도 수많은 이들의 직간접적인 도움을 받았다. 이 자리에서 그 인연들을 일일이 열거하지는 않겠다. 다만 여러모로 부족한 남편을 만나, 지금까지 인고의 삶을 견디며 묵묵히 뒷바라지에 헌신한 나의 아내 초희에게는 무한한 감사

와 사랑의 인사를 직접 전하고 싶다. 그리고 방만한 원고를 깔끔하게
정리해 주신 민음사 편집부에게도 깊이 감사드린다.

2020년 6월

견독제(見獨齊)에서

# 1. 노자는 어떤 인물인가

노자는 역사와 전설 사이를 종횡하는 인물이다. 노자는 중국 최초의 정사(正史) 『사기』에 뚜렷이 기록되어 있는 역사 인물이지만, 동시에 늘 여러 전설들이 따라다니는, 그 실체가 지극히 모호한 신비의 인물이기 도 하다. 따라서 우리는 단정적인 태도가 아니라 개방적이고 유보적인 자세로 노자라는 인물에게 접근해야 할 것이다. 우선 『사기』에서는 노 자의 출생과 삶의 행적에 대해 다음과 같이 기록하고 있다.

노자는 초(楚)나라 고현(苦縣) 여향(厲鄉) 곡인리(曲仁里) 사람이다. 성은 이(李)씨이고 이름은 이(耳)이며 자는 담(聃)이다. 주(周)나라 수장 실(守藏室)의 관리였다.[2]

2 "老子者, 楚苦縣厲鄉曲仁里人也, 姓李氏, 名耳, 字聃, 周守藏室之史也."

이 기록은 노자에 대한 세 가지 정보, 즉 출생지, 성씨, 직업에 관한 정보를 제공한다.

우선 노자의 출생지는 초나라 고현이다. 고현은 본래 진(陳)나라에 속했으나 초나라가 진나라를 멸망시켰으므로 초나라 고현이라 한 것이다. 현재의 하남성 녹읍(鹿邑)에 해당한다. 초나라는 시대에 따라 그 영역을 조금씩 달리하지만 대체로 황하 이남 지역에 자리했다. 고대 중국은 황하를 기점으로 남방 문화와 북방 문화로 구분되는데 둘은 자연환경이 서로 다르다. 북방 지역은 평원 지대가 넓게 펼쳐져 있었지만 땅이 메마르고 건조해 농사가 잘되지 않았다. 그래서 사람들의 삶에 여유가 없었으며, 엄격한 사회 질서가 요구되었다. 이에 북방 지역에서는 예제(禮制)를 강조하는 유가 사상이 널리 유행했다. 반면에 노자가 살았던 남방 지역은 비가 자주 내려 벼농사가 잘되었고 물산이 풍부했다. 때문에 사람들의 생활이 비교적 넉넉하고 자유분방했다. 이러한 지리적, 환경적 조건이 유가와 도가의 성격을 갈라놓았다고 할 수 있다.

다음으로 노자의 성은 이씨다. 위의 기록에 근거하면 노자의 본명은 이이(李耳)다. 태어날 때 귀가 길게 늘어져 있어서 '이'라는 이름을 지어 주었다는 전설도 전한다. 그러면 '이이'는 왜 '노자'로 불리게 되었을까? 고대 중국의 위대한 사상가들인 공자나 맹자, 장자나 묵자는 모두 그들의 본래 성에 따라 붙여진 이름들이다. 따라서 노자도 '이자(李子)'로 불렸어야 마땅하다. 이에 대해서는 몇 가지 설이 전해진다.

첫째는 '노(老)'가 '이(李)'로 잘못 전해졌다는 주장이다. 고형(高亨)의 고증에 의하면 춘추 시대에는 '이'라는 성은 없었고 '노'라는 성이 있었을 뿐이다. 따라서 노자의 성은 본래 '노'였는데 '이'와 '노'의 발음이 유사하여 후대에 이씨로 바뀌었다는 것이다.[3] 둘째는 '노자'라는 말이 본래 지혜롭고 현명한 노인에 대한 일반적인 존칭이었다는 주장이다. 동양의 전통 사회에서 '노인'은 지혜로운 사람을 상징한다. 오랜 세월을 살아오면서 다양한 경험을 한 사람은 당연히 삶의 많은 지혜를 터득했으리라 보는 관점이다. 마지막으로 노자는 태어날 때부터 이미 얼굴이 쪼글쪼글했다거나 머리가 하얗게 세어 있었다는 전설이 있다. 그래서 노자의 부모가 아이에게 '늙은이'라는 의미의 '노자'라는 이름을 붙여 주었다는 것이다. 이들 중 비교적 합리적이고 설득력 있는 견해는 두 번째 주장이다. 어쩌면 '노자'는 특정한 시대에 살았던 한 인물을 가리키는 이름이 아니라 인생의 의미를 터득한 모든 현명한 늙은이를 가리키는 보통 명사였을 수도 있다.

마지막으로 노자는 주나라 수장실의 관리였다. '수장실'은 오늘날의 국립 도서관 정도로 보면 된다. 고대에 책은 매우 귀한 물건이었고 왕이나 귀족들만 접할 수 있었다. 따라서 수장실을 맡아 관리하는 사람은 학식이 높고 사람들의 존경을 받는 현자였을 것이다.

한편 사마천은 노자와 공자의 역사적 만남에 대해 기록한다. 공자가 노자를 찾아가 예(禮)를 물었다는 것이다. 이 일에 대해 『사기』에서는 다음과 같이 기록하고 있다.

공자가 주나라에 가서 노자에게 예에 관해 물었다. 노자가 대답했다. "그대가 말하는 것은 그 사람이나 그 뼈나 이미 모두 썩어 사라졌고 단

---

3  高亨, 「老子正詁前記」, 『古史辨』 第4冊, 135쪽.

지 그 말만 남아 있을 뿐이다. …… 내가 듣건대, 훌륭한 상인은 좋은 물건을 깊이 감추어 마치 없는 것처럼 하고, 덕이 높은 군자는 그 용모가 마치 어리석은 사람 같다고 했다. 그대의 교만한 기색과 많은 욕심을 버리도록 하라."

공자가 돌아가 제자들에게 말했다.

"새는 날아다니고 물고기는 헤엄치며 짐승은 달린다는 사실을 나는 안다. 달리는 것은 덫으로 잡을 수 있고, 헤엄치는 것은 낚시로 낚을 수 있고, 나는 것은 화살로 잡을 수 있다. 그러나 바람과 구름을 타고 하늘로 날아오르는 용이라면 나는 어떻게 해야 할지 알 수가 없다. 오늘 노자를 보니 바로 용과 같았다!"[4]

공자가 노자를 찾아가 예를 물었는데, 예에 관해서는 한마디도 듣지 못한 채 자신의 경박한 처신에 대한 꾸지람만 듣고 돌아왔다는 내용이다. 공자가 노자를 찾아가 가르침을 청했다는 이야기는 어쩌면 도가 계통의 사람들이 지어낸 것일 수도 있다. 유가 사람들이 최고로 받드는 공자로 하여금 노자를 찾아가 배움을 청하게 함으로써 도가를 유가위에 두려는 음모가 개입되었을 가능성도 있다. 분명한 것은 사마천이 살던 한대 초기에 이런 이야기가 떠돌았다는 점이다. 뿐만 아니라 이미 선진 시대의 문헌들 가운데 『장자』, 『예기』, 『여씨춘추』 등에도 공자

4  "孔子適周, 將問禮於老子. 老子曰: '子所言者, 其人與骨皆已朽矣, 獨其言在耳. ……
吾聞之, 良賈深藏若虛, 君子盛德, 容貌若愚. 去子之驕氣與多欲, (……)' 孔子去, 謂
弟子曰: '鳥, 吾知其能飛; 魚, 吾知其能游; 獸, 吾知其能走. 走者可以爲罔, 游者可
以爲綸, 飛者可以爲矰. 至於龍吾不能知, 其乘風雲而上天. 吾今日見老子, 其猶龍
邪!'"

가 노자에게 예를 물은 사실이 기록되어 있다. 특히 유가 경전인 『예기』에 이런 이야기가 실려 있다는 점은 주목할 만하다. 『예기』「증자문(曾子問)」에서는 공자와 노자의 일을 네 번 언급한다. 그중 셋이 "내가 노담에게 듣기를[吾聞諸老聃曰]"이고, 나머지 하나는 "내가 항당에서 노담을 따라 장례를 도왔다[吾從老聃助葬於巷黨]"이다.[5] 모두 어떤 상황에서 공자가 노자에게 모종의 가르침을 받은 일을 언급하고 있다. 이로 보아 공자가 노자에게 예를 물었다는 『사기』의 기록은 어느 정도 사실에 바탕을 둔 듯하다. 그렇다면 노자의 생존 연대가 공자와 동시대인 춘추시대 말기였다는 점도 부정할 수 없다.

그런데 『사기』에는 노자와 관련된 두 사람의 이름이 더 언급된다. 한 사람은 노래자(老來子)이고 또 한 사람은 태사담(太史儋)이다. 이들에 대해 『사기』는 다음과 같이 기록한다.

어떤 사람이 말했다. "노래자 또한 초나라 사람이다. 열다섯 편의 저술을 지었고 도가의 쓰임에 대해 말했다. 공자와 동시대 사람이다."[6]

공자가 죽은 지 129년 후, 역사서에서는 주나라 태사담이 진(秦)나라 헌공(獻公)을 뵙고 다음과 같이 말했다고 기록하고 있다. "처음에 진나라는 주나라와 하나였는데, 하나가 된 지 500년 후에 갈라져 나올 것이며, 갈라져 나온 지 70년 후 진나라에서 패자가 출현할 것입니다." 어떤 사람은 태사담이 곧 노자라고 하고 또 어떤 사람은 아니라고 하는데, 아

---

5  진고응, 최진석 옮김, 『노장신론』, 88쪽.
6  "或曰: 老萊子亦楚人也, 著書十五篇, 言道家之用, 與孔子同時云."

무도 그 진실 여부를 알지 못한다. 노자는 은둔 군자다.[7]

  우선 노래자와 노자의 연관성에 대해 살펴보자. 양계초는 노래자가 곧 노자라고 보았다. 양계초는 『사기』에는 노자 한 사람의 전기에 세 사람의 화신(化身)이 있다고 본다. 첫째는 공자가 찾아가 예를 물은 노담이고, 둘째는 노래자이며, 셋째는 태사담이라는 것이다.[8] 그러나 이는 양계초가 사마천의 『사기』 필법(筆法)을 제대로 이해하지 못한 결과이다. 사마천은 "믿음이 가는 것은 믿음이 가는 대로, 의심이 가는 것은 의심나는 대로" 기록했다. 또한 본전(本傳)을 쓰면서 항상 부전(附傳)을 덧붙였다. 노래자에 관한 기록은 '의심이 가는 부분' 및 '부전'에 해당한다. 노래자가 노자일 가능성을 완전히 부정할 수는 없지만 그 가능성은 아주 희박하다고 봐야 할 것이다. 이는 『사기』 「중니제자열전」의 다음과 같은 기록에 의해 뒷받침된다. "공자가 존경하는 사람 가운데 주나라에는 노자가 있었고, …… 초나라에는 노래자가 있었다."[9] 이 기록에 의하면 노자와 노래자는 분명히 서로 다른 사람이다.

  그러면 태사담은 어떤가? 노래자의 경우와 마찬가지로 양계초는 태사담이 곧 노자라고 주장한다. 이는 노자의 생존 연대를 춘추 시대 말이 아니라 전국 시대로 보는 관점에서 나왔다. 그 결과 양계초는 『노자』를 전국 시대 말에 나온 문헌으로 이해하기도 한다. 그러나 위의 기

---

7  "自孔子死之後百二十九年, 而史記周太史儋見秦獻公曰: '始秦與周合, 合五百歲而離, 離七十歲而霸王者出焉.' 或曰儋即老子, 或曰非也, 世莫知其然否. 老子, 隱君子也."
8  梁啓超, 「論老子書作於戰國之末」, 『古史辨』 第4冊.
9  "孔子之所嚴事, 於周則老子 …… 於楚老來子."

록에 언급되는 태사담은 미래를 예언하는 일종의 방사(方士)나 술수가(術數家) 계통의 인물로, 무위자연을 주장하고 소박한 삶을 강조하는 노자와는 다르다. 물론 사마천이 살았던 한대 초기에는 태사담을 노자로 오해한 사람들도 있었을 것이다. 그래서 '어떤 사람은 태사담이 곧 노자라고 하고 또 어떤 사람은 아니다.'라며 설왕설래 했던 모양이다. 그러나 죽간본 『노자』가 발굴됨으로써 『노자』가 쓰인 연대가 늦어도 전국 시대 초기라는 관점이 확실해졌다. 따라서 노자도 전국 시대 초기 이전의 사람으로 보는 게 옳다.

노자에 대한 의심은 북위(北魏) 시대부터 시작되었고, 송대(宋代)에 이르러서는 더욱더 짙어졌으며, 청대(淸代)에 이르면 의고풍(擬古風)의 영향으로 극에 이른다.[10] 사람들은 『사기』에 기록된 사실, 즉 노자가 춘추 시대 말기에 생존했던 공자와 동시대인이라는 사실을 의심하고 부정하게 되었다. 그와 동시대를 살았던 공자에 대해서는 추호도 의심하지 않는 사람들이 유독 노자의 존재에 대해서는 집요하게 의심의 꼬리를 물고 늘어진 것이다. 고힐강(顧詰剛), 진사도(陳師道) 등은 노자가 관윤, 양주 이후 묵자, 순자 사이에 생존했다고 보았고, 장계동(張季同), 담계보(譚戒甫) 등은 노자는 곧 태사담이고 공자보다 후대에 살았다고 주장했으며, 전목(錢穆)은 노자가 곧 노래자, 즉 하조장인(荷篠丈人)이라는 견해를 피력했다.[11] 상황이 이렇게 된 데에는 일단 사마천의 필법에 원인이 있다. 그는 노자에 관해 전해 오는 다양한 이야기와 전설들을 취사선택 없이 모두 기록함으로써 후세 사람들을 혼란에 빠뜨리

10 김충열, 『김충열 교수의 노장철학강의』, 24쪽.
11 같은 책, 27~28쪽 참조.

는 데 일조했다. 그러나 보다 근본적인 원인은 노자가 자신을 드러내길 원하지 않은 '은둔 군자'였다는 사실에서 찾아야 할 것이다. 무위자연의 이치를 존중하고 소박한 삶을 중시했던 노자는 세상에 이름을 드러내는 것을 싫어했다. 그래서 몸담고 있던 주나라가 쇠망의 조짐을 보이자 그는 함곡관(函谷關)을 넘어 홀연히 사라졌다. 그 결과 실체를 파악하기 힘든 신비의 인물로 남게 된 것이다. 이후 노자를 둘러싼 수많은 소문과 전설이 생겨났다. 양생의 도를 닦아 160여 년 또는 200여 년을 살았다느니, 청우(靑牛)를 타고 다니는 도인이 되었다느니, 심지어는 신선이 되어 하늘로 올라갔다는 전설까지 떠돌게 된다. 이러한 전설들로 인해 노자는 후대에 장생불사를 추구하는 도교의 교조로 받들어지고 신격화되기도 했다.

## 2. 『노자』는 언제, 누가 썼는가

『노자』는 『도덕경』으로 불리기도 한다. 이 책은 동한(東漢) 시대에 도교 교단에 의해 경전으로 승격된 이후 『노자』보다는 『도덕경』이라는 이름으로 더 많이 불렸다. 도교 교도들은 『노자도덕진경(老子道德眞經)』이라는 거창한 이름으로 부르기도 한다. 그러면 현재 우리가 읽는 『노자』는 춘추 시대에 살았다고 하는 그 노자가 남긴 책인가? 아니면 후대 사람들이 노자의 이름을 빌려 쓴 책인가? 그것도 아니면 오랜 세월 동안 다양한 저자들에 의해 점진적으로 만들어진 집단 저작물인가? 사마천의 『사기』에서는 『노자』의 연원에 대해 다음과 같이 기록하고 있다.

노자는 도덕을 닦았으며, 그의 학문은 자신을 감추고 이름을 드러내지 않는 것을 중시했다. 주나라에 오래 머물다가 주나라가 쇠망해 가는 조짐을 보이자 마침내 떠나갔다. 함곡관에 이르자 그곳을 지키던 수문장 윤희(尹喜)가 말했다. "선생께서 은둔하시려고 하는 것 같은데, 저를 위해 글을 남겨 주시길 간청합니다." 이에 노자는 마침내 도덕(道德)의 의미에 대해 말하는 상하 두 편 5000여 자의 글을 남기고 떠났으니, 이후 아무도 그의 종적을 알지 못한다.[12]

주나라의 국립 도서관을 관리하던 노자라는 이가 국운이 기우는 조짐을 보고 변방으로 은둔하러 가던 길에 윤희라는 국경지기에게 붙들려 5000여 자의 책을 남겼다는 것이다. 현재 『노자』의 글자 수를 헤아려 보면 대략 5000자에 가깝다. 그래서 1990년대 초까지만 하더라도 다수의 전통주의자들은 함곡관을 넘어 은둔하러 가던 노자가 남긴 책이 현재의 『노자』라고 믿어 의심치 않았다. 비록 전해 오는 과정에 일부 글자가 누락되거나 잘못 전해졌을 가능성은 인정하지만, 그 대략의 내용은 함곡관에서 노자가 남긴 '5000여 자'의 책에서 크게 벗어나지 않는다고 생각했다. 그리고 1973년 중국 호남성 장사 마왕퇴에 있던 한나라 시대의 묘에서 비단 폭에 쓰인 백서(帛書) 『노자』가 발견되었을 때도 이런 생각은 크게 흔들리지 않았다. 현재의 『노자』와 비교해 보면 기존의 '도덕경(道德經)' 체제가 '덕도경(德道經)' 체제로 순서만 뒤바뀌었을

---

12 "老子脩道德, 其學以自隱無名爲務. 居周久之, 見周之衰, 迺遂去. 至關, 關令尹喜曰: '子將隱矣, 彊爲我著書.' 於是老子迺著書上下篇, 言道德之意五千餘言而去, 莫知其所終."

뿐 대체적인 내용에서는 큰 차이가 없었기 때문이다.

그러나 1993년 새로운 『노자』 판본이 발견되면서 기존의 관점이 크게 흔들리기 시작했다. 곽점촌에서 초나라 시대의 고분이 발굴되었는데, 그곳에서 죽간, 즉 대나무 조각 위에 적힌 『노자』가 나온 것이다. 죽간 『노자』는 기존의 『노자』와 많은 차이가 있었다. 예컨대 죽간 『노자』는 분량이 백서 『노자』나 기존 『노자』의 5분의 2 정도밖에 되지 않았고, 기존 『노자』에는 죽간 『노자』에 없는 글자가 추가되었고, 어순의 차이도 있었다. 그 외에도 전사(傳寫)의 오류, 주문의 경문화, 문장의 세련화 등 많은 차이점이 발견되었다.

과거 『노자』의 출현 시기를 놓고 다양한 의견들이 제시되면서 격렬한 논쟁이 진행되었다. 서복관(徐復觀), 엄영봉(嚴靈峯) 등은 전통적인 입장을 지지하여 『노자』는 사마천의 『사기』에서 말하는 대로 공자와 동시대에 살았던 노자가 저술한 문헌이라고 주장했다. 그러나 이러한 전통적인 관점에 반대하여, 공자 이후에 쓰였다(강유위), 전국 시대 말에 쓰였다(양계초, 이장지), 묵자 이후, 맹자 전후에 나왔다(당란, 장수림), 송병 및 공손룡과 동시대에 혹은 그보다 약간 뒤에 쓰였다(전목), 『장자』 「내편」이 나온 후에 쓰였다(장서당, 양영국)는 등 다양한 주장들이 분출했다.

특히 양계초는 『노자』 38장에 나오는 '인(仁)', '의(義)', '충신(忠臣)', '예(禮)' 개념에 대한 노자의 부정적인 태도를 근거로 『노자』의 출현 연대가 전국 시대 말기 이후라고 주장했다. 양계초는 호적의 『중국철학사대강』을 비판하면서, 『노자』에 나오는 '왕후(王侯)', '후왕(候王)', '만승지군(萬乘之君)', '왕공(王公)', '취천하(取天下)' 등의 용어는 춘추 시대에는 아직 쓰이지 않았고, 특히 '인의(仁義)'를 한데 묶어서 쓴 도덕 명사는 맹자에 와서 비로소 쓰이기 시작하였다고 주장했다.[13]

양계초의 주장이 제기된 이후 다수의 학자들이 전통적 관점을 버리고 전국 시대 말 이후에『노자』가 출현했다는 설을 지지하게 되었다. 심지어 고힐강 같은 사람은『노자』가『여씨춘추』와『회남자(淮南子)』사이에 이루어졌다고 주장하기도 했다. 그러나 백서본과 죽간본『노자』, 특히 죽간본이 발굴되면서 전국 시대 말기설은 또다시 뒤집히게 된다. 죽간『노자』의 일부가 늦어도 전국 시대 초기에는 이미 쓰인 것으로 고증되었기 때문이다. 죽간본『노자』는 총 71매의 죽간으로 구성되어 있고, 글자 수는 대략 2046자로 기존『노자』의 5분의 2 정도 분량이다. 그리고 이들 죽간은 그 길이에 따라 갑본, 을본, 병본 세 종류로 구분된다. 이들 중 갑본이 연대가 가장 빨라서 전국 시대 초기 혹은 춘추 시대 말기에 형성된 것으로 추정되고, 병본이 가장 늦어 전국 시대 중후기에 형성된 것으로 고증된다.

이제 문제는 죽간본과 백서본(혹은 왕필본) 사이의 관계다. 둘은 어떤 관계인가? 죽간본『노자』가 발굴된 이후 죽간본과 백서본 및 현행본의 관계에 대해 수많은 학자들이 다양한 의견을 제시했다. 그리고 그 의견들을 정리해 보면 '발췌설'과 '흡수 발전설' 그리고 '두 명의 저자설'로 요약할 수 있다. 발췌설의 요지는 죽간본이 성립될 당시에 이미 백서본 혹은 현행본과 유사한 형태의 5000자 분량의『노자』가 존재했으며, 죽간본은 그중 일부를 필요에 따라 발췌한 것에 불과하다는 것이다. 반

13  김충열. 앞의 책. 32쪽.

면 흡수 발전설의 요지는 백서본이나 현행본은 기존에 존재하던 초기 형태의 『노자』(죽간본)를 바탕으로 기타 학설들을 수집하고 종합하면서 이를 확대 발전시켰다는 것이다. 두 명의 저자설은 죽간본과 백서본의 저자를 달리 보는 것으로, 죽간본은 춘추 시대 말 공자와 동시대에 살 았던 노자가 지었고 백서본은 전국 시대에 태사담이 지었다는 견해다.

필자는 10여 년 전에 『노자』 3대 판본, 즉 죽간본과 백서본, 왕필본 을 상호 비교해 보았다. 각 장별로 세 판본을 하나하나 비교하고 분석 하면서 세 판본의 관계에 대해 세세히 살펴보았다. 그리고 내린 결론은 '점진적 발전설'이었다.[14] 죽간본과 백서본, 왕필본 사이에는 '추가', '중 복', '개조', '착간', '주문(注文)의 경문화', '정형화' 등 텍스트상의 수많은 차이가 있다. 이는 모두 텍스트로서 『노자』가 수많은 변화와 발전 과정 을 거쳐 왔다는 사실을 암시한다. 때문에 『노자』를 특정한 시대에 특정 인이 저술한 문헌으로 보기에는 무리가 있다. 『사기』에 기록된 것처럼 춘추 시대 말기에 살았던 노자가 함곡관의 수문장 윤희에게 남긴 그 문헌으로 보기는 힘들다는 말이다.

산골짜기의 작은 샘에서 가느다란 물줄기가 생겨나고, 여러 물줄기 가 흘러내려 시냇물을 이루며, 시냇물이 모이고 모여 결국 큰 강과 바 다를 이루듯이, 『노자』도 아마 그런 과정들을 거쳐 성립되었을 것이 다. 초기에는 어떤 조야하고 소박한 형태의 『노자』가 있었을 것이다. 그 『노자』는 어쩌면 『사기』에서 언급하는 노자가 남긴 책의 일부일 수도 있다. 시간이 흐르고 시대가 변함에 따라 그것은 조금씩 변화, 발전해

---

14  이와 관련된 구체적 논의는 졸고 「『노자』 곽점본과 백서본의 비교 고찰」(『동양철학』 제 15집)을 참고하라.

왔을 것이고, 그 과정에서 개조, 추가, 세련화 등 다양한 현상들이 나타났을 것이다. 그리고 이러한 변화 발전의 과정은 전국 시대 말기나 한대 초기에 마무리되고 현행 『노자』와 거의 비슷한 형태로 완성되어 현재에 이르렀을 것이다.


## 3. 노자는 무엇을 말하고자 했는가

『노자』는 기본적으로 정치 철학서다. 노자는 이 책에서 춘추 전국 시대라는 정치적·사회적 대변혁기의 난국을 타개할 경세(經世)의 방안을 제시하고자 했다. 동시대의 또 다른 저명한 사상가 공자는 주 왕조의 쇠퇴와 더불어 허물어져 가고 있던 주(周) 문화의 회복을 외쳤다. 즉 무너진 사회 질서 체계를 새롭게 확립함으로써 난세를 극복하고자 했던 것이다. 공자는 당시의 혼란이 천하의 중심 역할을 했던 주 왕조의 쇠퇴와 기존 사회 질서 체계로서 주 문화의 붕괴에서 비롯되었다고 보았기 때문이다. 그러나 노자의 진단과 처방은 달랐다. 노자는 당시의 혼란이 기존 주 문화의 붕괴보다는 사회가 조직화되고 체계화되면서 심화된 인간의 소박한 심성의 상실에 기인한다고 진단했다. 그는 당시 정(鄭)나라의 재상 자산(子産) 같은 위정자들이 주도적으로 행하던 경제 통제, 인간의 작위, 능력을 갖춘 인물에 대한 숭상, 대국주의 등에 대해 반대했다.[15]


15  김충열, 『김충열 교수의 중국철학사』 1, 304쪽 참조.

춘추 시대 말기에는 영토 확장을 통해 더 많은 생산이 이루어지면서 부국들이 등장했고, 그러한 나라들이 군비를 증강하여 더 많은 나라를 제압함으로써 강대국이 되려고 각축을 벌이고 있었다. 그에 따라 사람들의 마음과 정치가 순수성을 잃고 거짓과 허위로 타락하는 현상들이 자주 목격되었다. 노자는 당시에 문제가 되고 있던 이런 현상들이 당시 위정자들의 과도한 인위적 행위에서 비롯되었다고 보았다. 그래서 노자는 정치적 불간섭, 사회 조직의 해체, 문화 창조 및 문화생활의 거부[16] 등을 골자로 하는 무위 정치를 적극적으로 주창하게 되었다.

노자는 자연의 존재 방식을 통해 인간의 존재 방식을 정초했는데, 노자가 파악한 자연의 존재 방식이 바로 무위다. 자연은 특별히 일삼는 바가 없지만 이루지 못하는 게 없다. 이른바 '무위이무불위(無爲而無不爲)'다. 자연은 자연계 자체의 변화의 흐름에 자신을 맡겨 둘 뿐이다. 그러면 그 속에 깃들어 있는 개별 생명들은 각자의 본성에 근거하여 각자의 생명 현상들을 시간의 흐름에 따라 이러저러한 형태로 발현하게 된다. 이런 것이 바로 자연의 존재 방식이다. 노자는 이런 자연 현상을 관찰하고 나서 말했다. "무위하면 이루지 못하는 게 없다."(48장)

그러므로 노자가 말하는 무위란 아무런 행위가 없음을 의미하지 않는다. 아무 일도 하지 않으면서 놀고먹는 나태를 의미하지 않는다. "무위"의 '무(無)'는 부정사로 '위(爲)'를 부정한다. 그러니까 '위'가 없는 행위가 바로 무위가 되는 셈이다. 이때 부정되는 '위'는 자연의 이치에 역행하는 행위, 개인적인 욕심으로 무엇을 억지로 하고자 하는 행위, 의

---

16 김충열, 『김충열 교수의 노장철학강의』, 41쪽.

식적이고 과장되고 계산적인 행위 같은 작위(作爲)와 인위(人爲)를 말한다. 그러므로 무위의 행위에는 과도함이나 지나침이 있을 수 없다. 거센 바람이 아침내 불지 못하고 소나기가 하루 종일 내리지 못하듯이[17] 자연계에서 일어나는 일은 극단으로 치우치는 경우가 없다. 이러한 무위는 노자에게 곧 도의 본질로 간주된다. 그러므로 37장에서는 이렇게 말한다. "도는 항상 무위한다."

그런데 '도'라는 말은 너무도 추상적이고 모호한 개념이다. 일반인들에게는 여전히 낯설고 어려운 말이다. 노자는 눈으로 보고 귀로 듣고 손으로 만질 수 있는, 즉 우리가 구체적으로 경험할 수 있는 사물들 중 도에 가장 가까운 것을 찾고 이에 '물'을 등장시킨다. 『노자』에는 도의 비유 대상으로 '물', '갓난아이', '여성'이라는 이른바 '3대 메타포'가 등장하는데, 그중 가장 자주 언급되고 가장 중시되는 것이 바로 물이다. 물은 만물을 이롭게 하면서도 자기 공을 드러내지 않고, 지상에서 가장 낮은 곳으로 향함으로써 '물의 왕', 즉 바다를 이룬다.

노자의 정치 철학에서 다스림은 놓아둠이며 기다림이다. 백성을 규제하는 법률이나 예법을 느슨하게 하고, 백성을 인위적으로 이리저리 이끌고 가려 하기보다는 그들이 자연적인 본성을 온전히 발현하도록 놓아둔다. 설사 백성이 잘못된 길을 가더라도 즉시 처벌하고 제재하기보다는 그들 스스로 자신의 잘못을 깨닫고 돌아오길 기다려 준다. 그러므로 노자는 말한다. "만약 군주가 이 도를 지킬 수 있다면 만백성이 스스로 찾아올 것이다.〔侯王若能守之, 萬物將自賓. 32장〕", "군주가 이

---

17 『노자』 23장. "飄風不終朝, 暴雨不終日. 孰爲此? 天地而不能久, 又況於人乎?"

도를 잘 지킨다면, 만백성은 저절로 변화될 것이다.〔侯王若守之, 萬物將自化. 37장〕" 여기에서 군주가 '도를 지킨다(혹은 잡는다)'라는 것은 군주가 백성의 본성을 파악하여 그 본성에 합당한 정치를 시행한다는 의미다. 물론 백성의 본성에 합당한 정치가 과연 무엇인가에 대해서는 위정자 자신이 깊이 연구하고 통찰해야 할 것이다. 중요한 것은 마치 물이 위에서 아래로 흘러가듯이 사람들의 자연스러운 흐름을 파악하여 거기에 합당한 정치를 펴는 것이다. 자연스러운 흐름에 따를 뿐 어떤 작위도 일삼지 않아야 한다. 그러면 백성들은 마치 다스리는 사람이 없는 것 같기도 할 것이다. 그 결과 "최고의 정치는 백성이 통치자의 존재만을 아는 것이다.〔太上, 下知有之. 17장〕"라는 이상적인 정치 상태에 이른다고 본다.

요컨대 무위 정치를 행하라는 것은 아무런 통치 행위를 하지 말라는 게 아니다. 세상을 다스리되 다스림이 없는 방식으로 다스리라는 것이다. 세상의 지도자는 천하 혹은 국가를 경영할 때 본인의 생각이나 주관에 의존하지 말고 자연의 이치에 따르라는 것이다. 다시 말해 지도자 본인의 아집과 독단에 의한 '인위'와 '억지'의 다스림을 지양하고, 세상과 자연의 흐름에 따르고 순응하는 다스림, 즉 물과 같은 순리의 정치를 실천하라는 것이다. 노자는 이러한 무위 정치가 온전히 실현되고 못 되고는 전적으로 위정자의 마음가짐에 달려 있다고 보았다. 그래서 노자는 다시 위정자가 갖추어야 할 조건으로 '비움', '낮춤', '허정(虛靜)', '과욕', '소박함' 등과 같은 심신 수양적 측면들을 강조하게 된다.

---

## 4. 죽간본, 백서본, 왕필본

### 백서본『노자』의 발굴

1973년 12월, 중국 호남성 장사 마왕퇴에 자리한 어느 요양원에서 방공호를 파던 도중 중대한 사건이 발생했다. 땅을 파 들어가던 사람들이 매우 오래된 고대 묘지들을 발견한 것이다. 이 고대 묘들은 한나라 초기의 것들이었으며, 그중 3호 묘에서 대량의 백서가 출토되었다. 이 묘의 매장 연대는 함께 출토된 유물 가운데 연대가 기재된 나무 문서에 근거해 볼 때 한 문제(文帝) 12년(기원전 168년)으로 추정되었다. 백서에는 대략 10만여 자가 쓰여 있었는데, 『노자』와『주역』을 비롯하여 고대의 사상, 역사, 군사, 천문, 역법, 지리, 의학 등과 관련된 20여 종의 중요한 고적들이 포함되었다. 『노자』는 두 종의 사본이 들어 있었는데, 백서 정리조는 그중 글자체가 비교적 오래된 것을 '갑본(甲本)', 비교적 후대의 것을 '을본(乙本)'이라고 이름 붙였다.

갑본 『노자』는 가늘고 긴 나뭇조각 위에 감겨 있었는데, 그 뒷부분에는 다른 몇몇 고일서(古逸書)가 함께 쓰여 있다. 길이는 약 24센티미터이며, 붉은 줄 사이에 먹으로 쓰인 전서(篆書)와 예서(隷書)의 중간 형태의 글씨가 모두 464행이다. 이 백서는 한 고조 유방(劉邦)과 황후 여치(呂雉)의 이름을 피하지 않았다. 따라서 이것은 유방이 아직 제위에 오르기 전에 쓰였다고 볼 수 있다. 문제는 정확히 언제 쓰였는가이다. 먼저 진시황 이전으로 볼 수 있다. 진시황의 이름인 정(正) 자와 그 아버지 진 장양왕(莊讓王) 자초(子楚)의 초 자를 피하지 않았기 때문이다. 『한비자』나『여씨춘추』의 경우는 대개 진 장양왕 자초의 이름을 피하여 초를 형(荊)으로 고쳐 쓰고 있다. 또한 죽간『손빈병법(孫臏兵法)』이 전으로도 볼 수 있다. 은작산(銀雀山)에서 발굴된 죽간『손빈병법』은 한 고조 유방의 방(邦) 자는 피하고 그 이하 황제들의 이름은 피하지 않은 것으로 볼 때 한 고조 때 쓴 것임을 알 수 있다. 한편 이『손빈병법』의 글자체는 예서이며, 예서의 맹아는 진시황 시대 이전에 이미 출현했다. 그런데 갑본의 글자체는 전서와 예서의 중간 형태이므로 갑본『노자』는 죽간『손빈병법』이전, 즉 진간(秦簡) 이전에 제작되었다고 볼 수 있다. 즉 진시황이 제위에 오른 기원전 247년 이전 전국 시대 말기에 성립되었다고 추정할 수 있다.

한편 을본『노자』는 앞부분의 다른 고일서[18]와 함께 한 폭의 커다란 비단 위에 쓰여 있다. 이 비단은 차곡차곡 접혀 옻칠함 안에 들어 있었는데, 출토 당시에 접은 부분이 끊어져 서른두 조각으로 나뉘었다. 길이는 약 48센티미터이며, 붉은 줄칸에 먹으로 쓰인 예서체 글자가 모두 252행이다. 이 백서는 한 고조 유방의 방 자는 피했으나 그 후의 황제들인 혜제(惠帝) 유영(劉盈)과 문제(文帝) 유항(劉恒)의 이름은 피하지 않고 있다. 진시황의 피휘법에 의하면 피휘 대상은 당대 황제의 이름뿐이다. 따라서 한 고조 유방의 이름만 피했다는 것은 곧 을본이 쓰인 연대가 한 고조 시대에 해당한다는 의미다. 즉 을본의 성립 시기는 한 고조가 사망한 기원전 195년 이전의 한대 초기로 추정할 수 있다.

백서『노자』는 갑·을본 모두「덕경(德經)」이 앞에,「도경(道經)」이 뒤에 오는 형태로,『한비자』의「해로(解老)」편이나 엄준(嚴遵)의『도덕지

---

18  현재『황로백서(黃老帛書)』또는『황제사경(黃帝四經)』으로 불린다.

귀(道德指歸)』의 체제와 서로 일치한다. 또 현행본은 81장으로 분장되어 있으나 백서본은 장 구분 없이 죽 이어져 있다. 단 갑본의 경우 일부 단락 사이에 분장을 나타내는 것으로 보이는 ● 표시가 있다. 백서본의 순서 역시 현행본과 다른 경우가 종종 눈에 띄는데, 가령 현행본 24장은 백서본에서 22장 앞에, 41장은 40장 앞에 있으며, 80장과 81장은 모두 67장 앞에 놓여 있다.

### 죽간본 『노자』의 발굴

백서본 『노자』가 발굴되고 정확히 20년 뒤인 1993년 겨울, 호북성 형문시 곽점촌에 있는 초나라 고분(나중에 곽점 1호묘라고 명명했다.)에서 다량의 죽간이 발굴되었다. 이미 도굴된 흔적이 있던 이 무덤에서 800여 매의 죽간이 쏟아져 나왔는데[19] 그중 일부에 『노자』의 글이 쓰여 있었다.

이 죽간은 형태와 모양이 일치하지 않았다. 우선 길이가 32.5센티미터, 26.5~30.6센티미터, 15~17.5센티미터로 달랐다. 또 죽간의 모양도 죽간의 양쪽 머리가 평평하고 고르게 깎여 있는 것과 사다리꼴로 깎인 것으로 나뉘었다. 모든 죽간 위에는 끈을 꿸 수 있는 구멍이 나 있었는데, 비교적 길이가 긴 죽간 두 종은 상하로 하나씩 두 개의 구멍이 나 있던 반면, 가장 짧은 죽간은 상중하로 세 개의 구멍이 나 있었다. 그러나 동일한 책이나 내용을 쓰는 데 사용한 죽간들은 모두 일치했으며, 상하 구멍 사이의 거리도 모두 같았다. 이 죽간에 쓰인 문자는 전형적인 초나라 문자였다. 또한 글자체가 일반적인 공문서의 글자와 달리 단아하

---

19  이 중 일부는 글자가 없는 빈 죽간이었고, 글자가 새겨져 있는 죽간은 730여 매 정도였다.

고 수려했으니, 이들 죽간이 전문가에 의해 쓰였음을 짐작할 수 있다.

발굴자들은 발굴 과정에서 이리저리 뒤엉켜 있던 죽간을 길이, 형태, 필체, 글의 의미 등에 따라 분류했다. 따라서 현재는 죽간 배열의 본래 모습을 알 수 없는 상태이다. 또한 원래는 각 편에 제목이 없었는데, 정리자들이 현재와 같은 제목들을 달아 놓았다. 이 죽간에는 여러 종류의 고적이 포함되어 있는데, 그중 도가 계열의 전적은 단 두 종이고 나머지는 모두 유가 계통에 속하는 전적이다. 도가 계열은 『노자』와 『태일생수(太一生水)』 두 편이며, 나머지는 『치의(緇衣)』, 『오행(五行)』, 『노목공문자사(魯穆公問子思)』, 『궁달이시(窮達以時)』, 『성자명출(性自命出)』, 『성지문지(成之聞之)』, 『존덕의(尊德義)』, 『육덕(六德)』, 『당우지도(唐虞之道)』, 『충신지도(忠信之道)』, 『어총(語叢)』 같은 유가 계열 문헌들이다.

죽간이 발굴된 곽점 1호묘는 땅을 수직으로 파서 만든 목곽묘(木槨墓)로, 칠현금이나 용 모양의 옥대 술잔 등이 함께 출토되었다. 이 유물들은 형상과 문양 모두 전국 시대 초나라의 문화적 특징을 보여 준다. 중국 학자들의 고증에 따르면 이 곽점 1호묘 지역은 동주(東周) 시대에 초나라 영토로, 남쪽으로 약 9킬로미터 지점에 초나라 도성인 기남성(紀南城)이 있었다고 한다. 또한 고고학자들은 이러한 유물을 통해 곽점 1호묘의 매장 연대를 전국 시대 중기 후반으로 추정하고 있다. 따라서 여기에서 발굴된 죽간의 성립 연대는 최소한 전국 시대 중기 후반 이전이 되는 셈이다.

### 죽간본과 백서본의 차이
죽간본과 백서본 모두 고대의 묘에서 출토되었다. 오랜 세월 땅속에 묻혀 있다가 최근에야 세상의 빛을 보았다는 공통점이 있지만, 이들 사이에는 적지 않은 차이점이 있다. 시기적으로 보자면 죽간본은 전국 시대 중·후엽에, 백서본은 전국 시대 말엽에 성립되었고, 재료도 달라 죽간본은 대나무 조각이고 백서본은 비단이다. 분량도 죽간본이 백서본의 5분의 2 정도밖에 되지 않는다. 이 외에도 형식이나 내용에서 상당한 차이가 있다.

형식상의 차이점은 다음과 같다. 첫째, 죽간본에는 없고 백서본만 있는 구절이 자주 발견된다. 현행 왕필본의 장 체제를 기준으로 검토해보면 1장, 3장, 4장, 6장, 7장 등 총 49개 장의 내용이 죽간본에는 전혀 보이지 않는다. 반대로 죽간본에 있는 장 중에서 백서본에서 일부 구절을 찾아볼 수 없는 경우도 허다하다. 둘째, 일부 문자 및 문구가 추가되는 현상을 발견할 수 있다. 가령 현행본 2장에 해당하는 부분에서, 죽간본의 "성이불거(成而弗居)"가 백서본에는 "성공이불거야(成功而弗居也)"로 되어 있어 일부 문자 및 어조사가 추가되었다는 사실을 알 수 있다. 문구의 추가 현상은 죽간본과 백서본이 중복되는 전체 31장 중 13장에 걸쳐 16회나 나타난다.[20] 셋째, 백서본에서는 옮겨 쓰는 과정에서 발생한 착오로 보이는 문자 및 문구를 종종 발견할 수 있는가 하면, 애초에는 본문에 대한 주문(注文)이었는데 후대에 옮겨 쓰는 과정에서 본문으

---

20  대표적인 예를 현행본 5장에 해당하는 곳에서 찾아볼 수 있다. 죽간본에서는 이 부분이 "天地之間, 其猶槖籥與? 虛而不屈, 動而愈出"로 되어 있으나, 백서본에는 "天地不仁, 以萬物爲芻狗. 聖人不仁, 以百姓爲芻狗. 天地之間, 其猶槖籥與? 虛而不屈, 動而愈出. 多聞數窮, 不若守於中"으로 되어 있다. 즉 백서본에는 앞부분의 '天地不仁, 以萬物爲芻狗. 聖人不仁, 以百姓爲芻狗'와 뒷부분의 '多聞數窮, 不若守於中'이 새롭게 추가되어 있는 셈이다.

로 잘못 삽입된, '주문의 경문화(經文化)'[21]로 의심되는 부분도 있다. 넷째, 문장 형태상 백서본이 죽간본에 비해 보다 정형화되고 세련된 모습을 보인다. 고대의 문헌 전승은 불가피하게 수많은 사람들의 필사를 거쳐 이루어졌으므로 그 과정에서 잦은 수정과 편집 행위가 이루어졌을 것이다. 그러한 과정에서 의식적으로든 무의식적으로든 엉성하고 조야한 문장에 대한 손질이 진행되었을 것이다. 그 외에 백서본에서는 일부 문구가 자주 중복된다는 특징도 있다.

한편 죽간본과 백서본은 내용이나 사상적인 면에서도 차이가 있다. 첫째, 백서본은 죽간본에 비해 반유가화(反儒家化)되었다는 특징이 있다. 과거에 노자는 일반적으로 유가에 반대한 사람으로 이해되었다. 기존의 『노자』 텍스트 곳곳에서 유가적 원리와 덕목을 비판하는 듯한 구절을 종종 발견할 수 있기 때문이다. 그러나 죽간본이 발굴된 이후 이같은 인식은 크게 의심받지 않을 수 없게 되었다. 죽간본의 경우 여전히 반유가적인 문구로 해석될 여지가 있는 구절이 일부 있기는 하지만, 과거에 반유가적 발언의 대표적 장으로 간주되었던 5장, 18장, 19장의 문구가 백서본이나 현행본과는 다른 것이다. 가령 현행본 19장에 해당하는 부분의 "절성기지(絕聖棄知)"와 "절인기의(絕仁棄義)"가 죽간본에는 각각 "절지기변(絕知弃辯)"과 "절위기려(絕僞弃慮)"로 되어 있다. "절성기지"와 "절인기의"는 유가의 '성인'과 '인의'를 반대하는 문구로 이해돼 왔다. 그러나 죽간본의 구절은 유가적 덕목과는 전혀 관계가 없다.

둘째, 백서본은 죽간본에 비해 통치술의 측면이 부각되었다는 특징

---

21  현행본 31장과 64장에 해당하는 곳에서 찾아볼 수 있다.

이 있다. 현행본 『노자』에서 우리는 종종 '권모술수' 또는 '우민 정치'의 의도로 해석될 수 있는 구절을 발견하곤 한다. 7장, 36장, 65장 등의 일부 내용이 여기에 해당한다. 노자와 같은 위대한 사상가가 권모술수를 추구했다는 것은 용납하기 힘들기 때문에 과거에는 이 사실을 설명하기가 곤란했다. 그래서 주석가들은 이 부분을 애써 다른 의미로 해석하곤 했다. 그러나 현재 죽간본과 비교해 볼 때 문제의 구절들은 후대에 새롭게 첨가된 것임을 확인할 수 있다. 우선 이들 발언은 모두 죽간본에는 나오지 않으며, 또 설사 나온다 하더라도 문장 형태가 백서본과 다르다. 대표적인 예가 66장이다. 백서본에 나타나는 이러한 변화는 무엇에서 기인했는가? 필자가 보건대 이러한 변화의 요인은 황로학적 배경과 무관하지 않다. 백서본 『노자』의 성립 시기는 대략 황로학의 유행 시기와 일치한다. 초기 황로학(黃老學)의 기본 이념은 군주의 이상적 통치술의 확보에 있으며, 그 구체적인 내용은 '무위 정치론'으로 나타난다. 따라서 백서본은 당시 유행한 황로학의 영향을 받아 기존의 『노자』를 부분적으로 통치술 차원으로 변형, 발전시킨 것으로 보인다.

셋째, 백서본에서는 본격적인 우주 생성론적 사유가 엿보인다. 중국 사상사에서 우주 생성론적 사고는 대략 전국 시대 말기에 출현하여 한대 초기에 완성된다. 전국 시대 말기에는 음양 사상에 바탕을 둔 기화 우주론(氣化宇宙論)의 사유가 유행한다. 이러한 기화론적 사유를 우리는 백서본에서 엿볼 수 있다. 대표적인 예가 42장의 "도는 하나를 낳고, 하나는 둘을 낳고, …… 만물은 음(陰)을 지고 양(陽)을 안으며 충기(沖氣)로써 조화를 이룬다."라는 구절인데, 죽간본에는 이러한 내용이 전혀 나오지 않는다. 단 죽간본에는 "천하 사물은 유(有)에서 생겨나고

망(亡)에서 생겨난다."라는 구절이 보이는데, 백서본에는 이 구절이 "천하 사물은 유(有)에서 생겨나고, 유(有)는 무(無)에서 생겨난다."로 개조되어 있다. 그리고 백서본에서는 이 구절 다음에, 앞서 언급한 "도는 하나를 낳고……"라는 구절이 이어진다. 따라서 백서본은 당시에 유행한 음양 사상을 흡수하여 기존의 죽간본에 있던 "천하 사물은 유에서 생겨나고 망에서 생겨난다."라는 구절을 기화론적 우주 생성론으로 발전시켰다고 볼 수 있다.

이상과 같은 죽간본과 백서본의 형식적·내용적 차이에 근거할 때, 백서본은 기존의 '노자' 자료들을 바탕으로 많은 부분을 새롭게 추가하고 발전시킨 것임을 알 수 있다. 그리고 이 과정에서 알게 모르게, 백서본 성립 당시 유행하던 사상적 경향으로부터 상당한 영향을 받았을 것이다.

### 백서본과 왕필본의 차이점

일반적으로 백서본과 왕필본 사이에는 뚜렷한 차이점이 없는 것으로 알려져 있다. 그리하여 현재 학계에서도 백서본과 왕필본의 차이점에 대해서는 그다지 주목하고 있지 않다. 그러나 양자를 면밀하게 비교, 분석해 보면 이들 사이에도 여전히 적지 않은 차이점이 존재한다는 것을 알 수 있다.

첫째, 백서본은 장의 구분, 즉 분장(分章)이 불분명하다. 현행 왕필본은 81장으로 나뉘어 있으나, 백서본은 거의 분장이 이루어지지 않았다. 백서 갑본의 경우 분장 표시로 추정되는 ● 부호가 부분적으로 있지만, 을본은 아무 표시 없이 죽 이어져 있다. 『노자』는 본래 분장되지 않았다는 것이 정설이다. 이 점은 백서 을본으로 증명되며, 고대의 글쓰기 습관상 문장과 문장 사이에도 특별한 표시가 없는 것이 일반적인 특징이다. 정식으로『노자』를 '도상(道上)', '덕하(德下)'로 편집하고 81장으로 확정한 것은 서한 말기의 유향(劉向)이다. 다만 이때는 상하경(上下經)이라고 했을 뿐 아직 도경, 덕경이라 부르지는 않았다. 그나마도 궁정이나 국가 도서관 내에서만 이루어진 일이고 전국적으로 반포된 것은 아니었다. 민간에서는 여전히 다양한『노자』가 나돌았다. 정식으로『노자』의 편차(篇次)를 철저히 통일하고 고정한 것은 당 현종(玄宗)이다. 현종은 안사고(顔師古)를 시켜 오경(五經)의 자의(字義)를 교감하여 통일하게 하고, "부혁(傅奕)을 시켜『노자』2권(二卷)에 주를 달게 하고 아울러 음의(音義)를 짓게 하였으며, …… 위정(魏征)에게 요의(要義)를 짓게 했다". 그리고 현종 자신도 친히『노자』에 주(注)와 소(疏)를 달기도 했다. 그리고 천보(天寶) 원년(742년) 4월에 "도덕경을 상하로 나누라.〔分道德爲上下經〕"라는 조서를 내렸다.[22]

둘째, 편의 차례가 다르다. 이는 중요한 차이다. 현행 왕필본은 '도덕경'의 형태로 되어 있는 반면, 백서본은 덕편이 앞에, 도편이 뒤에 오는 '덕도경'의 형태이다. 이러한 사실에 대해 혹자는 백서본의 형태가 고본『노자』의 원형이라고 말하기도 하고, 혹자는 전국 시대에는 두 가지 형태의 판본, 즉 '도덕경' 형태의 도가 계열 판본과 '덕도경' 형태의 법가 계열 판본이 공존했다고 주장하기도 한다. 그러나 '도경'이니 '덕경'이니 하는 구분도 후대에 이루어졌을 가능성이 높다. 백서 갑본에는 각각의 편말에 아무런 표시도 없기 때문이다. 또한 내용을 분석해 보면 '도경'

22  보다 자세한 내용은 尹振环,『帛書老子與老子術』, 15~16쪽을 참조하라.

이 전적으로 도에 관해서만 말하는 것도 아니고 '덕경'이 전적으로 덕에 관해서만 논하는 것도 아니기 때문이다. 아마 백서 을본의 편집 시기에 이르러 각 편의 첫머리에 나오는 글자를 따서 편의상 '덕/도'로 구분했을 것이고, 이후 이것을 '도/덕'으로 재편집하여 오늘날에 이르렀을 것이다.

셋째, 일부 장의 순서가 다르다. 크게 세 곳에서 이러한 차이가 나타난다. 먼저 왕필본의 22장-23장-24장이 백서본에는 24장-22장-23장의 순서로 되어 있다. 내용으로 보자면 백서본처럼 24장→22장으로 이어지는 것이 타당하다. 24장과 22장 모두 이른바 '역설의 논리'에 관한 내용을 담고 있으며, 또 24장에 제시된 "자신을 드러내 보이는 자는 드러나지 못하고[自視不章]"라는 구절은, 22장에서 직접적으로 받아 "자신을 드러내 보이지 않기에 드러나고[不自視故章]"로 서술되고 있기 때문이다. 다음으로 왕필본의 40장-41장-42장이 백서본에는 41장-40장-42장의 순서로 되어 있다. 이 역시 내용으로 보면 백서본의 형태가 타당하다. 우선 41장은 주로 '도'에 관해 언급하고 있는데, 40장의 첫 구절에서도 도에 관한 말로 받고 있기 때문이다. 또 40장의 "천하 사물은 유에서 생겨나고, 유는 무에서 생겨난다.[天下萬物生於有, 有生於無]"라는 구절과 42장의 "도는 하나를 낳고, 하나는 둘을 낳으며, 둘은 셋을 낳는다.[道生一, 一生二, 二生三]"라는 구절 모두 '생(生)'이라는 공통의 용어로 연결되며, 똑같이 우주 생성론에 관해 기술한다는 점도 그 이유가 된다. 마지막으로 왕필본의 80장과 81장이 백서본에는 66장 뒤에 배치되어 있다. 이 역시 내용상 백서본이 순조롭다. 65장에서 이상적 인민을 설계하고 66장에서 이상적 통치자를 설계했다면, 80장에서는 그에 이어 이상적 국가를 설계했다고 볼 수 있기 때문이다.

넷째, 백서본에는 빌린 글자, 즉 가차자(假借字)가 많고 복잡하다. 이는 선진 및 한대 초만 해도 널리 쓰이던 글자가 많지 않았기 때문이다. 당시에 사람들이 학습하고 상용하던 글자는 3300자 정도에 불과했다고 한다. 이후 전한 말에서 후한 초, 양웅(揚雄)과 반고(班固)에 이르러 6100여 자로 확충되었으며, 동한 때 허신이 편찬한 『설문해자』에는 1만 639자가 실려 있다. 따라서 진대 혹은 한대 초에 성립된 백서 『노자』에는 빌린 글자가 많을 수밖에 없다. 백서본의 가차자에는 음이 같은 글자가 가장 많고, 선진과 한대에 통용되던 글자, 일부가 생략된 형태의 글자, 의미가 같은 글자 등이 있다.[23]

다섯째, 백서본에는 '야(也)', '의(矣)' 같은 허사가 많이 등장한다. 백서 『노자』에는 매 구절의 끝에 '야' 자가 자주 첨가되어 구어체의 소박한 형식을 취한다. 반면에 왕필본을 비롯한 현행본은 고본 『노자』의 조야하고 소박한 구어체 문장을 보다 세련되게 다듬어 정형화되고 운율화된 형태로 완성한 것이라 볼 수 있다. 과거에 사람들은 간이한 쪽이 오래된 판본이라고 생각했다. 그러나 백서본을 통해 사실은 정반대라는 것이 밝혀졌다. 선진 양한 시기에 고적이 전해지는 과정에서, 베껴 쓰는 사람이 일을 덜기 위해 문장의 의미에 별다른 영향을 끼치지 않는 허사를 생략했을 것이다. 그러나 백서본에 나오는 허사는 의심스러운 단구(斷句)의 문제를 해결할 수 있는 중요한 근거가 된다. 가령 1장의 경우 백서본에는 '야' 자가 일곱 개 있는데, 이 덕분에 오랫동안 논쟁이 되어 왔던 끊어 읽기의 문제가 간단히 해결될 수 있었다.

---

23  같은 책, 42~50쪽을 참조하라.

# 차 례

# 1장

# 도라고 말할 수 있는 도는
# 참된 도가 아니다

'도'라고 말할 수 있는 도는 참된 도가 아니고
'무엇'으로 불릴 수 있는 이름은 참된 이름이 아니다.
'이름 없음[无名]'은 만물의 시초[始]이고
'이름 있음[有名]'은 만물의 어미[母]이다.

그러므로 늘 무욕(無欲)하면 도의 '오묘함'을 보게 되고
늘 유욕(有欲)하면 도의 '껍데기'만 보게 된다.
이 둘은 같은 곳에서 나왔으니, 이름만 달리할 뿐 같은 것을 가리킨다.
도는 현묘하고도 또 현묘하니, 온갖 오묘한 것들이 들고 나는 문이다.

道可道也, 非恒道也
名可名也, 非恒名也.
无名, 萬物之始也

有名, 萬物之母也.

故恒无欲也, 以觀其妙
恒有欲也, 以觀其所噭(徼).
兩者同出, 異名同謂.
玄之又玄, 衆妙之門.


이 장은 『노자』에서 도의 성격에 대해 말하는 여러 장들 중 가장 중
요하다. 그래서 전통 판본들에서는 이 장을 노자 사상의 핵심으로 삼
아 왔으나 아쉽게도 죽간본에서는 찾아볼 수 없다. 따라서 이 장은 후
대에, 아마도 도에 대한 관념이 체계화된 전국 시대 말기쯤 새롭게 첨
가된 것으로 보인다.

도는 언어로 표현될 수 없다. 도는 언어를 초월한 그 무엇이다. 이는
곧 언어의 한계성을 지적하는 말이기도 하다.

언어는 사물을 고정하고 규정하려는 성향이 있다. 즉 언어는 사물을
있는 그대로 드러내지 못하고, 사물을 일정한 형태로 평면화하고 대상
화한다. 그 결과 언어를 통과한 사물은 본래의 생기발랄함을 잃고 뻣뻣
하게 굳은 고목이나 싸늘하게 식은 재처럼 되어 버린다. 흐르는 냇물을
가두어 두면 더 이상 냇물이 아니듯이, 도를 언어에 가두어 두면 더 이
상 '늘 그러한 도[恒道]'가 아니다.

독일의 작가 막스 피카르트(Max Picard)는 "모든 대상은 그 대상을 표
현하는 말보다 훨씬 먼 곳에서 기원하는 실체의 토대를 자신의 내부에

가지고 있다. 이 토대를 인간은 침묵으로 대할 수밖에 없다."[24]라고 말했다. 언어를 통해서는 사물의 본질에 다가설 수 없으므로 우리는 단지 침묵으로 사물의 '토대'를 응시할 수밖에 없다는 고백이다. 사물이 이러한데 하물며 도는 어떠하겠는가? 이 점에 대해 당나라 시대의 저명한 도사이자 노자 연구가인 성현영(成玄英)은 다음과 같이 지적한다. "참된 도는 개념이나 언어로 따질 수 없고 마음과 사려 작용으로 알 수 없으니, 그 오묘함이 시각과 청각을 벗어나 있고 그 이치는 홀연하고 황홀하다. 그러므로 언어와 형상을 벗어나야만 비로소 참되고 고요한 도에 합치될 수 있다."[25]

도를 둘러싸고 있는 이러한 현상은 이름[名] 자체에도 적용할 수 있다. 사물이나 현상은 본래 아무런 이름도 지니지 않는다. 단지 사람들이 어떤 사물이나 현상을 이렇게 혹은 저렇게 부르자고 약속했을 뿐이다. 그런데 사람들은 이처럼 약속에 불과한 '이름'을 종종 하나의 고정된 실체로 착각하는 경향이 있다. 그리하여 이름으로 사물과 현상을 규정하려 든다. 이름을 통해 사물과 현상의 본래 모습을 파악하려고 한다. 그러나 이름은 사물이나 현상 자체를 드러낼 수 없다. 사물이나 현상을 어떤 이름으로 규정하는 순간 그 '이름'은 더 이상 그 사물이나 현상이 아니다. 이 점에 대해 하상공(河上公)은 다음과 같이 비유적으로 표현한다. "참된 이름은 갓난아이가 아직 말하지 못하고, 계란이 아직 부화되지 않은 것과 같다. 빛나는 구슬이 조개 안에 있고 아름다

---

24  막스 피카르트, 최승자 옮김, 『침묵의 세계』, 78쪽.
25  蒙文通 輯校, 「道德經義疏」, 『道書輯校十種』, 375쪽. "常道者, 不可以名言辯, 不可以心慮知, 妙絕希夷, 理窮恍惚. 故知言象之表, 方契凝常眞寂之道."

운 옥이 돌 속에 있을 때는, 안은 비록 찬란하게 빛나고 있지만 겉은 완고하고 우둔한 사람처럼 투박하다."[26]

이처럼 만물이 아직 생겨나기 전 태초의 상태에는 '무명(无名)', 즉 이름이 없다. 드러나는 게 없으니 덧붙일 이름도 없다. 존재함이 없으니 규정할 대상도 없다. 이것은 만물이 바야흐로 생겨나는 '시작[始]'의 단계이다.

이윽고 만물이 생겨나면서 이름이 붙게 되었다. 구체적 사물들이 나타나자 자연스럽게 거기에 따른 이름과 호칭이 생긴 것이다. 그리고 이름과 호칭을 통해 이것과 저것을 구분하고 분별하게 되었다. 이렇게 되면서 무수한 사물, 즉 만물이 생겨났다. 그러므로 '모(母)'라는 용어를 사용하게 되는 것이다.[27]

두 번째 단락에서 노자는 도를 어떻게 인식할 수 있는지에 대해 언급한다. "늘 무욕(無欲)하면 도의 '오묘함'을 보게 되고, 늘 유욕(有欲)하면 도의 '껍데기'만 보게 된다.〔恒无欲也, 以觀其妙; 恒有欲也, 以觀其所徼.〕"

여기에서 언급되는 '무욕'과 '유욕'은 바로 앞 구절에 나온 '무명'과 '유

---

26  이석명 역주, 『노자도덕경하상공장구』, 46쪽. "常名當如嬰兒之未言, 雛子之未分. 明珠在蚌中, 美玉在石間, 內雖昭昭, 外如頑愚."
27  始와 母는 어떻게 다른가? 『설문해자』에서는 각각 다음과 같이 풀이한다. "시(始)는 여자가 처음 여성이 되는 상태를 말한다.(始, 女之初也.)", "모(母)는 자식을 임신한 모습을 형용한 것이다. 또는 자식에게 젖을 먹이는 모습이라고 하기도 한다.(母, 象懷子形, 一曰象乳子也.)" 따라서 시는 만물이 형성되는 초기 상태로, 모는 이미 형성된 만물이 길러지는 상태로 나누어 볼 수 있다. 태초 이전, 즉 혼돈의 상태에는 아직 형체도 이름도 없었다. 이때는 만물이 막 생겨나려는 상태, 즉 만물의 시초에 해당한다. 이후 만물의 형태가 드러나면서 개별 사물에 이름이 붙기 시작했다. 이때는 만물이 길러지는 상태에 해당한다.

명'에 각각 연계해 볼 수 있다. 이름에 얽매이기 이전을 무욕의 상태라 한다면, 이름에 얽매이기 시작한 이후는 유욕의 상태로 볼 수 있다. 이름이 생기기 이전, 즉 이름에 얽매이기 이전에는 순수 직관으로 '도의 신비'를 볼 수 있었다. 그러나 이름이 생겨나고 거기에 집착하면서부터 단지 도의 언저리나 껍데기만 보게 되었다. 그러니까 도에는 두 가지 측면이 있다는 것이다. 하나는 이름 붙일 수도 없고 구체적 모습으로 드러나지도 않는 신비의 측면이고, 다른 하나는 이름 붙일 수 있고 구체적 모습으로 드러나는 현상의 측면이다.

그러나 '도의 신비'니 '도의 언저리'니 하는 것도 사실은 이름을 얻음으로 발생한 임의적인 구분에 불과하다. 따라서 이름의 껍데기를 걷어내면 결국은 모두 하나로 귀결된다. 이 둘은 본래는 하나이지만 언어를 거치면서 이름이 달라진 것에 불과하다. 그러므로 노자는 말한다. "이둘은 같은 곳에서 나왔으니, 이름만 달리할 뿐 같은 것을 가리킨다.〔兩者同出, 異名同謂.〕"

노자는 이러한 도를 이 천지 우주 간에 나타나는 모든 현상들의 원천으로 보았다. 도는 '우주의 문'이 되어 모든 현상들의 근본으로 작용한다는 것이다. 이 문에서 나오면 나타나고 이 문으로 들어가면 사라진다. 생명의 탄생과 죽음, 사물의 생성과 소멸, 온갖 현상의 펼침과 닫힘이 모두 이 문에서 이루어진다고 본다. 그러므로 마지막 구절에서 말한다. "도는 현묘하고도 또 현묘하니, 온갖 오묘한 것들이 들고 나는 문이다.〔玄之又玄, 衆妙之門.〕"

## 판본 비교

### 백서본

갑: ●道可道也, 非恒道也. 名可名也, 非恒名也. 无名, 萬物之始也; 有名, 萬物之母也. □恒无欲也, 以觀其眇(妙); 恒有欲也, 以觀其所噭. 兩者同出, 異名同胃(謂). 玄之有(又)玄, 衆眇(妙)之□.

을: ■道可道也, □□□□. □, □□□, □恒名也. 无名, 萬物之始也; 有名, 萬物之母也. 故恒无欲也, □□□□; 恒又(有)欲也, 以觀其所噭. 兩者同出, 異名同胃(謂). 玄之又玄, 衆眇(妙)之門.

### 왕필본

道可道, 非常道; 名可名, 非常名. 無名天地之始, 有名萬物之母. 故常無欲以觀其妙, 常有欲以觀其徼. 此兩者同出而異名, 同謂之玄, 玄之又玄, 衆妙之門.

1. 道可道也, 非恒道也. 名可名也, 非恒名也(백서갑)
   道可道, 非常道; 名可名, 非常名(왕필본)

'항도(恒道)'와 '상도(常道)', '항명(恒名)'과 '상명(常名)'의 차이가 보인다. 항(恒)과 상(常)은 모두 같은 뜻의 글자들이다. 백서본에서는 52장의 "무유신앙, 시위습상(毋遺身殃, 是謂襲常)" 외에는 왕필본의 常 자가 모두 恒 자로 되어 있다. 따라서 고본『노자』에는 주로 恒 자가 쓰였다는 점을 알 수 있다. 이 恒 자가 현행본에서와 같이 常 자로 바뀐 것은 한 문제(文帝) 유항(劉恒)의 이름을 피하기 위해서였던 것으로 보인다.

여기에서 우리는 백서 갑본과 을본이 모두 적어도 한나라 문제 이전의
글이라는 점을 확인할 수 있다.


2. 无名, 萬物之始也; 有名萬物之母也(백서갑)
   無名天地之始, 有名萬物之母(왕필본)

왕필본은 '무명(無名, 또는 無)', '유명(有名, 또는 有)'에 대한 설명을 각
각 '천지(天地)'와 '만물(萬物)'로 구분한다. 그리하여 과거의 학자들은
노자가 구체적 '이름이 생기기 이전[無名]'과 '이름이 생긴 이후[有名]'를
각각 '천지지시(天地之始)'와 '만물지모(萬物之母)'로 따로 분별하고 있다
고 생각했다. 즉 개개의 사물이 형성되기 이전에는 이제 막 천지가 분
화되는 상태를 의미하는 것으로 보았고, 천지가 형성되고 구체적 이름
이 생긴 이후는 천지를 바탕으로 만물이 생겨나고 자라나는 것으로 파
악했다. 『역전(易傳)』「서괘(序卦)」에서 말하듯이 "천지가 있은 이후에
만물이 생겨난다.[有天地, 然後萬物生.]"라고 생각한 것이다.

그러나 백서본에는 앞뒤 모두 '萬物'로 쓰여 있다. 따라서 왕필본
의 '天地'는 후대의 개작일 가능성이 크다. 이 문제에 대해서는 백서본
『노자』가 발굴되기 이전에 이미 마서륜(馬敍倫)이나 장석창(蔣錫昌)이
의문을 제기한 적이 있다. 대표적으로 마서륜은 다음과 같이 말했다.
"『사기』「일자전(日者傳)」의 인용문에 '무명만물지시야(无名萬物之始也)'
로 되어 있고, 왕필주에서도 '凡有皆始於無, 故未形無名之時, 則爲萬
物之始. 及其有形有名之時, 則長之育之亭之毒之, 爲其母也.'라고 설
명하고 있다. 이는 왕필본에서도 앞뒤 구절 모두 '萬物'로 쓰여 있었다
는 것을 의미하며, 이는 『사기』의 인용문과도 부합한다. 고본 『노자』는

마땅히 이와 같았을 것이다." 장석창 또한 마서륜의 의견에 동조하며, 네 가지 증거를 더 제시하고 있다.[28] 따라서 최소한 왕필 당시만 해도 『노자』 원문은 백서본과 같이 '無名萬物之始'로 쓰여 있었을 가능성이 크다.

참고로 "无名萬物之始也, 有名萬物之母也"의 단구(斷句) 문제에 대해 한번 살펴보자.

이 구절은 "无, 名萬物之始也; 有, 名萬物之母也"로 또는 "无名, 萬物之始也; 有名, 萬物之母也"로 읽을 수 있다. 그래서 과거에는 이 두 가지 독법을 놓고 많은 논쟁이 오갔다. 사마광(司馬光), 왕안석(王安石), 소철(蘇轍), 그리고 현대의 임계유(任繼愈), 진고응(陳鼓應) 등은 모두 전자를 지지한다. 예컨대 왕안석은 "無는 천지의 시작을 이름하는 것이고, 有는 그것의 끝을 이름하는 것이다."라고 했다. 이러한 입장에 대해 장석창은 다음과 같이 비판한다. "사마광, 왕안석, 소철 등은 모두 有 자, 無 자로 끊어 읽었다. 그러나 이들은 '有名', '無名'이 노자 고유의 명사로 나눌 수 없는 단어라는 사실을 모르고 있다. 32장에서 '道常無名, …… 始制有名'이라 하였고, 37장에서 '吾將鎭之以無名之樸'이라 하였으며, 41장에서 '道隱無名'이라 하였으니, 어찌 무와 유로 끊어 읽을 수 있는가? …… 옛사람들은 모두 '有名', '無名'으로 읽었다."[29] 왕필주에서도 장석창이 주장하는 바와 같이 '無名', '有名'으로 풀이하고 있다.[30]

---

28 戴維, 『帛書老子校釋』, 81쪽 참조.
29 같은 책, 82쪽에서 재인용.
30 "凡有皆始於無, 故未形無名之時, 則爲萬物之始. 及其有形有名之時, 則長之育之亭之毒之, 爲其母也."

또한 이 문제는 백서본의 문체를 통해서도 간접적인 증명이 가능하다. 백서본에서는 바로 뒤에 "故恒无欲也, 以觀其妙; 恒有欲也, 以觀其所噭"라는 구절이 이어지기 때문이다. 어조사 也가 있어 无/有가 아니라 无欲/有欲으로 읽어야 한다는 점이 분명히 드러난다. 따라서 바로 앞의 문장도 无/有가 아니라 无名/有名으로 읽는 것이 타당하다.

3. 故恒无欲也, 以觀其妙; 恒有欲也, 以觀其所噭(백서본)
　　故常無欲以觀其妙, 常有欲以觀其徼(왕필본)
　　백서본에는 '무욕(无欲)'과 '유욕(有欲)' 뒤에 모두 어조사 '也'가 있어, 이 구절을 읽을 때 '无欲也,', '有欲也,'로 끊어 읽는다는 점이 분명히 드러난다.
　　과거에는 이 구절을 "常無, 欲以觀其妙; 常有, 欲以觀其徼"로 읽을 것인지, 아니면 "常無欲, 以觀其妙; 常有欲, 以觀其徼"로 읽을 것인지를 놓고 많은 논쟁이 오갔다. 전자의 입장을 지지하는 유월(兪樾)은 다음과 같이 주장했다. "아래 문장에서 '이 두 가지는 같은 곳에서 나와 이름을 달리하니, 모두 현묘하다고 한다.〔此兩者同出而異名, 同謂之玄.〕'라고 했으니, 바로 '有'와 '無' 두 말을 이어받는 것이다. 만약 '無欲', '有欲'으로 읽는다면, 이미 유욕(有欲)한데 어찌 '현묘하다〔玄〕'고 말할 수 있겠는가?" 역순정(易順鼎) 또한 이에 동조하여 다음과 같이 주장했다. "『장자』「천하」편을 보면 '老聃聞其風而悅之. 建之以常无有'라는 구절이 있다. 여기에서 '常无有'는 곧 이 장의 '常無'와 '常有'를 말하는 것이니, '常無'와 '常有'로 나누는 것은 이미 장자에서부터 그러했다." 그러나 장송여(張松如)는 이러한 주장에 반대하여 다음과 같은 견해를 제시했다. "원래 '無欲', '有欲'은 또한 '無名', '有名'과 같은 것이다. 이들은 모두 노자가 일반적으로 쓰는 고유 명사이므로 나눌 수 없다. 3장에서 '常使民無知無欲'라 했고, 34장에서 '常無欲也, 可名於小'라 했으며, 57장에서 '我無欲而民自樸'이라 했으니 모두 그 증거이다."

　無/有로 읽을 것이냐 또는 無欲/有欲으로 읽을 것이냐의 논쟁은 과거에는 쉽게 결론이 날 수 없었다. 왕필본에서 보면 문제의 구절은 어느 쪽으로 읽어도 모두 의미가 통했기 때문이다. 그러나 백서본이 발견되면서 이 논쟁을 해결할 수 있게 되었다. 백서본에는 '無欲'과 '有欲' 다음에 어조사 也 자가 있어, 無/有가 아니라 無欲/有欲으로 읽어야 한다는 점이 분명히 드러나기 때문이다.


　4. 兩者同出, 異名同胃(謂). 玄之又玄, 衆眇(妙)之門(백서을)
　　此兩者同出而異名, 同謂之玄, 玄之又玄, 衆妙之門(왕필본)

　백서본에는 나타나지 않고 왕필본에만 '차(此)', '이(而)', '지현(之玄)' 등의 글자가 있는데, 이들은 모두 이 구절의 독법에 영향을 미칠 수 있다. 왕필본의 이 구절을 끊어 읽는 방식은 크게 두 가지다. 하나는 "此兩者, 同出而異名, 同謂之玄,"으로, 다른 하나는 "此兩者同, 出而異名, 同謂之玄,"으로 읽는 것이다. 전자는 '둘'이 '함께 나온다(同出)'는 데 초점이 있고, 후자는 '둘'이 '같다(同)'는 데 초점이 있다. 그러나 현재 백서본에 근거하면, 과거와 달리 "兩者同出, 異名同謂. 玄之又玄, 衆妙之門"로 끊어 읽는 것이 비교적 타당해 보인다. 특히 백서본에는 "현지우현(玄之又玄)" 앞의 '之玄' 두 글자가 없어 과거에 "동위지현(同謂之玄)"으로 읽던 독법에 문제가 있었음이 드러났다.

한편 이 구절에서 논란이 되어 온 또 한 가지는 '양자(兩者)'가 가리키는 구체적 대상의 문제다. 이에 대해서는 주석가마다 견해가 다르다. 하상공주에서는 '無欲'과 '有欲'으로, 왕필주에서는 '始'와 '母'로, 범응원(范應元)은 '常無'와 '常有'로, 왕안석과 고형은 '有'와 '無'로, 장송여는 '其妙'와 '其徼'로 본다. 이는 이 장을 보는 시각과 이해의 지평이 서로 다르기 때문이다.

'兩者'는 어법상 분명히 바로 앞 문장에서 언급한 어떤 대상을 가리킨다. 앞 문장에서 '양자(兩者)'에 해당할 수 있는 것은 '無欲'과 '有欲' 아니면 '기묘(其妙)'와 '기소교(其所噭)'다. 그런데 '無欲'과 '有欲'은 모두 부사적으로 쓰여, 대상을 지시하는 '양자'의 내용으로는 적합하지 않다. 결국 양자로 지시되는 것은 '其妙'와 '其所噭'일 수밖에 없다. 문제는 이 둘의 구체적 내용이 무엇인가 하는 점이다. 여기에서 지시 대명사 기(其)가 가리키는 것은 분명히 도(道)다. 그러면 어째서 '其妙'와 '其所噭'로 분별하는가? 그것은 바로 두 가지 측면에서 도를 바라보기 때문이다. 즉 도라는 구체적 이름이 만들어지기 전과 후의 두 가지 양상이다. 이러한 두 가지 양상은 바로 앞에서 '無名'과 '有名'으로 표현되고 있다. 따라서 '兩者'가 가리키는 일차적 내용은 '其妙'와 '其所噭'이며, 그것들의 구체적 대상은 각각 '無名'과 '有名'이라 할 수 있다.

# 2장

# 아름다움은 곧 추함일 수 있다

세상 모두 아름다움을 아름다움으로 알지만 그것은 추함일 뿐이고,
세상 모두 선함을 선함으로 알지만 그것은 곧 '불선(不善)'일 뿐이다.

있음[有]과 없음[無]은 상대적으로 생겨나고
어려움과 쉬움은 상대적으로 이루어지며
긺과 짧음은 상대적으로 형성되고
높음과 낮음은 상대적으로 드러나며
음과 소리는 상대적으로 조화하고
앞과 뒤는 상대적으로 나타나는 것이니
이러한 이치는 늘 그러하다.

그러므로 성인은 무위로 일을 처리하고
말 없는 가르침을 실행할 뿐이다.
만백성이 일어나지만 자신이 주도했다 여기지 않고

베풂이 있어도 거기에 마음을 두지 않으며
공을 이루어도 거기에 머무르지 않는다.
오직 머무르지 않기에, 공이 떠나지 않는다.


天下皆知美爲美也, 惡已
皆知善, 斯不善矣.


有无之相生也
難易之相成也
長短之相形也
高下之相呈也
音聲之相和也
先後之相隨也
恒也.


是以聖人, 居无爲之事
行不言之教.
萬物作而弗始也
爲而弗志也
成功而弗居也.
夫唯弗居, 是以弗去.

이 장은 그 내용 전부가 죽간본에도 나오는 고층대의 『노자』 텍스트다.

아름다움이란 무엇인가? 추함이란 무엇인가? 절대적인 미는 진실로 존재하는가? 절대적인 미가 존재한다고 믿는 것을 객관주의 미학이라 하고, 미적 판단은 단지 개인의 주체적인 미적 경험에 달려 있다고 보는 것을 주관주의 미학이라 한다. 18세기 이전까지 서양 미학은 객관주의가 지배했으나 칸트 미학 이래 오늘날의 미학은 주관주의가 주류다. 요컨대 미적 판단은 개인의 미적 경험에 따라 서로 다를 수밖에 없는 상대적인 관념에 불과하다는 것이다. 그런데 이러한 고차원적인 생각이 이미 2500여 년 전 노자에 의해 제기되었던 것이다.

그러면 노자가 '아름다움'이라는 관념은 그와 상반된 '추함'이라는 관념을 불러일으키고, '선함'이라는 관념은 곧 '불선'이라는 상대적 관념을 만들어 낸다며 미추, 선불선을 상대적으로 바라보는 이유는 무엇일까? 이 점은 노자가 추구한 도의 관념에서 찾아볼 수 있을 것이다. 도는 모든 존재의 본원이며 최초의 자리다. 다시 말해 도는 아름다움과 추함, 선함과 불선함 등의 관념이 일어나기 이전의 상태다. 따라서 도의 자리에서는 그 어떤 관념의 분화도 일어날 수 없다. 아름답다/추하다, 선하다/불선하다 하는 생각은 개인적인 미적 취향과 가치 판단에 따라 생겨나는 생각에 지나지 않는다. 도의 자리에서는 본래 미추, 선불선의 분별이 없다. 그런데 우리의 분별적인 관념이 개입하면서 이것과 저것의 구분이 생겨나게 되었다. 그러므로 여길보(呂吉甫)는 말한다. "세상 사람들은 모두 미를 미로 선을 선으로 인식하여 그것들을 바라고, 추함을 추함으로 불선함을 불선함으로 인식하여 그것들을 싫어한다. 그러나 도에서 벗어났다는 관점에서 말하자면 비록 미와 선이라 할

지라도 모두 도에서 벗어난 것이고, 도에서 나온 것이라는 관점에서 말하자면 비록 추함과 불선함이라 할지라도 모두 도의 밖에 있는 것들이 아니다."[31]

이러한 미추, 선불선의 상대성 이치는 유무, 난이, 장단 등 세상의 다양한 모습에 그대로 적용될 수 있다. 가령 장단의 경우를 보자. '길다'와 '짧다'는 실체가 없다. 이들은 단독으로 사용되기보다 '무엇에 비해 이것이 길다.', 혹은 '무엇에 비해 이것이 짧다.'라고 비교의 의미로 쓰일 때 의미가 선명해진다. 다시 말해 무엇이 존재한다는 것은 곧 그것의 부재를 염두에 둔 말이고, 무엇이 길다는 것은 그것보다 짧은 것과의 비교에서 비롯된 말이며, 무엇이 높다는 것은 그것보다 낮은 무엇에 빗대어 하는 말이고, 무엇이 앞선다는 것은 그것보다 뒤에 놓여 있는 것이 있을 때 하는 말이다. 세상의 모든 현상과 존재는 항상 그것과 상반되는 것들과의 관계 속에서 존재한다. 이것이 바로 자연의 불변하는 질서이고 법칙이다.

노자는 이런 자연법칙을 통해 성인, 즉 참된 지도자의 길을 제시하고 있다. 우선 '성인(聖人)'의 의미부터 살펴보자. '聖(성)'의 문자적 의미는 '들음[耳]'과 '말함[口]'에서 '으뜸[王]'이라는 뜻이다. 따라서 성인은 자연이 말하는 소리를 잘 듣고 그것을 백성들에게 잘 전달하는 사람이 된다. 자연의 법칙을 파악해서 그 이치를 통해 인간 세상을 이끌어 가

---

31  焦竑, 『老子翼』 1권, 5쪽. "天下皆知美之爲美, 善之爲善而欲之. 知惡與不善而惡之. 然自離道言之, 則雖美與善, 皆離乎道矣. 自出于道言之, 則雖惡與不善, 皆非道之外也." (이 책에서 인용하는 『老子翼』은 일본 후산보(富山房)에서 발행한 『漢文大系』 9권 수록본을 바탕으로 한다.)

는 현명한 지도자를 가리키는 셈이다. 노자는 이러한 성인의 실천적 행위로 "무위로 일을 처리한다."와 "말 없는 가르침을 실행한다." 두 가지를 제시하고 있다.

우선 "무위로 일을 처리한다.〔居無爲之事〕"라는 말의 의미를 살펴보자. 무위는 아무런 행위도 하지 않는다는 말이 아니다. 간혹 일부 영어 번역서에서 '무위'를 nonaction으로 옮기기도 하는데 이는 명백한 오류다. 무위의 문자적 의미는 '위(爲)가 무(無)하다' 또는 '위를 없애다'이다. 여기에서 '위(爲)'는 '위(僞, 거짓)'와 통한다. 따라서 무위는 인위 혹은 억지스러움이 없는 행위가 된다.

인간이 저지르는 인위적인 행위 중 최악은 무엇에 집착하는 것이다. 사람들은 자기 나름의 기준 혹은 세상의 기준에 근거해 아름다움과 추함, 선과 불선 등에 대한 생각과 관념을 형성한다. 그리고 그것이 마치 절대 불변의 가치 혹은 기준인 양 거기에 얽매이고 집착한다. 하지만 현재 아름답게 여겨지는 것은 관점에 따라 또는 가치관의 변화에 따라 언제든지 추함으로 변할 수 있으며, 지금 선으로 여겨지는 것이 언젠가는 불선으로 바뀔 수 있다. 성인은 이러한 이해를 바탕으로 모든 일을 순리에 따라 유연하게 처리한다. 이것이 바로 "무위로 일을 처리하는" 태도다.

다음으로 "말 없는 가르침을 실행한다.〔行不言之敎〕"라는 말의 의미를 살펴보자. 이는 말을 아낀 채 묵묵히 솔선수범하는 지도자의 태도를 가리키는가? 물론 그런 의미도 어느 정도 담겨 있을 수 있다. 그러나 이 말의 본질적 의미는 바로 뒤에 언급되는 "만백성이 일어나지만 자신이 주도했다 여기지 않고."라는 구절과 연계해 볼 수 있다. 진정한 지도자는 백성을 위해 또는 국가를 위해 모종의 대단한 업적을 완수하고도 그것을 자기의 공으로 떠벌리지 않는 사람이다.

만백성이 성인의 지도하에 일어나 올바른 삶을 살아가지만 성인은 자신이 그들을 이끌었다는 의식을 지니지 않는다. 또한 성인은 백성을 위해 온갖 수고를 다 하고도 백성이 자신을 알아주길 바라지 않는다. 나아가 성인은 백성을 위해 커다란 공이나 업적을 이루어도 그 공을 자신의 것으로 내세우지 않는다.

한 고조 유방을 도와 한나라 수립에 결정적 기여를 한 두 사람이 있었는데, 한 사람은 장량(張良)이고 또 한사람은 한신(韓信)이다. 한나라가 수립된 이후 장량은 장가계(張家溪)로 떠나 은둔했고 한신은 남아 제후가 되었다. 제후가 된 한신은 결국 '토사구팽(兎死狗烹)' 되었지만 장량은 평생 유방에게 그리움의 대상이 되었다. 참된 지도자는 말을 아낄 뿐만 아니라 자기 공을 크게 내세우지 않는다. 공을 세우고도 그 공에 머물지 않으니 그 공이 영원히 떠나지 않는 것이다.

## 판본 비교

### 죽간본

갑: ■天下皆智(知)散(美)之爲散(美)也, 亞(惡)已; 皆智(知)善, 此其不善已. 又(有)亡之相生也, 雖(難)惕(易)之相成也, 長耑(短)之相型(形)也, 高下之相涅(呈[32])也, 音聖(聲)之相和也, 先後之相墮(隨)也. 是以聖人居

---

32 『郭店楚墓竹簡』에서는 '盈' 자로 해독하고 있다. 그러나 이 자는 '呈'으로 읽어야 할 것이다. 첫째, '涅'과 '呈'은 글자 형태가 유사하므로 서로 통용될 수 있다. 둘째, 이

亡爲之事, 行不言之孝(敎). 萬勿(物)倀(作)而弗忖(始)也, 爲而弗志也, 成而弗居. 天(夫)唯弗居也, 是以弗去也. ■

## 백서본

갑: 天下皆知美爲美, 惡已; 皆知善, 訾(斯)不善矣. 有无之相生也, 難易之相成也, 長短之相刑(形)也, 高下之相盈(呈)也, 意(音)聲之相和也, 先後之相隋(隨), 恒也. 是以聲(聖)人居无爲之事, 行□□□. □□□□□□也, 爲而弗志也, 成功而弗居也. 夫唯居[33], 是以弗去.

을: 天下皆知美之爲美, 亞(惡)已; 皆知善, 斯不善矣. □□□□生也, 難易之相成也, 長短之相刑(形)也, 高下之相盈(呈)也, 音聲之相和也, 先後之相隋(隨), 恒也. 是以耴(聖)人居无爲之事, 行不言之敎. 萬物昔(作)而弗始, 爲而弗侍(恃)也, 成功而弗居也. 夫唯弗居, 是以弗去.

## 왕필본

天下皆知美之爲美, 斯惡已; 皆知善之爲善, 斯不善已. 故有無相生, 難易相成, 長短相較, 高下相傾, 音聲相和, 前後相隨. 是以聖人處無爲之事, 行不言之敎. 萬物作焉而不辭, 生而不有, 爲而不恃, 功成而弗居. 夫唯弗居, 是以不去.

---

구의 의미에서도 '盈(가득 차다)'보다는 '呈(드러나다)'이 더 낫다. '위아래는 상대적으로 드러난다.'고 말하는 게 보다 자연스럽기 때문이다.

33 '居' 앞에 '弗'이 잘못 탈락된 것으로 보인다.

**죽간본과 백서본**

1. 皆智(知)善, 此其不善已(죽간본)

   皆知善, 斯不善矣(백서을)

차(此)와 사(斯)의 차이가 보인다. 이들은 같은 뜻의 다른 글자로 이해할 수 있다. 그런데 혹자는 此를 也와 같은 글자로 파악하고, 앞 구에 붙여 "皆知善此(也), 其不善已"로 읽어야 한다고 주장하기도 한다. 그 근거로『충신지도(忠信之道)』4호 죽간과 5호 죽간에서 此가 也로 쓰인 용례를 제시한다.[34] 此와 也는 모양이 서로 유사하므로 그럴 가능성도 없지 않다.

2. 高下之相涅(呈)也(죽간본)

   高下之相盈也(백서본)

백서본의 영(盈)은 영(涅) 또는 정(呈)의 빌린 글자로 볼 수 있다. 이 점에 대해서는『마왕퇴한묘백서(馬王堆漢墓帛書)』에서 백서 정리조도 이미 언급한 적이 있다.[35]

3. 先後之相墮(隨)也(죽간본)

   先後之相隨, 恒也(백서본)

죽간본은 왕필본과 마찬가지로 항(恒) 자가 없다. 백서본에서 '恒也'는 앞 여섯 구절의 의미를 마무리해 주는 효과가 있다. 아마도 백서본 형성 시 추가되었다가 왕필본을 편집할 때쯤 다시 탈락된 것으로 보인다.

---

34  趙建偉,「郭店竹簡老子校釋」,『道家文化硏究』17輯, 261쪽.
35 『馬王堆漢墓帛書·壹』, 13쪽, 주 6 참조.

4. 成而弗居(죽간본)

　成功而弗居也(백서본)

백서본의 공(功)은 죽간본의 성(成)의 의미를 보다 구체화하기 위해
후대에 덧붙인 것으로 보인다. 아니면 죽간본에서 功 자가 잘못 탈락되
었을 수도 있다.

**백서본과 왕필본**

1. 皆知善(백서본)

　皆知善之爲善(왕필본)

이 구는 앞 구인 '天下皆知美之爲美'와 상응하는 것으로, 백서본
의 형태는 생략된 문장으로 볼 수 있다. 동일한 어구가 반복되어 반복
되는 부분을 생략한 것이다. 이러한 형태는 23장의 "從事於道者, 同於
道; 德者, 同於德; 失者, 同於失"에서도 찾아볼 수 있다.(여기에서도 '德
者'와 '失者' 앞에 '從事於' 세 글자가 생략되었다고 할 수 있다.) 따라서 왕필본
의 '선지위(善之爲)' 세 글자는 이러한 생략형 문장을 이해하지 못한 후
대 사람이 앞 문장과 형식을 맞추기 위해 첨가한 것으로 보인다. 이는
죽간본에도 백서본과 마찬가지로 '개지선(皆知善)'으로 되어 있다는 사
실에서도 확인할 수 있다.

2. 長短之相刑(形)也(백서본)

　長短相較(왕필본)

하상공본, 부혁본, 범응원본, 오징본, 수주본, 고환본 등 다수의 전
통본에도 백서본과 같이 '상형(相形)'으로 되어 있다. 또한 『문자(文子)』

에 "長短不相形"이라는 말이 있고, 『회남자』「제속(齊俗)」편에도 "短修相形"이라는 말이 있다. 필원(畢沅) 또한 "옛날에는 교(較) 자가 없었다. 본문은 형(形)과 경(傾)이 운을 이루므로 교(較)로 써서는 안 된다."라고 했다. 따라서 고본 『노자』의 원형은 백서본과 마찬가지로 '相形'이었을 가능성이 크다. 더욱이 운율상으로 앞의 生, 成 등과 운율이 맞는 것은 形이다. 그리고 결정적으로 죽간본에도 '相型(形)'으로 되어 있다.

3. 高下之相盈也(백서본)
  高下相傾(왕필본)

대부분의 전통본에는 왕필본처럼 경(傾)으로 쓰여 있다. 그러나 백서본은 갑·을본 모두 영(盈)으로 되어 있다. 이 같은 차이점에 대해 백서정리조는 다음과 같이 설명한다. "盈은 현행본에 傾으로 되어 있다. 아마도 한 혜제(惠帝) 유영(劉盈)의 이름을 피하기 위해 傾으로 고쳐 쓴 것 같다. 盈은 呈 또는 逞을 빌려 쓴 글자이니, 곧 '드러나다[呈現]'의 뜻이다. 백서 『경법(經法)』「사도(四度)」편에도 '높고 낮은 지형들은 그 모습을 감추지 않는다.[高下不蔽其形]'라는 말이 있다."[36] 백서 정리조의 이런 설명은 죽간본에 의해서도 뒷받침될 수 있다. 죽간본에는 이 구가 "고하지상열야(高下之相涅也)"로 되어 있는데, 여기에서 涅은 문자 형태상 곧 呈과 통할 수 있으며, 또 의미상으로도 백서본처럼 '盈(呈)'으로 읽을 때 문맥이 보다 자연스럽다. 이럴 경우 '높음과 낮음은 상대적으로 드러난다.'라는 말은 '있음과 없음은 상대적으로 생겨난다.', '어려움

---

36 『馬王堆漢墓帛書·壹』, 13쪽, 주 6 참조.

과 쉬움은 상대적으로 이루어진다.'와 같은 앞의 구절들과 잘 어울리게
된다.


4. 先後之相隋(隨), 恒也(백서본)

　　前後相隨(왕필본)

백서본처럼 '항야(恒也)'가 첨가된 것은 현행본 어디에서도 찾아볼 수
없는 독특한 형태다. 여기에서 恒也는 일종의 완결구 역할을 한다. 즉
앞서 제시된 '무유(无有)', '난이(難易)', '장단(長短)', '고하(高下)', '음성
(音聲)', '선후(先後)'와 같은 상대적 개념들이 단지 상호 의존적인 개념
에 불과하다는 사실을, 그리고 이러한 사실이 현상 세계의 필연적 이치
라는 점을 완결 짓는 역할을 한다.


5. 萬物昔(作)而弗始(백서을)

　　萬物作焉而不辭(왕필본)

우선 백서본에는 언(焉) 자가 없는데 이 글자의 유무는 이 구의 의미
에 큰 영향을 주지 않는다. 다음으로 '불시(弗始)'와 '불사(不辭)'의 차이
가 있는데, 이 문제는 왕필주 자체에 근거해 검토할 필요가 있다. 『노
자』 17장의 "太上, 下之有之"에 대해 왕필은 "居無爲之事, 行不言之
教, 萬物作焉而不爲始"라는 주석을 달아 놓았다. 여기에서 주목할 사
실은 왕필주의 마지막 구가 사실상 백서본 2장의 이 구절과 일치한다
는 점이다. (단지 '焉'과 '爲'가 추가되었을 뿐이다.) 이 사실은 왕필이 본 『노
자』 역시 백서본 『노자』와 유사한 형태였으리라는 것을 의미한다.[37] 따
라서 현재 왕필본의 '不辭'는 후대 사람들이 잘못 고친 글자로, 본래는

'弗始' 또는 '不始'였을 것이다. 이 점은 죽간본을 통해서도 확인된다.[38]

6. 爲而弗志也(백서갑)
　　生而不有, 爲而不恃(왕필본)

　왕필본의 "生而不有, 爲而不恃"라는 구절은 『노자』 전체에서 모두 세 번 나온다. 2장, 10장의 "生而不有, 爲而不恃, 長而不宰, 是謂玄德" 그리고 51장의 "生而不有, 爲而不恃, 長而不宰, 是謂元德"이다. 10장과 51장의 문장은 거의 같다. 한편 왕필본 77장의 "是以聖人爲而不恃, 功成而不處"라는 구절은 오히려 백서본의 "爲而不志也, 功成而弗居也"라는 구절과 같은 구조인데 '生而不有'는 빠져 있다. 이렇게 볼 때 왕필본의 '生而不有'는 10장과 51장에 근거하여 잘못 첨가된 것일 가능성이 크다. 그 근거로 돈황갑본과 수주본, 죽간본에도 '生而不有'가 없다는 사실을 들 수 있다.

---

**37**　高明, 「帛書老子校注」, 233쪽 참조.
**38**　죽간본에는 "萬勿俊而弗忖也"로 되어 있다.

# 3장

# 잘난 사람 높이지 말라

잘난 사람 높이지 말라, 그러면 백성들 서로 다투지 않을 것이다.

얻기 어려운 재화 귀하게 여기지 말라, 그러면 백성들 도둑질 않을 것이다.

욕심낼 만한 것 내보이지 말라, 그러면 백성들 마음 어지럽지 않을 것이다.

그러므로 성인의 다스림은
백성의 '마음' 비우게 하고, 백성의 '배' 채워 주며
백성의 '뜻' 약하게 하고, 백성의 '뼈' 강하게 한다.

백성을 늘 무지 무욕하게 만들고
저 안다고 하는 자들이 감히 나서지 못하게 하라.
그러면 다스려지지 않는 게 없을 것이다.

---

不上賢, 使民不爭
不貴難得之貨, 使民不爲盜
不見可欲, 使民不亂.

是以聖人之治也
虛其心, 實其腹
弱其志, 強其骨.

恒使民无知无欲也
使夫知不敢弗爲而已
則無不治.

이 장에서는 인간의 잠재된 욕망을 경계하면서, 백성을 무지 무욕의 순박한 상태에 머물게 할 것을 요청하고 있다.

노자는 우선 국가 지도자가 세상을 다스릴 때 필요한 세 가지 기본 원칙을 제시한다.

첫째, 불상현(不上賢). 현자(賢者)를 높이지 말라? 현자를 높이고 받드는 게 왜 문제가 되는가? 노자 자신은 현자에 속하지 않는가? 현자가 현자를 높이지 말라고 말하는 것은 자기모순적이다. 더구나 세상에는 현자의 가르침을 기다리는 수많은 대중이 있지 않은가? 그러므로 북송의 유학자 왕안석은 노자의 이 말에 대해 다음과 같이 비판했다. "천하의 백성을 이끌고 천하의 사물을 부림에 있어 현명한 이를 받들지 않으면 무엇에 의지해 다스린단 말인가? 무릇 강보에 싸인 어린 백성들 중 선한 본성을 지닌 이가 있더라도 현명한 이를 만나 가르침을 받지 못하면 천하의 선함을 밝힐 수 없다."[39] 그러면서 왕안석은 노자가 추구하는 형이상의 이상적 세계에서는 모든 사람이 선한 덕성을 지니고 있으므로 굳이 현자를 숭상할 필요가 없을지는 모르지만, 구체적인 현실 세계에는 선한 사람보다 불선한 사람이 더 많으므로 '상현(尙賢)'의 법도를 결코 폐할 수 없다고 주장한다.

그러나 노자에 대한 이러한 비판은 "선현여능(先賢與能)"[40]을 중시하는 유가적 시각에서나 유효하다. 이 구절은 오히려 하상공의 다음과 같은 풀이에 의존하여 해석하는 게 더 정당할 듯하다. 하상공은 말한다. "'현'이란 세속적으로 잘난 사람을 가리킨다. 이런 사람은 말이 유창하고 글이 화려하며, 정도(正道)를 버리고 권도(權道)를 행하며, 질박함을 버리고 화려함을 행한다."[41]

이 장 전체의 문맥으로 볼 때 여기에서 말하는 '현'은 자전에 언급되는 단순히 '어진 사람' 또는 '현명한 사람'을 의미하지는 않는다. 자신의 재주를 뽐내며 잘난 체하는 사람, 또는 자잘한 지식으로 세상을 농락하는 사람을 가리킨다. 글자 속의 조개 패(貝) 자로 보아, 이재에 밝은 사람과 관계있을 수도 있다. 이재에 밝은 사람은 세상 물정을 잘 알고 요리조리 잔머리를 굴린다. 세상 사람들은 이런 사람을 비판하면서도 은

---

39 蒙文通 輯校,「王介甫「老子注」佚文」,『道書輯校十種』, 679쪽. "群天下之民, 役天下之物, 而賢之不尙, 則何恃而治哉? 夫民于襁褓之中而有善之性, 不得賢而與之敎, 則不足以明天下之善.
40 현자와 유능한 사람을 앞세운다는 유가적 이념이다.
41 이석명 역주, 앞의 책, 60쪽. "賢, 謂世俗之賢. 辯口明文, 離道行權, 去質爲文."

근히 부러워한다. 여기에서 말하는 '현'은 잔재주가 많고 세속적이며 잔꾀가 많은 부정적 의미의 '잘난 사람'을 의미한다. 잔재주 부리는 사람들이 출세하고 행세한다면 세상에 그런 사람들이 득실거린다면, 세상에는 자연히 다툼도 많아질 것이다. 노자는 이 점을 경계하고자 했을 것이다.

둘째, 불귀난득지화(不貴難得之貨). 난득지화는 희소하여 얻기 어려운 값비싼 패물을 가리킨다. 이런 재화는 일반적으로 희소하기 때문에 가치가 있다. 그러나 보다 근원적인 측면에서 보자면 인간의 허영심이 그 가치의 원천이라 할 수 있다. 반짝이는 물건으로 자기 몸을 치장하고 남에게 과시하길 좋아하는 인간의 허영심 때문에 이를 만족시키는 '얻기 어려운 재화'가 실제 가치 이상으로 평가되는 셈이다.

『열자』에는 난생처음 번화한 도시에 온 시골 청년이 금덩어리를 보고는 자기도 모르게 그것을 들고 달아난 이야기가 나온다. 붙잡힌 시골 청년은 "금덩어리를 보는 순간 제 눈에는 오직 그것밖에 보이지 않았습니다."라고 말한다. 철없는 청소년들이 귀금속 가게를 털다가 잡힌 이야기, 고가의 명품 가방을 사기 위해 회사 공금을 횡령한 회사원의 이야기가 가끔 언론에 보도된다. 이 모두 얻기 어려운 재화를 귀하게 여기는 사회 풍조 때문에 일어나는 일이 아닌가? 그러므로 노자는 말한다. "얻기 어려운 재화 귀하게 여기지 말라, 그러면 백성들 도둑질 않을 것이다."

셋째, 불현가욕(不見可欲). '욕심날 만한 것'들이 넘치는 세상이다. 갖고 싶은 것, 사고 싶은 것은 날마다 쏟아져 나오는데 주머니 사정은 그렇지 못하다. 대개는 자신의 궁핍한 경제 사정에 한없이 절망한다. 수요의 극대화를 위해 수시로 우리의 욕망을 자극하는 상업주의의 물결 속에 허우적대는 우리 현대인들에게 '마음의 평화'는 어쩌면 사치스러운 말일 수 있다. 욕심날 만한 물건들이 넘치는 이 세상, 이래저래 우리의 마음은 한시도 편한 날이 없다. 그러므로 노자는 말한다. "욕심낼 만한 것 내보이지 말라, 그러면 백성들 마음 어지럽지 않을 것이다."

'다툼', '도둑질', '어지러움'은 모두 인간 사회에서 흔히 발생하는 이른바 사회악이다. 사회악을 제거하려면 어떻게 해야 하는가? 이에 대해 노자는 근원적인 처방을 제시한다. "잘난 사람 높이지 말라.", "얻기 어려운 재화 귀하게 여기지 말라.", "욕심낼 만한 것 내보이지 말라." 이런 처방은 '원인 제거책'에 해당한다. 인간은 본질적으로 유혹에 이끌리기 쉬운 존재다. 이를 유가는 윤리적 도덕의 힘으로 막으려 했고, 법가는 법과 형벌 같은 제도적 장치로 막으려 했다. 그러나 도가는 아예 욕망의 근원을 없앰으로써 문제 자체를 해소하려 했다.

노자가 욕망의 근원을 없앨 수 있는 구체적인 방안으로 제시한 것은 '허기심(虛其心)'과 '약기지(弱其志)'다. 사람들의 욕망은 '심(心)'과 '지(志)'에 연결되어 있으니 이들을 비우고 약화하라는 처방이다. 반면 '배'와 '뼈'는 인간 몸의 기본적이고 실용적인 부분이다. 노자는 '몸'을 인간의 유일한 실체로 간주했다. 일반적으로는 '몸'이 경시되고 마음이나 영혼이 중시되지만, 노자는 도리어 '마음'과 같은 관념적인 것이 몸의 평온을 깨뜨린다고 보았다. 따라서 관념적인 욕망을 부정함으로써 백성을 순박과 실질로 되돌리고자 했다.[42] 결국 백성의 마음을 비우게 하라는 '허기심'과 백성의 뜻을 약하게 하라는 '약기지'는 인간이 지닌 '의식의 지향성'을 약화하라는 주문이다. 반면에 백성의 배를 채우라는 '실

---

42  김충열, 앞의 책, 166쪽 참조.

기복(實其腹)'과 백성의 뼈를 튼튼하게 하라는 '강기골(强其骨)'은 실용성을 강조하는 말이다. 당시의 백성에게 절실하게 필요한 것은 주린 배를 채우고 약한 몸을 튼튼하게 하는 것이었을 게다.

마지막으로 노자는 "백성을 무지 무욕하게 만들라"고 주장한다. 이 말은 얼핏 우민 정책을 제시하는 것처럼 보일 수도 있다. 실제로 과거 유물론자들은 『노자』의 이 구절을 문제 삼아 노자를 우민화를 주장한 '원흉'으로 몰기도 했다. 그러나 노자가 주장한 '무지'와 '무욕'은 바로 앞 구절에서 언급되는 '허기심', '약기지'와 연계해 볼 필요가 있다. '지(知)'와 '욕(欲)'은 인간이 지닌 의식의 지향성을 말한다. 잔재주를 부려 손쉽게 성공하고 출세하는 사람을 은근히 부러워하는 마음, 얻기 어려운 재화를 보면 그것을 소유하지 못해 안달하는 마음, 욕심날 만한 것을 보면 거기에 현혹되어 정신 못 차리는 마음을 없애라는 것이다. 오늘날의 관점에서 말하자면, 상업주의에 오염된 지식을 버리고 물질 만능의 세태에 찌든 욕망을 없애라는 것이지 지식과 욕망 자체를 없애라는 것이 아니다. 이렇게 오염된 지식과 불필요한 욕망이 제거되고 나면 잔꾀나 잔재주로 무엇을 해 보려는 사람들이 설 자리를 잃는다. 그러면 위정자가 이래라저래라 하지 않아도 백성은 저절로 잘 다스려질 것이다.


## 판본 비교

### 백서본

갑: 不上賢, □□□□. □□□□□□, □民不爲□. 不□□□, □民不亂.

是以聲(聖)人之□□, □□□, □□□; □□□, 強其骨. 恒使民无知无欲也. 使□□□□□□□□□□□□.

　을: 不上賢, 使民不爭. 不貴難得之貨, 使民不爲盜. 不見可欲, 使民不亂. 是以耶(聖)人之治也, 虛其心, 實其腹; 弱其志, 強其骨. 恒使民无知无欲也. 使夫知不敢弗爲而已, 則无不治矣.

**왕필본**

　不尙賢, 使民不爭. 不貴難得之貨, 使民不爲盜. 不見可欲, 使民心不亂. 是以聖人之治, 虛其心, 實其腹; 弱其志, 強其骨; 常使民無知無欲; 使夫智者不敢爲也. 爲無爲, 則無不治.

　　使夫知不敢弗爲而已, 則无不治矣(백서을)
　　使夫智者不敢爲也, 爲無爲, 則無不治(왕필본)

　이 구절은 전통본마다 조금씩 형태가 다르다. 부혁본은 "使夫知者不敢爲, 爲無爲, 則無不治", 경룡비본은 "使知者不敢爲也, 則無不治", 수주본은 "使夫智者不敢, 不爲也, 爲無爲, 則無不治", 돈황갑본은 "使知者不敢, 不爲, 則無不治"라고 쓰여 있으며, 상이주본만 특이하게 "使知者不敢不爲"라고만 되어 있다. 이 중 백서본과 가장 유사한 것은 돈황갑본이다.

　백서본의 이 구절은 두 가지 방식으로 읽을 수 있다.

　첫째, "불감불위(不敢弗爲)"를 '불감(不敢)'과 '불위(弗爲)' 두 단어의 병렬 구조로 보는 것이다. 이때 '不敢'은 73장의 "용어불감즉활(勇於不敢

則活)"의 '不敢'과 같은 뜻이다. 여기에서 '不敢'과 '不爲'는 개별적인 두 가지 행위가 되며, 앞 문장의 '무지(无知)', '무욕(无欲)'과 대구가 된다. 따라서 이 구절은 "(백성을 무지 무욕하게 하고,) 저 안다고 하는 자들이 감히 나서거나 행위하지 못하게 하라. 그러면 다스려지지 않는 게 없을 것이다."라는 의미로 풀이된다. 이 경우 왕필본은 "불감불위(不敢無爲)"를 연속적으로 읽어 의미가 통하지 않자, '불감(不敢)'과 '불위(無爲)' 사이에 '위야위(爲也爲)' 세 자를 넣은 형태가 된다.[43]

둘째, "使夫知不敢, 弗爲而已, 則无不治矣"로 끊어 읽는 것이다. 이렇게 읽으면 왕필본은 백서본의 "弗爲而已, 則无不治矣"를 "爲無爲, 則無不治"로 개조한 것이 된다. 여기에서 '불위이이(弗爲而已)'와 '위무위(爲無爲)'의 차이가 생기는데, 왕필본의 '爲無爲'는 백서본의 '弗爲而已'보다 개괄적이고 개념화, 이론화되었다는 특징이 있다.[44]

그러면 어느 쪽이 합당한가? "사부지불감불위이이(使夫知不敢弗爲而已)"는 바로 앞 구절 "항사민무지무욕야(恒使民无知无欲也)"와 유사하다. 그러므로 "恒使民无知无欲也"를 '무지(无知)', '무욕(无欲)'의 병렬 구조로 보았듯이, 이 구절도 '불감(不敢)', '불위(弗爲)'의 병렬 구조로 끊어 읽는 것이 옳다.

---

43  朱謙之, 『老子校釋』, 16~17쪽; 戴維, 『帛書老子校釋』, 88쪽 참조.
44  劉笑敢, 「從竹簡本與帛書本看『老子』的演變」, 『郭店楚簡國際學術研討會論文集』, 471쪽 참조.

# 4장

# 도는 텅 빈 그릇과 같다

도는 텅 빈 그릇과 같아, 아무리 채워도 채울 수 없다.
깊은 연못과도 같네! 만물의 본원(本源)인 듯하다.

날카로운 것들은 무디게 하고, 얽힌 것들은 풀어 주며
눈부신 것들은 완화하고, 세상의 먼지와 하나가 된다.

맑은 물 같기도 하네! 있는 듯 없는 듯한 그 모습이.
나는 그것이 누구의 자식인 줄 모르나
아마 상제(上帝) 이전에도 존재한 듯하다.


道盅, 而用之, 又弗盈也.
淵兮! 似萬物之宗.

挫其銳, 解其紛
和其光, 同其塵.

湛兮, 似或存.
吾不知, 其誰之子也
象帝之先.


이 장에서는 도의 형상과 그 작용 등에 대해 노래하고 있다.

노자는 우선 도의 형상에 대해 언급하면서 충(盅)이라는 글자를 사용한다. 충(盅)은 『설문해자』에 의하면 빈 그릇을 의미한다.[45] 노자는 도를 텅 빈 그릇에 비유하는 셈이다. 그런데 이 그릇은 텅 비어 있는 데다가 너무도 커서 온갖 것들로 채우고 채워도 결코 '채워지지 않는다'. 도라는 '그릇'은 한계가 없는 그릇이기 때문이다. 이처럼 도를 거대한 그릇으로 비유한 것은 도가 만물의 본원이라는 상징적 표현이다. 만물은 도에서 나왔다가 결국에는 도로 돌아간다.[46] 이렇게 온갖 사물들이 수시로 들고 나지만 도는 가득 채워지는 일도, 더 이상 받아들이지 못하는 일도 없다. 도는 채움과 비움을 적절히 조화시키기 때문이다.

한편 노자는 도의 형상을 다시 연못에 비유한다. 여기에서 연못은 온갖 시냇물이 시작되는 발원지로서의 깊고 넓은 연못이다. 깊은 연못에서 온갖 물줄기가 발원하듯이, 도는 온갖 사물들이 비롯되는 원천이

---

45 "盅, 虛器也."
46 『노자』 16장. "천도는 돌고 돌아 각자 '뿌리'로 돌아간다.(天道員員, 各復其根.)"

라는 인식이다.

　이어서 노자는 도의 온갖 공능들에 대해 말한다. "날카로운 것들은 무디게 하고, 얽힌 것들은 풀어 주며, 눈부신 것들은 완화하고, 세상의 먼지와 하나가 된다." 여기에서 언급되는 '날카로움', '얽힘', '강한 빛' 등은 한 극단으로의 치우침을 의미한다. 도(혹은 자연)는 늘 조화와 균형을 지향한다. 77장에서 말하듯이 자연은 높은 것은 내리누르고 낮은 것은 들어 올리며, 남는 것은 덜어 내고 부족한 것은 보태 준다.[47] 이것이 자연의 변함없는 이치다. 그런데 지나치게 날카로운 것, 복잡하게 얽히고설킨 것, 두드러지게 튀어나오는 것 등은 균형과 조화라는 자연의 법칙에서 벗어난 비정상적인 상황들이다. 자연의 상태에서 직각적이고 직선적인 것은 결코 존재하지 않는다. 직각적이고 직선적인 것은 대개 인위로 만들어진 것들이다. 물방울도, 능선도, 꽃잎도 모두 둥글거나 곡선이다.[48] 때문에 자연, 즉 도는 모든 지나친 것들을 덜어 내어 부조화와 불균형의 상태를 해소한다.

　그렇다고 이런 작용을 하는 도가 어떤 실체로서 기능한다는 말은 아니다. 도는 기독교의 신처럼 세상만사를 일일이 주관하고 그것들에 개입하는 실체적 존재가 아니다. 도는 알게 모르게 혹은 저절로 그러하게 작용하는 자연의 힘일 뿐이다. 도는 세상 만물과 따로 존재하는 게 아니라 만물 속에 내재되어 만물과 하나로 작용한다. 그래서 "세상의 먼지와 하나가 된다."라고 말하는 것이다.

**47** "天之道, 其猶張弓與! 高者抑之, 下者擧之; 有餘者損之, 不足者補之. 天之道損有
　　餘而補不足."
**48** 오강남 풀이, 『도덕경』, 33쪽.

'세상의 먼지들과 하나가 되는' 도는 그 존재성을 파악하기 힘들다. 그러나 세상 사람들은 대개 구체적인 언어로 표현해 주어야만 피상적으로라도 이해할 수 있다. 그래서 노자는 다시 도의 존재성을 맑은 물에 비유해 설명한다. 맑은 물은 너무도 투명하기에 그 존재 여부를 파악하기 힘들다. 가까이 다가가 손으로 만지면 느껴지지만 멀리서 바라보면 있는 듯 없는 듯하다.

그러면 이런 도는 어디에서 왔는가? 사람들은 대상 사물의 정체를 파악해 가는 과정에서 그것의 근원을 따지길 좋아한다. '나는 누구인가?'라는 존재론적인 물음은 항상 '나는 어디에서 왔는가?'라는 시간론적 물음을 동반한다. 그래서 도는 어디에서 왔는가, 누구의 자식인가 하고 되묻는 것이다. 이에 대해 노자는 "나는 그것이 누구의 자식인 줄 모르나, 아마 상제 이전에도 존재한 듯하다."라고 답한다.

상제는 노자 당시까지만 하더라도 우주 만물을 주관하는 최고의 존재였고, 마치 기독교 문명의 야훼처럼 중국 문명의 최고 인격신이었다. 그러나 노자는 '도'를 제시함으로써 '상제'라는 인격신에 얽매여 있던 기존의 유신론적 세계관을 무너뜨렸다. 상제 위에 도를 올려놓음으로써 도가 우주 만물을 주관하는 최고의 실재가 된 것이다.

그러면 다시 한번 물어보자. 도는 어디에서 왔으며 어디에 존재하는가? 도는 어디에서 온 것도 아니고 어디에 따로 존재하는 것도 아니다. 만물이 생겨나기 이전에, 심지어 상제 이전에도 존재했지만 현재 이 순간에도 만물 속에 만물과 하나로 존재한다. 그러니까 도는 초월적이면서 동시에 내재적인 그 무엇이다.

## 판본 비교

### 백서본

갑: □□, □□□□□盈也. 潚(淵)呵似萬物之宗. 銼(挫)其, 解其紛, 和
其光, 同□□. □□□或存. 吾不知□子也, 象帝之先.

을: 道沖(盅), 而用之有(又)弗盈也. 淵呵佁(似)萬物之宗. 銼(挫)其兌
(銳), 解其芬(紛); 和其光, 同其塵. 湛呵佁(似)或存. 吾不知其誰之子
也, 象帝之先.

### 왕필본

道沖而用之或不盈, 淵兮似萬物之宗. 挫其銳, 解其紛, 和其光, 同
其塵. 湛兮似或存, 吾不知誰之子, 象帝之先.

갑본과 을본을 상호 보완하여 현행 왕필본과 비교해 보면, 양자의
기본적인 문형은 대체로 일치한다. 단지 又와 或의 차이가 보이는데,
문맥의 흐름으로 보자면 백서본의 又가 낫다.

# 5장

# 천지는 편애하지 않는다

천지는 편애하지 않으니
만물을 추구(芻狗)처럼 여긴다.
성인은 편애하지 않으니
백성을 추구처럼 여긴다.

천지 사이는
아마도 풀무와 같나 보다!
비워도 비워도 다함이 없고
움직일수록 더욱 잘 나온다.

많이 들어 박식하면 자주 막히게 되나니
차라리 고요함 지키는 것만 못하다.

天地不仁
以萬物爲芻狗.
聖人不仁
以百姓爲芻狗.

天地之間
其猶橐籥與!
虛而不屈
動而愈出.

多聞數窮
不若守於中.


　죽간본에는 가운데 단락만 들어 있는 것으로 보아, 앞 단락과 뒤 단
락은 후대, 즉 백서본이 성립될 무렵에 첨가된 것으로 보인다. 내용상
약간의 부정합 현상이 나타나기는 하지만 전체를 하나의 장으로 이해
하는 데에는 별 무리가 없다.
　노자는 우선 '천지불인(天地不仁)'이라는 자연법칙을 선포한다. 불인
은 '어질지 않다' 또는 '사랑하지 않는다'라는 뜻이 아니다. 이것은 편애
하지 않음, 즉 개별 사물에 대해 호불호의 사사로운 감정을 품지 않는
것을 말한다. 천지는 만물을 낳아 주고 길러 주고 갈무리해 준다. 이러
한 천지의 작용은 인간의 관점에서 보면 대단한 은혜일 수 있다. 그러

나 천지의 입장에서 보면 거기에는 어떤 사사로운 감정도 개입되어 있지 않다. 햇빛을 비추거나 비를 내리는 것은 특별히 무엇의 생장을 돕거나 무엇을 해치기 위한 것이 아니다. 자연 자체의 원리에 따라 저절로 그러하게 운행하는 것에 불과하다. 즉 천지 자체는 무심하다. 그러므로 왕필은 이 구절을 다음과 같이 풀이했다. "천지는 스스로 그러함에 맡겨 인위도 없고 조작도 없으니, 만물 스스로 서로 다스리고 질서를 유지할 뿐이다. 그러므로 불인하다고 한다. 인한 자는 반드시 조작하여 세우고 베풀어 변화시키니, 은혜와 인위가 있게 된다. 조작하여 세우고 베풀어 변화시키면 사물이 본래의 모습을 잃어버리며, 은혜가 있고 인위가 있으면 사물을 모두 보존하지 못한다. 사물을 모두 보존하지 못하면 온전히 갖추어 싣기에 부족하다."[49] 결국 '천지불인'은 만물에 대해 개별적인 친소 관계가 없는 공평무사한 태도를 말한다. 그러므로 『장자』「제물론(齊物論)」 편에서 "진정 큰 인은 인하지 않다.〔大仁不仁〕"라 했고, 「경상초(庚桑楚)」 편에서도 "지극한 인은 친함이 없다.〔至仁無親〕"라 했다.

이처럼 천지는 불인하기에 모든 사물을 '추구(芻狗)'처럼 여긴다. 추구는 고대에 제사를 지낼 때 사용하던 짚으로 만든 개로, 제사를 지내기 전에는 정성스럽게 단장되고 공경히 모셔지지만 제사가 끝나면 아무 데나 버려진다. 더 이상 쓸모가 없으니 그것에 대해 특별한 관심이나 애정을 보일 일도 없다. 무심히 대할 뿐이다.

---

49  樓宇烈 校釋, 『王弼集校釋·上』, 13쪽, "天地任自然, 無爲無造, 萬物自相治理, 故不仁也. 仁者必造立施化, 有恩有爲. 造立施化, 則物失其眞. 有恩有爲, 則物不具存. 物不具存則不足以備載矣."

노자는 이러한 천지불인의 자연법칙을 본받아 성인 또한 백성을 다스릴 때 불인의 태도를 취해야 한다고 본다. 그러나 '천지불인'을 말하고 '성인불인(聖人不仁)'을 주장했다고 해서 노자가 인 자체를 부정했다고 볼 필요는 없다. 불인은 인 자체가 없는 무인(無仁)이 아니라 오히려 인의 공평한 시행을 말한다. 태양이 모든 사물에 골고루 햇빛을 비추어 주듯이, 비가 지상의 모든 초목에 고르게 내리듯이, 성인 또한 백성에게 고르게 덕을 베풀어야 한다. 이런 태도는 유가와 구별된다. 유가에서는 무엇보다도 인을 강조하지만 그 인은 친소가 있고 원근이 있는 차등적 인이다. 호수에 돌을 던지면 물결이 동심원을 그리면서 퍼져 나가듯이, 유가에서는 가까이 있는 사람부터 사랑하고 그 사랑을 다른 사람들에게로 넓혀 나가는 것이 '인지상정(人之常情)'이라 주장한다. 이른바 "친친이인민(親親而仁民)"[50]이다. 유가의 이런 태도는 필연적으로 편애를 불러들일 수밖에 없다.

그러면 국가 지도자는 어떻게 이런 편파적인 감정에서 벗어나 온 국민을 공평하게 대할 수 있을까? 여기에서 노자는 수양의 문제를 들고 나온다. 지도자가 공평무사한 마음을 유지하기 위해서는 마음을 비우는 수양에 힘써야 한다는 것이다.

이를 위해 노자는 다시 자연의 비유를 든다. 자연에서 그 수많은 사물들이 끝없이 생성되어 나올 수 있는 이유는 하늘과 땅 사이가 텅 비어 있기 때문 아닌가? 마치 풀무처럼 말이다. 천지는 그 사이가 텅 비어 있기 때문에 온갖 사물들이 산출되어 나오고, 풀무 또한 그 사이가

---

50 『맹자』, 「진심(盡心) 상」.

텅 비어 있기 때문에 바람이 끊임없이 불어 나온다. 마찬가지로 성인도 마음을 텅 비워 무심의 경지에 이르렀을 때 비로소 백성을 공평무사하게 대할 수 있다는 것이다. 국가 지도자 한 사람이 백성 모두에게 개인적인 관심과 사랑을 보일 수는 없는 일이다. 오히려 무심의 태도로 온 백성을 공정하게 대할 때, 지도자의 덕이 모든 백성에게 골고루 미치는 결과가 나오지 않겠는가?

결국 국가 지도자가 '천지불인'을 본받는 핵심은 '허(虛)'를 지키는 데 있다. 마음을 비우면 고요해지고, 고요해지면 무심의 상태에 이르게 되며, 무심해지면 모든 백성을 공평무사하게 대할 수 있다. 그러므로 노자는 마지막 구절에서 말한다. "많이 들어 박식하면 자주 막히게 되나니 차라리 고요함 지키는 것만 못하다.[多聞數窮, 不若守於中.]" 왕필본에는 이 부분이 "다언삭궁, 불여수중(多言數窮, 不如守中)"으로 되어 있어, 지도자의 말 많음을 경계하는 말로 이해된다. 반면 백서본에서는 잡다한 지식으로 인한 폐해를 경계하는 말이 된다. 사실 백서본에서 말하는 바는 궁극적으로 왕필본에서 말하려는 바와 통한다. 아는 게 많은 사람은 말이 많아지고, 말이 많아지다 보면 자주 곤란한 상황에 처하게 될 것이니 말이다. 그러므로 백서본이든 왕필본이든 모두 '중을 지킬 것', 즉 '수중(守中)'을 요구한다. 중의 의미에 대해서는 여러 가지 견해들이 제시되고 있지만,[51] 문맥상 내면의 고요함으로 보는 게 좋다. 요

---

51 첫 번째는 '마음[心]'으로 보는 견해로 장송여는 다음과 같이 말한다. "혹자는 말하길, 중(中)은 '마음'이라고 한다. …… 내심의 허정(虛靜)을 유지한다는 말이다. 이것은 바로 '많이 듣다[多聞]'에 대응하여 한 말이다." 두 번째는 '텅 비다[沖]'로 보는 견해로 엄영봉은 다음과 같이 풀이했다. "중 자는 아마 沖 자가 훼손된 모양인 것 같다. 즉 'γ'(고대에는 沖이 沖으로 쓰이기도 했다.) 변이 떨어져 나간 것을 교감하는 사람이 자세히

컨대 들은 게 많아 이것저것 아는 체하기보다는 고요히 침묵을 지키라는 충고다.


## 판본 비교

### 죽간본

■天陸(地)之旬(間), 其猷(猶)囷(橐)籰(籥)與! 虛而不屈, 逴(動)而愈出.

### 백서본

갑: 天地不仁, 以萬物爲芻狗. 聲(聖)人不仁, 以百省(姓)□□狗. 天地□間, □猶橐籥輿(與)! 虛而不湦(屈), 踵(動)而兪(愈)出. 多聞數窮, 不若守於中.

을: 天地不仁, 以萬物爲芻狗. 耵(聖)人不仁, □百姓爲芻狗. 天地之間, 其猷(猶)橐籥輿(與)! 虛而不湦(屈), 動而兪(愈)出. 多聞數窮, 不若守於中.

### 왕필본

天地不仁, 以萬物爲芻狗. 聖人不仁, 以百姓爲芻狗. 天地之間, 其猶橐籥乎! 虛而不屈, 動而愈出. 多言數窮, 不如守中.

살피지 못하고 中 자로 고쳤을 것이다. '중용을 지킨다(守中)'는 것은 대개 유가의 말이니 노자의 본의가 아니다." 세 번째는 '무위의 도'로 보는 견해로 장석창은 이렇게 말했다. "이 中은 곧 노자가 스스로 그 中正의 도, 즉 무위의 도를 말한 것이다."

### 죽간본과 백서본

백서본의 전반부에 해당하는 "天地不仁, 以萬物爲芻狗. 聖人不仁, 以百姓爲芻狗", 그리고 후반부의 "多聞數窮, 不若守於中"이 죽간본에는 없다. 이로 보아 두 구절은 후대에 첨가된 것으로 보인다. 애초에는 "天地之間, 其猶橐籥與! 虛而不屈, 動而愈出"만 있었는데, 백서본의 성립 시기에 이 구절 앞뒤로 두 구절이 새롭게 추가된 듯하다. 그 결과 전후 단락 사이의 연결에 매끄럽지 못한 면이 생겼다.

### 백서본과 왕필본

多聞數窮(백서본)

多言數窮(왕필본)

대부분의 전통본은 왕필본과 같다. 다만 수주본과 상이주본은 백서본과 같이 "다문삭궁(多聞數窮)"으로 되어 있고, 부혁본은 특이하게 "언다삭궁(言多數窮)"으로 되어 있다. 한편 고대 문헌 중 『문자』「도원(道原)」편에서는 백서본과 같은 구문을 인용한 반면, 『회남자』「도응(道應)」편에서는 왕필본과 같은 구문을 인용하고 있다.

'다언(多言)'과 '다문(多聞)' 사이에는 의미상 뚜렷한 차이가 있다. 다언은 '많이 말하다' 또는 '말이 많다'로서 언변의 유창함 또는 정령(政令)의 번다함을 뜻한다. 반면에 다문은 '많이 듣다', 즉 널리 아는 박식함을 뜻한다. 여기에서 다문은 지식과 관련되는 말로 볼 수 있는데, 『노자』에서는 지식에 대한 부정적 발언을 자주 발견할 수 있다. 가령 48장에서는 "학문에 힘쓰는 사람은 날마다 쌓아 가고, 도에 힘쓰는 사람은 날마다 덜어 낸다.〔爲學者日益, 聞道者日損.〕"라고 하고, 65장에서는 "백성을 다스리기 어려운 것은, 그들이 아는 게 많기 때문이다.〔民之難治也, 以其知也.〕"라고 말한다. 이처럼 노자는 '지식'을 부정적으로 본 까닭에 3장에서 "백성을 늘 무지 무욕하게 만들고, 저 안다고 하는 자들이 감히 나서지 못하게 하라.〔恒使民无知无欲也, 使夫知不敢弗爲而已〕"라고 했고, 10장에서는 "백성을 아끼고 나라를 다스림에 있어, 지식으로 하지 않을 수 있는가?〔愛民栝國, 能毋以知乎?〕"라고 했으며, 궁극적으로는 64장에서처럼 "배우지 않음을 배움〔學不學〕"을 꿈꾸었다. 따라서 『노자』 사상의 전체 맥락으로 보자면 백서본의 '다문삭궁'이 보다 적합하다고 할 수 있다.

# 6장

# 계곡의 신은 죽지 않는다

계곡의 신은 죽지 않으니
이를 일러 '신비한 암컷'이라 한다.
신비한 암컷의 문,
이는 곧 천지 만물의 근원.
끊어질 듯 끊어질 듯 이어지네,
아무리 써도 다함이 없다.


谷神不死
是謂玄牝.
玄牝之門
是謂天地之根.
緜緜兮, 若存
用之不勤.

이 장에서는 도의 무한한 생성 능력과 그 작용을 '계곡'에 비유해 노래하고 있다.

"곡신불사(谷神不死)." 직역하면 '계곡의 신은 죽지 않는다.'가 된다. 그러나 여기에서 말하는 '신'은 어떤 실체로서의 신이 아니다. 계곡에 머무는 어떤 신을 가리키거나 계곡 자체를 신으로 비유하는 말도 아니다. 여기서는 계곡의 신비한 작용을 신으로 표현하고 있다. '곡'의 의미는 두 가지 측면에서 살펴볼 수 있다. 첫째, '여성의 생식기'를 상징하는데, 이는 계곡의 외형이 그것과 닮았기 때문이다. 둘째, '텅 비어 있음'의 뜻으로, 앞의 4장에서 '충(盅)'으로 표현되었던 '도'를 가리킨다. 이러한 두 가지 측면의 '곡'은 모두 '생성 작용'과 관련이 있다. 여성의 생식기는 자식을 생산하고, 도는 만물 생성의 본원이기 때문이다. 결국 '곡'이 상징하는 것은 도의 생성 작용이라 할 수 있다. 그리고 '신'은 이러한 생성 작용의 미묘함과 신비로움을 형용하는 말이라고 할 수 있다.

'현빈(玄牝)'은 '곡신'의 또 다른 이름이다. 소철은 "곡신이라 칭하는 것은 그것의 덕(德)을 말하는 것이고, 현빈이라 칭하는 것은 그것의 공(功)을 말하는 것이다."[52]라며 곡신과 현빈의 의미를 따로 구분하지만, 사실 이것들은 그렇게 구별될 수 없다. 도의 신묘한 생성 작용을 계곡에 비유한 말이 곡신이고, 암컷에 비유한 것이 현빈이기 때문이다.

'면면(綿綿)'은 본래 물레에 목화솜을 넣고 돌리면 그것이 가느다란 실이 되어 나오는 모습을 가리키는 말이다. 여기에서는 계곡물이 졸졸거리며 흘러내리는 모습을 표현한 말이다. 계곡의 물은 수량은 많지 않

---

[52] 焦竑, 앞의 책, 11쪽. "謂之谷神, 言其德也. 謂之玄牝, 言其功也."

지만 끊기는 경우가 없으며, 온갖 초목 생성의 원천이다. 이 점에 대해 왕필은 다음과 같이 말한다. "있다고 말하고자 하나 그 형체를 볼 수 없고, 없다고 말하고자 하나 만물이 그것을 통해 생겨난다. 그러므로 '끊어질 듯 끊어질 듯 이어진다'고 말한다."[53]

'근'(勤)의 의미에 대해서는 옛날부터 다양한 견해들이 제시되어 왔다. 우선 하상공과 왕필은 모두 '수고롭다[勞]'로 풀이했다. 이 경우 "용지불근(用之不勤)"은 '아무리 사용해도 수고롭지 않다.'가 된다. 반면 고형은 『회남자』, 『문자』, 『안자(晏子)』 등의 문헌에 근거해 '근'은 진(盡), 즉 '다하다'의 의미로 해석해야 한다고 주장했다. 그런데 이 장에서 묘사하는 대상은 계곡이다. 따라서 근의 의미 역시 계곡의 작용, 구체적으로는 계곡의 물과 관련해 이해해야 할 것이다. '근'은 갈(渴), 고갈의 뜻으로 해석하는 것이 타당하며, 이는 고형이 말하는 '진'의 의미와도 가깝다.

계곡은 텅 비어 있다. 산봉우리들은 우뚝우뚝 솟아 자기 모태를 뽐내지만 계곡은 아래 다소곳이 엎드려 있다. 자신을 텅 비운 채 낮은 곳에 머물러 있기에 온갖 것들이 모여든다. 갖은 초목과 짐승 그리고 갈길 잃고 헤매는 조각 바람까지 계곡의 품으로 모여들고 편안히 깃들인다. 특히 아침저녁의 안개와 이슬, 흩어지는 빗방울들이 계곡으로 스며들어 기나긴 생명의 여정을 준비한다. 계곡물은 산을 지나고 들판을 지나면서 주변의 온갖 동식물들에게 생명수를 제공한다. 여기에 바로 계곡의 위대함과 현묘함이 깃들어 있다.

---

53 樓宇烈 校釋, 앞의 책, 17쪽, "欲言存邪, 則不見其形, 欲言亡邪, 萬物以之生. 故綿綿若存也."

이러한 계곡의 모습에서 노자는 여성을 보았다. 계곡은 '빔', '낮춤', '드러내지 않음', '음(陰)', '생성 작용' 등의 성질을 가지며 이것들은 곧 여성 고유의 특성이기 때문이다. 여기에서 더 나아가 노자는 계곡에서 '우주의 자궁'을 보았다. 계곡과 여성이 지닌 생성 작용에서 우주 만물의 생성 원리를 파악한 것이다. 때문에 노자는 "이는 곧 천지 만물의 근원"이라고 말한다. 우주 만물이 하늘이나 땅이 아니라 계곡에서 시작한다고 보는 것이다.

## 판본 비교

### 백서본

갑: 浴(谷)神□死, 是胃(謂)玄牝. 玄牝之門, 是胃(謂)□地之根. 緜緜呵若存, 用之不堇(勤).

을: 浴(谷)神不死, 是胃(謂)玄牝. 玄牝之門, 是胃(謂)天地之根. 緜緜呵其若存, 用之不堇(勤).

### 왕필본

谷神不死, 是謂玄牝. 玄牝之門, 是謂天地根. 緜緜若存, 用之不勤.

몇몇 글자가 다른 것 외에는 별 차이가 없다.

# 7장

# 천지가 영원할 수 있는 까닭은?

천지는 영원하다.
천지가 영원할 수 있는 까닭은
'나'를 고집하지 않기 때문이다.
그러므로 영원할 수 있다.

따라서 성인은
자기 몸을 뒤서게 하지만 오히려 앞서게 되고
자기 몸을 도외시하지만 오히려 잘 보존된다.
이는 '나'를 주장함이 없기 때문 아닌가?
'나'를 주장하지 않기에 '나'를 이룰 수 있다.


天長地久.
天地之所以能長且久者

以其不自生也
故能長生.

是以聖人
退其身而身先
外其身而身存.
不以其无私與?
故能成其私.


　'나'를 고집함이 없는 천지자연의 모습을 통해, 세상을 다스리는 위정
자의 바람직한 태도에 대해 노래하고 있다.
　"천장지구(天長地久)." '장'은 공간성을 나타내고, '구'는 시간성을 나타
낸다. 따라서 의미 구조에 따른 정확한 표현은 '천구지장'이라야 한다.
그런데 노자는 왜 '천장지구'라고 했을까? 이 점에 대해 북송 시대의 유
명한 『노자』 주석가 여길보는 다음과 같이 해명한다. "장(長)과 단(短)
은 형체에 관한 것이요, 구(久)와 근(近)은 시간에 관한 것이다. 천(天)
은 시간으로 운행하는 것인데, 형체에 관한 것이 부족함을 싫어하여 장
(長)으로 말한 것이다. 지(地)는 형체로 운행하는 것인데 시간에 관한
것이 부족함을 싫어하여 구(久)로 말한 것이다."[54] 본래 천은 시간적이요
지는 공간적인데, 천은 공간성이 부족할까 염려하여 '장'이라 표현했고,

---

54　焦竑, 앞의 책, 12쪽, "長短形也. 久近時也. 天以時行者也. 嫌不足于形, 故以長言
　　之. 地以形運者也. 嫌不足于時, 故以久言之."

지는 시간성이 부족할까 염려하여 '구'라고 표현했다는 것이다. 요컨대 '천장지구'는 하늘과 땅의 상관성을 강조하는 표현으로 볼 수 있다. 하늘은 땅이 있어야 하늘이 될 수 있고, 땅은 하늘이 있어야 땅이 될 수 있다. 즉 음이 있어야 양이 있을 수 있고, 양이 있어야 음이 될 수 있는 것과 같다. 따라서 "하늘이라는 시간 속에 땅이라는 공간이 들어 있고, 땅이라는 공간 속에 하늘이라는 시간이 들어 있다."[55]고 말할 수 있다. 하늘과 땅은 상호 간섭적인 관계, 즉 서로 긴밀히 연결된 관계에 있다는 것이다. 이게 바로 천지자연의 근본 이치이다.

천지는 영원하다. 물론 자연 과학의 측면에서 보면 하늘과 땅도 영원하지는 않지만, 적어도 유한한 우리 인간의 시간에서 보면 천지는 영원한 것으로 여겨진다. 그러면 이처럼 천지가 영원할 수 있는 이유는 무엇인가? 노자는 천지에는 '나'에 대한 의식 또는 사사로움이 없기 때문이라고 본다. 천지자연에는 나를 드러내고 높이고 앞세우고 나만 잘 살겠다는 자기애적 의식이 없기 때문이라는 것이다. 이 점에 대해 소철은 다음과 같이 설명한다. "천지는 만물을 생성할 뿐 자신을 생성하지 않으며 만물의 밖에 서 있다. 그러므로 길이 존재할 수 있는 것이다. …… 만약 천지가 사물들과 '생(生)'을 경쟁하고 성인이 백성과 '얻음〔得〕'을 다툰다면, 천지 또한 하나의 사물에 불과하고 성인 또한 한 사람의 백성에 불과할 뿐이다."[56]

성인은 바로 이런 천지의 모습을 닮기에 자신을 뒤로 물리고 돌보지

---

55　김용옥, 『노자와 21세기』 하, 14쪽.
56　焦竑, 앞의 책, 12쪽, "天地生物而不自生, 立于萬物之外, 故能長生. …. 如使天地與物競生, 而聖人與人爭得, 則天地亦一物耳, 聖人亦一人耳."

않는다. 성인, 즉 훌륭한 통치자는 비록 '왕'이라는 높은 지위에 있지만 백성들에게 자신의 권위를 내세우거나 백성들 앞에 나서 자신의 위대함과 잘남을 드러내지 않는다. 성인 또한 '나'에 대한 의식이 없기 때문이다. 천지가 '나'에 대한 의식, 즉 사사로움이 없듯이 성인 또한 '나'를 주장하거나 '나'만을 위한 행위를 하지 않는다. 이러한 낮춤의 태도 덕분에 성인은 오히려 사람들의 지도자로 받들어지고 보존된다. 이는『노자』66장에서 말하듯이 '위에 있어도 백성이 무겁게 여기지 않고, 앞에 있어도 해롭게 여기지 않기"[57] 때문이다.

예수도 이와 비슷한 말을 했다. "누구든지 자기를 높이는 자는 낮아지고 누구든지 자기를 낮추는 자는 높아지리라."(마태복음 23:12) 요컨대 '나를 주장하지 않기 때문에 나를 이룰 수 있다'는 말이다.

나를 주장하지 않기에 나를 이룰 수 있다는 말에서 뒤의 '나'는 앞의 '나'와 차원이 다르다. 앞의 '나'가 상대적인 '나'라면, 뒤의 '나'는 절대적인 '나'다. 절대적인 '나'에는 유와 무, 공과 사, 절대와 상대가 모두 포함된다. 동시에 그것은 이러한 모든 상대적인 것들로부터 벗어난 '나'이며 무차별의 '나'다. 불교식으로 말하자면, 전자는 '소아(小我)'고 후자는 '대아(大我)'다. 싯다르타는 '소아'를 버리고 '대아'로 나아가라고 했다. 그는 마치 파도가 부서져 거대한 바닷물로 돌아가듯이, 유한한 껍데기에 갇혀 있는 작은 나에서 벗어나 대우주 속의 나로 돌아가길 바랐다. 노자 또한 개인적인 이익에 집착하는 '작은 나'를 버리고, 너와 나, 공과 사 모두를 끌어안는 '큰 나'를 성취하기를 권유한다.

---

57 "聖人處上而民不重, 處前而民不害."

## 판본 비교

### 백서본

갑: 天長地久. 天地之所以能 □ 且久者, 以其不自生也, 故能長生. 是以聲(聖)人芮(退)其身而身先, 外其身而身存. 不以其无 □ 輿(與)? 故能成其私.

을: 天長地久. 天地之所以能長且久者, 以其不自生也, 故能長生. 是以耶(聖)人退其身而身先, 外其身而身存. 不以其无私輿(與)? 故能成其私.

### 왕필본

天長地久. 天地所以能長且久者, 以其不自生, 故能長生. 是以聖人後其身而身先, 外其身而身存. 非以其無私耶? 故能成其私.


'퇴기신(退其身)'과 '후기신(後其身)'의 차이, '불이기무사여(不以其无私輿)'와 '비이기무사사(非以其無私耶)'의 차이가 보인다. 일부 글자가 서로 다르기는 하지만 의미상 별 차이는 없다.

# 8장

# 선한 사람은 물과 같다

선하디선한 사람은 물과 같다.
물은 만물을 이롭게 하면서도 고요히 드러나지 않고
남들이 싫어하는 곳에 머문다.
그러므로 물은 도에 가깝다.

행동거지는 땅처럼 낮고
마음은 연못처럼 깊으며
베풂은 하늘처럼 두루 미치고
말은 반드시 미더우며
정치는 잘 다스리고
일은 능숙하게 처리하며
움직임은 때에 잘 따른다.

오직 다투지 않으니

이 때문에 허물이 없다.


上善如水.
水善利萬物而有靜
居衆人之所惡
故幾於道矣.


居善地, 心善淵
予善天, 言善信
政善治, 事善能
動善時.


夫唯不爭
故无尤.


　물의 비유를 통해 참된 지도자가 갖추어야 할 품성에 대해 노래하고
있다.
　노자의 사유 체계에서 최고의 이념은 도다. 그러나 도는 너무 추상적
이고 모호하다. 그래서 노자는 도를 대체하거나 도에 비유할 수 있는
대상들을 찾았고, 그 결과 『노자』에 등장하게 된 것이 바로 물, 갓난아
이, 여성의 3대 메타포다. 이 셋 중 으뜸은 단연코 물이다. 물은 자연

질서를 표상하는 대표적 사물이기 때문이다.

자연 질서는 '흐름'으로 나타나는데 물의 움직임은 바로 흐름이다. 시냇물이 흐르듯이 시간도 흐르고 바람도 흐르고 우리 인생도 흐른다. 흐름은 리듬을 탄다. 부드럽고 유연하게 자연의 음악에 맞추어 우아한 춤을 춘다. 때로는 사나운 리듬에 따른 광폭한 춤도 추지만 대개는 부드러운 곡선의 리듬에 맞추는 유연한 춤이다. 그러한 유연한 자연의 흐름을 노자는 '무위'라 표현했다. 자연의 흐름은 무위이고, 무위의 리듬을 대표하는 사물이 바로 물이다. 인간 사회에서 '선한 사람'은 바로 이러한 우주 자연의 흐름을 체득하고 실천하는 이다. 그러므로 "선하디선한 사람은 물과 같다."라고 말하는 것이다.

공자도 일찍이 물에 대해 언급한 적이 있다. "흘러감이 이와 같구나! 밤낮 쉬지 않고 흘러가네."[58] 공자는 쉼 없이 흘러가는 물을 통해 변화를 보았다. 강물이 밤낮을 가리지 않고 흘러가듯이 우리네 인생도 그와 더불어 쉼 없이 흘러가며 변화의 물결을 따른다. 이것이 공자가 물을 통해 깨달은 만물의 이치다.

그러나 노자는 물에서 낮춤의 모습을 보았다. 물은 만물에게 이로움을 주지만 그것을 내세우거나 뽐내지 않으며 낮은 곳을 향해 흘러간다. 하상공이 말하듯이 "사람들은 낮고 습한 곳, 더럽고 탁한 곳을 싫어하지만, 물은 홀로 조용히 흘러가 그런 곳에 머무른다."[59] 불은 위로 타오르지만 물은 항상 아래로 내려간다. 불은 만나는 모든 대상을 태워 없애지만 물은 만나는 모든 사물에 생명을 주고 윤기를 준다.

---

58 『논어』, 「자한(子罕)」. "逝者, 如斯夫! 不舍晝夜."
59 이석명 역주, 앞의 책, 84쪽. "衆人惡卑濕垢濁, 水獨靜流居之矣."

물의 이러한 모습에서 노자는 '도'의 그림자를 보았다. 만물을 이롭게 하면서도 그 공을 소유하지 않는 무소유의 모습에서, 높은 곳에서 낮은 곳으로 흐르는 낮춤의 행위에서, 남들이 싫어하는 낮고 더러운 곳에 기꺼이 머무는 겸허의 자세에서 도의 흔적을 발견한 것이다. 그래서 노자는 '물은 도에 가깝다'고 선언하는 것이다.

'도에 가깝다〔幾於道〕'는 말은 도와 물 사이의 미묘한 관계를 표현한다. 왕필은 이에 대해 이렇게 설명한다. "도는 무이고 물은 유이다. 그러므로 '가깝다'고 말하는 것이다."[60] 물은 어디까지나 도를 설명하기 위한 하나의 수단적 사물에 불과하다. 비록 물이 도의 특성을 많이 갖고 있다고는 하나, 물로 도 자체를 설명할 수는 없다. 물은 근본적으로 유한한 사물의 속성을 벗어날 수 없는 반면, 도는 한계 지을 수 없는 '무엇'이기 때문이다. 그러므로 '가깝다'고 표현할 수밖에 없는 것이다.

"거선지(居善地)" 이하 일곱 구절은 물의 덕성을 지닌 지도자의 모습을 그리고 있다.

물을 닮은 사람은 그 삶의 태도가 늘 땅처럼 낮고 겸손하다. 물이 낮은 곳을 찾아 흘러가듯이, 땅 역시 낮은 곳에 머물면서 말없이 뭇 생명들을 키워 낸다. 참된 지도자는 물처럼 혹은 땅처럼 자신을 낮춘 채 묵묵히 대중을 위해 희생하고 봉사한다. 그러면서도 그 공을 내세우지 않는다.

물을 닮은 사람은 그 마음 씀이 연못처럼 깊고 고요하다. 연못은 수심이 깊을수록 흔들림이 적다. 거센 바람이 불고 폭우가 쏟아져도 깊은

---

60  樓宇烈 校釋, 앞의 책, 20쪽. "道無水有, 故曰'幾'也."

연못 속은 일체의 흔들림 없는 절대 고요를 유지한다. 이러한 연못처럼 참된 지도자의 마음도 그 어떤 외풍에도 일체의 흔들림 없이 항상 평상심을 유지한다.

물을 닮은 사람은 그 베풂이 하늘처럼 공평하다. 하늘, 즉 자연은 만물을 생성하고 기르지만 그 과정에 일체의 사사로움이 없다. "천지불인(天地不仁)"이라 했듯이 자연은 모든 사물에 사랑을 골고루 베푼다. 이와 마찬가지로 참된 지도자는 개인적인 감정에 좌우되지 않고 항상 공평무사한 태도로 대중을 대한다.

물을 닮은 사람은 말을 하면 반드시 지킨다. 물은 빈 곳이 없으며 흘러가다가 웅덩이 같은 파인 곳을 만나면 그 빈 곳을 다 채운 이후에 행로를 이어간다. 이러한 물의 모습처럼 참된 지도자는 그 언행에 빈 곳이 없다. 말을 하면 반드시 책임을 지고 실천한다. '참말'의 반대는 '거짓말'이 아니라 '빈말'이듯이,[61] 지도자의 말에는 조금도 빈 곳이 없어야 한다.

물을 닮은 사람은 일처리가 능숙하다. 물은 그 감촉이 부드럽고 그 흐름이 유연하다. 이러한 부드러움과 유연함의 덕성을 체득한 지도자는 일처리가 매끄럽고 원활하다. 또한 자연의 이치를 파악하여 무위로 행위하기에 일처리에 무리함이 없다.

물을 닮은 사람은 그 움직임이 때에 맞는다. '때에 맞는다'는 것은 변화에 따라 적절히 움직인다는 의미다. 물은 자신을 고집하지 않고 주어지는 형세와 변화에 적절히 대응한다. 둥근 그릇에 담기면 둥글어지고,

---

**61** 장일순, 『노자 이야기』 상, 120쪽.

네모난 그릇에 담기면 네모나지며, 길쭉한 그릇에 담기면 길쭉해진다. 또한 물은 평지에서는 잔잔하게 흐르지만 경사진 곳은 거세게 흐른다. 이러한 물처럼 참된 지도자는 주변 형세와 변화를 잘 파악하여 거기에 적절히 대응한다. 이런 지도자의 정치는 원활할 것이고 다스림은 순조로울 것이다. 또한 이런 지도자는 누구와 함께해도 결코 다투는 일이 없을 것이니 그 어떤 허물도 남기지 않을 것이다.


## 판본 비교

### 백서본

갑: 上善治(似)水. 水善利萬物而有靜[62], 居衆之所惡, 故幾於道矣. 居善地, 心善沖肅(淵), 予善信, 正(政)善治, 事善能, 躍(動)善時. 夫唯不靜(爭), 故无尤.

을: 上善如水. 水善利萬物而有爭(靜[63]), 居衆人之所亞(惡), 故幾於道矣. 居善地, 心善淵, 予善天, 言善信, 正(政)善治, 事善能, 動善時. 夫唯不爭, 故无尤.

---

62 백서 정리조는 '고요하다'라는 의미의 정(靜)을 '다투다'라는 의미의 쟁(爭)으로 해독한다. 그러나 이렇게 읽으면 마지막 구절의 "夫唯不爭, 故無尤"와 모순이 되므로 원문대로 靜으로 읽는다.

63 백서 갑본과 맞추기 위해 爭을 靜으로 해독한다.

**왕필본**

上善若水. 水善利萬物而不爭, 處衆人之所惡, 故幾於道. 居善地,
心善淵, 與善仁, 言善信, 正善治, 事善能, 動善時. 夫唯不爭, 故無尤.

1. 水善利萬物而有靜(백서갑)

　水善利萬物而不爭(왕필본)

전통본은 대부분 왕필본과 같다. 이 부분에 백서 정리조는 다음과
같이 주를 달았다. "을본 또한 '유쟁(有爭)'으로 되어 있는데, 현행본은
'부쟁(不爭)'으로 되어 있어 의미가 완전히 상반된다. 아래 문장도 '부
유부쟁, 고무우(夫唯不爭, 故無尤)'인 것으로 볼 때 현행본이 옳은 것 같
다."[64] 이 설명대로라면 백서본의 '유정(有靜)'과 '유쟁(有爭)'은 모두 잘못
베낀 글자다. 과연 그런가?

여기에서 우리는 백서본을 우리에게 익숙한 왕필본에 맞추어 고치
기보다, 먼저 백서본 원문 자체의 의미가 통하는지부터 검토해 보아야
한다. 백서 갑본의 "수선이만물이유정(水善利萬物而有靜)"을 원문 그대
로 해석해 보면 '물은 만물을 잘 이롭게 하면서도 고요하다.'가 된다. 사
람들은 남에게 이익이나 도움을 주면 그것을 밖으로 요란하게 드러내
고 싶어 한다. 그러나 고요함을 본성으로 하는 물은 비록 만물을 이롭
게 하더라도 그것을 밖으로 잘 드러내지 않는다. 이는 자연계에서 물의
특성, 즉 만물이 생존하는 바탕으로 작용하면서도 항상 고요함을 잃지
않는 본질적 특성을 잘 묘사한 말로 볼 수 있다. 따라서 백서본의 이

---

64 『馬王堆漢墓帛書·壹』, 14쪽, 주 15.

구절은 굳이 '不爭'으로 고치지 않고 '有靜' 그대로 읽어도 의미가 통한다.[65] 한편 고문에서 정(靜)과 쟁(爭)이 통용되었으므로 을본의 '有爭'은 갑본과 같이 '有靜'으로 읽을 수 있다. 왕필본의 경우 물의 특성을 보다 명확히 드러내기 위해 '有靜'을 비슷한 뜻의 '不爭'으로 고쳤을 수 있다. 혹은 靜을 모양이 비슷한 爭으로 잘못 읽고, 문장 앞뒤의 의미가 모순되자 有를 不로 고쳤을 수도 있다.

2. 予善天(백서을)
　　與善仁(왕필본)

백서본이 더 타당하다. 백서 을본의 "여선신(予善天)"은 "하늘처럼 말없이 잘 베푸나 그 보답을 바라지 않는다."라는 뜻으로 노자 사상과 잘 어울린다. 그러나 왕필본의 "여선인(與善仁)"은 노자의 '천지불인' 사상과 모순된다.

---

65 왕필본의 '不爭'에 내재된 의미도 '有靜'의 의미 안에 담을 수 있다. 다투지 않으면 고요하기 때문이다.

## 9장

# 공이 이루어지면 물러나라

늘리고 채우기보다는 적절할 때 멈추는 게 낫고
쇠를 불려 날카롭게 하면 오래도록 보존할 수 없으며
금과 옥이 방에 가득하면 아무도 지켜 낼 수 없고
부귀하면서 교만하면 스스로 허물만 남길 뿐이다.
공이 이루어지면 물러나는 게 천지자연의 이치다.


殖而盈之, 不若其已.
揣而銳之, 不可長葆也.
金玉盈室, 莫之能守也.
貴富而驕, 自遺咎也.
功遂身退, 天之道也.

이 장의 핵심은 마지막 구절 "공수신퇴(功遂身退)", 즉 "공이 이루어지면 물러난다."에 있다. 이는 노자가 늘 강조하는 낮춤의 도리로, 2장의 "공을 이루어도 거기에 머무르지 않는다.", 34장의 "공을 이루고 일을 완수하여도 그 명예를 소유하지 않는다.", 77장의 "성인은 행위하고도 공을 소유하지 않고, 공을 이루고도 거기에 머무르지 않는다." 등과 같은 맥락을 지닌다.

낮춤의 도리는 자연계에서 가장 잘 드러난다. 봄은 만물을 소생시키고 꽃을 피우고 나면 여름에 자리를 양보하고 물러난다. 여름 또한 자기 일을 마치면 가을에, 가을은 다시 겨울에, 겨울은 다시 봄에 자리를 물려주고 미련 없이 떠난다. 이처럼 공이 이루어지면 뒤로 물러나는 게 천지자연의 늘 그러한 이치이다. 노자는 이러한 이치를 인간사에 적용하여 다음 네 가지 사례를 통해 설명한다.

첫째, "늘리고 채우기보다는 적절할 때 멈추는 게 낫다.〔殖而盈之, 不若其已.〕"

자연의 도는 비움과 균형을 지향하지만 인간의 도는 채움을 지향한다. 사람들은 채우고 채워 가득 차고 흘러넘쳐도 여전히 채우는 행위에 몰두한다. 재물로 곳간을 가득 채우고, 갖가지 정보와 지식으로 머리를 가득 채우며, 온갖 재능으로 자기 경력을 가득 채운다. 그러나 이런 것들은 거꾸로 자신을 해치는 재앙의 씨앗이 될 수 있다. 재물이 많으면 강도를 당하거나 도둑이 몰려들 수 있고, 정보와 지식이 많으면 잔머리 굴리느라 머리가 복잡해지며, 재능이 많으면 여기저기 불려 다니느라 피곤해진다.

둘째, "쇠를 불려 날카롭게 하면 오래도록 보존할 수 없다.〔揣而銳之,

不可長葆也。〕"

날카로운 상태, 즉 정점에 이른 상태는 오래 유지될 수 없다. "극즉반(極則反)"이라고 하듯이 어느 상태가 정점에 이르면 그 반대 방향으로 흘러가게 마련이다. 숫돌에 칼을 계속 갈다 보면 어느 순간 오히려 더 무뎌진다. 또한 날카로운 상태는 결국 자기 자신을 해치게 된다. 날카로운 창끝이나 예리한 칼날은 주변 사물과 자주 부딪치고 마찰을 일으키므로 금방 상한다. 사람 또한 마찬가지다. 신경이 날카로운 사람은 사소한 일에도 예민하게 반응하고 쉽게 화를 낸다. 그 결과 주변 사람들과 잦은 갈등을 일으키고 결국 자신도 상처를 입는다. 성현영은 이 점을 탐욕 추구와 결부하여 다음과 같이 말한다. "심지(心智)를 갈고닦아 오로지 탐욕스럽게 구하는 일에 몰두한다면 그 해로움이 전쟁보다 심하여 만물이 모두 나와 원수가 될 것이다."[66]

셋째, "금과 옥이 방에 가득하면 아무도 지켜 낼 수 없다.〔金玉盈室, 莫之能守也。〕"

집 안에 많은 재물을 쌓아 두면 강도가 들지 않을까 노심초사하게 된다. 그래서 많은 돈을 들여 온갖 보안 장치를 집 구석구석에 설치해 보지만 도둑은 어떻게든 재물을 훔쳐 달아난다. 성현영은 또 다음과 같이 말한다. "욕심이 심하면 정신이 피곤하고, 재산이 많으면 몸이 힘들어진다. 몸과 마음이 이미 고단하면 아무도 그것들을 지킬 수 없다. 또한 쌓아 두기만 하고 베풀 줄 모르면 반드시 큰 도둑을 불러들이게 될 것이니, 안으로는 근심 걱정이 늘어나고 밖으로는 나를 지켜 주는

---

**66** 蒙文通 輯校,「道德經義疏」,『道書輯校十種』, 393쪽. "揣磨心智, 唯欲貪求, 其爲傷害, 甚於戈戟, 物我皆讎."

울타리들이 점차 사라진다. 그 결과 몸은 죽고 재산은 흩어진다."[67]

넷째, "부귀하면서 교만하면 스스로 허물만 남길 뿐이다.〔貴富而驕, 自遺咎也.〕"

부와 귀는 모두 사람들이 간절히 바라는 바다. 그러나 사람은 부귀를 얻으면 교만해지기 쉽다. 마치 처음부터 부자였던 것처럼, 처음부터 고귀한 존재였던 것처럼 남을 무시하고 깔보게 된다. 그러면 부귀는 얻었을지 모르지만 사람의 마음을 잃게 된다. 이것이 곧 부귀가 불러오는 재앙이다. 이 점에 대해 하상공은 다음과 같이 말한다. "무릇 부유하면 가난한 사람을 구제해야 하고, 존귀하면 미천한 사람들을 가엾게 여겨야 한다. 그런데 오히려 스스로 교만하고 방자하면 반드시 재앙과 해를 입게 된다."[68]

이상에서 말하는 '가득 채움〔盈〕', '날카롭게 함〔銳〕', '가득함〔滿〕', '부귀'는 모두 극에 달한 상태를 가리킨다. 밀물이 들면 썰물이 지오듯이 극에 이른 것은 항상 그 반대 방향으로 진행하기 마련이다. 40장에서 말하듯이 "되돌아감이 도의 운동 방향〔反也者, 道之動也〕"이기 때문이다. 소철은 다음과 같이 말한다. "해가 중천에 이르면 기울고 달이 차면 이지러지며, 사계절은 번갈아 움직여 공을 이룬 것은 떠나간다. 천지자연도 그러하거늘 하물며 인간이야!"[69]

---

67  같은 글, "欲甚神倦, 財富形勞, 心身旣困, 莫能守也. 又積不能散, 必招巨盜, 內懷憂戚, 外周樓疏, 身死財泮."

68  이석명 역주, 앞의 책, 89쪽. "夫富當賑貧, 貴當矜賤. 而反自驕恣, 必被禍害."

69  焦竑, 앞의 책, 14쪽. "日中則移, 月滿則虧, 四時之運, 成功者去. 天地尙然, 而況于人乎!"

## 판본 비교

### 죽간본

갑: ■朱(殖)而涅(呈)之, 不不[70]若已. 湍而羣之, 不可長保也. 金玉涅(呈)室, 莫能獸(守)也. 貴福喬(驕), 自遺咎也. 攻(功)述(遂)身退, 天之道也.

### 백서본

갑: 植(殖)而盈之, 不□□□. □□□之□之, □可長葆之. 金玉盈室, 莫之守也. 貴富而馹敫(驕), 自遺咎也. 功述(遂)身芮(退), 天□□□.

을: 植(殖[71])而盈之, 不若其已. 掜(揣)而兌[72](銳)之, 不可長葆也. 金玉盈室, 莫之能守也. 貴富而驕, 自遺咎也. 功遂身退, 天之道也.

### 왕필본

持而盈之, 不如其已. 揣而梲之, 不可長保. 金玉滿堂, 莫之能守. 富貴而驕, 自遺其咎. 功遂身退, 天之道.

---

70 不 자 하나는 불필요하게 첨가된 글자인 것 같다.
71 백서 정리조는 지(持) 자로 해독한다. 을본에서도 마찬가지다.
72 『馬王堆漢墓帛書』에서 백서 정리조는 윤(允) 자로 해독한다. 그러나 여기에서는 고명의 주장에 따라 예(兌)로 읽는다. 高明, 『帛書老子校注』, 259쪽 참조.

## 죽간본과 백서본

1. 殖而涅(呈)之(죽간본)

   殖而盈之(백서을)

정(呈)과 영(盈)의 차이가 보인다. 呈은 '드러내다', 盈은 '가득 차다'의 뜻으로 서로 다르다. 뒤에 나오는 죽간본의 "금옥정실(金玉涅(呈)室)"과 백서본의 "금옥영실(金玉盈室)"도 마찬가지다. 죽간본 정리조는 죽간본의 영(涅) 자를 백서본에 근거해 盈 자로 해독하고 있으나 그 근거가 미약하다. 涅은 그 형태상 呈에 더 가깝다.


2. 湍而羣之, 不可長保也(죽간본)

   揣而銳之, 不可長葆也(백서을)

『설문해자』에 "단(湍)은 빠른 여울이다.〔湍, 疾瀨也〕"라고 했다. 그리고 『회남자』「설산(設山)」편에 "벼는 물에서 생겨나지만 빠르게 흐르는 여울에서는 살 수 없다.〔稻生於水 而不能生於湍瀨之流.〕"라는 구절이 있는데, 여기에 "단은 빠른 물이다.〔湍, 急水也.〕"라는 주가 달려 있다. 즉 죽간본의 단(湍)은 '여울' 또는 '급류'를 뜻하므로 죽간본의 "단이군지, 불가장보지(湍而羣之, 不可長保也)"는 "여울처럼 급하고 한꺼번에 흐르는 물은 오래 보존될 수 없다."라는 뜻이 된다. 이는 23장의 "거센 바람도 아침 내내 불지 못하고, 소나기도 하루 종일 내리지 못한다.(飄風不終朝, 暴雨不終日)"와 통하는 말로, 백서본의 의미와는 거리가 있다. 백서본의 "췌이예지, 불가장보야(揣而銳之, 不可長葆也)"는 일반적으로 "쇠를 불려 날카롭게 하면 오래도록 보존할 수 없다."고 풀이되기 때문이다.(왕필본의 경우도 마찬가지다.) 백서본의 '췌이예지(揣而銳之)'는 죽간본의 '단이군지(湍而羣之)'를 오독하여 잘못 고친 것으로 보인다. 우선 단(湍)을 글자 형태가 비슷한 췌(揣)로 오독했을 것이고, 이후 군(羣) 자 역시 '불리다'라는 의미의 췌(揣)와 의미가 통하는 '날카롭게 하다'라는 뜻의 예(銳)로 고쳤을 것이다.

3. 貴福喬(驕), 自遺咎也(죽간본)
　　貴富而驕, 自遺咎也(백서을)

우선 복(福)과 부(富)의 차이가 보인다. 『예기』「교특생(郊特牲)」에 "부라는 것은 복이다.〔富也者, 福也.〕"라는 말이 나온다. 즉 고대 중국인들은 富를 福과 동일시했던 것으로 보인다. 따라서 죽간본의 福과 백서본의 富는 실질적으로 같은 의미가 된다.

다음으로 어조사 이(而)의 유무다. 이는 사실 별 차이가 아닐 수 있다. 죽간본도 '귀복(貴福)'과 '교(驕)' 사이에 어조사 而가 있는 것처럼 풀이할 수 있기 때문이다. 그러나 죽간본의 "貴福驕"를 貴, 福, 驕 세 자의 병렬 구조로 이해하면[73] 그 의미가 달라진다. 이 경우 죽간본은 "존귀하고 유복하고(부유하고) 교만하면 스스로 허물을 남기게 된다."로 풀이되지만, 백서본은 "존귀하고 부유하면서 교만하면 스스로 허물을 남기게 된다."로 풀이된다. 즉 죽간본에서는 귀, 복, 교 자체가 '허물'의 원인이 되는 반면, 백서본에서는 존귀하고 부유한 상태에서 교만을 부리면 허물이 생긴다는 의미가 된다.

---

73　郭沂, 『郭店竹簡與先秦學術思想』, 487쪽 참조.

**백서본과 왕필본**

1. 揰而盈之(백서본)

 持而盈之(왕필본)

현재 고명을 비롯한 대부분의 해석가는 백서본의 식(揰)을 왕필본과 같이 지(持)로 본다. 이는 좌변의 수(扌)부에 중점을 둔 견해이다. 그러나 만약 우변의 직(直)에 중점을 두면 이 글자는 식(殖)으로 읽는 게 나을 것이다. 바로 뒤에 이와 상응하는 영(盈)이 있고, 또 이 장 전체의 맥락을 고려할 때 殖이 더 잘 어울리기 때문이다. 이때 殖은 '재산을 늘리다'라는 뜻이 되며, 따라서 이 구절은 "재산을 늘리고 가득 채우는 것"으로 풀이된다. 또한 殖은 持의 의미까지 포함하는 글자다. 현재 중국 학자들 가운데 허항생(許抗生)과 윤진환(尹振环) 등도 殖으로 읽고 있으며,[74] 과거에 장송여 또한 "揰은 곧 殖 자의 다른 형태로, 재산을 불린다는 뜻이다."라고 말했다. 뿐만 아니라 엄준(嚴遵)은 이 구절에 다음과 같은 주석을 달았다. "세속의 무리는 틈만 나면 재화를 늘리려고 애쓴다. (그러나) 재화가 많아질수록 신명(神明)은 더욱 소모된다. 재화가 쌓이면 그로 인해 근심과 허물이 생기니, 아직 가득 차지 않았을 때 그만두는 게 낫다."[75] 이처럼 殖으로 읽을 때 다음 구절 "금옥이 방에 가득하면 아무도 지킬 수 없다.〔金玉盈室, 莫之能守也.〕"와 자연스럽게 연결되어 의미가 보다 분명해진다. 죽간본의 글자도 殖으로 읽을 수 있다.

---

74 윤진환은 전통본 중 엄준본에만 "殖而盈之"로 되어 있다고 말한다. 그러나 현존하는 엄준본(『노자지귀』)은 「덕경」 부분만 남아 있어, 왕필본 9장에 해당하는 이 장은 없다. 그는 아마 「덕경」의 일문(逸文)에 근거를 두고 있는 듯하다.

75 强思齊, 『道德眞經玄德纂疏』에서 인용. (王德有點校, 『老子指歸』, 130쪽.)

참고로 죽간본의 "목이영지(枲而涅之)"에 대해 『곽점초묘죽간(郭店楚墓竹簡)』의 주에서는 다음과 같이 설명하고 있다. "枲은 木의 소리〔聲〕을 따르며, 아마 殖으로 새겨야 할 것이다. 『광아(廣雅)』「석고(釋詁)」에 '殖은 쌓는다는 뜻이다.〔殖, 積也〕'라고 했다."[76]

2. 掜而兌(銳)之(백서을)
   揣而梲之(왕필본)

여러 전통본을 검토해 보면, 탈(梲) 자는 왕필본과 부혁본 외에는 대부분 예(銳)로 되어 있다. 따라서 왕필본의 梲는 銳 자의 빌린 글자 내지 약자인 듯하다. 왕필주에도 "또 갈아 예리하게 한다.〔又銳之令利〕"라는 말이 있는 것으로 보아, 왕필본의 원문 역시 본래 銳로 되어 있었을 가능성이 크다.

---

[76] 『郭店楚墓竹簡』, 113쪽 주 76.

# 10장

# 마음의 거울을 닦고 닦아
# 티끌이 없게 하라

아!

혼과 백을 하나로 끌어안아, 떨어지지 않게 할 수 있는가?

기를 오롯하게 하고 신체를 부드럽게 하여, 갓난아이처럼 될 수 있는가?

마음의 거울을 닦고 닦아, 티끌이 없게 할 수 있는가?

백성을 아끼고 나라를 다스림에, 지식으로 하지 않을 수 있는가?

숨을 들이쉬고 내쉼에, 암컷처럼 고요히 할 수 있는가?

사방에 두루 통달하여도, 아는 체하지 않을 수 있는가?


낳아 주고, 길러 준다.

낳아도 소유하지 말고

길러도 주재하지 말라.

이것을 현덕(玄德)이라 한다.

載!
營魄抱一, 能毋離乎?
專氣至柔, 能嬰兒乎?
滌除玄鑒, 能毋有疵乎?
愛民治國, 能毋以知乎?
天門啓闔, 能爲雌乎?
明白四達, 能毋以知乎?

生之, 畜之.
生而弗有
長而弗宰也
是胃玄德.


이 장에서는 주로 지도자의 정신 수양 또는 마음 닦음에 대해 말하고 있다. 도교의 양생 수련법을 연상시키는 구절들도 보인다. 그러나 그 궁극적인 지향점은 결국 정치 지도자가 취해야 할 무위의 태도로 귀결된다.

앞 단락에서 노자는 지도자가 갖추어야 할 여섯 가지 마음 자세 또는 수양에 대해 언급하고 있다.

첫째, "아! 혼과 백을 하나로 끌어안아, 떨어지지 않게 할 수 있는 가?〔載營魄抱一, 能毋離乎?〕"

여기에서는 우선 첫 글자 재(載)의 해석 문제가 등장한다. 일부 주석가들은 이를 '싣다'라는 의미 그대로 해석하여 "재영백포일(載營魄抱一)"을 '혼과 백을 싣고 하나로 끌어안아'로 풀이하기도 한다. 그러나 이렇게 하면 이하의 구문은 모두 4-4조로 되어 있는데 이 첫 구절만 5-4조가 되어 운율이 맞지 않게 된다. 이에 당 현종은 재(載)를 재(哉)로 고치고 바로 앞 장의 마지막 구절에 붙여 "천지도재(天之道哉)"로 읽기도 했다. 한편 육희성(陸希聲)이나 장묵생(張黙生) 등은 재(載)를 발어사로 처리하고 있다. 그 근거로 『시경』에서 재(載)가 발어사 부(夫)와 같은 의미로 사용된 용례를 든다.[77] 이 책에서는 육희성 등의 견해를 따라 발어사로 처리한다. 한편 재(載) 다음에 나오는 영백(營魄)에 대해 혹자는 영(營)을 한의학에서 말하는 영혈(營血)의 의미로 해석해야 한다고 주장하기도 한다. 그러나 대다수의 학자들은 하상공주에 따라 혼백(魂魄)의 의미로 해석한다. 전통적으로 '혼'은 정신적인 면을, '백'은 육체적인 면을 관장하는 것으로 이해되었다. 따라서 "혼과 백을 하나로 끌어안아 떨어지지 않게 한다."라는 것은 혼과 백이 상호 유기적인 조화를 이루어 온전한 생명 체계를 유지한다는 의미가 된다. 혼비백산(魂飛魄散)이라는 말이 있듯이 혼과 백이 흩어지면 건강한 생명을 유지할 수 없고, 결국에는 죽음에 이르게 된다.

둘째, "기를 오롯하게 하고 신체를 부드럽게 하여, 갓난아이처럼 될 수 있는가?[專氣至柔, 能嬰兒乎?]"

이 구절은 여러 가지 형태로 해석할 수 있다. 우선 하상공주에 따르면 이것은 양생 수련법에 해당한다. 하상공은 이를 정기(精氣)를 수련

---

77 『詩經』,「衛風·氓」, "旣見復關, 載笑載言."

하는 법으로 이해하여 다음과 같이 풀이한다. "정기를 오롯하게 지켜 어지럽지 않게 한다면, 형체가 거기에 응하여 부드러워질 것이다."[78] 이는 곧 단전 호흡법에서 주장하는 것과 비슷하다. 즉 의식을 단전에 집중한 채 숨을 천천히 들이쉬고 내쉬면 기가 순일해지고 마음이 맑아지는데, 이런 수련을 오래 하면 우리의 신체가 지극히 부드러워져 마치 갓난아이의 몸처럼 된다는 것이다. 한편 소철은 이 구절을 정신을 다스리는 수양법으로 이해하여 다음과 같이 풀이한다. "정신이 다스려지지 않으면 기가 어지러워져, 강한 자는 싸움질을 좋아하고 약한 자는 툭하면 겁에 질린다. 그러면서 그들은 스스로 그 이유를 알지 못한다. 그러나 정신이 다스려지면 기가 함부로 날뛰지 않아 기뻐함과 노여워함이 각각 제자리를 지킨다. 이런 상태를 가리켜 '기를 오롯이 한다.'라고 말한다."[79] 정신을 잘 다스려 정신이 안정되면 기질에 따라 함부로 날뛰는 행위가 없어진다는 것이다. 어떤 형태로 해석하든 이 구절에서 요구하는 바는 결국 갓난아이의 상태에 이르도록 하라는 것이다. 노자 철학에서 갓난아이의 상태는 순수 자체를 의미하며 도를 체득한 상태를 상징하기도 한다.

셋째, "마음의 거울을 닦고 닦아, 티끌이 없게 할 수 있는가?〔滌除玄鑒, 能毋有疵乎?〕"

'현감(玄鑒)'은 '마음'을 상징하는 말로, 여기에서 '현'은 마음의 그윽함과 오묘함을 형용하는 글자다. '마음의 거울을 닦는다'는 것은 말 그

---

78  이석명 역주, 앞의 책, 93쪽. "專守精氣使不亂, 則形體能應之而柔順矣."
79  焦竑, 앞의 책, 16쪽. "神不治則氣亂, 强者好鬪, 弱者喜畏, 不自知也. 神治則氣不妄作, 喜怒各以其類, 是之謂專氣."

대로 마음을 닦는 수양에 힘쓴다는 의미다. 대개 사람들의 마음은 온 갖 세속적인 욕망과 불필요한 지식들로 가득 차 있다. 이렇게 오염된 마음은 거울에 묻은 때를 제거하듯이 조금씩 닦아 내야 한다. '척제(滌 除)'는 닦아 내고 닦아 내어 티 한 점 없는 상태에 이르게 됨을 말한다. 그렇게 하면 맑은 거울이 사물의 모습을 있는 그대로 비춰 내듯이 우리 의 마음도 세상사의 본래 면목을 파악하게 될 것이다. 즉 이는 체도(體 道)의 상태에 이르게 됨을 말한다.

넷째, "백성을 아끼고 나라를 다스림에, 지식으로 하지 않을 수 있는 가?(愛民治國, 能毋以知乎?)"

노자 철학에서 '지(知)'는 인간의 순수한 심성을 파괴하는 주범으로 간주된다. 따라서 국가를 다스릴 때 지식으로 하지 않는다는 것은, 지 도자가 인위적인 작위를 가하지 않는 태도, 즉 얄팍한 지식과 자신의 아집으로 뭔가 일을 꾸미지 않는 태도를 의미한다.

다섯째, "숨을 들이쉬고 내쉼에, 암컷처럼 고요히 할 수 있는가?(天門 啓闔, 能爲雌乎?)"

'천문(天門)'을 여성의 생식기로 보는 견해도 있지만, 하상공은 숨을 들이쉬고 내쉬는 호흡 기관, 즉 '콧구멍(鼻孔)'을 가리키는 것으로 본다. 혹 이목구비신(耳目口鼻身) 오관으로 보기도 하는데, 주석가마다 견해 가 조금씩 다르다. 여기에서 "숨을 들이쉬고 내쉼에 있어 암컷처럼 고 요히 할 수 있는가?"라는 말은 앞의 구절 "기를 오롯이 하고 신체를 부 드럽게 하여 갓난아이처럼 될 수 있는가?"와 연결해 볼 수 있다. 기를 오롯하게 하기 위해서는 호흡법을 수련해야 하는데, 호흡법의 핵심이 바로 숨을 들이쉬고 내쉴 때 느리고 천천히, 즉 암컷처럼 고요히 하는 것이기 때문이다. 그러나 이것을 지도자의 태도에 대한 문제로 해석하면, 숨을 들이쉬고 내쉬듯이 정사(政事)에서 포용적이고 수용적인 자세를 취할 수 있는가 하는 의미가 된다.

여섯째, "사방에 두루 통달하여도, 아는 체하지 않을 수 있는가?〔明白四達, 能毋以知乎?〕"

'명백(明白)'은 나를 둘러싼 세계에 대한 명철한 이해를 말하고, '사달(四達)'은 사방에 두루 통달함을 말한다.[80] 요컨대 주변 상황이나 사물에 대해 두루 아는 게 많은 상태다. 이처럼 아는 게 많으면 지도자는 아는 체하고 뭔가 일을 벌이려고 한다. 자신이 아는 지식에 근거해 이러저러한 간섭을 하려 든다. 그러나 노자는 지도자의 이런 태도에 반대한다. 아는 게 많아도 함부로 나서지 말고, 자신의 얕은 지식에 근거해 이런저런 일들을 벌이지 말라는 것이다. 주관적 지식과 판단으로 뭔가 해 보려는 순간 항상 일을 그르치기 마련이니 말이다.

이상의 내용들은 일차적으로 지도자 자신의 개인적 수양과 연관되어 있다. 그러나 노자의 궁극적 관심사는 개인의 수양 자체에 있지 않다. 노자의 최종적 관심은 현실 정치로 향한다. 그래서 다음 단락에서는 무위 정치를 행하는 지도자의 모습에 대해 말한다.

두 번째 단락 "생지, 축지. 생이불유, 장이불재야, 시위현덕(生之, 畜之. 生而弗有, 長而弗宰也, 是胃玄德)"은 51장에도 다시 나온다. 그래서 과거에 마서륜과 같은 학자들은 51장의 내용이 이곳에 잘못 끼어든 것으로 의심했다. 그런데 백서본에도 이 부분이 그대로 실려 있다. 따라서 단순

---

**80** 김용옥, 앞의 책, 105쪽.

한 착간으로 보기는 어렵다. 그러면 이 부분은 앞의 내용들과 어떻게 연결되는가?

앞서 언급된 '혼과 백을 하나로 끌어안아 떨어지지 않게 하는 것', '기를 오롯하게 하여 갓난아이처럼 부드럽게 되는 것', '마음의 거울을 닦고 닦는 것', '나라를 다스림에 있어 지식으로 하지 않는 것' 등은 모두 직간접적으로 무위의 태도와 관련이 있다. 노자는 이 마지막 구절에서 앞의 말들을 총괄하여 그 귀결점은 '현덕(玄德)', 즉 낳아 주고 길러 주어도 소유하지 않는 무위를 체득한 오묘한 경지에 있다는 점을 역설하고 있다. 이러한 현덕을 지닌 지도자라야 무위 정치를 온전히 실현할 수 있을 것이다.


## 판본 비교

### 백서본

갑: □□□□□□□□□□□□□□, 能嬰兒乎? 修(滌)除玄藍(鑒), 能毋疵乎? 愛□□□□□□□□□□□□□□□□□□□□□□□□□□□, 生之, 畜之. 生而弗□□□□□□□□德.

을: 載營柏(魄)抱一, 能毋離乎? 摶(專)氣至柔, 能嬰兒乎? 脩(滌)除玄監(鑒), 能毋有疵乎? 愛民栝(治)國, 能毋以知乎? 天門啓闔, 能爲雌乎? 明白四達, 能毋以知乎? 生之, 畜之. 生而弗有, 長而弗宰也, 是胃(謂)玄德.

**왕필본**

載營魄抱一, 能無離乎? 專氣致柔, 能嬰兒乎? 滌除玄覽, 能無疵乎? 愛民治國, 能無知乎? 天門開闔, 能無雌乎? 明白四達, 能無爲乎? 生之, 畜之. 生而不有, 爲而不恃, 長而不宰, 是謂玄德.

### 1. 愛民治國 能毋以知乎(백서을)
   愛民治國, 能無知乎(왕필본)

'능무이지호(能毋以知乎)'와 '능무지호(能無知乎)' 사이에는 의미상 약간의 차이가 있다. 즉 전자는 "(백성을 아끼고 나라를 다스림에 있어) 기교로 하지 않을 수 있는가?"라는 의미인 반면, 후자는 "(백성을 아끼고 나라를 다스림에 있어) 무지할 수 있는가?"라고 풀이할 수 있다. 한편 이 구절에 대해 왕필주는 "나라를 다스림에 있어 기교로 하지 않는 것은 기교를 버리는 것과 같다. 기교를 쓰지 않을 수 있다면 백성은 치우치지 않고 나라는 잘 다스려질 수 있다.(治國無以智, 猶棄智也. 能無以智乎, 則民不辟而國治之也.)"라고 했는데, 왕필주에서 '能無以智乎'는 사실상 백서본의 '能毋以知乎'와 별 차이가 없다. 따라서 왕필본 역시 애초에는 백서본에 가까웠음을 알 수 있다. 현행 왕필본의 "能無知乎"는 무(無)와 지(知) 사이에 이(以)가 누락된 것으로 판단된다.

참고로 문제의 구절은 일부 전통본에 '능무위호(能無爲乎)'로 되어 있으며[81], 많은 사람들이 이를 따르기도 했다. 왕필본의 "능무지호(能無知乎)"라는 말은 앞의 구절 "백성을 아끼고 나라를 다스리다.(愛民治國)"라

---

[81] 하상공본, 경룡비본, 임희일본, 초횡본 등이 그렇다.

는 말과 의미가 자연스럽게 이어지지 않는다고 보기 때문이다. 가령 유월은 이렇게 주장했다. "당나라 경룡비본에는 '백성을 아끼고 나라를 다스림에 무위할 수 있는가.[愛民治國能無爲]'로 되어 있다. 그 의미가 보다 나으니 마땅히 이것을 따라야 할 것이다. '백성을 아끼고 나라를 다스림에 무위할 수 있는가'는 곧 『노자』의 '무위로써 다스린다'라는 뜻이다." 진고응 또한 이에 동조했다.[82] 그러나 백서본은 "能毋以知乎"로 되어 있어, 以 자의 유무 차이만 있을 뿐 오히려 왕필본과 유사하다. 현재 "能無爲乎"로 되어 있는 판본과 그에 따르는 주장들은 재검토해야할 것이다.

2. 能爲雌乎(백서을)
　　能無雌乎(왕필본)

부혁본을 비롯한 많은 전통본에도 백서본과 같이 "능위자호(能爲雌乎)"로 쓰여 있다. 왕필본의 "능무자호(能無雌乎)"는 지금까지 많은 사람들에게 의심받아 왔다. 왜냐하면 "암컷이 없을 수 있는가[能無雌乎]"라는 말은 바로 앞의 "숨을 들이쉬고 내쉼에[天門開闔]"라는 말과 잘 연결되지 않기 때문이다. 유월은 다음과 같이 말했다. "숨을 들이쉬고 내쉼에, 암컷이 없을 수 있는가?[天門開闔, 能無雌]'라는 말은 의미가 통하지 않는다. 아마 위아래 구문들 때문에 오류가 있는 것 같다.[83] 왕필주에서도 '言天門開闔能爲雌乎, 則物自賓而處自安矣'라고 했다. 이는 왕필본

---

82　陳鼓應, 『老子註譯及評介』, 98쪽.
83　앞의 '能無疵乎', '能無知乎' 구와 뒤의 '能無爲乎' 구 모두 '能無○乎'의 형태로 되어 있다. 따라서 이 구도 '能無雌乎'로 잘못 쓰게 되었다는 말이다.

역시 애초에는 '능위자(能爲雌)'로 쓰여 있었다는 뜻이다. 하상공주에서도 '治身當如雌牝, 安靜柔弱'이라고 했으니 여기에서도 '무자(無雌)'로 되어 있지 않다. 그러므로 (왕필본의) 無는 곧 옮겨 쓰는 과정에서 생긴 오류이니, 마땅히 경룡본(景龍本)에 근거하여 수정해야 할 것이다."[84] 이후 많은 사람들이 왕필본의 無를 爲로 고쳐 읽게 되었다. 백서본이 발굴됨으로써 이러한 독법의 타당성이 입증되었다.

3. 明白四達, 能毋以知乎(백서을)
　　明白四達, 能無爲乎(왕필본)

문제가 되는 구는 하상공본에는 "능무지(能無知)"로, 부혁본, 범응원본 등에는 "능무이위호(能無以爲乎)"로 쓰여 있다. 한편 백서본의 '능무이지호(能毋以知乎)'는 앞의 "애민괄국, 능무이지호(愛民栝國, 能毋以知乎)"와 중복된다. 그래서 백서 정리조는 부혁본, 범응원본에 근거하여 이를 '能毋以爲乎'로 수정해야 한다고 주장한다. 반면 허항생과 고명은 '명백사달(明白四達)'과 잘 어울리는 단어는 知라는 점을 들어 그대로 '能毋以知乎'라고 읽는 쪽을 택한다. 현재로서는 어느 쪽이 옳은지 판단할 수 없어, 일단 백서본 원문을 그대로 따른다.

4. 生而弗有, 長而弗宰也, 是胃玄德(백서을)
　　生而不有, 長而不宰, 爲而不恃, 是謂玄德(왕필본)

왕필본의 이 구절은 51장에도 그대로 나온다. 백서본에는 '위이불시

---

**84** 高明, 앞의 책, 268쪽에서 재인용.

(爲而不恃)' 구가 없는데, 이는 왕필본에서 51장에 근거하여 후대에 덧붙인 것일 수도 있고, 또는 백서본에서 누락된 것일 수도 있다. 바로 앞의 "생지, 축지(生之, 畜之)"라는 말과 연결해 보면 백서본이 타당하다. 백서본의 "생이불유(生而弗有)"와 "장이불재(長而弗宰)"는 각각 '生之'와 '畜之'를 받는 말이 될 수 있기 때문이다.

# 11장

# 무에 유의 쓰임이 있다

서른 개의 바큇살이 바퀴통으로 모여듦에
바퀴통의 빈 곳에 그 쓰임이 있다.
찰흙을 구워 그릇을 만듦에
그릇의 빈 공간에 그 쓰임이 있다.
문과 창을 내서 방을 만듦에
방의 빈 공간에 그 쓰임이 있다.
그러므로 유(有)가 이로울 수 있는 것은
무(無)로 쓰임을 삼기 때문이다.


三十輻同一轂
當其无, 有車之用也.
燃埴爲器
當其无, 有埴器之用也.

鑿戶牖以爲室[85]

當其无, 有室之用也.

故有之以爲利

无之以爲用.


이 장에서는 '수레바퀴', '그릇', '방'이라는 세 가지 사물을 통해 유 (有)와 무(無)의 관계를 설명하고 있다. 여기에서 유는 겉으로 드러나는 것 또는 눈에 보이는 영역을 말하고, 무는 밖으로 드러나지 않는 것 또 는 눈에 보이지 않는 영역을 의미한다.

노자는 우선 수레를 등장시킨다. 수레의 핵심은 수레바퀴이고 수레 바퀴의 쓰임새는 굴러가는 데에 있다. 수레가 사람이나 짐을 싣고 잘 굴러가기 위해서는 수레바퀴가 튼튼해야 하며, 수레바퀴가 튼튼하기 위해서는 바큇살이 잘 고정되어야 한다.

고대에 수레바퀴의 살은 서른 개였다. 수레바퀴의 둥근 형태에서 사 람들은 달의 모습을 떠올렸고, 한 달은 대략 30일이므로 바큇살도 서 른 개를 끼웠다고 한다. 그래서 "서른 개의 바큇살이 바퀴통으로 모여 든다."라고 표현했다.

바퀴통은 내부가 텅 비어 있으니 이른바 무를 상징한다. 그런데 유 로 상징되는 서른 개의 바큇살이 모두 이 바퀴통, 즉 무로 향한다는 것 이며, 이렇게 해야만 수레바퀴가 그것의 주요 용도인 '굴러감'을 실현할

---

85 '以爲室' 세 글자는 왕필본에 근거해 보충했다.

수 있다는 것이다. 요컨대 무가 있어야만 유가 그것의 쓰임을 온전히 발휘할 수 있다는 생각이다. 왕필은 다음과 같이 말한다. "바퀴통이 서른 개의 바큇살을 통일할 수 있는 것은 그것이 비어 있기 때문이다. 바퀴통이 비어 있기 때문에 다른 사물들을 받아들일 수 있는 것이며, 비어 있기 때문에 적음으로써 많음을 제어할 수 있다."[86] 이처럼 무를 중시하는 왕필의 해석은 흔히 귀무론(貴無論)으로 표현되며, 이는 『노자』의 이 구절에 대한 일반적인 해석으로 받아들여진다.

그런데 우리는 북송 시대의 개혁 정치가 왕안석의 『노자주(老子注)』에서 문제의 구절에 대한 하나의 독특하고도 재미있는 해석을 발견하게 된다. 그는 일반적인 해석과는 전혀 다른 시각에서 접근한다. 노자는 무의 중요성만 인식했지 유의 유용성에 대해서는 간과했다는 비판이다. 그는 다음과 같이 말한다.

무릇 수레바퀴통과 수레바큇살의 쓰임은 진실로 수레의 무, 즉 텅 빈 곳의 사용에 있다. 그러나 장인은 수레를 깎고 다듬을 때 수레의 무를 깎고 다듬지는 않는다. 수레의 무는 대개 저절로 만들어지는 것이기 때문에 거기에 굳이 인력을 더할 필요가 없다. 그러므로 지금 수레를 만드는 자는 바퀴통과 바큇살을 만들 뿐 수레의 무에는 힘쓰지 않는다. 그러나 완성된 수레는 바퀴통과 바큇살이 갖추어져야만 비로소 수레의 무가 쓰이게 될 것이다. 무의 쓰임을 안다고 해서 바퀴통과 바큇살을 만들지 않는다면 진실로 졸렬하다 할 것이다. 지금 사람들은 무가 수레의 쓰

---

86  樓宇烈 校釋, 앞의 책, 27쪽. "轂所以能統三十輻者, 無也. 以其無能受物之故, 故能以寡統衆也."

임이 된다는 사실, 그리고 무가 천하에 쓰임이 된다는 사실을 알기는 하지만 그것이 유용해지는 까닭은 알지 못한다. 진실로 수레의 무가 유용해지는 것은 바퀴통과 바퀴살이 있기 때문이다.[87]

　　무의 쓰임은 반드시 유에 의존할 수밖에 없다는 주장이다. 마치 수레에서 무만 사용하고 유를 사용하지 않는다면 근본적으로 수레가 존재할 수 없듯이 말이다. 왕안석은 이러한 논리를 궁극적으로 경세(經世)의 문제와 연결한다. 경세에서 예악형정(禮樂刑政)을 사용하지 않고 단지 무, 즉 무위 정치만 지향한다면 그러한 이상 정치는 이루어질 수 없다고 본다. 노자는 유가적 가치 이념들이 나타남으로써 세상이 더욱 혼란스러워졌다는 논리를 펼쳤는데, 왕안석은 노자가 지향하는 무위 정치가 현실적으로 이루어지기 위해서는 오히려 예악형정 등과 같은 유가적 체계들이 실질적 수단으로 사용되어야 한다고 본다. 무의 실현은 유에 근거해야 한다는 현실적 판단이다. 이처럼 유를 중시하는 왕안석의 관점은 현실 개혁에도 그대로 적용된다. 즉 그의 유용론(有用論)은 변법을 위한 각종 새로운 제도의 건립에 이론적 근거를 제공하게 된다.[88]

---

87　蒙文通, 輯校, 「王介甫「老子注」佚文」, 『道書輯校十種』, 688쪽, "夫轂輻之用, 固在於車之無用. 然工之斲削未嘗及於無者, 蓋無出於自然, 人之力可以無與也. 今之治車者, 知治其轂輻而未嘗及於無也, 然而車以成者, 蓋轂輻具則無必爲用矣. 如其知無之爲用, 而不治轂輻, 固已疏矣. 今知無之爲車用, 無之爲天下用, 然不知所以爲用也. 故無之所以爲用者, 以有轂輻也."

88　이에 대한 보다 자세한 논의는 이석명, 「왕안석의 『노자주』 및 「논노자」에 나타난 '以儒解老'의 해석 경향과 그 정치철학적 의미에 관한 연구」(『泰東古典硏究』 38집), 97~100쪽을 참고.

왕안석의 이러한 해석에도 나름의 타당성이 있기는 하지만, 노자 철학 자체에서 보자면 그 핵심은 유에 대한 무의 중요성이다. 그리고 이러한 원리는 그릇이나 집에도 그대로 적용된다. 그릇이 그릇의 기능을 할 수 있는 것은 그릇의 내부가 비어 있기 때문이고, 집이 집의 역할을 할 수 있는 것은 집의 내부에 빈 공간이 있기 때문이다. 그릇의 외부가 아무리 예쁘게 만들어졌다 하더라도 물이나 음식을 담을 수 있는 빈 공간이 없다면 그릇으로 사용할 수 없고, 집의 외부가 아무리 화려하게 꾸며졌다 하더라도 들어가 머무를 공간이 없다면 집으로 이용할 수 없다. 요컨대 무가 유의 본질이 된다는 말이다.

『노자』에서 제시된 이러한 유와 무의 관계는 『장자』에서 이른바 '무용지용론(無用之用論)'으로 발전한다. 혜자가 장자에게 "그대가 하는 말은 아무 쓸모가 없다."라고 비판한다. 그러자 장자가 다음과 같이 반박한다. "쓸모없음을 안 이후에 비로소 쓸모에 대해 말할 수 있네. 천지는 넓고도 크지만 사람이 다닐 때 필요한 부분은 단지 발 넓이 정도뿐이지. 그렇다고 발 부분만 남겨 놓고 파 들어가 깊이 황천까지 이르게 한다면 사람들이 여전히 그 부분을 이용할 수 있을까?"[89] 발이 실제적으로 밟는 부분만 남겨 놓고 주변 땅을 깊게 파 버리면 아무도 마음 편히 걸어 다닐 수 없다. 평소에는 별로 인식하지 못하지만, 우리가 자유롭게 마음 편히 걸어 다닐 수 있는 것은 발이 밟는 부분뿐만 아니라 밟지 않는 부분도 함께 있기 때문이라는 것이다.

---

[89] 『장자』「외물(外物)」. "知无用而始可與言用矣. 天地非不廣且大也, 人之所用容足耳. 然則厠足而墊之致黃泉, 人尚有用乎?"

## 판본 비교

### 백서본

갑: 卅□□□□, □其无, □□之用□. 然(燃[90])埴爲器, 當其无, 有埴器
□□□. □□□, 當其无, 有□之用也. 故有之以爲利, 无之以爲用.

을: 卅楅同一轂, 當其无, 有車之用也. 燃(燃)埴而爲器, 當其无, 有
埴器之用也. 鑿戶牖, 當其无, 有室之用也. 故有之以爲利, 无之以爲
用.

### 왕필본

三十輻共一轂, 當其無, 有車之用. 埏埴以爲器, 當其無, 有器之用.
鑿戶牖以爲室, 當其無, 有室之用. 故有之以爲利, 無之以爲用.

1. 卅楅同一轂(백서을)
   三十輻共一轂(왕필본)

우선 삽(卅)과 삼십(三十)의 차이가 보인다. 백서본의 卅은 곧 三十을
뜻하는 글자로, 당나라 광명(廣明) 원년에 나온 『태주도덕경동(泰州道德
經幢)』이나 돈황을본, 돈황병본에도 卅으로 되어 있다. 다음으로 복(楅)
과 폭(輻)의 차이가 보이는데, 이들은 같은 글자로 바큇살과 바퀴통을
연결하는 나무를 의미한다. 그 외에 공(共)과 동(同)의 차이가 보이는
데, 이들은 서로 비슷한 의미의 다른 글자로 볼 수 있다.

90 백서 정리조는 埏 자로 해독한다. 그러나 필자는 然의 본래 의미인 燃(타다, 태우다)으
로 해독한다. 을본의 경우도 마찬가지다.

## 2. 燃埴爲器(백서을)

### 埏埴以爲器(왕필본)

백서 정리조는 백서 갑본의 그러할 연(然) 자를 왕필본의 이길 선(埏) 자의 빌린 글자로 보고 있다. 고명을 비롯한 일부 학자들 역시 마찬가지다. 그러나 백서본의 然(을본: 燃)은 그 발음이나 글자 형태로 보아 오히려 탈 연(燃) 자였을 가능성이 크다. 또한 然 자 자체에도 이미 燃(불사르다, 굽다)의 의미가 들어 있다. 찰흙으로 그릇을 만드는 데는 옛날이나 지금이나 반드시 불로 굽는 과정이 있었을 것이다. 따라서 왕필본처럼 "찰흙을 이겨 그릇을 만든다.〔埏埴以爲器〕"라고 하기보다는, 백서본처럼 "찰흙을 구워 그릇을 만든다.〔燃埴以爲器〕"라고 하는 게 과학적이고 합당한 표현이다. 중국의 허항생이나 윤진환도 '연식(燃埴)'으로 읽는다.


## 3. 有埴器之用也(백서을)

### 有器之用(왕필본)

식(埴)은 그릇을 만드는 데 쓰이는 찰흙을 말한다. 따라서 '식기(埴器)'는 '찰흙으로 만든 그릇', 즉 도자기 정도가 될 것이다.


## 4. 鑿戶牖(백서을)

### 鑿戶牖以爲室(왕필본)

백서본에는 '이위실(以爲室)' 세 글자가 없다. 이 사실은 두 가지로 생각해 볼 수 있다. 첫째, 백서본에서 잘못 누락되었다는 관점이다. 바로 앞 문장에서 "燃埴而爲器〔찰흙을 구워 그릇을 만든다.〕"라고 했으므로 이에 상응하는 문장은 마땅히 "鑿戶牖以爲室〔문과 창을 내서 방을 만든다.〕"

---

의 형태가 되어야 할 것이다. 둘째, 백서본의 "착호유(鑿戶牖)"는 생략형 문장으로 '이위실(以爲室)' 세 글자가 생략되었다는 관점이다. 이런 예는 『노자』에서 종종 발견할 수 있다. 가령 23장의 "從事於道者, 同於道; 得者, 同於德; 失者, 同於失"에서 '得者'와 '失者'는 모두 첫머리에 나오는 "從事於道者"의 '從事於' 세 글자가 생략된 형태로 볼 수 있다.

# 12장

# 현란한 색은 눈을 멀게 한다


현란한 색은 눈을 멀게 하고

과격한 스포츠는 마음을 미치게 하며

얻기 어려운 재화는 행동을 어지럽게 하고

자극적인 음식은 입을 상하게 하며

시끄러운 음악은 귀를 멀게 한다.


그러므로 성인이 다스릴 때는

'배'를 위할 뿐 '눈'을 위하지 않는다.

그러므로 '눈'을 버리고 '배'를 취한다.


五色使人目盲

馳騁畋獵使人心發狂

難得之貨使人行妨.

五味使人之口爽
五音使人之耳聾

是以聖人之治也
爲腹不爲目
故去彼取此.


　이 장에서는 감각적 욕망을 지나치게 좇을 때 나타날 수 있는 여러 위험에 대해 경고하고 있다. 앞의 3장과 함께 읽으면 그 의미가 보다 분명하게 드러날 것이다.

　우선 원문에서 '오색(五色)', '오음(五音)', '오미(五味)'와 같은 특별한 용어가 눈에 들어온다. 동양에는 예부터 오행(五行)의 원리에 따라 오복(五福)이니 오륜(五倫)이니 오관(五官)이니 하는 것처럼, 모든 사물과 현상을 다섯 가지로 분류하는 습관이 있었다. 따라서 여기에서도 오색, 오음, 오미 등은 구체적으로 다섯 가지의 색, 음악, 맛을 가리키는 것이라기보다는 여러 가지 색으로 어우러진 현란한 색깔, 온갖 소리로 뒤섞인 시끄러운 음악, 맵고 짜고 달고 신 맛 등 미각을 건드리는 자극적인 맛을 가리키는 것이다.[91] 이처럼 모든 사물과 현상을 다섯 가지로 분류하는 오행 사상은 전국 시대 말기에 유행했으므로, 이 장 또한 전국 시대 말기에 새로 추가되었을 가능성이 크다. 실제로 이 장의 내용은 죽

---

91　오강남 풀이, 앞의 책, 64쪽.

간본에서는 찾아볼 수 없다.

'현란한 색깔', '시끄러운 음악', '자극적인 맛' 등은 우리의 감각을 건드린다. 오관은 이와 같은 외부의 지나친 자극에 의해 그 근본을 상실한다. 이 점에 대해 소철은 다음과 같이 지적한다. "색깔을 보고 소리를 듣고 맛을 보는 것의 근본은 모두 본성에서 나온다. 그들이 본성에 머물고 아직 사물에 의해 자극받지 않았을 때는 지극히 정상이다. 그러나 눈이 오색을 접하고 귀가 오음에 드러나고 입이 오미에 노출되면 접촉한 바에 의해 그 근본을 상실하게 된다. 그러면 비록 눈으로 본다 해도 실제로는 장님이고, 비록 귀로 듣는다 해도 실제로는 귀머거리이며, 비록 입으로 맛본다 해도 실제로는 혀가 상해 있다."[92]

이런 상황에서 '과격한 스포츠'도 한몫한다. 원문의 '치빙전렵(馳騁畋獵)'은 말을 타고 빨리 달리거나 동물들을 쫓으면서 사냥하는 행위를 의미한다. 고대 사회에서 말달리기와 사냥은 귀족들의 고급 스포츠였는데 특히 속도감과 격렬함을 동반한다. 이러한 과격한 스포츠는 심장을 요동치게 하고 정신을 고도로 흥분시킨다. 『예기』에서 말하듯이 "사람의 본성은 본래 고요함인데〔人生而靜〕" 과격한 스포츠와 같은 행위는 우리의 정신을 말 그대로 발광(發狂)하게 만든다. 이 점에 대해 하상공은 다음과 같이 말한다. "사람의 정신은 안정되고 조용한 것을 좋아한다. 말달리듯이 호흡을 가쁘게 하면 정신이 흩어진다. 그러므로 미치게 된다."[93]

---

**92** 焦竑, 앞의 책, 20쪽. "視色聽音嘗味, 其本皆出于性. 方其為性而未有物也, 至矣. 及目緣五色, 耳緣五音, 口緣五味, 奪於所緣而忘其本, 則雖見而實盲, 雖聞而實聾, 雖嘗而實爽也."

그러면 '얻기 어려운 재화'는 어떤가? 앞서 3장에서도 나왔듯이 고가의 상품에 현혹된 사람들은 그것들을 보는 순간 이성을 잃는다. 일부 사람들은 이른바 명품을 사기 위해 범죄도 서슴지 않는다. 노자가 말하듯이 그런 얻기 어려운 재화들로 인해 사람들의 행동이 어지러워진 것이다.

문제는 '현란한 색깔', '시끄러운 음악', '자극적인 맛', '과격한 스포츠', '얻기 어려운 재화' 자체가 아니다. 우리가 이런 감각적 즐거움과 외면적 가치에 지나치게 집착하고 탐닉하는 게 문제다. 감각적인 즐거움이나 외면적 가치가 우리의 궁극적인 관심이 되면 우리는 이런 것들의 지배를 받는 노예로 전락하기 마련이다.

때문에 노자는 우리에게 충고한다. '배'를 위하고 '눈'을 위하지 말라고, '눈'을 버리고 '배'를 취하라고. '배'는 내면적이고 실질적인 것을, '눈'은 외면적이고 감각적인 욕망을 의미한다. 우리가 외면적이고 감각적인 욕망에 매달릴수록 우리에게 당장 절실한 '배'는 더욱더 굶주리게 될 것이다. 뿐만 아니라 우리는 감각적 사물의 노예로 전락하게 될 것이다. 그러므로 왕필은 또 말한다. "배를 위하는 자는 사물로써 자신을 기르지만, 눈을 위하는 자는 사물에 의해 자신이 부림을 당하게 된다. 그래서 성인이 눈을 위하지 않는 것이다."[94] 노자는 3장에서도 이미 말했다. "백성의 마음 비우게 하고, 백성의 배 채워 주며, 백성의 뜻 약하게 하고, 백성의 뼈 강하게 한다.〔虛其心, 實其腹, 弱其志, 强其骨.〕"

---

93　이석명 역주, 앞의 책, 103쪽. "人精神好安靜. 馳騁呼吸, 精神散亡. 故發狂也."
94　樓宇烈 校釋, 앞의 책, 28쪽. "爲腹者, 以物養己; 爲目者, 以物役己. 故聖人不爲目也."

물신(物神)이 판치는 현대 자본주의 사회에 노자는 우리에게 한 마리 '등에'로 찾아온다. 말초적 감각만 자극하는 병폐에 눈을 뜨라고 우리의 등을 사정없이 쏘아댄다. 노자는 우리에게 눈으로 상징되는 감각적이고 외면적인 욕망을 버리고, 배로 상징되는 내면적이고 원초적인 실용성을 우선적인 가치로 여겨 소박한 삶을 회복할 것을 촉구하고 있다.

## 판본 비교

### 백서본

갑: 五色使人目明(盲), 馳騁田臘(獵)使人□□□, 難得之賈(貨)使人之行方(妨), 五味使人之口唡(爽), 五音使人之耳聾. 是以聲(聖)人之治也, 爲腹不□□. 故去罷(彼)耳(取)此.

을: 五色使人目盲, 馳騁田臘(獵)使人心發狂, 難得之貨○使人之行仿(妨), 五味使人之口爽, 五音使人之耳〈聾〉. 是以耵(聖)人之治也, 爲腹而不爲目. 故去彼而取此.

### 왕필본

五色令人目盲, 五音令人耳聾, 五味令人口爽, 馳騁畋獵令人心發狂, 難得之貨令人行妨. 是以聖人爲腹不爲目. 故去彼取此.

내용상으로는 양자 사이에 뚜렷한 차이가 없으나, 첫 구절과 마지막 문장 외는 어순이 모두 다르다. 백서 갑본과 을본은 어순이 일치하지만, 하상공본이나 부혁본 등 전통본은 모두 왕필본과 같다. 따라서 백서본 이후 어순이 뒤바뀐 채 전해 온 것으로 보인다.

是以聖人之治也, 爲腹不爲目(백서을)

是以聖人, 爲腹不爲目(왕필본)

백서본의 형태는 3장의 "是以聖人之治也, 虛其心, 實其腹"의 문장 형태와 유사하다. 의미 또한 3장의 내용과 비슷하다. 따라서 왕필본에서 '지치야(之治也)' 세 글자가 탈락된 것으로 보인다.

# 13장

# 총애나 모욕이나 깜짝 놀란 듯이 대하라

총애나 모욕이나 깜짝 놀란 듯이 대하고
큰 근심을 자기 몸처럼 귀하게 여기라.


'총애나 모욕이나 깜짝 놀란 듯이 대하라'는 것은 무슨 뜻인가?
총애는 하찮은 것이니
얻어도 두려워하고, 잃어도 두려워하라.
이것이 총애나 모욕이나 깜짝 놀란 듯이 대하라는 뜻이다.


'큰 근심을 자기 몸처럼 귀하게 여기라'는 것은 무슨 뜻인가?
내게 큰 근심이 있는 것은
내게 몸이 있기 때문이다.
내게 몸이 없다면 내게 어떤 근심이 있겠는가?


그러므로 천하를 위하는 것보다 제 몸을 더 위한다면

그대에게 천하를 맡길 수 있다.
그러나 제 몸을 바쳐 천하 위하기를 좋아한다면
어찌 천하를 맡길 수 있겠는가?


寵辱若驚
貴大患若身.

何謂, 寵辱若驚?
寵爲下
得之若驚, 失之若驚.
是謂, 寵辱若驚,

何謂, 貴大患若身?
吾所以有大患者
爲吾有身
及吾无身, 吾有何患

故貴爲身於爲天下
若可以託天下,
愛以身爲天下
如何以寄天下?

이 장에서는 천하보다 자기 몸을 더 중시하는 사람, 즉 자기 몸을 가장 소중히 여기는 사람이라야 비로소 천하를 다스릴 자격이 있다는 이치에 대해 노래하고 있다. 이 장은 판본들 사이에 다양한 차이가 있고, 그 내용 풀이에서도 해석자들 사이에 상반된 견해가 존재하는 조금은 복잡한 장이다. 죽간본에도 나오는 것으로 볼 때 고층대의 『노자』 텍스트에 속한다.

노자는 첫머리에서 두 가지 명제를 선언한다. 하나는 "총애나 모욕이나 깜짝 놀란 듯이 대하라.〔寵辱若驚〕"이고, 다른 하나는 "큰 근심을 자기 몸처럼 귀하게 여기라.〔貴大患若身〕"이다. 이 중 노자가 강조하는 핵심은 후자에 있다.

먼저 "총애나 모욕이나 깜짝 놀란 듯이 대하라."라는 말의 의미부터 살펴보자. 일반적으로 사람들은 모욕에 대해서는 경계하지만 총애에 대해서는 상반되는 태도를 취한다. 즉 총애를 얻으면 좋아하고 잃으면 낙심한다. 그러나 노자가 볼 때 총애 역시 모욕과 마찬가지로 경계해야 할 대상이다. 총애라는 것은 일시적인 것이며 또한 언제든지 모욕으로 바뀔 수 있기 때문이다. 그러므로 총애를 받거나 모욕을 당하거나 항상 경계해야 한다는 말이다. 이 점에 대해 소철은 다음과 같이 말한다. "이른바 총애와 모욕은 별개의 것이 아니다. 모욕은 총애에서 생겨나는데 세상 사람들은 이를 깨닫지 못한다. 그래서 총애는 높이고 모욕은 천시한다. 만약 모욕이 총애에서 생겨난다는 사실을 안다면 총애는 진실로 하찮게 여길 것이다. 그러므로 옛날의 달인(達人)은 총애를 얻어도 깜짝 놀란 듯이 하고, 총애를 잃어도 깜짝 놀란 듯이 하였으니, 일찍이 총애를 편안히 여기고 모욕을 두려워한 적이 없다."[95]

다음으로 "큰 근심을 자기 몸처럼 귀하게 여기라."라는 말의 의미를 살펴보자. 사람들은 대체로 근심이 있는 상태를 싫어하고 아무런 근심 걱정이 없는 '무환(無患)'의 삶을 지향한다. 그러나 노자가 볼 때 적어도 정치에 임하는 사람에게는 근심 없는 상태가 바람직하지 않다. 근심하는 바가 없으면 태만해지기 쉽고, 태만해지면 올바른 정치가 이루어질 수 없기 때문이다. 여기에서 노자는 '근심'을 '자기 몸'과 연결한다. "내게 큰 근심이 있는 것은, 내게 몸이 있기 때문이다.〔吾所以有大患者, 爲吾有身.〕"

이 구절을 해석할 때 '나의 근심의 원인은 나의 몸'이라는 데 초점을 두지 않도록 주의해야 한다. 즉 노자는 몸이 있음으로써 근심이 생기니 몸을 잊어야 한다고 주장하는 것이다. 간혹 일부 해석자는 이 구절을 무아(無我)를 주장하는 것으로 이해한다. 이 논리를 따른다면 우리가 지향해야 할 것은 '무아'이며, 궁극적으로는 무아를 통해 '무환'에 이르는 것이다. 그러나 이러한 결론은 앞서 제기된 일차적 명제, 즉 "큰 근심을 소중히 여기라.〔貴大患〕"라는 말과 모순된다.

이런 관점에서, 이어지는 "내게 몸이 없다면 내게 어떤 근심이 있겠는가?〔及吾無身, 吾有何患?〕"라는 말은 일종의 반어적 표현으로 볼 수 있다. 근심의 근원은 나의 몸이다. 몸이 있기 때문에 근심이 있으니, 이 때문에라도 몸을 중시해야 한다. 따라서 이 구절은 '내가 몸이 없는 지경에 이른다면, 어찌 이토록 소중한 근심을 지닐 수 있겠는가.'라는 역

---

95  焦竑, 앞의 책, 21쪽. "所謂寵辱非兩物也. 辱生于寵, 而世不悟, 以寵爲上而以辱爲下者, 皆是也. 若知辱生于寵, 則寵固下矣. 故古之達人得寵若驚, 失寵若驚, 未嘗安寵而驚辱也."

설적 의미로 이해해야 한다. 나의 몸은 무엇보다도 소중하다. 자기 몸을 소중히 여기듯이 근심을 소중히 여긴다. 왜냐하면 근심을 소중히 여김으로써 오히려 근심이 없는 지경에 도달할 수 있기 때문이다. 노자는 마지막 단락에서 선언한다. "천하를 위하는 것보다 제 몸을 더 위한다면, 그대에게 천하를 맡길 수 있다.〔貴爲身於爲天下, 若可以託天下.〕"

천하보다 자기 몸을 더 아끼고 사랑하는 사람을 높이 평가한다는 점에서 우리는 이 장의 의미를 양주(楊朱) 사상과 연관 지어 볼 수도 있다. 양주 사상의 핵심은 경물중생(輕物重生)에 있다. 이 장에 표현된 노자의 생각 또한 경물중생의 사상과 맞닿아 있다. 그러나 노자 사상의 본질은 단순히 경물중생에 머물지 않는다. 양주는 자기 생명의 소중함을 강조하느라 경세(經世)에는 별 관심을 두지 않지만, 노자의 궁극적 관심은 천하를 다스리는 데 있다. 다만 그 방법이 다소 소극적일 뿐으로, 내 몸을 따라다니는 근심을 소중히 여기듯이, 천하를 다스리는 일에 조심스럽게 임해야 한다는 것이다. '유비무환(有備無患)'이라 했듯이 늘 걱정하고 경계하는 자세로 나라를 다스리면 오히려 걱정이 없는 상태에 이를 수 있다고 보았기 때문이다.

## 판본 비교

### 죽간본

을: 蘢(寵)辱若纓(驚),[96] 貴大患若身. 可(何)胃(謂)蘢(寵)辱? 蘢(寵)爲下也. 得之若纓(驚), 遊羊(失)之若纓(驚), 是胃(謂)蘢(寵)辱纓(驚). □□□□

□若身? 虗(吾)所以又(有)大患者, 爲虗(吾)又(有)身. 返(及)虗(吾)亡身, 或
□□□□□□□爲天下, 若可以尾(託)天下矣. 炁(愛)以身爲天下, 若可(何)
以迲天下矣?

## 백서본

갑: 龍(寵)辱若驚, 貴大梡(患)若身. 苛(何)胃(謂)龍(寵)辱若驚? 龍(寵)
之爲下, 得之若驚, 失□若驚, 是胃(謂)龍(寵)辱若驚. 何胃(謂)貴大梡
(患)若身? 吾所以有大梡(患)者, 爲吾有身也. 及吾无身, 有何梡(患)? 故
貴爲身於爲天下, 若可以迊(託)天下矣; 愛以身爲天下, 女(如)何$^{97}$以寄
天下?

을: 弄(寵)辱若驚, 貴大患若身. 何胃(謂)弄(寵)辱若驚? 弄(寵)之爲下
也, 得之若驚, 失之若驚, 是胃(謂)弄(寵)辱若驚. 何胃(謂)貴大患若身?
吾所以有大患者, 爲吾有身也. 及吾無身, 有何患? 故貴爲身於爲天下,
若可以橐(託)天下□; 愛以身爲天下, 女(如)可(何)$^{98}$以寄天下矣?

## 왕필본

寵辱若驚, 貴大患若身. 何謂寵辱若驚? 寵爲下, 得之若驚, 失之若

---

96  『곽점초묘죽간』의 해독문에서는 "人寵辱若驚"으로 끊어 읽고 있다. 그러나 백서 을
   본에 근거할 때 첫머리 人 자는 바로 앞 구절에 붙여 "人之所畏, 亦不可以不畏人"로
   읽는 것이 타당하다. 만약 『곽점초묘죽간』에서처럼 "人寵辱若驚"으로 읽으면 人 자
   의 해석이 어색해진다. 또 백서본이나 그 밖의 전통본 중 어느 것에도 "人寵辱若驚"
   으로 쓰여 있지 않다.
97  백서 정리조는 何 자를 可 자의 착오로 본다. 그러나 이 책에서는 원문 그대로 읽는다.
98  백서 갑본에 근거하여 원문의 可를 何의 오자로 처리한다.

驚. 是謂寵辱若驚. 何謂貴大患若身? 吾所以有大患者, 爲吾有身. 及吾無身, 吾有何患. 故貴以身爲天下, 若可寄天下; 愛以身爲天下, 若可託天下.

### 죽간본과 백서본

죽간본의 많은 글자가 훼손되어 단언하기는 어렵지만 양자는 대체로 서로 일치한다. 단지 다음 구절에서 일부 차이가 있다.

何謂寵辱(죽간본)

何謂寵辱若驚(백서본)

이 부분은 왕필본도 백서본과 같으며, 죽간본의 첫 구절도 "총욕약경(寵辱若驚)"으로 되어 있다. 따라서 죽간본에서 뒤의 '若驚' 두 글자가 잘못 누락된 것으로 볼 수도 있다. 그러나 상이주본, 하상공본, 범응원본, 용흥관비본 등도 모두 죽간본과 같다. 때문에 죽간본에 단순히 오탈자가 있는 것으로 단정할 수 없다. 오히려 죽간본의 형태가 고본『노자』의 본래 모습이었을 가능성이 크다.『노자』의 문장은 본래 소박하고 조야했을 것이다. 현행본『노자』와 같이 수미일관된 세련된 문형을 갖추지 못하고 일부 글자는 생략되기도 했을 것이다.

### 백서본과 왕필본

1. 寵之爲下(백서갑)

寵爲下(왕필본)

之 자의 유무 외에 의미상으로는 별 차이가 없다. 참고로 죽간본은

"총위하야(寵爲下也)"로 되어 있어 오히려 왕필본에 가깝다.

　과거 일부 학자들은 이 구를 "총위상, 욕위하(寵爲上, 辱爲下)"로 고쳐 읽기도 했다. 특히 유월과 노건(勞健)은 도장(道藏)의 진경원본(陳景元本), 이도순본(李道純本), 구재질본(寇才質本) 등에 근거해 고본『노자』에는 본래 "寵爲上, 辱爲下"로 되어 있었다고 주장했다. 유월은 이렇게 말했다. "하상공본에서는 '何謂寵辱? 辱爲下'라고 하고, 주에는 '욕위하천(辱爲下賤)'이라고 되어 있다. 의심컨대 양쪽 모두 탈락된 부분이 있는 것 같다. 경문은 마땅히 '何謂寵辱若驚? 寵爲上, 辱爲下'가 되어야 한다. 하상공이 주를 썼을 때는 위 구절이 아직 탈락되지 않고 또한 틀림없이 주가 있어 '辱爲下賤'과 대구를 이루었을 것이다. 그런데 옮겨 쓰는 사람이 위 구절을 잃어버리고 주까지 잃어버린 것이다. 진경원본과 이도순본 모두 "何謂寵辱若驚? 寵爲上, 辱爲下"로 되어 있으니, 이에 근거해 여러 판본의 잘못을 고칠 수 있다."[99] 유월의 이런 주장에 상당수의 사람들이 동조했으며, 현재 일부 텍스트에서도 그의 주장을 좇아 "총위상, 욕위하(寵爲上, 辱爲下)"로 수정한 경우가 많다.[100] 그러나 백서본의 이 구절은 갑·을본 모두 현행 왕필본과 유사하며, 더욱이 가장 오래된 죽간본 역시 이들과 같다. 따라서 유월 등의 주장을 좇아 "총위상, 욕위하(寵爲上, 辱爲下)"로 읽었던 것은 완전한 오류였음을 확인할 수 있다.

**99** 高明, 앞의 책, 276쪽에서 재인용.

**100** 고형의 『노자정고(老子正詁)』, 주겸지의 『노자교석(老子校釋)』, 여배림(余培林)의 『노자독본(老子讀本)』 등이 그 예다.

2. 故貴爲身於爲天下, 若可以託天下矣; 愛以身爲天下, 如何以寄天
   下(백서갑)

故貴以身爲天下, 若可寄天下; 愛以身爲天下, 若可託天下(왕필본)

첫째, 기(寄)와 탁(託)의 배치 순서가 상반된다. 왕필본은 앞 구에 寄
자가 있고 뒷 구에 託 자가 있는데, 백서본은 이와 반대이다. 그러나 왕
필주에 근거하면[101] 왕필본도 애초에는 백서본과 같았음을 알 수 있다.

둘째, 왕필본의 "귀위신위천하(貴以身爲天下)"가 백서본에는 "귀위신
어위천하(貴爲身於爲天下)"로 되어 있다. 왕필본의 "귀위신어위천하(貴以
身爲天下)"는 그 문형이 뒤 구절의 "애이신위천하(愛以身爲天下)"와 같다.
그러나 백서본은 앞뒤 구의 문형이 서로 다르다. 즉 앞의 구는 비교 조
사 어(於)가 있어 '위신(爲身)'과 '위천하(爲天下)'를 비교하는 형태이지만,
뒤의 구는 "愛以身爲天下"로 왕필본과 같다. 따라서 과거에는 왕필본
에 근거해 앞뒤 구를 모두 같은 형식으로 해석했으나, 백서본은 앞뒤
구를 서로 다르게 해석할 수밖에 없다. 우선 앞 구절 "貴爲身於爲天下,
若可以託天下矣"는 '천하를 위하는 것보다 제 몸 위하는 것을 더 중시
한다면 그대에게 천하를 맡길 수 있다.'로 해석할 수 있다. 반면에 뒤 구
절 "愛以身爲天下, 女何以寄天下"는 '제 몸을 바쳐 천하 위하기를 좋
아한다면 어찌 천하를 맡길 수 있겠는가?'[102]로 해석할 수 있다. 즉 앞

---

101  왕필주는 다음과 같다. "無物可以易其身, 故曰貴也. 如此乃可以託天下也. 無物可
    以損其身, 故曰愛也. 如此乃可以寄天下也." 왕필주는 왕필본과 달리 託이 앞에, 寄
    가 뒤에 있다.
102  을본은 왕필본과 유사하게 "愛以身爲天下, 女可以寄天下矣"로 되어 있다. 따라서
    대부분의 학자들은 갑본의 何 자도 을본과 같은 可 자의 오자로 처리하고 있다. 何
    와 可의 자형이 유사하므로 그럴 가능성도 있다. 그러나 을본에 따라 해석하면 "제

구절에서는 긍정적 가정의 형태로 말하고 있는 반면, 뒤 구절에서는 부정적 가정의 형식을 취하고 있다. 그러나 두 구절에서 말하고자 하는 의미는 궁극적으로 일치한다.

과거에 왕필본의 "貴以身爲天下, 若可寄天下; 愛以身爲天下, 若可託天下"의 해석에 대해 많은 논란이 있었다. 문장 그대로는 해석이 순조롭지 않고, 해석을 하더라도 그 의미가 전체 문맥과 잘 통하지 않았기 때문이다. 때문에 장석창은 이 문장을 도치문으로 보고, 본래의 문장은 "故以身爲天下貴者, 則可以託天下矣; 以身爲天下愛者, 則可以寄天下矣"라고 주장했다. 또 일부 학자들은 구 중간의 이(以) 자를 앞으로 빼서 "以貴身爲天下, ……; 以愛身爲天下, ……"의 형태로 고쳐 해석하기도 했다.[103] 그 외에도 많은 학자들이 저마다 다양한 견해를 제시했다.[104] 그러나 현재 백서본을 통해 볼 때 왕필본의 문장은 오류에 오류가 거듭된 형태일 가능성이 크다. 우선 백서 갑본의 "여하이기천하(女何以寄天下)"를 백서 을본에서 "여가이기천하의(女可以寄天下矣)"로 잘못 옮긴 것 같다. 하(何)를 가(可)로 잘못 읽은 것이다. 이후 백서 을본에 근거하다 보니 앞뒤 구절의 의미가 통하지 않아, 왕필본에 이르러 다시 앞 구절의 "貴爲身於爲天下"를 뒤 구절의 "愛以身爲天下"와 맞추어 "貴以身爲天下"로 수정한 것 같다. 또 이 과정에서 여(女(如)) 자

몸을 바쳐 천하 위하기를 좋아한다면, 그대에게 천하를 맡길 수 있다'가 되어 바로 앞 구절의 의미와 모순된다. 더욱이 죽간본에도 이 구절은 "愛以身爲天下, 若何以迲天下矣"로 되어 있어, 고대의 본래 모습은 '可以'가 아니라 '何以'였음을 알 수 있다. 따라서 이 뒤 구절은 갑본을 따르는 게 낫다.

103  범응원과 진고응 등이 여기에 해당된다.
104  古棣,『老子校詁』, 451~458쪽 참조.

를 뜻이 같은 약(若) 자로 고쳤을 것이고, 후대에 이 若 자의 본래 의미를 알지 못하는 사람들이 '가정'의 쓰임으로 오해했을 것이다. 그 결과 부혁본 등에서 약(若) 자를 모두 즉(則) 자로 고친 것이다.

# 14장

# 도는 볼 수도 들을 수도 없다

보려 해도 볼 수 없으니 '미(微)'라고 하고
들으려 해도 들을 수 없으니 '희(希)'라고 하며
만지려 해도 만질 수 없으니 '이(夷)'라고 한다.
이 셋은 따로 구분해 따질 수 있는 게 아니니
그냥 뭉뚱그려 '하나'라고 한다.

이 '하나'는
그 이전도 아득히 멀지 않고, 그 이후도 지극히 짧지 않다.
끊어질 듯 끊어질 듯 이어지니 무어라 이름할 수 없으며
만물의 존재 이전으로 돌아간다.

이것을 꼴 없는 꼴이요, 존재 없는 형상이라 하니
그저 홀황하다고 할 뿐이다.
좇으려 해도 그 뒤를 볼 수 없고, 맞으려 해도 그 머리를 볼 수 없다.

현재의 도를 잡음으로써 현재의 일을 처리하고
이렇게 하여 옛 시원을 파악할 수 있으니
이런 것을 '도기(道紀)'라고 한다.


視之而弗見, 名之曰微
聽之而弗聞, 名[105]之曰希
抿之而弗得, 名之曰夷.
三者, 不可致詰
故混而爲一.

一者
其上不悠, 其下不忽.
尋尋兮不可名也
復歸於无物.

是謂无狀之狀, 无物之象
是謂忽恍.
隨而不見其後, 迎而不見其首.

---

**105** 백서본에는 본래 命으로 되어 있으나 왕필본에 근거해 수정했다. 의미상 命과 名은
통용될 수 있다.

執今之道, 以御今之有

以知古始.

是謂道紀.


　앞서 1장에서 "도가도야, 비상도야(道可道也, 非常道也)"라고 했다. 도는 언어로 표현될 수 없는 그 무엇이기 때문이다. 이 장에서는 한 걸음 더 나아가 감각 기관에 의해서도 포착되지 않는 도의 감각 불능에 대해 말하고 있다. 도는 눈으로 볼 수도 없고 귀로 들을 수도 없으며 손으로 잡을 수도 없는 그 무엇이라는 것이다.

　감각 불능의 도는 인간의 의지와 욕망이 개입된 접근을 거부한다. 1장에서 "무욕(無欲)하면 늘 도의 '오묘함[妙]'을 보게 되고, 늘 유욕(有欲)하면 도의 '껍데기[徼]'만 보게 된다."라고 했다. 욕망이 있는 상태에서는 도의 본질에 접근할 수 없다는 것이다. 그런데 시(視), 청(聽), 민(抿)의 지각 활동에는 인간의 의지와 욕망이 개입되어 있다. 즉 '시지(視之)'는 보려고 하는 의지와 욕망, '청지(聽之)'는 들으려고 하는 의지와 욕망, '민지(抿之)'는 만지려고 하는 의지와 욕망을 표현하는 말들이다. 노자는 '보려 해도 볼 수 없고, …… 들으려 해도 들을 수 없으며, …… 만지려 해도 만질 수 없다.'라고 말한다. 그리고 이들 각각의 측면에서 도는 그저 미, 희, 이로 표현될 뿐이다. '미'는 너무 평평해 형체가 드러나지 않는 상태를, '희'는 소리가 너무 작아 들리지 않는 상태를, '이'는 그 크기가 은미해 만질 수 없는 상태를 말한다. 그러니까 '미'는 무색(無色)의 세계, '희'는 무성(無聲)의 세계, '이'는 무형(無形)의 세계를 가리키는 말로 볼 수 있다.

도는 시각, 청각, 촉각의 측면에서 미, 희, 이로 구분해 부르기는 하지만 이들 세 가지 명칭도 따로 구분해 볼 수 있는 것이 아니다. 그러므로 노자는 "불가치힐(不可致詰)"이라 말한다. '힐(詰)'은 하나하나 따져 묻는 것을 의미한다. 이것과 저것을 구분하고 이것으로부터 저것을 분석해 내는 행위를 말한다. 그런데 도는 구분이나 분석의 대상이 될 수 없다. 따라서 이들 미, 희, 이 또한 따로 분석되고 구분될 수 있는 게 아니다. 언어로 표현될 수 없는 것을 굳이 말로 표현하자니 그렇게 말하는 것일 뿐이다. 때문에 도는 그냥 뭉뚱그려 '하나'라고 말할 수밖에 없게 되는 것이다. 이 하나라는 말은 개념적 인식으로 분석되기 이전의 온전한 전체에 대한 표현이다.

이와 같은 도는 분명 존재하기는 하지만 뭐라 이름 붙일 수 없다. 그래서 노자는 "끊어질 듯 끊어질 듯 이어지니 무어라 이름할 수 없다."라고 표현한다. 이는 곧 세계 어디에나 존재하지만 그 어디에서도 드러나지 않는 도의 성격에 대한 표현으로도 볼 수 있다. 6장에서 나온 "면면약존(綿綿若存)"과 비슷한 말이다. 도는 면면히 이어져 사물 곳곳에 존재하지만 감관이나 개념으로 인식하거나 파악할 수 없다. 그러므로 도를 이것이다 저것이다 이름 짓거나 규정할 수 없다. '이름 짓는다[可名]'는 것은 이미 '분리'를 전제로 하는 말이기 때문이다. 가령 원에서 우리는 시작과 끝을 말할 수 없다. 원은 끊임없이 연속적으로 이어지기 때문에 '시작'과 '끝'을 나누거나 구분 지을 수 없기 때문이다.

노자는 이러한 도를 다시 "만물의 존재 이전[无物]으로 돌아간다."라고 말한다. '무물'은 사물이 없는 상태를 뜻하지 않는다. 이것은 단지 구체적이고 개별적인 사물의 형태가 드러나지 않는 상태를 말하며, 동시에 모든 사물이 언제든지 나올 수 있는 가능태를 말한다. 파도와 바다의 관계에서 '바다'에 해당한다. 파도는 시시각각 나타났다 사라지기를 반복하고 매 순간 그 모습을 달리하지만 결국 바다로 돌아간다. 바다는 파도 그 어디에나 존재하지만 그 어떤 파도도 아니다. 또한 물감과 물의 관계로 비유해 볼 수도 있다. 물 자체는 무색이다. 무색은 색이 없는 상태를 의미하는 게 아니라 모든 색이 나올 수 있는 가능성을 말한다. 즉 물에다 붉은 물감을 풀면 붉게 변하고, 푸른색 물감을 타면 푸르게 변한다. 만약 물이 어느 하나의 색깔을 지니고 있었다면 결코 가능하지 않은 일이다. 도 역시 마찬가지다. 그러므로 무물로 돌아간다는 말은 도가 여기 저기 흩어져 있다가 궁극적으로 '무물의 상태'로 되돌아간다는 말이 아니라, 도의 본질이 본래 '무물'이라는 사실을 시적으로 표현한 것이다.

도는 구체적 사물이 아니니 당연히 모습이 있을 수 없다. 그러나 사물들이 모두 도에 근거해 나타나니 도의 모습이 전혀 없다고도 할 수 없다. 그래서 왕필은 말한다. "없다고 말하고자 하나 사물이 이것으로 말미암아 생겨나고, 있다고 말하고자 하나 그 형체를 볼 수 없다. 때문에 이것은 '꼴 없는 꼴이요, 존재 없는 형상이다.'라고 말하는 것이다."[106]

상(狀)과 상(象)은 그 의미가 서로 비슷한 듯하지만 조금 다르다. 이 점에 대해 소철은 말한다. "상(狀)은 드러난 모습이요, 상(象)은 숨어 있

---

106 樓宇烈 校釋, 앞의 책, 32쪽. "欲言無邪, 而物由以成. 欲言有邪, 而不見其形. 故曰 無狀之狀, 無物之象也."

는 모습이다."[107] 전자가 외면의 모습, 즉 사물이 구체적으로 드러나는 모습을 말한다면, 후자는 내면의 모습, 즉 어떤 사물이 지니는 상징적 모습을 가리킨다고 말할 수 있다.

이러한 도의 존재 방식을 노자는 또 다른 말로 '홀황(惚恍)'이라 표현 하고 있다. 혹자는 "홀은 감춰져 있거나 흐릿하여 분간하기 어려운 상 태를 형용하고, 황은 드러나 있지만 아주 모호한 상태를 가리킨다."[108]라 고 명확히 구분해 이해하기도 하지만, 둘 다 있는 듯하기도 하고 없는 듯하기도 한 도의 존재 양상을 표현하는 말로 보면 될 것이다.

이처럼 도는 '무상지상(無狀之狀)'이고 '무물지상(無物之象)'이며 '홀황 한' 그 무엇이기에 "좇으려 해도 그 뒤를 볼 수 없고, 맞으려 해도 그 머 리를 볼 수 없다". 도는 근본적으로 머리니 꼬리니 앞이니 뒤니 하며 공 간적으로 구분할 수 없기 때문이다.

마지막으로 노자는 말한다. "현재의 도를 잡음으로써 현재의 일을 처 리하고, 이렇게 하여 옛 시원을 파악할 수 있으니, 이것을 '도기(道紀)' 라고 한다.[執今之道, 以御今之有. 以知古始, 是謂道紀.]"

지금까지 노자가 도에 대해 장황하게 설명한 이유는 무엇인가? 인류 역사상 수많은 사람들이 도를 깨닫기 위해 그토록 피나는 고행과 수행 을 해 온 이유는 무엇인가? 그것은 도를 파악함으로써 현재의 당면한 문제들을 지혜롭게 처리하기 위해서가 아닌가? 현재 내가 몸담고 있는 이 세계를 이해할 수 있는 열쇠를 얻기 위해서가 아닌가?

노자가 말하는 '지금의 도'란 옛사람들이 터득한 우주와 인생의 진리

---

107 焦竑, 앞의 책, 24쪽. "狀, 其著也; 象, 其微也."
108 최진석, 『노자의 목소리로 듣는 도덕경』, 129쪽.

혹은 지혜를 의미한다. 지혜는 오랜 역사를 품고 있다. 지혜는 수많은 시간의 음영을 담고 있다. 어느 한순간 퍼뜩 떠오르는 지혜는 없다. 지혜란 대개 켜켜이 쌓인 옛사람들의 경험과 지식이 기나긴 시간의 터널을 거치면서 나날이 새로워진다. 그들의 오랜 경험과 지식이 깊은 숙성의 시간을 거쳐 발효하면서 도로 탈바꿈한다. 그러므로 도는 오랜 시간의 터널을 지나왔지만 늘 새롭다. 그래서 '지금의 도'라고 말하는 것이다. 이러한 도를 잡으면 지금 이 순간을 늘 새롭게 살아갈 지혜를 얻게 된다. 따라서 '도기'는 내가 몸담고 있는 이 세계의 비밀을 열 수 있는 중요한 열쇠가 된다.

## 판본 비교

### 백서본

갑: 視之而弗見, 名之曰微; 聽之而弗聞, 命之曰希; 捪之而弗得, 名之曰夷. 三者, 不可至計(致詰), 故困(混)□□□. 一者, 其上不皦(皦) 仙, 其下不忽. 尋尋呵不可名也, 復歸於无物. 是胃(謂)无狀之狀, 无物之□. □□□□. □□□□□□, □而不見其首. 執今之道, 以御今之有. 以知古始. 是胃(謂)□□.

을: 視之而弗見, □之曰微; 聽之而弗聞, 命之曰希; ○捪之而弗得, 命之曰夷. 三者, 不可至計(致詰), 故緄(混)而爲一. 一者, 其上不謬, 其下不忽. 尋尋呵不可命也, 復歸於无物. 是胃(謂)无狀之狀, 无物之象. 是胃(謂)沕(忽)望(恍). 隋(隨)而不見其後, 迎而不見其首. 執今之道, 以

御今之有. 以知古始. 是胃(謂)道紀.

**왕필본**

視之不見, 名曰夷; 聽之不聞, 名曰希; 搏之不得, 名曰微. 此三者, 不可致詰, 故混而爲一. 其上不皦, 其下不昧, 繩繩不可名, 復歸於無物. 是謂無狀之狀, 無物之象. 是謂惚恍. 迎之不見其首, 隨之不見其後. 執古之道, 以御今之有. 能知古始, 是謂道紀.

1. 視之而弗見, 名之曰微(백서을)
   視之不見, 名曰夷(왕필본)

미(微)와 이(夷)의 차이다. 微와 夷는 가리키는 대상이 각각 다르다. 우선 夷는 촉각에 대한 말, 만져도 만져지지 않음을 나타내는 말이다. 『광아(廣雅)』 「석고(釋詁)」에서 "이(夷)는 없어지다라는 뜻이다.〔夷, 滅也.〕"라고 하였으며, 이에 대해 오징은 "夷는 평평하여 드러나지 않는 것을 가리키니, 夷하면 사라져 흔적이 없다."[109]라는 주를 달았다. 반면에 미(微)는 시각에 대한 말, 지극히 작아 보이지 않음을 나타내는 말이다. 『소이아(小爾雅)』 「광고(廣詁)」에서 "미(微)는 없다는 뜻이다.〔微, 無也.〕"라고 하였으며, 이에 대해 오징은 "微하면 어두침침하여 형체를 볼 수 없다."[110]라는 주를 달았다.[111] 따라서 이 두 글자에 들어 있는 의미 자체로 볼 때 왕필본보다 백서본이 더 타당하다.

109 "夷, 謂平夷. 夷則泯滅無迹."
110 "微則杳漠無形."
111 許抗生,『帛書老子注譯及研究』, 93쪽 참고.

2. 捪之而弗得, 名之曰夷(백서을)

　搏之不得, 名曰微(왕필본)

『설문해자』에 "민(捪)은 '어루만지다' 또는 '본뜨다'라는 뜻이다.〔捪, 撫
也, 一曰摹也.〕"라고 하였고, 또 『광아』「석고」에서는 "민(捪)은 '어루만
지다'라는 뜻이다.〔捪, 循也.〕"라고 했다. 한편 『역경(易經)』「건착도(乾鑿
度)」 및 『열자』「천서(天瑞)」 편에도 "보려 해도 보지 못하고, 들으려 해
도 듣지 못하며, 만지려 해도 만질 수 없다.〔視之不見, 聽之不聞, 循之不
得.〕"라고 하였으며, 『회남자』「원도(原道)」 편에도 "보려 해도 그 형체를
보지 못하고, 들으려 해도 그 소리를 듣지 못하며, 만지려 해도 그 몸
을 만질 수 없다.〔視之不見其形, 聽之不聞其聲, 循之不得其身.〕"라고 표현했
다. 이들 문헌에 보이는 '순지부득(循之不得)' 및 '순지부득기신(循之不得
其身)'은 곧 백서본의 "민지이부득(捪之而弗得)"과 유사한 표현이다.[112] 한
편 夷는 앞에서 보았듯이 촉각에 대한 표현이다. 따라서 의미상 '捪之
而弗得'이 타당하며, 또 이에 부합하는 표현은 '명지왈이(名之曰夷)'이
다. 따라서 왕필본은 민(捪)을 박(搏)으로, 이(夷)를 미(微)로 잘못 고친
셈이다.


3. 一者, 其上不謬(백서을)

　其上不皦(왕필본)

부혁본에도 백서본처럼 '일자(一者)'가 들어 있다. 이 구절은 바로 앞
의 "고혼이위일(故混而爲一)"을 잇는 구절이므로 '一者'가 있어야 보다

<hr>

112　高明, 앞의 책, 283쪽.

완전한 문장이 된다.


4. 其上不儆仙, 其下不忽(백서갑)

　其上不皦, 其下不昧(왕필본)

우선 백서 갑본의 유(儆)는 곧 유(攸) 자로, 유(悠, 아득히 멀다)의 뜻으로 볼 수 있다. 다음으로 홀(忽)은 시간적으로 지극히 짧은 순간을 뜻한다. 따라서 儆仙와 忽의 이러한 의미에 근거할 때, 상(上)과 하(下)는 모두 시간적 개념으로 '이전'과 '이후'로 해석해야 한다. 이는 기존의 해석과 거리가 있다. 기존에 왕필본의 上과 下는 위와 아래로, 교(皦)와 매(昧)는 '밝다'와 '어둡다'로 해석되었다. 그러나 감관과 이성, 시간과 공간을 초월한 도에 위아래의 구분이나 밝고 어둠의 차이가 있을 수 없다.


5. 尋尋呵不可名也(백서본)

　繩繩不可名(왕필본)

왕필본의 '승승(繩繩)'은 '면면히 이어져 궁극이 없다'는 뜻이며, 백서본의 '심심(尋尋)' 역시 '길이 이어져 끊어짐이 없다'는 뜻이다.[113] 결국 '繩繩'과 '尋尋'은 표현만 다를 뿐 같은 의미로 볼 수 있다.


6. 隨而不見其後, 迎而不見其首(백서을)

　迎之不見其首, 隨之不見其後(왕필본)

어순이 도치되어 있으며, 백서본의 '영이(迎而)'와 '수이(隨而)'가 왕필

<hr />

113　許抗生, 앞의 책, 94쪽.

본에서는 각각 '영지(迎之)'와 '수지(隨之)'로 되어 있다. 의미에는 별 차이가 없다.

7. 執今之道, 以御今之有(백서본)
　　執古之道, 以御今之有(왕필본)

허항생은 왕필본의 '고지도(古之道)'는 '금지도(今之道)'를 잘못 고친 것으로 보았다. 도는 옛것과 지금의 것이 따로 있을 수 없고, 영원불변하다고 보았기 때문이다.[114]

백서본의 형태는 현실을 중시하는 황로학적 사고가 투영된 것으로 볼 수 있다. 황로학은 현실과 실제 상황을 중시하는 법가적 사유를 수용하고 있다. 따라서 이러한 현실 중시의 사고가 "현재의 도를 잡음으로써 현재의 일을 처리한다.[執今之道, 以御今之有.]"라는 말로 나타난 것이다. 그리고 이는 '상황에 따라서 마땅한 법도를 만든다.[因事制宜]'라는 말과 통한다. 현재 직면한 실제적 사태에 근거하여 그에 합당한 처리 방식을 도출해 내는 것이 법가적 사고이며, 또한 황로학적 사유의 전형이기도 하다.

8. 以知古始(백서본)
　　能知古始(왕필본)

고대에 능(能)과 이(而), 이(而)와 이(以)는 서로 통용되었다. 따라서 이(以) 자가 능(能) 자로 옮겨졌을 가능성이 있다. 의미상으로는 백서본의

---

114　같은 곳 참고.

"이지고시(以知古始)"가 더 낫다. 이때 以 자는 바로 앞 구절 "執今之道,
以御今之有"를 직접 받는 수단격 조사가 되기 때문이다.

# 15장

# 훌륭한 지도자는
# 그 깊이를 알 수 없다

옛날의 훌륭한 지도자는
미묘하고 그윽이 통달하여 그 깊이를 헤아릴 수 없다.
무릇 헤아릴 수 없으므로 억지로 다음과 같이 표현해 본다:

머뭇거리네, 마치 겨울 물을 건너듯
신중하네, 마치 이웃을 두려워하듯
근엄하네, 마치 손님처럼
풀어지네, 마치 얼음 녹듯이
질박하네, 마치 통나무처럼
흐릿하네, 마치 흙탕물처럼
훵하네, 마치 텅 빈 계곡처럼.

누가 흐릿하다가 고요히 가라앉아 서서히 맑아질 수 있는가?
누가 고요히 머물다가 움직여 서서히 생기를 얻을 수 있는가?

이러한 도를 지닌 사람은 가득 채우려 하지 않는다.

오직 가득 채우려 하지 않기에 낡아져도 새롭게 이루지 않는다.


古之善爲士[115]者

微妙玄達, 深不可志.

夫唯不可志, 故强爲之容曰：


豫兮, 其若冬涉水

猶兮, 其若畏四隣

嚴兮, 其若客

渙兮, 其若凌釋

敦兮, 其若樸

湷兮, 其若濁

曠兮, 其若谷.


孰能[116]濁而靜之徐淸?

孰能安以動之徐生?

葆此道, 不欲盈.

夫唯不欲盈, 是以能敝而不新[117]成.

115  士는 본래 道로 되어 있는데 죽간본에 근거해 수정했다.
116  죽간본에 근거해 '孰能' 두 글자를 보충했다. 다음 구도 마찬가지다.
117  왕필본에 근거해 '新' 자를 보충했다.

노자가 자신이 그리는 이상적인 지도자의 모습에 관해 노래하고 있다. 죽간본에도 나오는 것으로 볼 때 고층대의 『노자』 텍스트에 속한다.

우선 원문 첫 구절에 쓰인 '사(士)'의 의미부터 살펴보자. '사'는 지도자를 가리킨다. 서복관(徐復觀)에 의하면 '사'의 본래 의미는 '사(事)'와 통했다.[118] 고대 농경 사회에서 '사(事)'는 주로 농사일을 의미했다. 따라서 사(士)는 본래 농사에 종사하는 남자를 의미했다. 이후 '사'는 갑사(甲士)의 의미로 사용되기 시작했는데, 이는 농사 짓는 남자들 중 건장한 사람을 병사로 차출하여 전쟁터에 내보냈기 때문이다. 갑사 중 일부는 귀족의 하급 관리로 선발되기 시작했다. 그리고 춘추 시대 말기에 이르면 이들 중 전문적으로 정치를 담당하는 무리가 나오기 시작한다. 이후 귀족 계층이 부패하기 시작하면서 사(士)는 정치상의 각종 지식을 추구하게 되었고, 마침내 고대 사회에서 지식인 계층을 형성하게 된다.[119] 따라서 여기에서 사는 일정한 지식 체계를 갖춘 정치 지도자를 의미한다.

노자가 생각하는 이상적인 지도자는 그 깊이를 헤아릴 수 없는 사람이다. "미묘현달(微妙玄達)", 즉 인격이 지극히 심오하고 온갖 이치와 지혜에 통달한 사람이다. 이런 사람은 『노자』의 다른 곳에서 '연혜(淵兮)'(4장), '수중(守中)'(5장), '현빈(玄牝)'(6장), '허정(虛靜)'(16장) 등의 이미지와 언어로 표현되고 있다. 모름지기 지도자는 경거망동하는 일이 없고 고요함을 유지하고 내면의 중심이 잡혀 있고 마음 씀이 깊은 사람이어야 한다는 것이다.

118 『설문해자』에 "士, 事也"로 되어 있다.
119 徐復觀, 『兩漢思想史』(一), 86~90쪽 참조.

그러면 어떤 사람이 그런 사람인가? 노자는 언어로 표현하기의 어려움을 토로한다. 그런 사람은 헤아릴 수 없는 깊이를 지니고 있기 때문이다. 그래서 "강위지용(强爲之容)", 즉 '억지로 표현해 본다'고 말한다. 마치 25장에서 도에 대해 "나는 아직 그 이름을 모르니, 그저 임시로 '도'라 부르고 또 억지로 '크다'고 말한다."[120]라고 표현하듯이 말이다. 이하에서는 '예혜(豫兮)', '유혜(猶兮)', '엄혜(嚴兮)', '환혜(渙兮)', '돈혜(敦兮)', '춘혜(濁兮)', '광혜(曠兮)' 등 여섯 가지 형태로 이상적 지도자의 모습을 묘사한다.

'예혜'나 '유혜' 모두 머뭇거리고 주저하는 모습을 형용하는 말들이다. 예(豫)는 본래 거대한 코끼리를 가리키는 말이다.[121] 따라서 "유혜, 약동섭수(豫兮, 若冬涉水)"는 거대한 코끼리가 얼어 있는 겨울 냇물 앞에 서서 건널까 말까 망설이는 모습을 표현하는 말이다. 유(猶)는 유호(猶猢)라는 원숭이 종류를 가리키는 말이다. 원숭이는 본래 의심이 많기 때문에 항상 사방을 살피면서 다니는 습성이 있다. 따라서 "유혜, 약외사린(猶兮, 若畏四隣)"은 조심스럽게 주변을 살피는 원숭이의 모습을 표현하는 말이다. 유와 예가 합쳐져 만들어진 유예는 이럴까 저절까 망설이면서 예정된 일정을 늦춘다는 의미를 가진 단어다.

'엄혜(儼兮)'는 손님의 모습과 관련된 용어다. 손님은 겸손한 태도로 자신을 낮춘다. 더욱이 지도자가 되기 위해서는 자신을 백성 아래 낮추는 겸손한 태도가 요구된다. 또한 손님은 매사에 조심스럽다. 하나하나의 행위에 신중하며, 주인에 앞서 함부로 나서거나 경거망동하지 않는

---

120 『노자』 25장, "吾未知其名, 字之曰道, 强爲之名曰大."
121 『설문해자』, "豫, 象之大者."

다. 지도자에게는 이러한 겸손함과 신중한 태도가 요구된다는 것이다.

'환혜(渙兮)'의 의미는 따뜻한 봄날 물속에서 서서히 녹아 가는 얼음 덩어리를 연상하면 이해할 수 있다. 물속에서 조금씩 녹아 가는 얼음은 자기를 고집하거나 주장하지 않는다. 물에 자신을 조금씩 조금씩 내주면서 나를 해체하고 소멸시키며 결국에는 물과 하나가 된다. 그리하여 나와 너의 구별, 이것과 저것의 분별이 사라진 무차별의 세계로 들어간다. 『장자』「제물론(齊物論)」편에서 말하는 '상아(喪我)'의 경지가 바로 여기에 해당할 것이다. 노자가 보기에 '나'를 잊어버리고 주변과 하나가 되는 사람이야말로 세상의 참된 지도자가 될 수 있다.

'돈혜(敦兮)'는 통나무의 투박함을 상징한다. 28장에서 "통나무가 흩어지면 다양한 그릇이 된다.(樸散則爲器)"라고 말하듯이, 통나무는 온갖 다양한 '그릇'으로 만들어지기 이전의 원형이다. '통나무'는 그 어떤 인위나 조작도 가해지기 이전의 순수 그 자체를 상징한다. 이런 순수함과 투박함을 지닌 사람은 무한한 가능성을 내포하고 있다. 그 안에 세상의 온갖 복잡한 일들을 처리할 지혜가 숨어 있고, 세상 전체를 감싸 안을 넉넉함이 깃들어 있다. 이런 투박함을 지닌 사람이라야 세상 만민을 끌어안고 함께 나아갈 수 있다.

'춘혜(渾兮)'는 흙탕물처럼 흐릿한 상태를 뜻한다.(왕필본에는 '혼혜(混兮)'로 표현되어 있다.) 도를 품은 사람은 명확하지 않다. 마치 우물쭈물 망설이는 듯 명쾌한 구석이 없다. 도의 본질은 코스모스(cosmos)가 아니라 카오스(chaos)이기 때문이다. 이것과 저것이 명확히 구분되지 않고 옳고 그름이 분명하지 않다. 도의 자리에서 보면 이것이 곧 저것이고 옳음이 곧 그름이다. 때문에 도를 품고 있는 사람은 남들 눈에는 우둔하고 흐리멍덩한 사람처럼 보일 수 있다. 그래서 노자는 20장에서 "나는 바보 같은 사람이라, 어리석고 무지하네. 사람들은 밝은데, 나 홀로 어둡고, 사람들은 똑똑한데, 나 홀로 흐리멍덩하네."[122]라고 노래한다.

'광혜(曠兮)'는 계곡의 텅 빔을 상징한다. 앞서 6장에서 "계곡의 신은 죽지 않는다.〔谷神不死.〕"라고 했다. '계곡의 신'은 왜 죽지 않는가? 텅 비어 있기 때문이다. 나를 비우고 세상의 모든 것들을 받아들일 준비가 되어 있기 때문이다. 나를 가득 채우고 있으면 남을 받아들일 수 없다. 남이 들어오려고 하면 귀찮고 짜증이 난다. 이런 사람에게 누가 귀의하려 하고 누가 그를 지도자로 받들려고 하겠는가?

마지막 단락에서 노자는 도를 체득한 사람의 동정(動靜) 양면성에 대해 말하고 있다.

혼탁함은 동(動)의 극치로 볼 수 있다. 물질이든 마음이든 빠르게 요동치면 점차 혼탁해진다. 가령 마음의 경우를 보자. 내 마음이 복잡하고 어지럽다는 것은 외부의 무언가에 자극을 받아 격렬하게 움직이고 있다는 것이다. 이럴 때는 어떻게 해야 하는가? 고요한 상태를 유지하는 게 최상의 방법이다. 명상을 하든 심호흡을 하든 마음을 고요히 가라앉혀야 한다. 그러면 마음이 서서히 맑아질 것이다. 흙탕물이 서서히 맑아지듯 말이다.

반대로 '죽은 듯 고요함〔安〕'은 정(靜)의 극치를 말한다. 고요한 상태가 오래 유지되고 지속되면 서서히 생기를 잃고 죽음을 향해 가게 된다. 도는 '극즉반(極則反)'의 성질을 지니고 있기 때문에 고요함의 극치

---

122 "我愚人之心也, 蠢蠢兮. 俗人昭昭, 我獨若昏兮; 俗人察察, 我獨悶悶兮."

에 이르면 동(動)을 발동하고 생(生)을 향해 나아가게 된다.

· 이렇게 동과 정을 적절히 조화하는 일은 아무나 할 수 없다. 동이 지
나치면 '혼탁함'으로 흐를 수 있고, 정이 지나치면 '죽음'으로 흐를 수
있다. 오직 도를 지닌 사람만 동과 정을 적절히 조화하여, 세상을 이끌
어 나감에 시의적절하게 대처할 수 있다.

이런 도를 지닌 사람은 '채움'을 지향하지 않는다. 채움은 노자가 늘
경계하는 말로서, 동의 극치에 이르는 것도 채움이고 정의 극치에 이르
는 것도 채움이다. 그러니까 채움은 어느 한쪽으로 치우친 상태를 가리
키는 말이다. 도를 지닌 사람은 채움의 극단 상태에 놓이지 않도록 늘
조심하고 노력한다.

때문에 이런 사람은 지니고 있는 것이 다 낡아 없어져도 새롭게 채우
려 하거나 새롭게 이루려 애쓰지 않는다. 이런 사람은 이미 낡음과 새
로움, 소멸과 이룸을 초월한 사람이다. 이 점에 대해 여길보는 다음과
같이 말한다. "세상의 사물은 새로워지면 낡고 낡으면 소멸하게 되는
것이니 낡지 않는 것은 드물다. 오직 가득 채우려 하지 않으니 새로움,
낡음, 이룸, 소멸함 등이 마음에 끼어들지 못한다. 이 때문에 비록 낡아
도 낡음이 아니며, 낡음이 없으면 소멸함도 없다. 이처럼 낡음도 소멸함
도 없으니 새롭게 함도 이룸도 없을 것이다."[123]

---

123  焦竑, 앞의 책, 26쪽. "天下之物, 有新則有敝, 有敝則有壞, 則不敝者鮮矣. 夫唯不
盈, 則新敝成壞, 無所容心. 是以雖敝不敝, 不敝則不壞, 不敝不壞, 則不新不成
矣."

## 판본 비교

**죽간본**

갑: 古之善爲士者, 必非(微)溺玄達, 深不可志 是以爲之頌: 夜(豫)虖(乎)奴(若)冬涉川, 猷(猶)虖(乎)其奴(若)愄(畏)四叟(鄰), 敢(嚴)虖(乎)其奴(若)客, 觀(渙)虖(乎)其奴(若)懌(釋), 屯虖(乎)其奴(若)樸, 坉虖(乎)其奴(若)濁. 竺(孰)能濁以朿(靜)者, 牆(將)舍(徐)淸. 竺(孰)能庀以迬(動)者, 牆(將)舍(徐)生. 保此衍(道)者, 不谷(欲)竘(尙)呈(盈).

**백서본**

갑: □□□□□□, □□□□, 深不可志[124]. 夫唯不可志, 故強爲之容曰: 與呵其若冬□□, □□□□畏四□, □呵其若客, 渙呵其若淩(凌)澤(釋), □呵其若朴屋(樸), 湷□□□□, □□□若浴(谷). 濁而情(靜)之, 余(徐)淸. 女(安)以重(動)之, 余(徐)生. 葆此道, 不欲盈. 夫唯不欲□, □以能□□□成.

을: 古之□爲道者, 微眇(妙)玄達, 深不可志. 夫唯不可志, 故強爲之容曰: 與呵其若冬涉水, 猷(猶)呵其若畏四叟(隣), 嚴呵其若客, 渙呵其若淩(凌)澤(釋), 沌(敦)呵其若樸, 湷呵其若濁, 滿呵其若浴(谷). 濁而靜之, 徐淸. 女(安)以重(動)之, 徐生. 葆此道□, □欲盈. 是以能裳斃(敝)而不成.

124 백서 정리조는 왕필본과 같이 '識'으로 해독하고 있으나 여기에서는 원문대로 '志'로 읽는다. 백서 을본이나 죽간본도 '志'로 되어 있다.

**왕필본**

古之善爲士者, 微妙玄通, 深不可識. 夫唯不可識, 故强爲之容. 豫
焉若冬涉川, 猶兮若畏四隣, 儼兮其若容, 渙兮若氷之將釋, 敦兮其若
樸, 曠兮其若谷, 混兮其若濁. 孰能濁以靜之徐淸? 孰能安以久動之徐
生? 保此道者, 不欲盈. 夫唯不盈, 故能蔽不新成.

**죽간본과 백서본**

1. 古之善爲士者(죽간본)

　　古之善爲道者(백서본)

부혁본은 백서본과 같이 道로 되어 있는 반면 왕필본은 죽간본처럼
士로 되어 있다. 그러면 '유도자(爲道者)'와 '위사자(爲士者)'는 어떻게 다
른가? 사(士)는 제후(諸侯), 경사(卿士), 대부(大夫), 사관(士官) 등을 가
리키는 말로 폭넓은 의미를 가진다. 따라서 '爲士者'는 나라를 다스리
고 백성을 다스리는 지도자들에 대한 포괄적인 칭호로 볼 수 있다.[125]
반면에 백서본의 '爲道者'에서 道는 '무위 정치의 도'를 가리키는 것으
로 볼 수 있다. 성립 시기상 백서본은 무위 정치를 이상으로 하는 황로
학을 배경으로 삼고 있다. 따라서 백서본의 '爲道者'는 이상적 무위 정
치에 힘쓰는 전제 군주를 가리키는 말로 볼 수 있다.

2. 是以爲之頌(죽간본)

　　夫唯不可志, 故强爲之容曰(백서본)

125 彭浩, 『郭店楚簡「老子」校釋』, 16쪽.

첫째, 백서본의 "夫唯不可志〔무릇 헤아릴 수 없다.〕"는 바로 앞의 구 "深不可志〔그 깊이를 헤아릴 수 없다.〕"와 중복된다. 이런 중복 현상은 뒤에서도 보인다. 즉 백서 갑본의 후반부에서 "夫唯不欲盈〔무릇 가득 채우려 하지 않는다〕"은 앞 구절 "葆此道, 不欲盈"〔이러한 도를 지닌 사람은 가득 채우려 하지 않는다〕과 중복된다. 이런 중복구의 형태는 아마 백서본의 형성 시기에 생긴 것 같다.[126] 죽간본 형태가 간결형 문장이라면 백서본 형태는 중복형 문장이다.

둘째, 송(頌)과 용(容)의 차이가 있는데, 죽간 정리조는 頌을 백서본이나 왕필본과 같은 容의 빌린 글자로 보았으며, 대부분의 연구자들도 이를 따른다. 그러나 내용상으로는 오히려 頌이 타당할 수 있다. "豫乎若冬涉川"부터 "地乎其若濁"까지는 '善爲士者', 즉 '나라를 잘 다스리는 사람'을 기리는 노래〔頌〕로 볼 수 있기 때문이다.[127]

### 3. 湛呵其若谷(백서을)

죽간본에는 이에 해당하는 구가 없으며, 왕필본의 경우 그 위치가 백서본과 조금 다르다. 백서본에서 이 구는 이른바 頌의 마지막 구절에 해당한다. 따라서 후대에 새로 첨가된 구로 보인다.

---

126  같은 책, 17쪽 참조.
127  역순정의 주에도 다음과 같은 말이 있다: "『문선(文選)』「위도부(魏都賦)」의 장재주(張載注)에서는 이렇게 『노자』를 인용했다: '옛날의 선비는 미묘하고 가믈하고 통달하여 그 깊이를 알 수 없다. 무릇 알 수 없으므로 억지로 이렇게 노래하였다. ……(古之士, 微妙玄通, 深不可識. 夫唯不可識, 故强爲之頌. ……)'" 여기에서 우리는 장재의 시대만 하더라도 頌으로 쓰여 있는 판본이 있었다는 사실을 알 수 있다.

4. 孰能濁以靜者, …… 孰能尼以動者(죽간본)

　　濁而靜之, …… 安以動之(백서본)

왕필본도 죽간본과 비슷한 것으로 보아, 백서본에서는 '숙능(孰能)' 두 글자가 잘못 탈락되었거나 의도적으로 삭제된 것으로 보인다.


5. 夫唯不欲盈, 是以能敝而不成(백서본)

죽간본에는 이 구절이 없다. 이 구절은 백서본의 성립 시기에 새로 추가되었을 것이다.


### 백서본과 왕필본

1. 古之善爲道者(백서본)

　　古之善爲士者(왕필본)

도(道)와 사(士)의 차이가 보이는데, 이 문제에 대해 지금까지 많은 논란이 있었다. 마서륜, 고형, 주겸지 등은 道가 옳다고 주장했다. 고형은 그 근거로 왕필본 65장에서 "古之善爲道者, 非以明民, 將以愚之"라고 한 점을 들었고, 마서륜은 이 구절이 68장에서 잘못 끼어든 것이라고 주장했다. 부혁본과 누고본(樓古本)에도 道로 되어 있어 많은 학자들이 이들에게 동조했다. 더욱이 백서본까지 道로 되어 있다는 사실이 밝혀지면서 이들의 주장은 더욱 힘을 얻게 되었다. 그러나 죽간본이 발굴되면서 사정이 달라졌다. 죽간본에는 오히려 왕필본과 같이 士로 되어 있기 때문이다.

여기에서 우리는 백서본이 왕필본에 비해 고본인 것은 틀림없으나, 그렇다고 반드시 왕필본보다 정확하거나 『노자』의 원형에 가깝다고 말할 수 없음을 알 수 있다. 더욱이 백서 『노자』가 황로학이 유행하던 전국 시대 말 한대 초기에 형성된 판본임을 고려하면, 백서본에는 황로학의 영향이 일정하게 반영되었으리라는 점을 무시할 수 없다.

2. 深不可志, 夫唯不可志(백서본)
　　深不可識, 夫唯不可識(왕필본)

백서 정리조는 지(志)를 식(識)의 빌린 글자로 해독하고 있으며, 고명도 여기에 따른다. 志는 識의 고자(古字)이므로 識과 志는 서로 통용될 수 있다.[128] 단 죽간본에는 백서본과 마찬가지로 志로 쓰여 있다. 따라서 고본 『노자』에서는 본래 志였음을 알 수 있다.

3. 與呵其若冬涉水(백서본)
　　豫焉若冬涉川(왕필본)

우선 여(與)와 예(豫)의 차이가 보인다. 하상공본에도 與로 되어 있다. 고대에 與와 豫는 서로 통용되었다. 단 죽간본에는 豫 자와 비슷한 형태로 되어 있다. 다음으로 수(水)와 천(川)의 차이가 보인다. 이들은 뜻과 모양이 유사하므로 서로 통용될 수 있다.

4. "豫焉若冬涉川"부터 "混兮其若濁"까지 일곱 구 가운데, 왕필본은 네 구는 약(若) 앞에 기(其)가 있고 세 구에는 없다. 그러나 백서본에는 若 앞에 모두 其가 있다.

---

**128** 許抗生, 앞의 책, 96쪽.

문장 형식으로는 모든 구에 其가 들어가 'O兮其若OO'의 문형으로 통일되는 것이 적합하다. 그런데 왕필본은 若 뒤에 한 글자만 있는 경우에는 其가 있으나, 세 글자 이상인 경우에는 其가 빠져 있다. 문장의 정형화를 위해 글자가 많은 구에서는 의도적으로 其를 뺀 것으로 보인다. 이 점은 죽간본에도 백서본과 같이 매 구마다 其가 들어가 있다는 사실에서 확인할 수 있다.

5. 嚴呵其若客(백서본)

   儼兮其若容(왕필본)

이 구는 과거부터 논란이 많았다. 왕필본의 경우 '엄혜(儼兮)'와 '용(容)'의 의미가 잘 어울리지 않는다. 그래서 일부에서는 하상공본과 부혁본에 근거하여 용(容)을 객(客)으로 고치기도 했다. 현재 백서본과 죽간본에는 모두 客으로 되어 있다. 따라서 하상공본과 부혁본이 옳고 왕필본에 문제가 있었다는 것을 확인할 수 있다. 왕필본의 容은 客과 자형이 비슷해 생긴 오류로 보인다.

6. 渙呵其若凌澤(백서본)

   渙兮若氷之將釋(왕필본)

능(凌)은 빙(氷)과 마찬가지로 '얼음'을 뜻하며, 택(澤)은 석(釋)의 빌린 글자로 볼 수 있다. 따라서 양자 사이에 의미상의 차이는 없다. 죽간본에는 왕필본과 비슷하게 '환호기약석(渙乎其若釋)'으로 되어 있다.

7. 湷呵其若濁, 湉呵其若浴(백서을)

   曠兮其若谷, 混兮其若濁(왕필본)

우선 어순이 서로 반대인데, 경복비본(景福碑本)과 경룡비본도 백서 본과 같다. 한편 춘(湷)은 『설문해자』에 '어지럽다〔亂〕'로 풀이했으므로 혼(混)과 뜻이 같다. 그 외에 湉은 광(曠)의 빌린 글자로 보이며, 욕(浴) 은 곡(谷)의 오자나 빌린 글자일 것이다.

8. 濁而情(靜)之, 余(徐)清. 女(安)以重(動)之, 余(徐)生(백서본)

   孰能濁以靜之徐清. 孰能安以久動之徐生(왕필본)

여러 전통본 중 수주본(遂州本)과 고환본(顧歡本)만 백서본과 같이 '숙능(孰能)'이 없다. 고명은 백서본이 본래의 모습이며, 현행본의 '孰能' 은 후대에 임의로 넣은 것이라고 주장했다.[129] 그러나 죽간본에도 '孰能' 에 해당하는 글자가 보이므로 고명의 주장은 설득력이 없다. 아마도 백 서본의 형성 시기에 의도적으로 삭제된 것 같다.

9. 是以能敝而不成(백서본)

   故能蔽不新成(왕필본)

전통본 중에는 부혁본만 백서본과 같이 "시이능폐이불성(是以能敝而 不成)"으로 되어 있다. 그러나 폐(蔽)와 폐(敝)는 같은 글자로 볼 수 있 고, 백서본의 '불성(不成)'은 내용상 '불신성(不新成)'의 뜻을 내포한다. 따라서 양자 사이에 의미상으로는 큰 차이가 없다. 단 왕필은 蔽를 글

---

129 高明, 앞의 책, 296쪽.

자 그대로 '덮다〔覆蓋〕'라는 주석을 달아 백서본과 다르게 풀이하도록
했다.

　과거에 왕필본의 "夫唯不盈, 故能蔽不新成"의 해석을 놓고 논란이
많았다. 문맥상 "고능폐불신성(故能蔽不新成)"의 해석이 순조롭지 않았
기 때문이다. 이 구를 문자 그대로 풀이해 보면, "그러므로 폐하여 새
롭게 이루지 않을 수 있다"가 된다. 여기에서 '폐하다'와 '새롭게 이루지
않다'가 자연스럽게 연결되지 않는다. 또한 앞 문장과의 연결도 순조롭
지 않다. 그러므로 역순정은 "아마도 '고능폐이신성(故能蔽而新成)'이어
야 할 것 같으니, 蔽는 敝의 빌린 글자이며, 不은 而의 오자다."라고 주
장했다. 고형과 진고응도 여기에 동조했다. 이에 따라 해석하면, "그러
므로 옛것을 폐하고 새롭게 이룰 수 있다"는 말이 된다. 한편 유월은 또
다음과 같이 주장했다. "蔽는 곧 敝의 빌린 글자다. 당나라 경룡비(景
龍碑)에는 폐(弊)로 쓰여 있으니, 또한 敝의 빌린 글자다. 『영락대전(永
樂大典)』에는 敝로 바르게 쓰여 있다. '불신성(不新成)' 세 자는 경룡비
에 '복성(復成)' 두 자로 되어 있다. 그러나 『회남자』 「도응(道應)」 편에
는 『노자』를 인용하여 '服此道者, 不欲盈. 故能蔽而不新成'라 하였으
니, 고본 『노자』는 이와 같았다. 유월은 오히려 '고능폐이불신성(故能蔽
而不新成)'으로 고쳐 읽어야 한다는 것인데, 그러면 의미상 역순정과 상
반된다. 그러나 현재 죽간본에는 이 구가 아예 없다. 아마도 후대에 새
롭게 첨가된 듯하다.

# 16장

# 철저히 비우고 참된 고요함 지키라

비움〔虛〕에 이르기를 지극히 하고
고요함〔靜〕 지키기를 돈독히 하라.


만물이 바야흐로 생겨나는 데서, 나는 그 돌아가는 자리를 본다.
천도(天道)는 돌고 돌아 각자 '뿌리'로 돌아가니, '뿌리'는 곧 고요함
이다.


고요하면 명(命), 즉 본성을 회복하게 된다.
본성을 회복하면 늘 그러하게 되고, 늘 그러한 이치를 알면 밝아진다.
그러나 늘 그러한 이치를 모르면 함부로 움직이고, 함부로 움직이면
흉하게 된다.


늘 그러한 이치를 알면 포용적이 되고, 포용적이면 공정해지며
공정하면 세상의 왕이 되고, 왕이 되면 자연과 하나가 되며

자연과 하나가 되면 도와 일치하게 되고, 도와 일치하면 죽을 때까지
위태로움이 없다.


至虛, 極也
守靜, 篤[130]也.


萬物方作, 吾以觀其復也.
天道員員, 各復其根,[131] 曰靜.


靜, 是謂復命.
復命, 常也: 知常, 明也.
不知常, 妄; 妄作, 凶.


知常容, 容乃公
公乃王, 王乃天
天乃道, 道乃沒身不殆.


이 장에서는 지도자가 왕이 되고 천하를 영원히 지킬 수 있는 방법

---

130 篤은 본래 督으로 되어 있는데, 죽간본과 왕필본에 근거해 수정했다.
131 백서본 원문에는 "天物雲雲, 各復歸於其根"으로 되어 있는데, 죽간본에 따라 수정
했다.

에 대해 말하고 있다. 그 핵심은 철저히 비우고 참된 고요를 지키는 데 있다고 말한다. 죽간본에는 '각복기근(各復其根)'까지만 나온다. 이렇게 볼 때 전반부는 고층대의 『노자』 텍스트에 속하고, 후반부는 후대에 새롭게 첨가되었을 것으로 추정된다.

노자는 첫머리에서 "철저히 비우고, 참된 고요함 지키라.(致虛極, 守靜篤)"라는 정언 명령을 내리고 있다. 여기에서 우선 짚고 넘어갈 점은 원문 "致虛極, 守靜篤(치허극, 수정독)"의 해석 방식에 대한 문제다. 이 구절은 두 가지 방식으로 해석할 수 있다. 첫째, "치허(致虛)를 극(極)하고, 수정(守靜)을 독(篤)하라.", 즉 "비움에 이르기를 지극히 하고, 고요함 지키기를 돈독히 하라". 둘째, "허극(虛極)에 치(致)하고, 정독(靜篤)을 수(守)하라.", 즉 "비움의 지극함에 이르고, 돈독한 고요함을 지키라". 그런데 백서본에는 "치허, 극야; 수정, 독야(至虛, 極也; 守靜, 篤也)"로 되어 있다. 뿐만 아니라 죽간본에도 "지허, 항야; 수정, 독야(至虛, 恒也; 守中, 篤也)"로 되어 있다. 따라서 첫 번째 방식이 본래의 독법(讀法)이었음을 알 수 있다.

"지허, 극야(至虛, 極也)!" 모름지기 지도자 된 자는 비운다는 생각조차 없을 정도로 철저히 비워야 한다는 것이다. 여기에서 언급되는 '허(虛)'는 노자 철학의 핵심 개념 중 하나다. '허'는 도의 본질적 속성이고, 따라서 도를 본받으며 살아가는 사람들이 따라야 할 중요한 행위 방식이다. 그러면 "비움에 이르기를 지극히 하라."라고 할 때 비움의 대상은 무엇인가? 앞서 3장에서 '허기심(虛其心)'을 말했고 '약기지(弱其志)'를 말했다. 거기서 말하는 '심'과 '지'는 결국 우리가 지니게 되는 의식의 지향성을 가리킨다. 남보다 앞서고자 하는 마음, 얻기 어려운 재화를 얻고자 하는 욕망, 시청각의 감각 기관들에 의해 야기되는 온갖 욕구, 이런 것들은 무위와 역행하는 인위적인 의식들이다. 노자는 지도자의 마음속에 들어 있는 이들 인위적인 의식을 비우고 비워 완전히 없앨 것을 요구하고 있는 것이다.

"수정, 독야(守靜, 篤也)!" 비움의 수행을 철저히 실천하다 보면 결국에는 고요함, 즉 '정(靜)'에 이르게 된다. 노자는 48장에서 "덜어내고 또 덜어 내어 무위에 이르나니.(損之又損, 以至於無爲)"라고 말하는데, 이때 무위에 이른다는 것은 달리 말하자면 참된 고요함에 도달함을 의미한다. 참된 고요는 단순히 정적을 의미하지 않는다. 인간의 삶은 필연적으로 '동(動)'으로 구성되게 마련이다. 먹고살기 위해서라도 우리는 끊임없이 움직여야 한다. 노자는 이런 기본적 사실을 부정하지 않는다. 다만 노자는 인간의 모든 동적인 활동은 '정'으로부터 출발해야 한다는 점을 강조한다. '정'을 회복한 상태에서 '동'으로 나아갈 때, 우리가 행하는 모든 행위들이 지극히 순조로운 상태, 무위에 이를 수 있다고 본다.

이어서 노자는 자연계에 대한 관찰에서 터득한 고요함의 이치에 대해 말한다. "만물이 바야흐로 생겨나는 데서, 나는 그 돌아가는 자리를 본다. 천도(天道)는 돌고 돌아 각자 '뿌리'로 돌아가니, '뿌리'는 곧 고요함이다.(萬物方作, 吾以觀其復也. 天道員員, 各復其根, 日靜.)"

노자는 사태의 본원을 파악하고 현상의 배후를 관찰하며 존재의 본질을 응시한다. 그러기에 바야흐로 무성하게 자라나는 초목의 모습에서 그들이 궁극적으로 돌아갈 자리를 짚어 내는 것이다. 초목은 봄철의 따사로운 기운으로 소생하고, 여름의 작열하는 태양과 소나기로 왕성하게 자라난다. 그러나 서늘한 가을바람이 불어오기 시작하면 초목은 돌아갈 채비를 한다. 짙은 무서리가 내리는 늦가을, 잎사귀들은 하나둘 그들의 뿌리를 향해 떨어져 내린다. 이윽고 한겨울에 접어들면 초목이 지녔던 생명의 흔적들은 간데없어지고, 오로지 깊은 겨울잠에 빠져든 뿌리의 정적만이 땅속에 웅크리고 있다. 이러한 '돌아감〔復〕'은 모든 존재의 필연적 행로다. '옴'이 있으면 '감'이 있기 마련이다.

천지자연에서 나타나는 이러한 이치를 통해 노자는 다시 인간의 문제를 조망한다. 초목은 무성하게 자라다가 결국에는 그것의 뿌리, 즉 고요로 회귀한다. 사람들 역시 살아 있을 때는 이런저런 일로 요란하고 바쁘게 움직이지만 죽으면 한순간 정적으로 돌아간다. 인간의 궁극적 본질 역시 고요라는 것이다. 그래서 노자는 이 고요로 돌아가는 게 바로 인간이 선천적으로 부여받은 명(命), 즉 본성을 회복하는 길이라고 보았다. 『예기』에서도 "사람이 태어날 때의 본성은 고요함이니, 그것은 하늘로부터 부여받은 천성이다."[132]라고 말한다. 생명의 본질은 고요이므로 사람은 이 점을 깨달아 늘 고요함 지키기에 힘써야 한다는 말이다.

본성을 회복하면 어떻게 되는가? 우리가 이 고요함의 본성을 회복하면 늘 그러한 이치, 즉 상도(常道)를 깨달아, 우리의 삶이 늘 그러한 상태, 즉 평온을 유지하게 된다. 우리네 삶에는 늘 크고 작은 일들이 일어나며, 거기에 따라 우리의 마음 또한 수시로 출렁인다. 이는 우리가 늘 그러한 자연의 이치를 깨닫지 못하기 때문이다. 노자는 이러한 자연의 이치를 깨닫지 못하면 경거망동하다가 흉하게 된다고 경고한다.

---

132 "人生而靜, 天之性也."

마지막으로 노자는 자연의 늘 그러한 이치를 알고 그것을 온전히 실천할 때 얻게 되는 효능에 대해 말한다. 우선 상도(常道), 즉 늘 그러한 자연의 이치를 깨달으면 마음 씀이 너그러워지고 포용적이 된다고 말한다. 자연이 만물을 포용하고 보듬어 주듯이, 그러한 자연의 이치를 이해하고 따르는 사람은 자연을 닮아 다가오는 모든 것들을 받아들일 수 있기 때문이다.

　　이처럼 너그러워진다는 것은 모든 사람, 모든 일에 대해 공정한 마음을 지니게 된다는 것을 의미한다. 무사(無私)하기 때문이다. 자연은 널리 만물을 감싸 안지만 특별히 누구를 더 사랑하고 덜 사랑하지 않는다. 모두에게 공평한 태도를 취할 뿐이다. 가령 하늘은 지상의 사물들에 골고루 햇볕과 비를 내려 준다. 그러면 사물들은 각각의 형편과 조건에 따라 햇볕을 쬐거나 비를 맞는다. 지도자 또한 마찬가지다. 무사하면, 즉 개인적인 호불호가 없으면 모든 사람들을 공정하게 대할 수 있다.

　　이렇게 자연을 닮은 사람, 공정한 사람이 있으면 사람들이 모여들어 그를 지도자로 받들게 된다. 이는 역으로도 생각해 볼 수 있다. 사람들에 의해 왕으로 받들어진 사람은 이미 자연과 하나가 되고 도를 얻은 사람이기도 하다. 도는 영원하기에 이런 사람은 길이 나라를 보존하고 죽을 때까지 아무런 위태로움도 겪지 않는다.

## 판본 비교

### 죽간본

갑: 至虛亙(恒)也; 獸(守)中管(篤)也. 萬勿(物)方复(作), 居以須復也. 天道員員, 各復其堇(根).

### 백서본

갑: 至虛極也, 守情(靜)表也. 萬物旁(方[133])作, 吾以觀其復也. 天物雲雲, 各復歸於其□, □□. 情(靜), 是胃(謂)復命. 復命, 常也. 知常, 明也. 不知常宗(妄), 宗(妄)作凶. 知常容, 容乃公, 公乃王, 王乃天, 天乃道, □□□, 沕(沒)身不怠(殆).

을: 至虛極也, 守靜督也. 萬物旁(方)作, 吾以觀其復也. 天物袪袪(魂魂), 各復歸於其根, 曰靜. 靜, 是胃(謂)復命. 復命, 常也. 知常, 明也. 不知常芒(妄), 芒(妄)作凶. 知常容, 容乃公, 公乃王, □□天, 天乃道, 道乃沒身不殆.

### 왕필본

致虛極, 守靜篤. 萬物竝作, 吾以觀復. 夫物蕓蕓, 各復歸其根. 歸根曰靜, 是謂復命. 復命曰常, 知常曰明. 不知常, 妄作凶. 知常容, 容乃公, 公乃王, 王乃天, 天乃道, 道乃久. 沒身不殆.

133 백서 정리조는 竝 자로 해독한다. 그러나 문자의 음이나 형태로 볼 때 方이 더 타당하다. 죽간본에도 方으로 되어 있다.

**죽간본과 백서본**

1. 至虛恒也, 守中篤也(죽간본)

   至虛極也, 守靜督也(백서을)

첫째, 항(恒)과 극(極)의 차이다. 이러한 차이는 마왕퇴 백서 『계사전 (繫辭傳)』의 "대항(大恒)"이 현행본에 "대극(大極)"으로 되어 있는 것과 비슷하다. 恒은 '한결같다〔一同〕'는 뜻으로, 덕을 잡고 도를 지킴이 한결 같아 변함이 없다는 말이다. 『주역』 「계사전」에 "항(恒)이란 덕이 굳건 한 것이다.〔恒者, 德之固也〕""라고 했다.[134] 따라서 죽간본의 "지허항야(至 虛恒也)"는 "'빔'에 이르기를 한결같이 한다."는 의미가 된다.

둘째, '수중(守中)'과 '수정(守靜)'의 차이다. 정(靜)이나 중(中) 모두 마 음의 상태를 표현하는 말이므로, 양자는 실질적으로 비슷한 의미를 지 니는 것으로 볼 수 있다. 『관자』 「내업(內業)」 편에 "정심재중(定心在中)" 또는 "正心在中"이라는 말이 나오는데, 여기에서 中은 모두 마음이 '안 정됨〔定〕', '바름〔正〕', '고요함〔靜〕' 등의 상태에 있는 것을 말한다. 또 「백심(白心)」 편의 "화이반중(和以反中)"은 원만하고 조화로운 마음의 상 태를 가리킨다. 이처럼 『노자』에서는 '수중(守中)'을 말하는 반면, 『장 자』에서는 이와 비슷한 맥락에서 '양중(養中)'을 제시하고 있다.[135]

한편 백서본의 '수정(守靜)'은 황로학과 연관 지어 생각해 볼 수 있다. 백서본에 나오는 허(虛)와 정(靜)은 사실상 황로학에서 지극히 중시하 던 개념이다. 그들은 천하를 다스리기 위한 군주의 통치술에서 '허정(虛

---

134 連劭名, 「郭店楚簡『老子』中的"恒"」(『郭店楚簡國際學術硏討會論文集』, 464쪽) 참조.
135 陳鼓應, 「從郭店簡本看『老子』尙仁及守中思想」(『道家文化硏究』 17집, 76쪽) 참조.

靜)'을 제시했다.[136] 따라서 백서본에 '守中'이 아니라 '守靜'으로 쓰여 있
는 것은 황로학의 영향을 반영하는 흔적으로 볼 수도 있다.


2. 居以須復也(죽간본)
   吾以觀其復也(백서본)

내용은 비슷하지만 표현에서는 상당한 차이가 있다. 우선 '복야(復
也)' 두 글자를 제외하고 사용한 문자가 서로 다르다. 또 복(復)을 지향
하는 태도도 차이가 있는데, 백서본은 '내가 復을 본다'는 뜻이지만, 죽
간본은 '가만히 앉아 復을 기다린다'는 말이다. 즉 백서본의 자세는 능
동적이지만, 죽간본은 수동적이고 관조적이다. 이처럼 죽간본의 '앉아
있다[居]'와 '기다리다[須]'는 모두 관조적 자세 또는 무심의 경지를 표
현한다. 이러한 마음의 상태는 바로 앞 구절에 나오는 '빔에 이르다[至
虛]'나 '중을 지키다[守中]'의 의미와 잘 어울린다. 따라서 백서본의 문
장은 적극적 태도를 중시하는 황로학의 영향을 받아 새롭게 개조된 것
으로 보인다.


3. 天道員員(죽간본)
   天物雲雲(백서갑)

고명은 "백서 갑본과 을본은 부(夫) 자가 모두 천(天) 자로 되어 있는
데 오자다."[137]라고 했다. 왕필본처럼 마땅히 '부물(夫物)'로 써야 하는데
'천물(天物)'로 잘못 썼다는 것이다. 그러나 고명의 주장은 일차적으로

---

136  이석명, 『회남자의 무위론 연구』, 139~140쪽 참조.
137  高明, 앞의 책, 300쪽.

어떻게 백서 갑본과 을본 모두 잘못 쓸 수 있는가 하는 의문을 불러일으킨다. 또한 죽간본에는 분명히 '천도(天道)'로 되어 있다. 따라서 죽간본에서 잘못 쓴 것은 천(天) 자가 아니라 물(物) 자로 볼 수 있다. 애초 백서본의 성립 시기에 '天道'가 '天物'로 잘못 쓰였을 것이다. 그리고 후대에 '天物'이라는 말이 노자 사상과 어울리지도 않고 단어 자체도 어색하여, 天 자를 글자 형태가 비슷한 夫 자로 추정해 '夫物'로 고쳐 쓰게 되었을 것이다. 따라서 백서본의 '天物'이나 왕필본의 '夫物'은 모두 죽간본에 근거해 '天道'로 수정해야 할 것이다.

다음으로 죽간본의 '원원(員員)'은 백서본에는 '운운(雲雲)'(갑) 또는 '운운(秐秐)'으로, 왕필본에는 '蕓蕓'으로 되어 있다. 우연인지 몰라도 죽간본 발견 이전에 마서륜도 이를 '員員'으로 읽어야 한다고 주장했다.[138] 員은 곧 圓 자와 통하기 때문에,[139] 죽간본의 '員員'은 '돌고 돌아 순환하다'라는 뜻으로 풀이할 수 있다. 이러한 '순환'의 의미는 '天道' 개념과 상응한다. 고대 중국인들은 농사상의 필요로 자주 하늘의 형상〔天象〕을 관찰했고, 그 주요 대상은 해와 달 그리고 별자리의 운행이었을 것이다. 그리고 여기에서 그들은 해와 달과 별자리의 쉼 없이 돌고 도는 순환 현상을 발견했을 것이다. 따라서 백서본의 "천물운운(天物雲雲)"은 "천도원원(天道員員)"을 잘못 쓴 것이고, 이후 왕필본에서는 이러한 착오를 알지 못한 채 "天物雲雲"의 의미가 순조롭지 않은 까닭에 天

---

138  같은 곳 참조.
139  위계붕(魏啓鵬)은 다음과 같이 말한다: "員, 古圓字. 『淮南子』「天文訓」: '天道曰員, 地道曰方.' 同書「原道訓」: '員者常轉, …… 自然之勢也.' 員員, 言其圓轉不已, 周而復始. 此天道環周之旨."(『郭店楚簡老子柬釋』, 萬卷樓圖書公司, 1999.)

자를 다시 夫 자로 고쳐 쓰게 되었을 것이다.

4. 죽간본에는 백서본의 "曰靜. 靜, 是謂復命" 이하의 구절이 없다

죽간본에 없는 이 구절은 백서본의 성립 과정에서 새롭게 첨가된 것으로 보인다. 추가된 부분에서는 특히 '정(靜)'을 강조하고 있는데, 靜은 궁극적으로 '왕(王)'의 '沒身不殆[죽을 때까지 위태롭지 않다]'와 연결된다. 이러한 도식은 통치자의 '허정(虛靜)'을 중시하는 황로학의 무위 정치술과 관련이 있다.

### 백서본과 왕필본

1. 至虛極也, 守情(靜)表也(백서갑)

致虛極, 守靜篤(왕필본)

치(致)와 지(至)는 고대에 통용되었다. 그리고 표(表)는 아마 '袠'[등솔기 독]의 오자인 듯한데,[140] 독(袠)은 독(督)[141]이나 독(篤)과 음이 비슷하다. 따라서 백서본과 왕필본의 이 구절은 의미상 큰 차이가 없다.

2. 萬物旁(方)作(백서본)

萬物竝作(왕필본)

고명은 백서본의 방(旁)을 병(竝) 자로 보았으나 旁은 오히려 음이 같은 방(方) 자로 보는 게 낫다. 이어지는 "나는 그 돌아가는 자리를 본다.[吾以觀其復也]"와 함께 보면, '바야흐로 생겨난다.[方作]'와 '그 돌아

---

140 『馬王堆漢墓帛書』, 14쪽, 주 29.
141 백서 을본에는 督으로 되어 있다.

가는 곳을 본다.〔觀其復〕'가 서로 호응하는 말이 될 수 있기 때문이다. 그리고 "바야흐로 생겨나는 데서", "그 돌아가는 자리를 본다"는 것은, 바로 노자의 "돌아감은 도의 움직임이다.〔反者, 道之動〕"라는 사상과도 맥이 닿는다. 결정적으로 죽간본에도 방(方)으로 되어 있다.

3. 天物(백서본)
　　夫物(왕필본)

이 차이에는 두 가지 가능성이 있다. 첫째, 천(天) 자와 부(夫) 자의 자형이 비슷해 夫를 天으로 잘못 썼을 가능성이다. 부혁본이나 범응원본에는 '범물(凡物)'로 되어 있다는 사실을 그 근거로 들 수 있다. 둘째, '부물(夫物)'이 '천물(天道)'의 오자일 가능성이다. 이 점은 죽간본에 '천도(天道)'로 되어 있다는 사실에 근거한다. '天道'가 '夫物'이 되는 과정에 대해서는 이미 설명했으므로 여기에서는 생략한다. 허항생이나 고명은 백서본의 '天物'을 '夫物'로 고쳐 읽고 있으나, 필자는 죽간본에 근거하여 '天道'로 고쳐 읽는 게 낫다고 본다.

4. 各復歸於其根, 曰靜. 靜, 是胃(謂)復命(백서을)
　　各復歸其根. 歸根曰靜, 是謂復命(왕필본)

백서본의 '왈정(曰靜)'은 바로 앞의 구 "各復歸於其根〔모두 그 뿌리로 돌아간다.〕"의 의미를 규정하는 말이다. 반면 왕필본의 경우는 바로 앞의 구 "各復歸其根" 중의 '귀근(歸根)'을 반복한 이후 '曰靜'을 둔다. 한편 백서본에서는 '曰靜' 다음에 다시 정(靜) 자를 놓음으로써 '시위복명(是謂復命)'의 대상을 분명히 하고 있다. 그러나 전체적으로 볼 때 의미상의 큰 차이는 없다.


5. 不知常芒(妄), 芒(妄)作凶(백서을)

　　不知常, 妄作凶(왕필본)

백서본에서 첫 번째 망(妄)은 '상도를 모른다'는 뜻의 '부지상(不知常)'의 결과로서 제시되고, 두 번째 妄은 흉(凶)의 원인으로 작용한다. 반면 왕필본의 경우는 두 번째 妄이 생략된 형태다. 그 결과 백서본과 왕필본의 의미가 조금 달라진다. 즉 백서본은 "상도(常)를 모르면 경거망동하게 되고, 경거망동하면 흉해진다."라는 뜻이 되는 반면, 왕필본은 "상도를 모르면 경거망동하여 흉한 일을 저지르게 된다."라는 의미가 된다.


6. 道乃沒身不殆(백서을)

　　道乃久, 沒身不殆(왕필본)

현재 대부분의 주석가들은 백서본에서 구(久) 자가 누락된 것으로 이해한다.[142] 실제로 그럴 가능성도 있지만, 원전에 충실하게 해석한다는 원칙을 두면 백서 을본 그대로 읽을 수도 있다. 이 구절을 백서본에 따라 해석해 보면, "도를 얻으면(또는 도와 합치하면) 죽을 때까지 위태롭지 않다."라는 뜻이 된다. 반면 왕필본은 "도를 얻으면 곧 오래가고, (그 결과) 죽을 때까지 위태롭지 않게 된다."라는 뜻이 된다. 그런데 '久(오래가다)'와 '沒身不殆(죽을 때까지 위태롭지 않다.)'는 사실상 의미가 겹치

---

142　백서 정리조에서 이렇게 주석하고 있으며, 허항생과 고명 등 대부분의 학자들이 이에 따른다.

는 말이다. 따라서 백서본의 문장이 왕필본보다 오히려 자연스럽다고 할 수 있다. 또한 문제의 구절이 포함된 "知常容, 容乃公, 公乃" 이하의 문장은 바로 앞의 말을 이어받아 전개되는 형식을 취하고 있다. 그런데 왕필본의 경우는 "道乃久, 沒身不殆"가 그 형식에서 이전의 문장과 다르다. 이런 점을 고려해 볼 때, 왕필본의 久 자는 이 구절의 문형을 이해하지 못한 후대 사람이 단지 이전의 3-3-3 형식에 맞추기 위해 잘못 첨가한 글자로 볼 수 있다.

참고로 과거에 "公乃王, 王乃天"을 "公乃全, 全乃天"으로 읽어야 한다는 주장이 있었다.

가령 노건은 이렇게 주장했다. "'知常容, 容乃公'은 용(容)과 공(公) 두 자가 운을 이루며, '天乃道, 道乃久'에서도 道와 久 두 자가 운을 이룬다. 그런데 '公乃王, 王乃天'은 두 구의 운이 거리가 머니, '王' 자의 본래 의미가 의심스럽다. …… '公乃全, 全乃天'이라 쓰면 전(全)과 천(天) 두 자가 운을 이룬다. 왕필주에서도 이 부분에 대해 '주보(周普)'라는 풀이를 달고 있다. …… 왕필본의 王 자는 곧 全 자의 오자이다."[143] 노건의 이러한 주장은 백서본이 발굴되기 전까지 상당한 설득력을 얻었으며, 상당수의 학자들이 이에 동조했다. 그러나 백서 갑·을본 모두 王 자로 되어 있다는 사실이 확인되면서 왕필본에 오류가 있는 게 아님이 밝혀졌다.

---

**143** 高明, 앞의 책, 303쪽에서 재인용.

# 최고의 정치는 통치자의
# 존재만을 아는 것이다

최고의 정치는 백성이 통치자의 존재만을 아는 것이고
그다음은 백성이 통치자를 친근히 여겨 찬양하는 것이며
그다음은 백성이 통치자를 두려워하는 것이고
최하는 백성이 통치자를 경멸하는 것이다.

믿음이 부족하면 불신이 있게 되는 것이니
신중하라, 말을 아껴야 할 것이다.
그러면 통치자가 공을 이루고 일을 완수해도
백성은 '나 스스로 그렇게 되었다'고 말한다.

그러므로 참된 도가 사라지면 인의가 생겨나고
'지혜'가 출현하면 큰 거짓이 생겨나며
가족들이 화목하지 못하면 효도와 자애가 생겨나고
국가가 혼란하면 '곧은 신하'가 생겨난다.

太上, 下知有之

其次, 親譽之

其次, 畏之

其下, 侮之.


信不足, 案有不信.

猶兮, 其貴言也.

成功遂事, 而百姓謂我自然.


故大道廢, 案有仁義

智慧出, 案有大僞

六親不和, 案有孝慈

國家昏亂, 案有貞臣.


이 장에서는 가장 이상적인 정치의 모습에 대해 표현하면서, 참된 정
치가 사라졌을 때 나타나는 다양한 폐해와 현상들에 대해 언급하고 있
다. 기존 왕필본에서는 두 개의 장으로 분리되어 있다.

첫머리에 등장하는 '태상(太上)'의 의미에 대해서는 일반적으로 세 가
지 해석이 가능하다. 첫째는 '최고의 정치', 둘째는 '최고의 정치가 행해
지던 시대', 셋째는 '최고의 지도자'이다. 어느 쪽을 택하든 의미상 큰
차이는 없지만 여기에서는 세 번째 해석을 취한다. 원문 "태상, 하지유
지(太上, 下知有之)."의 문장 구조를 보면 지시 대명사 '지'가 가리키는 대

상이 '태상'이기 때문이다. 이렇게 보면 이 장의 내용은 노자가 그리는 이상적인 정치 지도자의 모습에 대한 것이라 할 수 있다.

　노자가 생각하는 가장 이상적인 정치 지도자는 그 존재가 크게 의식되지 않는 지도자이다. 백성의 입장에서 자신들에게 지도자가 있는지, 지도자가 자신들에게 원하는 게 무엇인지, 자신들의 지도자가 정치를 잘하고 있는지 못하고 있는지 등이 별로 의식되지 않는 지도자이다. 지도자의 존재가 의식되지 않는다는 것은 백성에게 지도자의 무게가 느껴지지 않음을 의미한다. 66장에서 말하듯이 성인, 즉 참된 지도자는 "위에 있어도 무겁게 여기지 않기" 때문이다. 이에 대해 육희성은 다음과 같은 주를 달았다. "태고의 덕 있는 임금은 무위를 행하여 자취가 없었다. 그러므로 아래 백성들은 단지 위에 임금이 있다는 사실만을 알 뿐이었다. 즉 '임금의 힘이 어찌 내게 미칠 수 있단 말인가!'라는 식이었다."[144] 요순시대에 불렀다는 「격양가(擊壤歌)」의 내용이 바로 이런 정치에 해당할 것이다.

　해 뜨면 일어나 논밭 갈고
　해 지면 들어와 편히 쉬며
　우물 파 물 마시니
　임금의 힘이 어찌 내게 미칠 수 있단 말인가!

　日出而作

---

**144**　焦竑, 앞의 책 2권, 1쪽. "太古有德之君, 無爲無迹. 故下民知有其上而已, 謂帝力何有于我哉."

日入而息
鑿井而飮
帝力, 何有於我哉!


　그다음의 지도자는 백성들이 그 존재를 인식할 뿐만 아니라 존경하고 찬양하는 지도자이다. 세뇌에 의해 만들어진 인위적인 존경과 찬양이 아니라 백성들에게서 자발적으로 우러나오는 존경과 찬양이다. 유가에서 내세우는 '덕치(德治)'를 실현하는 지도자가 아마 여기에 해당할 것이다. 예로부터 유가 사상에 입각한 정치는 덕치를 최고의 이상으로 여겼다. 공자는 그것을 '초상지풍(草上之風)'의 정치로 비유했다. 바람이 지나가면 모든 풀이 드러눕듯이, 덕치를 행하면 만백성이 그 감화를 입어 기꺼이 복종하게 된다는 것이다.

　이 정도만 되어도 현실 정치에서는 아주 훌륭하고 대단한 지도자라 할 수 있다. 그러나 노자의 관점에서 보면 이런 덕치의 지도자는 최상의 지도자가 될 수 없다. 백성이 지도자를 존경하고 그에게 기꺼이 복종한다는 것은, 지도자가 백성을 위해 공을 이루고 그 공에 머물러 있다는 것을 의미하기 때문이다. 자신의 공을 의식하고 거기에 집착하는 지도자는 언젠가는 백성을 힘으로 억압할 가능성이 있다. 그러므로 노자는 "베풂이 있어도 거기에 마음을 두지 않으며, 공을 이루어도 거기에 머무르지 않는다."[145]라고 했다.

　그다음은 백성들이 두려워하고 무서워하는 지도자다. 엄격한 '법치

---

145　『노자』 2장. "爲而不恃, 功成而弗居."

(法治)'나 강력한 독재 정치를 시행하는 지도자가 여기에 해당한다. 그들은 백성을 엄격하게 통제하는 공포 정치를 실시함으로써 자신들의 권력을 유지하려고 한다. 그리하여 무력으로 백성을 짓누르고 반발하는 자는 무자비하게 탄압한다. 멀리로는 중국 고대의 진시황이 있었고, 가까이로는 우리가 직간접적으로 경험한 국내외의 여러 독재자들이 있다.

최악은 백성으로부터 비웃음을 사는 지도자다. 도덕성이 결여된 지도자, 정통성이 결여된 지도자, 무능한 지도자······. 이런 지도자들은 위에서 아무리 외치고 떠들어 대도 아무도 반응하지 않는다.

지도자가 백성으로부터 비웃음을 사는 이유는 무엇인가? 여기에서 노자는 우선 '신뢰'의 문제를 들고 나온다. 노자는 말한다. "믿음이 부족하면 불신이 있게 된다.(信不足, 案有不信)" 백성에게 믿음을 주지 못하는 지도자는 백성이 경멸하고 비웃는다.

그러면 지도자가 신뢰감을 상실하게 되는 주요 원인은 무엇인가? 노자는 그 중심에 '말'이 있다고 본다. 노자는 말한다. "신중하라, 말을 아껴야 할 것이다.(猶兮, 其貴言也.)" 지도자가 말을 함부로 하고 말과 행동이 일치하지 않으면 백성이 따를 수 없다. 신뢰하지 않고 따르지 않을 뿐만 아니라 궁극적으로는 경멸하고 업신여기게 된다.

이상적인 지도자가 다스리는 이상적인 사회에서는 백성이 지도자의 존재를 의식하지 못한다. 그런 세상에서는 지도자가 백성에게 살기 좋은 환경을 제공해 주어도, 백성은 그런 결과가 지도자의 공이라는 점을 느끼지 못한다. 노자는 말한다. "통치자가 공을 이루고 일을 완수해도, 백성은 '나 스스로 그렇게 되었다.'고 말한다.(成功遂事, 而百姓謂我自然)"

이 구절에 대해 왕필은 다음과 같은 주를 달았다. "무위로 일을 처리하고, 말 없는 가르침을 실행하며, 백성을 세워 줌에 티 나게 하지 않는다. 그러므로 공이 이루어지고 일이 완수되어도 백성들은 그렇게 된 까닭을 알지 못한다."[146] 이러한 시대에 대해 『장자』「마제(馬蹄)」편에서는 이렇게 기술한다. "저 혁서씨(赫胥氏)의 시대에는 백성이 무엇을 행해야 할지 모르고 어디로 가야 할지도 모른 채, 먹을 것을 물고 기뻐하며 배를 두드리고 놀았다."[147]

다음으로 노자는 참된 정치가 사라졌을 때 나타나는 폐해들에 대해 언급하면서, '인의', '지혜', '효도', '자애', '충신' 등의 출현을 부정적으로 바라본다.

첫째, 인의(仁義)를 거부한다. 우선 인(仁)부터 보자. 인은 인(人)과 이(二)로 구성되어 있다. 글자의 형태가 말하듯이, '인'은 두 사람 이상의 관계에서 필요한 기본적인 덕목이다. 유가에서는 사람과 사람 사이의 관계에서 '인'이 존재하지 않으면 그 사회가 조화를 유지할 수 없다고 보아 '인'을 가장 중시했다. 한편 의(義)는 의(宜)와 통하는 글자로, 사람들 사이에 지켜야 할 마땅한 도리를 가리킨다. 사람은 각자의 위치나 신분에 따라 당연히 지켜야 할 도리가 있다고 보는데 그것이 바로 '의'다. 유가에서는 이러한 인과 의가 중시되고 제대로 실천되는 사회가 바람직한 사회라고 본다. 그러나 노자의 관점에서 이러한 인의는 인간의 자연적인 본성이 훼손된 이후에 나타나는 사회적 보완 장치에 지나지

---

146 樓宇烈 校釋, 앞의 책, 41쪽. "居無爲之事, 行不言之敎, 不以形立物. 故功成事遂, 而百姓不知其所以然也."
147 "夫赫胥氏之時, 民居不知所爲, 行不知所之, 含哺而熙, 鼓腹而遊."

않는다. 즉 도가 쇠퇴한 이후 도의 부재를 메우기 위해 인위적으로 고 안된 임시방편에 불과하다고 본다. 따라서 인의를 강조한다는 것은 진 정한 도가 사라졌음에 대한 반증이 된다. 그러므로 소철은 말한다. "참 된 도가 융성하는 동안에는 인의가 그 안에서 베풀어져도 백성들이 이를 알지 못한다. 인의는 참된 도가 사라진 이후에야 비로소 드러난 다."[148]

둘째, 지혜를 거부한다. 지혜는 어떤 대상에 대해 분별하고 헤아리는 의식 작용이다. 어떤 문제에 직면하면 보통 우리는 현명하고 지혜로운 해결 방법을 모색하게 된다. 그런데 무엇에 대해 분별하고 따지는 행위 는 그것을 대상화할 우려가 있다. 대상화된 사고는 지혜가 아니라 거짓 이다. 대상화된 사물은 그것의 본질을 드러내지 못하고 왜곡된 모습을 드러내기 때문이다. 이 왜곡된 모습이 바로 '큰 거짓[大僞]'이다. 이 점에 대해 여길보는 다음과 같이 말한다. "덕에 '마음'이 있고 마음에 '눈'이 있는 것보다 더 큰 적이 없다. 마음에 '눈'이 있게 되면 안으로 이리저리 살피게 되고, 이리저리 살피게 되면 잘못된다. 그러므로 지혜가 출현하 면 큰 거짓이 있게 되는 것이다. 거짓은 덕의 반대다."[149]

셋째, 효도와 자애를 거부한다. 자식이 부모를 위하고 부모가 자식을 사랑하는 것은 부모 자식 간의 당연한 마음이고 정서다. 노자도 이 점 을 부정하지는 않는다. 문제는 이런 효도와 자애를 지나치게 강조하는

---

148  焦竑, 앞의 책 2권, 2쪽. "大道之隆也, 仁義行于其中, 而民不知. 大道廢而後仁義 見矣."
149  같은 책, 3쪽. "賊莫大乎德有心, 而心有眼. 及有眼而內視, 內視則敗矣. 則智慧出, 固所以有大僞也, 僞者, 德之反也."

사회적 분위기다. 유가에서는 자식은 부모로부터 생명을 얻고 성인이 될 때까지 보살핌을 받았으니 당연히 부모에게 순종하고 부모를 잘 봉양해야 한다고 가르쳐 왔다. 공자는 인을 중시하면서 인을 실천하는 근본이 바로 '효제(孝悌)'라고 했다.[150] 그러나 근본으로 돌아가 생각해 보자. 진정한 효란 부모를 향해 자발적으로 우러나는 자식의 마음이 아니겠는가? 강요된 효, 세뇌된 효는 참된 효가 될 수 없다. 노자가 지적하는 것은 바로 이 점이다. 가족 간의 관계가 진정으로 조화롭고 화목하다면 굳이 효도를 강조하고 자애를 언급할 필요가 없을 것이다. 효도를 중시하고 자애를 강조하는 것은 가족 간의 관계가 원만하지 않기 때문이다. 이 점에 대해 소철은 또 다음과 같이 지적한다. "가족 간에 서로 화목하면 누가 효성스럽지 않고 누가 자애롭지 않겠는가? ……요(堯)임금은 불효자가 아니다. 그런데도 효자를 말할 때는 유독 순임금만 언급하는데, 이는 요임금에게는 순임금의 아비 고수(瞽瞍)와 같은 악한 아비가 없었기 때문이다."[151]

넷째, 충신을 거부한다. '정신(貞臣)'은 흔히 말하는 충신이다. 충신이 많은 국가는 안정된 국가인가? 우리 역사에는 수많은 충신들이 등장한다. 우리는 이들의 숭고한 희생정신과 충절을 본받고 따를 것을 배워 왔다. 그런데 이들이 등장한 시대는 한결같이 난세가 아니었던가? 충신이 많은 시대일수록 세상은 어지러웠다는 의미다. 세상 사람들은 충신들이 보여 주었던 그 희생정신과 충성심을 기리는데 몰두하지만, 노자

---

150 『논어』,「학이(學而)」. "君子務本, 本立而道生. 孝弟也者, 其爲仁之本與!"
151 焦竑, 앞의 책 2권, 2쪽. "六親方和, 孰非孝慈. ……堯非不孝也, 而獨稱舜, 無瞽瞍也."

는 그 역사적 이면에 깔려 있는 국가의 혼란상에 주목한다. 어지러운 세상에서 수많은 충신을 기리기보다는, 충신이 나오지 않는 안정된 세상에서 모두 평화롭게 사는 게 더 낫다는 생각이다. 이 점에 대해 소철은 다음과 같이 말한다. "나라가 잘 다스려지면 그 누가 충신이 아니겠는가? …… 이윤(伊尹)과 주공(周公)이 불충하지 않았는데 용봉(龍逢)과 비간(比干)만이 충신으로 언급되는 것은 이윤과 주공에게는 걸주(桀紂)와 같은 폭군이 없었기 때문이다."[152]

『장자』「천운(天運)」 편에 이런 말이 나온다. "샘물이 말라 물고기들이 땅에 드러나게 되면 서로 거품을 내어 덮어 준다. 그러나 이런 상황은 물고기들이 드넓은 강과 호수에서 서로 잊고 사는 것만 못하다."[153] 노자의 관점에서 '인의', '지혜', '효도, 자애', '충신' 같은 것들은 뭔가 결핍된 상황에서 나오는 사회적 덕목들이다. 이런 덕목들은 위험하고 불안한 사회를 좀 더 안정적으로 유지하기 위한 받침대일 뿐이다. 대도(大道)가 실현되는 사회에는 이런 것들이 필요 없다. 모든 게 자연스럽고 넉넉하므로 굳이 이런 사회적 덕목들을 통해 사회의 질서와 조화를 인위적으로 도모할 필요가 없기 때문이다. 물고기들이 드넓은 강과 호수에 있을 때 서로를 잊고 침묵하면서 노닐 수 있듯이, 우리 또한 이런 사회적 덕목들을 온전히 잊고 살 수 있는 사회를 향해 나아가야 할 것이다.

---

152  焦竑, 앞의 책 2권 2쪽. "國家方治, 孰非忠臣. …… 伊尹周公非不忠也, 而獨稱龍逢比干, 無桀紂也."
153  "泉涸, 魚相與處於陸, 相呴以濕, 相濡以沫, 不若相忘於江湖."

## 판본 비교

### 죽간본

병: 大上下智(知)又(有)之, 其卽(次)新(親)譽之, 其旣〈卽(次)〉悍(畏)之,
其卽(次)炙(侮)之. 信不足, 安又(有)不信. 猷(猶)虖(乎)其貴言也. 成事述
(遂)社(功), 而百眚(姓)曰我自肰(然)也. 古(故)大道發(廢), 安有息(仁)義.
六新(親)不和, 安有孝孳(慈). 邦豪(家)緡(昏)口(安)又(有)正臣.

### 백서본

갑: 大上下知有之, 其次親譽之, 其次畏之, 其下母(侮)之. 信不足,
案有不信. 口口其貴言也. 成功遂事, 而百省(姓)胃(謂)我自然. 故大道
廢, 案有仁義. 知(智)快(慧)出, 案有大僞. 六親不和, 案有畜(孝)玆(慈).
邦家閔(昏)亂, 案有貞臣.

을: 大上下知又(有)口, 其口親譽之, 其次畏之, 其下母(侮)之. 信不足,
安有不信. 猷(猶)呵其貴言也. 成功遂事, 而百姓胃(謂)我自然. 故大道
廢, 安有仁義. 知(智)慧出, 安有口口. 六親不和, 安又(有)孝玆(慈). 國家
閔(昏)亂, 安有貞臣.

### 왕필본

太上下知有之, 其次親而譽之, 其次畏之, 其次侮之. 信不足, 焉有
不信焉. 悠兮其貴言. 功成事遂, 百姓皆謂我自然.

大道廢, 有仁義. 慧智出, 有大僞. 六親不和, 有孝慈. 國家昏亂, 有
忠臣.

**죽간본과 백서본**

1. 知慧出, 安有大僞(백서본)

이 구절은 죽간본에는 보이지 않는다.

죽간본에 이 구절이 없다는 사실은 죽간본과 백서본의 차이를 이해하는 데 중요한 단서가 될 수 있다. 이것은 "大道廢, 安有仁義."에서 안(安) 자의 해석에 관건이 되기 때문이다. 여기에서 安은 '어찌[何]'와 '이에[于是]' 두 가지로 해석할 수 있다. 그리고 安 자의 해석에 따라 이하의 개념이 긍정적 수용 또는 부정적 배척으로 갈라진다.

우선 죽간본에서는 安 이하의 '인의(仁義)', '효자(孝慈)', '정신(正臣)'을 굳이 부정적 개념으로 이해할 이유가 없다. 19장에서 보듯이 죽간본에는 현행 왕필본처럼 '인의' 등에 대한 비판적 발언이 나오지 않기 때문이다. 또 노자가 인의를 배척했다는 전통적 이해를 따르더라도 효자나 정신까지 부정했다고 볼 근거는 없다. 따라서 죽간본에서 安은 '어찌'로 해석될 수 있다.

그러나 백서본에서는 사정이 다르다. 백서본에서는 『노자』에서 명백히 비판하고 배척하는 '대위(大僞)'가 安 이하에 뒤따른다. 이때 安은 '이에'로 해석될 수밖에 없다. 즉 "智慧出, 安有大僞"는 "지혜가 출현하자 이에 큰 거짓이 생겼다."라는 뜻이 되며, '大僞'는 부정적인 의미를 가진다. 따라서 문장 의미의 일관성을 유지하기 위해서는 安 이하의 기타의 개념, 즉 '仁義'·'孝慈'·'貞臣' 등도 모두 부정적으로 해석되어야 한다.

여기에서 우리는 '仁義' 등 유가적 이념에 대한 현행본 『노자』의 비판적 경향은 죽간본 단계에서는 나타나지 않았음을 확인할 수 있다. 이러한 비판적 경향은 유가와 도가의 경쟁이 치열해진 전국 시대 말기 이후의 산물로 보인다.


## 2. 正臣(죽간본)
### 貞臣(백서본)

'정신(正臣)'이라는 개념은 『초사(楚辭)』에서도 찾아볼 수 있다.[154] 따라서 죽간본의 '正臣'은 이미 고대에 통용되던 용어임을 알 수 있다. 정(正)과 정(貞)은 의미가 통하므로 '正臣'과 '貞臣'은 사실상 같은 뜻으로 볼 수 있다. 그런데 문제는 죽간본과 백서본에서 이 두 단어가 각기 다른 문맥 속에 놓여 있다는 점이다. 앞서 언급했듯이 죽간본에서 '正臣'은 긍정적인 의미를 갖지만, 백서본의 '貞臣'은 부정적인 의미를 지닌다. 이러한 모순을 설명하기 위해서는 백서본이 『노자』 성립의 과도기적 단계에 있다는 점을 고려해야 할 것이다. 백서본이 이전에 존재했던 죽간본 등을 바탕으로 발전한 것이라는 점을 감안하면, '충신(貞臣)'과 같은 용어는 죽간본의 흔적이나 잔재로 이해할 수 있다. 이후 왕필본 등에서는 이러한 모순을 해결하기 위해, '貞臣'을 유가의 대표적 개념인 '충신(忠臣)'으로 수정했을 것이고, 아울러 해석상의 혼란을 방지하기 위해 아예 어조사 安을 삭제해 버렸을 것이다.


---

[154] 『楚辭』「七諫·沉江」에 "正臣端其操行兮, 反離謗而見攘"이라는 말이 있다.

## 백서본과 왕필본

### 1. 분장의 차이

왕필본에서 "故大道廢, 有仁義" 이하는 18장으로 분리되지만, 백서본에서는 '고(故)' 자로 시작하여 이전의 문장 "而百姓謂我自然"과 이어지는 형식을 취하고 있다. 왕필본 17장과 18장이 본래 하나의 장이었다는 점은 다음 네 가지 근거를 통해 입증할 수 있다.

첫째, 백서본에서 "······ 而百姓謂我自然"과 "大道廢, 有仁義 ······"가 故로 연결되어 있다는 점이다. 백서 갑본과 을본 모두 같으므로 故자를 단순한 오류로 볼 수는 없다. 더욱이 죽간본에서도 문제의 두 구절은 고(古(故))로 연결되어 있다.

둘째, 17장과 18장은 내용상 자연스럽게 이어진다. 17장에서는 치세(治世)의 네 단계를 제시하고, 마지막에 '태상(太上)' 시대의 이상적 상태를 그린다. 18장에서는 이러한 태상 시대가 쇠퇴하는 상황을 "대도폐(大道廢)"라고 표현한다. 그리고 이후로는 대도(大道)가 사라지면서 발생하는 부정적 결과에 대해 기술하고 있다.

셋째, 백서본에는 17장의 "信不足, 案有不信"이라는 구절의 문형이 18장에서도 반복적으로 나온다. 즉 "案有仁義", "案有大僞", "案有孝慈", "案有貞臣" 등과 같은 유사한 형태의 문장이 18장에서 반복되는 것이다.

넷째, 죽간본에는 왕필본의 17장과 18장이 거의 온전히 하나의 죽간에 차례로 새겨져 있다. 죽간본 죽간의 순서가 왕필본의 순서와 일치하는 경우는 흔치 않으며, 더욱이 이어지는 두 개의 장이 하나의 죽간에 새겨진 경우는 극히 드물다. 그리고 17장, 18장에 해당하는 구절이 백서본과 마찬가지로 古(고)로 연결되어 있다.

이상의 사실을 통해 볼 때, 왕필본의 17장과 18장은 후대에 편집자의 착오로 잘못 분장된 듯하다.

2. 大上下知有之(백서본)
　太上下知有之(왕필본)

태(太)와 대(大)는 고대에 통용되었으므로 '태상(太上)'과 '대상(大上)'은 사실상 동일한 말이다. 죽간본도 백서본과 마찬가지로 '大上'으로 되어 있다.

현재 일부 『노자』에서는 몇몇 전통본에 근거하여 '하지(下知)'를 '부지(不知)'로 표기하고 있다. 예컨대 진고응은 이렇게 말한다. "부(不) 자는 왕필본에 하(下)로 되어 있다. 그러나 오징본, 명태조본(明太祖本), 초횡본, 등기본(鄧錡本), 심정관본(潘靜觀本), 주여저본(周如砥本)에는 모두 不로 되어 있다. 이 장의 마지막 구절에서 '백성은 모두 스스로 그렇게 되었다고 한다.'라고 하였으니, 이는 곧 '不知有之[백성은 제왕의 힘이 있는지를 모른다.]'를 설명한 것이다. '不知'의 의미가 비교적 낫다. 따라서 오징본에 근거하여 下를 不로 고친다."[155] 여배림의 『노자독본』에도 이와 같이 고쳐져 있다. 그러나 백서본은 갑·을본 모두 '下知'로 되어 있으므로 왕필본이 잘못된 것이 아니었음을 알 수 있다. 또한 고대 문헌 가운데 『한비자』「난삼(難三)」편의 인용문도 "太上, 下智有之"로 쓰여 있으며, 『문자』「자연(自然)」편에도 "故太上, 下知而有之"로 쓰여 있다.

---

155　陳鼓應, 앞의 책, 131쪽.

더욱이 죽간본에도 '下智'로 되어 있으므로, 진고응처럼 '부지유지(不知有之)'로 고쳐 읽는 것은 옳지 않다.


3. 其下母(侮)之(백서본)
　　其次侮之(왕필본)

고명은 왕필본의 '기차(其次)'를 백서본처럼 '기하(其下)'로 고쳐야 한다고 보았다. 노자는 치세를 네 단계로 나누는데, 그 최고를 태상(太上), 최하를 기하(其下)로 표현했다는 것이다. 따라서 왕필본에서 '太上' 이하에 '기차(其次)'를 세 차례 나열한 것은 잘못이라는 주장이다.[156] 이 같은 주장은 얼핏 타당한 것처럼 보인다. 그러나 죽간본도 '其卽(次)癹(侮)之'로 왕필본과 비슷하다는 점이 확인되면서 고명의 주장은 설득력을 잃게 되었다. 백서본과 왕필본은 각기 그 전승이 다르거나, 고본 『노자』의 '其次'가 백서본에 이르러 '其下'로 개조되었을 수도 있다.


4. 猷(猶)呵(백서을)
　　悠兮(왕필본)

백서본의 유(猷)는 유(猶)의 빌린 글자로, 하상공본, 부혁본, 범응원본 등에는 猶로 쓰여 있다. 죽간본에도 猷로 되어 있으므로 고본 『노자』의 원형은 猶였을 가능성이 크다. 이때 猷(즉 猶)는 15장의 "猶呵, 其若畏四隣[신중하네, 마치 이웃을 두려워하듯]"의 猶와 같은 의미, 즉 '신중하다'의 의미로 해석할 수 있다. 또한 바로 앞에서 "믿음이 부족하면,

---

156　高明, 앞의 책, 307쪽.

이에 불신이 있게 되는 것이니.〔信不足, 案有不信〕"라고 했으므로, "신중
하라, 말을 아껴야 할 것이다.〔猶呵, 其貴言也〕"로 이어지는 것은 지극히
자연스럽다. 한편 왕필본의 '유혜(悠兮)'는 일반적으로 '아득하구나' 또
는 '여유롭구나'로 풀이되어, 백서본의 '猷呵'와 그 의미와 느낌이 많이
다르다.


### 5. 成功遂事(백서본)
   功成事遂(왕필본)

백서본의 '성공(成功)'과 '수사(遂事)'는 왕필본에서 각각 그 어순이 뒤
바뀌어 있다. 그 결과 왕필본은 '공이 이루어지다', '일이 이루어지다'와
같이 '주어＋자동사' 형식인 반면, 백서본은 '공을 이루다' '일을 이루
다'와 같이 '타동사＋목적어' 형식이다.


### 6. 貞臣(백서본)
   忠臣(왕필본)

부혁본과 범응원본에도 백서본처럼 '정신(貞臣)'으로 쓰여 있으며, 죽
간본에는 '정신(正臣)'으로 되어 있다. 정(正)은 정(貞)과 통용될 수 있다.
따라서 백서본의 '貞臣'이 고본 『노자』의 형태였을 것이고, 왕필본의
'충신(忠臣)'은 후대에 개조된 형태로 볼 수 있다.

# 19장

# 소박함을 지향하고
# 질박함을 보존하라

　지식을 끊고 번지르르한 말을 버리면, 백성의 이익이 백배가 될 것
이고
　기교를 끊고 이익을 버리면, 도적이 사라질 것이며
　거짓을 끊고 잔꾀를 버리면, 백성이 효성과 자애를 회복할 것이다.

　그러나 이 세 가지 말은 분별적인 것이라서 충분치 않다.
　그러므로 백성에게 명령하여 다음과 같이 하게 한다.
　소박함을 지향하고 질박함을 보존하며, 사사로움을 적게 하고 욕심
을 줄이라.


絶智棄辯, 民利百倍
絶巧棄利, 盜賊無有,
絶僞棄慮, 民復孝慈,

三言, 以爲辨不足

故令之有所屬[157]

視素保樸, 少私寡欲.[158]


이 장에서 노자는 백성이 인위와 기교를 버리고 소박한 성정을 회복할 수 있도록 백성을 도와야 한다고 지도자에게 촉구한다.

노자가 볼 때 자잘한 지식으로 무장한 채 말만 번지르르하게 하는 사람들, 온갖 기교를 부리며 사리사욕만 채우려 드는 사람들, 갖은 거짓과 속임수를 발휘하는 사람들이 많을수록 사회는 더욱더 불안하고 혼란스러워진다. 때문에 노자는 백성들의 소박한 성정을 회복시키기 위해 다음의 세 가지를 요구한다.

첫째, "지식을 끊고 번지르르한 말을 버리라〔絶智棄辯〕." 이 말은 앞서 3장 첫머리에서 제시되었던 "불상현(不尙賢)"의 의미와 어느 정도 통한다. 앞서의 설명에서 '현(賢)'은 단순히 현명하다라는 의미가 아니라, 잔재주가 많고 세속에 밝으며 잔꾀가 많은 부정적 의미의 지식인 또는 잘난 사람을 의미한다고 했다. 여기에서 언급되는 '지(智)'와 '변(辯)'도 그런 부정적 지식인의 이미지와 연결된다. 즉 '지'는 잡다한 지식으로 무장한 꾀 밝은 지식인을 가리키고, '변'은 말 그대로 말만 번지르르하게

---

157 이 구절의 죽간본 원문은 "或令之, 或呼屬"이다. 의미의 명확성을 위해 백서본에 근거해 일부 수정했다.

158 이상 죽간본에 근거하고 일부 백서본을 참조했다.

잘하는 사람을 지칭한다.

노자는 지도자에게 이런 사람들을 끊어 버릴 것을 요구하고 있다. 지도자 주변에 꾀 밝은 지식인과 말만 번지르르하게 하는 사람이 득실거리고 그런 사람들이 출세하고 지배층으로 편입된다면, 일반 백성들도 자연히 그런 사람들을 모방해 잔꾀만 늘어날 것이다. 이런 상황은 백성의 이익에 결코 도움이 되지 않는다. 백성에게 절실하게 필요한 것은 '배를 채움', '뼈를 강하게 함'으로 표현되는 실용적 이익이다. 그런데 말이나 잘하고 잔꾀만 밝은 지식인을 모방하다 보면 '심(心)'과 '지(志)'로 표현되는 허영과 욕망만 늘어난다. 그래서 노자는 3장에서 "성인의 다스림은 백성의 마음 비우게 하고, 백성의 배 채워 주며, 백성의 뜻 약하게 하고, 백성의 뼈 강하게 한다."고 했다.

둘째, "기교를 끊고 이익을 버리라.〔絶巧棄利〕" '기교를 끊어라〔絶巧〕'의 의미는 이미 첫 번째 요구에서도 나왔으므로 이 구절의 핵심은 '이익을 버리라〔棄利〕'에 있다. 이익을 버리라는 것은 이익을 추구하는 마음 자체를 없애라는 의미가 아니다. 사람은 본능적으로 물질적 욕망을 지니게 마련이다. 인간은 기본적으로 먹고살아야 하는 존재이니 말이다. 노자도 '배를 채움' 또는 '뼈를 강하게 함'과 같은 인간의 기본적 욕구를 인정했다. 문제는 필요 이상의 욕망이다. 오로지 물질적 이익만을 생각하고 오직 그것만을 추구하는 마음이 문제다. '교(巧)'와 '이(利)'가 함께 언급되는 것으로 볼 때, 여기에서 버려야 할 '이익'은 온갖 술수를 동원해 수단과 방법을 가리지 않고 추구하는 이익이라고 볼 수 있다. 지도자의 자리에 있는 사람이 재물에 집착한다면, 그리하여 온갖 술수를 동원해 개인적 이익 추구에 몰두한다면 어찌 되겠는가? 지도층이 부패하면 백성도 부패하게 되어 있다. 지도층이 돈벌이에 혈안이 되어 있다면 백성도 그렇게 될 수밖에 없다. 이렇게 위아래가 모두 물질적 이익 추구에 몰두하면 자연히 도둑질도 늘어나게 마련이다. 그러므로 노자는 말한다. "기교를 끊고 이익을 버리면 도적이 사라질 것이다."

셋째, "거짓을 끊고 잔꾀를 버리라.[絶僞棄慮]" 이 말은 인위와 가식을 없애라는 말이다. 이 말을 뒤집어 해석하자면 자연 그대로의 순수를 회복하라는 말이 된다. 노자는 이렇게 인위와 가식을 없애고 자연 그대로의 순수를 회복할 때 나타나는 효과로 '효성과 자애의 회복'을 제시하고 있다.

그러나 노자는 이러한 요구 사항도 지나치게 번잡하고 분별적이라고 보았다. 지식을 끊고 기교를 버리라고 하면서 지적으로 기교를 부리며 이것과 저것을 분별하는 것 같아 마음이 편치 않았을 것이다. 그래서 노자는 다시 간단명료하게 요구한다. "시소보박, 소사과욕(視素保樸, 少私寡欲)." 소(素)는 물감을 들이기 이전의 '하얀 실'을 가리키는 말이고, '박(樸)'은 자르고 다듬어져 다른 물건으로 만들어지기 이전의 '통나무'를 가리키는 말이다. 따라서 '소'와 '박'은 모두 이것과 저것이 나뉘기 이전의 자연 상태를 의미한다. 이런 자연 상태를 회복하면 앞서 '지식', '기교', '거짓' 등을 끊고, '번지르르한 말', '이익', '속임수' 등을 버리라고 한 말은 자연스럽게 무의미해진다. 원시적 소박함을 회복한 상태에서는 이래라저래라 하는 말 자체가 사족이 된다. 따라서 노자가 이 장에서 말하고자 하는 핵심은 결국 '시소보박', 이 네 글자에 있다고 하겠다. '시소보박'이 실현되면 '소사과욕'은 자연스럽게 따라올 것이다.

## 판본 비교

### 죽간본

갑: 𢇍(絶)智(知)弃卞(辯), 民利百伓(倍). 𢇍(絶)巧弃利, 覜(盜)惻(賊)亡又(有). 𢇍(絶)憍(僞)弃慮(慮),[159] 民复(復)季(孝)子. 三言以爲貞(辨)不足, 或命(令)之或𧪤(呼)豆(屬). 視索(素)保僕(樸), 少厶(私)須(寡)欲.

### 백서본

갑: 絶聲(聖)棄知, 民利百負(倍). 絶仁棄義, 民復畜(孝)玆(慈). 絶巧棄利, 盜賊无有. 此三言也, 以爲文未足, 故令之有所屬. 見素抱□, □□ □□.

을: 絶耴(聖)棄知, 而民利百倍. 絶仁棄義, 而民復孝玆(慈). 絶巧棄利, 盜賊无有. 此三言也, 以爲文未足, 故令之有所屬. 見素抱樸, 少私而寡欲.

### 왕필본

絶聖棄智, 民利百倍. 絶仁棄義, 民復孝慈. 絶巧棄利, 盜賊無有. 此三者, 以爲文不足, 故令有所屬. 見素抱樸, 少私寡欲.

---

159  곽점본 정리조는 詐 자로 해독하고 있다. 그러나 허항생은 慮 자로 해독하며, 구석규(裘錫圭)도 이에 동의한다.(『郭店楚簡國際硏討會論文集』, 27쪽 참조.) 문형으로 보면 慮 자에 가깝다.

**죽간본과 백서본**

1. 絶知弃辯(죽간본)

  絶聖棄知(백서본)

 죽간본이 발굴된 이후 가장 많은 관심을 끄는 부분 중 하나다. 죽간본에는 기존의 백서본이나 왕필본과 달리 '절성(絶聖)'이라는 말이 보이지 않기 때문이다.

 '절성(絶聖)'을 문자 그대로 해석하면 '성인을 끊어라'가 되는데, 이는 『노자』에서 대체로 긍정적 존재, 즉 우리가 지향해야 할 이상적 인물로 묘사되는 '성인'과는 모순된다. 때문에 일부 주석가들은 성(聖)을 이상적 존재로서의 성인이 아니라, '재지(才智)가 있는 사람'[160] 또는 '총명함'[161] 등 '노자'가 부정적으로 보는 대상의 의미로 해석하기도 했다. 그러나 이러한 해석은 『노자』에 보이는 聖 자의 본래 의미와 부합하지 않아 미심쩍은 면이 있었다. 그런데 죽간본이 발굴되면서 이러한 의문이 풀렸다. 죽간본에 근거하면 노자가 애초 주장한 것은 '절성(絶聖)'이 아니라, '절지기변(絶知棄辯)'이었다.

 그러면 "절지기변(絶智棄辯)"이 어떻게 "절성기지(絶聖棄知)"로 바뀌었을까? 여기에서 중요한 문제는 어떤 경로로, 언제부터 백서본이나 왕필본에서와 같은 '절성' 개념이 출현했느냐는 점이다. 이에 대해서는 여러 가정이나 추론이 있을 수 있다. 그러나 분명한 것은 늦어도 전국 시대 말에는 이미 이러한 절성의 개념이 유행했을 것이라는 점이다. 이는 『장자』의 「거협(胠篋)」 편이나 「재유(在宥)」 편을 통해서 확인할 수 있다.

---

160  余培林, 『老子讀本』, 44쪽.

161  陳鼓應, 앞의 책, 136쪽.

이 두 편에서는 현재의 "절성기지"라는 말이 그대로 사용되고 있다.[162] 그리고 처음부터 끝까지 유가 사상에 대해 강하게 비판하고 있는 「거협」편에서는 특히 '성인(聖)'과 '지식(知)'의 부작용에 대해 매우 신랄하게 비판한다.[163] 「거협」편과 「재유」편의 성립 시기는 대략 전국 시대 말로 추정되며, 이 시기는 제자백가가 상호 견제와 비판을 일삼던 때라 할 수 있다. 따라서 『노자』의 "절성기지"는 유가와 도가가 상호 비판에 몰두하던 시기에 도가 쪽에서 유가를 비판하기 위해 제기한 것으로 볼 수 있다. 백서본 역시 전국 시대 말에서 한대 초기에 성립된 것으로 알려져 있다. 따라서 백서본과 왕필본에 보이는 "절성기지"의 사고는 전국 시대 말기 유가와 도가의 상호 경쟁과 비판의 분위기를 반영한 결과물로 보인다.

## 2. 絶僞弃慮(죽간본)
### 絶仁棄義(백서본)

이 구절은 지금까지 노자를 반유가적 사상가로 이해하는 데 핵심적 근거가 되어 왔다. 왕필본 그리고 백서본에도 나타나는 "절인기의(絶仁棄義)"는 명백히 유가의 '인의'를 비판하고 반대하는 말이기 때문이다.

---

162 "故絶聖棄知大盜乃止."(「거협」), "故曰絶聖棄知而天下大治."(「재유」)

163 "世俗之所謂知者, 有不爲大盜積者乎? 所謂聖者, 有不爲大盜守者乎?"; "世俗之所謂至知者, 有不爲大盜積者乎? 所謂至聖者, 有不爲大盜守者乎?"; "聖人生而大盜起. 掊擊聖人, 縱舍盜賊, 而天下始治矣. 夫谷虛而川竭, 丘夷而淵實. 聖人已死, 則大盜不起, 天下平而无故矣."; "聖人不死, 大盜不止. 雖重聖人而治天下, 則是重利盜跖也."; "此衆利盜跖而使不可禁者, 是乃聖人過也."; "故曰: '魚不可脫於淵, 國之利器不可以示人.' 彼聖人者, 天下之利器也, 非所以明天下也. 故絶聖棄知大盜乃止."

그러나 죽간본에는 "절위기려(絶僞弃慮)", 즉 "거짓을 끊고 꾀를 버리라."
로 되어 있다. 죽간본과 백서본의 이런 차이는 무엇을 의미하는가?

죽간본에 근거하면 '노자'는 근본적으로 유가에서 주장하는 '인의'를
배척하거나 부정한 적이 없다고 말할 수 있다. 이는 앞서 언급한 '절성'
의 문제와 마찬가지로 노자 철학을 반유가적 사상으로 보던 기존의 인
식을 재검토하게 만든다.


3. 三言以爲辨不足(죽간본)

　　此三言也, 以爲文未足(백서본)

변(辨)은 '나누다', '분별하다'의 뜻인 반면 문(文)은 '가식', '꾸밈'을
뜻한다. 백서본의 경우는 '앞에 언급한 세 말은 꾸미는 말이므로 충분
치 못하다'는 뜻이다. 그러나 죽간본은 '앞에 제시한 세 말은 이것과 저
것을 분별하는 것이어서 충분하지 못하다'는 뜻이며, 따라서 다시 "見
素抱樸, 少私而寡欲"을 제시한다. 소(素)는 물감을 들이기 이전의 '하
얀 실'을, 박(樸)은 자르고 다듬어져 다른 물건으로 만들어지기 이전
의 '통나무'를 가리키는 말이다. 따라서 素와 樸은 모두 이것과 저것
이 나뉘기 이전의 원시적 소박함을 의미한다. 이런 개념의 素와 樸은
辨, 즉 이것과 저것으로 분별하면서 구분한다는 개념과 대비된다. 그러
므로 문맥상으로는 죽간본의 辨 자가 보다 적합하다. 백서본의 文 자
는 이러한 전후 문맥을 이해하지 못한 후대 사람이 개조한 것으로 보
인다.

4. 或令之或呼屬(죽간본)

　故令之有所屬(백서본)

죽간본의 "혹령지혹소속(或令之或呼屬)"은 "或令之, 或呼屬"으로 끊어 읽을 수 있다. 이를 그대로 옮기면, '혹 그들에게 명령하고, 혹 소속되게 한다'는 뜻이다. 이때 '혹(或)'은 없어도 의미에 큰 지장이 없다. 따라서 백서본은 이 或 자를 생략하면서 수정한 형태로 보인다.


6. 視素保樸(죽간본)

　見素抱樸(백서본)

왕필본도 백서본과 같다. 과거에는 견(見)을 주로 '드러내다[顯]'의 뜻으로 풀이하여, '견소(見素)'는 '소박함을 드러내다'는 의미로 이해했다. 그러나 죽간본에서 시(視)는 '바라보다', '지향하다'의 뜻이므로, '시소(視素)'는 '소박함을 지향하다'라고 풀이할 수 있다.


**백서본과 왕필본**

몇몇 빌린 글자나 일부 구 외에는 대체로 일치한다.


1. 此三言也, 以爲文未足(백서본)

　此三者, 以爲文不足(왕필본)

'삼언(三言)'과 '삼자(三者)'의 차이, '미족(未足)'과 '부족(不足)'의 차이가 보인다.

우선 왕필본의 '三者'는 무엇을 의미하는가. 과거의 주석가들은 대부분 '성지(聖智)', '인의(仁義)', '교리(巧利)' 세 가지를 의미한다고 보았다.

그러나 백서본처럼 '三言'이라고 하면 앞에서 언급한 세 구절 모두를 가리킨다. 따라서 백서본의 "이위문미족(以爲文未足)"은 과거와 달리 해석할 수밖에 없다. 우선 왕필본에서는 "'성지', '인의', '교리' 이 세 가지는 꾸밈(文)이므로 (천하를 다스리기에) 부족하다"라고 풀이된다. 반면 백서본은 "(이 세 마디[164]도) 여전히 꾸미는 것이라 충분치 않다."라고 해석할 수 있다. 아직 충분치 않기 때문에 군주로 하여금 더 나아가 '소박함을 지향하고 절박함을 보존하며 사사로움을 적게 하고 욕심을 줄이도록〔見素抱樸, 少私寡欲〕' 만드는 것이다. 왕필본의 경우는 이 마지막 구절과 앞의 세 구절 "絶聖棄智, 民利百倍", "絶仁棄義, 民復孝慈", "絶巧棄利, 盜賊無有"가 모두 병렬 관계로 읽힌다. 그러나 백서본에서는 "絶聖棄智, 民利百倍" 하고 "絶仁棄義, 民復孝慈" 하며 "絶巧棄利, 盜賊無有" 하는 것으로는 부족하다고 여겨, 더 나아가 다시 "見素抱樸, 少私寡欲" 하게 한다는 점층법으로 이해할 수 있다. 문맥상으로도 백서본의 의미가 보다 자연스러우며, 더욱이 죽간본에도 "三言"으로 쓰여 있다. 따라서 백서본의 '三言'이 원형이고 왕필본 등의 '三者'는 후대에 바뀐 것으로 보인다.

다음으로 '不足'과 '未足' 중 고본 『노자』의 형태를 가리는 문제는 간단치 않다. 우선 전통본 중 부혁본에도 "此三者, 以爲文而未足也"로 되어 있으며, 왕필주도 "故曰此三者以爲文而未足"으로 되어 있어 백서본의 '미족(未足)'이 타당한 것처럼 보인다. 그러나 죽간본에서는 오히려 "三言以爲辨不足"으로 되어 있다. 따라서 왕필본의 '부족(不足)'이 후대

---

164 "絶聖棄知, 民利百倍", "絶仁棄義, 民復孝慈", "絶巧棄利, 盜賊无有".

에 임의로 수정한 것이라고 단정할 수 없게 되었다.


2. 故令之有所屬(백서본)

   故令有所屬(왕필본)

왕필본에는 지(之)가 없다. 백서본에서 지(之)는 영(令)의 대상이 된
다. 따라서 이 之가 있음으로써 의미가 보다 분명해진다. 之가 가리키
는 대상은 백성으로 볼 수 있다.

## 20장

# 사람들은 희희낙락하는데
# 나 홀로 고달프다

'예'와 '아니오', 그 거리가 얼마나 되는가?

'아름다움'과 '추함', 그 차이가 얼마나 되는가?

사람들이 두려워하는 사람, 그 또한 백성을 두려워하지 않을 수 없다.


문란함이여, 그 끝이 없구나!

사람들은 희희낙락하네, 마치 산해진미를 즐기고 봄날에 정자에 오르듯.

나는 고요히 미동도 않네, 아직 웃지 못하는 갓난아이처럼.

고달프구나, 마치 돌아갈 곳 없는 사람처럼.

사람들은 모두 여유가 있는데, 나 홀로 부족하네.

나는 바보 같은 사람이라, 어리석고 무지하네.

사람들은 (세상 이치에) 밝은데, 나 홀로 어둡고

사람들은 똑똑한데, 나 홀로 흐리멍덩하네.

홀연하네, 드넓은 바다처럼.

아득하네, 끝이 없는 것처럼.

사람들은 모두 쓸모가 있는데, 나 홀로 완고하고 쓸모가 없네.

나 홀로 사람들과 다르고자 하니, 그저 만물의 근본을 중시할 뿐이네.


(絶學无憂.)[165]


唯與訶, 其相去幾何?

美與惡, 其相去何若?

人之所畏, 亦不可以不畏人.


荒兮, 其未央哉.

衆人熙熙, 若饗於太牢, 而春登臺.

我泊焉未兆, 若嬰兒未咳.

累兮, 如無所歸.

衆人皆有餘, 我獨遺.

我愚人之心也, 蠢蠢兮.

俗人昭昭, 我獨若昏兮

俗人察察, 我獨悶悶兮.

忽兮, 其若海.

---

**165** '학문을 끊으면 근심이 사라진다'는 이 구절은 이하의 내용과 연결되지 않는다. 죽
간본에 근거할 때 48장의 "无爲而无不爲" 다음에 붙이는 것이 마땅하다. 따라서 이
책에서는 이 구절을 빼어 48장으로 옮긴다.

恍兮, 其若无所止.

衆人皆有以, 我獨頑以鄙.

吾欲獨異於人, 而貴食母.


이 장은 서로 다른 두 내용으로 구성되어 있다. 앞 단락은 이것과 저것을 분별하는 지식을 경계할 것을 말하고, 뒤 단락은 세상 사람들로부터 인정받지 못하는 노자 개인의 고독한 심정을 표현한다.

첫 번째 단락에서는 이것과 저것을 구별하는 분별적 지식을 경계한다. 앞서 2장에서 "세상 모두 아름다움을 아름다움으로 알지만 그것은 추함일 뿐이고, 세상 모두 선함을 선함으로 알지만 그것은 '불선(不善)'일 뿐이다."라고 했다. 관념 혹은 인식의 상대성에 대한 지적이었다. 이 구절도 그와 같은 차원에서 이해할 수 있다. 상식의 차원에서 '예'와 '아니오', 그리고 '아름다움'과 '추함'은 명확히 구분되는 서로 다른 개념들이다. 이는 곧 이것과 저것을 나누어 보는 분별적 인식의 결과이다. 그러나 '도'의 자리에서는 그 어떤 관념의 분화도 일어나지 않는다.

예와 아니오, 아름다움과 추함 등의 구분이 도의 자리에서는 별 의미가 없듯이, 도의 자리에서는 통치자와 피통치자의 구분도 사라진다. 노자는 이를 정치 현실에 적용하여, 백성들이 군주를 두려워하듯이 군주 또한 백성들을 두려워해야 한다는 의미로 발전시킨다.

두 번째 단락은 도를 추구하는 사람의 외로움에 대해 노래하고 있다. 『노자』 81장 중 가장 인간적인 분위기가 드러나는 장이다. 다른 장에서는 지극히 담담한 어조로 자연의 도와 인간 삶의 이치에 대해 말할 뿐인데, 이 장에서만은 자신의 진솔한 감정을 드러내고 있다. 이 장을 통해 우리는 세상 사람들과 어울릴 수 없는 노자의 인간적 고독감을 느낄 수 있다. (단 죽간본에는 나타나지 않는 것으로 보아 후대에 새롭게 추가된 듯하다.)

일상적 삶에 길들여진 세상 사람들 속에서 구도자는 하나의 '외딴섬'이자 '이방인'이다. 그러므로 사람들이 즐겁게 먹고 마시며 웃고 떠들 때, 노자는 아직 웃지 못하는 갓난아이처럼 조용히 침묵을 지키고 있다. 사람들이 여유만만하게 자신감이 넘쳐 있을 때 노자는 돌아가 쉴 곳조차 없는 고달픈 모습을 취하고 있다. 사람들이 잘난 척하고 똑똑한 척할 때, 노자 홀로 무지하고 어리석은 모습을 보인다. 사람들 모두 자신들의 쓸모 있음과 유능함을 자랑할 때 노자 홀로 완고하고 미천한 것처럼 보인다.

그럼에도 불구하고 노자는 세상 사람들과 다르고자 하는 태도를 끝내 버릴 수 없다. 그는 '식모(食母)', 즉 만물의 근본인 도를 세상 그 무엇보다도 중시하기 때문이다. 이 부분에 대해 왕필은 다음과 같이 주를 달았다. "식모는 생명의 근본이다. 사람들은 모두 백성을 살리는 근본을 버리고 말단의 장식적인 화려함만 귀하게 여긴다. 그러므로 노자는 '나 홀로 사람들과 다르고자 한다'라고 말하는 것이다."[166]

---

166 樓宇烈 校釋, 앞의 책, 49쪽. "食母, 生之本也. 人皆棄生民之本, 貴末飾之華. 故曰: 我獨欲異於人."

## 판본 비교

### 죽간본

을: (絲(絕)學亡㤅(憂).)

唯與可(呵), 相去幾可(何)? 岂(美)與亞(惡), 相去可(何)若? 人之所褙(畏), 亦不可以不褙(畏)人.

### 백서본

갑: □□□□.

唯與訶, 其相去幾何? 美與惡, 其相去何若? 人之□□, 亦不□□□□.

□□□□□□. 衆人巸巸(熙熙), 若鄕(饗)於太牢, 而春登臺. 我泊焉未佻(兆), 若□□□□. 累呵如□□□. □□皆有餘, 我獨遺. 我禺(愚)人之心也, 蠢蠢呵. 鬻(俗)□□□, □□□閒(昏)呵. 鬻(俗)人蔡蔡(察察), 我獨閔閔(悶悶)呵. 忽呵, 其若□, 望(恍)呵, 其若无所止. □□□□□, □□□以悝(俚). 吾欲獨異於人, 而貴食母.

을: 絕學无憂.

唯與呵, 其相去幾何? 美與亞(惡), 其相去何若? 人之所畏, 亦不可以不畏人.

望(荒[167])呵, 其未央才(哉)! 衆人巸巸(熙熙), 若鄕(饗)於太牢, 而春登臺. 我博(泊)焉未佻(兆), 若嬰兒未咳. 纍呵佁(似)无所歸. 衆人皆又(有)

---

167 백서 정리조는 恍으로 해독한다.

余(餘). 我愚人之心也, 湷湷呵. 鬻(俗)人昭昭, 我獨若閔(昏)呵. 鬻(俗)人
察察, 我獨閩閩(悶悶)呵. 沕(忽)呵, 其若海, 望(恍)呵, 若无所止. 衆人
皆有以, 我獨門元(頑)以鄙. 吾欲獨異於人, 而貴食母.

絕學無憂. 唯之與阿, 相去幾何? 善之與惡, 相去若何? 人之所畏,
不可不畏. 荒兮, 其未央哉! 衆人熙熙, 如享太牢, 如春登臺. 我獨泊
兮, 其未兆, 如嬰兒之未孩, 儽儽兮若無所歸. 衆人皆有餘, 而我獨若
遺. 我愚人之心也哉! 沌沌兮! 俗人昭昭, 我獨昏昏; 俗人察察, 我獨
悶悶. 澹兮, 其若海; 飂兮, 若無止. 衆人皆有以, 而我獨頑似鄙. 我獨
異於人, 而貴食母.

**죽간본과 백서본**

1. '絕學亡憂'(혹은 絕學无憂)의 위치

이 구는 죽간본의 경우 현행본 48장의 문장에 해당하는 "망위이망
불위(亡爲而亡不爲)"와 20장의 첫 구 "유여가(唯與呵)" 사이에 있다. 반면
백서본의 경우는 왕필본과 같이 19장의 마지막 구 "소사이과욕(少私而
寡欲)"과 20장의 첫 구 "유여가(唯與訶)" 사이에 있다.

과거에도 이 구에 대해서는 많은 논란이 있었다. 현행본 20장에서
"절학무우(絕學无憂)"는 이어지는 구절과 잘 연결되지 않기 때문이다.
그러므로 고형은 다음과 같이 주장했다. "이 구는 마땅히 19장에 넣어
야 하니, 세 가지 점에서 설명해 보겠다. 첫째, '絕學無憂'는 '견소포박,
소사과욕(見素抱樸, 少私寡欲)'과 어법이 같다. 만약 이 구를 다음 장으

로 띄어 놓는다면 동떨어진 문장이 돼 버린다. 둘째, 족(足), 속(屬), 박(樸), 욕(欲), 우(憂)는 운을 이룬다. 만약 '絶學無憂'를 20장에 넣으면 운이 맞지 않게 된다. 셋째, '見素抱樸, 少私寡欲, 絶學無憂'는 문장의 의미가 일관된다. 만약 '絶學無憂'를 다음 장에 넣으면 의미가 동떨어지게 된다.″[168] 이러한 이유로 고형, 장송여, 진고응 등은 이 구를 19장의 끝에 넣어 읽었다. 즉 "見素抱樸, 少私而寡欲, 絶學無憂"로 읽은 것이다.

그러나 현재 백서본과 죽간본을 통해 보면 이러한 주장도 타당하지 않음을 알 수 있다. 우선 "見素抱樸, 少私寡欲"과 "絶學无憂"는 서로 다른 구조를 취하고 있다. 즉 전자는 '견소(見素)'와 '포박(抱樸)' 그리고 '소사(少私)'와 '과욕(寡欲)'이 각각 병렬 구조를 이루는 데 비해, 후자는 '絶學하면 无憂하게 된다'는 식의 인과 구조를 유지하고 있다. 그러므로 이 둘은 같은 문맥 안에 놓일 수 없다. 이러한 사실은 죽간본에서도 명확하게 확인할 수 있다. 죽간본에서 "見素抱樸, 少私寡欲"은 갑본의 "江海所以能爲百谷王"(66장) 앞에 있는 반면, "絶學无憂"는 을본의 "망위이망불위(亡爲而亡不爲)"(48장)와 "유지여아(唯之與阿)"(20장) 사이에 있다. 따라서 죽간본에 근거하면 이 두 구절은 전혀 관련이 없는 개별적인 것임을 알 수 있다.

그러면 이 "絶學无憂"는 어디에 소속시켜야 하는가? 여기에서 관건은 학(學)의 내용이 무엇이냐 하는 것이다. 이 구에서 말하는 學은 바로 "위학자일익(爲學者日益)"의 學으로 보아야 할 것이다. 이 점은 과거

---

**168** 高亨, 『老子正詁』, 44쪽.

에 이미 장석창이 다음과 같이 지적한 바 있다. "48장에서 '위학일익,
위도일손(爲學日益, 爲道日損)'이라 하였는데, 하상공주에서는 '학(學)은
정교(政敎)와 예악(禮樂)의 학(學)을 말한다. 일익(日益)이란 정욕(情欲)
과 문식(文飾)이 날로 많아진다는 말이다.'라고 했다. 이 '絶學无憂'의
學은 저 '爲學日益'의 學과 의미가 같으니, 곧 하상공이 말하는 정교
와 예악의 학이다." 장석창의 이러한 주장은 현재 죽간본을 통해 확인
되고 있다. 따라서 현재 왕필본 20장에 속해 있는 '絶學无憂'는 48장
의 "무위이불위(无爲而无不爲)" 다음으로 옮겨야 한다.

재미있는 사실은, 왕필본에서 "絶學无憂"가 비록 20장의 첫 구절에
놓여 있으나, 왕필은 이 구절을 오히려 48장의 의미를 통해 해석하고
있다는 점이다.[169] 이 점은 왕필이 "絶學无憂"와 48장의 관계를 인식했
을 가능성을 암시한다.


2. 백서본의 "望呵, 其未央才" 이하의 단락

죽간본에 없는 이 단락은 앞의 단락과 의미가 연속적이지 않다. 이
단락은 아마도 백서본의 형성 시기에 새로 만들어진 별개의 장이었는
데, 이후 왕필본 계통의 판본이 정리되면서 앞 단락과 하나로 합쳐진
것으로 보인다.


---

169 "下篇[云], 爲學者日益, 爲道者日損. 然則學求益所能, 而進其智者也."

**백서본과 왕필본**

1. 唯與訶(백서본)

　　唯之與阿(왕필본)

　　과거에는 대부분 유(唯)를 '공손하게 대답하는 소리', 아(阿)를 '아무
렇게나 대답하는 소리', 즉 '예'와 '응'의 차이로 이해했다.[170] 그러나 유
사배(劉師培)는 다음과 같이 주장했다. "아는 마땅히 가(訶)가 이어야
한다. 『설문해자』에 '가는 크게 노하는 말'이라고 했다. …… 곧 '유지
여아(唯之與阿)'는 순순히 응하는 소리와 거절하는 소리다."[171] 현재 백
서 갑본을 살펴보면 유사배(劉師培)의 주장처럼 왕필본의 '아(阿)'가 '가
(訶)'[172]로 되어 있다. 그러므로 백서본의 유와 가는 긍정의 대답('예')과
부정의 대답('아니오')으로 상대가 되는 말이라 할 수 있다. 그리고 이런
구성은 다음 구절의 미(美, 아름다움)와 악(惡, 추함)의 상대적 관계와도
일치한다. 따라서 이 구는 마땅히 백서본을 따라야 할 것이다.


2. 美與惡, 其相去何若(백서본)

　　善之與惡, 相去若何(왕필본)

　　미(美)와 선(善)의 차이, 그리고 '하약(何若)'과 '약하(若何)'의 차이가
보인다. 전통본은 대부분 왕필본과 동일하다. 부혁본과 수주본만 "미지
여오, 상거약하(美之與惡, 相去若何)"로 백서본과 비슷하다. 우선 '若何'

---

170　성현영(成玄英)은 "唯는 공손하게 대답하는 것이고, 阿는 더디게 응하는 것(唯, 敬諾
　　也. 阿, 慢應也)"이라고 풀이했으며, 이후 대부분의 사람들이 이를 따랐다.

171　高明, 앞의 책, 316~317쪽에서 재인용.

172　백서 을본에는 呵로 되어 있다. 그러나 呵는 訶와 음이 같으므로 訶의 빌린 글자로
　　볼 수 있다.

와 '何若'은 글자만 도치되었을 뿐 의미는 크게 다르지 않다. 다음으로 백서본에서 美와 惡의 대응 관계는 왕필본 2장의 첫 구절 "세상 모두 아름다움을 아름다움으로 알지만 이것은 추함일 뿐이다.[天下皆知美之 爲美, 斯惡已]"에서 말하는 '아름다움'과 '추함'의 관계를 연상시킨다. 이 구절에 대한 왕필주에도 "'예'와 '아니오', '아름다움'과 '추함' 그 차이가 얼마나 되는가?[唯阿美惡, 相去何若]"라고 되어 있다. 따라서 왕필본도 본래는 백서본과 같이 美와 惡의 대응 관계로 되어 있었음을 알 수 있다. 죽간본도 백서본과 거의 일치한다.

3. 人之所畏, 亦不可以不畏人(백서을)
   人之所畏, 不可不畏(왕필본)

백서본의 마지막 人 자가 잘못 들어간 불필요한 글자라면 백서본과 왕필본은 별 차이가 없다. 그러나 백서본의 문장이 원형이라면 서로 의미가 달라진다. 왕필본은 "다른 사람들이 두려워하는 바는 나 또한 두려워하지 않을 수 없다."라고 해석되는 반면, 백서본은 "사람들이 두려워하는 사람(군주), 그 또한 백성을 두려워하지 않을 수 없다.", 즉 군주 또한 마땅히 백성을 어렵게 여겨야 한다는 뜻이 된다. 그리고 이는 분명히 통치술과 관련된 말이다. 백서본이 통치술을 중시하는 황로학의 유행 시기에 형성된 판본임을 감안하면 이 같은 내용도 충분히 가능하다.

4. 望呵(백서을)
   荒兮(왕필본)

고대에 망(望), 황(荒), 망(忙) 세 자는 음이 같아 서로 빌려 쓸 수 있었다.[173] 여기에서는 의미상 荒이 적합하므로 백서본의 멸은 荒의 빌린 글자로 이해한다. 그리고 이 荒은 하상공주에서 어지럽고 분주하게 쫓아다니는 모습, 즉 '황란(荒亂)'으로 풀이된다. 이는 다음 구절에 표현된, 사람들이 산해진미를 즐기듯이 또는 봄나들이 가듯이 어지럽게 희희낙락하는 모습을 탄식하는 말이 된다.

### 5. 蠢蠢呵(백서갑)
#### 沌沌兮(왕필본)

'준준(蠢蠢)'은 어리석고 무지한 모습을 뜻한다. 『회남자』「범론훈(氾論訓)」에 "우부준부(愚夫蠢婦)"라는 말이 있는데, 고유(高誘)의 주에서 "준(蠢) 또한 어리석고 무지한 모습"이라고 풀이했다. 따라서 "어리석고 무지하다.〔蠢蠢呵〕"는 바로 앞 구의 "나는 바보 같은 사람이다.〔我愚人之心也〕"와 잘 어울린다. 이런 의미의 '蠢蠢'은 왕필본의 '돈돈(沌沌)'의 의미와 거의 비슷하다.

### 6. 我獨門元(頑)以鄙(백서을)
#### 我獨頑似鄙(왕필본)

백서본의 문(門) 자는 잘못 들어간 글자로 보인다. 한편 완(頑)과 비(鄙)는 의미상 병렬 관계로 보이므로 둘 사이에는 부사나 동사가 아닌 접속사가 있어야 한다. 그런데 왕필본의 사(似)는 부사이므로 적합하지 않다.[174] 그래서 유월은 "사(似)는 마땅히 이(以)로 읽어야 하니, 고대에

173  高明, 앞의 책, 318쪽.
174  같은 책, 326쪽 참조.

以와 似는 통용되었다"고 했다. 이러한 주장은 현재 백서본을 통해 확인되고 있다. 따라서 왕필본의 문장은 以 자를 似 자로 잘못 베껴 쓴 것으로 보이며, 이때 이(以)는 이(而) 혹은 차(且)의 뜻이다. 부혁본에도 "아독완차비(我獨頑且鄙)"로 쓰여 있다.

7. 吾欲獨異於人(백서본)
   我獨異於人(왕필본)

백서본의 '욕(欲)'이 왕필본에는 없다. 그런데 이 구에 대한 왕필주에는 "그러므로 '나는 홀로 사람들과 다르고자 한다'고 말한다."(故曰我欲獨異於人)라는 말이 있다. 따라서 왕필본에도 애초에는 백서본과 같이 欲 자가 있었음을 알 수 있다. 부혁본에도 欲 자가 있다.

# 21장

# 큰 덕을 지닌 사람은
# 오직 도를 따른다

큰 덕을 지닌 사람은 오직 도를 따른다.
'도'라는 것은 있는 듯 없는 듯하다.
없는 듯 있는 듯하나, 그 가운데 상(象)이 있고
있는 듯 없는 듯하나, 그 가운데 물(物)이 있으며.
그윽하고 가물하나, 그 가운데 정(精)이 있다.
그 정(精)은 매우 참되니, 그 가운데 미더움이 있다.

현재부터 과거에 이르기까지, 그 이름이 사라지지 않으니
그것에 의해 만물의 시원을 좇아 본다.
내 어찌 만물의 시원이 그러함을 아는가?
바로 이것, 즉 도를 통해서다.

孔德之容, 唯道是從.
道之物, 唯恍唯惚.
惚兮恍兮, 中有象兮.
恍兮惚兮, 中有物兮.
幽兮冥兮, 中有精兮.
其精甚眞, 其中有信.

自今及古, 其名不去
以順衆父.
吾何以知, 衆父之然?
以此.


이 장에서는 도의 특성과 이상적인 지도자가 갖추어야 할 모습에 대해 말한다.

첫 구절 "큰 덕을 지닌 사람은 오직 도를 따른다.〔孔德之容, 唯道是從〕"에서는 참된 지도자는 모름지기 도를 따른다는 점을 선언하고 있다. 그런데 원문 '공덕지용(孔德之容)'의 의미에 대해서는 전통적으로 논란이 많았다. 논란의 핵심은 '공'과 '용' 두 글자를 어떻게 해석할 것인가에 있었다. 우선 '공' 자를 하상공은 '크다〔大〕'로 풀이한 반면 왕필은 '빔〔空〕'으로 해석했다. 그 밖에 '본받다〔法〕'의 의미로 보기도 했고(장석창), 심지어 '공자'로 풀이하는 경우도 있었다.(『노자상이주』) 한편 '용' 자의 경우 하상공은 '용납하다'로, 왕필은 '움직이다'로, 또 일부 주석가들은 '모습으로 이해했다. 여기에서는 감산 석덕청(釋德淸)의 주석에 근거하여 "공덕지용"을 큰 덕을 지닌 사람의 모습을 표현한 것으로 이해했다. 큰 덕을 지닌 사람, 즉 참된 지도자는 항상 도를 따르는 모습으로 살아가고 있다는 것이다. 그러면 참된 지도자가 따르는 도는 어떤 모습인가?

첫째, "도라는 것은 있는 듯 없는 듯하다.〔道之物, 唯恍唯惚〕" 황(恍)과 홀(惚) 모두 미묘하고 흐릿하여 확실하게 보이지 않는 모습을 표현하는 말이다. 즉 있는 듯하나 그 실체를 찾아볼 수 없고, 없는 듯하나 여전히 어떤 조짐이 존재하는 미묘한 상태를 말한다. 혹자는 이를 좀 더 구체적으로 설명하여 황은 너무 밝아서 흐릿해진 상태이고, '홀'은 어둠 속에서 흐릿해진 상태라고 설명하기도 한다.[175] 도가 지닌 이러한 성격에 대해 소철은 다음과 같이 말한다. "도는 있는 것도 아니고 없는 것도 아니다. 그러므로 '황홀'이라는 말로 표현한다. 그러나 그것이 움직여 형상을 이루고 드러나 사물이 될 때는, 그러한 황홀한 도에서 나오지 않는 것이 없다."[176] 요컨대 도라는 것은 있는 듯 없는 듯 잘 드러나지 않지만 그 작용은 무한하다는 것이다. 도의 이러한 성격은 바로 국가 지도자가 지녀야 할 중요한 덕목이 된다. 앞서 17장에서도 "최고의 정치는 백성이 통치자의 존재만을 아는 것이다.〔太上, 下知有之〕"라고 했다.

둘째, 도는 "없는 듯 있는 듯하나, 그 가운데 상(象)이 있고, 있는 듯 없는 듯하나, 그 가운데 물(物)이 있다.〔惚兮恍兮, 中有象兮; 恍兮惚兮, 中有物兮〕". "홀혜황혜(惚兮恍兮)"나 "황혜홀혜(恍兮惚兮)" 모두 도의 드러

---

175  최진석, 앞의 책, 193쪽.
176  초횡, 앞의 책, 9쪽. "道非有無, 故以恍惚言之. 然及其運而成象, 著而成物, 未有不出于恍惚者也."

날 듯 말 듯 한 신비하고 미묘한 작용을 표현하는 말들이다. 비슷한 말을 반복적으로 표현함으로써 그 의미를 한층 더 강화하고 있다. 여기에서 '상'은 직접적으로 드러나지 않는 추상적인 이미지를 말하고, '물'은 구체적으로 드러나는 실질적인 것을 말한다. 도의 작용은 홀황하고 황홀하지만 그런 미묘한 과정을 통해 만물 가운데 간접적으로 드러나는 것이 있는가 하면 구체적으로 드러나는 것도 있다. 이 말을 국가 지도자의 일에 적용하자면, 도를 체득한 이상적인 지도자는 그 존재가 있는 듯 없는 듯하며, 또한 국가 경영에서도 지도자의 역량이 간접적으로 나타나기도 하고 때로는 직접적으로 나타나기도 한다. 요컨대 지도자는 상황에 따라 자신의 존재를 감추기도 하고 드러내기도 하면서 적절히 지도 역량을 발휘해야 한다는 말이다.

셋째, 도는 "그윽하고 가물하나, 그 가운데 정(精)이 있다. 그 정은 매우 참되니, 그 가운데 미더움이 있다.[幽兮冥兮, 中有精兮; 其精甚眞, 其中有信.]" 여기에서 "유혜명혜(幽兮冥兮)"는 바로 앞에서 언급된 "홀혜황혜"와 사실상 같은 의미로, 그윽하고 가물하여 있는 듯 없는 듯한 도를 표현하는 말이다. 한편 '정'의 의미에 대해서는 견해가 많다. '정기', '정력', '생명력', '알갱이' 등으로 해석되기도 한다. 그러나 여기에서 말하는 '정'은 도의 '참된 성향' 혹은 '진실성'에 대한 언급으로 볼 수 있다. 이는 곧 지도자의 진실성과 신뢰성에 대한 상징이다. 이 점에 대해 소철은 다음과 같이 말한다. "유와 무가 교차하는 지경에 이르면 가물하고 그윽하여 그 깊이가 없는 오묘함을 보게 된다. 비록 아직 형체를 이루고 있지는 않지만 그 가운데 '정'이 존재한다. 사물이 형체를 이루게 되면 참됨과 거짓됨이 뒤섞이는데, 이때 '정'을 지니고 있으면 거짓됨이 끼어들지 못한다. 참됨과 거짓됨이 뒤섞이면 하나가 둘이 되고 둘이 셋이 되면서 어지러이 뒤섞여 나오니 다시 신뢰할 수 없게 된다. 그러나 바야 흐로 '정'이 있으면 나를 속이지 못하게 된다."[177]

이상과 같은 특성을 지닌 도는 옛날부터 지금까지 늘 존재해 왔다. 다시 말해 옛날부터 지금까지 도의 작용은 멈춘 적이 없다는 것이다. 도는 늘 만물과 함께하고 삼라만상 속에 존재하기 때문이다. 그러므로 도를 통해 만물의 시원을 살필 수 있다. 요컨대 도는 시공을 초월해 항상 존재하고 작용하기에 도를 잡고 있으면 그 무엇도 알지 못하는 게 없고 그 무엇도 이루지 못하는 게 없다. 바로 이런 이유 때문에 참된 지도자는 도를 따를 수밖에 없는 것이다.

결국 이 장은 도의 존재론적 특성에 대한 묘사를 통해, 인간 세상의 지도자가 취해야 할 이상적 태도에 대해 말하고 있다. 여기에서 도에 대한 표현은 사실상 참된 지도자가 마땅히 취해야 할 이상적 태도에 대한 말로 볼 수 있다. 도가 홀황하고 황홀하여 잘 파악할 수 없듯이 지도자 또한 자신의 속을 함부로 밖에 드러내지 말아야 하며, 홀황한 도 가운데 '형상[象]'이 있고 '사물[物]'이 있고 '실정[精]'이 있듯이 지도자 또한 그러한 '안개 행보' 속에 실질적인 통치 내용 및 진성성과 신뢰감이 있어야 한다는 것이다. 지도자가 이렇게 처신할 때, 도가 영원하듯이 지도자의 이름 또한 영원할 수 있을 것이다.

---

177 같은 책, 9쪽. "及夫有無之交, 則見其窈冥深眇. 雖未成形, 而精存乎其中矣. 物至于成形, 則眞僞雜矣. 方其有精, 不容僞也. 眞僞旣雜, 自一而爲二, 自二而爲三, 紛然錯出, 不可復信矣. 方其有精, 不吾欺也."

## 판본 비교

### 백서본

갑: 孔德之容, 唯道是從. 道之物, 唯望(恍)唯忽. □□□呵, 中有象
呵. 望(恍)呵忽呵, 中有物呵. 灣(幽)呵鳴(冥)呵, 中有請(精)吔(呵). 其請
(精)甚眞, 其中□□. 自今及古, 其名不去, 以順衆伩(父). 吾何以知衆伩
(父)之然? 以此.

을: 孔德之容, 唯道是從. 道之物, 唯望(恍)唯沕(忽). 沕(忽)呵望(恍)
呵, 中又(有)象呵. 望(恍)呵沕(忽)呵, 中有物呵. 幼(窈)呵冥呵, 其中有請
(精)呵. 其請(精)甚眞, 其中有信. 自今及古, 其名不去, 以順衆父. 吾何
以知衆父之然也? 以此.

### 왕필본

孔德之容, 惟道是從. 道之爲物, 惟恍惟惚. 惚兮恍兮, 其中有象; 恍
兮惚兮, 其中有物. 窈兮冥兮, 其中有精; 其精甚眞, 其中有信. 自古及
今, 其名不去, 以閱衆甫. 吾何以知衆甫之狀哉? 以此.

1. 道之物(백서본)
   道之爲物(왕필본)

왕필본의 "도지위물(道之爲物)"은 "도라는 것은"이라고 해석할 수도 있
고 "도가 사물로 되어 가는 것은"이라고 해석할 수도 있다. 일반적으로
는 전자를 따른다.

백서본의 "도지물(道之物)"도 지(之) 자의 풀이에 따라 두 가지로 해

석 가능하다. 첫째, 지(之)를 시(是), 즉 '이것'으로 해석할 수 있다. 『경전석사(經傳釋詞)』에서는 이렇게 말한다. "之는 곧 是다. 그러므로 『이아(爾雅)』에서 '지자자(之子者)는 곧 시자자(是子者)다.'라고 했다." 따라서 "도지물(道之物)"은 "도시물(道是物)"로 볼 수 있고, 이는 "道之爲物"의 일반적 해석에 가깝다. 둘째, 지(之)를 출(出), 즉 '나오다'로 해석할 수 있다. 『설문해자』에서 "之, 出也."라고 했는데, 이에 따르면 "도지물(道之物)"은 곧 "도출물(道出物)"이 된다. 이때 出은 道로부터 物로 진행되는 존재의 유출이니, 이는 곧 "도가 사물을 생성한다."[道生物]는 의미가 된다.[178]

그러나 이 장의 전체 맥락을 검토해 보면, 도에서 만물이 생성되는 과정보다는 미묘하고 알 수 없는, 그러나 여전히 참으로 존재하는 존재론적 도에 대한 묘사에 초점을 둔 것 같다. 따라서 기존의 해석을 따르는 것이 낫다.


2. 自今及古(백서본)
   自古及今(왕필본)
   금(今)과 고(古)의 위치가 뒤바뀌어 있다. 今과 古의 위치와 관련해

---

178  馮友蘭, 『老子哲學討論集』, 62쪽.
『노자』에서는 '도'와 '생'의 문제를 종종 함께 언급하고 있다. 왕필본 25장의 "有物混成, 先天地生", 34장의 "大道氾兮, 其可左右, 萬物恃之而生而不辭", 39장의 "萬物得一以生", 40장의 "天下萬物生於有, 有生於無", 42장의 "道生一, 一生二, 二生三, 三生萬物", 51장의 "道生之, 德畜之" 등이 그 예다. 따라서 "道之物"도 '道生物'의 의미로 해석할 수 있다. 더욱이 뒤에 이어지는 "惟恍惟惚, 惚兮恍兮, 其中有象, 恍兮惚兮, 其中有物."도, 도에서 만물이 생성되는 신비로운 과정을 묘사한 것이라고 이해할 수 있다. 그러나 이러한 해석은 현재로서는 하나의 가능성에 불과하다.

과거 마서륜은 다음과 같이 지적한 적이 있다. "각 판본에 '자고급금 (自古及今)'으로 쓰여 있으나 옳지 않다. 고(古), 거(去), 보(甫)가 운을 이루기 때문이다." 고형 또한 여기에 동조한다.[179] 마서륜과 고형에 따르면 운율상 마땅히 '自今及古'로 써야 한다는 것인데, 현재 백서본이 그들의 주장을 뒷받침해 주고 있다. 전통 판본 가운데 부혁본과 범응원본도 백서본과 같다.

3. 以順衆父(백서본)
　以閱衆甫(왕필본)

우선 순(順)과 열(閱)의 차이가 보인다. 왕필본의 閱은 '보다', '살피다', '검열하다' 등의 뜻인 반면, 백서본의 順은 '따르다', '좇다'의 뜻이다.

다음으로 '중부(衆父)'와 '중보(衆甫)'의 차이가 보인다. 왕필은 "중보는 만물의 시원이다.〔衆甫, 物之始也〕"라고 주를 달아, 보(甫)를 시(始)의 의미로 보았다. 始나 父 모두 '시원성' 혹은 '근원성'을 의미하므로, 결국 '衆父'와 '衆甫'는 의미에 차이가 없다. 또한 부(父)와 보(甫)는 음이 비슷해 서로 통용되었을 것이다.

4. 吾何以知衆父之然也(백서을)
　吾何以知衆甫之狀哉(왕필본)

연(然)과 상(狀)의 차이다. 대부분의 전통본도 백서본과 같이 然으로

---

179　陳鼓應, 앞의 책, 151쪽 참조.

쓰고 있다. 그러나 백서본에서 然은 사실상 狀, 즉 '그러한 모습'을 가리키므로 의미상으로는 별 차이가 없다.

# 22장

# 굽히면 온전해진다

굽히면 온전해지고, 구부리면 발라지며
움푹 패면 채워지고, 낡으면 새로워지며
적어지면 얻게 되고, 많아지면 미혹된다.
이 때문에 성인은 이 '하나'를 잡아 천하의 머리가 된다.

자신을 내보이지 않기에 드러나고
자신을 드러내지 않기에 밝게 나타나며
스스로 자랑하지 않기에 공을 지니게 되고
뽐내지 않기에 우두머리가 될 수 있다.

성인은 결코 다투지 않으니, 때문에 아무도 그와 다툴 수 없다.
'굽히면 온전해진다'는 옛말이 어찌 말뿐이겠는가!
진실로, 굽히면 '온전함'이 돌아온다.

---

曲則全, 枉則正
洼則盈, 敝則新.
少則得, 多則惑.
是以聖人執一, 以爲天下牧.


不自示故章
不自見故明
不自伐故有功
不矜故能長.


夫唯不爭, 故莫能與之爭.
古之所謂曲全者, 幾(豈)語哉!
誠全〈而〉歸之.


'굽히면 온전해진다'는 역설적 이치를 통해 지도자가 가야 할 길을
제시하고 있다.

"곡즉전(曲則全)"은 노자의 말이 아니라 그전부터 전해 오던 일종의
격언이다. 노자 이전, 아주 오래전부터 옛사람들이 오랜 삶의 경험을
통해 얻어 낸 삶의 진리인 셈이다. 이런 점에서 『노자』라는 책은 개인의
단독 저술이라기보다는 옛사람들의 수많은 지혜가 오랜 세월 모이고
쌓인 결과물로 볼 수 있다. 이 '곡즉전'의 의미에 대해 소철은 다음과
같이 풀이하고 있다. "성인의 움직임은 반드시 이치에 따른다. 이치에는

혹 곧음도 있고 혹 굽힘도 있는데, 그 핵심은 통함에 있을 뿐이다. 통하기 때문에 사물과 어그러지지 않고, 사물과 어그러지지 않기 때문에 온전해지는 것이다."[180] 사물의 이치에는 상반되는 성질들이 존재하는데 그 상반된 이치에 통하여 사물과 어긋나지 않을 수 있으면 온전해진다는 생각이다.

'굽힘(曲)'은 '나'의 부재이며, 또 어떤 의미에서는 자기희생을 전제하는 말이기도 하다. '나'를 지나치게 의식하고 자존심을 앞세우는 사람은 결코 굽힐 수 없다. 내 마음 속에서 '나'에 대한 의식이 사라졌을 때 비로소 자신을 온전히 굽히고 타인의 시선에 내 시선을 합하게 된다. '온전함(全)'은 나의 적극적 의지와 주도적 노력으로 얻을 수 있는 게 아니다. 그것은 나를 둘러싼 여러 상황과 조건이 나에게 부여하는 '선물'이다. 이 선물은 자신을 감싼 강한 보호막을 거두고 자신을 버릴 때에야 비로소 주어지는 '은총'이다.

웅덩이는 패어 있기 때문에 채워지고, 계절은 낡아지기 때문에 새로워진다. 또한 재물을 덜어 내어 남에게 베풀면 그로 인해 얻는 게 있고, 반대로 재물을 쌓기만 하고 베풀지 않으면 그로 인해 미혹되는 일이 자주 벌어진다. 그래서 노자는 '파임(窪)'과 '낡음(幣)'을 마음에 적용하라고 한다. 마음 가득 욕망을 채우기보다는 조금씩 덜어 내는 태도는 '파임'에 해당하고, 자기 자신을 밖으로 드러내기보다는 안으로 감추는 태도는 '낡음'에 해당된다. 이러한 '파임'과 '낡음'을 지향하는 태도는 결국 노자가 항상 주장하는 '낮춤'의 또 다른 표현들이다. 그래서 노자는 또

---

180  焦竑, 앞의 책, 11쪽. "聖人動必順理. 理之所在, 或直或曲, 要於通而已. 通故與物不迕, 不迕故全也."

말한다. '자신을 내보이지 말고', '드러내지 말고', '자신을 자랑하지 말고', '자신을 뽐내지 말라'고. 그렇게 하면 '밝게 드러나고', '널리 빛나며', '공을 인정받고', '우두머리가 된다'고 말한다.

이상에서 언급된 굽힘과 온전함, 구부림과 곧음, 파임과 채워짐, 낡음과 새로움 등은 표면상 서로 반대되는 말들이다. 그런데 노자는 이들 상반된 언어들을 하나의 말로, 즉 동전의 양면과 같은 관계로 파악한다. 하나의 상태는 항상 그와 상반되는 상태를 품고 있다고 보는 것이다. 굽히면 언제까지나 굽힘에 머무는 것이 아니라 얼마 후에는 그것과 상반되는 온전함으로 전환된다. 마찬가지로 구부러짐은 곧음을, 파임은 채움을, 낡음은 새로움을 품고 있다. 그러므로 노자는 굽힘과 온전함, 구부림과 곧음, 파임과 채워짐, 낡음과 새로움은 결국 '하나'라고 본다. 성인은 이 '하나'의 이치를 붙잡아야 한다. 그래야 세상의 우두머리가 될 수 있고 세상 사람들을 이끌어 갈 수 있다.

그러나 세상 사람들은 대부분 이 이치를 이해하지 못한다. 그들은 '굽힘', '구부림', '파임', '낡음' 등의 상태를 싫어하고 꺼린다. 이런 것은 실패자나 패배자의 모습이라고 생각한다. 그래서 스스로 드러내려고 하고 스스로 옳다 주장하며 스스로 자랑하고 스스로 뽐낸다. 그들에게 '곡즉전'의 격언은 말도 안 되는 헛소리로 여겨지기 때문이다. 그러나 사물의 현상보다는 이면의 본질을 주시하고 부분에 매몰되지 않고 전체를 통관하는 노자에게 '곡즉전'은 그 무엇보다도 자명한 진리로 다가온다. 그래서 노자는 외친다. "진실로, 굽히면 '온전함'이 돌아온다."

## 판본 비교

### 백서본

갑: 曲則金(全), 枉則定(正), 洼則盈, 敝則新. 少則得, 多則惑. 是以
聲(聖)人執一, 以爲天下牧. 不□視(示)故明, 不自見故章, 不自伐故有
功, 弗矜故能長. 夫唯不爭, 故莫能與之爭. 古□□□□□□□語才(哉), 誠
金(全)歸之.

을: 曲則全, 汪(枉)則正, 洼則盈, 斃(敝)則新. 少則得, 多則惑. 是以
耶(聖)人執一, 以爲天下牧. 不自視(示)故章, 不自見也故明, 不自伐故
有功, 弗矜故能長. 夫唯不爭, 故莫能與之爭. 古之所胃(謂)曲全者, 幾
語才(哉), 誠全歸之.

### 왕필본

曲則全, 枉則直, 窪則盈, 敝則新, 少則得, 多則惑. 是以聖人抱一,
爲天下式. 不自見故明, 不自是故彰, 不自伐故有功, 不自矜故長. 夫唯
不爭, 故天下莫能與之爭. 古之所謂曲則全者, 豈虛言哉! 誠全而歸之.

1. 是以聖人執一, 以爲天下牧(백서본)
   是以聖人抱一, 爲天下式(왕필본)

우선 '집일(執一)'과 '포일(抱一)'의 차이가 보이는데, 양자는 외형상 비
슷한 뜻을 지니는 것처럼 보이지만 미세하게 다르다. 왕필본의 '抱一'은
형이상학적이고 추상적인 의미로 10장의 "재영백포일(載營魄抱一)"이 그
예다. 반면에 백서본의 '執一'은 '집도(執道)'의 의미로 주로 황로학이나

법가 계통의 문헌에 자주 보인다. 예를 들면 다음과 같은 문장들을 찾아볼 수 있다. "노자가 말하길, '하나를 잡고 무위하며, 천지에 따라 함께 변화한다'고 했다.〔老子曰: '執一無爲, 因天地與之變化〕"(『문자』, 「부언(符言)」), "군자가 하나를 잡고 놓치지 않으면, 만물을 다스릴 수 있다.〔君子執一而不失, 能君萬物〕"(『관자』 「심술(心術)」), "화(化)해도 기를 바꾸지 않고 변해도 지혜를 바꾸지 않으니, 오직 하나를 잡은 군자만이 이렇게 할 수 있다.〔化不易氣, 變不易智, 惟執一之君子能爲此乎〕"(『관자』 「내업(內業)」), "하나를 잡고 놓치지 않는다.〔執一無失〕" 및 "하나를 잡음이 천지와 같다.〔執一如天地〕"(『순자』 「요문(堯問)」), "그러므로 성인은 하나를 잡음으로써 고요하니, 이름이 저절로 정해지고 일이 저절로 안정된다.〔故聖人執一以靜, 使名自命, 令事自定〕"(『한비자』 「양권(揚權)」) 등이다.[181] 이들 문헌에 나오는 '執一'은 곧 '執道'를 뜻하며, 이때 道는 구체적으로 '통치의 도' 또는 '통치술'을 가리킨다.

다음으로 목(牧)과 식(式)의 차이가 있는데, 式은 하상공주에서는 '법식(法式)'으로, 왕필주에서는 '준칙〔則〕'으로 해석했다. 그러나 백서본의 牧은 '우두머리〔君長〕' 또는 '다스림〔治〕'[182]의 뜻으로, 결국 통치자로서의 군주와 연결된다.

이상의 사실에서 우리는 백서본이 주로 통치 철학의 차원의 기술을 하는 반면 왕필본은 그러한 통치술의 면모를 벗어 버리고 순수 형이상학적인 형태로 변모하고 있음을 엿볼 수 있다.

---

181  高明, 앞의 책, 340~341쪽 참조.
182  『순자』 「성상(成相)」 편의 "請牧基"에 대해 楊倞은 "牧, 治也."로 주석한다.

## 2. 幾語哉(백서본)

   豈虛言哉(왕필본)

  백서 정리조는 백서본의 '기어(幾語)'를 '요언(要言, 요점만 추린 말)'으로 보고 왕필본과 다르게 해석한다. 그리고 허항생은 기(幾)를 '차불다(差不多)'로 해석한다. 그러나 고대에는 幾가 종종 기(豈)의 뜻으로 사용되었으며,[183] 여기에서도 그와 같이 이해할 수 있다. 고명이나 윤진환 역시 幾를 豈의 빌린 글자로 보았다. 따라서 백서본은 "어찌 말뿐이겠는가?", 왕필본은 "어찌 헛된 말이겠는가?"라는 뜻으로 서로 의미가 크게 다르지 않다.

---

**183** 『순자』「대로(大略)」 편의 "幾爲知計哉(어찌 꾀를 행하겠는가)"에서, '幾'는 '豈'(어찌)의 뜻으로 쓰였다.

# 23장

# 소나기는 하루 종일 내리지 못한다

말을 아끼고 저절로 그러함에 맡기라.

거센 바람도 아침내 불지 못하고
소나기도 하루 종일 내리지 못한다.
그 무엇이 오래갈 수 있는가?
천지가 하는 일도 오래갈 수 없는데
하물며 사람이 하는 일이야!

그러므로 도에 힘쓰는 사람은 도와 같아지는 것이니
얻음에 힘쓰는 사람은 얻음과 하나가 되고
잃음에 힘쓰는 사람은 잃음과 하나가 된다.
도를 얻음에 힘쓰는 사람은 도 또한 그를 얻을 것이고
도를 잃음에 힘쓰는 사람은 도 또한 그를 잃을 것이다.

希言自然.

飄風不終朝
暴雨不終日.
孰爲此?
天地而不能久
又況於人乎?

故從事而道者, 同於道.
得者, 同於得
失者, 同於失.
同〈於〉得者, 道亦得之
同於失者, 道亦失之.


첫 구절 "희언자연(希言自然)"은 하나의 선언적 명제다. 지도자는 모름지기 이러이러해야 한다는 선언이다. 그런데 "희언자연"에 대한 해석은 번역서마다 주석가마다 제각각이다. 국내의 『노자』 번역서들에 실린 해석을 대강 살펴보면 다음과 같다. "자연은 거의 말이 없다."(장일순), "말을 별로 하지 않는 것이 자연입니다."(오강남), "말씀이 하느님이시다."(박영호), "말이 없는 것이 자연스러운 것이다."(최진석), "말이 없는 것이야말로 스스로 그러한 것이다."(김용옥)…….

이들 풀이는 크게 두 부류로 나눌 수 있다. '자연'을 명사로 풀이하는 쪽과 그렇지 않은 쪽이다. 장일순, 오강남, 박영호는 명사로 이해하고, 김용옥, 최진석은 부사로 이해하고 있다. 그러나 『노자』에 나오는 자연은 명사로 쓰인 예가 없다. 『노자』에서 자연은 총 다섯 번 등장한다.[184] 그런데 이들 구절에서의 의미를 분석해 보면 모두 '스스로 그러하다' 내지는 '저절로 그러하다' 등으로 해석될 뿐이다. 따라서 일단 자연을 하나의 독립된 명사 개념으로 해석한 것은 잘못된 풀이로 보아야 한다.

또 하나의 문제는 '희언(希言)'을 어떻게 풀이할 것인가이다. 앞의 김용옥과 최진석 모두 "말이 없는 것"으로 풀이하고 있다. 그러나 여기에서의 '희언'은 진고응이 주장하듯 왕필본 5장에 나오는 "다언삭궁(多言數窮)"의 '다언'과 대비되는 말로 볼 수 있다. 그리고 '언'의 내용은 장석창이 말하듯이 '성교법령(聲敎法令)', 즉 통치자가 백성에게 내리는 지시나 법령이다. 따라서 "희언자연"의 의미는 '백성에게 이래라저래라 하는 지시나 법령을 줄이고, 저절로 그러한 이치에 내맡기도록 하라.'가 된다.

통치자가 말이 많다는 것은 의욕이 지나치거나 백성에게 과도하게 간섭한다는 의미다. 이는 곧 노자 철학의 근간인 무위자연에 역행하는 인위와 작위의 태도다. 번다한 지시나 법령은 광풍이나 폭우와 같다. 광풍이나 폭우가 오래갈 수 없듯이 번다한 지시나 법령도 그 효능이 오래갈 수 없다. 잦은 지시와 복잡한 법령은 백성을 피곤하고 지치게 만들 뿐이기 때문이다. 차라리 지시나 법령을 줄이고 백성의 자율적 능력을 더 나을 수 있다. 그래서 노자는 선언적으로 말한다. "말을 아끼고

---

**184** 본 23장을 비롯해, 17장의 "功成事遂, 百姓皆謂我自然", 25장의 "人法地, 地法天, 天法道, 道法自然", 51장의 "夫莫之命而常自然", 64장의 "以輔萬物之自然, 而不敢爲" 등이다.

저절로 그러함에 맡기라."

이렇게 "희언자연"이라는 선언적 명제를 첫머리에서 제시한 이후, 노자는 "말을 아끼고 저절로 그러함에 맡"길 수밖에 없는 이유를 자연 현상에서 찾아낸다. "거센 바람은 아침내 불지 못하고, 소나기는 하루 종일 내리지 못한다.〔飄風不終朝, 暴雨不終日.〕"

"하늘의 도는 남는 데서 덜어 내어 모자란 것에 더해 주기"[185] 때문에, 다시 말해 자연은 항상 균형과 조화를 지향하기 때문에, 거센 바람이나 소나기 같은 비정상적인 현상은 오래가지 못하고 금방 해소되는 것이다.

결국 여기에서 노자가 말하고자 하는 바는 극단에 치우친 현상이나 행위는 오래갈 수 없으니 자연, 즉 '저절로 그러함'에 맡겨야 한다는 것이다. 이것을 지도자에게 적용하면, 지도자는 개인적인 욕심으로 자신의 욕망을 무리하게 실현하려 하지 않도록 경계해야 한다는 말이다. 노자는 지도자들에게 경고한다. "천지가 하는 일도 오래갈 수 없는데 하물며 사람이 하는 일이야!"

거센 바람이나 소나기는 도에 어긋나는 상황, 즉 '부도(不道)'에 해당한다. 도는 무위자연을 내용으로 삼는다. 억지로 하는 일 없이, 저절로 그러한 자연스러운 이치에 맡기는 것이 바로 도와 하나가 되는 태도다. 그러므로 지도자는 '부도', 즉 인위적인 상황을 지양하고 '도'를 지향해야 한다. 노자는 말한다. "도에 힘쓰는 사람은 도와 같아진다.〔從事而道者, 同於道〕"

---

[185] 『노자』 77장, "天之, 道損有餘, 而補不足."

어떤 일에 종사하고 힘쓰는 행위는 단순한 모방이 아니라 대상과의 합일을 의미한다. 그리고 내가 대상을 따르고 좇다 보면 거꾸로 대상도 나를 따르고 좇게 된다. 이른바 동조 현상 내지는 공명 현상이다. 노자는 말한다. "얻음에 힘쓰는 사람은 얻음과 하나가 되고, 잃음에 힘쓰는 사람은 잃음과 하나가 된다."

노자는 이 이치를 다시 도에 적용한다. 지도자가 도를 따르고 도에 힘쓰다 보면, 어느 순간 도 또한 지도자를 향해 다가온다. 반대로 도를 외면하고 무도한 길을 걸으면 도 또한 지도자를 외면하고 멀어진다는 것이다. 노자는 말한다. "도를 얻음에 힘쓰는 사람은 도 또한 그를 얻을 것이고, 도를 잃음에 힘쓰는 사람은 도 또한 그를 잃을 것이다."

## 판본 비교

### 백서본

갑: 希言自然. 飄風不冬(終)朝, 暴雨不冬(終)日. 孰爲此? 天地□□□ □, □□於□□? 故從事而道者同於道, 德(得)者同於德(得), 者(失)者同於失. 同德(得)□, 道亦德(得)之; 同於失者, 道亦失之.

을: 希言自然. 剽(飄)風不冬(終)朝, 暴雨不冬(終)日. 孰爲此? 天地而不能久, 有(又)兄(況)於人乎? 故從事而道者同於道, 德(得)者同於德(得), 失者同於失. 同於德(得)者, 道亦德(得)之; 同於失者, 道亦失之.

**왕필본**

希言自然. 故飄風不終朝, 驟雨不終日. 孰爲此者? 天地. 天地尙不能久, 而況於人乎? 故從事於道者, 道者同於道, 德者同於德, 失者同於失. 同於道者, 道亦樂得之; 同於德者, 德亦樂得之; 同於失者, 失亦樂得之. 信不足焉, 有不信焉.

1. 孰爲此? 天地而不能久(백서을)

　　孰爲此者? 天地. 天地尙不能久(왕필본)

백서본에는 '천지(天地)'가 한 번 나오는데, 왕필본에는 '天地'가 연달아 두 번 나온다. 그 결과 왕필본에서는 앞 구절 "회오리바람도 아침내 불지 못하고, 거센 폭우도 하루를 넘기지 못한다.〔飄風不終朝, 驟雨不終日〕"에 묘사된 자연 현상을 바로 천지가 주관하는 일로 간주한다. 그러나 백서본에서는 그러한 자연 현상 자체를 천지의 현상으로 파악할 뿐이다.

우선 왕필본에서는 논리적 모순이 드러난다. 왕필본에서 "천지도 오랠 수 없다.〔天地尙不能久〕"(B)는 앞서 언급된 "회오리바람도 아침내 불지 못하고, 거센 폭우도 하루를 넘기지 못한다."(A)는 자연 현상들을 총괄하는 말이다. 즉 A와 B가 동격인데, A를 B가 주재한다고 말하는 것은 논리적 모순이다.

다음으로 노자 사상에서 천지는 만물과 함께 도에 그 존재 근거와 생성 근거를 두는 피조물의 위치에 있다. 즉 모든 존재의 생성과 존재는 오로지 도에 근거한다.[186] 따라서 바람이 불고 비가 내리는 자연 현상은 곧 천지의 현상이며, 이는 모두 도에 따르는 것일 뿐이다. 그러므로 노자 사상에서는 왕필본에서처럼 천지가 자연 현상을 주관한다는 식의 사유가 있을 수 없다. 결론적으로 왕필본에서 "천지상불능구(天地尙不能久)" 앞에 있는 "天地" 두 글자는 옮겨 쓰는 과정에 생긴 오류이거나 후대 사람이 잘못 덧붙인 글자로 보인다.

2. 故從事而道者同於道, 得者同於得, 失者同於失(백서본)
　　故從事於道者, 道者同於道, 德者同於德, 失者同於失(왕필본)

우선 왕필본에서는 '도자(道者)'가 겹쳐 있다. 이 점에 대해 유월은 과거에 이미 다음과 같이 지적했다. "두 번째 '도자(道者)'는 불필요한 글자다. 본래는 '종사어도자동어도(從事於道者同於道)'로 되어 있었고, 다음의 '덕자(德者)', '실자(失者)'는 앞의 '종사(從事)'가 생략된 형태다. ……『회남자』「도응(道應)」 편에서도 『노자』를 인용하여 '從事於道者同於道'로 쓰고 있으니, 고본 『노자』에서는 '道者'가 중복되지 않았다는 증거이다."[187] 현재 백서본을 살펴보면 유월의 주장과 일치한다. 전통본 중에서는 사마본(司馬本)만이 백서본과 유사하다.

다음으로 득(得)과 덕(德)의 차이가 보인다. 왕필본에서 德은 뒤의 실(失)과 상응하는 得으로 읽어야 할 것이다. 이 구절에 대한 왕필주에서도 "得은 적게 하는 것이니, 적게 하면 얻으므로 득이라고 했다. 득을 행하면 득과 하나가 되므로 '동어득'이라고 한다.[得, 少也. 少則得, 故曰得也. 行得則與得同體, 故曰同於得也.]"라고 했다. 따라서 왕필본도 본래는

---

186  1장에서 "무명은 천지의 시초다.[無名, 天地之始.]"라고 했다. 여기에서 '無名'은 도의 또 다른 이름으로, 결국 천지의 시작과 끝은 모두 도에 근거한다는 말이다.
187  高明, 앞의 책, 347쪽에서 재인용.

得으로 되어 있었다는 점을 알 수 있다. 아래에서도 마찬가지다.


3. 同於得者, 道亦得之 ; 同於失者, 道亦失之(백서을)
　 同於道者, 道亦樂得之 ; 同於德者, 德亦樂得之 ; 同於失者, 失亦
　 樂得之

왕필본에는 백서본에 없는 구절 "同於道者, 道亦樂得之"가 있고, 득
(得)과 덕(德)의 차이가 보인다. 왕필본의 '도-덕-실(道-德-失)' 구조는,
앞 단락의 '도-덕-실'의 구조에 맞춘 것으로 보인다. 그러나 백서본의
주요 초점은 득-실(得-失)의 문제에 있으며, 이 단락의 문장도 단순히
'득-실'의 구조로 되어 있다. 그러므로 각 구절 역시 일관되게 "득지(得
之)", "실지(失之)"로 맺어진다. 반면에 왕필본은 이미 앞 단락에서 得을
德으로 오인하여 문장 구조를 '도-덕-실'로 전개하고 있으며, 각 구절
은 모두 "득지(得之)"로 마무리된다. 그 결과 "잃음과 하나가 된 자는 잃
음 또한 즐거이 그를 얻는다.[同於失者, 失亦樂得之]"라는 의미가 모호한
문장이 되었다. 이는 왕필본의 편집자가 기존 판본의 得 자를 德 자로
오해하여 불필요한 문구를 첨가한 결과로 보인다.


4. 信不足焉, 有不信焉

왕필본의 이 구절이 백서본에는 나오지 않는다. 여러 전통본들에는
이 구절이 들어 있지만 과거에 해동(奚侗)은 다음과 같이 지적한 바 있
다. "이 두 구는 위의 글과 상응하지 않으니, 이미 17장에서 나왔는데
여기에서 다시 나왔다." 마서륜 또한 "이 두 구는 아마 17장의 일부가
잘못 끼어든 것 같다."라고 지적했다. 이들이 이렇게 주장하는 이유는

이 구절이 문맥상 앞 단락의 내용과 잘 연결되지 않았기 때문이다. 현재 백서본에 비추어 보면 이들의 주장이 타당했음이 입증된다.

# 24장

# 발꿈치를 들고는 오래 설 수 없다

발꿈치를 들고는 오래 설 수 없고
가랑이를 벌리고는 오래갈 수 없다.

자신을 내보이는 자는 드러나지 못하고
자신을 드러내는 자는 밝게 나타나지 못하며
스스로 자랑하는 자는 공이 없고
스스로 뽐내는 자는 우두머리가 되지 못한다.

도에 비추어 보면, 모두 쓸모없는 군더더기.
사람들은 이런 것들을 싫어한다.
그러므로 도에 뜻을 둔 사람은 이런 데 머물지 않는다.

企者不立

(跨者不行)[188]


自示者不章

自見者不明

自伐者无功

自矜者不長.


其在道曰: 餘食贅行.

物或惡之.

故有欲者, 弗居.


이 장에서는 자연스럽지 못한 인위적인 행위의 문제점들에 대해 말하고 있다.

첫째 단락에서는 '기자(企者)'와 '과자(跨者)'를 통해 인위적 행위들의 행태를 제시한다. '기자'는 발꿈치를 높이 들고 발돋움하는 행위를 가리킨다.(企는 跂와 같은 글자로, 발돋움한다는 의미다.) 좀 더 커 보이기 위해, 남을 내려다보기 위해, 또는 남에게 드러나 보이기 위해 발꿈치를 높이 드는 행위다. 그러나 이런 자세로는 오래 서 있을 수 없다. 오래 서 있을 수 없을 뿐만 아니라 자칫 넘어질 수도 있다. '과자'는 다리를

**188** '企者不立'과 '跨者不行'은 왕필본에 근거해 보충했다.

쩍쩍 벌리며 넓은 보폭으로 걷는 행위를 가리킨다. 남보다 앞서가기 위해, 혹은 남에게 자신의 위세를 과시하기 위해 만들어 낸 과장된 몸짓이다. 그러나 이런 걸음으로는 오래 걸을 수 없다. 부자연스러운 자세로 인해 금방 지치고 피로해지기 때문이다.

결국 '기자'나 '과자' 모두 자연에서 벗어난 몸짓들이다. 과도한 욕망과 조급증에 사로잡혀 자신의 행위에 인위를 가하는 행위들이다. 이런 행위로는 뜻한 바를 일시적으로 성취할 수 있을지는 모르나 장기적으로는 결국 실패하고 만다.

둘째 단락에서 제시되는 '자시자(自示者)', '자현자(自見者)', '자벌자(自伐者)', '자긍자(自矜者)'는 위에서 말한 '기자'와 '과자'의 구체적 사례들이다. 자신을 내보이는 행위, 자신을 드러내는 행위, 스스로 자랑하는 행위, 스스로 뽐내는 행위 등은 도에 비추어 볼 때 자연스럽지 못하다. 이런 어색하고 부자연스러운 행위들에는 힘이 들어가기 때문에 오래 지속하지 못한다. 그리고 이런 행위들은 거기에 깊이 빠져들면 빠져들수록 본인이 원하는 방향과 정반대로 흘러간다.

'기자', '과자' '자시자', '자현자', '자벌자', '자긍자' 등은 도의 자리에서 보면 모두 '여식(餘食)'과 '췌행(贅行)'이다. 여식은 찌꺼기 음식이고 췌행은 불필요한 행위다. 결국 모두 불필요하고 쓸모없는 군더더기다. 그래서 도를 지닌 사람 또는 도에 눈뜬 사람은 결코 이런 자리에 머물지 않는다는 것이다.

## 판본 비교

### 백서본

갑: 炊(企)者不立. 自視(示)不章, □見者不明; 自伐者无功, 自矜者不長. 其在道, 曰: 粽(餘)食贅行. 物或惡之, 故有欲者□居.

을: 炊(企)者不立. 自視(示)者不章, 自見者不明; 自伐者无功, 自矜者不長. 其在道也, 曰: 粽(餘)食贅行. 物或亞(惡)之, 故有欲者弗居.

### 왕필본

企者不立, 跨者不行. 自見者不明, 自是者不彰; 自伐者無功, 自矜者不長. 其在道也, 曰餘食贅行. 物或惡之, 故有道者不處.

### 1. 장의 순서

백서본은 왕필본의 21장 뒤에 24장-22장-23장의 순서로 이어진다. 내용으로 보면 백서본처럼 24장-22장으로 이어지는 것이 보다 합리적이다. 우선 이 두 장 모두 이른바 '역설의 논리'에 관한 내용을 담고 있다. 또한 24장의 "자신을 내보이는 자는 드러나지 못하고, 자신을 드러내는 자는 밝게 나타나지 못하며, 스스로 자랑하는 자는 공이 없고, 스스로 뽐내는 자는 우두머리가 되지 못한다.〔自示者不章, 自見者不明; 自伐者无功, 自矜者不長〕"라는 말은, 22장의 "자신을 내보이지 않기에 드러나고, 자신을 드러내지 않기에 밝게 나타나며, 스스로 자랑하지 않기에 공을 지니게 되고, 뽐내지 않기에 우두머리가 될 수 있다.〔不自示故章, 不自見也故明, 不自伐故有功, 弗矜故能長〕"와 자연스럽게 연결된다.

2. 炊者不立(백서본)

    企者不立, 跨者不行(왕필본)

먼저 취(炊)와 기(企)의 차이가 있다. 이 점에 대해서는 몇 가지 이견이 있다. 우선 고명은 언어학적 관점에서 고대에 이 두 글자는 음이 같아 서로 통용될 수 있었음을 밝히고, 백서본의 炊는 왕필본과 같이 企로 읽어야 한다고 주장한다. 그러나 백서 정리조는 취(炊)는 취(吹)와 같은 글자로, 고대의 도인술에 나오는 동작의 하나라는 의견을 내놓았다. 한편 윤진환은 백서 정리조와 같이 炊를 吹로 보되, 吹를 '취허(吹噓)', 즉 '과장하다'의 뜻으로 풀이한다. 이때 "취자불립(吹者不立)"은 "허풍선이는 제대로 서지 못한다."는 의미가 된다. 이들 의견 가운데 필자는 고명의 견해를 따라 해석했다.

다음으로 백서본에는 "과자불행(跨者不行)" 구가 없다. 이 점에 대해 백서 정리조는 문맥상 마땅히 있어야 하는 구가 실수로 누락되었다고 설명한다. 이하 문장에서 "자시자부장(自示者不章)"과 "자견자불명(自見者不明)" 그리고 "자벌자무공(自伐者无功)"과 "자긍자부장(自矜者不長)"은 각각 대구를 이루는데, 유독 이 첫 구만 대구를 이루지 못하고 있다는 것이다. 필자도 이에 동의한다.


3. 自視(示)者不章, 自見者不明(백서을)

    自見者不明, 自是者不彰(왕필본)

고명은 백서본의 '자시(自視)'를 왕필본과 같이 '자시(自是)'로 읽는다. 視를 是의 빌린 글자로 보는 모양이다. 그러나 시(視)와 시(示)는 서로 통용되므로 '自視'는 곧 '自示'로 이해할 수 있다.[189] 이때 '자시(自示)'

는 '자신을 드러내다'라는 뜻으로, 뒤이어 나오는 '드러나지 못하다'라는 뜻의 '부장(不章)'과 호응한다. 또한 이하의 네 구는 문장 구조상 "自視者不章, 自見者不明"과 "自伐者无功, 自矜者不長"의 두 구절로 묶을 수 있는데, 앞 구절에서는 시(視(示))/견(見)이 뒷 구절에서는 벌(伐)/긍(矜)이 쌍을 이룬다. 여기에서 우리는 서로 비슷한 뜻을 가진 단어끼리 묶여 있다는 특징을 발견할 수 있다. 그러나 왕필본에서는 見/是는 뜻이 비슷한 단어로 짝을 이루지 못한다.

### 4. 有欲者弗居(백서을)
### 有道者不處(왕필본)

이 두 구는 표면상 의미가 상반된다. 허항생은 백서본의 이 구에 대해 이렇게 설명했다. "아마도 욕(欲) 자는 오류인 것 같다. '욕심이 있는 자는 거기에 머무르지 않는다.〔有欲者弗居〕'라는 노자의 무위 사상과 합치하지 않는다. 따라서 지금 부혁본에 근거하여 도(道) 자로 고친다."[190] 반면에 고명은 欲을 유(裕)로 읽을 것을 주장하고, 裕는 道와 같은 뜻으로 파악했다.[191] 한편 백서 정리조는 欲 자를 그대로 두고, "거(居)는 쌓아 둔다는 말이다. 이는 물건이 사람들에게 버려지는 것을 싫어하여, 탐욕스러운 사람들도 또한 쌓아 두지 않는다는 말이다."[192]라고 설명했다.

---

189  백서 정리조의 견해도 이와 같다.
190  許抗生, 앞의 책, 110쪽.
191  고명은 그 근거로 『광아』 4권의 "裕, 道也."를 제시한다.
192  『馬王堆漢墓帛書』, 15쪽, 주 36.

그러나 백서본의 欲은 '탐욕', '욕심'의 부정적 의미가 아닌, '바라다' 또는 '지향하다'의 긍정적 의미로 해석할 수 있다. 『노자』에서 이런 용례를 종종 발견할 수 있다. 가령 20장의 "나 홀로 사람들과 다르고자 한다.〔吾欲獨異於人, 백서본〕", 57장의 "내가 욕심 없고자 하니 백성이 저절로 순박해진다.〔我欲不欲而民自樸, 죽간본〕", 64장의 "성인은 욕망하지 않음을 욕망한다.〔聖人欲不欲, 왕필본〕", 77장의 "어짊을 드러내려 하지 않는다.〔不欲見賢, 왕필본〕" 등이 여기에 해당한다. 따라서 "유욕자(有欲者)"의 欲도 이와 같이 해석할 수 있다. 즉 欲 뒤에 道가 생략되었다고 보고 "도를 행하고자 하는 사람"으로 풀이할 수 있다.

　이 구가 포함된 "物或惡之, 故有欲者弗居"와 비슷한 구절이 31장의 "夫兵者, 不祥之器也. 物或惡之, 故有欲者弗居"이다. 그런데 왕필본에는 31장의 경우에도 백서본의 "유욕자불거(有欲者弗居)"가 "유도자불처(有道者不處)"로 되어 있다. 역시 후대에 欲 자의 의미를 이해하지 못한 사람들이 欲을 道로 수정한 것 같다.

## 25장

# 지도자는 천지자연을
# 본받아야 한다

두루뭉술한 어떤 것이 있으니, 천지보다 앞서 생겨났다.
소리도 없네! 형체도 없네!
홀로 우뚝 서 변함이 없으니, 천지의 어미가 될 수 있다.
나는 아직 그 이름을 모르니, 그저 임시로 '도'라 부르고
또 억지로 '크다'고 말한다.


크면 나아가고
나아가면 멀어지고
멀어지면 다시 돌아온다.


도가 크고, 하늘이 크고
땅이 크고, 왕 또한 크다.
천지 안에 네 개의 큰 것이 있으니
왕도 그중의 하나다.

사람은 땅을 본받고, 땅은 하늘을 본받으며
하늘은 도를 본받으며, 도는 저절로 그러하다.


有物昆(混)成，先天地生.
寂兮! 寥兮!
獨立而不改，可以爲天地母.
吾未知其名，字之曰道.
吾強爲之名曰大.


大曰逝
逝曰遠
遠曰反.


道大，天大
地大，王亦大.
域<sup>193</sup>中有四大，而王居一焉.


人法地，地法天
天法道，道法自然.

---

193  백서본 원문에는 '國'으로 되어 있으나 죽간본 및 왕필본에 근거해 수정했다.

이 장은 표면적으로는 도의 본질과 성격에 관해 말하는 듯하나, 실제로는 도의 위대함를 통해 통치자가 지닌 '존재의 무거움'을 말하고 있으며, 아울러 통치자는 궁극적으로 자연을 본받아야 한다는 점을 강조한다. 죽간본에도 온전히 나오는 것으로 보아 고층대의 『노자』 텍스트에 속한다.

첫째 단락에서는 도의 성격을 대략 네 가지 측면으로 설명하고 있다.

첫째, 도는 미분화, 미분별의 어떤 것이다. 도는 인식적으로 분별할 수 없는 그 무엇이므로 '혼성(混成)'이라 말한다. 이러한 표현은 『장자』 「응제왕(應帝王)」편의 '혼돈(混沌)'을 연상시킨다. '혼돈'은 대개 사람들이 지니고 있는 일곱 개의 감각 기관이 하나도 없는 미분화의 존재로 묘사된다. 이는 곧 도의 자리에서는 시비, 피차, 선악 등의 대립적이고 분별적인 개념이 드러나지 않는다는 상징적인 표현이다. 이러한 도는 천지가 형성되기 이전에도 존재했으며, 천지를 비롯한 만물의 존재 근거가 된다.

둘째, 도는 소리도 없고 형체도 없다. 이 점을 노자는 "적혜(寂兮)! 요혜(寥兮)!"로 표현하고 있다. '적'은 지극히 고요하여 아무런 소리를 들을 수 없는 상태를 의미하고, '요'는 텅 비어 아무런 형체도 찾아볼 수 없는 상태를 말한다. 그러므로 하상공은 말한다. "적이란 소리가 없다는 뜻이고, 요는 텅 비어 형체가 없다는 뜻이다."[194] 앞서 14장에서도 "보려 해도 볼 수 없고, …… 들으려 해도 들을 수 없으며, …… 만지려 해도 만질 수 없다."[195]라고 하여, 도는 소리도 없고 형체도 없는 그 무엇

---

194  이석명 역주, 앞의 책, 177쪽. "寂者, 無音聲; 廖者, 空無形."
195  "視之不見, …… 聽之不聞, …… 搏之不得."

임을 밝히고 있다.

셋째, 도는 그 무엇도 필적할 수 없는 독보적인 것이며, 또한 그 작용에는 일정한 법칙성이 있다. 그러므로 "독립이불개(獨立而不改)"라 말한다. 여기서 '독립'은 홀로 존재한다는 의미가 아니며, 다른 것들과 구별되는 실체적인 그 무엇이라는 의미도 아니다. 도는 부분이 아니라 '전체'로 존재하기에 그 어떤 사물도 도에 필적할 수 없다. 이런 의미에서 도는 '독립'인 것이다. 또한 도의 움직임에는 일정한 법칙성과 규칙성이 있다. 이를 '불개'로 표현했다. 이에 대해 왕필은 다음과 같이 설명한다. "돌아가고 변화하고 마치고 시작함에 일정함이 있다. 그러므로 '불개'라고 말한다."[196] 이처럼 도는 일정한 법칙을 지니고 있고 그 무엇도 필적할 수 없기에 천지자연의 어미, 즉 근본이 될 수 있는 것이다.

넷째, 도는 언어로 표현할 수 없다. 1장에서 "도가도, 비상도(道可道, 非常道)"라고 말했듯이, 도는 언어로 표현하거나 그것의 이름을 정할 수 없다. 그래서 임시로 '도'라고 부른다. 또한 도는 성격을 한마디로 규정할 수 없다. 그러므로 억지로 '크다' 또는 '위대하다'라고 말한다. 이 부분에 대해 왕필은 다음과 주를 달았다. "이름(名)은 그것을 통해 꼴(形)을 규정한다. 그런데 두루뭉술하여 꼴이 없는 도는 이름으로 규정할 수 없다. 그래서 그것의 이름을 모른다고 말하는 것이다. 무릇 이름으로는 꼴을 규정하고 자(字)로는 대략적으로 일컫는다. '도'는 그 어떤 사물도 그것에 말미암지 않음이 없다는 의미에서 취한 말이니, 이것은 두루뭉술하게 이루어지는 가운데 말로 일컬을 수 있는 최대의 호칭이

---

196  樓宇烈 校釋, 앞의 책, 63쪽. "返化終始, 不失其常, 故曰不改也."

다. 내가 자를 붙여 도라고 말하는 것은, 말로 일컬을 수 있는 호칭 중 최대를 취한 것이다. 그 자가 정해진 연유를 따져 보면 '크다(大)'에 연계된다. 그러나 어디에 연계되면 반드시 경계를 나눔이 있게 마련이며, 나눔이 있으면 그 지극함을 잃게 된다. 그러므로 "억지로 이름하여 크다라고 한다"라 말하는 것이다."[197]

둘째 단락에서는 도의 작용에 대해 말한다. "크면 나아가고, 나아가면 멀어지고, 멀어지면 다시 돌아온다.(大曰逝, 逝曰遠, 遠曰反)" 『장자』에서 "지대무외(至大無外)"라고 했듯이 지극히 큰 것은 바깥이 없다. 그래서 큰 것은 외부를 향해 자꾸만 자신을 확장해 가려는 성향이 있다. 이것이 '서(逝)'다. 이렇게 외부를 향해 확장해 가다 보면 일정한 한계에 이르게 된다. 이것이 '원(遠)'이다. '원'은 단순히 아득히 멀리까지 갔다는 의미가 아니라 갈 데까지 가서 더 이상 갈 곳이 없는 궁극의 지경에 이르렀다는 의미다. 궁극에 도달한 것은 결국 다시 돌아오게 마련이다. 이것이 '반(反)'이다.(여기에서 '반(反)'은 '반(返)'의 의미를 지닌다.) 이상의 '서', '원', '반'은 결국 40장에서 말하는 "되돌아감이 도의 운동 방향이다.(反者, 道之動也)"에 대한 구체적 서술로 볼 수 있다. 그리고 이러한 사고는 동양 전통의 순환적 세계관을 반영한다.

셋째 단락에서는 도의 위대함을 통해 왕의 존엄성을 밝히고 있다. "도가 크고, 하늘이 크고, 땅이 크고, 왕 또한 크다. 천지 안에 네 개의

---

197 樓宇烈 校釋, 앞의 책, 63~64쪽. "名以定形. 混成無形, 不可得而定, 故曰不知其名也. 夫名以定形, 字以稱可. 言道取於無物而不由也, 是混成之中, 可言之稱最大也. 吾所以字之曰道者, 取其可言之稱最大也. 責其字定之所由, 則繫於大. 夫有繫則必有分, 有分則失其極矣, 故曰 强爲之名曰大."

큰 것이 있으니, 왕도 그중의 하나다.(道大, 天大, 地大, 王亦大. 域中有四大, 而王居一焉.)" 여기에서 "왕역대(王亦大)"는 통치자의 존엄성과 위대성을 드러내는 말이다. 왕의 위치를 도·하늘·땅과 나란히 배치함으로써 그 존재의 무게가 결코 가볍지 않음을 드러낸 것이다. 이것은 또한 역으로 왕의 지위에 서면 하늘과 땅과 도를 본받아 그와 같이 신중히 처신해야 한다며 중압감을 부여하는 말이기도 하다.

과거에 "왕역대(王亦大)"에 대해 많은 논란이 있었다. '왕(王)' 대신 '인(人)'이 들어가야 한다는 것이었다. 그 근거는 이어지는 구절이 "인법지, 지법천, 천법도, 도법자연(人法地, 地法天, 天法道, 道法自然)"이라는 사실이다. 부혁본과 범응원본 모두 '인' 자로 되어 있으며, 이 점에 대해 범응원은 다음과 같이 주장했다. "인 자로 되어 있는 것은 부혁본과 고본(古本)이 마찬가지다. 하상공본에는 왕 자로 되어 있다. …… 그러나 다음 문장에 '인법지'라고 말하고 있으니 고본의 문의(文意)와 서로 통한다. 더욱이 사람은 만물 중 가장 뛰어난 존재여서 천지와 더불어 삼재(三才)를 이루니, 이 도에 맡기면 사람은 실로 또한 크다고 할 것이다."[198] 그러나 백서본이나 죽간본 모두 '왕'으로 되어 있는 것을 보면, 하상공본이나 왕필본이 결코 틀리지 않았다는 점을 확인할 수 있다.

마지막 단락에서는 인간이 궁극적으로 본받아야 할 대상에 대해 말한다. "인법지, 지법천. 천법도, 도법자연.(人法地, 地法天, 天法道, 道法自然.)" 인간은 땅을 딛고 산다. 뿐만 아니라 땅에서 나오는 생산물을 삶의 근거로 삼는다. 그러므로 "인법지"라고 말한다. 땅은 하늘의 조건에

---

198 高明, 앞의 책, 352쪽에서 재인용.

영향을 받는다. 하늘이 가물면 땅이 갈라지고, 하늘에서 너무 많은 비가 내리면 온 대지가 물난리를 겪게 된다. 그러므로 "지법천"이라 말한다. 하늘의 변화는 제멋대로 진행되지 않는다. 오직 도의 운행과 흐름에 따를 뿐이다. 그러므로 "천법도"라 말한다. 그러면 도는 어떤가? 도의 자리에서는 더 이상 본받을 곳도, 갈 곳도 없다. 그 자체의 원리, 즉 '저절로 그러함'에 따를 뿐이다. 그러므로 "도법자연"이라 말한다.

결국 여기에서 말하고자 하는 것은 인간의 대표자로서 왕이 통치의 준칙으로 삼아야 할 바가 무엇이냐 하는 것이다. 왕은 그 존엄함과 위대함이 도·하늘·땅과 함께할 정도이지만, 그러한 존엄함과 위대함을 온전히 유지하기 위해서는 땅을 본받고 하늘을 본받고 도를 본받아야 한다고 말한다. 이러한 '법지', '법천', '법도'를 총괄하는 말은 결국 '무위자연'이다. 천지와 도의 운행 법칙이 자연이고 무위이듯이, 인간 세상을 경영하는 왕이 따라야 할 준칙도 결국 무위자연으로 귀결된다.


## 판본 비교

### 죽간본

갑: 又(有)㾗蟲成, 先天陸(地)生, 敓繆(穆), 蜀(獨)立不亥(改), 可以爲天下母. 未智(知)其名, 爭(字)之曰道. 虘(吾)弜(強)爲之名曰大. 大曰灠, 灠曰連(遠), 連(遠)曰反(返). 天大, 陸(地)大, 道大, 王亦大. 囿(域)中又(有)四大安, 王尻(居)一安. 人法陸(地), 陸(地)法天, 天法道, 道法自肰(然) ■

**백서본**

갑: 有物昆成, 先天地生. 繡(寂)呵繆(寥)呵, 獨立□□□, 可以爲天地
母. 吾未知其名, 字之曰道. 吾強爲之名曰大. □曰筮(逝), 筮(逝)曰□,
□□□, □□, 天大, 地大, 王亦大. 國中有四大, 而王居一焉. 人法地,
□法□, 天法□, □法□□.

을본: 有物昆成, 先天地生. 蕭(寂)呵漻(寥)呵, 獨立而不玹(改), 可以
爲天地母. 吾未知其名也, 字之曰道. 吾強爲之名曰大. 大曰筮(逝),
筮(逝)曰遠, 遠曰反. 道大, 天大, 地大, 王亦大. 國中有四大, 而王居一
焉. 人法地, 地法天, 天法道, 道法自然.


**왕필본**

有物混成, 先天地生. 寂兮寥兮, 獨立不改, 周行而不殆, 可以爲天
下母. 吾不知其名, 字之曰道, 強爲之名曰大. 大曰逝, 逝曰遠, 遠曰反.
故道大, 天大, 地大, 王亦大. 域中有四大, 而王居其一焉. 人法地, 地
法天, 天法道, 道法自然.


**죽간본과 백서본**

1. 有牀蟲成(죽간본)

　有物昆成(백서본)

죽간본의 장(牀)은 상(狀)으로 해독될 수 있으며,[199] 죽간본의 충(蟲)

---

**199** 『곽점초묘죽간』의 주석에서는 道 자로 추측하나, 구석규는 狀 자로 해독한다. 이 글
자는 일단 자형상 道보다는 狀에 가깝다. 그리고 만약 첫 구절을 『곽점초묘죽간』의
주석에서처럼 '有道混成'으로 읽으면, 다음 구절 "아직 그 이름을 모르니, 그저 임

은 혼(混)으로 해독되고 백서본의 곤(昆) 역시 혼(混)으로 읽을 수 있다. 따라서 '유상(有狀)'과 '유물(有物)'의 차이만 남는다. 일반적으로 이 구절은 도를 묘사하는 말로 이해된다. 그런데 도는 물(物)의 범주에 포함될 수 없다. 物은 형체가 있고 소리와 색깔이 있는 구체적 사물을 뜻하는 반면,[200] 도는 "천지보다 앞서 생겨나고〔先天地生〕", "사물을 사물로 존재하게 하는〔物物者〕", 보다 본원적인 것으로 이해되기 때문이다. 따라서 백서본의 '有物'보다는 죽간본의 '有狀'이 문맥에 적합하다 하겠다. 그러나 21장에 "도지물(道之物)"이라는 표현이 있음을 고려한다면 백서본과 같은 '有物'이라는 표현도 가능하다.

2. 囿(域)中有四大安(죽간본)
　　國中有四大(백서본)

역(域)과 국(國)의 차이다. 域과 國은 각각 그 범위가 다르다. 國은 통치 영역에 관한 말로, 군주의 행정력이 미치는 구체적 통치 구역을 뜻한다. 域 역시 본래는 國과 비슷한 뜻이었으나, 이후 보다 추상적인 개념으로 발전하여 이름과 형체가 있는 모든 영역을 가리키게 되었다.[201] 결국 域은 國에 비해 좀 더 포괄적인 개념이다. 또한 國은 도

시로 '도'라 부른다(未知其名, 字之曰道)"와 순조롭게 이어지지 못한다. 또한 현행본 14장에서는 도에 대해 "이것을 형상 없는 형상, 사물 없는 형상이라 한다(是謂無狀之狀, 無物之象)"라고 했다. 따라서 脜은 狀 자로 읽는 것이 타당하다.(『道家文化硏究』 17집, 45쪽 참조.)

200 『列子』,「黃帝」. "형체와 소리와 색깔이 있는 것은 모두 사물이다.(凡有貌聲色者, 皆物也.)"

201 丁原植,「楚簡『老子』思辨觀念的天文探源」(『郭店楚簡國際學術硏討會論文集』, 480쪽) 참조.

(道)·천(天)·지(地)보다 좁은 개념이기 때문에 이 셋을 國의 영역에 포함시키는 것은 무리이다. 따라서 백서본의 國은 죽간본에 근거하여 유(囿)나 역(域)으로 바꾸어야 할 것이다. 왕필본에도 域으로 되어 있다.

### 백서본과 왕필본

1. 獨立而不改(백서을)

   獨立不改, 周行而不殆(왕필본)

백서본에는 "주행이불태(周行而不殆)"가 없다. 대부분의 전통본들은 왕필본과 같이 "독립불개(獨立不改)" 다음에 "周行而不殆"가 나와 서로 호응하는 형태를 이루고 있다. 그러나 백서본에는 "독립이불개(獨立而不改)"만 있고 "周行而不殆"는 나오지 않는다. 이 점은 죽간본의 경우도 마찬가지이다. 따라서 "周行而不殆"는 후대에 새롭게 첨가된 구절로 판단된다.


2. 可以爲天地母(백서본)

   可以爲天下母(왕필본)

'천지(天地)'와 '천하(天下)'의 차이가 보이는데 문맥상으로 보면 백서본의 '天地'가 합당하다. 첫 구절에서 이미 "有物混成, 先天地生"이라 했다. 여기에서 '有物混成[두루뭉술한 어떤 것]'이 가리키는 바는 도인데, 이 도는 '天地'에 앞서 생겨났다는 것이다. 따라서 이 구절에서도 '천지모(天地母)'라고 표현하는 것이 타당하다. 이 점에 대해서는 과거 마서륜도 다음과 같이 주장했다. "앞에서 '천지보다 앞서 생겨났다'고 했으므로 여기에서는 마땅히 '천지의 어미가 된다.[爲天地母]'라고 말해야 한다. 성현영의 소(疏)에서 '음양을 개화하여 천지를 편히 세운다.〔開化陰陽, 安立天地〕'라고 했으니, 성현영이 본 『노자』 또한 '天地'로 되어 있었을 것이다." 이 밖에 범응원, 장석창 등의 학자도 '天地'가 되어야 한다고 했으며, 고명 또한 이 주장에 동조한다.[202] 단 죽간본은 오히려 왕필본처럼 "가이위천하모(可以爲天下母)"로 되어 있다. 인간 세상에 작용하는 도의 특면에 중점을 둔다면 '天地'보다는 '天下'가 좀 더 적합할 수도 있다.

202  高明, 앞의 책, 349~350쪽 참조.

## 26장

# 지도자는 가벼이 움직이지 않는다

무거움은 가벼움의 근본이고
고요함은 움직임의 주인이다.

그러므로 군자는 종일 움직여도 그 '무거움'을 벗어나지 않고
시끄러운 여관 골목에 있더라도 초연히 편안함을 유지한다.
어찌 큰 나라의 왕이 세상에서 몸을 가볍게 움직이겠는가?

가벼우면 근본 됨을 상실하고
촐싹거리면 임금 자리를 잃는다.


重爲輕根
靜爲躁君.

是以君子終日行, 不離其輜重
雖有環館, 燕處則昭若.
若何萬乘之王. 而以身輕於天下?

輕則失本
躁則失君.


　이 장에서는 앞 장에 이어 지도자는 행동이 신중하고 무거워야 한다
고 강조한다.
　첫머리에서는 무거움과 고요함의 중요성에 대해 언급한다. 나무는 아
래로 내려갈수록 무겁고 위로 올라갈수록 가볍다. 또한 아래로 내려갈
수록 고요하고 위로 올라갈수록 시끄럽다. 거센 바람에 나뭇가지가 요
란스럽게 흔들릴 때도 나무의 뿌리는 무거워서 미동도 않은 채 고요함
을 지킨다. 이러한 자연의 이치에서 노자는 지도자가 가야 할 길을 발
견한다. 지도자는 가볍게 움직이지 말고, 신중한 태도를 취하고, 조급
하게 행동하지 말고, 고요하고 안정된 태도를 취하라는 것이다. 이에
왕필은 다음과 같이 말한다. "무릇 사물은 가벼운 것은 무거운 것을 실
을 수 없고, 작은 것은 큰 것을 제압할 수 없다. 걸어 다니지 않는 자는
걸어 다니는 자를 부리고, 움직이지 않는 것은 움직이는 것을 제어한
다. 그러므로 무거운 것은 반드시 가벼운 것의 뿌리가 되고, 고요한 것
은 반드시 경솔한 것의 주인이 된다."[203]
　다음으로 군자, 즉 참된 지도자가 취해야 할 행동거지에 대해 말한

다. '치중(輜重)'은 짐수레다. 고대의 군주는 외출할 때 반드시 마차 뒤에 짐수레를 달았다고 한다. 무거운 짐수레를 달고 다님으로써 군주는 언제나 경거망동하지 않아야 함을 되새긴 것이다.

'환관(環館)'은 여관이 즐비한 시끄러운 저잣거리를 의미한다. 여관이 많은 곳은 사람들의 왕래가 많으니, 환관은 곧 시끄럽고 소란스러운 장소다.(왕필본에는 이 부분이 '영관(榮觀)'으로 되어 있는데, 이 경우는 화려한 볼거리 또는 경관을 의미한다.) '연처(燕處)'는 문자적으로는 '제비 둥지'라는 의미인데, 여기에서는 제비 둥지처럼 고요하고 안정적인 상태에 머무는 것을 말한다. 지도자는 저잣거리와 같은 시끄러운 곳에 머물더라도 항상 고요와 안정을 유지해야 한다는 말이다.

마지막으로는 지도자가 가벼이 움직일 때 일어난 일에 대해 말한다. 지도자가 경거망동하다 보면 일차적으로는 지도자로서의 근본 자질을 상실하고, 이차적으로는 그 지위마저 잃게 된다는 것이다.

『회남자』「인간(人間)」편에 경박하게 성인의 흉내를 내다가 자기 목숨과 나라까지 잃은 연(燕)나라 임금 자쾌(子噲)의 이야기가 실려 있다. 자쾌는 재상 자지(子之)를 깊이 신임했는데, 간신 녹모수(鹿毛壽)의 말에 따라 요임금이 순임금에게 천하를 선양한 것처럼 자지에게 군주 자리를 선양했다. 이후 재상 자지가 권력을 행사하면서 나라에 큰 혼란이 발생했고, 결국 자쾌와 자지 모두 죽임을 당했다. 그리고 이 틈을 타 침공한 제나라에 연나라는 멸망했다. 어리석은 군주가 어설프게 요순시대의 선양을 흉내 내다가 그 지경에 이른 것이다. 노자는 말한다. "가벼

---

203 樓宇烈 校釋, 앞의 책, 69쪽. "凡物, 輕不能載重, 小不能鎭大. 不行者使行, 不動者制動. 是以重必爲輕根, 靜必爲躁君也."

우면 근본 됨을 상실하고, 촐싹거리면 임금 자리를 잃는다."


## 판본 비교

### 백서본

갑: □爲巠(輕)根, 清(靜)爲趒(躁)君. 是以君子衆(終)日行, 不離其甾(輜)重, 唯(雖)有環官(館), 燕處□□若. 若何萬乘之王, 而以身巠(輕)於天下? 巠(輕)則失本, 趒(躁)則失君.

을: 重爲輕根, 靜爲趒(躁)君. 是以君子冬(終)日行, 不遠其甾(輜)重, 雖有環官(館), 燕處則昭若. 若何萬乘之王, 而以身輕於天下? 輕則失本, 趒(躁)則失君.

### 왕필본

重爲輕根, 靜爲躁君. 是以聖人終日行, 不離輜重. 雖有榮觀, 燕處超然, 奈何萬乘之主, 而以身輕天下? 輕則失本, 躁則失君.


1. 不離其甾重<sup>204</sup>(백서본)

   不離輜重(왕필본)

치(甾)와 치(輜)의 차이가 보인다. 백서본의 甾 자는 輜 자의 생략형 문자일 가능성이 크다. 문자 형태로 보면, 輜에서 좌편의 車 부가 떨어

---

204 을본에는 "不遠其輜重"으로 되어 있는데, 遠은 離 자의 오류이거나 뜻이 유사해 빌려 쓴 글자일 수 있다.

져 나간 형태가 바로 甾가 되기 때문이다. 따라서 백서본과 왕필본 사이에 특별한 차이는 없는 셈이다. 한편 '치중(輜重)'의 의미에 대해서는 과거부터 논란이 많았는데 크게 두 가지 견해로 나뉜다.

첫째, '정중(靜重)'으로 이해하는 것이다. 하상공주에서 치(輜)를 정(靜)으로 풀이했으며, 엄영봉·진고응 등이 이를 따른다. 엄영봉은 다음과 같이 주장했다. "하상공주에서 '輜는 靜이다. 성인은 종일 도를 행하면서 그 고요함[靜]과 무거움[重]을 벗어나지 않는다.'라고 하였으니 그 풀이가 매우 적합하다. 하상공은 靜과 重을 대구로 본 것이다. …… 이 장을 살펴보면 앞뒤의 문장 모두 중(重)/정(靜), 경(輕)/조(躁)로 대구를 이루니 그 증거가 된다. 아마도 고본은 본래 '靜重'으로 되어 있었을 것이다. 정(靜)과 경(輕)의 음이 비슷하고, 또 '무거움은 가벼움의 근본[重爲輕根]'이라는 앞 구 때문에 輕 자로 잘못 옮겨졌을 것이다. 일본의 유목원길본(有木元吉本)과 원동암본(源東菴本)에서도 輕으로 쓰고 있다. 또한 輕과 輜의 글자 형태가 비슷하므로 다시 '輜重'으로 고쳐졌을 것이다."[205] 문맥상으로는 '輜重'을 '靜重'의 뜻으로 이해할 수도 있다. 첫 구절에서 "무거움은 가벼움의 근본이고, 고요함은 움직임의 주인이다.[重爲輕根, 靜爲躁君]"라고 하였듯이 노자는 '무거움'과 '고요함'을 중시하기 때문이다.

둘째, 輜의 본래 뜻인 '짐수레'로 이해하는 것이다. 예컨대 주겸지는 이렇게 설명한다. "대개 '輜重'은 물건을 싣는 수레를 말한다. 앞뒤로 가리개가 있고 짐을 실어 무게가 있으므로 '輜重'이라고 한다. 옛날에

---

205 陳鼓應, 앞의 책, 171~172쪽에서 재인용.

나들이 행차에는 승거(乘車)를 타고 출전 길에는 병거(兵車)를 탔는데 모두 짐수레[輜重車]를 뒤에 두었다. 이는 군자가 종일 움직임에 마땅히 무거움을 근본으로 삼아야 함을 비유한 것이니, 경거망동해서는 안 된다는 뜻이다."[206]

하상공이나 엄영봉의 설명도 나름대로 타당하지만, 甾 자를 전혀 자형이 다른 靜 자로 보는 데에는 무리가 있다. 輜의 본래 의미가 짐수레이므로 '무거운 짐수레'라는 뜻의 "輜重"을 원문 그대로 따르는 것이 옳다.


2. 雖有環官(館)(백서본)
   雖有榮觀(왕필본)

왕필본의 '영관(榮觀)'의 의미에 대해서는 과거부터 논란이 많았다. 하상공주에서는 '궁궐'로, 오징은 '매우 화려하여 유람 가 볼 만한 곳'으로, 초횡은 '화려한 볼거리'로, 마서륜은 '병영' 등으로 다양하게 해석했다. 그러나 백서본에서는 갑본, 을본 모두 '환관(環官)'으로 되어 있다. 고명은 이를 단순히 '榮觀'의 빌린 글자로 보았으나 백서 정리조는 다음과 같이 설명한다. "'環官'은 현행본에 '榮觀'으로 되어 있다. 범응원의 주에서, 관(觀)은 관(館)으로 쓰이기도 하며, …… 『창힐편(蒼頡篇)』에 '환(闤)은 시장의 문'이라고 했다. 아마도 '環官(환관)'은 '闤館(환관)'으로 읽어야 할 것이다. 闤과 館은 곧 여행자가 반드시 거쳐야 할 곳이니, 움직임이 지극히 많은 땅이다."[207] 이처럼 '環官'은 '闤館'으로

---

206 朱謙之, 『老子校釋』, 105쪽.
207 『馬王堆漢墓帛書』, 15쪽, 주 44.

읽을 수도 있으나, '빙 둘러싸다'라는 環의 의미를 반영해 '環館', 즉 '여관이 즐비한 곳'의 뜻으로 볼 수 있다. 여관이 많은 곳은 많은 사람이 왕래하는 곳이며, 곧 시끄럽고 소란스러운 장소다.

3. 燕處則昭若(백서을)
　　燕處超然(왕필본)

소약(昭若)과 초연(超然)의 차이다. 고명에 따르면 소(昭)와 초(超)는 음이 같고, 약(若)과 연(然)은 의미가 같다.[208] 결국 '昭若'과 '超然'은 글자만 다를 뿐 같은 뜻이다.

---

**208**　高明, 앞의 책, 358쪽.

# 27장

# 잘 걷는 사람은
# 자취를 남기지 않는다

잘 걷는 사람은 자취를 남기지 않고
잘 말하는 사람은 허물을 남기지 않고
잘 셈하는 사람은 계산기가 필요 없고
잘 닫는 사람은 빗장을 걸지 않아도 열 수 없으며
잘 묶는 사람은 노끈으로 묶지 않아도 풀 수 없다.

그러므로 성인은 항상 사람을 잘 찾아 쓰니
버리는 사람이 없고, 버리는 물건이 없다.
이것을 가리켜 '밝은 지혜'라고 한다.

그러므로 선한 사람은 불선한 사람의 스승이고
선하지 않은 사람은 선한 사람의 바탕이 된다.
'스승'을 귀히 여기지 않고, '바탕'을 사랑하지 않으면
지식이 있더라도 크게 미혹될 것이니, 이를 '오묘한 도리'라 한다.

善行者, 无轍迹
善言者, 无瑕讁
善數者, 不以籌策
善閉者, 无關籥而不可啓也.
善結者, 无繘約而不可解也.

是以聖人, 恒善求人
而无棄人, 物无棄財.
是謂襲明.

故善人, (不)[209]善人之師.
不善人, 善人之資也.
不貴其師, 不愛其資.
雖智乎, 大迷, 是謂妙要.


　이 장의 의미는 두 가지 관점에서 접근해 볼 수 있다. 첫째는 무위의
삶을 실천하는 이상적인 사람의 모습에 대한 묘사로 보는 관점이고, 둘
째는 현명한 군주의 용인술에 대한 말로 보는 관점이다. 전통적인 해석
은 대개 전자를 따른다. 따라서 여기에서도 일단 전자의 관점에서 한 구
절씩 풀어 보고, 그런 다음 후자의 관점에서도 가볍게 살펴볼 것이다.

**209** 왕필본에 근거하여 보충했다.

첫 번째 단락에서는 이상적인 사람의 여러 가지 모습에 대해 말하고 있다.

첫째, "잘 걷는 사람은 자취를 남기지 않는다.(善行者, 无轍迹)"

여기에서 말하는 '잘 걷는다[善行]'는 것은 행위하되 무위로 행한다는 의미다. 자취가 남는다는 것은 행위에 어떤 인위가 가해졌음을 뜻한다. 새가 하늘을 날면 아무런 흔적이 남지 않지만, 비행기가 하늘을 날면 흔적이 남고 대기가 오염된다. 새의 날갯짓은 자연이지만 비행기의 비행은 인위이기 때문이다.

둘째, "잘 말하는 사람은 허물을 남기지 않는다.(善言者, 无瑕謫)"

왕필본 5장에 "다언삭궁(多言數窮)"이라는 말이 있다. 말이 많으면 자주 막히게 되니, 차라리 고요히 침묵을 지키라는 것이다. 말을 하다가 막히는 상황, 또는 내 말로 인해 상대방이 상처를 입거나 어떤 문제가 발생하는 상황이 바로 노자가 말하는 '허물'일 것이다. 노자는 기본적으로 말을 많이 하는 것을 좋아하지 않았던 것 같다. 이 점은 그가 남긴 『도덕경』 자체가 시어로 되어 있다는 사실에서도 어느 정도 유추할 수 있다. 시는 장황할 필요가 없다. 전달하고자 하는 내용을 압축하고 압축하여 최대한 간결하게 표현한다.

일상의 삶에서도 마찬가지다. 말을 적게 하고 군더더기를 덜어 내려 노력한다면 말로 인한 문제나 허물도 줄어들 것이다.

셋째, "잘 셈하는 사람은 계산기가 필요 없다.(善數者, 不以籌策)"

이 구절이 말하고자 하는 바는 두 가지로 생각해 볼 수 있다. 하나는 이것저것 복잡하게 따지지 않는 사람을 이상화하는 발언으로 해석하는 것이다. '셈을 한다'는 것은 유불리를 따지는 행위이다. 그러나 무위

자연의 도를 체득한 사람은 주어지는 상황에 순리대로 따를 뿐 이리저리 셈하지 않는다. 배고프면 먹고 목마르면 물 마시고 졸리면 잘 뿐이다. 이런 사람에게는 굳이 이리저리 복잡하게 따지고 계산할 일이 없을 것이며, 따라서 계산기 같은 것을 쓸 일도 없을 것이다.

다른 하나는 노자가 꿈꾸는 소박한 삶에 대한 발언으로 보는 것이다. 삶이 단순하다면 굳이 셈할 일이 없을 것이며, 혹 셈할 일이 있어도 셈이 간단하므로 굳이 계산기 같은 게 필요 없을 것이다. 노자가 꿈꾸는 소국과민(小國寡民)의 나라에서는 다시 옛날처럼 노끈을 묶어 셈을 하게 한다고 했다.[210] 노자가 꿈꾸는 사회는 일종의 소규모 향촌 공동체라고 볼 수 있다. 그런 사회에서는 삶이 지극히 소박하고 단순하기 때문에 굳이 계산할 일이 있으면 노끈을 묶어 그 매듭의 수를 헤아리는 것만으로도 충분했을 것이다.

넷째, "잘 닫는 사람은 빗장을 걸지 않아도 열 수 없다.(善閉者, 无關籥而不可啓也)"

'닫는' 행위는 나와 너를 구분하고 '너'로부터 '나'를 분리한다는 의미다. 왜 이런 행위를 하는가? 나의 것을 지키기 위해서다. 내가 아끼는 소중한 것을 타인이 훔쳐 가거나 빼앗아 가지 못하게 하기 위해서다. 그러나 사람들의 마음이 지극히 소박해져 얻기 어려운 재화를 귀하게 여기지 않는다면, 그리하여 백성들 중 도둑이 되는 사람이 없다면[211] 굳이 문을 닫아걸고 지킬 필요가 없을 것이다. 『장자』「대종사(大宗師)」편에도 이와 비슷한 이야기가 나온다. 골짜기에 배를 감추어 두고 연못

---

210 『노자』80장. "小國寡民, …… 使民復結繩而用之."
211 『노자』3장. "不貴難得之貨, 使民不爲盜."

에 산을 숨긴다 해도 아주 힘센 자가 나타나면 골짜기나 연못째로 그것들을 훔쳐 갈 수 있으니, 차라리 천하 속에 천하를 감추어 두라는 것이다.[212] "천하 속에 천하를 감춘다."라는 것은 무슨 말인가? 무엇을 애써 감추어 지키려 하지 말고 있는 그대로 세상에 개방하라는 말이다. 감추지 않고 개방해 두면 지킬 일도, 빼앗길 일도 없다. 무위의 삶을 사는 사람은 무엇에 대한 집착이나 욕망이 없다. 무엇을 소중히 여겨 혼자만 그것을 간직하고 즐기려는 마음도 없다. 그런 사람은 문을 닫아거는 일 자체를 하지 않으니, 굳이 빗장으로 걸지 않아도 아무도 열 수 없는 것이다. 다음 구절 "잘 묶는 사람은 노끈으로 묶지 않아도 풀 수 없다.(善結者, 无繩約而不可解也)" 역시 이와 비슷한 맥락의 의미를 지닌다.

두 번째 단락에서는 성인의 구체적 행위에 대해 말하고 있다. "성인은 항상 사람을 잘 찾아 쓰니, 버리는 사람이 없고, 버리는 물건이 없다.(聖人, 常善求人, 而無棄人, 物無棄財)"

'성인'은 어떤 사람인가? 이상에서 말한 것처럼 무위자연의 도를 잘 실천하는 사람, 즉 행위를 잘하고(善行) 말을 잘하고(善言) 셈을 잘하고(善數) 닫기를 잘하고(善閉) 묶기를 잘하는(善結) 사람이 바로 노자가 말하는 성인이다.

'구인(求人)'은 사람을 등용하고 쓴다는 의미다. 일부 해석가들은 '구제하다'라는 의미로 풀이하기도 하는데, 그것보다는 지도자가 널리 인재를 구하여 그들을 적재적소에 배치한다는 의미로 해석하는 게 낫다.

---

212 "夫藏舟於壑, 藏山於澤, 謂之固矣. 然而夜半有力者負之而走, 昧者不知也. 藏小大有宜. 猶有所遯. 若夫藏天下於天下而不得所遯, 是恒物之大情也."

뒤에 이어지는 "선한 사람은 불선한 사람의 스승이고, 불선한 사람은 선한 사람의 바탕이 된다."라는 말은 사람을 각자의 능력과 재주에 따라 적절히 잘 쓰는 상황을 말하는 것으로 해석할 수 있기 때문이다. 심지어 불선한 사람도 버리지 않고 선한 사람의 반면교사(反面敎師)로 쓴다고 하지 않는가? 이런 자세로 사람들을 대하기 때문에 노자가 말하는 성인은 '버리는 사람'이 없고 '버리는 물건'도 없는 것이다.

세상에는 버릴 사람도 없고 버릴 물건도 없다는 말은, 자연은 그 자체로 완전하고 결점이 없다고 주장하는 '자연무결점주의'와 통한다. 이런 관점에 바라보면 세상에 존재하는 모든 존재, 심지어 길가에 나뒹구는 돌멩이 하나도 그 나름의 존재 이유가 있을 수 있다. 타자가 나에게 어떤 쓸모가 있는지에만 초점을 맞추는 이기적인 사고에서 벗어나 자연 전체의 눈으로 바라보면, 모든 사람과 사물의 나름의 쓸모와 존재 이유를 발견할 수 있다. 세상에 대한 열린 마음가짐과 태도는 바로 노자가 강조하는 무위자연의 길이기도 하다.

한편 우리는 이 장 전체의 의미를 황로학의 무위 정치론, 그중에서도 특히 인재 등용론과 연관 지어 생각해 볼 수 있다. 황로학의 무위 정치론에서는 '군도무위, 신도유위(君道無爲, 臣道有爲)'를 주장한다. 군주의 무위가 현실적으로 실천되기 위해서는 그 바탕에 신하의 유위가 전제되어야 한다는 생각이다. 신하들이 각자 맡은 역할을 성실히 수행할 때 군주의 무위가 가능하다는 말이다. 이때 군주는 조정자(control-tower) 역할만 한다. 천하의 우수한 인재들을 선발하고, 그 인재들을 각자의 능력에 합당한 자리에 배치하며, 최종적으로 그 인재들의 공과를 잘 판단하여 그에 합당한 상벌을 시행하는 것, 이것이 황로학의 무위 정치론에서 군주의 중심 역할이다. 그 외의 구체적 업무는 각 부의 '장관'들에게 일임하고 일체 간섭하지 않는 것을 원칙으로 한다.

이러한 인재 등용론에서 중요하게 작용하는 것이 바로 천하에는 버릴 사람이 없다는 '각득기의론(各得其宜論)'이다. 자신에게 합당한 자리를 찾지 못한 사람은 있어도 쓸모가 없는 사람은 있을 수 없다는 생각이다. 사람은 누구나 적어도 한 가지 이상의 능력을 가졌다고 보는 것이다. 노자는 심지어 불선한 사람도 그 나름의 쓸모가 있다고 보았다. 황로학의 대표적인 책『회남자』에서는 이렇게 말했다. "크고 작음 또는 길고 짧음에 상관없이, 각각 그 마땅한 바를 얻으면 천하가 고루 다스려진다. …… 성인은 두루 아울러 쓰기에 버리는 인재가 없다."

이런 황로학의 관점에서 바라보면 앞에서 언급된 '선행(善行)', '선언(善言)', '선수(善數)', '선폐(善閉)', '선결(善結)'은 단순히 무위자연의 도를 따르는 사람들의 모습에 대한 묘사가 아니다. 이들은 걸음, 말, 셈 등 다양한 분야에서 뛰어난 능력을 지닌 재주꾼들을 가리키는 것이다. 이는 곧 각 분야의 인재들을 잘 등용하여 쓴다면 버릴 사람이 하나도 없다는 인재 등용론으로 연결된다.


## 판본 비교

### 백서본

갑: 善行者无彻(轍)迹, □言者无瑕適(謫), 善數者不以檮(籌)筭(策). 善閉者无閞(關)籥(鑰)而不可啓也; 善結者□□約而不可解也. 是以聲

(聖)人恒善怵(求)²¹³人, 而无棄人, 物无棄財, 是胃(謂)恍明. 故善□, □□
之師; 不善人, 善人之齎(資)也. 不貴其師, 不愛其齎(資), 唯(雖)知(智)乎
大眯(迷). 是胃(謂)眇(妙)要.

을: 善行者无達迹, 善言者无瑕適(謫), 善數者不用檮(籌)筭(策). 善
○閉者无關籥(關)而不可啓也; 善結者无繩約而不可解也. 是以耵(聖)
人恒善怵(求)人, 而无棄人, 物无棄財, 是胃(謂)曳(恍)明. 故善人, 善人
之師; 不善人, 善人之資也. 不貴其師, 不愛其資, 雖知(智)乎大迷. 是
胃(謂)眇(妙)要.


**왕필본**

善行無轍迹, 善言無瑕謫, 善數不用籌策, 善閉無關楗而不可開, 善
結無繩約而不可解. 是以聖人常善求人, 故無棄人; 常善救物, 故無棄
物. 是謂襲明. 故善人者, 不善人之師; 不善人者, 善人之資. 不貴其
師, 不愛其資, 雖智大迷, 是謂要妙.


1. 善行者(백서본)
   善行(왕필본)
   善言者(백서본)
   善言(왕필본)
   善數者(백서본)
   善數(왕필본)

---

213  백서 정리조는 救로 해독하나 여기에서는 왕필본에 따라 求로 해독한다. 백서 을본
    에서도 마찬가지이다.

善閉者(백서본)

善閉(왕필본)

善結者(백서본)

善結(왕필본)

자(者)가 있고 없고의 차이다. 전통본 중 부혁본, 범응원본 등에도 백서본처럼 者가 붙어 있다. 내용상으로 보면, '~하는 사람'이라는 의미의 者가 있는 쪽이 낫다. 『회남자』「도응」편의 인용문에도 '선폐(善閉)' '선결(善結)' 뒤에 者가 붙어 있다.


2. 无關籥而不可啓也(백서본)

　無關楗而不可開(왕필본)

오징은 '관건(關楗)'에 대해 "關楗은 문을 막는 나무이니, 가로대가 관(關)이고 세로대가 건(楗)이다"라고 설명했다. 한편 백서본의 약(籥)은 약(鑰)의 빌린 글자로 볼 수 있는데, 이 글자에는 '빗장'이라는 의미가 있다. 따라서 백서본의 '관약(關籥)'과 왕필본의 '關楗'은 서로 비슷한 뜻을 지닌다.


3. 物无棄財(백서본)

　常善求物, 故無棄物(왕필본)

『회남자』「도응」편의 인용문에도 이 부분은 단지 "물무기물(物无棄物)"로 되어 있으며, 『문자』「자연」편에도 "물무기재(物无棄材)"로 되어 있다. 이들 인용문은 일부 글자가 다르기는 하지만 왕필본보다는 백서본에 가깝다. 또한 왕필주에도 "상선구물, 고무기물(常善求物, 故無棄物)"

에 대한 주석이 없다. 따라서 왕필본은 후대에 일부 개조된 것으로 보인다.

4. 愻明(백서갑)
   曳明(백서을)
   襲明(왕필본)

백서 을본의 예(曳)는 예(愻)의 빌린 글자로, 갑본의 예(愻)는 또 습(襲)의 빌린 글자로 볼 수 있다. 『설문해자』에서 "예는 습과 같다(愻, 習也.)"라 했는데, 고대에 習은 襲과 통용되었기 때문이다. 따라서 백서본의 "예명(愻明)"은 왕필본의 "습명(襲明)"과 같은 의미를 지닌다.[214]

5. 故善人, 善人之師; 不善人, 善人之資也(백서을)
   故善人者, 不善人之師; 不善人者, 善人之資(왕필본)

불(不) 자가 있고 없는 차이다. 일반적인 관점에서 보면 "선한 사람은 선하지 않은 사람의 스승이 되고, 선하지 않은 사람은 선한 사람의 바탕이 된다."라는 왕필본의 말이 타당하다. 또한 왕필본은 앞뒤의 구절이 각각 善人/不善人, 不善人/善人으로 대구를 이루어 문장 구성이 보다 자연스러운 면도 있다. 그래서 허항생은 백서본이 잘못되었다고 보고 왕필본을 따를 것을 주장한다. 필자도 허항생의 견해에 따른다.

---

**214** 같은 책, 365쪽 참조.

# 28장

# 영예를 알고 욕됨을 지키면
# 세상의 주인이 된다

'수컷'을 알고 '암컷'을 지키면 세상의 계곡이 되고
세상의 계곡이 되면 참된 덕이 떠나지 않으며
참된 덕이 떠나지 않으면 '갓난아이'로 돌아간다.

'영예'를 알고 '욕됨'을 지키면 세상의 골짜기가 되고
세상의 골짜기가 되면 참된 덕이 충만하며
참된 덕이 충만하면 '통나무'로 돌아간다.

'흰 것'을 알고 '검은 것'을 지키면 세상의 본보기가 되고
세상의 본보기가 되면 참된 덕이 어그러지지 않으며
참된 덕이 어그러지지 않으면 '무극(無極)'으로 돌아간다.

통나무가 흩어지면 다양한 '그릇'이 되는 것이니
성인이 이 통나무를 사용하면 세상의 머리가 된다.

그러므로 '큰 자름〔大制〕'은 '자름'이 없다.


知其雄, 守其雌, 爲天下溪.
爲天下溪, 恒德不離.
恒德不離, 復歸於嬰兒.


知其白(榮), 守其辱, 爲天下谷.
爲天下谷, 恒德乃足.
恒德乃足, 復歸於樸.


知其白, 守其黑, 爲天下式.
爲天下式, 恒德不忒.
恒德不忒, 復歸於無極.


樸散, 則爲器
聖人用, 則爲官長.
夫大制, 无割.


이 장에서는 노자가 늘 강조하는 낮춤의 이치에 대해 말하고 있다.
'수컷', '밝음', '영광'은 모두 높임을 상징한다. 반면에 '암컷', '어둠', '욕
됨'은 모두 낮춤을 상징한다. 세상 사람들은 대개 전자를 지향하지만

---

노자는 사람들에게, 특히 지도자들에게 후자를 지향할 것을 권유한다. 후자를 지향할 때 결국 '갓난아이', '통나무', '무극'으로 상징되는 존재의 원형을 회복하며, 이렇게 존재의 원형을 회복할 때 비로소 세상의 진정한 지도자가 될 수 있다는 점을 강조한다.

첫째, 둘째, 셋째 단락은 구조가 동일하고, 그 내용도 같은 말을 조금씩 다른 형태로 표현하고 있을 뿐이다. 그러므로 여기에서는 첫째 단락을 중심으로 설명을 해 보고자 한다.

첫머리에서 노자는 말한다. "'수컷'을 알고 '암컷'을 지키면 세상의 계곡이 된다.(知其雄, 守其雌, 爲天下溪.)"

'수컷〔雄〕'은 강함, 드러냄, 적극성 등을 상징한다. 반면에 '암컷〔雌〕'은 약함, 낮춤, 소극성 등을 상징한다. 사람들은 대개 '수컷'의 자리를 지향하고 '암컷'의 자리를 피한다.

그러나 노자는 사람들에게, 특히 지도자가 되고자 하는 사람들에게 충고한다. 자기 자신에게 '수컷'의 능력이나 자질이 충분히 있다 할지라도 거기에 머물지 말고, 남들이 싫어하고 거들떠보지 않는 '암컷'의 자리를 굳건히 지키라고. 어째서인가? 지도자는 '계곡'이 되어야 하기 때문이다.

앞서 6장에서 계곡은 산봉우리 아래 낮게 엎드려 있기 때문에 온갖 사물들이 모여든다고 했다. 인간 세상의 지도자 또한 마찬가지다. 자신을 낮추고 세상의 '계곡'이 되어야 세상 사람들이 모여들어 기꺼이 그를 지도자로 받들 것이다. 진정한 낮춤은 이처럼 높은 자리를 차지할 수 있는 능력을 갖추고 있으면서도 스스로 낮은 곳으로 향하는 태도를 말한다.

다음에 이어지는 "지기백, 수기욕(知其白, 守其辱)"이나 "지기백, 수기흑(知其白, 守其黑)" 또한 위와 비슷한 맥락의 의미를 지닌다. 이들 구절도 '영광/욕됨', '밝음/어두움'의 대비 구도를 통해, 지도자는 '밝음'과 '영광'의 자리에 나아갈 수 있다 해도 그것들을 버리고 '어둠'과 '욕됨'의 자리로 나아가야 하며, 그렇게 할 때 세상 사람들이 기꺼이 따른다는 점을 밝히고 있다. 그래서 78장에서는 이렇게 말한다. "나라의 욕됨을 감수하는 이, 사직의 주인이 되고, 나라의 궂은일 떠맡는 이, 세상의 왕이 된다."[215]

이어서 노자는 '세상의 계곡'이 될 때 얻는 효능에 대해 말한다. "세상의 계곡이 되면 참된 덕이 떠나지 않으며, 참된 덕이 떠나지 않으면 '갓난아이'로 돌아간다.(爲天下溪, 恒德不離. 恒德不離, 復歸於嬰兒)"

갓난아이는 아직 자연과 분리되지 않은 상태를 상징한다. 이 상태에서는 이것과 저것, 옳음과 그름, 아름다움과 추함 등이 분별적으로 인식되지 않는다. 세계를 전체로 바라본다.

어른이 된다는 것은 어떤 의미인가? 어른이 된다는 것은 이것과 저것을 나누고 아름다움과 추함을 구분하며 선함과 불선함을 분별하게 된다는 것이다. 어른은 전체로 세상을 바라볼 수 없다. 있는 그대로 세상을 인식할 수 없다. 보이는 모든 대상을 구분하고 나누고 선택한다. 그런 후 자신이 선택한 부분만 인식하고 나머지는 의식 밖으로 몰아낸다. 때문에 어른이 바라보는 세상은 세상의 본래 모습이 아니라, 잘리고 나뉘고 파편화된 세계에 지나지 않는다. 심지어 때로는 자신의 감각

---

**215** "受國之詬, 是謂社稷之主; 受國之不祥, 是謂天下之王."

적 욕구에 의해 왜곡된 모습으로 나타나기도 한다.

이렇게 왜곡되고 파편화된 인식을 지닌 사람은 '세상의 계곡'이 될 수 없다. 그런 사람이 지도자가 되면 자신이 선택한 일부만 자기 왕국 안으로 수용하고 나머지는 밖으로 몰아낼 것이기 때문이다. 그렇게 되면 버려진 사람들의 원망과 아우성에 세상은 필연적으로 어지러워질 것이다. 때문에 노자는 세상을 내 편과 네 편으로 가르지 않고 전체로 바라보고 포용할 수 있는 사람, 즉 갓난아이의 덕을 지닌 사람을 찾아 '세상의 계곡'으로 삼고자 하는 것이다. 다음 단락들에 등장하는 '무극'이나 '통나무' 또한 '갓난아이'와 비슷한 상징으로 쓰이고 있다.

마지막 단락은 결론이다. "통나무가 흩어지면 다양한 '그릇'이 되는 것이니, 성인이 이 통나무를 사용하면 세상의 머리가 된다. 그러므로 '큰 자름〔大制〕'은 '자름'이 없다.(樸散則爲器. 聖人用則爲官長. 夫大制無割)"

'통나무'는 원초적인 것, 구분되어 나뉘지 않은 것을 상징한다. 아직 '그릇'으로 분화되기 이전의 순수 원형이다. '그릇〔器〕'은 현상적으로 드러나고 제약된 현실태를 가리킨다. 반면에 '통나무'는 모든 가능성을 내포하고 있는 가능태를 가리킨다. 이런 통나무는 앞서 언급된 갓난아이나 무극과도 통한다. 갓난아이, 무극, 통나무는 모두 존재의 본질을 가리키는 말들이며, 자연 및 도를 드러내는 또 다른 표현들이다.

성인은 '통나무'의 자리에 서서 '통나무'의 원리에 따라 세상을 이끌어 가야 한다. 내 편과 네 편을 분별하지 말고, 이것과 저것을 구분하지 말아야 한다. 세상을 부분이 아니라 전체로 바라볼 뿐이다. 그러므로 "큰 자름은 자름이 없다."라고 말하는 것이다. 여기에서 '자름'은 지도자의 통치 행위를 가리키는 말이다. 왕필 또한 말한다. "큰 다스림이란

천하의 마음으로 자기 마음을 삼는 다스림이다. 그러므로 다스림이 없
는 것이다."[216]


## 판본 비교

### 백서본

갑: 知其雄, 守其雌, 爲天下溪. 爲天下溪, 恒德不雞(離). 恒〈德〉不
雞(離), 復歸嬰兒. 知其白, 守其辱, 爲天下〈谷〉. 爲天下浴(谷), 恒德乃
□. 德乃□, □□□□. 知其〈白〉, 守其黑, 爲天下式. 爲天下式, 恒德不
貣(忒). 德不貣(忒), 復歸於无極. 榿(樸)散□□□, □人用則爲官長. 夫大
制无割.

을: 知其雄, 守其雌, 爲天下鷄(溪). 爲天下鷄(溪), 恒德不离. 恒德不
离, 復□□□, □其白, 守其辱, 爲天下○浴(谷). 爲天下浴(谷), 恒德乃
足. 恒德乃足, 復歸於樸. 知其白, 守其黑, 爲天下式. 爲天下式, 恒德
不貸(忒). 恒德不貸(忒), 復歸於无極. 樸散則爲器, 耵(聖)人用則爲官
長. 夫大制无割.


### 왕필본

知其雄, 守其雌, 爲天下谿. 爲天下谿, 常德不離, 復歸於嬰兒. 知其
白, 守其黑, 爲天下式. 爲天下式, 常德不忒, 復歸於無極. 知其榮, 守

---

216 樓宇烈 校釋, 앞의 책, 75쪽. "大制者, 以天下之心爲心, 故無割也."

其辱, 爲天下谷. 爲天下谷, 常德乃足, 復歸於樸. 樸散則爲器, 聖人用
之則爲官長. 故大制不割.


1. 爲天下溪. 爲天下溪, 恒德不離. 恒德不離(백서본)

   爲天下谿. 爲天下谿, 常德不離(왕필본)

백서본은 앞뒤 모두 같은 구가 반복되는 형태이나 왕필본은 앞의 구
만 반복된다. 문장의 완성도 측면에서 보면 백서본의 형식이 적합하다.
중첩구에서 앞 구와 뒤 구가 인과 관계에 있기에, 문맥상 의미가 잘 이
어지기 위해서는 같은 구가 두 번 반복되는 형식을 유지해야 한다. 『노
자』에서는 이러한 중첩 형태의 문장을 자주 찾아볼 수 있다. 25장의
"人法地, 地法天, 天法道, 道法自然", 59장의 "夫唯嗇, 是以早服. 早
服, 謂之重積德. 重積德, 則無不克, 无不克, 則莫知其極, 莫知其極,
可以有國" 등이 그 예이다.


2. 知其白(백서갑)

   守其辱/知其榮, 守其辱(왕필본)

'지기백(知其白)'과 '지기영(知其榮)'의 차이다. 백서본에서는 "知其白"
이 뒤의 "지기백, 수기흑(知其白, 守其黑)"을 포함해 두 차례 나온다. 그
래서 고명은 백서본의 "知其白, 守其辱"에서 백(白) 자를 일(日)로 읽
고, 이 일(日)을 영(榮)의 빌린 글자로 보았다. 대조 구라는 측면에서 보
면 왕필본의 '영예[榮]'/'욕됨[辱]', '흰 것[白]'/'검은 것[黑]'의 대비가 더
자연스러울 수 있다. 그러나 백서본에서도 白에 빛[日]의 의미가 있고,
여기에서 辱과 상반된 榮의 의미를 유추해 낼 수 있다. 한 문단에 같은

구가 두 번 쓰여 세련되지는 못하지만 의미 연결에는 큰 무리가 없다. 본래 고본 『노자』는 조야했으리라는 점을 고려한다면, 왕필본의 "知其榮"은 문장의 세련화를 위해 백서본의 "知其白"을 수정한 형태로 볼 수 있다.

3. 夫大制无割(백서본)
　　故大制不割(왕필본)

'무할(无割)'과 '불할(不割)'의 차이다. 백서본이 발견되기 이전에도 왕필본의 '不割'을 '無割'로 고쳐야 한다는 주장이 있었다. 가령 역순정은 다음과 같이 주장했다. "'不割'은 마땅히 '無割'이 되어야 한다. 왕필주에 '以天下之心爲心, 故無割也'라고 했으니, 왕필본은 본래 無로 쓰여 있었음을 증명할 수 있다. 『회남자』 「도응」 편에도 '대제무할(大制無割)'로 되어 있다. 여기에서 不 자로 쓴 것은 후세 사람이 58장의 '방이불할(方而不割)'에 근거하여 고친 것이다."[217] 역순정의 이 같은 주장은 현재 백서본에 의해 완벽하게 입증된 셈이다.

---

# 29장

# 천하는 억지로 취할 수 없다

세상을 억지로 취해 다스리고자 하면
나는 그렇게 되지 못할 것을 볼 뿐이다.
세상은 '신기(神器)'라, 억지로 도모할 수 있는 게 아니기 때문이다.
억지로 도모하는 자는 망치고, 애써 잡고자 하는 자는 놓친다.

사물은
앞서가는 것도 있고 뒤따라가는 것도 있으며
뜨거운 것도 있고 차가운 것도 있으며
강한 것도 있고 꺾이는 것도 있으며
길러 주는 것도 있고 무너뜨리는 것도 있다.
그러므로 성인은 '심함', '지나침', '사치함'을 버린다.

將欲取天下而爲之

吾見其弗得已.

夫天下, 神器也, 非可爲者也.

爲之者敗之, 執之者失之.


物

或行或隨

或熱或寒

或强或剉

或培或墮.

是以聖人, 去甚, 去大, 去奢.



백서본에 의하면 이 장은 본래 서로 다른 두 개의 장으로 분리된다. 하나는 인위와 억지로는 세상을 얻을 수 없다는 점에 대해 말하고, 다른 하나는 사물은 양면성을 지니고 있으니 극단에 빠져서는 안 된다는 점에 대해 말하고 있다. 둘 다 직간접적으로 무위와 연관이 있으므로 후대의 편집자가 하나의 장으로 묶은 듯하다.

종종 사람들은 세상을 소유하려 한다. 정치인은 권력으로, 군인은 무력으로, 기업인은 돈으로, 문필가는 글로 세상을 소유하려 한다. 여기에서 말하는 '소유'는 세상에 일정한 영향을 미치려 하는 태도를 가리킨다. 그러나 노자는 말한다. "나는 그렇게 되지 못할 것을 볼 뿐이다." 어째서인가? 세상은 '신기(神器)'이기 때문이다.

'신기'는 세상이 억지로 취하거나 인위적으로 다스릴 수 있는 대상이 아니라는 점을 상징적으로 표현하는 말이다. 우리가 몸을 싣고 있는 우주 자체가 이미 '신기'다. 우리의 태양계가 속해 있는 은하계의 생김새는 볼록 렌즈와 같다고 한다. 직경이 10만 광년이고 두께의 중심부가 1만 5000광년이다. 이 은하계가 한 번 도는 데는 무려 2억 년이 걸린다고 한다.[218] 기껏해야 100년도 못 사는 우리로서는 헤아려 보기도 힘든 시간과 규모다. 그러한 '신기' 위의 인간 세상사 또한 신묘할 수밖에 없지 않은가?

오직 힘으로 세상을 얻고자 한 역사 속 독재자들은 천도를 거스르고 백성의 마음을 얻지 못했기에 역사의 수레바퀴에 무모하게 대항한 '당랑거철(螳螂拒轍)' 신세가 되고 말았다. 그러므로 하상공주에서는 다음과 같이 풀이하고 있다. "천하의 주인이 되려 하고 인위로 백성을 다스리려 하나, 나는 그가 천도와 백성의 마음을 얻을 수 없음을 분명히 안다. 천도는 번잡하고 탁한 것을 싫어하며, 백성은 욕심 많은 것을 싫어하기 때문이다."[219]

두 번째 단락에서는 사물에 존재하는 양면성을 지적하면서 참된 지도자가 취해야 할 바람직한 태도에 대해 말한다.

사물은 모두 양면성을 지닌다. '이것 아니면 저것이다'가 아니다. 이것이 있으면 저것도 있고, 이것이 나타나면 저것도 나타난다. 그러므로 노자는 말한다. "사물은 앞서가는 것도 있고 뒤따라가는 것도 있으며,

---

218 박영호 역저, 『노자: 빛으로 쓴 얼의 노래』, 156쪽.
219 이석명 역주, 앞의 책, 197쪽. "我見其不得天道人心已明矣. 天道惡煩濁, 人心惡多欲也."

뜨거운 것도 있고 차가운 것도 있으며, …… 그러므로 성인은 '심함', '지나침', '사치함'을 버린다."

'심함', '지나침', '사치함'은 모두 어느 한쪽으로 과도하게 치우친 상태를 가리킨다. 노자는 이러한 극단을 제거하라고 충고한다. 극단은 너와 나를 가르는, 이것과 저것을 가르는 상대적인 세계에서만 가능하다. 통일된 전일(全一)의 세계 또는 절대의 세계에서는 극단이 있을 수 없다.[220] 공자도 "과유불급(過猶不及)", 즉 지나친 것은 부족한 것만 못하다고 하여, 어느 한 극단에 치우치는 상태를 경계했다. 이는 곧 사물은 모두 양면성을 지녔다는 것에 대한 인식으로, 이것이 자연의 이치라고 보았기 때문이다. 이 구절에 대해 소철은 다음과 같은 주를 달았다. "음과 양은 서로 반응하고 높음과 낮음은 서로 기울며, 큼과 작음은 서로 부리고, 혹 앞에서 이끌고, 혹 뒤에서 따른다. …… 모두 사물의 자연스러운 현상으로 그 어떤 상황에서도 피할 수 없다. 그러나 세상의 어리석은 사람들은 개인적인 욕심으로 좋은 것은 얻고자 애쓰고 나쁜 것은 버리고 피하고자 하니, 결국에는 화가 닥쳐 뒤집어지거나 꺾이고 만다. 오직 성인만은 이러한 자연의 이치를 거스를 수 없음을 인식하여 그것을 잘 순종하고 따른다. 그리하여 그 심함을 버리고 그 사치스러움을 버리며 그 지나침을 버려, 지나친 욕심으로 인해 백성을 다치게 하는 데 이르지 않게 하니 세상에 근심이 사라진다."[221] 결국 노자가 말하

---

220 장일순, 앞의 책, 300쪽.
221 焦竑, 앞의 책 2권, 24쪽. "陰陽相盪, 高下相傾, 大小相使, 或行于前, 或隨于後, ……, 皆物之自然, 而勢之不免者也. 世之愚人, 私己而務得之, 欲去而違之. 其禍不覆則折. 唯聖人則知其不可逆, 順以待之, 去其甚, 去其奢, 去其泰, 使不至于過而傷物, 而天下無患矣."

는 '거심(去甚)', '거대(去大)', '거사(去奢)'는 모두 통치자의 지나치고 과
도한 행위를 경계하는 말이다. 자연의 이치를 벗어나는 무리한 욕심을
부리지 말라는 것이다.


## 판본 비교

### 백서본

갑: 將欲取天下而爲之, 吾見其弗□□. □□□, □器也, 非可爲者也.
爲者敗之, 執者失之. 物或行或隨, 或炅(熱)或□, □□□□, 或坏(培)或
撱(墮). 是以聲(聖)人去甚, 去大, 去楮(奢).

을: 將欲取□□□□, □□□□得已. 夫天下, 神器也, 非可爲者也. 爲
之者敗之, 執之者失之. ○物或行或隋(隨), 或熱, 或硾(剉), 或陪(培)或
墮. 是以耶(聖)人去甚, 去大, 去諸(奢).


### 왕필본

將欲取天下而爲之, 吾見其不得已. 天下神器, 不可爲也. 爲者敗之,
執者失之. 故物或行或隨, 或歔或吹, 或强或羸, 或挫或隳. 是以聖人
去甚, 去奢, 去泰.


1. 物或行或隨(백서본)
   故物或行或隨(왕필본)
백서 을본은 첫 글자의 형태가 불명확하여 백서 정리조는 '○'로 표

시했다. 그러나 고명은 마땅히 고(故) 자로 보아야 하며 갑본에서는 누락되었다고 주장한다. 한편 윤진환은 조금 색다른 견해를 제시한다. 이 구절을 기준으로 앞뒤가 본래 별개의 장이였는데, 후대의 사람이 임의로 故 자를 넣어 하나로 묶었다는 것이다. 그는 이에 대한 근거로 두 가지를 제시한다. 첫째, 29장의 전반부는 "천하를 취함[取天下]"에 관해, 후반부는 "'심함, 사치함, 지나침'을 버림[去甚, 去奢, 去泰]"에 관해 언급하고 있어 앞뒤의 내용이 서로 다르다. 둘째, 백서본에는 이 구의 첫머리에 故 자가 없다.[222] 이 같은 윤진환의 견해는 어느 정도 타당하다. 무엇보다도 "물혹행혹수(物或行或隨)" 구를 분기점으로 앞뒤 단락의 의미가 서로 잘 연결되지 않는다. 백서의 발굴과 정리에 참여했던 고형도 윤진환과 비슷한 견해를 제시한 적이 있다.


  2. 或炅(熱)或□, □□□□(백서갑)
    或熱, 或硾(剉)(백서을)
    或歔或吹, 或強或羸(왕필본)
  첫째, 왕필본의 허(歔) 자가 백서본에는 경(炅) 또는 열(熱)로 쓰여 있다. 『소문(素問)』 「거통론(擧痛論)」에 나오는 "득경통입지(得炅痛立止)"에 대해 왕빙(王冰)은 "炅은 '熱'의 뜻이다."라고 주를 달았다. 따라서 백서 갑본의 炅은 곧 을본의 熱과 같다고 볼 수 있다. 한편 하상공본에는 구(呴)로 쓰여 있는데, 그 주에 "구(呴)는 온(溫)의 뜻이다."라고 풀이했다. 온(溫)은 곧 열(熱)과 통한다.


222  尹振环, 『帛書老子釋析』, 365쪽.

둘째, 왕필본의 취(吹) 자가 백서 갑본에는 훼손되어 있고 을본에는 磛로 쓰여 있다. 하상공본에는 吹로 되어 있고, 그 주에 "吹는 한(寒)이다."라고 풀이했다. 寒, 즉 '차다'는 뜻을 지닌 吹는 곧 熱과 대구를 이룬다. 한편 부혁본에는 이 구 뒤에 "혹강혹좌(或强或剉)"가 있으며, 여기에서 剉는 곧 백서 을본의 磛와 같은 글자로 볼 수 있다. 따라서 백서 을본은 "或熱"과 "或磛" 사이에 "或吹或强" 네 자가 누락된 형태로 볼 수 있다. 이때 熱과 吹(寒), 强과 磛는 각각 대구를 이룬다.

3. 或坏或攈(백서갑)
　　或陪或墮(백서을)
　　或挫或隳(왕필본)

우선 백서본의 배(坏)나 배(陪)는 음이나 형태로 보아 모두 培(배양하다) 자의 빌린 글자로 볼 수 있다. 또 백서 갑본의 타(攈)는 을본과 같이 타(墮)로 읽을 수 있다. 이때 墮는 '무너뜨리다'의 뜻으로 곧 앞의 培(배양하다)와 대구를 이룬다. 따라서 왕필본은 앞서 언급한 "或强或剉"의 '或剉'가 뒤로 분리되어 맨 뒤의 '或墮'와 합쳐지고, 그 결과 '或强'과 짝을 이루도록 '혹리(或羸)'를 새로 넣은 것으로 볼 수 있다.

# 30장

# 군대가 머문 자리엔
# 가시나무만 생겨난다

도(道)로 임금을 돕는 사람은 무력으로 세상을 제압하지 않는다.

무력 사용에는 대가가 돌아오는 법, 군대가 머문 자리엔 가시나무만 생겨난다.

용병을 잘하는 사람은 과감하게 행할 뿐, 군대에 의해 강함을 취하지 않는다.

과감하되 교만하지 말고, 과감하되 뻐기지 말며

과감하되 자랑하지 말고, 과감하되 부득이하게 하라.

이것을 가리켜 과감하되 강함을 내세우지 않는다고 한다.

사물이 뻣뻣하면 늙게 되는 법, 이는 도에 합치하지 않는다.

도에 합치하지 않으면 일찍 끝장난다.

以道佐人主(者)[223], 不以兵強於天下.
其事好還, 師之所居, 楚棘生之.
善者, 果而已矣, 毋以取強焉.

果而毋驕, 果而勿矜
果而勿伐, 果而毋得已居
是謂, 果而不強.

物壯而老, 是謂之不道
不道, 早已.


이 장은 다음 장과 더불어 용병술에 관한 장으로 분류된다. 노자는 기본적으로 전쟁을 싫어했으나 회피하지는 않았다. 부득이한 상황에서는 전쟁을 할 수밖에 없기 때문이다. 더구나 노자가 살았던 시기가 전쟁이 빈번했던 춘추 전국 시대였다는 점을 고려하면, 용병 문제를 도외시하기는 어려웠을 것이다. 죽간본에도 실려 있는 것으로 보아 이 장은 고층대의 『노자』 텍스트에 속한다.

역사상 수많은 전쟁 영웅들과 정복자들이 나타났다 사라졌다. 이들은 무력으로 세상을 제압하고 거대한 제국을 수립하고자 했다. 그러나 그들이 이룬 거대 제국은 잠시 잠깐 존재하다 허망하게 흩어지고 말았

---

**223** 죽간본에 근거하여 '者'를 보충했다.

다. 군대로, 힘으로 세상을 제압하려 했기 때문이다. 노자는 지도자들에게 무력으로 세상을 지배하려 들지 말라고 충고한다.

모든 행위에는 필연적으로 그에 상응하는 결과가 따르기 마련이다. 선한 행위를 심으면 선한 결과가 따르고, 악한 행위를 심으면 악한 결과가 도래한다. 군대를 일으키고 전쟁을 벌이면 그에 상응하는 재앙이 발생할 뿐이다. 이식재(李息齋)는 이 구절에 대해 다음과 같은 주를 남겼다. "남의 아버지를 죽이면 남 또한 내 아버지를 죽이고, 남의 형을 죽이면 남 또한 내 형을 죽인다. 이것을 '호환(好還)'이라 한다. 군대를 일으켜 승리하지 못하면 그 해로움이 한둘이 아니다. 요행히 승리한다 하더라도 그 살기(殺氣)가 반응하니, 땅은 그곳을 생성할 수 없게 만들고 하늘은 그곳을 화합할 수 없게 만든다. 그러므로 군대가 머문 자리에는 가시가 생겨나고 군대가 떠난 후에는 기근이 발생하는 것이다."[224]

소박하고 안정된 평화로운 삶을 이상적으로 여기는 노자에게 군대를 일으키고 전쟁을 벌이는 일은 결코 바람직한 상황이 아니다. 그러나 인간의 삶에서 집단 또는 국가 사이에 갈등이 전혀 없을 수 없고, 때로는 타국의 침략을 받을 때도 있다. 이럴 경우에는 노자도 전쟁의 불가피성을 인정한다. 노자는 용병의 핵심은 과감함이라고 말한다. 적에게 맞서야 할 때는 과감하게 공격하라는 것이다. 과감하게 공격하여 속전속결로 끝내야 전쟁으로 인한 피해를 최소화할 수 있다고 보기 때문이다. 동시에 노자는 전쟁에서 승리해도 자신의 강함을 자랑해서는 안 된다

---

[224] 焦竑, 앞의 책 2권, 26쪽. "殺人之父, 人亦殺其父; 殺人之兄, 人亦殺其兄. 是謂好還. 兵之不勝, 其害未易一二數. 使幸而勝, 其殺氣之應, 地不能使之生, 天不能使之和. 故荊棘生于屯戰之所, 饑饉起于軍旅之後."

고 강조한다. "과감하되 교만하지 말고, 과감하되 빼기지 말며, 과감하되 자랑하지 말고, 과감하되 부득이하게 하라."

도의 속성은 부드럽다. 노자가 종종 도의 메타포로 사용하는 물과 갓난아이, 여성 모두 부드러움이 특징이다. 그런데 군대는 도와 반대로 강함을 상징한다. 힘을 통해 상대방을 억지로 굴복시키고 무력으로 타인 위에 군림하려 든다. 그러나 노자는 그 강함을 믿고 강함에 의지하여 계속 나아가다 보면, 결국에는 그 강함이 원인이 되어 부러지고 무너진다고 경고한다.


## 판본 비교

### 죽간본

갑: 以𧗊(道)差(佐)人宔(主)者, 不谷(欲)以兵強於天下. 善者果而已, 不以取強. 果而弗癹(伐), 果而弗喬(驕), 果而弗矜(矜), 是胃(謂)果而不強. 其事好長.

### 백서본

갑: 以道佐人主, 不以兵強□天下. □□□□, □□所居, 楚杓(棘)生之. 善者果而已矣, 毋以取強焉. 果而毋馷敲(驕), 果而勿矜, 果而□□, 果而毋得已居, 是胃(謂)□而不強. 物壯而老, 是胃(謂)之不道, 不道蚤(早)已.

을: 以道佐人主, 不以兵強於天下. 其□□□, □□□□, □棘生之. 善

者果而已矣, 毋以取強焉. 果而毋驕, 果而勿矜, 果□□伐, 果而毋得已
居, 是胃(謂)果而強. 物壯而老, 胃(謂)之不道, 不道蚤(早)已.

### 왕필본

以道佐人主者, 不以兵強天下, 其事好還. 師之所處, 荊蕀生焉. 大
軍之後, 必有凶年. 善有果而已, 不敢以取強. 果而勿矜, 果而勿伐, 果
而勿驕, 果而不得已, 果而勿強. 物壯則老, 是謂不道, 不道早已.

### 죽간본과 백서본

1. 師之所居, 楚棘生之

죽간본에 나오지 않는다. 아마도 후대에 첨가된 구절인 것 같다.[225]


2. 果而毋得已居(백서본)

죽간본에 나오지 않는다. 이 구절 역시 백서본의 성립 시기에 새로
추가된 것으로 보인다.


3. 物壯而老, 謂之不道, 不道早已

죽간본에 나오지 않는다. 이 구절은 본래 왕필본에서 30장과 55장에
나온다. 따라서 과거에 일부 학자들은 둘 중 하나는 잘못 끼어든 것이
라고 보았다. 대표적으로 고형은 다음과 같이 설명했다. "이 세 구는 이
미 30장에 보인다. 아마 후대 사람이 앞 문장 '심사기왈강(心使氣曰強)'

---

225  자세한 내용은 아래 백서본과 왕필본 비교의 2번 참조.

의 강(强) 자를 강약(强弱)의 强으로 잘못 보고 『노자』 경문을 끌어들여 해석한 것 같다. 그 결과 중복해서 나오게 된 것이다."[226] 그러나 현재 죽간본을 통해 보면 이 세 구는 본래 30장이 아닌 55장에 들어 있다.

백서본에서는 이 구절을 "시위과이불강(是謂果而不强)"의 强을 보충 설명하기 위해 55장에서 끌어왔을 수도 있고, 또는 그 强에 대한 주석일 수도 있다. 어떤 경우든 이 구절 역시 후대에 덧붙여진 것으로 보인다.

### 백서본과 왕필본

1. 楚杊生之(백서갑)

   荊棘生焉(왕필본)

우선 '초력(楚杊)'과 '형극(荊棘)'의 차이가 보인다. 초(楚)는 형(荊)과 의미가 같고[227], 역(杊)은 극(棘)과 음이 비슷하다.[228] 따라서 백서본의 '楚杊'은 왕필본의 '荊棘'과 같은 의미가 된다.

다음으로 '생지(生之)'와 '생언(生焉)'의 차이가 보인다. 『한서』의 인용문에 "……此老子所謂'師之所處荊棘生之'者也"라고 쓰여 있다. 따라서 한대 이전의 『노자』에는 본래 '生之'로 쓰여 있었던 것으로 보인다.

2. 大軍之後, 必有凶年

백서에는 갑본, 을본 모두 이 구절이 없다. 죽간본은 물론 경룡비본,

---

226  고형, 앞의 책, 118쪽.
227  『설문해자』에 "楚, 從木, 一名荊也."라고 했다.
228  『馬王堆漢墓帛書』, 15쪽, 주 54.

수주본, 돈황정본에도 없다. 이 구절의 존재에 대해서는 이전부터 의혹이 제기되어 왔다. 대표적으로 노건은 다음과 같이 주장했다. "'大軍之後, 必有凶年'이 두 구는 경룡본, 돈황본, 도장의 용흥비본에는 없는데 다른 판본에는 모두 들어 있다. 『한서』「엄조전(嚴助傳)」에 실린 회남왕 유안(劉安)의 상소문에 '臣聞軍旅之后, 必有凶年'이라는 문장이 있고, 또 '此老子所謂, 師之所處荊棘生之'라는 말이 있다. 살펴보건대 '군려(軍旅)'나 '흉연(凶年)'과 같은 말은 고어에 속하지 『노자』에서 나온 말이 아니다. 또 왕필주에서도 '無有所濟, 必有所傷, 賊害人民, 殘荒田畝, 故曰: 荊棘生焉'까지만 말했으니, 왕필본에도 본래는 이 구절이 없는 것 같다." 마서륜 또한 이와 비슷한 말을 했다.[229] 현재 백서본에도 이 두 구가 없다. 따라서 후대 사람들이 "師之所處, 荊棘生之"에 이어, 그 뜻이 상응하는 "大軍之後, 必有凶年"을 새로 만들어 넣은 것일 수 있다.

참고로 죽간본에는 왕필본의 "大軍之後, 必有凶年"뿐만 아니라, 백서본의 "師之所處, 荊棘生焉"도 나오지 않는다. 따라서 이 구절들은 후대에 점차적으로 첨가된 것으로 보인다. 먼저 백서본 성립 시기에 "師之所處, 荊棘生焉" 부분이 첨가되었을 것이고, 이후 왕필본 성립 시기에 다시 "大軍之後, 必有凶年"이 첨가되었을 것이다. 또 어떤 학자는 이 구절들이 본래 "不以兵強天下" 구에 대한 주였는데 후대에 본문으로 편입되었다고 보기도 한다.[230]

과거 양계초는 『노자』의 성립 시기가 전국 시대 말이라고 주장했는

---

229  高明, 앞의 책, 381~382쪽 참조.
230  彭浩, 앞의 책, 13쪽.

데, 그 주요 근거가 바로 이 구절들이었다. 그에 따르면 전쟁의 폐허를 묘사한 "師之所處, 荊棘生焉"이나 "大軍之後, 必有凶年"과 같은 내용은 대규모 전쟁이 빈번했던 전국 시대 말에나 나올 수 있었다는 것이다.[231] 죽간본을 통해 볼 때 이 구절들은 백서본 성립 시기, 즉 전국 시대 이후 새롭게 추가되었음을 알 수 있다.

3. 善者果而已矣(백서본)
　　善有果而已(왕필본)

부혁본이나 하상공본 등 많은 판본에도 백서본과 비슷하게 쓰여 있다. 죽간본의 "선자과이이(善者果而已)"도 백서본과 비슷하다. 따라서 왕필본의 이 구는 백서본에 따라 수정할 필요가 있다.

4. 毋以取強焉(백서본)
　　不敢以取強(왕필본)

왕필본의 敢은 후대에 추가된 글자인 것 같다. 경룡비본이나 죽간본에는 "불이취강(不以取強)"으로 되어 있는데, 이들 판본의 '不以'는 백서본의 '무이(毋以)'와 비슷한 뜻이다. 왕필본의 감(敢) 자가 불필요한 글자라는 것은 백서본과 죽간본이 발견되기 이전에 유월이 이미 지적한 바 있다.[232]

---

231 梁啓超,「論『老子』書作于戰國之末」,(『古史辨』第四冊)
232 같은 책, 383쪽 참조.

5. 物壯而老, 是謂之不道(백서갑)

　　物壯則老, 是謂不道(왕필본)

이(而)와 즉(則)의 차이가 보인다. 백서본의 而는 왕필본처럼 則으로
해석될 수 있다. 따라서 양자 사이에 실질적인 차이는 없는 셈이다.

# 31장

# 병기는 상서롭지 않은 물건이다

무릇 병기는 상서롭지 않은 물건이다.

사람들은 그것을 싫어하니 도를 행하려 하는 자는 가까이 않는다.

군자는 평상시엔 왼쪽을 귀히 여기나, 전시(戰時)엔 오른쪽을 귀히 여긴다.

그러므로 말한다, "병기는 상서롭지 않은 물건이니,

어쩔 수 없이 사용할 때는 고요히 담담하게 행할 뿐 찬양하지 말라."

병기를 찬양한다면 이는 살인을 즐기는 것이니

살인을 즐기면 세상에서 뜻을 이룰 수 없다.

이 때문에 좋은 일에는 왼쪽을 높이고, 나쁜 일에는 오른쪽을 높인다.

그러므로 부사령관은 왼쪽에, 총사령관 오른쪽에 자리하니,

이는 상례(喪禮)로 전쟁에 임한다는 의미이다.

많은 사람을 죽이면 슬픔으로 임하고, 전쟁에 이기면 상례로 처신하라.

夫兵者, 不祥之器也.

物或惡之, 故有欲者弗居.

君子居則貴左, 用兵則貴右.

故曰: "兵者, 不祥之器也[233]

不得已而用之, 銛襲(恬淡)爲上, 勿美也."

若美之, 是樂殺人也

夫樂殺人, 不可以得志於天下矣.


是以吉事上左, 喪事上右.

是以偏將軍居左, 上將軍居右.

言以喪禮居之也.

殺人衆, 以悲哀莅之; 戰勝, 以喪禮處之.


　　앞 장에 이어 이 장에서도 용병에 관해 말하고 있다. 병기는 상서롭지 않은 물건이니 가능한 사용하지 말 것이며, 부득이하게 병기를 사용하여 승리하더라도 그것을 찬양하지 말아야 한다고 역설하고 있다.

　　한편 이 장은 유일하게 왕필주가 달려 있지 않다. 따라서 과거에 많은 사람들이 이 장 전체 혹은 일부가 『노자』의 경문이 아닐 거라고 의심해 왔다. 그래서 『도장집주(道藏集注)』본에서는 이 장의 말미에 왕필주를 인용하면서, "의심컨대 이 장은 노자의 작품이 아닌 것 같다."라고

---

**233** 백서본 원문에는 "故兵者, 非君子之器也. 兵者, 不祥之器也"로 되어 있다. 죽간본에 근거하여 수정했다.

기술한다. 그러나 현재 백서본에 이 장이 고스란히 들어 있고, 죽간본에도 앞의 일부를 제외한 전문이 나와 있다.

무위자연의 삶을 지향하는 노자는 기본적으로 반전주의자다. 전쟁은 무위에 역행하는 인위적 행위의 극치이기 때문이다. 따라서 노자에게 병기는 결코 환영할 수 없는 상서롭지 않는 물건이다. 사람들은 대개 이런 무기를 싫어하고 꺼린다. 그러므로 도를 지닌 사람 혹은 도를 실천하는 사람은 이 '상서롭지 않은 물건'을 가까이하지 말아야 한다는 것이다. 노자는 말한다. "무릇 병기는 상서롭지 않은 물건이다. 사람들이 그것을 싫어하니 도를 행하려 하는 자는 가까이 않는다.(夫兵者, 不祥之器也. 物或惡之, 故有欲者弗居.)"

병기를 상서롭지 않은 물건으로 여기는 반전 의식은 오른쪽과 왼쪽을 대하는 태도에서도 드러난다. 노자는 말한다. "군자는 평상시엔 왼쪽을 귀히 여기나, 전시(戰時)엔 오른쪽을 귀히 여긴다.(君子居則貴左, 用兵則貴右)"

영어 right는 '올바른'이라는 의미를 지니며 동시에 방향으로는 '오른쪽'을 가리킨다. 이슬람교도들은 오른손으로 밥을 먹고 왼손으로는 대변을 처리한다. 이는 서양에서는 전통적으로 오른쪽이 중시되고 왼쪽이 천시되었다는 점을 반영한다.

그러나 동양의 전통은 이와 다르다. 고대 동양에서는 오른쪽보다는 왼쪽을 더 높이고 숭상했다. 임금의 자리의 방향, 즉 남면(南面)한 상태에서 바라보면 동쪽은 왼쪽이고 서쪽은 오른쪽이다. 동쪽은 목(木)의 방향으로 생성과 성장을 상징했다. 반면에 서쪽은 금(金)의 자리로 죽음과 살상을 상징했다. 때문에 고대인들은 평소에는 왼쪽을 숭상하고 높였다. 조선 시대 관제에서 좌의정이 우의정보다 높았던 것도 이 때문이다. 단 전시에는 적을 죽이고 물리치는 일이 중요하므로 비정상적으로 오른쪽을 높였을 것이다. 병기를 상서롭지 않은 물건으로 여기는 반전 의식은 오른쪽과 왼쪽을 대하는 태도에서도 드러나는 셈이다.

노자의 반전주의는 전쟁에 승리하고 귀환하는 자들을 대하는 태도에서도 드러난다. 노자에게 전쟁의 승리는 환영의 대상이 아니라 애도의 대상이다. 그러므로 노자는 말한다. "전쟁에 이기면 상례로 처신하라.(戰勝, 以喪禮處之)"

서양인들은 전쟁에 승리하면 그것을 기리기 위해 건축물을 세우곤 했는데 그 대표적인 예가 바로 개선문이다. 개선문은 이미 고대 로마 시대에도 있었다. 지금도 로마에 가면 티투스 개선문, 세베루스 개선문, 콘스탄티누스 개선문 등을 볼 수 있다. 동양은 어떤가? 동양에서는 서양의 개선문과 같은 승전을 기념하는 건축물을 찾아보기 힘들다. 전쟁에서 승리하고 돌아온 장수들과 병사들의 노고를 위로하는 자리는 있었지만 승전을 축하할 일로 여겨 크게 기념하는 건축물 같은 것은 세우지 않았다. 동양과 서양의 문화적 차이도 있겠지만, 여기에는 기본적으로 전쟁 자체를 흉한 일로 여기는 동양인 고유의 정서가 깔려 있다.

전쟁에서 승자의 기쁨은 패자의 고통과 슬픔을 의미한다. 이긴 자들은 축배를 들겠지만 진 자들은 절망과 굴욕에 괴로워할 것이다. 노자는 패한 자들의 슬픔에 마음을 더 두었다. 도의 자리에서 전체를 바라보는 노자로서는 승리의 기쁨 이면에 패자의 슬픔이 깃들어 있다는 사실을 간과할 수 없었기 때문이다. 그래서 장례에 임하는 예로써 패배한 자들의 슬픔을 위로하고 죽은 자들의 불행을 애도하라는 것이다.

## 판본 비교

### 죽간본

병: 君子居則貴左, 甬(用)兵則貴右. 古(故)曰兵者□□□□□□得已而
甬(用)之. 銛纏爲上, 弗媺(美)也. 敊(美)之, 是樂殺人. 夫樂□□□以得
志於天下. 古(故)吉事上左, 喪事上右. 是以卞(偏)牆(將)軍居左, 上牆
(將)軍居右, 言以喪豐(禮)居之也. 古(故)□□□, 則以㤒(哀)悲位(莅)之;
戰勑(勝)則以喪豐(禮)居之.

### 백서본

갑: 夫兵者, 不祥之器□. 物或惡之, 故有欲者弗居. 君子居則貴左,
用兵則貴右. 故兵者, 非君子之器也. □□不祥之器也, 不得已而用之,
銛襲爲上, 勿美也. 若美之, 是樂殺人也. 夫樂殺人, 不可以得志於天
下矣. 是以吉事上左, 喪事上右; 是以便(偏)將軍居左, 上將軍居右, 言
以喪禮居之也. 殺人衆, 以悲依(哀)立(莅)之; 戰勝, 以喪禮處之.

을: 夫兵者, 不祥之器也. 物或亞(惡)□, □□□□□□. □子居則貴左,
用兵則貴右. 故兵者, 非君子之器. 兵者不祥□器也, 不得已而用之, 銛
懼爲上, 勿美也. 若美之, 是樂殺人也. 夫樂殺人, 不可以得志於天下
矣. 是以吉事□□, □□□□; 是以偏將軍居左, 而上將軍居右, 言以喪
禮居之也. 殺□□, □□□立(莅)□, □朕(勝)以喪禮處之.

### 왕필본

夫佳兵者, 不祥之器. 物或惡之, 故有道者不處. 君子居則貴左, 用

兵則貴右. 兵者, 不祥之器, 非君子之器. 不得已而用之, 恬淡爲上, 勝
而不美. 而美之者, 是樂殺人. 夫樂殺人者, 則不可得志於天下矣. 吉
事尙左, 凶事尙右. 偏將軍居左, 上將軍居右, 言以喪禮處之. 殺人之
衆, 以哀悲泣之. 戰勝, 以喪禮處之.

### 죽간본과 백서본

1. 夫兵者, 不祥之器也. 物或惡之, 故有欲者弗居

이 부분은 죽간본에 나오지 않는데 착간(錯簡)일 가능성이 크다. 우
선 "夫兵者, 不祥之器也"는 뒤에서 반복되는데, 죽간본에 근거하면[234]
뒤에 있는 구절이 앞으로 나와 중복된 것 같다. 또 "物或惡之, 故有欲
者不居"는 백서본의 24장 마지막 구절에서도 볼 수 있다. 따라서 백서
본 첫머리의 "夫兵者, 不祥之器也. 物或惡之, 故有欲者不居"는 어떤
경로에 의해 이 장의 일부 경문과 24장의 일부 경문이 합쳐져 형성된
것으로 보인다.

2. 故曰兵者□□□□□□得已而用之(죽간본)
　　故兵者非君子之器也. 兵者不祥之器也, 不得已而用之(백서본)

죽간본과 비교할 때, 백서본의 일부 글자는 후대에 새로 첨가되었거
나 또는 주문(注文)일 가능성이 크다. 더욱이 백서본에서 '병자(兵者)'가
중복되는 것도 이러한 의심을 더한다.[235] 그러면 "비군자지기(非君子之器

---

234 죽간본에는 이 뒤 구절에 해당하는 구절이 훼손되어 알아볼 수 없으나, "兵者, 不祥
之器也."일 가능성이 크다.
235 이러한 의심은 과거에도 이미 몇몇 학자들이 제기한 바 있다. 가령 유사배는 다음과

(也))"와 "불상지기야(不祥之器也)" 중 어느 것이 주문 또는 첨가된 구절인가? 『문자』를 보면 "兵者, 不祥之器, 不得已而用之"라는 구절이 있으나 "非君子之器"라는 말은 없다. 따라서 백서본의 "非君子之器也"는 애초 '병자'(또는 '불상지기(不祥之器)')에 대한 주문이었는데 나중에 본문으로 잘못 끼어들었다고 추정할 수 있다. 결국 죽간본의 훼손된 부분은 "不祥之器也, 不" 여섯 글자일 가능성이 크다. 즉 죽간본의 원형은 "故曰兵者不祥之器也, 不得已而用之"였을 것이다.

### 백서본과 왕필본

1. 夫兵者, 不祥之器也(백서본)

   夫佳兵者, 不祥之器(왕필본)

과거에 이 구절과 관련하여 두 가지 견해가 제시되었다. 첫째, 가(佳)는 추(隹)의 오자이며, 이때 隹는 고대에 주(唯)와 통용되었다는 주장이다.[236] 만약 "가병자(佳兵者)"로 읽으면, 이는 '사람'을 가리키게 되어 뒤의 "불상지기(不祥之器)"와 통하지 않기 때문이다. 둘째, "不祥之器"의 '之器' 두 글자가 연문(衍文)이라는 주장이다. 이때 佳는 '좋아하다'라는 본래의 의미로 이해되어, "부가병자(夫佳兵者)"는 "무릇 군대 쓰기를 좋아하는 자"로 풀이된다. 즉 "夫佳兵者"가 사람을 의미하므로, 그 서

---

같이 지적했다. "이 구절을 살펴보면, 왕필본에는 注가 없다. 간혹 古注나 왕필주가 본문으로 삽입되는 경우가 있다. 가령 '不祥之器, 非君子之器' 두 구절은 注文에 해당하니, 대개 '非君子之器'로 위의 '不祥之器'를 해석한 것이다." 기균돈(紀昀暾) 또한 "'兵者, 不祥之器'부터 '言以喪禮處之'까지는 注가 섞여 들어간 것 같다"고 했다.

236 왕념손(王念孫)의 주장이다.

술어로 '不祥'은 가능하나 '不祥之器'는 불가능하다는 주장이다.[237] 요
컨대 전자는 『노자』 경문이 "夫唯兵者, 不祥之器"여야 한다는 것이고,
후자는 "夫佳兵者, 不祥"이어야 한다는 것이다.

그러나 백서본은 갑본, 을본 모두 "夫兵者, 不祥之器(也)"로 쓰여 있
다. 즉 논란이 되는 佳 자도 없고, 또 '之器' 두 글자도 연문이 아니다.
백서본에 근거하면 '兵者'는 분명 전쟁에 쓰이는 무기를 뜻한다. 현행본
에는 佳나 美[238] 등이 있어 '용병하는 사람'을 뜻하는 것처럼 보인다.

2. 物或惡之, 故有欲者弗居(백서갑)
　物或惡之, 故有道者不處(왕필본)

이 구절은 왕필본 24장에도 나온다. 허항생은 백서의 이 구절이 노
자 사상과 부합하지 않는다고 주장했고, 고명은 욕(欲)을 유(裕)로 읽
어야 하고 이때 裕는 道와 같은 뜻이라고 주장한다. 그 밖의 학자들은
대부분 현행본을 따라 읽는다. 그러나 24장에서 검토했듯이 백서본 원
문대로 欲 자로 읽는 것이 타당하다.[239] 즉 여기에서 欲은 단순히 '욕망'
또는 '욕심'이 아니라, '도를 행하고자 하는'이라는 뜻으로 이해하면 된다.

---

237 대표적으로 노문초(盧文弨)가 이렇게 주장했다. 또한 그는 왕선겸(王先謙)의 주장을
　　반박하여 다음과 같이 말했다. "어떤 사람은 '佳 자는 곧 唯 자가 탈락된 것일 뿐
　　이며, 唯의 고문(古文)은 隹이기에 佳로 변형되었다.'라고 하는데, 그렇지 않다. 『노
　　자』의 문장에는 '夫唯'라는 문장이 많으나 그 어세가 모두 이 문장과 다르다. ……
　　여기에서 말하는 '夫佳兵者, 不祥之器'는 이들과 같은 종류인가, 다른 종류인가?
　　…… 만약 佳 자가 唯 자의 고문이라면 어찌 『노자』에서 아홉 곳에서는 모두 금문
　　을 따르고 이 한 글자만 고문으로 되어 있겠는가?"
238 부혁본에는 "夫美兵者, 不祥之器"로 되어 있다.
239 왕필본 24장의 이 구절에 대한 설명 참조.

3. 故兵者, 非君子之器. 兵者不祥之器也. 不得已而用之

　　兵者, 不祥之器, 非君子之器. 不得已而用之

'비군자지기(非君子之器)'와 '불상지기(不祥之器)'의 위치가 바뀌어 있으며, 백서본에는 '병자(兵者)'가 앞뒤로 두 번 쓰였다. 앞서 살펴보았듯이 죽간본의 원형은 "故曰兵者不祥之器也, 不得已而用之."였을 것이다. 따라서 백서본의 "兵者, 非君子之器"는 후대에 새롭게 첨가된 부분으로 판단되는데, 왕필본의 경우도 마찬가지다.


4. 銛襲爲上[240]/恬淡爲上

　현재 대부분의 학자들은 백서본의 '섬습(銛襲)'과 왕필본의 '염담(恬淡)'을 같은 뜻으로 이해한다. 가령 백서 정리조는 "섬(銛)과 염(恬)은 고대의 음이 같으며, 습(襲)과 담(淡)은 고대의 음이 유사하다."[241]라고 말한다. 고명을 비롯한 대부분의 학자들도 여기에 따르며, 이때 '恬淡'을 '고요함(靜)'[242] 또는 '무위'[243] 등으로 이해한다.


5. 以悲哀立之(백서갑)

　　以哀悲泣之(왕필본)

백서 정리조는 입(立)을 '임하다'라는 뜻의 이(苙)로 해독하며, 따라서 '입지(立之)'는 '전쟁에 임하다'라는 뜻이 된다. 반면 왕필본의 '읍지

---

240　을본에는 "銛憺爲上"로 쓰여 있는데, '憺'은 '襲'의 이체자로 볼 수 있다.
241　『馬王堆漢墓帛書』, 15쪽, 주 59.
242　고명의 풀이다.
243　허항생의 풀이다.

(泣之)'는 '죽은 자들을 위해 눈물을 흘리다'라는 뜻이다. 그러나 바로 다음 구절의 '거지(居之)'와의 상응 관계를 고려할 때 백서본의 '立(蒞) 之'가 더 타당하다.

# 32장

# 도를 지키고 있으면
# 세상 사람들이 몰려온다

도는 항상 이름이 없고 '통나무'와 같다.
도는 비록 작으나 세상 사람들이 감히 신하로 삼을 수 없으니
만약 군주가 이 도를 지킬 수 있다면 만백성이 스스로 찾아올 것이고
천지는 서로 조화하여 단 이슬을 내릴 것이며
백성들은 명령하지 않아도 저절로 고르게 될 것이다.

'통나무'를 자르기 시작하면서 이름이 생겨났다.
이미 이름이 생겨났으면 멈출 곳을 알아야 하는 것이니
멈출 곳을 알아야 위태로워지지 않는다.
도가 세상에 자리 잡고 있는 것은, 비유하자면
작은 계곡물이 강과 바다로 몰려가는 것과 같다.

道, 恒无名, 樸.

雖小而天下弗敢臣

侯王若能守之, 萬物將自賓

天地相合, 以兪(輸)甘露

民莫之令, 而自均焉.


始制有名.

名亦旣有, 夫亦將知止

知止, 所以不殆.

譬道之在天下也

猶小谷之與江海也.



이 장에서는 도의 효능에 대해 말하고 있다. 도는 비록 하찮고 보잘
것없는 것처럼 보이지만, 지도자가 이것을 잡고 있으면 마치 냇물이 강
이나 바다로 몰려가듯이 세상 사람들이 지도자에게 저절로 몰려든다
고 주장한다.

도는 언어로 규정할 수 없는 그 무엇이다. 그러므로 '무명(无名)'이다.
하상공은 이에 대해 이렇게 풀이했다. "도는 음(陰)이 될 수 있고 양(陽)
이 될 수 있으며, 느슨하게 이완될 수도 있고 널리 펼쳐질 수도 있으며,
존재할 수도 있고 사라질 수도 있다. 그러므로 항상 이름이 없다."[244] 앞

244  이석명 역주, 앞의 책, 213쪽. "道能陰能陽, 能弛能張, 能存能亡. 故無常名."

서 1장에서도 "도가도, 비상도; 명가명, 비상명(道可道, 非常道; 名可名, 非常名)"이라 하여 도는 언어나 이름으로 규정할 수 없다고 말했다.

노자는 이러한 도를 다시 '통나무'에 비유한다. 여기에서 말하는 통나무는 물론 28장에서 말하는 "박산위기(樸散爲器)"의 통나무다. 즉 개별 '그릇(器)'으로 분산되기 이전의 원형으로서의 통나무다. 통나무는 아직 다듬어지지 않은 시원의 재료이므로 무엇으로도 변환될 수 있다. 술잔을 만들면 술잔이 될 것이고, 밥그릇을 만들면 밥그릇이 될 것이며, 책상을 만들면 책상이 될 것이다. 이러한 무한한 가능성이 바로 도를 닮았다는 것이다. 요컨대 '통나무'는 도의 또 다른 명칭으로 하나의 무한한 가능태를 상징한다.

그러면 어째서 도를 '작다(小)'고 표현하는가? 우선 도는 인간의 인식 감관으로는 포착할 수 없다는 점에서 '작다', 즉 은미하다고 말할 수 있다. 또한 도는 보잘것없다는 의미에서 '작다'고 할 수도 있다. 도는 보이지 않는 것이기에 대개 사람들은 무시하고 하찮게 여긴다. 그러나 이처럼 보이지도 않고 보잘것없어도 도를 부릴 수 있는 사람은 세상에 아무도 없다. 도는 비록 드러나지는 않지만 모든 사물의 배후에서 각각의 존재 원리로 작용하기 때문이다.

이러한 도를 잡고 있는 사람은 표면적으로는 보잘것없고 하찮게 보일 수도 있다. 그러나 특히 제후나 왕이 이 도를 잘 잡고 있으면 여러 가지 효능이 발생한다고 한다.

첫째, 만백성이 저절로 복종해 온다. 원문 "만물장자빈(萬物將自賓)"에서 '빈'은 손님이라는 의미다. 손님은 주인에게 공손히 복종한다. 지도자가 이 도를 잡고 잘 지키면 손님이 주인에게 공손히 복종하듯이 모든 백성들이 그에게 자발적으로 복종해 오게 된다는 것이다.

둘째, 천지자연이 조화로워진다. 동양 사상에서 자연과 인간은 하나의 유기적 결합체로 간주된다. 특히 한 나라의 지도자인 군주는, 25장에서 "도대, 천대, 지대, 왕역대(道大, 天大, 地大, 王亦大)"라고 말했듯이 '도', '천', '지'와 동등한 위치를 차지하는 특별한 존재다. 따라서 군주가 도를 잡고 지키고 있으면 그 영향력이 천지에까지 미친다고 보았다. 그리고 그 결과 천지가 서로 조화를 이루어 '감로(甘露)'를 내린다는 것이다. 여기에서 '감로'란 문자 그대로 '단 이슬'을 의미할 수도 있지만, 인간이 필요로 할 때 내리는 적절한 비, 즉 '시우(時雨)'를 의미하기도 한다.

셋째, 백성이 저절로 고르게 된다. 노자 철학에서 도를 잡은 군주는 무위 정치를 실행한다. 무위 정치는 백성의 자발성을 존중하므로 가능한 한 명령하거나 지시하지 않는 것을 원칙으로 삼는다. 따라서 국가 지도자가 이 도를 잡고 무위 정치를 하면 백성들은 굳이 명령하거나 지시하지 않아도 저절로 다스려지고 질서를 유지하게 된다는 것이다.

인간 세상의 문제는 도에서 벗어나면서 발생했다. 도를 벗어나는 순간 사람들은 이것과 저것을 분별하기 시작한다. 도를 벗어나면서부터 옳고 그름을 따지기 시작했다. 이러한 분별 작용이 멈추지 않으면 세상은 어지러워진다. 노자는 이를 통나무에 비유해 말한다. "'통나무'를 자르기 시작하면서 이름이 생겨났다. 이미 이름이 생겨났으면 멈출 곳을 알아야 하는 것이니, 멈출 곳을 알아야 위태로워지지 않는다.〔始制有名. 名亦旣有, 夫亦將知止, 知止, 所以不殆〕"

'통나무'에 칼을 대면서, 그리하여 통나무가 이것저것으로 갈라지면서 어떤 구체적 '그릇'들이 만들어졌고, 그 구체적인 그릇들이 만들어지면서 '이름'이 생겨났다. 밥그릇, 술잔, 책상 등으로 말이다. 이러한 그릇들이 만들어지고 거기에 이름이 붙는다는 것은 문명 시작되었다는 것이며, 그것은 곧 욕망의 발현을 의미한다.

인간이 문명사회 속으로 진입하면서부터 욕망의 절제가 필요해졌다. 문명 이전의 단계에서는 사람들의 성품이 소박하여 굳이 자기 절제를 할 필요가 없었다. 마음 내키는 대로 움직이고 행동해도 도에서 크게 어긋나지 않았다. 그러나 '통나무'가 잘리기 시작하면서, 즉 인간이 문명 생활을 시작하면서 인간들은 여러 가지 절제와 통제가 필요하게 되었다. '이름'이 생기기 시작하면서, 즉 이것과 저것을 분별하면서 과도한 욕망이 발현했고, 이런 상태에서 각자의 욕망을 적절히 통제하지 않으면 시비와 분쟁이 발생했기 때문이다. 요컨대 멈출 줄 알아야 하게 된 것이다. 멈추어야 할 곳에서 멈출 줄 알아야 서로 조화를 유지하며 위태롭지 않게 살아갈 수 있게 되었다는 말이다.

그러므로 위정자의 입장에서는 도의 회복이 필수적이다. 도가 회복되어 위정자가 도를 잡고 그것을 실천할 수 있다면 세상은 굳이 다스릴 필요가 없다. 위정자가 이 도를 잡고 지킬 수만 있다면, 온 계곡물이 스스로 강이나 바다로 몰려가듯이 백성들이 자발적으로 다가와 복종할 테니 말이다. 이 점에 대해 왕필은 다음과 같이 말했다. "냇물과 골짜기 물이 강과 바다로 몰려가는 것은 강과 바다가 부르거나 요청해서가 아니라 스스로 찾아가는 것이다. 세상에서 도를 행하는 자가 있으면 백성은 시키지 않아도 저절로 고르게 되고 구하지 않아도 저절로 얻게 된다. 그러므로 냇물과 골짜기 물이 강과 바다로 흘러가는 것과 같다고 말하는 것이다."[245]

## 판본 비교

### 죽간본

갑: ■道互(恒)亡名僕(樸), 唯(雖)妻(微), 天陛(地)弗敢臣, 侯王女(如)能獸(守)之, 萬勿(物)牉(將)自賓(賓). ■天陛(地)相合也, 以逾甘雺(露). 民莫之命(令)天〈而〉自均安. 訂(始)折(制)又(有)名, 名亦旣又(有), 夫亦牉(將)智(知)止, 智(知)止所以不訂(殆). 卑(譬)道之才(在)天下也, 猷(猶)少(小)浴(谷)之與江洧(海).

### 백서본

갑: 道恒无名樫(樸), 唯(雖)□□□□□□□, □王若能守之, 萬物將自賓. 天地相谷(合), 以兪甘洛(露). 民莫之□, □□均焉. 始制有□. □□□有. 夫□□□□, □□所以不□. 俾(譬)道之在天□□, □□浴(谷)之與江海也.

을: 道恒无名樸, 唯(雖)小, 而天下弗敢臣. 侯王若能守之, 萬物將自賓. 天地相合, 以兪甘洛(露). □□□令, 而自均焉. 始制有名, 名亦旣有. 夫亦將知止, 知止所以不殆. 卑(譬)□□在天下也, 猷(猶)小浴(谷)之與江海也.

### 왕필본

道常無名. 樸雖小, 天下莫能臣也. 侯王若能守之, 萬物將自賓. 天

---

245 樓宇烈 校釋, 앞의 책, 82쪽. "川谷之與江海, 非江海召之, 不召不求而自歸者也. 行道於天下者, 不令而自均, 不求而自得, 故曰猶川谷之與江海也."

地相合, 以降甘露, 民莫之令而自均. 始制有名, 名亦旣有. 夫亦將知止, 知止可以不殆. 譬道之在天下, 猶川谷之於江海.

### 죽간본과 백서본

1. 雖微, 天地弗敢臣(죽간본)

　雖小, 而天下弗敢臣(백서을)

미(微)와 소(小)의 차이, 그리고 '천지(天地)'와 '천하(天下)'의 차이가 보인다. 우선 小와 微는 모두 '작다'는 뜻을 지니고 있으므로 서로 통용될 수 있다.[246] 반면 '天下'와 '天地'는 비슷하기는 하나 그 의미 영역에 조금 차이가 있다. 즉 '天下'가 인간 세상을 대상으로 하는 말이라면, '天地'는 우주 자연을 가리키는 말로 볼 수 있다. 이 구절의 주어는 도(道)이므로, 이 도를 인간 세상의 도로 보느냐, 우주 자연의 도로 보느냐에 따라 '天下' 혹은 '天地'로 달라질 수 있다. 백서본은 '인간 세상의 도'에 중점을 둔 까닭에 '天下'라는 용어를 사용했고, 죽간본은 '자연의 도'에 중점을 두었으므로 '天地'라고 했다. 이러한 차이는 죽간본이 주로 소박한 무위자연의 도를, 백서본이 주로 황로학을 배경으로 하는 무위 정치의 도를 중심으로 전개되었다는 데 기인할 것이다.

2. 萬物將自賓. ■天地相合也

죽간본에는 "만물장자빈(萬物將自賓)"과 "천지상합야(天地相合也)" 사이에 '■'표시가 있다. 이는 곧 "萬物將自賓" 이전과 "天地相合也" 이

---

246 『廣雅』「釋詁二」, "微, 小也."

후가 본래 별개의 장이었을 가능성을 암시한다.

### 백서본과 왕필본

1. 天下弗敢臣(백서을)

　　天下莫能臣也(왕필본)

'불감신(弗敢臣)'과 '막능신(莫能臣)'의 차이다. 전통 판본들에는 이 두 형태가 모두 보인다. 하상공본, 수주본, 경룡본 등은 백서본과 같이 '不敢臣'으로 되어 있고, 부혁본, 범응원본, 팽본 등은 왕필본처럼 '莫能臣'으로 되어 있다. 전자는 '감히 신하로 삼지 못하다'라는 의미인 반면, 후자는 '아무도 신하로 삼을 수 없다'라는 의미다. 전체적 맥락은 서로 비슷하다고 할 수 있으나, 각각 '주관적 태도'와 '객관적 사실'이라는 차이를 드러낸다. 즉 전자가 도를 대하는 '나' 또는 '우리'의 심리적 상태를 표현했다면, 후자는 도의 객관적 특성을 서술한 것으로 볼 수 있다.

　백서본의 "道恒无名樸, 雖小而天下弗敢臣"은 과거 왕필본에서 종종 "道常無名. 樸雖小, 天下莫能臣也"로 읽고 해석하는 경우가 많았다. 즉 박(樸)을 "雖小, 天地弗敢臣"에 붙여 읽고 해석한 것이다. 그러나 樸은 '무명(无名)'과 더불어 도를 형용하는 말이 되므로, "道常無名"에 붙여 읽는 것이 낫다. 기존과 같이 읽을 경우 이 단락은 "도는 항상 이름이 없다"라는 문장과 "통나무는 비록 작으나 ……"라는 문장이 앞뒤로 이어져 그 연결이 자연스럽지 못하다. 『노자』에서 无名과 樸은 모두 도를 가리키는 표현들이므로 여기에서도 양자 모두 도를 수식하는 말로 보는 것이 합당하다.

---

2. 以㿜甘露(백서본)

　以降甘露(왕필본)

유(㿜)와 강(降)의 차이가 보인다. 고명은 백서본의 㿜를 우(雨)의 빌린 글자로 보았다. 이때 '雨'는 동사로서 降과 같은 '내리다'의 뜻이다. 그러나 백서 정리조는 백서본의 㿜를 유(揄) 또는 수(輸)로 읽는다.[247] 揄는 '퍼내다', 輸는 '보내다'의 뜻을 지니고 있으므로, "이유감로(以㿜甘露)"는 '감로를 유출해 내다'라는 의미로 풀이할 수 있다. 필자는 백서 정리조의 주석에 따라 㿜를 輸로 읽는다. 문자 형태로 볼 때 輸 자에서 車가 생략된 글자가 바로 㿜 자가 되므로, 백서본의 㿜는 雨보다는 輸에 가깝다. 죽간본에도 逾와 비슷한 글자로 되어 있다.


3. 所以不殆(백서을)

　可以不殆(왕필본)

'소이(所以)'와 '가이(可以)'의 차이가 보인다. 하상공본과 부혁본 등을 비롯한 대부분의 전통 판본도 백서본과 같다. 왕필주에도 "고지지소이불태야(故知止所以不殆也)"로 되어 있다. 따라서 현재 왕필본의 형태는 후대에 개조된 것으로 보인다.


4. 猶小谷之與江海也(백서을)

　猶川谷之於江海(왕필본)

첫째, '소곡(小谷)'과 '천곡(川谷)'의 차이가 보인다. 이에 대해 백서 정

---

247 『馬王堆漢墓帛書』, 15쪽, 주 60 참조.

리조는 다음과 같이 주를 달았다. "小는 현행본에 川으로 되어 있다.
『묵자』「친토(親土)」편에 '是故江河不惡小谷之滿已也, 故能大'라고
하여, 또한 '小谷'이라고 말했으니 백서 을본과 합치한다."[248] 죽간본에
도 '小谷'으로 되어 있다. 小 자의 모양이 川 자와 비슷해 후대 사람들
이 잘못 옮겨 쓴 것으로 보인다.

　둘째, 여(與)와 어(於)의 차이가 보인다. 이 경우도 백서본을 따르는
것이 낫다. 부혁본과 하상공본 등 대부분의 전통 판본에도 백서본처럼
與로 되어 있고, 더욱이 왕필주에서도 "故曰猶川谷之與江海也"로 되
어 있기 때문이다. 죽간본에도 與로 되어 있다.

---

**248** 같은 책, 99쪽, 주 35.

---

# 33장

# 자신을 아는 사람이야말로
# 참으로 밝다

남을 아는 사람은 지혜롭다 할 수 있으나
자신을 아는 사람이야말로 참으로 밝다.
남을 이기는 사람은 힘이 있다 할 수 있으나
자신을 이기는 사람이야말로 참으로 강하다.

만족할 줄 아는 사람은 부유하지만
억지로 행하는 사람은 의욕만 높다.

자기 자리를 잃지 않는 사람은 단지 오래가는 것일 뿐이고
죽어도 잊히지 않는 사람이야말로 참으로 오래 사는 것이다.

知人者, 知也
自知者, 明也.

勝人者, 有力也
自勝者, 強也.

知足者, 富也
強行者, 有志也.

不失其所者, 久也
死不忘者, 壽也.


　내용이 단순한 듯하지만 해석하기 쉽지 않은 장이다. 첫 단락은 일괄
적으로 '부정-긍정'의 구조로 되어 있어 그 의미가 명확히 들어온다. 그
런데 두 번째 단락과 세 번째 단락은 '긍정-부정/긍정-긍정' 또는 '긍
정-긍정/긍정-긍정'으로 해석할 수 있어 첫 단락의 논조와 조화를 이루
지 못한다. 그리고 전체적으로 무엇을 말하고자 하는 것인지도 분명하
지 않다. 단순히 전해 오는 여러 금언을 모아 놓은 것 같기도 하다. 죽
간본에도 없다. 각자 느끼는 대로 이해할 뿐이다.


## 판본 비교

### 백서본

갑: 知人者, 知也; 自知□, □□. □□者, 有力也; 自勝者, □□. □□

□, □也; 強行者, 有志也. 不失其所者, 久也; 死不忘者, 壽也.

을: 知人者, 知也; 自知, 明也. 朕(勝)人者, 有力也; 自朕(勝)者, 強也. 知足者, 富也; 強行者, 有志也. 不失其所者, 久也; 死而不忘者, 壽也.

**왕필본**

知人者, 智; 自知者, 明. 勝人者, 有力; 自勝者, 強. 知足者, 富; 強行者有志. 不失其所者, 久; 死而不亡者, 壽.

전체적으로 뚜렷한 차이점이 없다. 왕필본은 백서본에 보이는 야(也) 자들을 생략함으로써 문장을 정형화했을 뿐이다.

## 34장

# 위대하다 여기지 않기 때문에 위대하다

도는 넘실거리는 물처럼
좌우 어디든 이를 수 있지만
공을 이루고 일을 완수하여도
그 명예를 소유하지 않는다.

만물이 귀의하여도 주인 노릇 않으니
이처럼 늘 욕심 없기에 '작다'고 할 수 있으며
만물이 귀의하여도 주인 노릇 않으니
진정 '크다'고 이름할 수 있다.

그러므로 성인이 위대할 수 있는 것은
스스로 위대하다 여기지 않기 때문인 것,
이 때문에 그 위대함을 이룰 수 있다.

道, 汎兮
其可左右也.
成功遂事
而弗名有也.

萬物歸焉, 而弗爲主
則恒无欲也, 可名於小.
萬物歸焉, 而弗爲主
可名於大.

是以聖人之能成大也
以其不爲大也
故能成大.


도의 위대함에 대해 노래하고 있다. 도는 흘러넘치는 물처럼 모든 곳
에 존재하면서 온갖 공능을 발휘하지만 그 공을 자기 것으로 소유하지
않고, 온갖 사물이 귀의해 오지만 그것들을 지배하려 들지 않는다. 이
처럼 도는 스스로를 위대하다 여기지 않는데, 바로 이러한 도의 태도에
그 위대함이 있다는 것이다.

노자는 도를 종종 물에 비유한다. 도는 보이지도 들리지도 만져지지
도 않기에 물에 의지해 좀 더 구체적으로 드러내고자 했을 것이다. 여
기에서도 그러한 의도가 엿보인다. 넘치는 물처럼 도는 어디로든 자유

로이 흐를 수 있다는 말은 그 어떤 사물에도 도의 작용이 미칠 수 있다는 의미일 것이다. 왕필은 다음과 같이 말했다. "도는 넘쳐흘러 이르지 못하는 곳이 없다. 상하좌우로 두루 흘러 쓰이니, 이르지 못하는 곳이 없다."[249] 이는 곧 도의 무소부재한 보편성을 말한다.

도는 욕심이 없다. 생명을 나게 하고도 그것을 자신의 공으로 여기지 않고, 뭇 사물을 길러 주고도 그것을 자신의 능력으로 생각하지 않는다. 도의 이러한 욕심 없음 때문에 만물은 도의 공과 능력을 알아차리지 못한다. 이러한 도의 모습을 노자는 '작다(小)'고 표현한다. 이 점에 대해 왕필은 또 다음과 같이 설명한다. "만물은 모두 도로 말미암아 생겨나지만, 이미 생겨나면 그 생겨난 본원을 알지 못한다. 그러므로 천하가 항상 무욕의 상태에 있을 때 만물은 각각 그 마땅한 바를 얻으니, 마치 도가 사물에 베푼 게 없는 것 같다. 그러므로 '작다'고 이름한다."[250] 도는 공을 이루고도 공을 드러내지 않기에, 만물의 입장에서는 도의 은혜가 은혜로 느껴지지 않으며, 나아가 도 자체가 의식되지 않는다는 것이다. 이처럼 만물에 의식되지 않는 도는 그저 '보잘것없는 것', 즉 작은 것으로 여겨진다.

그러나 만물을 생성하고 길러 주면서도 만물로 하여금 의식하지 못하게 하는 것이야말로 도의 진정한 위대함이다. 자신의 공을 드러내지 않음으로써 남들이 자신의 공을 알지 못하게 하는 것은 진정 사소한

249 樓宇烈 校釋, 앞의 책, 86쪽. "道氾濫無所不適, 可左右上下周旋而用, 則無所不至也."
250 같은 곳. "萬物皆由道而生, 旣生而不知其所由. 故天下常無欲之時, 萬物各得其所, 若道無施於物, 故名於小矣."

일이 아니다. 왕필은 또 다음과 같이 설명한다. "만물이 모두 도에 귀의
하여 생겨나는데도, 도는 그 생겨난 본원을 알지 못하게 한다. 이러한
일은 결코 작은 것이 아니다. 그러므로 다시 '크다'고 이름할 수 있다."[251]

　　결국 경문에서 말하는 '작다'와 '크다'는 서로 별개의 말이 아니다. 만
물이 의식하지 않기에 도는 위대하고, 만물이 그 위대성을 의식하지 못
하므로 도는 만물에 그저 사소한 것으로 여겨진다. 따라서 도는 위대
하다고 말하고자 하나 그것이 의식되지 않고〔小〕, 작다고 말하고자 하
나 모든 사물이 그것에서 비롯되는 위대함〔大〕이 있다. 스스로 위대하
다 여기지 않기 때문에 오히려 위대함을 이룰 수 있는 것이다. 여기에
바로 도의 위대함이 있다. 성인은 바로 이러한 도의 모습을 본받기에
위대하다 할 수 있는 것이다.

## 판본 비교

### 백서본

갑: 道汎□, □□□□□, □□遂事而弗名有也. 萬物歸焉而弗爲主, 則
恒无欲也, 可名於小. 萬物歸焉□□爲主, 可名於大. 是□聲(聖)人之能
成大也, 以其不爲大也, 故能成大.

을: 道渢(汎)呵, 其可左右也. 成功遂□□弗名有也. 萬物歸焉而弗爲
主, 則恒无欲也, 可名於小. 萬物歸焉而弗爲主, 可命(名)於大. 是以耵

---

251　같은 곳. "萬物皆歸之以生, 而力使不知其所由. 此不爲小, 故復可名於大矣."

(聖)人之能成大也, 以其不爲大也, 故能成大.

**왕필본**

大道氾兮, 其可左右. 萬物恃之而生而不辭, 功成不名有, 衣養萬物
而不爲主. 常無欲, 可名於小; 萬物歸焉而不爲主, 可名爲大. 以其終
不自爲大, 故能成其大.

1. 成功遂事而弗名有也(백서본)
　　萬物恃之而生而不辭, 功成不名有

우선 백서본에는 왕필본의 "만물시지이생이불사(萬物恃之而生而不
辭)" 구절이 보이지 않는다. 이 구절은 도가 지닌 만물 생성의 공능을
강조하기 위해 후대에 새롭게 첨가되었을 것이다. 다음으로 백서본의
"성공수사이불명유야(成功遂事而弗名有也)"가 왕필본에서는 "공성불명유
(功成不名有)"로 단순화되었다. 왕필본에서는 '수사(遂事)' 부분을 의도
적으로 누락한 것 같다. '성공수사(成功遂事)'는 『노자』에서 자주 쓰이
는 상용구인데, '成功'에는 사실 '遂事'의 의미까지 들어 있다. 따라서
왕필본에서는 앞의 "萬物恃之而生而不辭"를 추가하면서, 문장이 지나
치게 방만해지자 기존의 "成功遂事而弗名有也"를 "功成不名有"로 간
단히 줄였을 것이다.

2. 萬物歸焉而弗爲主, 則恒无欲也, 可名於小; 萬物歸焉而弗爲主,
　　可名於大(백서을)
　　衣養萬物而不爲主, 常無欲, 可名於小; 萬物歸焉而不爲主, 可名

爲大(왕필본)

백서본은 앞뒤 구절이 동일한 서술 구조로 되어 있는 데 비해, 왕필
본은 앞뒤 구절의 서술 구조가 다르다. 구체적으로 살펴보면, 백서본은
앞뒤 구절 모두 '만물귀언(萬物歸焉)'으로 시작하고 있으나, 왕필본의 경
우 앞 구절은 '의양만물(衣養萬物)'로, 뒤 구절은 '만물귀언(萬物歸焉)'으
로 시작한다. 또한 양자 사이에는 내용에도 일정한 차이가 있다. 즉 왕
필본의 경우는 도가 주동적으로 만물을 기른다는 의미인 반면, 백서본
의 경우는 도의 그러한 행위가 전제되지 않아도 만물이 자발적으로 도
에 귀의한다는 뜻이다.

한편 백서본에서는 '가명어소(可名於小)'와 '가명어대(可名於大)'가 어
떻게 구별되느냐는 문제가 제기될 수 있다. 앞뒤 구절 모두 "만물이 귀
의하여도 주인 노릇 하지 않는다(萬物歸焉而弗爲主)"로 기술되는데, 앞
구절은 '可名於小[작다고 이름할 수 있다]'로, 뒤 구절은 '可名於大[크다고
이름할 수 있다]'로 서로 다른 종결어를 이끌고 있기 때문이다. 단지 "만
물귀언이불위주(萬物歸焉而弗爲主)" 다음에 "즉항무욕야(則恒无欲也)"가
있고 없고의 차이뿐이다. 따라서 '可名於小'와 '可名於大'의 분기점을
"항무욕야(恒无欲也)"의 유무와 연관 지어 찾아볼 수밖에 없다.

그러면 여기에서 "恒无欲也"는 어떤 의미를 지니기에 '小'라고 이름할
수 있는가? 일반적으로 '無欲'은 '무위'와 더불어 노자 사상의 핵심 개
념이다. 따라서 얼핏 보기에 "항상 욕심이 없기 때문에 '작다'고 이름할
수 있다(恒无欲也, 可名於小)"라는 말은 쉽게 이해가 되지 않는다. 때문에
과거 많은 학자들이 왕필본의 "상무욕(常無欲)"에 대해 의혹을 제기했
다. 일부 학자들은 "常無欲"을 연문으로 처리해야 한다고 주장했다. 가

령 해동은 "각 판본의 '可名於小' 앞에 '常無欲'이 군더더기로 붙어 있어 의미가 통하지 않으니, 고환본에 근거하여 삭제한다."(『노자집해(老子集解)』)라고 했고, 장석창은 "'常無欲' 세 자는 왕필주의 '고천하상무욕지시(故天下常無欲之時)'에서 잘못 끼어든 것으로, 돈황정본에는 이 세 자가 없다."(『노자교힐(老子校詁)』)고 했으며, 엄영봉은 "원래 '常無欲' 세 자가 있으나, 고환본·이영본·차해본 그리고 당나라 사람이 지은 잔권 정본에도 이 구가 없다. 살펴보건대 이 세 자는 이 구절에서 별 의미가 없으니, 아마 제1장 '상무욕이관기묘(常無欲以觀其妙)'의 일부가 잘못 끼어들어 여기에 다시 나온 것 같다. 그러므로 '고환본'에 의거하여 삭제한다."(『노자장구신편(老子章句新編)』)라고 했다. 한편 고형은 '常無欲'에서 욕(欲) 자만을 연문으로 보고 다음과 같이 주장했다. "欲 자는 아마도 연문인 것 같다. '常無'란 도의 본체가 진실로 무라는 것을 가리킨다. 오직 그것이 항상 무이기에 小라고 이름할 수 있는 것이다. 그러나 欲 자 하나를 덧붙이면 의미가 통할 수 없다." 그러나 현재 백서 갑·을본 모두에 "恒无欲也"가 들어 있으므로, 왕필본의 "常無欲"은 연문이라 할 수 없다.

그러면 '可名於小'와 '可名於大'의 문제를 어떻게 해결할 수 있는가? 고명은 이 문제의 해결을 위해 『한비자』 「해로」 편의 다음 구절을 인용한다.

무위(無爲)하고 무사(無思)하여 마음이 텅 비어 있는 자를 귀하게 여기는 까닭은, 그의 뜻에 제약되는 바가 없기 때문이다. 도가 없는 자는 의도적으로 무위, 무사하여 마음을 비우고자 한다. 의도적으로 무위, 무사하여 마음을 비우고자 하는 자는 그 뜻이 항상 '비움[虛]'을 잊지 않으니, 이는 오히려 비움에 제약받는 것이다. '빔'이란 자기 뜻에 제약받는 바가 없음을 말한다. 지금 비움에 제약받는다면, 이는 '비움'이 아니다. 마음이 빈 자의 무위는 무위를 고정된 법칙으로 삼지 않는다. 무위를 고정된 법칙으로 삼지 않으면 마음이 비게 되며, 마음이 비면 덕이 홍성해지니, 덕이 홍성한 것을 최고의 덕이라 한다.[252]

이 말의 요지는, 진실로 도를 체득한 사람은 무위하고자 해서 무위하거나 무욕하고자 해서 무욕하는 게 아니라는 것이다. 무위하거나 무욕하려는 의식이 오히려 무위와 무욕에 제약이 될 수 있다고 보기 때문이다. 따라서 마음속에 무위와 무욕에 대한 일체의 생각이나 의식이 없을 때 진실로 무위와 무욕에 이를 수 있다고 본다. 한비자의 이런 관점에서 위 문제를 살펴보면, "항무욕야, 가명어소(恒无欲也, 可名於小)"는, "항상 무욕하고자 의도적으로 지향하면, 小라고 이름할 수 있다."라고 풀이할 수 있다.

그러나 '可名於小'에 대한 이러한 설명은 아직 완전하거나 충분하지 못하다. 무엇보다 "恒无欲也"를 「해로」편의 글처럼 "항상 무욕하고자 한다."라고 해석할 수 없기 때문이다. 도는 무욕하려 해서 무욕하고 유욕하려 해서 유욕하는 인격적 존재가 아니다.

---

252 『韓非子』「解老」. "所以貴無爲無思爲虛者, 謂其意無所制也. 夫無術者, 故以無爲無思爲虛也. 夫故以無爲無思爲虛者, 其意常不忘虛, 是制於爲虛也. 虛者, 謂其意所無制也. 今制於爲虛, 是不虛也. 虛者之無爲也, 不以無爲爲有常. 不以無爲爲有常, 則虛; 虛, 則德盛; 德盛之謂上德."

도는 만물의 생성과 존재의 근거이다. 이는 만물에 대한 도의 위대한 은혜이자 베풂이다. 그러나 도는 항상 무욕하다. 그래서 도는 그러한 공을 자처하지 않으므로 만물은 도의 은혜를 알지 못한다. 즉 만물의 입장에서는 도의 은혜가 은혜로 느껴지지 않으며, 나아가 도 자체를 의식하지 않는다. 이 경우 만물에 의식되는 도는 보잘것없는 것, 즉 小가 된다. 이것이 바로 경문 "萬物歸焉而弗爲主, 則恒无欲也, 可名於小"에서 말하고자 하는 뜻이다. 한편 만물을 생성하고 길러 주면서도 만물로 하여금 의식하지 못하게 하는 것이야말로 진정한 위대함이기에 도는 다시 大라고 이름할 수 있다. 그러므로 "萬物歸焉而弗爲主, 可名於大"라고 말할 수 있는 것이다. 결국 경문의 小와 大는 별개의 말이 아니다.

3. 是以聖人之能成大也, 以其不爲大也, 故能成大(백서본)
   以其終不自爲大, 故能成其大(왕필본)

백서본의 "시이성인지능성대야(是以聖人之能成大也)" 구는 왕필본에는 없지만 다른 대부분의 전통본에는 있다.(단 하상공본과 돈황권본에는 없다.) 따라서 왕필본을 비롯한 일부 판본에서는 이 구가 누락되었거나, 중복을 피하기 위해 의도적으로 생략한 것으로 보인다.

# 35장

# 도는 담백하여 아무런 맛이 없다

'거대한 형상[道]'을 잡고 있으면
세상 사람들이 귀의해 온다.
귀의하면 해로움이 없으니
안정되고, 평온하며, 태평하다.

화려한 음악과 맛있는 음식은
나그네를 멈추게 하지만,
진실로 도에 관한 말은
담백하여 아무런 맛이 없다.

보려고 해도 볼 수 없고
들으려 해도 들을 수 없으나
아무리 써도 다함이 없다.

執大象

天下往.

往而不害

安·平·太.


樂與餌

過客止.

故道之出言也

曰: 淡兮, 其无味也.


視之, 不足見也

聽之, 不足聞也

用之, 不可旣也.



　　도의 효능과 그 성격에 대해 말하는 이 장은 죽간본에도 나오는 것으로 보아 고층대의 『노자』 텍스트에 속한다.

　　14장에서 "무물지상(無物之象)"이라고 했듯이 도는 형상이 없다. 그러나 형상이 없기에 모든 형상을 품을 수 있고 수용할 수 있다. 그러므로 도는 아주 거대한 형상이라고도 말할 수 있다. 이러한 도를 상징적으로 표현한 말이 바로 '대상(大象)'이다.

　　도는 형상이 없으므로 포착하기가 쉽지 않다. 그러나 노자는 일단 이 '대상'을 파악하여 지킬 수만 있다면 세상 사람들이 몰려든다고 본다. 앞서 32장에서도 "만약 군주가 이 도를 지킬 수 있다면 만백성이 스스로 찾아올 것이다."[253]라고 하였고, 뒤의 37장에서도 "군주가 이 도를 잘 지킨다면, 만백성은 저절로 변화할 것이다."[254]라고 말하고 있다. 그리고 노자는 이렇게 도를 향해 몰려든 사람들은 모두 평안해진다고 말한다. 이처럼 도는 그 효능이 대단하다.

그런데 문제는 이 도가 사람들의 관심을 끌지 못한다는 사실이다. 세상 사람들은 도의 효능을 알아채지 못하고 그것의 중요성을 인식하지 못한다. 그것은 도가 '맛'이 없기 때문이다. 사람들을 끌어당기는 자극적인 요소가 없기 때문이다. 그러므로 노자는 말한다. "화려한 음악과 맛있는 음식은 나그네를 멈추게 하지만, 진실로 도에 관한 말은 담백하여 아무런 맛이 없다.(樂與餌, 過客止. 故道之出言也, 曰: 淡兮, 其無味也)"

사람들은 대개 감각적이고 자극적인 것에 끌리는 성향이 있다. 그러나 도는 화려하거나 자극적이지 않다. 맛으로 따지면 담백하기 그지없다. 마치 맹물처럼 무미 염담하다. 때문에 사람들은 귀중한 도의 말, 즉 진리를 들어도 별 재미를 느끼지 못하고 관심을 갖지 않는다. 일상적 상식의 세계에 사는 우리 대부분은 영화나 스포츠, 돈 버는 법이나 처세술 같은 것에나 관심을 쏟을 뿐, 도니 진리니 하는 것들에 대해서는 그저 맹숭맹숭하고 싱거워 별 볼 일 없는 것으로 생각한다.[255] 왕필은 이 구절에 대해 다음과 같은 주석을 달았다. "사람들은 도에 관한 말을 들으면, 때에 잘 들어맞고 사람의 마음을 즐겁게 하는 화려한 음악과

253 "侯王若能守之, 萬物將自賓."
254 "侯王若能守之, 萬物將自化."
255 오강남 풀이, 앞의 책, 156쪽.

맛있는 음식만 못하다고 느낀다. 화려한 음악과 맛있는 음식은 지나가
는 나그네를 멈추게 할 수 있지만, 도에 관한 말은 담백하여 아무런 맛
이 없다."[256]


## 판본 비교

### 죽간본

병: 執[257]大象, 天下往. 往而不害, 安坪(平)大. 樂與餌, 怘(過)客止.
古(故)道□□□, 淡可(呵)其無味也. 視之不足見, 聖(聽)之不足餇(聞), 而
不可旣也.


### 백서본

갑: 執大象, □□往. 往而不害, 安平大. 樂與餌, 過格(客)止. 故道之
出言也曰: 談(淡)呵其无味也. □□, 不足見也. 聽之, 不足聞也. 用之,
不可旣也.

을: 執大象, 天下往. 往而不害, 安平大. 樂與□, 過格(客)止. 故道之
出言也曰: 淡呵其无味也. 視之, 不足見也. 聽之, 不足聞也. 用之, 不
可旣也.


---

256  樓宇烈 校釋, 앞의 책, 88쪽. "人聞道之言, 乃更不如樂與餌, 應時感悅人心也. 樂
     與餌則能令過客止, 而道之出言淡然無味."
257  구석규는 設 자로 해독한다.

## 왕필본

執大象, 天下往. 往而不害, 安平太. 樂與餌, 過客止. 道之出口, 淡乎其無味. 視之不足見, 聽之不足聞, 用之, 不足既.

## 죽간본과 백서본

而不可旣也(죽간본)

用之, 不可旣也(백서본)

죽간본에는 백서본의 "용지(用之)" 부분이 보이지 않는다. 백서본에서 마지막 세 구, 즉 "시지, 부족견야(視之, 不足見也)", "청지, 부족문야(聽之, 不足聞也)", "용지, 불가기야(用之, 不可旣也)"는 '시(視)', '청(聽)', '용(用)'의 세 측면에서 각각 도를 설명하며 병렬 구를 이룬다. 반면에 죽간본에서는 마지막 "이불가기야(而不可旣也)"가 앞의 "시지부족견(視之不足見)"이나 "청지부족문(聽之不足聞)"과 병렬 구조를 이루지 않는다. 이 두 구는 도를 '視'와 '聽'이라는 개별적 관점에서 설명하고, "而不可旣也"는 이러한 개별적 관점을 넘어 도의 성격을 포괄적으로 규정하고 있다.

## 백서본과 왕필본

1. 故道之出言也曰(백서본)

   道之出口(왕필본)

왕필본의 '출구(出口)'는 백서본에 따라 '출언(出言)'으로 고쳐야 한다. 이는 왕필주를 보아도 알 수 있다. 이 구에 대한 왕필주는 "而道之出言, 淡然無味."(도에 관한 말은 담백하여 아무런 맛이 없다.)다. 또한 23장의 "희언자연(希言自然)"에 대한 왕필주에도 "下章言, 道之出言, 淡兮其無

味也."(아래 장에서 '도에 관한 말은 담백하여 아무런 맛이 없다'고 했다.)라고 쓰여 있다. 따라서 왕필이 보았던 애초의 판본에는 백서본과 같이 "도지출언(道之出言)"으로 되어 있었음을 알 수 있다. 한편 부혁본과 범응원본 등을 비롯한 대부분의 전통 판본에도 '出言'으로 되어 있다.

2. 用之, 不可旣也(백서본)
   用之, 不足旣(왕필본)

이 구를 앞 구절과 함께 보면, 왕필본은 '不足……, 不足……, 不足……'의 동일한 구조로 되어 있다. 반면에 백서본은 '不足……, 不足……, 不可……'의 변형된 구조로 되어 있다. 이를 전통 판본들과 비교해 보면, 일부 판본을 제외하고는 대부분 백서본과 같은 구조로 되어 있다. 죽간본 역시 이와 같다. 따라서 이 구는 백서본에 따라 "용지, 불가기야(用之, 不可旣也)"로 읽는 것이 타당하다.

36장

# 상대를 약하게 하려거든
# 우선 강하게 만들라


상대를 오그라뜨리려거든 반드시 먼저 상대를 펼치게 하고
상대를 약하게 하려거든 반드시 먼저 상대를 강하게 만들고
상대를 제거하려거든 반드시 먼저 상대에게 동조하고
상대에게서 빼앗으려거든 반드시 먼저 상대에게 베풀어 주라.
이를 '은미한 지혜'라 하니, 부드러움이 강함을 이긴다.

물고기가 연못을 벗어나면 안 되는 것처럼
국가를 다스리는 수단을 사람들에게 보여선 안 된다.


將欲翕之, 必姑張之
將欲弱之, 必姑強之
將欲去之, 必姑與之
將欲奪之, 必姑予之

是謂微明, 柔弱勝強.

魚不可脫於淵
國(之)$^{258}$利器, 不可以示人.


음흉한 권모술수 혹은 병가의 전략 전술적인 냄새가 짙게 풍기는 장
이다. 죽간본에는 나오지 않는 것으로 보아, 전국 시대 말기 황로학 계
통 사람들이 추가한 부분으로 추정된다.

앞 단락은 병가의 전략 전술을 연상케 한다. 실제로『한비자』「유로」
편에서는『노자』의 이 부분을 전략 전술의 차원으로 풀이하고 있다.

우선 한비자는 월(越)왕 구천(勾踐)과 오(吳)나라 부차(夫差)에 대해
이야기한다. 구천은 부차에게 패해 오나라에 들어가 부차의 종살이를
했다. 이후 부차의 신임을 얻게 되자 구천은 부차를 부추겨 제나라를
정벌하도록 했다. 이에 오나라의 군대는 애릉(艾陵)에서 제나라 군대를
격파하고 장강(長江)과 제수(濟水) 지역까지 그 영토를 넓혔으며, 황지
(黃池)까지 그 강대한 힘을 과시했다. 그러나 이 과정에서 오나라는 국
력이 크게 소모되었다. 그 결과 오왕 부차는 애공 17년(기원전 478년) 오
호에서 월나라 군대에 격파당했고, 그 후 다시 일어서지 못하고 기원전
473년에 자살했다. 구천이 구사한 이러한 전략이 바로 노자의 "상대를
오그라뜨리려거든 반드시 먼저 상대를 펼치게 하고, 상대를 약하게 하

---

258 왕필본에 근거하여 보충했다.

려거든 반드시 먼저 상대를 강하게 만들고, 상대를 제거하려거든 반드시 먼저 상대에게 동조하라."라는 말에 해당한다는 것이다.

다음으로 한비자는 두 가지 고사, 즉 진(晉) 헌공(獻公)이 우(虞)나라를 얻을 때, 그리고 지백(智伯)이 구유(仇由)를 얻을 때에 대해 이야기한다. "진 헌공이 우나라를 습격하려고 할 때, 먼저 수극(垂棘)의 보옥과 굴산(屈山)의 명마를 우나라 임금에게 보냈다.[259] 지백(智伯)이 구유(仇由)를 습격하려 할 때, 우선 폭이 넓은 큰 수레를 선물로 보냈다.[260] 그래서 노자가 '상대에게서 빼앗으려거든 우선 상대에게 주어라.'라고 말하는 것이다."[261]

이어지는 단락에서 노자는 통치술의 핵심을 말하고 있다. "물고기가 연못을 벗어나면 안 되는 것처럼, 국가를 다스리는 수단을 사람들에게 보여선 안 된다.(魚不脫於淵, 國之利器, 不可以示人)"

이 구절의 '이기(利器)'는 전통적으로 다양하게 해석되었다. 하상공

---

**259** 진나라 헌공은 순식(荀息)을 시켜 우나라 군주에게 길을 빌려 괵(虢)나라를 치게 했다. 이에 순식은 진 헌공이 아끼던 수극의 옥과 굴산의 명마를 우나라 군주에게 뇌물로 주면서 길을 빌려줄 것을 요청했다. 이때 우나라의 신하 궁지기(宮之奇)가 순망치한(脣亡齒寒)의 논리를 들어 절대로 길을 빌려주어서는 안 된다고 간언했다. 그러나 진나라의 보물이 탐났던 우나라 군주는 마침내 길을 빌려주었으며, 길을 빌린 진나라 군대는 괵을 멸망시키고 돌아오는 길에 우나라도 함께 멸망시켰다.

**260** 구유는 진나라에 인접한 북쪽 오랑캐 나라였다. 진나라 대부 지백이 구유를 정벌하고 싶었으나 그 길이 너무나 험해 함부로 군대를 움직일 수 없었다. 이에 지백은 커다란 종을 만들어 놓고 구유의 군주에게 화친의 선물로 가져가게 했다. 당시 구유의 충신 적장만지(赤章蔓枝)가 결코 그 종을 받아서는 안 된다고 간언했으나 구유의 군주는 끝내 길을 닦아 종을 가져왔다. 지백은 새로 닦인 길을 따라 군대를 움직여 마침내 구유를 함락시켰다.

**261** 陳奇猷 校注, 『韓非子新校注』, 439쪽. "晉獻公將欲襲虞, 遺之以璧馬; 知伯將襲讐由, 遺之以廣車. 故曰: '將欲取之, 必固與之.'"

은 '권도(權道)'로, 왕필은 '국가를 이롭게 하는 도구〔利國之器〕'로, 범응원은 '성인의 지혜와 인의와 교묘한 이익〔聖智仁義巧利〕'으로 해석했다. 그러나 교묘한 통치술에 관한 말로 일관되는 이 장의 내용을 감안한다면, '이기'는 일차적으로 앞서 언급된 '미명(微明)', 즉 '은미한 지혜'의 통치술을 의미하는 것으로 볼 수 있다. 이 은밀하고도 미묘한 통치술은 오로지 군주 혼자만 알고 있어야 한다. 물고기가 연못 밖으로 나오면 그 생명을 유지할 수 없듯이, 이 미묘한 통치술은 군주의 마음 밖으로 나와서는 안 된다. 만약 이 통치술이 신하나 백성에게 노출되면 아랫사람들이 군주의 마음을 읽고 역으로 군주를 이용하려 들 우려가 있기 때문이다.

'이기'는 국가 권력, 좀 더 구체적으로는 상벌권으로 볼 수도 있다. 이 경우 원문 "국지이기, 불가이시인(國之利器, 不可以示人)"은 군주는 국가 권력을 독점할 뿐 타인에게 맡기거나 공유해서는 안 된다는 의미로 해석된다. 『한비자』 「유로」 편에서는 이 점에 대해 다음과 같이 설명한다. "상벌은 국가의 날카로운 무기이다. 이것이 임금에게 있으면 신하들을 제어하지만 신하들에게 있으면 임금에게 대들게 된다. 임금이 상을 내리려는 의도를 드러내면, 신하는 이것을 덜어 내어 자신의 은덕으로 삼는다. (또) 임금이 벌을 내리려는 의도를 드러내면, 신하는 이것을 부풀려 자신의 위엄으로 삼는다. 즉 임금이 상을 보이면 신하가 그 권세를 이용하고, 임금이 벌을 보이면 신하가 그 위엄에 편승한다. 그래서 노자가 '나라의 날카로운 무기는 남에게 보여서는 안 된다.'라고 말하는 것이다."[262]

---

262  같은 책, 437쪽. "賞罰者, 邦之利器也. 在君則制臣, 在臣則勝君. 君見賞, 臣則損之以爲德; 君見罰, 臣則益之以爲威. 人君見賞, 而人臣用其勢; 人君見罰, 而人臣乘

이 장은 처음부터 끝까지 권모술수적 통치술에 관한 말로 일관한다. 때문에 과거 많은 사람들이 이 장을 읽고서 노자가 과연 이토록 권모술수에 능한 사람이었을까 하는 '회의'를 품곤 했다. 그래서 어떤 이는 이 장은 어떤 목적을 위해 고안된 권모술수가 아니라 존재의 실상, 즉 "이 세계의 모든 것은 그 반대편을 향해 있고, 그 반대편의 것을 향해 움직이고 있음"[263]을 보여 줄 뿐이라고 주장한다. 물론 그렇게 보지 못할 이유는 없다. 그러나 우리는 『노자』가 단순히 철학적 이론을 제시하려는 목적에서가 아니라 당시 사람들의 생생한 삶의 경험에서 나왔다는 사실을 잊어서는 안 될 것이다. 이런 점에서 위에서 언급된 한비자의 해석이 노자의 본의에 보다 가깝다고 볼 수 있다.

## 판본 비교

### 백서본

갑: 將欲拾(翕)之, 必古(姑)張之. 將欲弱之, □□强之. 將欲去之, 必古(姑)與之. 將欲奪之, 必古(姑)予之. 是胃(謂)微明. 友(柔)弱勝强, 魚不脫於沖肅(淵), 邦(國)利器不可以視(示)人.

을: 將欲擒(翕)之, 必古(姑)張之. 將欲弱之, 必古(姑)○强之. 將欲去之, 必古(姑)與之. 將欲奪之, 必古(姑)予之. 是胃(謂)微明. 柔弱朕(勝)强, 魚不可說(脫)於淵, 國利器不可以示人.

其威. 故曰: '邦之利器, 不可以示人.'

**263** 최진석, 앞의 책, 294쪽.

**왕필본**

將欲歙之, 必固張之. 將欲弱之, 必固強之. 將欲廢之, 必固興之. 將欲奪之, 必固與之. 是謂微明. 柔弱勝剛強. 魚不可脫於淵, 國之利器, 不可以示人.

1. 必古張之(백서본)

　必固張之(왕필본)

고(古)와 고(固)의 차이다. 백서본의 古는 왕필본이나 부혁본의 固의 빌린 글자로 볼 수도 있다.[264] 그러나 백서본의 古나 왕필본의 固는 고(姑)의 빌린 글자로 보는 게 나을 것 같다. 백서본 발굴 이전에 마서륜은 이미 다음과 같이 주장했다. "고(固)는 '고치(姑且)'의 고(姑)로 읽는다. 『한비자』「설림 상(說林上)」에서는 『주서(周書)』를 인용하여 '將欲敗之, 必姑輔之; 將欲取之, 必姑予之.〔상대를 무너뜨리려면 반드시 우선 도와주고, 상대에게서 취하려면 반드시 우선 준다.〕'라고 했으니 이는 그 증거가된다."[265] 문맥상으로 보면 '진실로', '억지로' 등의 뜻인 固보다는 '잠시', '우선' 등의 뜻인 姑가 더 자연스럽다. 허항생과 대유도 마서륜의 주장을 따른다.

2. 將欲去之, 必姑與之(백서본)

　將欲廢之, 必固興之(왕필본)

이 장에서 앞의 네 구절은 모두 두 구씩 쌍을 이루며 상반된 의미로

---

264　고명이 이렇게 설명한다.
265　許抗生, 앞의 책, 128쪽에서 재인용.

대구를 이룬다. 이 구절에서도 왕필본은 상반된 뜻인 '폐(廢)'와 '흥(興)'을 쓰고 있다. 그러나 백서본의 경우 '거(去)'와 '여(與)'는 표면상 뚜렷한 대응 관계를 형성하지 못한다. 백서본의 주석가들은 이 점에 대해 다양한 견해를 제시하고 있다.

우선 고명은 백서본의 타당함을 다음과 같이 주장한다. "'취(取)'와 '거(去)' 두 글자는 고음(古音)이 같아서 서로 빌려 쓸 수 있다. 여기에서는 '去'로 '取'를 빌려 썼으니 마땅히 백서를 따라야 한다. '여(與)'는 '거(擧)' 자를 빌려 쓴 것이니, '與'와 '擧'는 서로 통용될 수 있다. …… 경문은 마땅히 '將欲取之, 必固擧之'로 읽어야 하는데, 현행본은 '將欲廢之, 必固興之'로 되어 있다. '興' 자는 '與' 자와 모양이 비슷해 잘못 쓴 것이고, 또 '去'와 '興' 두 자의 의미가 서로 맞지 않아 '거(去)'를 '폐(廢)'로 고쳤으니, 모두 『노자』의 원문이 아니다."[266] 결국 백서본의 '去'와 '與'는 각각 '取'와 '擧'의 뜻으로 보아야 한다는 것이다. 그러나 '去' 자와 '取' 자가 발음이 비슷해 서로 통용될 수 있다는 점은 인정해도, 이 경우 '取'는 뒤에 나오는 '탈(奪)' 자와 의미가 중복된다는 문제가 있다.

한편 대유는 백서본의 타당함을 다음과 같이 주장한다. "'去'는 '소원하다', '與'는 '교제하다'의 의미다. 후대 사람들이 '與'가 '교제하다'라는 뜻인 것을 모르고 아래 구의 '필고여지(必姑與之)'와 중복된다고 생각했다. 또 '與'와 '興'이 모양이 서로 비슷해 '與'를 '興'으로 고치고, 이어서 '去'를 '廢'로 고쳐 '興'과 상대가 되게 한 것이다."[267] 대유의 이러한 설

266 高明, 앞의 책, 418쪽.
267 戴維, 앞의 책, 161쪽.

명은 '去'와 '與'를 상반된 뜻의 대구로 만드는 데는 성공했으나, 문맥이나 의미상 이러한 의미의 대구는 아무래도 어색하다.

필자는 대유의 주장을 일부 받아들여 원문 그대로 이해해 보고자 한다. 즉 '去'는 '제거하다', '與'는 '함께하다'의 뜻으로 풀이한다. 따라서 이 구절은 '상대방을 제거하려거든 반드시 우선 그와 함께하라'는 말이 된다. 적을 제거하기 위해서는 우선 상대방을 안심시킬 필요가 있다는 것이다. 물론 이는 병가적 또는 정치적 술수로 볼 수 있다. 그러나 백서본이 황로학과 관련이 있다는 점을 고려할 때 이는 충분히 가능한 일이다. 왕필본에서는 백서본에 보이는 去와 與의 대구를 파악하지 못한 까닭에 與를 興으로 보고 去는 興과 상반되는 廢 자로 고친 것으로 추정된다.

# 37장

# 도를 지키고 있으면
# 백성은 저절로 변화한다

도는 늘 무위하다.

군주가 이 도를 잘 지킨다면 만백성은 저절로 변화할 것이다.

변화하는 중에 욕망이 일어난다면 나는 '무명(无名)의 통나무'로 억
누를 것이니

'무명의 통나무'로 억누르면 욕망이 일어나지 않을 것이다.

욕망이 잠들고 고요해지면 만백성이 저절로 바르게 될 것이다.

道恒无爲也.[268]

侯王若守之, 萬物將自化.

化而欲作, 吾將鎭之以无名之樸

鎭之以无名之樸, 夫將不欲.

---

**268** 백서본 원문에는 "道恒无名"으로 되어 있는데 죽간본에 근거해 수정했다.

不欲以靜, 萬物[269]將自正.


　무위 정치의 효능에 대해 말하고 있다. 지도자가 무위의 도를 시행하면 백성들이 저절로 변화하고 바르게 된다고 말한다. 죽간본에도 나오는 것으로 보아 고층대의 『노자』 텍스트에 속한다.

　첫머리에서 우선 도의 본질과 그 효능에 대해 언급하고 있다. "도는 늘 무위하다. 군주가 이 도를 잘 지킨다면 만백성은 저절로 변화할 것이다.(道恒无爲也. 侯王若守之, 萬物將自化)" 앞서 32장에서도 이와 비슷한 말을 했다. "만약 군주가 이 도를 지킬 수 있다면 만백성이 스스로 찾아올 것이다.(侯王若能守之, 萬物將自賓.)"

　그러면 어째서 도를 잡고 있으면 백성들이 저절로 변화한다고 말하는가? 공자가 말한 "초상지풍(草上之風)"[270]처럼, 군주가 도덕적인 인격을 갖추고 있으면 군주의 덕에 의해 백성이 저절로 교화된다는 의미인가? 노자 또한 지고지상의 덕치주의를 꿈꾸었는가? 그런 의미도 전혀 배제할 수는 없지만, 여기에서 군주가 도를 잡는다 또는 지킨다는 것은 군주가 도의 방식, 즉 무위로 백성을 다스린다는 것을 말한다. 백성의 본성을 파악하여 그 본성에 합당한 정치를 시행한다는 의미다. 물론 백성의 본성에 합당한 정치가 과연 무엇인가에 대해서는 깊이 연구하고 통찰해 보아야 할 것이다.

　중요한 것은 마치 물이 위에서 아래로 흘러가듯이 사람들의 자연스

---

269　백서본 원문에는 '天地'로 되어 있는데 죽간본에 근거해 수정했다.
270　『논어』, 「안연(顔淵)」. "君子之德風, 小人之德草. 草上之風, 必偃."

러운 흐름을 파악하여 거기에 합당한 무위의 정치를 펴는 것이다. 자연스러운 흐름에 따를 뿐 그 어떤 작위도 일삼지 않아야 한다. 그러면 백성들 입장에서는 마치 다스리는 사람이 없는 것처럼 느껴지기도 할 것이다. 그 결과 17장에서 "최고의 정치는 백성이 통치자의 존재만을 아는 것(太上, 下知有之)"이라는 이상적인 정치 상태에 이를 수 있다.

그런데 정치 지도자가 넘어야 할 산이 있다. 그것은 이렇게 저렇게 작위를 가하고 싶은 욕망이다. 이때는 다시 도를 바라보아야 한다. 즉 솟구치는 자신의 욕망을 '무명의 통나무'로 억제해야 한다.

'무명의 통나무(無名之樸)'는 도를 가리키며, 아직 '그릇'으로 흩어지기 이전의 상태, 즉 이것과 저것의 분별이 일어나기 이전의 원초적 순수를 상징한다. 위정자라는 사람들은 늘 무언가를 하려고 한다. 가만히 놔두어도 잘 다스려지고 있는데, 위정자 개인의 욕망이 발동하여 무언가 일을 꾸미려 든다. 노자는 이 무명의 통나무로 욕망을 내리쳐야 한다고 말한다. 도의 원초적 순수성을 돌이켜 보게 함으로써 작위를 가하려는 위정자의 욕망을 없애야 한다는 말이다.

이러한 욕망이 사라지고 만족할 줄 알게 되면 무위할 뿐이다. 그러면 위정자의 마음이 고요해지고 백성들의 마음 또한 편안해지며 나라는 저절로 안정될 것이다. 노자는 결론적으로 말한다. "욕망이 잠들고 고요해지면 만백성이 저절로 바르게 될 것이다.(不欲以靜, 萬物將自正.)"

## 판본 비교

### 죽간본

갑: 衍(道)互(恒)无爲也. 侯王能守之, 而萬勿(物)牕(將)自憍(化). 憍
(化)而雒(欲)复(作), 牕(將)貞(鎭)之以亡名之虧(樸). 夫亦牕(將)智(知)足,
智(知)以束(靜), 萬勿(物)牕(將)自定.

### 백서본

갑: 道恒无名, 侯王若守之, 萬物將自懸爲(化). 愙(化)而欲□, □□□
□□□名之㭐(樸). □□□无名之㭐(樸), 夫將不辱(不欲). 不辱(不欲)以情
(靜), 天地將自正.

을: 道恒无名, 侯王若能守之, 萬物將自化. 化而欲作, 吾將閿眞(鎭)
之以无名之樸. 闎(鎭)之以无名之樸, 夫將不辱(不欲). 不辱(不欲)以靜,
天地將自正.

道二千四百二十六

### 왕필본

道常無爲而無不爲. 侯王若能守之, 萬物將自化. 化而欲作, 吾將鎭
之以無名之樸. 無名之樸, 夫亦將無欲. 不欲以靜, 天下將自定.

### 죽간본과 백서본

1. 道恒亡爲也(죽간본)
   道恒无名(백서본)

'무위(亡爲)'와 '무명(无名)'의 차이다. 하상공본과 왕필본 등 대부분의 전통본에는 '無爲'로 되어 있다.(그리고 '無爲' 다음에 '이무불위(而無不爲)'가 덧붙어 있다.) 백서본의 "도항무명(道恒无名)"은 32장 첫머리에도 나온다. 그리고 특이한 사실은 32장의 "道恒无名, …… 侯王若能守之, 萬物將自賓"은 이 장의 "道恒无名, 侯王若能守之, 萬物將自化"(백서본)와 구조와 내용이 유사하다는 점이다. 따라서 백서본에서 32장의 유사한 문장으로 인해 '无爲'를 '无名'으로 잘못 옮겨 적은 것으로 보인다. 또는 뒤에 나오는 "무명지박(无名之樸)"의 '无名' 때문에 발생한 착오일 수도 있다.

2. 化而欲作, 將鎭之以亡名之樸(죽간본)
　　化而欲作, 吾將鎭之以无名之樸. 鎭之以无名之樸(백서을)

백서본에서는 "진지이무명박(鎭之以无名之樸)" 구가 중복된다. 『경전석문(經典釋文)』의 인용문에도 이 구절은 한 번만 나온다. 죽간본의 상태에서도 문장의 의미는 순조롭다. 따라서 백서본에서 두 번째 "鎭之以无名之樸" 구는 의미를 강조하기 위해 후대에 새로 추가한 것으로 보인다.

3. 夫亦將知足, 知(足)以靜(죽간본)
　　夫將不辱. 不辱以靜(백서본)

'지족(知足)'과 '불욕(不辱)', 그리고 '지이정(知以靜)'과 '불욕이정(不辱以靜)'의 차이가 보인다. 죽간본의 "知以靜"은 知 다음에 足 자가 탈락된 것으로 보인다.[271] 따라서 양자의 차이는 '知足'과 '不辱'의 차이로 정리될 수 있다. 여기에서 백서본의 '不辱'은 고명이 주장하듯이 '不欲'과 같은 글자로 볼 수 있다. 그러면 양자 사이에는 '知足'과 '不欲'의 차이가 있는 셈인데, 노자 사상에서 '知足'과 '不欲'은 내용상 서로 통한다.

### 4. 萬物將自定(죽간본)
　　天地將自正(백서본)

우선 '만물(萬物)'과 '천지(天地)'의 차이가 보인다. 여기에서는 마땅히 죽간본을 따라야 할 것이다. 첫 구절에서 이미 "만물장자화(萬物將自化)"라고 했으니 문맥상 뒤에서도 죽간본처럼 "萬物……"로 받는 것이 타당하다. 다음으로 '자정(自定)'과 '자정(自正)'의 차이가 보인다. 의미상으로 백서본의 '(천지가) 저절로 바르게 된다'보다는 죽간본의 '(만물이) 저절로 안정된다'가 더 자연스럽다.

**백서본과 왕필본**

### 1. 道恒无名(백서본)
　　道常無爲而無不爲(왕필본)

부혁본과 하상공본을 비롯한 대부분의 전통본은 왕필본과 같이 "도상무위이무불위(道常無爲而無不爲)"로 되어 있다. 한편 죽간본은 "도항망위야(道恒亡爲也)"로 되어 있어 백서본과도 다르고 왕필본과도 약간 차이가 있다. 죽간본에 근거할 때 백서본의 '无名'에는 무언가 착오가

---

**271** 『郭店楚墓竹簡』, 115쪽, 주 36 참조.

있는 것 같으며,[272] 왕필본의 '無不爲'는 후대에 새로 더해진 것으로 보인다.


## 2. 鎭之以无名之樸(백서을)
### 無名之樸(왕필본)

왕필본에는 '진지이(鎭之以)' 세 글자가 없다. 백서본과 죽간본의 발굴 이전에 역순정은 다음과 같이 말했다. "『경전석문』을 살펴보면 '吾將鎭之以無名之樸, 夫亦將無欲'이라고 쓰여 있으니, 현행본(왕필본)에서 '무명지박(無名之樸)' 네 자가 중복되어 있는 것은 곧 앞의 구에서 잘못 끼어든 것이다." 고형도 처음에는 역순정의 말에 동의했다. 그러나 나중에는 이전과 달리 다음과 같이 말했다. "역순정의 말이 진실로 근거가 있기는 하다. 그러나 내 생각에 이 문장은 마땅히 '吾將鎭之以無名之樸. 鎭之以無名之樸, 夫亦將無欲'이 되어야 할 것 같다. 옮겨 쓰는 과정에서 '鎭之' 두 자가 탈락된 것일 뿐이다." 현재 백서본에 근거하면 고형의 말이 옳은 것 같지만, 그보다 고본인 죽간본에서 보자면 오히려 역순정의 말이 타당하다. 총괄해 보자면 백서본의 "鎭之以无名之樸"은 후대에 새로 첨가된 부분으로 보이며, 왕필본의 형태는 여기에서 다시 '鎭之以' 세 글자가 누락된 형태인 듯하다.


## 3. 夫將不辱, 不辱以情(靜)(백서본)
### 夫亦將無欲, 不欲以靜(왕필본)

---

272 이에 대해서는 앞의 죽간본과 백서본 비교에서 언급했다.

'불욕(不辱)'과 '무욕(無欲)', 그리고 '불욕(不辱)'과 '불욕(不欲)'의 차이가 보인다. 고명은 백서본의 '不辱'은 마땅히 '不欲'으로 읽어야 한다고 주장했다. 고대에 욕(辱)과 욕(欲)은 음이 같았으므로 상호 통용되었다는 것이다. 하상공본에도 '不欲'이라 되어 있다는 점을 그 근거로 제시한다. 필자도 이에 동의한다.

# 38장

# 덕 있는 사람은
# 덕을 내세우지 않는다

상덕(上德)의 사람은 덕을 내세우지 않으니, 이 때문에 오히려 덕을 지니게 된다.

하덕(下德)의 사람은 덕을 잃지 않으려 하니, 이 때문에 오히려 덕이 없게 된다.

상덕(上德)의 사람은 일부러 덕(德)을 행하지 않고 덕으로 의도하는 것도 없다.

상인(上仁)의 사람은 일부러 인(仁)을 행하지만 인으로 의도하는 것은 없다.

상의(上義)의 사람은 일부러 의(義)를 행할 뿐만 아니라 의로 의도하는 게 있다.

상예(上禮)의 사람은 일부러 예(禮)를 행할 뿐만 아니라, 아무도 반응하지 않으면 팔을 걷어붙이고 잡아당긴다.

---

그러므로 도를 잃은 이후에 덕이 나타났고
덕을 잃은 이후에 인을 중시하게 되었으며
인을 잃은 이후에 의를 강조하게 되었고
의를 잃은 이후에 예를 내세우게 되었다.

무릇 예라는 것은 충(忠)과 신(信)이 얇아진 증거이고 어지러움의 시
초이다.
앞질러 아는 것은 도의 껍데기요 어리석음의 시작이다.
그러므로 대장부는 두터움에 머물지 얄팍함에 머무르지 않고
알맹이에 머물지 껍데기에 머무르지 않는다.
그러므로 '얄팍함'과 '껍데기'를 버리고, '두터움'과 '알맹이'를 취한다.


上德不德, 是以有德.
下德不失德, 是以无德.

上德无爲, 而无以爲也.
上仁爲之, 而无以爲也.
上義爲之, 而有以爲也.
上禮爲之, 而莫之應也, 則攘臂而扔之.

失道而後德
失德而後仁

失仁而後義
失義而後禮.

夫禮者, 忠信之薄也, 而亂之首也.
前識者, 道之華也, 而愚之首也.
是以大丈夫, 居其厚而不居其薄
居其實而不居其華.
故去彼而取此.


이 장에서는 먼저 '상덕(上德)'과 '하덕(下德)'의 차이에 대해 말하고,
이어서 하덕에 속하는 '인(仁),' '의(義)', '예(禮)'의 문제점들에 대해 언급
하고 있다. 죽간본에는 없는 것으로 볼 때, 유가와 도가의 대립과 갈등
이 격심했던 전국 시대 말기에 추가된 부분으로 보인다.

잠시 노자 철학 체계 내에서 '덕'의 위상과 그 의미에 대해 생각해
보자.

노자 철학에서 덕은 필연적으로 도와 연결되어 있다. 21장의 "큰 덕
을 지닌 사람은 오직 도를 따른다.(孔德之容, 惟道是從)", 51장의 "도는 낳
아 주고 덕은 길러 준다.(道生之, 而德畜之)", "만물은 도를 존중하고 덕
을 귀하게 여긴다."(萬物尊道而貴德) 등에서 보듯이, 덕은 종종 도와의
관계하에서 언급되기 때문이다. 이러한 도와 덕의 관계는 언뜻 수직적
관계로 보일 수 있다. 특히 우주 생성론의 측면에서 보면 '도는 만물을
생성하고 덕은 만물을 기른다.'가 되어, 일차적으로 도가 작용하고 이

차적으로 덕이 작용하는 것으로 이해될 수 있다. 그러나 도가 생성하고 덕이 기른다고 할 때, 도와 덕은 별개의 것이 아니다. "이것은 횡적으로 대립하는 공능의 화합이 아니라 완전무결한 도의 공능이 수직적으로 관주하는 것, 즉 덕이 도의 작용을 품수한다는 뜻이다."[273] 세상의 가치 체계에 길들여진 관점에서 보면 도가 가장 위대하고 덕은 도보다 한 차원 낮은 것으로 이해될 수 있다. 그러나 덕은 완전무결한 도가 온전히 구현된 것이므로 그 가치는 도와 동일하다. 노자는 세상 사람들의 오해를 막기 위해 종종 '덕' 앞에 최상급의 수식어를 붙어 '상덕(上德)', '상덕(常德)' 또는 '현덕(玄德)'과 같은 용어를 사용한다.[274] 결국 도가 하나의 추상적인 가능태라면, 덕은 그러한 추상적인 도가 세상에 드러나고 실현되는 현실태라고도 말할 수 있다.

첫머리에서는 우선 '상덕'과 '하덕'의 차이에 대해 언급한다.

'상덕'은 도를 온전히 구현한 참된 덕, 또는 도를 온전히 체득한 사람을 말한다. 상덕의 사람은 도를 온전히 체득했기에 도의 모습을 닮는다. 도는 만물을 "낳아 주되 소유하지 않고, 베풀어 주어도 자랑하지 않으며, 길러 주어도 주재하지 않는다."[275] 따라서 도를 닮은 사람, 즉 상덕의 사람 역시 남에게 베풀고도 그것을 자기의 덕으로 의식하지 않으며, 덕을 베풀면서 무엇을 의도하지도 않는다. 이처럼 덕을 베풀고도 덕을 베풀었다는 생각이 없고, 아무런 의도나 목적이 없이 덕을 행하기에 오히려 그 덕이 크게 인정된다. 마치 성인이 공을 이루어도 거기에 머물

273  김충열, 앞의 책, 198쪽.
274  같은 책, 199쪽 참조.
275  『노자』 51장, "生而不有也, 爲而不恃也, 長而不宰也."

지 않고, 자신의 공에 머물지 않음으로 인해 그 공이 영원히 떠나지 않 듯이[276] 말이다.

'하덕'은 도의 껍데기만 잡고 있는 덕 또는 그런 덕을 지닌 사람을 말 한다. 하덕의 사람은 남을 의식하면서 어떤 의도나 목적을 지닌 채 덕 을 행한다. 옛날에 양 무제(梁武帝)가 달마 대사에게 물었다. "저는 많 은 절을 지어서 보시했는데 이만하면 공덕이 크다고 할 수 있지 않습니 까?" 그러자 달마가 대답했다. "공덕이 없습니다." 어째서 달마는 양 무 제가 공이 없다고 말했는가? 양 무제는 공덕을 의식하면서 공덕을 쌓 았기 때문이다. 수많은 절을 지어 부처님께 바쳤지만 사실은 부처가 아 니라 자기 자신에게 바친 꼴이 되었다. 이처럼 덕을 의식하면서 덕을 행 하는 사람이 하덕의 사람이다. 이런 사람은 작은 덕을 행하고도 그것이 드러나지 않을까 조바심한다. 조바심하면서 의도적으로 행하는 얄팍한 덕이기에 결국 덕으로 인정받지 못한다.

이어서 노자는 상덕, 그리고 하덕에 속하는 인, 의, 예, 지의 성격 에 대해 차례로 언급한다. 이들의 성격은 도의 상실 이후 '덕→인→ 의→예→지'의 순서로 진행되는 쇠퇴의 과정과도 연결된다.

첫째, "상덕의 사람은 일부러 덕을 행하지 않고, 덕으로 의도하는 것 도 없다.(上德无爲, 而无以爲也)" 도의 본질적 특성은 무위다. 따라서 도 를 온전히 체득한 상덕의 사람은 기본적으로 무위를 실천한다. 무위를 실천하기에 덕을 베풀거나 어떤 행위를 해도 그것을 통해 무언가 의도 하는 바가 없다. 이 점은 첫머리에서 제시된 "상덕의 사람은 덕을 내세

---

276 『노자』 2장. "成功而弗居, 夫唯弗居, 是以不去."

우지 않으니, 이 때문에 오히려 덕을 지니게 된다."의 의미와 직접적으로 통한다.

둘째, "상인의 사람은 일부러 인을 행하지만 인으로 의도하는 것은 없다.[上仁爲之, 而无以爲也.]" 하덕의 행위들 중 어느 정도 긍정적인 요소가 있는 것이 바로 '인'이다. 인은 유가의 최고 덕목으로 인간이 인간다운 행위를 하는 심성의 근원이며 선의 뿌리이다.[277] 다시 말해 공자의 철학 체계에서 인간은 누구나 인의 본성을 지니고 있으며, 인간은 이것을 발현할 때 비로소 인간다운 인간이 된다. 노자가 볼 때 인의 행위는 비록 인위적이고 작위적인 측면이 있기는 하지만 거기에 어떤 특별한 의도나 목적은 없다. 한비자 또한 이 구절을 「해로」편에서 다음과 같이 풀이한다. "인이란 진심으로 남을 즐겁게 사랑하는 것을 가리킨다. (즉) 남에게 복이 있는 것을 기뻐하고 남에게 화가 미치는 것을 싫어한다. 이런 마음은 본성적인 것으로[278] 억지로 그치게 할 수 없으며, 어떤 보답을 바라지 않는다. 그러므로 '상인의 사람은 일부러 인을 행하지만 인으로 무엇을 의도하지는 않는다.'라고 말하는 것이다."[279]

셋째, "상의의 사람은 일부러 의를 행할 뿐만 아니라 의로 의도하는 게 있다.[上義爲之, 而有以爲也]" 의(義)는 '마땅하다'라는 의미의 의(宜)자와 통한다. 즉 인간이 마땅히 행해야 하는 바가 바로 의로 규정되는

---

277  김충열, 앞의 책, 203쪽.
278  원문 '生心'을 태전방(太田方)의 주장에 따라 性으로 풀이했다. 진기유(陳奇猷)는 '生於心'의 의미로 풀이해야 한다고 주장하지만, 문자상 生心은 性이 되므로 태전방의 주장이 좀 더 타당하다.
279  陳奇猷 校注, 앞의 책, 374쪽. "仁者, 謂其中心欣然愛人也. 其喜人之有福, 而惡人之有禍也. 生心之所不能已也, 非求其報也. 故曰: '上仁爲之而無以爲也.'"

것이다. 인이 심성의 자연스러운 발로라면, 의는 인의 그런 자연스러운 유출이 방해받지 않도록 외재적인 환경과 조건을 규제해 안과 밖, 나와 남, 행위와 일 등 모든 사회적 관계를 서로 알맞게 하는 방법이다.[280] 따라서 의의 단계에 이르면 인간은 내면의 심성적 자율보다 외부적 규범을 더 중시한다. 그리고 이러한 의의 실천에는 뚜렷한 방향성과 목적이 있다. 그것은 곧 관계의 조화와 사회 질서의 확립이다. 공자는 "군주는 군주다워야 하고, 신하는 신하다워야 하며, 아비는 아비다워야 하고, 자식은 자식다워야 한다.〔君君, 臣臣, 父父, 子子.〕"[281]고 했는데, 이는 군주와 신하 그리고 아버지와 자식의 관계를 조화롭게 유지함으로써 사회 질서를 확립하려는 의도였다.

넷째, "상예의 사람은 일부러 예를 행할 뿐만 아니라, 아무도 반응하지 않으면 팔을 걷어붙이고 잡아당긴다.〔上禮爲之, 而莫之應也, 則攘臂而扔之〕" 인과 의의 단계까지는 어느 정도 인간의 자율성이 작용한다. 그러나 예의 단계에 이르면 인간은 강압적 규제의 대상이 된다. 전통 사회에서 누군가 예를 따르지 않으면 그는 곧 사회 질서를 무너뜨리는 반사회적 존재임을 자인하는 것으로 여겨졌으며, 철저한 규제의 대상이 되었다. 예는 인간의 행위를 바로잡기 위한 마지막 방법으로 등장한 것이지만, 이때는 이미 인간이 자존과 자율을 모두 상실하고 법망에 의해 일방적으로 규제당하는 처지로 전락한 뒤라고 볼 수 있다.[282] 그러므로 노자가 "예라는 것은 충(忠)과 신(信)이 얇아진 증거이고 어지러움의 시

---

280  김충열, 앞의 책, 203쪽.
281  『논어』「안연」.
282  김충열, 앞의 책, 205쪽.

초이다."라고 비판하는 것이다. 노자는 이러한 예가 중시되고 강화되는 사회는 이미 무질서와 혼란 전 단계에 진입한 것으로 볼 수 있다고 주장한다.

다섯째, "앞질러 아는 것은 도의 껍데기요 어리석음의 시작이다.〔前識者, 道之華也, 而愚之首也〕" 이 부분은 '지(智)'에 해당한다. 유가에서 지는 긍정적으로 인식되지만 도가에서 지는 무위에 역행하는 모든 행위의 단초로 인식된다. 여기에서 노자는 지의 부정적 요소로 '전식(前識)'을 들고 있다. 전식은 확실한 근거 없이 주관에 따라 제멋대로 억측하는 것을 의미한다. 이 점에 대해『한비자』「해로」편에서는 다음과 같이 말한다. "사물에 앞서 행위하고 이치에 앞서 움직이는 것을 전식이라 한다. 전식은 아무런 근거도 없이 함부로 추측하는 것이다."[283] 또 하상공주에서는 다음과 같이 말한다. "알지 못하면서 아는 것처럼 말하는 것이 전식이다. 이렇게 행위하는 사람은 도의 알맹이를 잃고 도의 껍데기를 얻는다."[284] 결국 전식은 남에게 자신을 과시하고 드러내고자 하는 인위적인 행위의 대표적 행태로 볼 수 있다.

결론에 이르러 노자는 '대장부'라는 새로운 용어를 등장시키면서 이 장을 마무리한다. "대장부는 두터움에 머물지 얄팍함에 머무르지 않고, 알맹이에 머물지 껍데기에 머무르지 않는다. 그러므로 '얄팍함'과 '껍데기'를 버리고, '두터움'과 '알맹이'를 취한다.〔大丈夫, 居其厚而不居其薄, 居其實而不居其華〕"

---

283  陳奇猷 校注, 앞의 책, 383쪽. "先物行先理動之謂, 前識. 前識者, 無緣而忘意度也."
284  이석명 역주, 앞의 책, 246쪽. "不知而言知, 爲前識. 此人失道之實, 得道之華."

노자는 평소 참된 지도자 또는 이상적 인격에 대해 '성인(聖人)'이라는 용어를 자주 사용했다. 그런데 여기에서는 갑자기 '대장부'라는 새로운 용어를 등장시키고 있다. 이는 무엇을 시사하는가? 대장부라는 말은 결의에 찬 과단성 있는 사람의 이미지를 떠올리게 한다. 가령 『맹자』에서 대장부는 천하의 넓은 거처에 머물고 천하의 바른 위치에 서서 천하의 큰 도를 실행하는 사람으로, 부귀나 빈천도 그의 마음을 움직일 수 없고 위엄이나 무력으로 굴복시킬 수 없는 사람으로 규정된다.[285] 노자 또한 이 '대장부'라는 말을 사용함으로써 이하에서 제시하는 "두터움에 머물지 얄팍함에 머물지 않고, 알맹이에 머물지 껍데기에 머물지 않는"의 행위를 과감하게 실천하라고 주문하는 것으로 보인다.

한편 '두터움〔厚〕'과 '알맹이〔實〕'는 도와 덕을, '얄팍함〔薄〕'과 '껍데기〔華〕'는 인의예지를 가리키는 것으로 볼 수 있다. 『문자』 「상인(上仁)」 편에서는 『노자』의 이 구절의 의미에 대해 다음과 같이 풀이한다. "문자가 물었다. '인·의·예·지는 어째서 도와 덕보다 얇은 것입니까?' 노자가 말했다. '어떤 사람이 인을 행하는가 아닌가는 그가 무엇을 슬퍼하고 기뻐하는가에 의해 말할 수 있고, 의를 행하는가 아닌가는 그가 어떻게 취하고 베푸는가에 의해 밝힐 수 있다. 그러나 천하에 슬픔과 기쁨을 두루 미치게 할 수는 없고, 궁궐 곳간의 재화를 다 베풀어도 온 천하 백성 모두를 만족시킬 수는 없다. 그러므로 인의를 행하는 것이 도덕을 닦고 행하는 것만 못하다는 것을 알 수 있다. 천지의 본성에 따

---

**285** 『맹자』, 「등문공 하(滕文公下)」, "居天下之広居, 立天下之正位, 行天下之大道. 得志與民由之, 不得志獨行其道. 富貴不能淫, 貧賤不能移, 威武不能屈. 此之謂大丈夫."

르면 모든 백성은 저절로 바르게 되고 세상 사람들은 스스로 만족게 되니, 인의는 여기에 부수적으로 따르게 된다. 그러므로 참된 사람은 '두터움'에 머무르지 '얄팍함'에 머무르지 않는다.'"[286]

## 판본 비교

### 백서본

갑: □□□□, □□□□. □□□□□, □□□德. 上德无□□无以爲也. 上仁爲之□□以爲也. 上義爲之而有以爲也. 上禮□□□□□□□, □攘臂而乃(扔)之. 故失道. 失道矣而后德, 失德而后仁, 失仁而后義, □義而□. □□□, □□□□□, 而亂之首也. □□□, 道之華也, 而愚之首也. 是以大丈夫居其厚而不居其泊(薄), 居其實不居其華. 故去皮(彼)取此.

을: ■上德不德, 是以有德. 下德不失德, 是以无德. 上德无爲而无以爲也. 上仁爲之而无以爲也. 上德〈義〉爲之而有以爲也. 上禮爲之而莫之應也, 則攘臂而乃(扔)之. 故失道而后德, 失德而句(后)仁, 失仁而句(后)義, 失義而句(后)禮. 夫禮者, 忠信之泊(薄)也, 而亂之首也. 前識者, 道之華也, 而愚之首也. 是以大丈夫居□□□居其泊(薄), 居其實而不居其華. 故去罷(彼)而取此.

286  이석명 옮김, 『문자』, 352쪽.

**왕필본**

上德不德, 是以有德. 下德不失德, 是以無德. 上德無爲而無以爲.
下德爲之而有以爲. 上仁爲之而無以爲. 上義爲之而有以爲. 上禮爲之
而莫之應, 則攘臂而扔之. 故失道而後德, 失德而後仁, 失仁而後義,
失義而後禮. 夫禮者, 忠信之薄, 而亂之首. 前識者, 道之華, 而愚之
始. 是以大丈夫處其厚, 不居其薄, 處其實, 不居其華. 故去彼取此.


1. 上德无爲而无以爲也(백서을)

　上德無爲而無以爲, 下德爲之而有以爲(왕필본)

백서본에는 왕필본의 "下德爲之而有以爲" 구가 없다. 하상공본을
비롯한 대부분의 전통본에는 왕필본과 마찬가지로 "下德爲之而有以
爲" 구가 나타난다. 단 부혁본, 범응원본, 누고본은 "上德無爲而無不
爲, 下德爲之而無以爲"로 되어 있어 왕필본과 조금 다르다.

그러면 백서본과 왕필본 중 어느 쪽이 타당한가? 이 점을 밝히기 위
해서는 문제의 구 다음에 이어지는 문장의 구조를 살펴 볼 필요가 있
다. 이어지는 문장에서는 덕→인→의→예의 순서로 도의 상실 이
후 쇠락 과정을 말하고 있다. 이렇게 본다면 그 이전의 단락도 '상덕(上
德)' → '상인(上仁)' → '상의(上義)' → '상예(上禮)'의 순으로 전개되는 것
이 합당하다. 그런데 왕필본은 '상덕(上德)' → '하덕(下德)' → '상인(上
仁)' → '상의(上義)' → '상예(上禮)'의 순서로 되어 있다. 즉 왕필본의 "下
德爲之而有以爲" 구는 불필요하게 끼어든 형태가 된다. 왕필본의 "下
德爲之而有以爲"는 이 장의 첫머리에 제시된 "上德不德, 是以有德. 下
德不失德, 是以无德"의 문장 구조에 맞추기 위해 후세에 추가된 부분

으로 보인다.

참고로 "上德无爲而无以爲" 구는 과거에 많은 논란의 대상이 되었다. 『한비자』「해로」, 엄준의 『노자지귀』, 부혁본, 범응원본, 누고본에는 모두 "上德無爲而無不爲"로 되어 있기 때문이다. 유월은 이러한 사실에 근거하여 왕필본의 이 구절을 "上德無爲而無不爲"로 수정해야 한다며 다음과 같이 주장했다. "살펴보건대……『한비자』「해로」 편에는 '上德無爲而無不爲'로 되어 있으니, 고본 『노자』는 이와 같았을 것이다. 지금 '무이위(無以爲)'로 되어 있는 것은 아래의 '상인(上仁)' 구 때문에 잘못 쓰인 것이다. 부혁본에도 '무불위(無不爲)'로 되어 있다." 왕필본의 '無以爲'는 이하에서 나타나는 "上仁爲之而有以爲" 구의 '유이위(有以爲)'로 인해 잘못 쓰였다는 주장이다. 그러나 현재 백서본 역시 왕필본과 같이 '無以爲'로 되어 있으므로 유월의 주장은 설득력이 없다. 그런데 백서본이 발굴된 이 시점에도 허항생은 여전히 유월의 주장에 동조하며 다음과 같이 말한다. "이미 '無爲'를 말하고 또 '無以爲'를 말하는 것은 의미가 통하지 않는다. 백서본과 현행본은 모두 오류가 있는 것 같다."[287] 앞의 '無爲'와 뒤의 '無以爲'는 의미가 같아 동어 반복이 된다는 것이다. 그러나 우리는 이 구절에서 爲의 대상이 무엇인지를 정확히 파악할 필요가 있다. 이 구절에서 爲의 목적어는 德으로 볼 수 있다. 이 경우 앞의 '无爲'는 '덕을 행하지 않는다(덕을 행하고자 하는 의도적인 마음으로 덕을 행하지 않는다.)'는 의미가 되고, 뒤의 '無以爲'는 '덕으로 무엇을 하려 하지 않는다(덕을 수단으로 삼아 어떤 일을 도모하지 않

---

**287** 許抗生, 앞의 책, 6쪽.

는다.)'는 의미가 된다. 허항생은 '無爲'를 단순히 노자의 일반적 개념인 '무위'로 이해함으로써 양자의 의미를 혼동한 것 같다.


2. 上禮爲之而莫之應也, 則攘臂而扔之. 故失道(백서갑)

　　上禮爲之而莫之應, 則攘臂而扔之(왕필본)

왕필본과 백서 을본에는 '고실도(故失道)' 세 자가 없다. 고명, 허항생 등은 이 세 자를 불필요하게 첨가된 글자로 보았다. 필자도 이들의 견해에 따른다.


3. 道之華也, 而愚之首也(백서본)

　　道之華, 而愚之始(왕필본)

수(首)와 시(始)의 차이가 보인다. 이들은 같은 의미를 지니므로 서로 통용될 수 있다. 단『한비자』「해로」편에는 "道之華也, 而愚之首也"로, 부혁본에도 "道之華, 而愚之首也"로 되어 있으며, 왕필주에서도 "道之華而愚之首"라는 말을 찾아볼 수 있다. 따라서 고본『노자』의 원형은 백서본과 같은 "우지수야(愚之首也)"로 볼 수 있다.

39장

# 옛날에 하나를 얻음이 있었다

옛날에 '하나'를 얻음이 있었다.
하늘은 '하나'를 얻음으로써 맑아졌고
땅은 '하나'를 얻음으로써 안정되었으며
신령은 '하나'를 얻음으로써 영험해졌고
계곡은 '하나'를 얻음으로써 가득 찼으며
왕은 '하나'를 얻음으로써 우두머리가 되었다.

그러나 그 지나침에 대해서는 이렇게 경계하였다.
하늘이여, 맑기만을 고집하지 말라! 갈라질까 두렵다.
땅이여, 안정되기만을 고집하지 말라! 터질까 두렵다.
신령이여, 영험하기만을 고집하지 말라! 고갈될까 두렵다.
계곡이여, 가득 차기만을 고집하지 말라! 마를까 두렵다.
왕이여, 고귀하기만을 고집하지 말라! 뒤집어질까 두렵다.

그러므로 반드시 귀해지고 싶다면 천함을 근본으로 삼아야 하고
반드시 높아지고 싶다면 낮음을 바탕으로 삼아야 한다.
이 때문에 왕은 자기 자신을 이렇게 '고아', '부족한 사람', '복 없는
사람'이라 말한다.
이는 천함을 바탕으로 삼는 태도가 아닌가?
따라서 자주 명예에 이르면 결국 명예가 없어지는 것이니
옥처럼 빛나고자 하지 말고, 돌처럼 투박하도록 해야 한다.


昔之得一者.
天, 得一以淸
地, 得一以寧
神, 得一以靈
谷, 得一以盈
侯王, 得一以爲正.


其致之也:
謂天, 毋已淸, 將恐裂
謂地, 毋已寧, 將恐發
謂神, 毋已靈, 將恐歇
謂谷, 毋已盈, 將恐渴
謂侯王, 毋已貴以高, 將恐蹶.

---

故, 必貴而, 以賤爲本

必高矣而, 以下爲基.

夫是以, 後王自謂曰: 孤, 寡, 不穀.

此其賤之本與, 非也?

故致數譽, 无譽

是故不欲琭琭若玉, 硌硌若石.


만물의 존재 본원으로 '하나'를 제시하고, 아울러 어느 한 가지 상태만을 고집해서는 안 된다는 점에 대해 말하고 있다. 이를 통해 지도자는 마땅히 자신을 낮출 줄 알아야 한다고 충고한다.

첫머리에서 노자는 모든 존재의 본원으로 '하나'를 제시한다. "옛날에 '하나'를 얻음이 있었다. 하늘은 '하나'를 얻음으로써 맑아졌고, …… 왕은 '하나'를 얻음으로써 우두머리가 되었다.(昔之得一者. 天, 得一以淸 …… 侯王, 得一以爲正)"

'하나[一]'는 도 또는 도의 분신을 가리킨다. 『노자』에는 본 39장을 포함해 모두 다섯 차례 '하나'라는 말이 나오는데,[288] 그때마다 그 의미하는 바가 조금씩 다르지만 대체로 도 또는 도에서 파생된 그 무엇을 가리킨다. 여기에서 '하나'는 도, 또는 모든 존재의 본질을 형성하게 하는 근본 원리로 볼 수 있다. 하늘은 맑음을 그 본질로 삼고, 땅은 안정됨을 그 본질로 삼고, …… 왕은 무리의 우두머리가 됨을 그 본질로 삼는

---

**288** "載營魄抱一, 能無離乎"(10장), "三者, 不可致詰, 故混而爲一"(14장), "是以聖人執一, 以爲天下牧"(22장), "道生一, 一生二, 二生三, 三生萬物"(42장).

다. 이때 각각의 존재가 각자의 본질을 얻게 하는 근원이 바로 이 '하나'다. 이 '하나'를 얻음으로써 각각의 개별 존재들은 각자의 이상적인 상태에 이를 수 있다는 것이다.

그러면 "옛날[昔]"이라는 표현을 사용한 것은 무엇 때문인가? 이는 일견 우주 발생론적 사고의 반영으로 볼 수 있다. '태초에 도가 있었으니, 하늘은 이 도를 얻음으로써 맑아졌고 땅은 이 도를 얻음으로써 안정되었으며……' 하는 식이다. 그러나 이 말의 궁극적 초점은 '왕'에 맞추어진다. 즉 왕위의 역사성을 강조하기 위해 "옛날"이라는 표현을 사용하고 있다. 유사 이래로 왕이 된 자는 모두 이 '하나'를 얻음으로써 백성의 우두머리로 우뚝 설 수 있었다는 역사적 전통을 말하고자 한 것이다.

하늘은 새파랗게 맑은 모습이 가장 이상적인 상태다. 그러나 하늘이 늘 맑기만 하여 햇볕만 계속 내리쬔다면 대지는 마르고 말라 결국에는 갈라져 터지고 말 것이다.

하늘의 이상적인 모습이 '맑음'이기는 하지만 항상 맑기만을 고집해서는 안 된다는 점을 경고하고 있다. 왜 그런가? 어느 한쪽으로의 편향은 도의 본질이 아니기 때문이다. 자연은 늘 균형과 조화를 지향한다. "유무상생(有無相生)"하고 "난이상성(難易相成)"하듯이 모든 상태는 항상 그 반대쪽과 끊임없이 교류하고 관계한다. 하늘이 얻은 '하나'는 단일성의 순수함이 아니다. 그것은 철삿줄 같은 '하나'가 아니라 새끼줄 같은 '하나'이다.[289] 이것과 저것이 서로 맞물려 역동적으로 돌아가

---

**289** 최진석, 앞의 책, 316쪽.

는 '하나'이다. 하늘이 비록 '하나'를 얻음으로써 그것이 바라는 '맑음'에 도달할 수 있었지만 그 맑음만 계속 고집할 수는 없다. 맑음의 상태를 다시 보기 위해서는 필연적으로 일정 기간 흐림의 상태여야 한다는 것이다. 이런 원리는 땅, 신령, 계곡, 왕에게 모두 적용된다. 그리고 그 종착지는 왕이다. 왕이 된 자는 고귀함이 그 본질이지만 항상 고귀함만을 고집해서는 안 된다. 고귀함만을 고집하다 보면 언젠가는 뒤집어져 왕위를 잃어버릴 수 있기 때문이다.

결국 노자의 최종 표적은 왕이다. 노자의 어법이 늘 그러하듯이, 여기에서도 자연의 이치를 말함으로써 궁극적으로 인간 세상의 지도자가 가야 할 길을 밝히고 있다. 하늘이 맑기만을 고집할 수 없듯이 왕 또한 고귀함만을 고집해서는 안 된다는 점을 지적한다. 맑음이 흐림을 바탕으로 삼듯이, 귀함은 천함을 근본으로 삼고 높음은 낮음을 바탕으로 삼기 때문이다. 그래서 과거에 왕은 스스로를 '고아〔孤〕', '부족한 사람〔寡〕', '복 없는 사람〔不穀〕' 등으로 불렀다는 것이다.

이런 호칭을 통해 우리는 고대인들이 생각했던 지도자의 바람직한 상 또는 이상적인 마음가짐을 엿볼 수 있다. 백성 위에 서서 백성을 다스리는 자는 항상 백성 아래로 자신을 낮추는 겸양의 도리를 지녀야 한다는 것이다. 그들은 스스로 낮출수록 높아지고 스스로 천시할수록 귀해진다는 이치를 터득했기 때문이다.

'칭찬은 고래도 춤추게 한다'는 말이 있다. 상대방을 비난하고 억압하기보다는 좋은 말로 격려하고 칭찬할 때 긍정적인 효과를 가져온다는 말이다. 그러나 '과유불급'이라고 했듯이, 아무리 좋은 말도 자주 듣다 보면 식상해진다. 뿐만 아니라 너무 자주 칭찬을 듣다 보면 자기도 모르게 우쭐해지고, 우쭐해지다 보면 교만한 행동을 하게 된다. 그러면 사람들은 더 이상 그를 칭찬하지 않는다. 오히려 이제까지 칭찬한 것 이상으로 비난할 것이다. 이것이 아마 노자의 "자주 명예에 이르면 결국 명예가 없어진다.(致數譽, 无譽)"라는 말의 의미일 것이다. 그래서 노자는 마지막 구절에서 "옥처럼 빛나고자 하지 말고, 돌처럼 투박하도록 하라."고 충고한다.

## 판본 비교

### 백서본

갑: 昔之得一者. 天得一以淸, 地得口以寧, 神得一以霝(靈), 浴(谷)得一以盈, 侯口口口而以爲正. 其致之也, 胃(謂)天毋已淸將恐口, 胃(謂)地毋口口將恐口, 胃(謂)神毋已霝(靈)將恐歇, 胃(謂)浴(谷)毋已盈將將恐渴, 胃(謂)侯王毋已貴口口口口口. 故必貴而以賤爲本, 必高矣而以下爲基. 夫是以侯王自胃(謂)口孤寡不橐(穀). 此其賤口口與, 非口? 故致數與(譽)无與(譽). 是故不欲口口若玉, 硌硌口口.

을: 昔得一者. 天得一以淸, 地得一以寧, 神得一以霝(靈), 浴(谷)得一盈, 侯王得一以爲天下正. 其至也, 胃(謂)天毋已淸將恐蓮(裂), 地毋已寧將恐發, 神毋口口口恐歇, 谷毋已口將渴, 侯王毋已貴以高將恐欮(蹶). 故必貴以賤爲本, 必高矣而以下爲基. 夫是以侯王自胃(謂)孤寡不橐(穀). 此其賤之本與, 非也? 故至數輿(譽)无輿(譽). 是故不欲祿祿[290]若玉, 硌硌若石.

**왕필본**

昔之得一者. 天得一以淸, 地得一以寧, 神得一以靈, 谷得一以盈, 萬物得一以生, 侯王得一以爲天下貞. 其致之, 天無以淸將恐裂, 地無以寧將恐發, 神無以靈將恐歇, 谷無以盈將恐竭, 萬物無以生將恐滅, 侯王無以貴高將恐蹶. 故貴以賤爲本, 高以下爲基. 是以侯王自謂孤寡不穀. 此非以賤爲本邪, 非乎? 故致數輿無輿, 不欲琭琭如玉, 珞珞如石.

1. 萬物得一以生, 萬物無以生將恐滅

백서본에는 왕필본의 위 두 구가 없다. 이 두 구는 엄준의 『노자지귀』나 돈황무본에도 없다. 아마도 후대에 추가된 것 같은데, 그 가능성을 하상공본에서 발견할 수 있다. 하상공은 경문의 "기치지(其致之)"에 대해, "치(致)는 경계한다는 말이다. 아래의 다섯 가지 일(五事)을 말한다."[291]라고 했다. 그런데 이하에 나오는 항목은 천(天), 지(地), 신(神), 곡(谷), 만물(萬物), 후왕(侯王) 여섯 가지로 하나가 초과된다. 이 때문에 『노자 도덕경 하상공장구』에서 왕잡(王卡)은 "경송본에는 '五事'로 되어 있으나, 고본(顧本)과 강본(強本)에 근거하여 '六事'로 고친다."[292]고 주석했다. 그러나 현재 백서본에 근거하여 '萬物'을 빼면 정확히 다섯 가지가 된다.

---

290  '祿祿'은 '琭琭'의 빌려 쓴 글자로 볼 수 있다. 왕필본에는 '琭琭'으로 되어 있다.
291  致, 誡也. 謂下五事也.
292  王卡, 『老子道德經河上公章句』 158쪽, 주 11.

2. 其致之也, 謂(백서본)

　　其致之(왕필본)

　　백서본에는 "기치지야(其致之也)" 다음에 위(謂)가 덧붙어 있다. 그리고 백서 갑본에는 謂 자가 이하의 다섯 구절 앞머리에 모두 붙어 있다.[293] 謂 자를 덧붙임으로써 "其致之"가 이하의 문장과 연결된다는 점을 분명히 하는 것이다. 과거에는 일부 주석가들이 이 "其致之"를 앞 문장에 연결하는 경우가 있었다. 대표적으로 왕필은 "각기 하나를 얻어, '푸르름', '안정', '신령함', '가득 참', '으뜸'에 이르게 된다."[294]고 주석했다. 한편 하상공은 "其致之"를 뒤 문장과 연결하고 '致'를 '경계하다〔誡〕'로 풀이했다. 그러나 致 자 자체에는 '경계하다'의 의미가 들어 있지 않다. 여기에서 치(致)는 지(至)와 통하며(백서 을본에는 지(至)로 되어 있다.), 극(極)의 뜻으로 이해할 수 있다. 따라서 "其致之也, 謂……"는, "(맑음, 안정됨…… 등이) 지나치면, 다음과 같이 될 수 있다."는 식으로 풀이된다.

　　참고로 과거 일부 학자들은 "其致之"를 연문(衍文)으로 보기도 했다. 이 구를 놓고 앞뒤로 어떻게 연결해야 할지 애매했기 때문이다. 그래서 마서륜은 이 세 자가 본래 주문이었는데 경문으로 잘못 끼어들었다고 보았다. 여배림 등이 이 주장에 동조하고, 주겸지의 『노자교석』에서는 아예 이 구를 빼 버렸다. 그러나 백서본에는 갑·을본 모두 이 구절이 들어 있으므로 "其致之"를 연문으로 처리하는 것은 잘못이었음이 밝혀졌다.

---

**293**　백서 을본에는 첫 구절에만 謂가 붙어 있다. 그러나 해석상으로는 별 차이가 없다.
**294**　各以其一, 致此淸寧靈盈生貞.

3. 天毋已淸……, 地毋已寧……(백서을)

天無以淸……, 地無以寧……(왕필본)

'무이(毋已)'와 '무이(無以)'의 차이가 보이는데, 이는 본문의 해석에 중요한 차이를 낳을 수 있다. 왕필본의 "天無以淸將恐裂"은 "하늘이 이 하나(도)에 의해 맑지 못하면 파열될 것이다."로 해석되는 데 반해, 백서본의 "天毋已淸將恐裂"은 "하늘이 맑기를 그치지[295] 않는다면(즉 맑음만을 고집한다면) 파열될 것이다."로 해석되기 때문이다. 백서본의 이러한 의미는 다음 구절의 "귀해지고 싶다면 천함을 근본으로 삼아야 하고, 반드시 높아지고 싶다면 낮음을 바탕으로 삼아야 한다.(必貴而以賤爲本, 必高矣而以下爲基)"와 자연스럽게 연결된다. 하나의 현상이나 상태는 항상 그것과 상반되는 현상이나 상태의 존재를 통해서만 드러난다는 점을 말하고 있는 것이다. 때문에 하늘은 오로지 맑기만을 고집할 수 없고, 땅은 오로지 안정되기만을 고집할 수 없다. 따라서 왕필본의 '無以'는 사실상 '毋已'의 오자로, 이는 후세 사람들이 앞 단락의 '得一以……'의 문장 형식을 뒤 단락까지 연결하면서 생긴 오류로 보인다.


4. 必貴而以賤爲本, 必高矣而以下爲基(백서본)

貴以賤爲本, 高以下爲基(왕필본)

왕필본에서 귀(貴)와 고(高)는 단순히 명사로 사용되었다. 그러나 백서본에서는 貴와 高의 앞뒤로 필(必), 이(而) 등의 글자가 덧붙음으로써 모두 동사로 해석된다. 따라서 왕필본은 "귀함은 천함을 근본으로 삼

---

295  已를 止로 해석한다.

고, 높음은 낮음을 기초로 삼는다."라는 객관적 서술로 해석되는 반면, 백서본은 "귀하려고 한다면 천함을 근본으로 삼아야 하고, 높으려고 한다면 낮음을 기초로 삼아야 한다."라는 주관적 서술로 해석된다. 하상공도 이 구절에 대해 다음과 같이 풀고 있다. "반드시 존귀해지려 한 하면 마땅히 미천함을 근본으로 삼아야 한다는 말이다. …… 반드시 존귀해지려 한다면 마땅히 낮음을 근본 바탕으로 삼아야 한다는 말이다."[296] 이 같은 풀이는 사실상 백서본의 의미와 잘 부합한다. 따라서 하상공본의 원문 또한 애초에는 백서본과 유사한 형태였을 것이다.

5. 是故不欲祿祿若玉, 硌硌若石(백서을)
　　不欲琭琭如玉, 珞珞如石(왕필본)

백서본은 '시고(是故)' 두 자가 문장 앞에 첨가되어 있다. 이렇게 '是故'가 첨가됨으로써 앞뒤 문장의 연결 관계가 분명해진다.

참고로 이 구절의 해석에서 항상 문제가 되는 것은 '불욕(不欲)'의 목적어를 어디까지로 보느냐 하는 점이었다. 왕필과 하상공은 '녹록여옥(琭琭如玉)'과 '낙락여석(珞珞如石)' 둘 다 '不欲'의 목적어로 보았다. 가령 하상공주에서는 다음과 같이 풀이한다. "옥처럼 사람들에게 귀히 여겨지는 것도 원하지 않고 돌처럼 사람들에게 천히 여겨지는 것도 원하지 않는다는 말이니, 마땅히 그 중간에 처해야 한다."[297] 그러나 이러한 해석은 비록 장자의 "무용지용(無用之用)" 사상에는 합치할 수 있으

---

296　이석명 역주, 앞의 책, 254쪽. 言必欲尊貴, 當以薄賤爲本. …… 言必欲尊貴, 當以下位本基.
297　같은 책, 256쪽. "言不欲如玉爲人所貴, 如石爲人所賤, 當處其中也."

나 노자 사상과는 잘 어울리지 않는다. 노자는 '드러나는 빛을 감추어 세속과 하나가 된다'는 "화기광, 동기진(和其光, 同其塵)"을 주장하기 때문이다. 따라서 '不欲'의 목적어는 '琭琭如玉'까지만 해당된다고 보아야 한다.

# 40장

# 되돌아감이 도의 운동 방식이다

되돌아감이 도의 운동 방식이고
부드러움이 도의 작용 방식이다.

천하 사물은 유에서 생겨났고
유는 무에서 생겨났다.

反也者, 道之動也.
弱也者, 道之用也.

天下之物, 生於有
有, 生於无.

이 장에서는 도의 운동 방식과 그 작용 방식에 대해 말하고 있다.

노자는 우선 도에 내재된 '돌아감'의 이치를 말한다. "되돌아감이 도의 운동 방식이다.(反也者, 道之動也)"

'반(反)'은 『노자』에서 대체로 두 가지 의미로 쓰인다. 하나는 '되돌아가다' 혹은 '복귀하다'의 뜻이고, 다른 하나는 '상반되다'의 뜻이다. 후자의 경우는 65장 및 78장의 다음과 같은 구절에서 찾아볼 수 있다. "현묘한 덕은 그윽하기도 하고, 아득하기도 한 것, 일반 사물과 반대되는 것 같다.",[298] "바른말은 반대로 들린다."[299] 이 장에서 '반'은 전자의 의미, 즉 '되돌아가다' 내지는 '복귀하다'의 뜻으로 쓰였다. 도의 운동 방식은 '되돌아감'이라는 것이다. 그러므로 25장에서도 선언한다. "크면 나아가고, 나아가면 멀어지고, 멀어지면 다시 돌아온다."[300]

이러한 '반'의 이치는 삼라만상에 두루 작용한다. 우선 자연계의 변화 모습에서 찾아볼 수 있다. 초목은 봄과 여름을 거치면서 무성히 자라나지만, 가을이 지나고 겨울이 되면 결국에는 그 무수한 잎사귀를 다 떨어뜨리고 다시 앙상한 가지로 돌아간다. 그러므로 16장에서 말한다. "만물이 바야흐로 생겨나는 데서, 나는 그 돌아가는 자리를 본다. 천도(天道)는 돌고 돌아 각자 '뿌리'로 돌아간다."[301]

다음으로 이 '반'의 이치는 이상적인 지도자의 모습에 적용된다. 노자는 이상적인 지도자를 '갓난아이'로 돌아간 자, 다시 말해 갓난아이

---

**298** 『노자』 65장. "玄德, 深矣, 遠矣, 與物反矣."
**299** 『노자』 78장. "正言若反."
**300** "大曰逝, 逝曰遠, 遠曰反."
**301** "萬物方作, 吾以觀其復也. 天道員員, 各復其根."

의 순수한 덕을 회복한 사람이라고 말한다. 그러므로 28장에서 노자는 말한다. "'수컷'을 알고 '암컷'을 지키면 세상의 계곡이 되고, 세상의 계곡이 되면 참된 덕이 떠나지 않으며, 참된 덕이 떠나지 않으면 '갓난아이'로 돌아간다."[302]

그 외에도 노자는 자연과 인간의 상호 작용과 반작용의 관계에서도 이 이치를 찾아낸다. 가령 군대가 머문 자리에는 가시가 생겨나고 대군이 지나간 후에는 흉년이 든다는 식이다. 군대는 살기를 품고 있기 때문에 그러한 살기에 감응하고 반응하여, 그들이 머물렀던 자리에는 가시나무만 자라나고 농사도 망치게 된다는 것이다.[303] 때문에 도를 따르는 사람은 무력으로 세상을 제압하려 들지 말아야 한다고 역설한다.

가만히 생각해 보면 세상만사가 이 '되돌아감'의 원리에 따라 움직이는 것을 알 수 있다. 우선 우주와 자연의 운행을 보자. 우주의 팽창과 수축, 지구의 자전과 공전, 사계절의 순환, 달의 커짐과 작아짐, 밀물과 썰물, 낮과 밤의 반복 등이 모두 이 '반의 원리'에 따라 진행된다. 다음으로 우리의 인생사를 살펴보아도 대개 이 '반의 원리'에 따라 움직이고 있음을 보게 된다. 생로병사가 그러하고, 사랑하고 미워하는 감정의 변화가 그러하며, 길흉화복의 순환 반복이 그러하다.

어쩌면 우리는 마치 뫼비우스의 띠와 같은 존재인지도 모르겠다. 비슷비슷한 삶의 과정들을 무한 반복하고, 같은 길을 다시 걸으면서도 그것이 이미 자신이 지나온 길임을 알아차리지 못하는 운명. 이런 이치를

---

302 "知其雄, 守其雌, 爲天下溪. 爲天下溪, 恒德不離. 恒德不離, 復歸於嬰兒."
303 『노자』 30장. "以道佐人主者, 不以兵强天下. 其事好還, 師之所處, 荊棘生焉, 大軍之後, 必有凶年."

석가는 '윤회'라 했고, 예수는 '영생'이라 했으며, 주역에서는 '음양'이라 했다. 이 순환의 고리에서 벗어난 존재가 아마 노자와 석가 같은 '깨달은 자'일 것이다.

다음으로 노자는 도의 작용 방식이 '부드러움'이라고 말한다. "부드러움이 도의 작용 방식이다.(弱也者, 道之用也)"

'약(弱)'은 단순히 '약하다'라는 의미보다는 '부드럽다' 혹은 '유연하다'라는 의미로 풀이하는 것이 옳다. 『노자』에서 '약'은 종종 '유(柔)'와 같이 쓰이는 사례를 자주 볼 수 있기 때문이다.[304]

노자는 도와 가장 가까운 사물로 '물'을 지목한다. 그런데 물의 흐름과 움직임이 바로 부드러움이다. 우선 물이 흘러가는 모습을 보자. 물길은 굽이굽이 휘어 있다. 이리 굽고 저리 휘어 지극히 완만하고 부드러운 곡선을 형성한다. 인공으로 다듬어 놓은 물길 외에 어느 물길 하나 직선으로 되어 있는 경우가 없다. 또한 물은 어느 하나의 모습을 고집하지 않는다. 둥근 그릇에 담기면 둥근 모습으로, 네모난 그릇에 담기면 네모난 모습으로 변화한다. 이 때문에 물의 형상은 도와 마찬가지로 "무상지상(無狀之狀)" 내지는 "무물지상(無物之象)"이라 할 수 있다. 또한 물은 흘러가다가 바위와 같은 장애물을 만나면 그것을 돌아서 간다. 무너뜨리고 쓰러뜨리는 게 아니라 슬그머니 피해 뒤로 돌아 조용히 지나간다. 이는 바로 물이 지닌 '부쟁(不爭)', 즉 다투지 않음의 모습이다. 모두 물의 부드러움을 표현한 말이다.

물뿐만이 아니다. 자연계의 모든 사물이 대부분 이런 부드러움을 지

---

**304** "柔弱勝强"(36장), "人之生也, 柔弱, …… 柔弱微細, 生之徒也"(76장), "天下莫柔弱於水"(78장) 등이 그 예이다.

니고 있다. 나뭇잎의 유연한 곡선이나 산들거리는 봄바람의 부드러움, 심지어 꿈틀거리는 벌레들까지 부드러움을 그 생명으로 삼고 있다. 삼라만상이 도를 품고 있기에 그것이 발현된 모습과 작용하는 방식이 모두 부드러움으로 나타나는 것이다.

마지막 구절에서 노자는 말한다. "천하 사물은 유에서 생겨났고, 유는 무에서 생겨났다.(天下之物, 生於有. 有, 生於无)"

이 구절은 사실 앞의 내용과 자연스럽게 연결되지 않는다. 앞에서는 도의 운동 방식과 작용 방식에 대해 말하는데, 여기에서는 만물의 생성 과정을 말하는 것으로 볼 수 있기 때문이다. 백서본 『노자』에서는 이 구절이 42장의 "도생일(道生一)……" 구절 바로 앞에 놓여 있다. "도생일……"은 『노자』의 우주 생성론을 표현하는 대표적 구절이다. 따라서 40장의 이 구절은 본래 "도생일……" 구절과 연결되어 노자의 우주 생성론을 표현한다고 보는 게 타당하다.

백서본의 형태가 그렇다 해도, 후대에 현재와 같은 형태로 재편집된 데에는 나름의 이유가 있었을 것이다. 이 구절을 앞 구절의 내용과 연결해 보면, 도가 지닌 '돌아감'의 원리를 만물 생성의 과정에 적용한 것으로 볼 수도 있다. 세상 만물은 '유'에서 생겨났고 '유'는 다시 '무'에서 생겨났다. 이는 결국 만물의 본원을 '무'에서 찾는 것이다. 이것을 거꾸로 뒤집어 보면 모든 사물은 궁극적으로 '무'로 돌아가게 되어 있다는 말이 된다. 물론 이때 '무'의 또 다른 이름은 도다.

## 판본 비교

### 죽간본

갑: ■返也者, 道僮(動)也; 溺(弱)也者, 道之甬(用)也. 天下之勿(物)生
於又(有), 生於亡.■

### 백서본

갑: □□□, 道之動也; 弱也者, 道之用也. 天□□□□□□□□□.
을: 反也者, 道之動也; □□者, 道之用也. 天下之物生於有, 有□(生)
於无.

### 왕필본

反者, 道之動; 弱者, 道之用. 天下萬物生於有, 有生於無.

### 죽간본과 백서본

'생어망(生於亡(无))'과 '유생어무(有生於无)'의 차이가 보인다. 두 가지
가능성을 생각해 볼 수 있다. 하나는 죽간본에서 생(生) 앞에 유(有)가
잘못 탈락되었을 가능성이고, 다른 하나는 백서본의 有 자가 후대에
덧붙여진 것일 가능성이다.

우선 죽간본이 잘못되었을 가능성을 검토해 보자. 만약 "生於亡" 앞
에 有가 잘못 탈락되었다고 한다면, 해당 구절은 "天下之物生於有, 有
生於亡"의 형태가 될 것이다. 그러면 이것은 '物←有←亡'의 체계적
도식으로 정리된다. 그런데 이러한 체계적 도식에서 드러나는 생성론적

사유는 죽간본의 성립 시기를 고려할 때 너무 일찍 나온 것이다. 중국 철학사에서 생성론적 사유는 일반적으로 기화론(氣化論)의 사유가 본격적으로 전개되는 전국 시대 말기 이후에 출현했다고 추정되기 때문이다. 또한 죽간본에서 有와 無가 동시에 출현하는 경우로는 본 40장 외에 2장을 들 수 있는데, 이때 '유무(有无)'는 '난역(難易)', '장단(長短)' 등과 같이 상대적 개념으로만 쓰이고 있을 뿐이다. 이러한 점들을 고려할 때 죽간본에서 有 자가 잘못 탈락되었을 가능성은 매우 적다.

백서본에서 '有' 자가 덧붙여졌을 가능성에 대해서는 앞에서 설명했다.

### 백서본과 왕필본

1. 장의 순서

백서본에서 이 장은 왕필본의 41장과 42장 사이에 놓여 있다. 즉 백서본은 41장→40장→42장의 순서로 되어 있다. 의미의 연결성이라는 측면에서 보면 백서본의 형태가 보다 합리적이다. 그 이유는 다음과 같다. 첫째, 41장은 주로 도에 관해 언급하고 있는데, 40장도 도에 관한 말, 즉 "反也者, 道之動也"로 시작된다. 둘째, 40장의 "天下萬物生於有, 有生於無"와 42장의 "道生一, 一生二, 二生三……"은 모두 生이라는 공통의 용어로 연결된다. 셋째, 내용상 40장과 42장 모두 우주 생성론의 문제에 관해 말하고 있다.


2. 天下之物(백서을)

天下萬物(왕필본)

부혁본 역시 백서본처럼 "천하지물(天下之物)"로 되어 있으며, 왕필주

에도 "천하의 사물은 모두 有로 인해 생겨난다.(天下之物, 皆以有爲生)"로
되어 있다. 따라서 왕필본 역시 애초에는 백서본과 같이 "天下之物"로
되어 있었다고 추정된다. 단 엄준의 『노자지귀』에는 특이하게도 "천지
지물(天地之物)"로 되어 있다.

# 41장

# 어리석은 사람은
# 도를 들으면 비웃는다

지혜로운 사람은 도를 들으면 부지런히 실천하고
보통 사람은 도를 들으면 반신반의하며
어리석은 사람은 도를 들으면 크게 비웃는다.
비웃지 않으면 도라고 할 수 없다.

그러므로 격언에서 말한다.
밝은 도는 어두운 듯하고, 나아가는 도는 물러나는 듯하며
평평한 도는 울퉁불퉁한 듯하고, 높은 덕은 텅 빈 듯하며
크게 깨끗한 것은 더러운 듯하고, 넓은 덕은 부족한 듯하며
강건한 덕은 구차스러운 듯하고, 질박한 사람은 변덕스러운 듯하다.

거대한 네모는 모서리가 없고, 거대한 그릇은 완성됨이 없으며
거대한 소리는 들리지 않고, 하늘의 형상은 형체가 없으며
도는 거대하여 이름이 없다.

오직 도를 체득한 사람만이 시작도 잘하고 마무리도 잘한다.


上士聞道, 勤能行之
中士聞道, 若存若亡
下士聞道, 大笑之.
弗笑, 不足以爲道.


是以建言有之曰:
明道如昧, 進道如退
夷道如類, 上德如谷
大白如辱, 廣德如不足
建德如偸, 質眞如渝.


大方无隅, 大器免成
大音希聲, 天象无形
道褒无名.
夫唯道, 善始且善成.



이 장에서는 도를 대하는 서로 다른 세 부류의 서로 다른 반응에 대
해 언급하고, 이어서 도의 세계에 나타나는 역설적 상황에 대해 다양
한 방식으로 설명하고 있다.

---

노자는 우선 세상 사람들을 세 종류로 분류하면서 그들이 도를 대하는 태도에 대해 언급한다. "지혜로운 사람은 도를 들으면 부지런히 실천하고, 보통 사람은 도를 들으면 반신반의하며, 어리석은 사람은 도를 들으면 크게 비웃는다."

세상에서 진리의 말, 즉 도는 별로 환영받지 못한다. 몸에 좋은 약이 입에 쓰듯 진리의 말 역시 쓰기 때문이다. 따라서 도, 즉 진리의 말을 들으면 소수의 깨어 있는 지혜로운 사람들만 부지런히 실천하고, 나머지 대부분의 사람들은 마음속으로 반신반의하면서 회피하거나 노골적으로 비웃는다. 이렇게 된 데에는 진리의 말이 형이상의 추상적인 성격을 지니고 있다는 점에도 크게 기인한다. 세상 사람들은 구체적이고 몸에 직접 와 닿는 말에 익숙한데 진리의 말은 그렇지 못하기 때문이다. 이 점에 대해 육희성은 다음과 같이 말한다. "『역』에서 형이상의 것을 도라고 했으니, 도라는 것은 형체 밖에 통하는 것이다. 형이하의 것을 '기(器)'라고 했으니, '기'라는 것은 형체 안에 머무는 것이다. 지혜로운 사람은 은미한 것을 알고 드러난 것도 안다. 그러므로 도를 들으면 믿고 부지런히 실천한다. 보통의 사람은 은미함과 드러남 사이에 있고 '도'와 '기' 사이에 머문다. 그러므로 도를 들으면 의심과 믿음이 반반이기에 반신반의한다. 어리석은 사람은 형체 내에만 머문다. 그러므로 도를 들으면 크게 비웃는다. 혹 비웃지 않으면 비난할 뿐이다."[305]

---

305 焦竑, 앞의 책 3권, 9쪽. "易曰, 形而上者謂之道, 道也者通乎形外者也. 形以下者謂之器, 器也者止乎形內者也. 上士知微知彰, 通乎形外. 故聞道而信, 則勤行之. 中士在微彰之際, 處道器之間. 故聞道而疑信相半, 故若存若亡. 下士知彰而不知微, 止乎形內. 故聞道則大笑之. 不唯笑之, 且將非之矣."

두 번째 단락에서는 도에 내재된 역설적 이치에 대해 다양한 측면으로 말한다. "밝은 도는 어두운 듯하고, 나아가는 도는 물러나는 듯하며 …… 강건한 덕은 구차스러운 듯하고, 질박한 사람은 변덕스러운 듯하다."

"정언약반(正言若反)"이라고 했듯이 진리는 항상 역설적이다. 세상의 상식적인 행위나 생각과는 상반된다. 참된 길을 찾는 사람들은 남들이 다 가는 넓고 평탄한 길을 버리고 아무도 가려 하지 않는 좁고 험한 길을 간다. 깨어 있는 자는 어둠에서 밝음을 보고 밝음에서 어둠을 보며, 평탄함에서 험난함을 보고 험난함에서 평탄함을 보며, 나아감에서 물러남을 보고 물러남에서 나아감을 보기 때문이다.

또한 도는 이것과 저것을 분별하지 않는다. 분별하지 않으므로 이것과 저것이 상호 전화(轉化)될 수 있다. 이는 마치 양 속에 음이 포함되어 있고, 음 속에 양이 깃들어 있는 것과 같다. 그러므로 도의 자리에서 보면 밝음과 어두움, 나아감과 물러감, 평탄함과 울퉁불퉁함 등은 본래 따로 존재하는 것이 아니라 동일한 것의 서로 다른 모습들에 불과하다.

또한 도는 상식을 뛰어넘고 일상적 관념을 초월한다. 이 점을 노자는 다시 '네모', '그릇', '소리', '형상' 등에 비유해 설명하고 있다. 이 가운데 "거대한 그릇은 완성됨이 없다.(大器免成)"라는 말의 의미를 한번 살펴보자.

거대한 그릇은 완성된 형태가 있을 수 없다. 이미 어떤 형태로 꼴이 만들어져 있다면 그것은 참으로 큰 그릇이라 할 수 없다. 그것보다 더 큰 그릇을 만들 수 있으니 말이다. 그리고 이미 완성된 그릇은 거기에 담기는 것과 담기지 못하는 것으로 구분 지어진다. 모든 것을 다 담지 못하는 그릇은 정말로 큰 그릇이라 할 수 없다. 그러므로 정말로 큰 그릇, 세상에서 가장 큰 그릇은 완성됨이 없다고 말하는 것이다. 도는 이러한 거대한 그릇처럼 한계가 없고 제한이 없으며, 따라서 너무 커서 결코 이름할 수 없다는 것이다.

## 판본 비교

### 죽간본

을: 上士昏(聞)道, 堇(勤)能行於其中; 中士昏(聞)道, 若昏(聞)若亡; 下士昏(聞)道, 大芙(笑)之. 弗大芙(笑), 不足以爲道矣. 是以建言又(有)之: 明道女(如)孛, 遅(夷)道□□, □道若退, 上悳(德)女(如)浴(谷), 大白女(如)辱, 呈(廣)悳(德)女(如)不足, 建悳(德)女(如)□, □貞(眞)女(如)愉. 大方亡禺(隅), 大器曼成, 大音祇(希)聖(聲), 天象亡坓(形), □……

### 백서본

갑: □□□□□□□□□□□□□□□□□□□□□□□□□□□□□□□□□□□□□□□□□□□□□□□□□□□□□□□□□□□□□□□□□□□□□□□□□□□□□□□道, 善□□□□.

을: 上□□道, 堇(勤)能行之; 中士聞道, 若存若亡; 下士聞道, 大笑之. 弗笑, □□以爲道. 是以建言有之曰: 明道如費(昧)[306], 進道如退,

---

**306** 費는 軭의 오자로 보이고, 이것은 昧와 유사한 의미가 된다.

夷道如類, 上德如浴(谷), 大白如辱, 廣德如不足, 建德如□, 質□□□.
大方無禺(隅), 大器免成, 大音希聲, 天象无刑(形), 道襃无名. 夫唯道,
善始且善成.

### 왕필본

上士聞道, 勤而行之; 中士聞道, 若存若亡; 下士聞道, 大笑之. 不
笑, 不足以爲道. 故建言有之: 明道若昧, 進道若退, 夷道若纇, 上德
若谷, 大白若辱, 廣德若不足, 建德若偸, 質眞若渝. 大方無隅, 大器晚
成, 大音希聲, 大象無形, 道隱無名. 夫唯道, 善貸且成.

### 죽간본과 백서본

1. 勤能行於其中(죽간본)

   勤能行之(백서을)

죽간본의 기(其)나 백서본의 지(之)는 모두 도를 가리킨다. 백서본은
죽간본의 '행어기중(行於其中)'을 간단히 '행지(行之)'로 정리해 놓은 듯
한 인상이다.


2. 若聞若亡(죽간본)

   若存若亡(백서을)

죽간본이 도를 듣고 '듣는 둥 마는 둥' 하는 태도를 묘사한다면, 백
서본은 도를 듣고 '반신반의'하는 태도를 묘사하고 있다. 죽간본에서는
문(聞)과 같이 구체적이고 감각적인 언어를 쓴다. 이에 비해 백서본에서
는 '존망(存亡)'과 같은 추상적 언어를 사용하고 있다. 따라서 백서본의

표현이 죽간본에 비해 좀 더 추상화된 것임을 알 수 있다.


3. 弗大笑(죽간본)

　　弗笑(백서을)

문맥상 죽간본의 '불대소(弗大笑)'가 타당하다. 바로 앞에서 "下士聞道, 大笑之"라고 말했기 때문이다.


4. 天象无形(죽간본)

　　大象無形(백서을)

백서 을본에도 죽간본과 같이 '천상(天象)'으로 되어 있으나, 대부분 천(天)을 대(大)의 오자로 파악한다. 앞 구절에서 계속 '대방(大方)', '대기(大器)', '대음(大音)'으로 표현되어 왔기 때문에 그다음도 당연히 '大象'으로 이어지는 것이 자연스럽다고 보기 때문이다. 그렇다면 마지막 구절의 '도포(道褒)'는 어떻게 설명할 것인가? 이것도 '대포(大褒)'로 고쳐야 하는가? 필자는 백서본(갑)과 왕필본의 '大象'이 앞 구절의 大 자들로 인해 잘못 베긴 글자이고 죽간본과 백서 을본의 '天象'이 그 원형이라고 생각한다. 이유는 다음과 같다. 첫째, 고대에 象은 원래 천상의 별자리 모습[星象]을 지시했다.[307] 따라서 '天象'은 당시의 일반적 용어였을 것이다. 둘째, '天象'은 고대 사람들이 생각할 수 있는 형상 중 가장 큰 것이었을 수 있다. 天 자체가 가장 크고 위대한 것을 상징하므로 '天象'은 당연히 가장 큰 형상을 의미한다. 때문에 "하늘의 형상은 형체


307　丁原植, 앞의 글 참조.

가 없다."라고 말하는 것은 전혀 어색하지 않다. 셋째, 이때의 天은 다음 구절의 道와 연결해 볼 수 있다. 『노자』에서 도와 천은 상호 밀접한 개념으로 사용된다. 『노자』에서 천이 비록 도의 하위 개념이기는 하지만 천 역시 도에 버금가는 거대개념이다.

### 백서본과 왕필본

1. 장의 순서

백서본에는 왕필본 40장과 41장의 순서가 뒤바뀌어 있다. 의미의 연속성 면에서 보면 왕필본보다 백서본의 형태가 더 순조롭다. 그 이유는 다음과 같다. 첫째, 39장의 첫머리에서 "옛날에 하나를 얻음이 있었다. ……"(昔之得一者……)라고 말함으로써 존재의 본원이라고 하는 도의 의미에 관해 진술했는데, 이 41장에서는 "지혜로운 사람은 도를 들으면……(上士聞道……)"라고 하여 이러한 도에 관한 사람들의 다양한 반응에 관해 서술하고 있다. 둘째, 39장에서 "귀해지고 싶다면 천함을 근본으로 삼아야 하고, 반드시 높아지고 싶다면 낮음을 바탕으로 삼아야 한다"고 하는 '역의 원리'에 대해 언급했는데, 이 장에서도 "밝은 도는 어두운 듯하고, 나아가는 도는 물러나는 듯하며"라는 '역의 논리'를 기술한다. 이렇게 볼 때 39장과 41장은 수미일관(首尾一貫)의 밀접한 관계를 유지하고 있다.

2. 夷道如類(백서을)
　　夷道若纇(왕필본)
유(類)와 뇌(纇)의 차이다. 하상공본, 엄준의 『노자지귀』, 부혁본 등

다수의 판본도 백서본과 같이 類로 되어 있다. 따라서 고본 『노자』의 원형은 類일 가능성이 크다. 왕필본의 纇는 글자 모양이 비슷해 類 자를 잘못 옮긴 것이거나, 또는 의미상 이(夷)의 상대어로서 纇가 합당하다고 생각해 고친 것일 가능성이 크다. 백서본에 쓰인 類에는 본래 '치우치다' 혹은 '불공평하다'의 의미가 들어 있다. 이러한 의미에서 우리는 '고르지 못하다'라는 의미를 유추해 낼 수 있고, 이때 類는 '평탄하다'라는 의미의 夷와 상대어가 될 수 있다.


3. 大器免成(백서을)
　　大器晩成(왕필본)

'면성(免成)'과 '만성(晩成)'의 차이다. 전통본들은 대부분 '晩成'으로 되어 있다. 백서 정리조도 백서본의 면(免)을 만(晩)으로 수정했다. 그러나 굳이 그렇게 수정할 필요가 없다. 이 단락의 문장 구조를 살펴보면 앞뒤가 모두 상반되는 의미로 구성되어 있다. 즉 네모[方]란 본래 모서리[隅]가 있는데 '큰 네모[大方]'는 모서리가 없다[無隅]는 것이고, 음(音)은 본래 소리[聲]를 전제로 하는데 '큰 음[大音]'은 소리가 없다[無聲]는 것이다. 이 같은 맥락에서 보면 '큰 그릇[大器]'은 완성이라는 것이 있을 수 없다.[308] 그릇이란 본래 일정한 모양을 갖추지만, 거대한 '큰 그릇'은 그런 일정한 형태가 없기 때문이다. 왕필본의 '晩成'을 오히려 '免成'을 잘못 옮긴 것으로 볼 수도 있다. 이때 '免成'은 곧 '무성(無成)'을 의미한다.[309] (단 죽간본은 왕필본과 유사한 의미의 '만성(曼成)'으로 되어 있다.)

308　공자가 말하는 "君子不器"와 통한다.
309　이러한 주장은 일찍이 진주(陳柱)의 『노자한씨설(老子韓氏說)』에서 제기되었고, 누우

4. 道襃无名(백서을)

　道隱無名(왕필본)

포(襃)와 은(隱)의 차이다. 襃는 '거대하다' 혹은 '무성하다'라는 의미이나, 隱은 '가리다'의 의미이다. '도가 가려지다〔道隱〕'라는 것은 도가 작다고 말하는 것과 같고, 이러한 '작은 도'는 이전 구절에서 제시되는 '큰 네모', '큰 그릇' 등의 말과 잘 어울리지 않는다. 따라서 문맥상 왕필본의 隱보다는 백서본의 襃가 낫다. 백서 정리조도 이와 유사하게 주장했다.


5. 善始且善成(백서을)

　善貸且成(왕필본)

두 가지 차이가 있다. 첫째, 시(始)와 대(貸)의 차이다. 현행본은 대부분 왕필본처럼 貸로 되어 있다. 그러나 의미상 백서본의 始가 낫다. 왕필본의 경우 '빌려주다〔貸〕'라고 할 때 그 대상이 문제가 되기 때문이다. 이 貸의 의미에 대해 과거의 주석가들은 다음과 같이 다소 궁색한 해석들을 늘어놓고 있다. 하상공은 "도는 사람의 정기(精氣)를 잘 품부해 준다는 말이다."라고 풀이했고, 왕필은 "단지 그 궁핍한 부분만 공급해 주는 것이 아니라, 한번 빌려주면 그 덕을 영원히 마칠 수 있게 한다. 그러므로 '잘 빌려준다'고 한다."라고 주석했으며, 근대의 고형은 "오직 도를 지닌 사람만이 만물에 베풀기를 잘한다."라고 해석했다. 그런데 우리는 이 구절의 마지막 글자 성(成)을 주목할 필요가 있다. 成

열 또한 의견을 같이한다.(樓宇烈, 『周易老子王弼注校釋』, 114~116쪽 참조.)

은 일차적으로 '이루다' 혹은 '완성하다'의 뜻이나 궁극적으로 종(終)의 의미를 품고 있다. 따라서 "善始且善成"은 '善始且善終'과 같은 말로, 이때 앞뒤의 시(始), 종(終)은 호응 관계를 이룬다. 결국 "夫唯道, 善始且善成"은 도를 체득한 사람, 즉 상사(上士)만이 도에 따라 시작과 끝을 한결같이 잘 수행할 수 있다는 말이다.

둘째, 차(且) 다음에 백서본에는 선(善)이 있으나 왕필본에는 생략되었다. 여기에서 善은 부사로 쓰였다. 문법상 동일한 부사를 앞뒤로 중복하여 쓸 필요가 없으므로, 왕필본에서는 뒤의 불필요한 善을 삭제한 것으로 보인다.

# 42장

# 뻣뻣한 사람은 제명에 죽지 못한다

도는 하나를 낳고, 하나는 둘을 낳으며
둘은 셋을 낳고, 셋은 만물을 낳는다.
만물은 음(陰)을 지고 양(陽)을 안으며,
음양의 두 기운이 융합해 조화를 이룬다.

세상 사람들이 싫어하는 말은 '고아'·'부족한 사람'·'복 없는 사람'인데
왕은 이런 것으로 자신을 이름한다.
사물은 혹 덜어 내면 보태지고 혹 보태면 덜어진다.
그러므로 남들이 가르치는 것 나 또한 의론하여 남에게 가르친다.
그러므로 강하고 뻣뻣한 사람은 제명에 죽지 못하니
나는 이것을 '배움의 근본'으로 삼으려 한다.

道生一, 一生二
二生三, 三生萬物.
萬物負陰而抱陽
冲氣以爲和.


天下之所惡, 唯孤·寡·不穀.
而王公以自名也.
物或損之而益, 益之而損.
故人之所敎, 亦議而敎人.
故强梁者不得死.
我將以爲學父.


　이 장은 앞뒤 내용이 연속적이지 않다. 앞 단락은 우주 생성론의 문제를 다루는 데 비해, 뒤 단락은 위정자가 지녀야 할 바람직한 태도, 즉 낮춤의 자세에 대해 말하고 있기 때문이다. 이 장의 부정합성에 대해서는 이미 예전부터 지적되어 왔다. 장석창은 "상하의 글이 잘 연결되지 않는 것 같다."라고 의심했고, 고형·진주·엄영봉·진고응 등도 39장의 일부 문장이 이 장으로 잘못 끼어들어 온 것으로 보았다.[310] 이들 두 단락은 서로 분리해 읽는 게 낫다.

　앞 단락에서는 만물의 생성 과정에 대해 언급한다. 앞 40장에서 "천

---

310　왕필본 39장에 "是以侯王自謂孤寡不穀……"이라는 구절이 있는데, 이 장에도 그와 유사한 내용이 있기 때문이다.

하 사물은 유에서 생겨났고, 유는 무에서 생겨났다."라면서 우주 만물의 생성 과정에 대해 개략적으로 기술했다. 여기에서는 이를 좀 더 구체적으로 기술하며, 음양론과 기론을 동원하고 있다.[311]

음양론과 기론의 관점에서 접근해 보면, 앞부분에서 말하는 '하나[一]', '둘[二]', '셋[三]'은 각각 '원기(元氣)', '음기와 양기', '화기(和氣)'의 세 요소를 의미하는 것으로 볼 수 있다. 즉 도에 의해 최초의 기운인 원기가 생성되었고, 이 원기로부터 음기와 양기의 두 기운이 분화되었으며, 다시 음양의 두 기운이 역동적으로 조화하는 상태에 이르렀다고 보는 것이다. 하상공주에서는 '셋'을 보다 구체적으로 '화기(和氣)', '청기(淸氣)', '탁기(濁氣)'의 세 가지 기운으로 풀이하기도 한다.

다음에 이어지는 "만물은 음을 지고 양을 안으며, 음양의 두 기운이 융합해 조화를 이룬다."라는 말은 사물의 존재 방식을 설명하고 있다. 모든 사물은 기본적으로 음과 양으로 구성되고, 나아가 이 두 요소의 조화를 지향한다는 것이다. 전국 말기의 음양론은 음기와 양기의 상호작용으로 모든 사물의 변화 현상을 설명했다.

두 번째 단락에서는 앞 단락과 달리 지도자의 바람직한 태도인 '낮춤의 도리'에 대해 말하고 있다. 그러면 하상공본이나 왕필본에서는 어째서 이질적인 두 단락을 하나의 장에 담았을까? 『노자』 전체를 현재와 같이 81장으로 처음 분장한 것은 하상공본인 것으로 추정하는데,

---

311 죽간본에는 이 부분이 나오지 않는다. 이 장은 아마도 백서본이 형성될 무렵, 즉 전국 시대 말기에 새롭게 추가되었을 가능성이 크다. 전국 시대 말기에는 기론적 사유가 유행했고, 음양론으로 만물의 생성과 변화 과정 전체를 설명하려는 시도가 확산되고 있었다.

하상공이 이렇게 한 데에는 나름의 이유가 있었을 것이다.

『노자』 각 장의 내용 구조를 살펴보면 대개 앞부분에서 자연의 이치를, 뒷부분에서 인간의 이치를 제시한다. 이를 '추천도명인사(推天道明人事)'라고 하는데, 즉 자연의 이치를 미루어 인간 세상의 이치를 밝힌다는 뜻이다. 이 42장도 마찬가지 구조로 이해할 수 있다. 앞부분에서 우주 발생론을 제시한 이유는 만물의 생성 문제 자체에 관심을 두어서라기보다는, 만물의 생성 과정을 통해 국가 경영을 담당하는 위정자의 바람직한 태도를 제시하기 위해서라고 볼 수 있다.

이런 관점에서 보면 앞부분에서 노자가 말하고자 하는 핵심은 "만물은 음을 지고 양을 안는다."에 있다. 모든 사물은 음과 양을 동시에 품고 있다는 사실, 어떤 사물이든 그것이 온전히 존재하기 위해서는 음양이 구비되어야 한다는 사실을 위정자는 명심해야 한다는 것이다.

위정자는 자신의 권력과 지위로 인해 백성 위에 군림하려 들기 쉽다. 자신의 존귀함만을 의식할 때 대부분의 지도자는 교만해지기 쉽고 남을 함부로 대하려는 유혹에 빠진다. 그러나 39장에서 노자는 이미 말했다. "반드시 귀해지고 싶다면 천함을 근본으로 삼아야 하고, 반드시 높아지고 싶다면 낮음을 바탕으로 삼아야 한다."

음양론에서 '귀함'과 '높음'은 양에 속하고, '천함'과 '낮음'은 음에 속한다. 만물이 음과 양을 동시에 지니고 있듯이, 높음과 귀함을 지닌 위정자 또한 자신이 지도자로서 설 수 있는 기본 바탕은 낮음과 천함에 있다는 사실을 잊지 말아야 한다. 이 때문에 '고아', '부족한 사람', '복 없는 사람' 같은 말은 비천하여 사람들이 싫어하지만, 오히려 왕은 이런 말을 자신을 가리키는 호칭으로 삼아야 한다는 것이다.

그러므로 높아지고자 하면 자신을 철저히 낮춰야 하고, 귀한 존재가
되고자 하면 천한 존재들과 하나가 되어야 한다. 이는 덜어 내면 보태
지고 보태면 덜어지는 게 자연의 변함없는 이치이기 때문이다. 노자는
말한다. "사물은 혹 덜어 내면 보태지고, 혹 보태면 덜어진다.(物或損之
而益, 或益之而損.)" 이런 이치를 파악한 노자는 위정자들에게 스스로를
낮출 것을, 좀 더 낮은 자세로 백성을 섬길 것을 끊임없이 요구한다. 그
러므로 앞서 7장에서도 "성인은 자기 몸을 뒤서게 하지만 오히려 앞서
게 되고, 자기 몸을 도외시하지만 오히려 잘 보존된다."[312]라고 했다.

만약 이러한 낮춤의 도리를 따르지 않으면 어떻게 되는가? 이에 대해
노자는 "강하고 뻣뻣한 자는 제명에 죽지 못한다.(強梁者, 不得其死.)"라
고 경고한다. 양만 알고 음을 모르는 사람이 바로 '강하고 뻣뻣한 자(強
梁者)'다. 높아지고 귀해지기만을 바랄 뿐 낮아지기를 거부하는 완고한
지도자, 백성 위에 군림할 줄만 알고 백성을 섬길 줄 모르는 위정자, 총
칼로 백성을 억압하고 짓누를 줄만 아는 독재자가 그런 사람이다. 이런
사람은 결국 제명에 죽지 못한다.


## 판본 비교

### 백서본

갑: □□□□□□□□□□□□□□□□□□□□□□□□□, 中氣以爲和. 天下之所

---

[312] "是以聖人, 後其身而身先, 外其身而身存."

惡, 唯孤寡不榖(穀), 而王公以自名也. 勿(物)或敚(損)之口口, 口之而
敚(損). 故人口口敎, 夕(亦)議而敎人. 故強良(梁)者不得死, 我口以爲
學父.

　을: 道生一, 一生二, 二生三, 三生口口口口口口口口口口口口以爲和. 人之
所亞(惡), 唯孤寡不榖(穀), 而王公以自口口口口口口口云(損), 云(損)之而
益. 口口口口口口口口口口口口口口口, 吾將以口口父.


**왕필본**

道生一, 一生二, 二生三, 三生萬物. 萬物負陰而抱陽, 冲氣以爲和.
人之所惡, 唯孤·寡·不榖, 而王公以爲稱. 故物或損之而益, 或益之而
損. 人之所敎, 我亦敎之. 強梁者不得其死, 吾將以爲敎父.


　1. 中氣(백서본)
　　冲氣(왕필본)

　엄준본, 하상공본, 부혁본 모두 충(冲)으로 되어 있으며, 범응원본에
는 충(盅)으로 되어 있다. 백서본의 中은 冲의 빌린 글자로 볼 수 있다.
　전통적으로 이 "道生一, …… 冲氣以爲和" 구절에 대해서는 논란이
많았다. 그 주요 논점은 다음 네 가지로 나누어 볼 수 있다. 첫째, "道
生一"에서 生의 의미가 무엇인가. 둘째, 道와 一의 관계를 어떻게 규정
할 것인가. 셋째, 一, 二, 三은 각기 무엇을 의미하는가. 넷째, 앞부분
"道生一, 一生二, 二生三"과 뒷부분 "萬物負陰而抱陽, 冲氣以爲和"의
관계를 어떻게 볼 것인가. 여기에서 이 문제들을 일일이 다룰 수는 없
고, 필자의 생각에 가까운 장석창의 해석을 소개해 본다. "道가 처음

생성한 것이 一이니, 一은 곧 道이다. 그 명칭으로 이름하면 '道'라 하고, 그 수로 이름하면 '一'이라고 한다. 39장에서 '하늘은 一을 얻음으로써 맑아진다.'라고 했는데, 이는 곧 하늘이 道를 얻어 맑아졌다는 말이다. 이것이 그 증거다. 그러나 一이 있으면 二가 있게 되고, 二가 있으면 三이 있게 되며, 三이 있으면 만(萬)이 있게 되니, 아무리 셈을 잘하는 사람도 그 끝을 알 수 없는 지경에 이른다. 『노자』의 一, 二, 三은 단지 세 가지 수로 도가 만물을 생성함을 나타낸 것이니, 낳으면 낳을수록 더욱더 많아진다는 뜻이다. …… 『설문해자』에 따르면 沖은 솟구쳐 요동치는 모양을 뜻한다. 이 글자는 노자가 암컷과 수컷이 서로 교합할 때 정기가 요동하는 모습을 형용한 것이니 매우 적절하다. 氣는 음양의 정기를 말한다. 和는 음양의 정기가 상호 조화하는 것이다. …… '萬物負陰而抱陽, 冲氣以爲和'는 만물을 생육하는 이치이니, 곧 앞 문장의 생성의 의미를 풀이한 것이다."

한편 이 단락은 백서본에서 "天下之物生於有, 有生於无"에 이어져 나온다. 게다가 양자 모두 '우주 생성론'의 문제를 다루고 있다. 따라서 우리는 양자를 서로 연결해 볼 수 있다. 윤진환의 경우 두 단락을 붙여 아예 같은 장으로 묶고 있다. 그런데 문제는 죽간본에는 "天下之物生於有, 有生於亡" 다음에 분장 부호로 보이는 '■' 표시가 있고, "道生一……" 구절은 전혀 보이지 않는다는 사실이다. 이러한 여러 상황을 종합해 보건대, 고본 『노자』에는 "天下之物生於有, 有生於亡"만 있었는데, 전국 시대 말기 백서본 『노자』의 성립 시기에 당시 유행한 음양사상과 우주 생성론의 영향을 받아 "道生一 … " 구절이 새로 추가되었을 것이다.

2. 天下之所惡(백서갑)

　人之所惡(왕필본)

'천하(天下)'와 '인(人)'의 차이다. 백서 을본도 왕필본과 동일하게 人
으로 되어 있다. 그러나 백서 갑본에서 '天下'는 곧 '천하 사람들'을 의
미하기 때문에 의미상 왕필본과 별 차이가 없다.


3. 王公以自名也(백서을)

　王公以爲稱(왕필본)

표현만 다를 뿐 동일한 의미이다. 참고로 부혁본에는 "왕공이자칭야
(王公以自稱也)"로, 엄준의 『노자지귀』에는 "왕공이명칭(王公以名稱)"으로
되어 있다.


4. 亦議而敎人(백서갑)

　我亦敎之(왕필본)

백서본에는 의(議) 자가 있다. 이 글자에 대해서는 두 가지 가능성을
생각해 볼 수 있다. 하나는 의(議)를 아(我)의 빌린 글자로 보는 것인데,
고명은 그 이유를 음성학적 관점에서 설명한다.[313] 다른 하나는 전통적
으로 議가 없는 판본과 議가 있는 두 종류의 판본이 전해 왔다고 보는
것이다. 왕필본을 비롯한 대부분의 현행본에는 議가 없으나 역현본, 형
현본, 돈황본 등 일부 판본에는 議가 들어 있다. 필자는 후자의 입장을
취한다.


313  高明, 앞의 책, 34쪽 참조.

5. 學父(백서갑)

　教父(왕필본)

'학부(學父)'와 '교부(教父)'의 차이다. 부혁본, 범응원본 등도 백서본처럼 '學父'로 되어 있다. '學父'와 '教父'는 의미상 상반되는 용어이다. 여기에서 부(父)는 대체로 시(始)(하상공의 주) 혹은 본(本)(성현영의 소)의 의미를 지닌다. 따라서 '學父'는 '배움의 근본'이라는 의미인 반면, '教父'는 '가르침의 근본'이라는 뜻이 된다. 따라서 '學父'냐 '教父'냐에 따라 저자가 취하는 태도가 달라진다. '學父'라 하면 남으로부터 가르침을 받겠다는 '학생'의 태도가 되는 반면에, '教父'라 하면 남을 가르치겠다는 '교사'의 태도가 된다. 그러면 노자는 과연 어떤 태도를 취했을까? 이에 대한 답은 앞에서 제시된 고아[孤], 부족한 사람[寡], 복 없는 사람[不穀] 같은 말에서 찾을 수 있을 것이다. 이들은 모두 자신을 낮추는 겸양어다. 따라서 노자는 '교사'가 아니라 '학생'의 태도를 취했을 것이다. 왕필본을 비롯한 현행본의 '教父'는 앞 구절의 "人之所教, 我亦教之"에 있는 교(教) 자 때문에 잘못 옮겨진 것일 가능성이 크다.

# 43장

# 부드러움이 강함을 이긴다

세상에서 가장 부드러운 것이 가장 단단한 것 속으로 파고들고
형체 없는 것이 틈새 없는 사이로 비집고 들어가니
나는 이를 통해서 무위가 이롭다는 것을 안다.
그러나 '말 없는 가르침'과 '무위의 이로움'
세상에서 이것을 실천할 수 있는 사람은 극히 드물다.


天下之至柔, 馳騁於天下之至堅
无有, 入於无間.
吾是以知, 无爲之有益也.
不言之敎, 无爲之益
天下希能及之矣.

이 장에서는 부드러움과 단단함의 대비적 비유를 통해, 무위가 비록 지극히 유약한 것처럼 보이지만 오히려 강한 인위를 능가할 수 있다는 점을 말하고 있다.

우선 노자는 부드러움이 지닌 위대한 힘에 대해 감탄한다. "세상에서 가장 부드러운 것이 가장 단단한 것 속으로 파고든다.(天下之至柔, 馳騁 於天下之至堅)"

원문에서 '지유(至柔)'는 물을, '지견(至堅)'은 쇠나 돌을 가리킨다. 또한 '치빙(馳騁)'은 틈새로 치달린다는 의미다. 말이 빠르게 달려가듯이 물이 바위나 쇠의 틈새로 치달리듯 파고드는 것을 표현하는 말이다. 물은 지극히 부드럽고 연약하지만 그 부드러움과 연약함 덕에 쇠나 돌과 같은 단단한 것 속으로 파고들 수 있고 때로는 그것들을 깨뜨리기도 한다.

물은 구체적 형상을 지닌 사물들 중 가장 여리고 부드럽다. 초봄의 대지를 뚫고 올라오는 연초록의 새싹이나 겨우내 죽은 듯하던 나뭇가지에서 피어나는 여린 꽃잎에서도 지극한 부드러움을 발견할 수 있지만, 그것들의 가녀린 부드러움도 물의 부드러움에는 미칠 수 없다. 새싹이나 꽃잎은 아무리 부드럽다 해도 유형의 사물이라는 한계를 넘어설수 없다. 반면에 물은 유형의 사물이면서도 거의 무형에 가깝다. 그러므로 '무유(无有)'라고 표현하는 것이다.

물은 고정된 형체가 없다. 네모난 그릇에 담기면 네모가 되고, 둥근 사발에 담기면 둥글어지며, 길쭉한 접시에 담기면 길쭉해진다. 또한 물은 따로 고집함이 없다. 폭포에 이르면 거센 물보라를 일으키다가도 잔잔한 강물에 이르면 한없이 고요해지고, 바다에 이르면 그저 물결 따라 조용히 일렁일 뿐이다.

이처럼 물은 따로 고집함도, 정해진 형체도 없기에 그 유연함으로 어느 곳이든 비집고 들어갈 수 있으며, 이러한 침투력으로 인해 거대한 바위도 깨뜨릴 수 있다. 진실로 "형체 없는 것이 틈새 없는 사이로 비집고 들어간다."라고 감탄할 만하다. 그러므로 노자는 78장에서 "세상에 물보다 부드럽고 약한 것은 없다. 그러나 강한 것을 이기는 데 있어 아무도 물을 앞서지 못한다."[314]라고 말하는 것이다.

물이 지닌 이러한 무형성과 무고집은 노자에게 '무위'로 이해되었다. 물처럼 지극히 부드러워 고정된 형상이 없고 따로 고집함이 없다는 것은 결국 '나'가 없다는 의미가 아니겠는가? '나'를 주장하지 않고 '나'를 고집하지 않음이니 이는 곧 억지로 함이 없는 무위의 모습이다. 노자는 우리에게 물과 같은 무위의 삶을 권유한다. 어째서인가? 무위의 삶이 이롭다는 것을 알기 때문이다.

무위는 하늘거리는 산들바람처럼, 굽이굽이 돌아 흐르는 강물처럼 부드럽고 연하다. 그러나 그 힘은 은근하고 지속적이다. 똑똑 떨어지는 낙숫물이 돌을 파고 졸졸 흐르는 시냇물이 조약돌을 만들어 내듯이 말이다.

그러나 무위의 이로움과 효능은 당장 드러나지 않는다. 이 때문에 세상 사람들은, 특히 마음이 조급한 사람들은 무위의 길을 버리고 인위의 길을 좇는다. 강한 의지를 발동하여 뚜렷한 목표를 세우고 그것을 향해 저돌적으로 나아간다. 이런 저돌적 행위는 효과가 빠르다. 그것으

---

314 "天下莫柔弱於水, 而功堅強者, 莫之先也."

로 인한 이익도 적지 않다.

과거 무리하게 밀어붙인 산업화의 부작용을 떠올려 보면 쉽게 알 수 있을 것이다.

반면에 무위의 삶은 빠른 효능은 없지만 그 이로움은 확실하고 참되다. 일시적인 이로움이 아니라 영원한 이로움을 준다. 무위의 삶은 완전하기 때문이다. 여기에서 '완전하다'고 하는 것은 그런 삶과 행위에 '찌꺼기'가 남지 않는다는 의미다. 자연의 이치에 따라 살고 자연의 흐름에 따르면 자연과의 완벽한 합일을 이루며, 자연과 합일하고 조화하기에 남는 흔적이나 찌꺼기가 없다.

하늘을 날아가는 새를 보라. 새가 날아간 하늘에 그 어떤 흔적이 남는가? 그림자조차 남지 않는다. 인위적인 삶, 인위에 의한 행위는 항상 많은 흔적과 찌꺼기를 남긴다. 인위 뒤에 따르는 온갖 부작용과 폐해가 바로 그 '흔적'이고 '찌꺼기'다.


## 판본 비교

### 백서본

갑: 天下之至柔, □騁於天下之致(至)堅, 无有入於无間. 五(吾)是以知无爲□□益也. 不□□教, 无爲之益, □下希能及之矣.

을: 天下之至□, 馳騁乎天下□□□□□□□□□无間. 吾是以□□□□□□也. 不□□□□□□□□□□□□矣.

**왕필본**

天下之至柔, 馳騁天下之至堅, 無有入無間. 吾是以知無爲之有益.
不言之敎, 無爲之益, 天下希及之.


馳騁於天下之致(至)堅(백서갑)
馳騁天下之至堅(왕필본)

'치빙(馳騁)' 다음에 어조사 어(於)(또는 乎)가 있고 없고의 차이다. 사
소한 차이로 여겨 지나칠 수도 있으나 이는 '馳騁'을 해석하는 데 관건
이 된다. 과거에는 많은 사람들이 '馳騁'을 '부리다' 혹은 '제어하다'로
풀이했다. 그 결과 "天下之至柔, 馳騁天下之至堅"은 "세상에서 가장
부드러운 것이 세상에서 가장 강한 것을 부린다."라고 해석되었다. 이런
해석은 '馳騁' 다음에 어조사 於가 없는 상황에서는 가능했다. 그러나
백서본처럼 어조사 於(또는 乎)가 있는 경우에는 해석이 달라질 수밖에
있다. 여기에서 於는 방향 조사, 즉 '……로 향해'라는 의미이기 때문
에, 해당 구절은 "세상에서 가장 부드러운 것이 세상에서 가장 견고한
것 속으로 파고든다."로 해석된다. 가령 물이 바위틈으로 스며드는 것과
같은 물리적 현상에 대한 표현이다. 따라서 백서본에 근거할 때 '馳騁'
을 '부리다' 혹은 '제어하다'로 해석하는 것은 타당하지 않게 되었다. 이
점은 이미 왕필주에서 "기는 들어가지 못하는 곳이 없고, 물은 지나가
지 못하는 곳이 없다.(氣無所不入, 水無所不經)"라고 풀이하고, 하상공주
에서도 "물은 견고한 것을 관통하고 강한 것 속으로 들어가니 통하지
못하는 곳이 없다.(水能貫堅入剛, 無所不通)"라고 풀이하는 사실에서도
확인할 수 있다.

# 44장

# 만족할 줄 알면 위태롭지 않다

명예와 몸, 어느 것이 더 소중한가?
몸과 재물, 어느 것이 더 중요한가?
얻음과 잃음, 어느 것이 더 해로운가?

지나치게 아끼면 반드시 크게 소모되고
많이 쌓아 두면 반드시 크게 잃는다.

그러므로 만족을 알면 욕을 당하지 않고
멈출 곳을 알면 위태롭지 않으니
그러면 자신을 길이 보존할 수 있다.

名與身, 孰親
身與貨, 孰多

得與亡, 孰病

甚愛, 必大費
多藏, 必厚亡.

故知足, 不辱
知止, 不殆
可以長久.


만족할 줄 모르는 인간의 욕망에 대해 경계하고 있다. '공이 이루어
지면 물러나라'는 가르침을 전하는 9장의 내용과도 통한다. 죽간본에도
나오는 것으로 보아 고층대의 『노자』 텍스트에 속한다.

　선진(先秦) 시대에 양주(楊朱)라는 인물이 있었다. 일반적으로 그는
우리에게 '위아주의자(爲我主義者)', 즉 지독한 이기주의자로 각인되어
있다. 그리고 이러한 이미지는 맹자의 다음과 같은 발언에서 비롯되었
다. "양주는 자기만을 생각하는 자이니, 자기 몸의 터럭 한 올을 뽑으
면 천하를 이롭게 할 수 있다 해도 그렇게 하지 않았다."[315] 양주는 오직
자기 한 몸밖에 모르는 철저한 이기주의자에 불과하다는 비난이다. 개
인의 사사로운 이익보다 사회 전체의 공익을 우선시하는 유가의 입장
에서 양주의 생각은 반사회적인 불온한 사상으로 여겨졌을 법하다.

---

315　『맹자』「진심 상」. "楊子取爲我, 拔一毛而利天下, 不爲也."

그러나 양주에 대한 맹자의 비난을 액면 그대로 받아들일 필요는 없다. 생명 중시라는 관점에 초점을 맞춘다면 양주의 행위는 또 다른 의미로 평가될 수 있기 때문이다. 가령 『열자』에서 말하듯이, 세상 사람 모두가 자기 생명을 중시하는 태도를 취한다면, 그리하여 서로 앞다투어 천하를 이롭게 해 보겠다고 나서는 상황이 벌어지지 않으면 천하는 저절로 안정될 것이다.[316] 자기 생명까지 버리면서 세상을 위해 뭔가를 해 보겠다는 과욕을 지닌 사람들이 많을수록 세상은 더욱더 혼란해질 수 있다는 논리다. 그러므로 차라리 모두 자기 생명을 중시하면서 각자의 삶에 충실하다면, 그리고 그런 사람이 많을수록 오히려 세상은 저절로 안정될 수 있지 않겠느냐는 생각이다. 맹자보다 조금 늦게 태어나 활동한 한비자는 오히려 양주를 '경물중생의 선비'로 높이 평가한다.[317] 당시 양주는 여러 임금과 제후들로부터 존중받고 예우되던 대단한 인물이었다는 것인데, 그 이유는 양주가 세속의 가치를 초월하여 '경물중생'이라는 고고한 태도를 지녔기 때문이라는 것이다.

이 장에서 노자가 말하려는 요지도 '경물중생' 사상과 맞닿아 있다. 명예와 재물 그리고 얻음은 모두 '물(物)'과 관련된 것으로 세상 사람들이 부지런히 추구하는 욕망의 대상들이다. 세상 사람들은 '명예'를 소중히 하고, '재화'를 중시하며, '얻음'을 이롭게 여긴다. 그래서 자기 '몸'을 해치면서까지 명예나 재화를 얻는 일에 몰두한다. 그러나 노자가 볼 때 이러한 행위는 욕망의 덫에 걸려 자기 파멸로 끌려가는 짓에 불

---

316 『열자』, 「양주(楊朱)」. "人人不拔一毛, 人人不利天下, 天下治矣."
317 『한비자』, 「현학(顯學)」. "今有人於此, 義不入危城, 不處軍旅, 不以天下大利易其脛一毛, 世主必從而禮之, 貴其智而高其行, 以爲輕物重生之士也."

과하다.

노자의 관점에서 무엇보다 중요한 것은 자기 몸의 온전한 보존이다. 높은 명예나 많은 재물도 몸보다 중요할 수는 없다. 몸이 사라지면 아무리 명예가 높고 아무리 재산이 많아도 아무 의미가 없기 때문이다. 높은 명예란 뜬구름과 같아 언제든 흩어질 수 있고, 재물은 어느 순간 한꺼번에 사라질 수 있다. 그러니 덧없는 명예나 재물에 헛되이 집착하지 말고 자신에게 가장 소중한 몸을 아끼고 보존하는 데 더 애쓰고 힘쓰라는 충고다.

그러면 자기 몸을 보존하는 최상은 길은 어디에 있는가? 그것은 명예를 높이고 재물을 쌓는 데 있지 않다. 명예를 높이고 재물을 쌓기 위해 밤낮을 가리지 않고 노심초사하다가 애써 얻은 명예와 재산을 채 누려보지도 못하고 쓰러지는 경우가 얼마나 많은가? 이에 노자는 우리에게 '지족(知足)'을 제시한다. 만족할 줄 모르기 때문에 욕됨을 당하고, 만족할 줄 모르기 때문에 위태로워지는 경우가 많기 때문이다. 노자는 "만족을 모르는 것보다 더 큰 화는 없다."[318]라고 경고한다.

현대인들은 자신이 원하는 것을 어떻게든 얻고야 말겠다는 결연한 마음으로 살아간다. 남들이 누리는 모든 것은 나 또한 누려야 한다. 그러지 못하면 스스로를 '낙오자'나 '실패자'라고 생각한다. 그러나 노자는 그런 태도를 오히려 부끄러워하라고 충고한다. 남만 못한 부족한 상황이 문제가 아니라, 만족할 줄 모르고 지칠 줄 모르는 탐욕이 문제의 본질이라는 것이다.

---

**318** 『노자』 46장. "禍, 莫大於不知足."

## 판본 비교

### 죽간본

갑: 名與身箸(孰)新(親)？ 身與貨箸(孰)多？ 寡(得)與貫(亡)箸(孰)疠(病)？ 甚悉(愛)必大蕒(費), 厇(厚)蕒(藏)必多貫(亡). 古(故)智(知)足不辱, 智(知)止不怠(殆), 可以長舊(久).

### 백서본

갑: 名與身孰親？ 身與貨孰多？ 得與亡孰病？ 甚□□□□□□□□亡. 故知足不辱, 知止不殆, 可以長久.

을: 名與□□□□□□□□□□□□□□□□□□□□□□□□□□□
□□□□□.

### 왕필본

名與身孰親？ 身與貨孰多？ 得與亡孰病？ 是故甚愛必大費, 多藏必厚亡. 知足不辱, 知止不殆, 可以長久.

### 죽간본과 백서본

뚜렷한 차이점이 없으며, 죽간본의 전체 의미도 백서본과 같다.

### 백서본과 왕필본

백서본은 일부 훼손이 심하다. 남은 부분들을 비교해 보면 서로 큰 차이가 없다.

# 45장

# 크게 이루어진 것은 모자란 듯하다

크게 이루어진 것은 모자란 듯하나, 아무리 써도 다함이 없고
크게 가득 찬 것은 텅 빈 듯하나, 아무리 써도 마르지 않는다.
크게 곧은 것은 굽은 듯하고,
크게 교묘한 것은 서툰 듯하며,
크게 넉넉한 것은 부족한 듯하다.

움직임은 추위를 이기고, 고요함은 더위를 이긴다.
맑고 고요해야만 세상의 우두머리가 될 수 있다.


大成若缺, 其用不弊.
大盈若沖, 其用不窮.
大直如屈
大巧如拙

大盛如絀.

躁勝寒, 靜勝熱
淸靜, 可以爲天下正.


이 장은 서로 다른 내용의 두 단락이 하나로 합쳐져 있다. 앞 단락에서는 역설의 이치에 대해 말하고, 뒤 단락에서는 고요함의 중요성에 대해 말한다. 죽간본에는 명확히 두 개의 장으로 구분되어 있다.

앞 단락에서는 역설의 이치에 대해 말한다. 성(成)과 결(缺), 영(盈)과 충(沖), 직(直)과 굴(屈), 교(巧)와 졸(拙)같이 서로 상대되는 글자들을 사용하여, 전자가 극대화되면 오히려 후자처럼 보인다는 역설의 논법을 펼치고 있다.

상식의 관점에서 이룸은 이룸이고 모자람은 모자람이다. 그런데 노자는 어째서 이룸이 곧 모자람이고 가득 참이 비움이라고 말하는가? 이 점에 대해 소식(蘇軾)은 다음과 같이 설명한다. "세상 사람들은 모자라지 않음을 이룸으로 삼기에 그 이룸에는 반드시 소진됨이 있고, 비우지 않음을 가득 참으로 삼기에 그 가득 참에는 반드시 고갈됨이 있다. 성인은 크게 이루고자 함에 있어 모자람을 꺼리지 않고, 가득 채우고자 함에 있어 비움을 싫어하지 않는다. 이 때문에 성인의 '이룸[成]'은 소진됨이 없고 성인의 '가득 참[盈]'은 고갈됨이 없다."[319]

---

319 焦竑, 앞의 책 3권, 15쪽. "天下, 以不缺爲成, 故成必有敝; 以不虛爲盈, 故盈必有窮. 聖人, 要于大成而不屾其缺; 期于大盈而不惡其沖. 是以成而不敝, 盈而不窮

세상 사람들은 상식적 시각에서 성(成)을 지향하고 결(缺)을 지양하며, 영(盈)을 좇고 충(沖)을 피하고자 한다. 그러나 성을 지향하고 영을 좇을수록 성과 영은 한계에 도달하고 결국에는 소진과 고갈에 이른다. 그러나 성인은 도의 본질을 파악하기에 '이것'은 취하고 '저것'은 버린다는 식의 편파적인 태도에서 벗어난다. 존재의 본원, 즉 도의 자리에서 보면 '이것'과 '저것'은 모두 하나로 어우러지기 때문이다. 즉 성과 결, 영과 충, 직과 굴, 교와 졸 등은 상반되는 것들이 아니라 도에 내재한 도의 양면성들에 지나지 않는다. 따라서 성인은 성을 지향함에 있어 결을 버리지 않고, 영을 추구함에 있어 충을 외면하지 않는다. 이 때문에 성인의 성과 영은 한계가 없어 결코 소진되거나 고갈되는 일이 없다는 것이다.

뒤 단락은 '정(靜)', 즉 고요함이 그 중심어다. 표면상 이 단락 역시 앞 단락처럼 역설적 어법을 구사하는 것처럼 보일 수 있다. 여기에서 언급되는 '조(躁)'와 '정(靜)', '한(寒)'과 '열(熱)' 같은 용어들은 서로 상반된 의미-짝을 이루기 때문이다. 그러나 첫머리에서 제시되는 "움직임은 추위를 이기고, 고요함은 더위를 이긴다.(躁勝寒, 靜勝熱.)"라는 말은 뒤에 나오는 '고요함'을 언급하기 위한 일종의 도입부로 볼 수 있다. 이 구절은 뒤에서 실질적으로 말하고자 하는 고요함으로 가기 위한 일종의 화두인 셈이다.

『노자』에서는 종종 고요함의 중요성에 대해 언급한다. 만물이 무성하게 일어나지만 그 근본 뿌리는 고요함에 있다는 점을 관조하고,[320] 어지

也."

럽고 혼탁한 상태를 맑은 상태로 돌아가게 만드는 것도 결국 고요함이라고 파악한다.[321] 고요함에 대한 이러한 관점은 노자의 정치 철학으로 확대 발전된다. 그러므로 37장에서 말한다. "욕망이 잠들고 고요해지면 만백성이 저절로 바르게 될 것이다." 이러한 '호정(好靜)'의 태도는 궁극적으로 무위 정치론으로 연결된다. 노자는 말한다. "내가 무위하니 백성이 저절로 변화되고, 내가 고요함을 좋아하니 백성이 저절로 바르게 된다."[322]

## 판본 비교

### 죽간본

을: ■大成若夬(缺), 其甬(用)不幣(弊). 大涅(盈)若中(盅), 其甬(用)不穿(窮). 大攷(巧)若伷(拙), 大成若詘, 大植(直)若屈. ■梟(燥)勅(勝)蒼(滄), 靑(淸)勅(勝)然(熱), 淸淸(靜)爲天下定.

### 백서본

갑: 大成若缺, 其用不幣(弊). 大盈若盃沖(沖), 其用不完郡(窘). 大直如詘, 大巧如拙, 大贏如炳(絀). 趡(躁)勝寒, 靚(靜)勝炅(熱), 請(淸)靚(靜)可以爲天下正●

을본: □□□□□□□□盈如沖, 其□□□□□□□□□□巧如拙, □

321  『노자』15장. "孰能濁而靜之徐淸?"
322  『노자』57장. "我无爲也, 而民自化. 我好靜, 而民自正."

□□絀. 趮(躁)朕(勝)寒, □□□□□□□□□□.

## 왕필본

大成若缺, 其用不弊, 大盈若沖, 其用不窮, 大直若屈, 大巧若拙, 大辯若訥, 躁勝寒, 靜勝熱, 淸靜爲天下正.

## 죽간본과 백서본

1. 大巧若拙, 大成若詘, 大直若屈(죽간본)
　　大直如詘, 大巧如拙, 大贏如絀(백서갑)

첫째 어순이 다르다. 죽간본은 "대교약졸(大巧若拙)"로 시작되는 데 비해 백서본은 "대직여굴(大直如詘)"로 시작된다.

둘째 "대성약굴(大成若詘)"과 "대영여출(大贏如絀)"의 차이가 보인다. 우선 죽간본의 대성(大成)은 글자 그대로 읽을 경우 앞의 "대성약결(大成若缺)"과 중복되기 때문에 '대성(大盛)'의 뜻으로 읽어야 한다.(成은 盛과 통용된다.) 이때 成(盛)은 영(贏)(넘치다, 남다)과 의미가 통하므로 죽간본의 '大成'(大盛)은 백서본의 '대영(大贏)'과 유사한 뜻을 갖는다. 한편 죽간본의 굴(詘)과 백서본(을)의 출(絀)은 글자 형태도 유사하고, 의미 또한 모두 '굽히다' 혹은 '굴하다'로 비슷하다. 그리고 詘 및 絀은 成(盛) 및 贏과 비교적 상반된 뜻을 갖는다. 결론적으로 죽간본의 "大成若詘"과 백서본의 "大贏如絀"은 서로 의미가 유사하다.

2. 淸靜爲天下定(죽간본)
　　淸靜可以爲天下正(백서갑)

위(爲)와 가이(可以) 그리고 정(定)과 정(正)의 차이가 보인다. 이들 차이는 사소해 보일 수도 있다. 爲와 可以는 표현상의 차이에 불과할 수 있고, 定과 正은 같은 의미의 다른 글자들로 처리할 수 있기 때문이다.[323] 그러나 좀 더 주의 깊게 살펴보면 둘의 차이는 사소하지 않다. 우선 定과 正은 서로 다른 의미로 해석할 수 있다. 죽간본의 定은 '안정되다'로 풀이할 수 있는 반면, 백서본의 正은 '규범'이나 '준칙' 혹은 '우두머리'로 풀이할 수 있다. 특히 백서본의 황로학적 성격을 고려한다면 '우두머리'로 풀이하는 것이 보다 타당해 보인다.[324] 이러한 예는 39장의 "왕은 하나를 얻음으로써 우두머리가 되었다.(侯王得一以爲天下正)"에서도 볼 수 있다. 한편 爲와 可以에서도 서로 다른 어감을 발견할 수 있다. 죽간본의 爲는 '(저절로 그러하게) 되다'라는 의미이므로, 여기에서는 어떠한 의도성이나 작위성을 찾아볼 수 없다. 반면 백서본의 可以는 '(……가) 될 수 있다'라는 뜻으로, 의도적이고 작위적인 느낌을 준다. 그 결과 죽간본은 "맑고 고요하면 (저절로) 천하가 안정된다."로, 백서본은 "맑고 고요하면 천하의 우두머리가 될 수 있다."로 서로 다르게 해석된다. 죽간본은 통치자가 맑고 고요하면 그 결과 자연스럽게 천하가 안정된다는 말이지만, 백서본은 천하의 우두머리가 되기 위해서는 맑고 고요함을 유지해야 한다는 말이 된다. 이러한 차이는 각각 무위자연을 숭상하는 소박한 자연주의와 무위 정치를 지향하는 황로 사상이라는 서로 다른 배경에서 그 원인을 찾아볼 수 있다.

---

323 죽간본 정리조는 定을 백서본과 같은 正으로 표기한다.
324 하상공주에서도 '우두머리[長]'로 풀이한다.

**백서본과 왕필본**

1. 大贏如絀<sup>325</sup>(백서본)

　大辯若訥(왕필본)

양자는 크게 다른데 이에 대해 백서 정리조는 다음과 같이 설명한다. "현행본에는 '대변약눌(大辯若訥)'로 되어 있다. 아마도 여기에는 탈락된 글자가 있는 것 같다. 원문은 마땅히 '大贏如絀, 大辯如訥'이 되어야 한다." 즉 백서본에서 '대영(大贏)'과 '여눌(如訥)' 사이에 '여출(如絀), 대변(大辯)' 네 글자가 누락되었다고 보는 것이다. 그러나 죽간본에서도 "大辯若訥"이나 그와 유사한 구절은 찾아볼 수 없다.

지금까지 우리는 주로 왕필본에 근거해 "大辯若訥"(큰 언변은 어눌한 듯하다)로 이해해 왔다. 그런데 백서본(갑)에는 "대영여눈(大贏如炳)"으로 되어 있다. 눌(訥)과 눈(炳)은 유사한 글자로 볼 수도 있겠으나, 변(辯)과 영(贏)은 전혀 공통점이 없다. 그러면 어느 쪽이 바른 형태인가? 여기에서 우리는 죽간본의 "大成若詘"을 참고할 필요가 있다. 앞서 말했듯이 죽간본의 "大成若詘"은 백서본의 "大贏如絀"과 의미가 유사하다. 따라서 왕필본의 '大辯若訥'는 후세 사람에 의해 개조되거나 추가된 문구일 가능성이 크다.


2. 請靚可以爲天下正(백서갑)

　淸靜爲天下正(왕필본)

백서본의 '청정(請靚)'은 '청정(淸靜)'의 빌린 글자로 볼 수 있다. 그러

---

<sup>325</sup> 백서 갑본에는 본래 炳로 되어 있으나, 을본에 근거하여 수정한다.

므로 백서본에는 '가이(可以)' 두 글자만 더 있는 셈이다. 죽간본은 오히려 왕필본과 같은 형태로 되어 있다. 따라서 왕필본이 백서본보다 고본의 형태를 잘 유지한 경우도 있다는 사실을 알 수 있다.

# 46장

# 만족할 줄 아는 만족이
# 참된 만족이다

세상에 도가 있으면 천리마에게 거름을 나르게 하지만
세상에 도가 없으면 전마(戰馬)가 교외에서 태어난다.

지나친 욕심보다 더 두터운 죄가 없고
만족을 모르는 것보다 더 큰 화가 없으며
욕심이 채워지는 것보다 더 심한 허물이 없다.
그러므로 만족할 줄 아는 만족이 참된 만족이다.

天下有道, 却走馬以糞.
天下無道, 戎馬生於郊.

罪莫厚乎甚欲[326]
禍莫大於不知足

咎莫憯於欲得.
故知足之足, 常足矣.


서로 다른 내용의 두 단락으로 구성되어 있다. 죽간본에는 앞 단락
이 보이지 않고, 백서 갑본에도 앞 단락과 뒤 단락 사이에 분장 표시
●가 들어 있다. 아마도 후대 사람이 앞 단락의 "천하유도(天下無道)"의
의미가 뒤 단락의 "부지족(不知足)"과 관련이 있다고 보아 하나의 장으
로 묶었을 것이다. 앞 단락은 30장 및 31장에 붙여 읽는 게 낫고, 뒤 단
락은 44장에 붙여 읽는 게 낫다.

앞 단락은 반전주의 사상을 담고 있다.

앞서 30장에서 전란의 상처에 대해 이렇게 말했다. "무력 사용에는
대가가 돌아오는 법, 군대가 머문 자리엔 가시나무만 생겨난다." 여기에
서도 전쟁이 극심한 상황에 대해 말하고 있다. 천하가 혼란하면 전쟁이
그치지 않고, 전쟁이 그치지 않으면 말이 마구간에 들어가 쉴 틈이 없
다는 것이다. 그 결과 전쟁이 벌어지는 들판에서 망아지들이 태어난다
는 주장이다. 『염철론』 「미통(未通)」 편에서는 『노자』의 이 부분을 인용
해 전쟁의 피해에 대해 다음과 같이 말한다.

듣건대 지난날 아직 흉노와 월을 정벌하지 않았을 때는 요역과 세금
이 적어 백성들이 풍족했습니다. 백성들은 따뜻이 입고 배불리 먹을 수

---

326 이 구절은 죽간본에 따른다. 백서본 원문에는 "罪莫大於可欲"으로 되어 있다.

있었고, 햇곡식은 저장하고 묵은 곡식을 먹었으며, 삼베와 비단도 사용하기에 충분했고, 소나 말도 번성하여 무리를 지을 정도였습니다. 그래서 농부들은 말을 부려 밭을 갈거나 짐을 날랐으며, 일반 백성들도 말을 타고 수레를 타지 않는 사람이 없을 정도였습니다. 당시에는 잘 달리는 천리마도 밭에 거름이나 주게 할 뿐이었습니다.

그 후 군대가 여러 번 출동하고 전마가 부족하여 암소들과 암말들도 군대에 동원되었으니, 이 때문에 망아지와 송아지가 전쟁터에서 태어나게 되었습니다.[327]

뒤 단락은 욕망의 문제를 다루고 있다.

우리는 일생을 살아가면서 수많은 형태의 화(禍)를 만나게 된다. 무심코 행한 일 때문에 구설수에 오르기도 하고, 투자를 했다가 큰 손실을 보기도 하며, 뜻밖에 만난 행운이 오히려 화가 되는 경우도 있다. 때로는 나의 행위와 무관하게 덮쳐 오는 화도 있지만 대부분 화의 원인은 바로 자기 자신에게 있다. 그것은 바로 만족할 줄 모르는 욕망이다.

그러면 개인이 욕망을 충족하는 것은 무조건 나무랄 일인가? 노자가 모든 욕망을 부정적으로 바라보았다거나 욕망의 충족을 무조건 반대했다고 생각할 근거는 없다. 노자가 특별히 허물로 삼는 것은 위정자의 탐욕스러운 욕망이다. 화려한 궁궐을 짓고 사치스러운 의복을 걸치고

---

327 "聞往者未伐胡·越之時, 繇賦省而民富足, 溫衣飽食, 藏新食陳, 布帛充用, 牛馬成群. 農夫以馬耕載, 而民莫不騎乘. 當此之時, 卻走馬以糞. 其後, 師旅數發, 戎馬不足, 牸牝入陣, 故駒犢生於戰地."

산해진미를 즐기려는 위정자의 욕망이 경계의 대상이다. 위정자가 그런 욕망을 채우려면 수많은 백성들의 희생이 요구되기 때문이다. 우리는 53장에서 위정자가 지나치게 욕망을 채우는 것을 구체적으로 경계하는 다음과 같은 냉소적 발언을 볼 수 있다. "조정은 매우 깔끔하지만 논밭은 황폐하고 창고는 텅 비어 있다. (위정자들은) 화려한 옷 차려입고 날카로운 검을 차며, 배 터지게 먹고 재화는 넘쳐 난다. 이런 자는 '도둑의 우두머리'라고 한다." 개인의 욕망은 지나치더라도 한 개인의 파멸로 마무리되면 그뿐이다. 그러나 한 나라를 이끌어 가는 위정자의 욕망은 비록 사소하다 할지라도 국민 전체의 고통과 희생으로 연결될 수 있다. 그래서 노자는 말한다. "욕심이 채워지는 것보다 더 심한 허물이 없다."

## 판본 비교

### 죽간본

갑: 皋(罪)莫厚虖(乎)甚欲, 咎莫僉(憯)虖(乎)谷(欲)得, 化(禍)莫大虖(乎)不智(知)足. 智(知)足之爲足, 此互(恒)足矣.

### 백서본

갑: ●天下有道, □走馬以糞. 天下无道, 戎馬生於郊. ●罪莫大於可欲, 䘏(禍)莫大於不知足, 咎莫憯於欲得. □□□□□, 恒足矣.

을: □□□道, 却走馬□糞. 无道, 戎馬生於郊. 罪莫大可欲, 禍□□□

□□□□□□□□□□□□□□足矣.

天下有道, 卻走馬以糞, 天下無道, 戎馬生於郊. 禍莫大於不知足,
咎莫大於欲得. 故知足之足, 常足矣.

**죽간본과 백서본**

1. 天下有道, 却走馬以糞. 天下无道, 戎馬生於郊(백서갑)

죽간본에는 이 부분이 없다. 이 부분은 천하무도의 전쟁 시기를 혐오
하는 반전주의 사상을 담고 있다. 30장의 "군대가 머문 자리엔 가시나
무만 생겨난다."와 마찬가지로, 전쟁이 극심했던 전국 시대 말기에 추가
된 부분으로 보인다.

2. 罪莫厚乎甚欲(죽간본)
   罪莫大於可欲(백서갑)

후(厚)와 대(大)의 차이, 그리고 '심욕(甚欲)'과 '가욕(可欲)'의 차이가
보인다. 우선 백서본의 大는 厚로 바꾸는 것이 나을 듯하다. 다음 구
절 "화막대어부지족(禍莫大於不知足)"에도 大가 있어 중복되기 때문이
다. 한편 '甚欲'과 '可欲' 사이에는 의미상 약간의 차이가 있다. '可欲'
이 '욕심을 불러일으키는 대상'을 가리키는 반면, '甚欲'은 '크게 바라는
것', 즉 크나큰 욕심 자체를 의미한다.

**백서본과 왕필본**

1. 분장의 차이

백서 갑본에는 "융마생어교(戎馬生於郊)"와 "죄막대어가욕(罪莫大於可欲)" 사이에 분장 부호로 보이는 ● 표시가 있다. 과거에는 이 두 구에 대해 전자는 전쟁을 반대하는 말로, 후자는 그러한 전쟁이 생기는 원인을 지적하는 말로 보았다. 그러나 백서 갑본에는 이들 사이에 명백히 분장점이 있고, 내용상으로도 앞뒤 단락 사이에 차이가 있다. 즉 ● 이전 단락은 반전주의를 담고 있는 반면, 이후의 단락은 욕망에 대한 경계를 말하고 있다. 더욱이 죽간본에도 "禍莫大乎不知足" 이후만 있을 뿐 그 이전 단락은 전혀 보이지 않는다. 따라서 앞의 단락은 후대에 새로 덧붙여진 내용임을 알 수 있다.

2. 罪莫大於可欲(백서갑)

왕필본에는 이 구절이 없으나, 하상공본이나 엄존의 『노자지귀』를 비롯한 여러 판본 역시 백서본과 마찬가지로 "禍莫大於不知足" 앞에 "罪莫大於可欲"이 들어 있다. 더욱이 죽간본에도 이에 해당되는 구절이 나온다. 따라서 왕필본에서는 그것이 전해 오는 과정에서 "죄막대어가욕(罪莫大於可欲)" 부분이 탈락된 것으로 추정된다. 참고로 『한시외전(韓詩外傳)』의 인용문에는 이 구절이 "죄막대우다욕(罪莫大于多欲)"으로 되어 있다.

3. 咎莫憯於欲得(백서갑)
　 咎莫大於欲得(왕필본)

죽간본에도 백서본과 동일하게 침(僭)으로 되어 있다. 僭은 심(甚)의 뜻으로, 대(大)와도 의미가 통한다. 왕필본의 大는 후대에 개조된 것으로 보인다.

# 47장

# 문밖을 나서지 않아도
# 세상을 안다

문밖을 나서지 않아도 세상을 알고
창밖을 보지 않아도 천도를 아는 법,
멀리 나갈수록 아는 것은 더 적어진다.
그러므로 성인은 나돌아 다니지 않아도 알고
일일이 보지 않아도 훤하며, 몸소 행하지 않아도 이룬다.


不出於戶, 以知天下
不闚於牖, 以知天道.
其出也彌遠, 其知彌少.
是以聖人, 弗行而知
不見而名, 弗爲而成.

---

이 장의 의미는 두 가지 측면에서 살펴볼 수 있다. 하나는 사물의 본질을 파악하면 지엽적인 것들은 자연스럽게 알 수 있다는 본말론적 해석이고, 다른 하나는 군주의 무위를 통해 신하들의 유위를 제어하면 이루지 못하는 게 없다는 황로학적 해석이다.

앎은 경험의 축적을 통해 개별적 지식들을 확장해 갈 때 얻을 수 있다는 게 우리의 상식이다. 그런데 세상 밖으로 나가지 않고도 세상을 알 수 있다는 이 말은 도대체 무슨 소리인가?

노자의 이 말에 대한 전통적인 해석은 주로 왕필의 다음과 같은 말에 따랐다. "일에는 근본이 있고 사물에는 중심이 있으며, 길은 비록 달라도 그 돌아가는 곳은 같고, 사려는 비록 100가지라도 그 다다르는 곳은 하나다. 도에는 대상(大常)이 있고 이(理)에는 대치(大致)가 있다. 옛날의 도를 잡으면 현재를 제어할 수 있으니, 비록 현재에 머물더라도 태초의 일까지 알 수 있다. 그러므로 문밖을 나서지 않아도, 창밖을 내다보지 않아도 세상을 알 수 있는 것이다."[328] 사물의 근본 종지는 하나이기 때문에 만물의 근본인 도를 잡고 있으면 세상사를 알 수 있고 고금을 두루 파악할 수 있다는 말이다.

이런 관점에서 보면 노자가 말하는 앎은 개개 사물에 대한 단편적이고 개별적인 지식이 아니다. 그것은 우주와 만물 전체를 하나로 꿰뚫어볼 수 있는 전면적인 지식 혹은 지혜라 할 수 있다. 우리의 일상적인 지식은 주로 자신의 경험을 바탕으로 형성된다. 따라서 우리의 앎은 제한

---

**328** 樓宇烈 校釋, 앞의 책, 126쪽. "事有宗而物有主, 途雖殊而其歸同也, 慮雖百而其致一也. 道有大常, 理有大致. 執古之道, 可以御今, 雖處於今, 可以知古始. 故不出戶, 窺牖, 而可知也."

적일 수밖에 없다. 자기가 읽은 책, 받아 온 교육, 부모의 가르침, 일상적 경험 등이 현재 나의 앎을 구성한다. 그러나 그러한 경험과 지식은 한계가 있을 수밖에 없다. 아무리 많은 책을 읽는다 해도 우리는 세상의 모든 책을 다 읽을 수는 없다. 설사 세상의 모든 책을 다 읽었다 해도, 세상의 모든 지식이 거기에 담겨 있는 것도 아니다. 더욱이 개별 사물에 대한 경험과 지식은 단편적인 앎, 즉 편견이나 아집을 낳기 쉽다. 뿐만 아니라 하나의 편견은 또 다른 편견을 낳고 하나의 아집은 또 다른 아집을 낳는다. 때문에 노자가 "멀리 나갈수록 아는 것은 더 적어진다."라고 말하는 것이다.

한편 우리는 이 장을 백서본 성립 당시 유행하던 황로학의 사상적 배경 아래 다시 음미해 볼 필요가 있다. 황로학의 무위 정치론에서 중시되는 것은 '정(靜)'이며, 그것은 바로 통치자가 지녀야 할 핵심 덕목이다. 왜냐하면 황로학에서 "군주의 도는 무위하는 것이고 신하의 도는 유위(有爲)하는 것"으로 간주되는데, 이때 무위와 유위는 각각 '정'과 '동(動)'으로 드러나기 때문이다. 그러면 어째서 통치자는 '정'을 지켜야 하는가? 첫째, '정'을 지킨다는 것은 곧 통치자가 개인적인 호불호를 드러내지 않는다는 의미이다. 통치자가 자신이 좋아하는 것과 싫어하는 것을 밖으로 표출하면 아랫사람들 가운데 통치자의 기호에 영합하려는 자가 생겨나며, 그 결과 아첨이나 잘하는 자들이 득세하게 된다. 둘째, '정'을 지킨다는 것은 인재 활용론과 통한다. 거대한 국가를 다스리는 데 통치자 한 사람이 모든 일을 감당할 수는 없다. 때문에 훌륭한 통치자는 우수한 인재들을 두루 등용하여 그들의 능력에 맞게 실무를 맡긴다. 따라서 이때 통치자가 하는 일은 깊은 궁궐에 고요히 머물면서 적재적소에 합당한 인재들을 배치하고, 그 결과에 따라 상벌을 시행하는 것이다.

이렇게 통치자가 '정'을 중시하면 그것의 실천을 통해, "몸소 행하는 것이 없되 이루어지지 않는 것이 없는" 무위이무불위(無爲而無不爲)의 정치가 이루어질 수 있다고 본다. 한대(漢代) 초기 황로학의 대표적 문헌인 『회남자』에서는 이 구절을 다음과 같이 풀이한다. "군주는 궁궐 깊숙이 거처함으로써 더위와 습기를 피하며, 침전의 입구를 겹겹이 막음으로써 간사한 자들을 피한다. 따라서 군주는 안으로는 고을의 사정도 알지 못하고 밖으로는 산과 연못의 형세도 알지 못하며, 장막 밖에 대해서는 눈으로는 10리 앞도 볼 수 없고 귀로는 100걸음 밖의 일도 들을 수 없다. 그럼에도 불구하고 군주가 천하의 사물에 대해 통달하지 못하는 게 없는 것은, 그에게 정보를 실어 오는 것이 크고 실정을 헤아려 알려 주는 자들이 많기 때문이다. 그러므로 '문밖을 나서지 않아도 세상을 알고, 창밖을 보지 않아도 천도를 안다.'라고 한 것이다."[329]

## 판본 비교

### 백서본

갑: 不出於戶, 以知天下; 不規(闚)於牖, 以知天道. 其出也彌遠, 其□

---

[329] 유안, 이석명 옮김, 『회남자』 1, 491쪽. "人主深居隱處以避燥濕, 閨門重襲以避姦賊, 內不知閭里之情, 外不知山澤之形, 帷幕之外, 目不能見十里之前, 耳不能聞百步之外, 天下之物無不通者, 其灌輸之者大, 而斟酌之者衆也. 是故不出戶而知天下, 不窺牖而知天道."

□□□□□□□□□□□□□, 弗爲而□.

을: 不出於戶, 以知天下; 不規(窺)於□, □知天道. 其出爾(彌)遠者, 其知爾(彌)□. □□□□□□□, □□而名, 弗爲而成.

**왕필본**

不出戶, 知天下; 不闚牖, 見天道. 其出彌遠, 其知彌少. 是以聖人不行而知, 不見而名, 不爲而成.

전체적으로 뚜렷한 차이점은 없다. 다음과 같이 어조사나 문자상의 일부 차이가 보일 뿐이다.

1. 不出於戶, 以知天下(백서본)

    不出戶, 知天下(왕필본)

왕필본은 문장의 정형화를 위해 어(於)나 이(以) 같은 어조사를 의도적으로 생략한 것으로 보인다.

2. 以知天道(백서을)

    見天道(왕필본)

지(知)와 견(見)의 차이가 보이나 의미상으로는 별로 다르지 않다. 단 『여씨춘추』「군수(君守)」, 『한비자』「유로」, 『문자』「정성(精誠)」, 『회남자』「주술(主術)」 등의 인용문에는 모두 "지천도(知天道)"로 되어 있다. 따라서 고본『노자』는 아마도 백서본과 같았을 것이다.

# 48장

# 도에 힘쓰는 사람은
# 날마다 덜어 낸다


학문에 힘쓰는 사람은 날마다 쌓아 가고
도에 힘쓰는 사람은 날마다 덜어 낸다.
덜어 내고 또 덜어 내어 무위에 이르나니
무위하면 이루지 못하는 것이 없다.
(그러므로) 학문을 끊으면 근심이 없다.

세상을 얻으려고 한다면
늘 일삼는 바가 없어야 하는 법
일삼는 바가 있으면
세상을 얻기에 부족하다.


爲學者, 日益
爲道者,<sup>330</sup> 日損.

損之又損, 以至於无爲
无爲而无不爲.
(絶學无憂.)<sup>331</sup>

將欲取天下也
恒无事.
及其有事也
又不足以取天下矣.


학문에 힘쓰는 것과 도에 힘쓰는 것의 차이점에 대해 언급하면서, 궁극적으로 위정자는 국가 경영에 무위로 임해야 한다는 점을 역설하고 있다.

첫머리의 "위학자, 일익(爲學者, 日益)"에서 말하는 '학'은 지식을 위한 지식, 또는 어떤 목적을 위한 도구적 학문을 말한다. 이러한 지식과 학문은 쌓으면 쌓을수록 머리만 복잡해지고 시야가 좁아진다. 그러므로 노자는 선언한다. "학문을 끊으면 근심이 없다.(絶學无憂)" 여기에서 노자가 끊길 요구하는 '학'은 본질이 아닌 지엽적 문제에 관여하는 세속적인 학문이다. 가령 지식을 위한 지식, 또는 잡다한 지식의 축적과 같은 형태를 말한다. 이 점에 대해 소철은 다음과 같이 말한다. "도를 모른 채 학문에 힘써, 듣고 보는 것이 날마다 많아지되 '하나'로 꿰뚫지

---

330 백서본 원문에는 '聞道者'로 되어 있다. 죽간본 및 왕필본에 근거해 수정했다.
331 죽간본에 근거하여 보충했다.

못하면 단지 쌓아 두는 것에 지나지 않는다."[332]

노자는 세상의 학문에 힘쓰기보다는 도에 힘쓰기를 권유한다. 도에 힘쓴다는 것은 외면의 양적 성장보다는 내면의 질적 성장에 힘쓴다는 것을 의미하며, 그것은 결국 '덜어 냄'으로 표현된다. 켜켜이 쌓인 지식의 껍데기를 걷어 내고, 밖으로만 치달리는 분주한 마음을 되돌려 고요히 자기 내면을 응시하라는 것이다. 그럴 때 우리는 비로소 온갖 잡다한 지식의 구속에서 자유로워질 수 있고 진리의 햇볕을 쬘 수 있다. 이처럼 덜고 또 덜어 더 이상 덜어 낼 것이 없는 '텅 빔'의 상태가 되면, 궁극적으로 무위에 이른다.

"무위에 이른다."라는 것은 곧 무심의 상태에 도달함을 의미한다. 오랜 세월 도를 닦은 수행자는 어느 순간 마음이 텅 빈 고요함에 이르고, 그러한 텅 빈 고요함에 이르면 몸과 마음이 물처럼 자연스러워진다. 그런 사람은 자신을 있는 그대로 드러낼 뿐 포장하지 않고, 순리에 따를 뿐 자기 주관이나 욕심을 고집하지 않는다. 그래서 그의 모든 행위는 그물에 걸리지 않는 바람처럼, 흐르는 강물처럼 항상 자유롭고 여유롭다. 이러한 무위의 경지에 이른 사람은 굳이 무엇을 '꼭', '반드시' 이루고야 말겠다는 결연한 의지나 욕심이 없다. 바람이 불면 바람이 부는 대로, 비가 오면 비가 오는 대로, 세월의 흐름에 자기 자신을 온전히 내맡길 뿐이다. 그 자체로 모든 게 만족이고 흡족함이다. 그러므로 "무위하면 이루지 못하는 것이 없다."라고 말할 수 있다.

이러한 덜어 냄의 이치를 통해 노자는 세상을 얻고자 하는 사람에게

---

332  焦竑, 앞의 책 3권, 19쪽. "不知道而務學, 聞見日多, 而無以一之, 未免爲累也."

충고한다. 여기에서 말하는 '세상을 얻고자 하는 사람'은 국가 경영에 뜻을 둔 위정자를 말한다. 세상을 경영하고자 하는 위정자는 무사(無事)해야 한다고, 즉 일삼는 바가 없어야 한다고 주장한다. '무사'는 앞서 언급된 '무위'의 또 다른 표현이다. 무엇을 이루고야 말겠다는 욕심을 비우고 또 비워 마음이 지극히 고요한 상태에서 국가를 경영하는 행위를 말한다.

국가라는 거대 집단은 생생하게 살아 있는 생물체와 같다. 생생하게 살아 있는 생물을 잘 기르고 이끌려면 생물 자체의 욕구와 내재 원리에 따라 그것에 합당한 방식을 적용해야 한다. 그런데 위정자가 개인의 공명심 또는 무리한 정치적 야심에 사로잡힌 채 국가 경영에 임하다 보면, 국가를 위하고 국민을 위한다는 행위가 오히려 국가와 국민을 망치는 행위가 될 수 있다. 노자는 말한다. "세상은 '신기(神器)'라, 억지로 도모할 수 있는 게 아니기 때문이다. 억지로 도모하는 자는 망치고, 애써 잡고자 하는 자는 놓친다."[333]

## 판본 비교

### 죽간본

을: ■學者日益, 爲道者日員(損). 員(損)之或員(損), 以至亡爲也. 亡爲而亡不爲. 絶學无憂.

---

[333] 『노자』 29장. "夫天下, 神器也, 非可爲者也. 爲之者敗之, 執之者失之."

갑: 爲□□□□□□□□□□□□□□□□□□□□□□□□□□□取天下也, 恒
□□□□□□□□□□□□□.

을: 爲學者日益, 聞道者日云(損), 云(損)之有(又)云(損), 以至於无□□
□□□□□□□□取天下, 恒无事, 及其有事也, □□足以取天□□.

**왕필본**

爲學日益, 爲道日損. 損之又損, 以至於無爲, 無爲而無不爲. 取天
下, 常以無事. 及其有事, 不足以取天下.

**죽간본과 백서본**

1. 學者日益(죽간본)

  爲學者日益(백서을)

죽간본에는 첫머리에 위(爲)가 없다. 죽간본에서 이 구절과 대응되는
다음 구절은 "위도자일손(爲道者日損)"으로 되어 있다. 이렇게 볼 때 죽간
본의 "학자일익(學者日益)"은 그 첫머리의 爲 자가 잘못 탈락된 듯하다.

2. 爲道者(죽간본)

  聞道者(백서을)

왕필본 및 기타 전통본들도 죽간본과 같이 "위도자(爲道者)"로 되어
있다. "爲道者"와 "문도자(聞道者)"는 의미상 약간의 차이가 있다. 즉 '爲
道'가 도를 실제로 실천하는 측면을 가리킨다면, '聞道'는 도를 듣고 깨
달은 수양 경지의 측면을 가리킨다고 볼 수 있다.

3. 取天下, 恒无事 …… (백서을)

죽간본에는 이 부분이 없는데, "取天下, 恒无事" 이하는 내용상 바로 앞의 "무위이무불위(無爲而無不爲)"를 보충 설명하거나 해석하는 말이 된다. 따라서 이 단락은 애초 "無爲而無不爲"에 대한 주문이었거나, 후대에 새로 첨가한 구절로 보인다.

**백서본과 왕필본**

1. 聞道者日損(백서을)

   爲道日損(왕필본)

'문도(聞道)'와 '위도(爲道)'의 차이다. 고명은 41장의 "上士聞道, 勤能行之, 中士聞道, 若存若亡, 下士聞道, 大笑之"에서 보듯이, 『노자』에는 '聞道'라는 용어가 주로 쓰였으며, 따라서 백서본의 '聞道'가 옳다고 주장한다.[334] 그러나 이런 주장은 죽간본이 발굴됨으로써 근거를 잃게 되었다. 백서본 이전의 고본인 죽간본에는 오히려 왕필본과 같이 '爲道'로 되어 있다.

2. 以至於無爲, 無爲而無不爲(왕필본)

백서본에서 이 구절은 "以至於无 ……" 부분만 남아 있고 나머지는 훼손되었다. 문제는 백서본의 훼손된 부분이 본래 어떤 형태였는가이다. 고명은 엄존의 『노자지귀』에 근거하여 훼손된 부분이, "爲, 无爲而无以爲"였을 것이라고 주장한다. 백서 을본의 내용에 근거할 때 '무위

---

334 高明, 앞의 책, 54쪽 참조.

(無爲)'와 '무사(無事)'는 『노자』에서 자주 쓰이는 용어이나, '무불위(無不爲)'는 다음 구절의 '항무사(恒無事)'와 서로 어울리지 않는 말이라는 것이다. 또한 그는 『노자』에서는 '무이위(無以爲)'를 중시했다고 주장한다.[335] 그러나 고명의 이런 주장은 죽간본이 발굴됨으로써 그 근거를 잃게 되었다. 죽간본에도 "以至亡爲也. 亡爲而亡不爲"로 되어 있어 왕필본과 별 차이가 없다.

---

[335] 아마 38장에 "无以爲"라는 말이 두 번 나오는 것을 지칭하는 듯하다.

# 49장

# 성인은 백성의 마음으로
# 제 마음을 삼는다


성인은 늘 무심(无心)하여

백성의 마음으로 제 마음을 삼는다.

선한 사람을 선하게 대하고, 불선한 사람도 선하게 대하니

모두 선해지고

미더운 사람을 믿고, 미덥지 않은 사람도 믿으니

모두 미더워진다.


성인이 세상에 임할 때는 혼연일체가 되어

온 세상 사람들과 마음을 하나로 섞는다.

(이에) 백성들 모두 보고 듣는 것을 성인에게 맡기게 되니

성인은 백성을 갓난아이처럼 보살핀다.

聖人, 恒无心
以百姓之心, 爲心.
善者, 善之; 不善者, 亦善之
得善也.
信者, 信之; 不信者, 亦信之
得信也.


聖人之在天下, 歙歙焉
爲天下, 渾心.
百姓皆屬耳目焉
聖人皆孩之.


　이 장에서는 지도자의 마음 씀씀이에 대해 말하고 있다. 지도자는
백성들의 마음으로 제 마음으로 삼으면서 온갖 사람들을 다 포용할 수
있어야 한다는 것이다.
　성인의 마음은 열려 있다. 때문에 성인은 자기 고집이나 어떤 도그마
에 사로잡혀 있지 않다. 이는 곧 '아상(我相)'이 없다는 말과 통한다. '나
는 존귀하다', '나는 위대하다', '나는 지도자다'라고 하는 '아상'이 없으
니 우월감도, '결연한 의지'도 없다. 그저 백성의 마음을 잘 헤아리고
살피려고 노력할 뿐이다. 백성이 원하는 일을 살펴 행할 뿐, 백성이 원
하지 않으면 굳이 자기 뜻을 고집하지 하지 않는다. 오직 "백성의 마음
으로 제 마음을 삼는다". 백성의 마음을 우선시한다는 점에서 현대 민

주주의의 지도자상과도 어느 정도 통한다.

성인이 지닌 이런 무심의 태도는 사람을 대할 때도 나타난다. 고정된 마음이 없기에 사람을 대할 때도 편견이나 선입관이 없고 상대방에 대한 분별심이 없다. 이 사람은 선한 사람이니 좋게 대하고 저 사람은 불선한 사람이니 무시하자, 또는 이 사람은 믿을 수 있는 사람이니 신뢰하고 저 사람은 믿을 수 없는 사람이니 경계하자 등과 같은 차별과 구분이 없다. 지혜로운 사람은 자신에게 맡기지 않고 사물 자체에 맡긴다. 때문에 취함과 버림이 없으며 거스름과 순응함도 없다. 어리석은 사람은 사물에 맡기지 않고 자신에게 맡긴다. 때문에 취함과 버림이 있으며 거스름과 순응함이 있다.[336]

선한 사람을 선하게 대하고 미더운 사람을 신뢰하는 일은 누구든지 할 수 있다. 그러나 불선한 사람이나 미덥지 않은 사람도 포용하는 일은 오직 성인만 할 수 있다. 이는 노자에게 "원한은 덕으로 갚는다.(報怨 以德, 63장)"라는 관용 정신이 있기 때문이다.

노자의 이 같은 사고는 예수의 생각과도 통한다. "너희가 너희를 사랑하는 자를 사랑하면 무슨 상이 있으리오. 세리도 이같이 아니하느냐? 또 너희가 너희 형제에게만 문안하면 남보다 더한 것이 무엇이냐? 이방인들도 이같이 아니하느냐?"(마태복음 5:46~47) 태양이 선인과 악인을 가리지 않고 두루 비추듯이, 비가 의로운 사람이나 의롭지 않은 사람을 가리지 않고 두루 적셔 주듯이, 좋아하는 사람, 싫어하는 사람 구별하지 말고 모두 하나로 끌어안고 사랑하라는 예수의 가르침이다.

---

**336** 장일순, 앞의 책, 461쪽.

이렇게 하여 성인은 세상과 하나가 된다. 노자는 말한다. "성인이 세상에 임할 때는 혼연일체가 되어 온 세상 사람들과 마음을 하나로 섞는다.(聖人之在天下, 歙歙焉, 爲天下, 渾心)"

'혼심(渾心)'은 첫 구절의 '무심(无心)'과 연결된다. 이는 곧 마음 씀에 시비나 선악을 지나치게 따지지 않는 태도를 말한다. 때문에 성인은 선하지 않은 사람, 미덥지 않은 사람 가리지 않고 모두 포용한다.

도의 관점에서 보면 지상의 강물이 바다에서 하나가 되듯이 사물 사이에는 피차와 시비의 구별이 존재하지 않는다. 따라서 도를 체득한 성인은 세상을 다스리는 일에서도 이것저것 지나치게 따지거나 구별하지 않는다. 성인은 바다와 같은 존재라 할 수 있다. 강물이 바다에 이르면 모두 하나로 뒤섞여 이것과 저것으로 따로 구분되지 않는다.

성인, 즉 지도자가 세상과 하나가 되어 백성의 마음으로 제 마음을 삼으면, 백성은 지도자를 전적으로 신뢰하게 된다. "백성들 모두 보고 듣는 것을 성인에게 맡긴다."라는 것은 그만큼 성인을 믿고 따른다는 의미다. 백성은 성인이 보는 것을 그대로 받아들이고, 성인이 듣는 것을 신뢰하고 믿는다. 백성과 위정자가 한마음 한뜻이 되는 상태다. 이처럼 백성이 위정자를 어버이처럼 믿고 따르면 위정자는 부모가 자식을 보살피듯 최선을 다해 백성을 보살필 것이다.

## 판본 비교

### 백서본

갑: □□□□□, 以百□之心爲□. 善者善之, 不善者亦善□, □□□. □
□□□, □□□□□□, □信也. □□之在天下, 惀惀(歙歙)焉, 爲天下渾心.
百姓皆屬耳目焉, 聖人皆孩之.

을: □人恒无心, 以百省(姓)之心爲心. 善□□□, □□□□□□, □善也.
信者信之, 不信者亦信之, 德信也. 耴(聖)人之在天下也, 欻欻(歙歙)焉,
□□□□□. □生(姓)皆注其□□□, □□□□□.

### 왕필본

聖人無常心, 以百姓心爲心. 善者吾善之, 不善者吾亦善之, 德善. 信
者吾信之, 不信者吾亦信之, 德信. 聖人在天下, 歙歙, 爲天下渾其心.
聖人皆孩之.


1. 恒无心(백서을)
   無常心(왕필본)

왕필본을 비롯한 대부분의 현행본은 "무상심(無常心)"으로 되어 있다.
그런데 백서본에는 "항무심(恒无心)"으로 되어 있어, 지금까지 우리의 이
해를 재검토하게 한다. 왜냐하면 "恒无心"은 '무심(无心)'을 중시하는 말
이나 "無常心"은 '상심(常心)'을 부정하는 말이라, 양자 사이에 의미상
큰 차이가 있기 때문이다.

왕필본에서와 같이 '常心'을 부정하는 태도는 『노자』에 보이는 상(常)

의 일반적인 용법과 모순된다. 가령 16장에서는 "본성을 아는 것을 常이라 하고, 常을 아는 것을 '밝음'이라 한다. 常을 모르면 경거망동하여 흉해진다."(復命曰常, 知常曰明, 不知常妄, 妄作凶)라고 하였고, 52장에서는 "몸에 재앙이 남지 않을 것이니, 이것이 곧 상도를 따르는 길이다."(無遺身殃, 是爲習常)고 하였으며, 55장에서는 "조화를 알면 常할 수 있고, 常을 알면 밝아진다.(知和曰常, 知常曰明)"라고 하였다. 이들 예문에서 보듯이 '노자'는 常에 대해 매우 긍정적이다. 때문에 과거 많은 학자들이 왕필본의 "無常心"에 대해 의혹을 제기했다. 왕안석은 "성인은 무심하기에 무사(無思) 무위(無爲)하다."고 했고, 장순일(張純一)은 "경룡본과 고환본에는 모두 常 자가 없다. 이 문장은 마땅히 '常無心'으로 써야 한다."라고 했다. 하상공주도 이 구절에 대해 "성인은 바꾸는 것에 신중하고 따르는 것을 중시했으니 마치 무심한 듯한다."(聖人重改更, 貴因循, 若自無心)로 풀이한다. 따라서 하상공이 애초에 본『노자』에도 '常無心'으로 되어 있었으리라 추정된다. 또한『맹자』의 '항산(恒産)이 없으면 항심(恒心)도 없다'는 논리[337]에서 보듯이, 고대에 '無常心'이라는 말은 대개 부정적으로 사용되었다. 이렇게 볼 때 고본『노자』의 본래 모습은 백서본과 같은 "恒無心"이었을 것이다.


2. 惢惢焉(백서갑), 欽欽焉(백서을)

　　歙歙(왕필본)

　　우선 백서본의 흡(惢) 및 합(欽)은 모두 흡(歙)의 이체자로 보는 것이

---

337　『맹자』「양혜왕 상(梁惠王上)」, "無恒産而有恒心者, 惟士爲能. 若民, 則無恒産, 因無恒心. 苟無恒心, 放辟邪侈, 無不爲已."

타당할 듯하다. 이들은 공통적으로 합(合) 자를 포함하고 글자 형태들이 서로 유사하기 때문이다. 그리고 그 의미는 合으로 볼 수 있다.[338] 결국 왕필본과 백서본의 차이점은 백서본에만 어조사 언(焉)이 덧붙어 있다는 점이다. 그런데 부혁본이나 범응원본 등도 "흡흡언(歙歙焉)"으로 되어 있고, 왕필본의 주에도 "聖人之於天下歙歙焉, 心無所主也"라고 되어 있다. 따라서 왕필본도 애초에는 '歙歙焉'이었을 가능성이 크다.[339]

3. 百姓皆屬耳目焉(백서갑)

이 구절은 왕필본에는 없으나 하상공본을 비롯한 여러 판본에도 나온다. 그리고 49장의 왕필주에도 "百姓各皆注其耳目焉, 吾皆孩之而已"라는 구절이 보인다. 따라서 왕필본에도 애초에는 백서본과 유사한 "백성개주이목언(百姓皆注耳目焉)"이 있었는데, 옮겨 쓰는 과정에서 잘못 탈락되었을 것으로 추정된다.

---

338 『正字通』에 "歙, 合也"라고 했다.
339 이 부분은 판본에 따라 글자가 각기 달랐기 때문에 전통적으로 논란이 많았다. 하상공본에는 "怵怵"로, 엄준본에는 "惵惵乎"로, 부혁본, 범응원본, 왕필본에는 "歙歙"으로, 누고본에는 "喋喋"으로 되어 있다. 그러나 현재 백서본을 통해 보면 왕필본과 부혁본의 '歙歙'이 고본 『노자』에 가장 가깝다는 것을 알 수 있다.

# 50장

# 나오는 것이 삶이고
# 들어가는 것이 죽음이다

나오는 게 삶이고, 들어가는 게 죽음이다.

삶의 무리가 열에 셋이고, 죽음의 무리가 열에 셋이다.

삶에 집착해 바둥거리다 모두 죽음으로 향하는 무리 또한 열에 셋
이다.

무슨 까닭인가? 삶에 지나치게 집착하기 때문이다.


듣건대 삶을 잘 다스리는 사람은

뭍으로 다닐 때에도 코뿔소와 호랑이를 피하지 않고

군대에 들어가서도 갑옷과 무기를 착용하지 않는다고 한다.

코뿔소는 뿔을 들이댈 데가 없고

호랑이는 발톱으로 할퀼 곳이 없으며

창칼은 찌르고 들어갈 곳이 없다.

무슨 까닭인가? 그에게는 '죽음의 자리'가 없기 때문이다.

出生入死.
生之徒十有三, 死之徒十有三.
而民生生動, 皆之死地之十有三.
夫何故也, 以其生生也.

蓋聞, 善執生者
陵行, 不避兕虎
入軍, 不被甲兵.
兕无所椯其角
虎无所措其爪
兵无所容其刃.
夫何故也, 以其无死地焉.


이 장에서 우리는 노자의 생사관을 잠시 엿볼 수 있다. 노자가 보기
에 장수하는 사람과 요절하는 사람은 선천적으로 정해져 있다. 이 두
경우는 인간의 힘으로 어쩔 수 없으므로 논외로 한다. 문제는 전자도
아니고 후자도 아닌 보통 사람들이다. 이들 중 많은 사람들이 삶의 방
식에 따라서는 오래 살 수도 있는데 오히려 '죽음의 자리'로 달려간다.
어째서인가? 노자는 그 원인을 삶에 대한 지나친 집착에서 찾는다. 삶
에 집착하면 집착할수록 삶은 점점 더 멀어진다는 것이다. 이러한 사유
는 『노자』에 일관되게 흐르는 '역설의 논리'와도 통한다.
첫 번째 단락에서, 노자는 우선 삶과 죽음의 본질에 대해 정의한다.

"나오는 게 삶이고 들어가는 게 죽음이다.〔出生入死.〕" 이 "출생입사"는 본래 두 가지로 해석할 수 있다. 하나는 "나오는 것이 삶이고, 들어가는 것이 죽음이다."라는 해석이고, 다른 하나는 "삶에서 나와 죽음으로 들어간다."라는 해석이다. 전자는 생사를 따로 구분하지 않는, 즉 삶과 죽음에 초연한 태도를 가리킨다. 반면에 후자는 우리 인생의 일반적인 모습을 가리키는 말이 된다. 후자처럼 해석할 수도 있지만, 마지막 구절의 "그에게는 죽음의 자리가 없기 때문이다"라는 말을 고려하면 전자의 해석이 좀 더 적절하다.

인간은 어디에서 왔다가 어디로 돌아가는가? 노자는 인생의 궁극적 질문인 이 문제의 자리에 도를 끌어들인다. 42장에서 "도는 하나를 낳고, 하나는 둘을 낳으며, 둘은 셋을 낳고, 셋은 만물을 낳는다."라고 했듯이, 삼라만상은 궁극적으로 도를 존재의 본원으로 삼는 것으로 이해된다. 그런데 도에는 안팎이 없다. 도의 자리에서는 유와 무, 선과 악, 아름다움과 추함, 삶과 죽음 등이 따로 구분되지 않고 모두 '하나'로 존재할 뿐이다. 따라서 노자의 관점에서는 삶이니 죽음이니 하는 것도 단지 존재 양식의 변화일 뿐 따로 구분되는 것들이 아니다. 이러한 관점에서는 삶과 죽음이 단지 문을 나가고 들어오는 일에 지나지 않을 수 있다.

다음으로 노자는 사람들의 수명에 대해 말한다. "삶의 무리가 열에 셋이고, 죽음의 무리가 열에 셋이다. 삶에 집착해 바둥거리다 모두 죽음으로 향하는 무리 또한 열에 셋이다."

'삶의 무리〔生之徒〕'는 선천적으로 장수하게끔 태어난 사람들이고, '죽음의 무리〔死之徒〕'는 선천적으로 요절하게끔 태어난 사람들이다. 노자는 앞뒤로 각각 약 30퍼센트, 즉 전체 60퍼센트의 사람들은 태어날 때 이미 그 수명이 어느 정도 정해져 있다고 본다. 여기서는 수명은 타고나는 것이라는 일종의 운명론적 사고가 느껴지기도 한다.

그러나 노자가 말하고자 하는 것은 이런 운명론에 있지 않다. 노자는 삶에 대한 일반 사람들의 태도를 문제 삼고 있다. 선천적으로 장수하거나 요절하게끔 되어 있는 사람들은 예외로 한다. 그런데 나머지 보통의 수명을 지닌 사람들 중에 생명에 지나치게 집착하다 오히려 죽음을 재촉하는 경우가 있다는 것이다. 그리고 그 수가 무려 열에 셋, 약 30퍼센트나 된다고 본다.

이런 부류에 해당하는 사례로 불로장생을 추구하다 중금속에 중독되어 요절한 중국 당나라 시대 일부 황제들을 들 수 있다. 당나라 시대에는 도교가 성행했다. 도교 사람들은 늙지 않고 오래 사는 불로장생을 꿈꾸었다. 그들은 금단술이나 양생술을 통해 그 길을 찾을 수 있다고 믿었다. 초기에는 금단술이 주를 이루었다. 금단술은 유황과 수은 등을 주재료로 삼아 금단이라는 단약을 만들어 내는 방술이었다. 도사들은 그렇게 만들어진 금단을 복용하면 늙지도 않고 죽지도 않는 신선의 경지에 오를 수 있다고 주장했다. 거기에 현혹된 당나라의 일부 황제들이 도사들이 제조한 금단을 복용했으며, 결국 일종의 중금속 중독으로 일찍 사망했다. 노자의 말대로 삶에 집착하여 바동거리다 오히려 죽음을 재촉한 경우다. 왕필은 이를 도롱뇽과 새매에 비유하여 다음과 같이 재미있게 설명한다.

도롱뇽과 지렁이는 깊은 연못도 얕다고 여겨 그 밑바닥에 구멍을 뚫어 들어가고, 매나 새미는 산도 낮다고 여겨 그 꼭대기에 둥지를 튼다. 그들은 화살도 미칠 수 없고 그물도 닿을 수 없는 곳에 있으니 '죽음이 없는 자리'에 머문다고 할 수 있을 것이다. 그러나 그들은 달콤한 먹이에 이끌려 '삶이 없는 자리'로 들어가니, 이 어찌 지나치게 삶을 좇다가 그렇게 되었다고 하지 않을 수 있겠는가?[340]

두 번째 단락에서 노자는 생사에 초연한 사람의 모습을 표현한다. "듣건대 삶을 잘 다스리는 사람은 뭍으로 다닐 때에도 코뿔소와 호랑이를 피하지 않고, 군대에 들어가서도 갑옷과 무기를 착용하지 않는다고 한다."

코뿔소와 호랑이를 만나지 않고 병기의 해침을 입지 않는다는 것은 죽음을 애써 피하지 않는 당당한 태도를 말한다. 마치 흐르는 물에 잠겨 있는 달의 모습과 같다고나 할까? 강물에 비친 달은 그 위로 끊임없이 물이 흘러가지만 그 자신은 젖지도, 흐르지도 않으면서 항상 그 자리에 머물러 있다. 생사에 초연한 사람의 모습도 아마 이와 같을 것이다.

노자는 이러한 사람의 모습을 다시 이렇게 표현한다. "코뿔소는 뿔을 들이댈 데가 없고, 호랑이는 발톱으로 할퀼 곳이 없으며, 창칼은 찌르고 들어갈 곳이 없다. 무슨 까닭인가? 그에게는 '죽음의 자리'가 없기 때문이다."

---

**340** 樓宇烈 校釋, 앞의 책, 135쪽. "夫蚖蟺以淵爲淺, 而鑿穴其中, 鷹鸇以山爲卑, 而增巢其上. 矰繳不能及, 網罟不能到, 可謂處於無死地矣. 然而卒以甘餌, 乃入於無生之地, 豈非生生之厚乎."

이 말은 하나의 상징적 표현으로 볼 수 있다. 생사를 초월한 사람은 코뿔소를 만나도 겁먹지 않고, 호랑이를 만나도 두려워하지 않으며, 창칼을 들이대도 무서워하지 않을 것이다. 자신의 몸을 단지 지수화풍(地水火風) 사대(四大)의 일시적 모임으로 본다면, 그 몸이 받히고 할퀴이고 찔림을 당해 죽음에 이른다 해도 그것을 단지 사대의 흩어짐으로 여길 테니 말이다. 그런 사람에게는 '죽음의 자리'가 파고들 여지가 없다. 위진 남북조 시대의 저명한 승려였던 승조(僧肇)의 경우가 바로 그러하다. 그는 진(晉)나라 왕의 불교 탄압으로 서른한 살의 젊은 나이에 참수형을 당하면서 다음과 같은 시를 남겼다고 한다.

사대(四大)로 이루어진 몸에는 본디 '나'라는 것이 없고
오음(五陰)으로 이루어진 마음은 본래 공(空)한 것이니
시퍼런 칼로 내 목을 자른다 해도
그것은 마치 봄바람을 자르는 것과 같네.


四大無元主
五陰本來空
將頭臨白刃
自似斬春風

## 판본 비교

### 백서본

갑: □生□□. □□□□有□, □□徒十有三. 而民生生動, 皆之死地之十有三. 夫何故也, 以其生生也. 蓋□□執生者, 陵行不□矢(兕)虎, 入軍不被甲兵. 矢(兕)无所檑其角, 虎无所昔(措)其蚤(爪), 兵无所容□□. □何故也, 以其无死地焉 ●

을: □生入死. 生之□□□□, □之徒十又(有)三. 而民生生僅(動), 皆之死地之十有三. □何故也, 以其生生. 蓋聞善執生者, 陵行不辟(避)兕虎, 入軍不被兵革. 兕无□□□□, □□□□其蚤(爪), 兵□□□□□. □□□也, 以其无□□□.

### 왕필본

出生入死. 生之徒十有三, 死之徒十有三. 人之生, 動之死地, 亦十有三. 夫何故, 以其生生之厚. 蓋聞善攝生者, 陸行不遇兕虎, 入軍不被甲兵. 兕無所投其角, 虎無所措其爪, 兵無所容其刃. 夫何故, 以其無死地.

1. 而民生生動, 皆之死地之十有三 (백서본)

　　人之生, 動之死地, 亦十有三 (왕필본)

이 구절은 전통적으로 판본에 따라 다음과 같이 다양한 형태로 나타난다.

『한비자』「해로」: 民之生生而動, 動之死地之十有三.

엄준본: 而民生, 動之死地十有三.

하상공본: 人之生, 動之死地十有三.

부혁본: 而民之生生而動, 動皆之死地, 亦十有三.

범응원본: 民之生生, 而動之死地, 亦十有三.


이들을 서로 비교해 보면 엄준본과 하상공본은 왕필본과 유사하고, 『한비자』「해로」편과 부혁본, 범응원본은 백서본에 가깝다. 현재로서는 이 가운데 어느 것이 고본『노자』에 가깝다고 단정할 수 없다. 단 성립 시기상 가장 오래된 백서본이 고본에 가까울 가능성이 있다.

한편 왕필본의 "인지생(人之生)"과 달리 백서본에서는 생(生) 자가 중복되어 있는데, 백서본 발굴 이전에 이미 고형은 '生生'이 되어야 한다며 이렇게 주장했다. "『한비자』와 부혁본 및 범응원본에는 모두 生 자가 중복되어 있는데, 그것이 옳다. 다음 구절 '이기생생지후(以其生生之厚)'는 곧 이 구절의 '生生'을 이어받아 하는 말이니, '生生'이 옳다는 증거다. 왕필본은 生 자 하나가 탈락되어 있으니 마땅히 보충해야 할 것이다."[341] 고형의 이러한 주장은 백서본을 통해 입증된 셈이다.


2. 以其生生也(백서갑)

以其生生之厚(왕필본)

'生生'은 동사+목적어의 형태로 볼 수 있으므로, '삶에 지나치게 집

---

[341] 高亨, 앞의 책, 107쪽.

착하다'라는 뜻이 된다. 따라서 왕필본의 '지후(之厚)'는 불필요하게 덧붙은 사족이다.


3. 蓋聞善執生者(백서을)

　　蓋聞善攝生者(왕필본)

'집생(執生)'과 '섭생(攝生)'의 차이다. 이전에는 '攝生'이라는 말 때문에 이 구를 단지 양생의 관점에서 해석하는 경우가 많았다. 그 대표적인 경우가 하상공주다.[342] 그러나 백서본에는 '攝生'이 아니라 '執生'으로 되어 있는데, '執生'은 '攝生'의 뜻을 넘어서는 보다 포괄적인 개념이다. 따라서 백서본에 근거할 때 이 구를 단순히 양생의 문제에 국한할 필요가 없어졌다.

---

[342] 하상공주에서는 "攝, 養也."로 풀고 있다. 그러므로 '攝生'은 곧 '養生'이다.

# 51장

# 도는 낳아 주되 소유하지 않는다

도는 낳아 주고 덕은 길러 주니
사물이 형성되고 형태가 이루어진다.
이 때문에 만물은 도를 존중하고 덕을 귀하게 여긴다.
도가 존엄하고 덕이 귀한 것은
누가 부여해서가 아니라 늘 저절로 그러함이다.

도는
낳아 주고 길러 주며
키워 주고 이루어 주며
형통케 해 주고 성숙시켜 주며
돌봐 주고 덮어 준다.
낳아 주되 소유하지 않고
베풀어 주어도 자랑하지 않으며
길러 주어도 주재하지 않는다.

이러한 덕을 '현덕(玄德)'이라 한다.


道生之, 而德畜之
物形之, 而器成之.
是以萬物尊道而貴德.
道之尊, 德之貴也
夫莫之爵而恒自然也.

道
生之, 畜之
長之, 遂之
亭之, 毒之
養之, 覆之.
生而不有也
爲而不恃也
長而不宰也.
此之謂玄德.


이 장은 본래 서로 다른 두 개의 장이었는데 후대에 하나로 합쳐진
것으로 보인다. 백서 갑본에 "부막지작이항자연야(夫莫之爵而恒自然也)"
와 "도생지(道生之)" 사이에 분장점으로 보이는 ● 부호가 놓여 있는데,

이는 곧 앞뒤 부분이 본래 별개의 장이었음을 의미한다. 내용상으로도 앞부분은 만물을 생성하고 길러 주는 '도'와 '덕'의 존귀성에 대해 노래하는 데 비해, 뒷부분은 도의 무소유에 대해 노래하고 있다. 후대에 둘 다 표면적으로는 도를 언급하고 있다는 유사성 때문에 하나의 장으로 통합했을 것이다.

첫째 단락의 핵심은 "만물은 도를 존중하고 덕을 귀하게 여긴다.(萬物尊道而貴德)"에 있다.

노자의 사유 체계에서 만물의 생성과 존재는 모두 도에 근거한다. 앞서 42장에서 "도는 하나를 낳고, 하나는 둘을 낳으며, 둘은 셋을 낳고, 셋은 만물을 낳는다."라고 했듯이 만물의 생성과 전개는 궁극적으로 도에 뿌리를 두고 있다. 또한 39장에서 "하늘은 '하나'를 얻음으로서 맑아졌고, 땅은 '하나'를 얻음으로써 안정되었으며, 신령은 '하나'를 얻음으로써 영험해졌고, 계곡은 '하나'를 얻음으로써 가득 찼다."라고 말했듯이, 만물이 각자의 모습과 성질을 유지하면서 존재하는 원천 역시 도에 있다. 이렇듯 도는 만물의 생성과 존재의 근거가 되므로 "도는 낳아 준다."라고 말하는 것이다.

'덕'은 개별 사물에 나타나는 도의 작용을 말한다. 다시 말해 도가 개별 사물들에 작용할 때, 그 힘을 구체적으로 지칭할 때 덕이라 말한다. 나무를 예로 들면, 뿌리가 물을 빨아들이고 가지가 잎을 틔우고 잎사귀를 펼쳐 광합성을 하며 날마다 조금씩 자라는 것 등은 도가 나무에 구체적으로 작용하는 덕의 현상들이다.[343]

---

**343** 도가 공기라면 덕은 바람이다. 바람은 느낄 수 있지만 공기는 느낄 수 없다. 우리는 호흡하는 매 순간 공기를 들이마시고 내쉬지만 공기를 의식하거나 느끼지 못한다.

이처럼 도와 덕은 만물을 생성케 하고 존재케 하는 본원이다. 때문에 모든 사물은 도를 존중하고 덕을 귀하게 여긴다. 모든 사물은 도에 의해 생겨나고 덕에 의해 자라났으니 본능적으로 도를 존중하고 덕을 귀하게 여긴다. 자기 존재의 본원을 향하는 본능적 지각이다. 마치 자식이 자발적으로 부모를 존경하고 공경하게 되는 것과 같다.

그러나 이러한 도와 덕의 존귀함은 세속적인 것과 다르다. 세속적 존귀함은 인간이 부여한 것이라 언제든지 빼앗길 수 있다. 때문에 한때 부귀영화를 누리던 존귀했던 사람이 하루아침에 초라하고 비천한 자로 몰락하기도 한다. 그러나 도와 덕의 존귀함은 저절로 그러한 본질이기에 그 누구도 더하거나 덜 수 없다.

둘째 단락의 핵심은 "도는 …… 낳아 주되 소유하지 않는다.(道, …… 生而不有也)"에 있다.

위에서 말했듯이 도는 모든 사물의 생성과 존재의 본원이다. 즉 "도는 낳아 주고 길러 주며, 키워 주고 이루어 주며, 형통케 해 주고 성숙시켜 주며, 돌봐 주고 덮어 준다."(道生之, 畜之; 長之, 遂之; 亭之, 毒之; 養之, 覆之.) 이러한 도의 모습은 마치 자식을 낳아 기르고 보살피는 부모의 모습과 매우 유사하다. 그러나 도는 인간 세상의 부모와 달리, "낳아 주되 소유하지 않는다". 이러한 도의 특성은 자연 생태계에서 온전히 드러난다. 숲속의 새를 보라. 어미 새는 온갖 정성을 다해 새끼를 품고 길러 내지만, 새끼가 성장해 스스로 먹이를 구할 때가 되면 미련 없이 떠나보낸다. 둥지를 떠난 새끼 또한 다시 어미를 찾지 않는다. 이것이 자연의 이치다. 낳아 주고 길러 주되 소유하지 않는다.

## 판본 비교

### 백서본

갑: ●道生之而德畜之, 物刑(形)之而器成之. 是以萬物尊道而貴□. □之尊, 德之貴也, 夫莫之尉(爵)而恒自然也. ●道生之, 畜之, 長之, 遂之, 亭之, □之, □□, □□. □□弗有也, 爲而弗寺(恃)也, 長而弗宰也. 此之謂玄德●

을: 道生之, 德畜之, 物刑(形)之而器成之. 是以萬物尊道而貴德. 道之尊也, 德之貴也, 夫莫之爵也, 而恒自然也. 道生之, 畜□, □□, □之, 亭之, 毒之, 養之, 復(覆)□. □□□□, □□□□, □□弗宰. 是胃(謂)玄德.

### 왕필본

道生之, 德畜之, 物形之, 勢成之. 是以萬物莫不存道而貴德. 道之尊, 德之貴, 夫莫之命而常自然. 故道生之, 德畜之, 長之, 育之, 亭之, 毒之, 養之, 覆之. 生而不有, 爲而不恃, 長而不宰, 是謂玄德.

### 1. 분장의 차이

백서 갑본에는 "夫莫之爵而恒自然也"와 "도생지(道生之)" 사이에 분장점으로 보이는 ● 부호가 있다. 따라서 백서본에서 두 번째 "道生之" 이후는 별개의 장이었을 가능성이 크다. 또한 내용상으로도 그 전후로 일정한 차이가 있다. 앞 단락은 만물을 생성하고 길러 주는 도와 덕의 존귀성에 대해 노래하는 반면에, 뒤 단락은 도의 무소유성에 대해서만 노래하고 있다. 왕필본에서는 이 두 단락의 표면적인 유사성 때문에 하나의 장으로 착각한 것 같다.


2. 器成之(백서본)
　 勢成之(왕필본)

기(器)와 세(勢)의 차이다. 과거에 왕필본의 "道生之, 德畜之, 物形之, 勢成之"는 '낳아 주다(生之)', '길러 주다(畜之)', '형성해 주다(形之)', '이루어주다(成之)'의 관점에서 이해되었으며, 이때 之는 대체로 '사물[物]'을 가리키는 것으로 보았다. 그 결과 之에 物을 대입해 보면, '道生物, 德畜物, 物形物, 勢成物'의 형태가 된다. 여기에서 '도생물(道生物)', '덕축물(德畜物)', '세성물(勢成物)'은 어법상 가능하지만 '물형물(物形物)'이라는 표현은 영 어색하다. 사물을 사물 되게 하는 것은 사물 이외의 것이지 사물 그 자체일 수는 없기 때문이다. 그렇다면 이러한 해석에는 문제가 있다.

따라서 이 구절에서는 앞의 두 구와 뒤의 두 구의 해석을 각기 다르게 생각해 볼 수 있다. 앞의 두 구는 기존과 동일하게 '생지(生之)', '축지(畜之)'의 용법으로, 즉 타동사+목적어의 구조로 보고, 뒤의 두 구는 자동사+어조사로 이해하는 것이다.[344] 이러한 방법으로 백서본의 문장을 해석해 보면, "(만물은) 도가 낳아 주고 덕이 길러 주는 것이니, (이에) 사물이 형성되고 형태가 이루어진다."가 된다.

만약 기존의 해석법에 따른다면 "道生之而德畜之, 物形之而器成之"에서 도(道), 덕(德), 물(物), 기(器)는 모두 병렬 관계로 이해된다. 그러나

344 이때 之는 단순히 어세를 고르게 하는 어조사로 이해하면 된다.

이럴 경우 이어지는 "是以萬物尊道而貴德"와 문맥이 자연스럽게 연결되지 못한다. 앞 구절에 나오는 道, 德, 物, 器가 모두 병렬 관계라면, 이어지는 구절에서도 道와 德뿐만 아니라 物과 器까지 당연히 언급해야 할 것이기 때문이다. 그러나 "是以萬物尊道而貴德"에서는 단지 道와 德만 이야기하고 있다. 또 이후 계속되는 "道之尊, 德之貴也, 夫莫之爵而恒自然也"에서도 여전히 道와 德만 거론한다. 결국 이 장의 주제는 도와 덕에 관한 것이다. 따라서 첫머리에서 제기되는 "道生之而德畜之"와 그다음의 "物形之而器成之"는 서로 다른 차원에서 이해해야 할 것이다. 왕필본에서는 이들을 단순히 병렬 관계로 보아 두 구절 모두 타동사+목적어의 구조로 이해하려다 보니 부득이 器를 勢로 개조해야 했으며, 그럼에도 불구하고 '사물이 사물을 형성한다.(物形物)'라는 기이한 문장을 만들어 낸 것이다.

## 3. 夫莫之爵而恒自然也(백서갑)
　　夫莫之命而常自然(왕필본)

작(爵)과 명(命)의 차이다. 전통본들을 살펴보면 부혁본, 엄준본, 돈황본 등 대부분의 판본이 백서본과 마찬가지로 爵으로 되어 있다. 심지어 도장의 張刻에 보이는 왕필본에도 爵으로 되어 있다. 따라서 고본 『노자』의 형태는 爵이었는데 후대로 오면서 命으로 수정되었을 것으로 추정된다. 한편 여기에서 爵은 동사로서 '작위를 봉하다(封爵)' 혹은 '작위를 내리다(賜爵)'의 뜻이다. 그러므로 성현영은 이 구절을 다음과 같이 풀이한다. "세상의 존귀함과 영화로움은 반드시 관직과 봉록을 수반해야 하기에 오랫동안 유지될 수 없다. 그러나 도와 덕의 존귀함은

작위와 상관없이 항상 저절로 그러하다."³⁴⁵


4. 道生之, 畜之, 長之, ……(백서본)
　故道生之, 德畜之, 長之 ……(왕필본)

첫째, 백서본에 없는 왕필본의 고(故)는 분리된 두 개의 장을 연결하는 과정에서 새롭게 첨가된 것으로 보인다.

둘째, 백서본과 마찬가지로 역현본, 경양본, 누고본, 반계본 등 여러 전통본에도 德 자가 없다. 따라서 본래는 德 자가 없었는데, 나뉘어 있던 두 개의 장을 하나로 연결하는 과정에서 추가된 것으로 보인다. 다시 말해 왕필본은 앞 단락의 첫 구절에 나오는 "道生之, 德畜之"와 맞추기 위해 이 구절도 "道生之, 德畜之, 長之, ……"로 개조한 것으로 보인다.


5. 遂之(백서갑)
　育之(왕필본)

『광아』「석언(釋言)」에 "遂, 育也.〔수는 육과 같다.〕"라고 했다. 따라서 '수지(遂之)'와 '육지(育之)'는 동일한 의미다. 참고로 과거에 일부 학자들은 이 문구 뒤에 이어지는 "生而不有, 爲而不恃, 長而不宰, 是謂玄德"을 10장의 마지막 네 구가 잘못 끼어든 것으로 보았다. 해동, 마서륜 등이 이렇게 주장했고 진고응, 여배림 등이 이에 따른다. 그러나 백서본에도 들어 있는 구절인 것으로 보아 착간은 아니다.


345  高明, 앞의 책, 71쪽에서 재인용.

## 52장

# 드러나지 않는 것을 보는 것을
# 밝음이라 한다

세상에는 어떤 시초가 있으니, 그것은 곧 세상의 '어미'다.
먼저 그 '어미'를 파악하면 이에 그 '자식'을 알게 되는 법,
이미 '자식'을 알고 다시 '어미'를 지키면 평생 위태롭지 않을 것이다.


오관의 '구멍'을 막고 욕망의 '문'을 닫으면
평생 고달프지 않을 것이나
오관의 '구멍'을 열어 놓고 일을 이루려 한다면
평생 이루지 못할 것이다.


드러나지 않는 것을 보는 것을 '밝음[明]'이라 하고,
부드러움을 지키는 것을 '강함[強]'이라 한다.
'드러나는 빛'을 제거하고 '밝음'을 회복하면
몸에 재앙이 남지 않을 것이니
이것이 곧 상도(常道)를 따르는 길이다.

---

天下有始, 以爲天下母.
旣得其母, 以知其子.
旣知其子, 復守其母, 沒身不殆.

塞其兌, 閉其門
終身不勤.
啓其兌, 濟其事
終身不救.

見小曰明
守柔曰强.
用其光, 復歸其明
毋遺身殃
是謂襲常.

　이 장은 사실상 서로 다른 내용의 세 단락으로 구성되어 있다. 죽간
본에는 중간 단락만 나와 있고, 백서 갑본에는 "몰신불태(沒身不殆)"와
"색기태(塞其兌)" 사이에 분장 부호로 보이는 ● 표시가 들어 있다. 따라
서 이 장은 본래 서로 다른 세 개의 장이었다. 그런데 내용상 세 단락
사이에 연결점이 전혀 없는 것도 아니다. 아마도 후대 사람들이 내용상
의 연결성 때문에 하나의 장으로 묶었으리라 추정한다.
　첫 번째 단락에서는 근본을 통해 말단을 알고, 말단을 통해 다시 근

본을 확고히 하는 것에 대해 말한다.

세계를 이해하는 방식에는 두 가지가 있다. 하나는 본원을 통해 현상을 아는 것이고, 다른 하나는 현상을 통해 본원을 파악하는 것이다. 노자는 전자를 추천하고 있다. 우선 '어미'를 통해 '자식'을 알라고 말한다. 수행자가 중생 구제에 나서기 전에 도의 깨달음에 몰두하듯이, 본원을 파악해야 현상의 본질을 제대로 이해할 수 있다고 보기 때문일 것이다.

그런데 어미를 통해 자식을 알게 된다고 그것으로 끝이 아니다. 노자는 어미를 통해 자식을 알았으면 다시 근본으로 돌아가 어미를 지키는 과정이 필요하다고 말한다. 여기에서 '어미를 지킨다'는 것은 어미, 즉 도의 본질을 온전히 이해하고 실천함을 의미한다. 첫 번째 단계의 '어미를 파악함(旣得其母)'에서는 어미를 어느 정도 파악하고 이해하기는 했지만 아직 완전하지는 않은 상태다. 선종(禪宗)에서 말하듯이 돈오(頓悟)는 이루었지만 아직 점수(漸修)가 이루어지지 않은 상태다. 그래서 자식을 통해, 다시 말해 만물의 개별 현상들에 대한 경험적 이해를 통해 다시 어미, 즉 도를 온전히 이해하고 실천하는 과정이 필요하다는 것이다.

이러한 본말(本末) 관계는 현실 정치에 그대로 적용될 수 있다. 정치 지도자는 우선 '어미', 즉 도를 파악해야 한다. 도를 파악한 이후에야 비로소 '자식', 즉 백성을 다스리는 방법을 알게 된다. 노자가 말하는 도의 본질은 무위자연이다. 따라서 지도자는 먼저 정치의 핵심은 무위에 있다는 이치를 파악해야 하고, 그런 이후에야 비로소 백성을 다스리는 방법을 알게 된다. 다음으로 지도자는 백성 개개인이 지닌 다양한 특성들을 파악할 필요가 있으며, 그런 이후에야 비로소 무위 정치를 온전히 실천할 수 있게 된다. 노자는 이렇게 '어미'를 통해 '자식'을 알고 다시 '자식'을 통해 '어미'를 공고히 하는 과정을 거쳐야 지도자가 "평생 위태롭지 않을 것."이라고 본다.

둘째 단락에서는 감각 기관의 욕망을 경계할 것에 대해 말한다.

원문 '태(兌)'의 의미에 대해서는 옛날부터 다양한 견해가 있었다. 왕필은 "태는 일과 욕망이 생겨나는 곳이다."[346]라고 했고, 하상공은 "태는 눈이다."[347]라고 풀이했다. 한편 『역전』에서는 "태는 입이다."[348]라고 했고, 『회남자』「도응」편 고유의 주에서는 "태는 귀·눈·입·코를 말한다. 노자가 '그 태를 막으라' 했으니 바로 이것을 말한다."[349]라고 했다. 그 외에 '구멍(穴)', '통로(隧)' 등의 풀이도 있다. 이상을 종합해 보면 '태'는 귀·눈·입·코와 같은 감각 기관을 의미하고, 이를 좀 더 확대하면 그런 감각 기관을 통해 발현되는 사사로운 욕구의 창구로 볼 수 있다. 따라서 "색기태, 폐기문(塞其兌, 閉其門)" 하라는 노자의 말은 인간의 사사로운 욕망과 의식이 분출하는 감각 기관을 틀어막으라는 의미로 볼 수 있다.

우리의 감각 기관은 제한적이다. 눈으로 볼 수 있는 세상은 좁고, 귀로 들을 수 있는 소리와 정보는 한정되어 있으며, 입으로 말할 수 있는 내용은 얼마 되지 않는다. 그리고 더더욱 문제가 되는 것은 눈과 귀와

---

346  樓宇烈 校釋, 앞의 책, 139쪽. "兌, 事欲之所由生."
347  이석명 역주, 앞의 책, 308쪽. "兌, 目也."
348  "兌, 爲口."
349  劉文典 撰, 『淮南鴻烈集解』, 418쪽. "兌, 耳目口鼻也. 老子曰, 塞其兌, 是也."

입은 주관적이라는 사실이다. 눈은 보고 싶은 것만 보려 하고, 귀는 듣고 싶은 것만 들으려 하며, 입은 말하고 싶은 것만 말하려 한다. 결국 감각 기관은 우리의 인식을 왜곡하고 제한할 위험성이 있다. 따라서 위정자는 감각 기관에만 의존하지 말고 근원적인 도를 찾아 거기에 근거해 세상을 경영해야 하며, 그래야만 수고롭지 않다는 것이다. 만약 감각 기관을 열어 놓고 거기에 의존한다면 아무리 많은 일을 벌인다 하더라도 온전히 마무리할 수 없다고 본다.

마지막 단락에서는 '명(明)', 즉 밝은 지혜를 회복할 것에 대해 말한다.

우선 노자는 말한다. "드러나지 않는 것을 보는 것을 '밝음'이라 하고, 부드러움을 지키는 것을 '강함'이라 한다.(見小日明, 守柔日強.)" 원문의 '소(小)'는 단순히 작은 것을 가리키는 게 아니라 겉으로 드러나지 않는 것을 말한다. 보이는 현상 이면에 존재하는 것, 다시 말해 감각 기관 너머의 세계가 '소'이며, 그런 것에 대한 인식이 바로 '밝음[明]'이다. 그런데 드러나지 않는 것, 즉 감각 너머의 세계에는 도가 있고 도의 본질은 '부드러움[柔]'이다. 그러므로 '부드러움'을 지킬 수 있는 사람은 참으로 강하다고 할 수 있는 것이다. 사람이 부드럽다는 것은 아상(我相)이 없다는 의미다. 주관적 편견이나 아집이 사라지고 물처럼 유연할 때 참으로 강한 존재가 될 수 있다.

다음으로 노자는 말한다. "'드러나는 빛'을 제거하고 '밝음'을 회복하면 몸에 재앙이 남지 않을 것이다.(用其光, 復歸其明, 無遺身殃)" 원문의 광(光)과 명(明)을 많은 사람들은 체용(體用)의 관계로 이해한다. 그 대표적인 사람이 감산(憨山)과 오징이다.

우선 감산은 말한다. "광은 도의 용(用)이고 명은 도의 체(體)다. 묘용

(妙用)은 본체(本體)를 떠나지 않으므로 쓸수록 더욱 빛나고 근본은 한 층 밝아진다."[350] 한편 오징은 이렇게 말한다. "물이나 거울이 사물을 비추는 것을 광이라 하고, 광의 체(體)를 명이라 한다." 그리고 진고응은 이에 근거하여 "광은 밖을 향해 밝게 빛나는 것이고, 명은 안을 향해 비추는 것이다."라고 부연 설명한다.[351]

그러나 이 문제를 '이노해노(以老解老, 노자에 의해 『노자』를 풀이함)'의 방법으로 접근해 보자. 우선 '광' 자와 관련된 문장으로는 4장의 "눈부신 것들은 완화하고, 세상의 먼지와 하나가 된다.(和其光, 同其塵)"를 살펴볼 수 있다. 여기에서 '광'은 애써 감추어야 할 부정적인 대상으로 쓰이고 있다. 그것은 자신을 과시하는 빛이고 남을 피로하게 하는 빛이기 때문이다. 58장에서 성인은 "빛이 있어도 남을 눈부시게 하지 않는다.(光而不燿)"라고 하였다. 한편 '명'과 관련해서는 16장의 "늘 그러한 이치를 알면 밝아진다.(知常, 明也)", 그리고 33장의 "자신을 아는 사람이야말로 참으로 밝다.(自知者, 明也)"라는 표현을 찾아볼 수 있다. 여기에서 명은 '근본적인 밝은 지혜' 혹은 '도를 깨달은 경지' 정도로 이해할 수 있다. 이상의 내용을 종합적으로 고려할 때 원문의 "용기광, 복귀기명(用其光, 復歸其明)"은 밖으로 드러나는 불필요한 '빛'을 제거하고 근원적인 '밝은 지혜'를 회복하라는 의미가 된다. 그러면 몸에 재앙이 남지 않는다는 것이다. 그리고 노자는 이러한 것이 바로 "상도(常道)를 따르는 길이다."라고 말한다.

---

350 감산, 오진탁 옮김, 『감산의 노자풀이』, 168쪽.
351 陳鼓應, 앞의 책, 266쪽.

## 판본 비교

### 죽간본

을: 閟(閉)其門, 賽(塞)其逸(兌), 終身不矛(瞀). 啓其逸(兌), 賽(塞)其
事, 終身不迷(勑)■

### 백서본

갑: ●天下有始, 以爲天下母. 旣(旣)得其母, 以知其□, 復守其母, 沒
身不殆. ●塞其逸(兌), 閉其門, 終身不堇(勤). 啓其悶(兌), 濟其事, 終
身□□. □小日□, 守柔日强. 用其光, 復歸其明, 毋道〈遺〉身央(殃). 是
胃(謂)襲常.

을: 天下有始, 以爲天下母. 旣得其母, 以知其子, 旣知其子, 復守其
母, 沒身不佁(殆). 塞其逸(兌), 閉其門, 冬(終)身不堇(勤). 啓其逸(兌),
齊其□, □□不棘. 見小日明, 守□□强. 用□□, □□□□, □遺身央(殃).
是胃(謂)□常.

### 왕필본

天下有始, 以爲天下母. 旣得其母, 以知其子, 旣知其子, 復守其母,
沒身不殆. 塞其兌, 閉其門, 終身不勤. 開其兌, 濟其事, 終身不救. 見
小日明, 守柔日强. 用其光, 復歸其明, 無遺身殃. 是爲習常.

### 죽간본과 백서본

1. 죽간본에는 백서본의 "몰신불태(沒身不殆)" 이전 단락과 "견소왈명

(見小日明)" 이후 단락이 보이지 않는다.

죽간본에 나오는 부분은 현행본『노자』52장의 중간 단락에 해당된다. 이 사실은 후대에 앞뒤로 새로운 문장을 첨가했거나, 또는 서로 다른 장들을 죽간본을 중심으로 하나로 묶어 놓았다는 것을 의미한다. 한편 백서 갑본에는 "沒身不殆"와 "塞其兌" 사이에 ● 부호가 있다. 따라서 애초 "沒身不殆" 이전 단락과 "塞其兌" 이후 단락은 서로 다른 장이었을 가능성이 크다.

2. 終身不孟(죽간본)
   終身不堇(백서본)

죽간본의 무(孟) 자의 의미에 대해서는 학자들마다 의견이 다르다. 무(瞀) 자의 빌린 글자로 보기도 하고, 모(侮) 자로 해독하기도 하며, 모(謀) 자로 추측하기도 한다.[352] 현재로서는 이 중 어느 것이 보다 타당한지 혹은 또 다른 글자로 해독해야 하는지 판단하기 힘들다. 단 글자의 형태와 문맥의 의미를 종합적으로 고려해 볼 때 瞀 자일 가능성이 크다. 孟는 본래 楘와 같은 글자로, 이는 瞀의 빌린 글자가 될 수 있다. 한편『옥편(玉篇)』에 "瞀는 눈이 밝지 않은 모양이다.(瞀, 目不明貌.)"라고 풀이되어 있고, 성현영은『장자』「서무귀(徐無鬼)」편의 "予適有瞀病(저는 마침 무병에 걸렸습니다.)"이라는 문장의 瞀에 대해 "어지럼증으로 마음이 산란한 것을 말한다.(謂風眩, 冒亂也.)"라는 소를 달았다. 따라서 孟는 '현란(眩亂)', 즉 '마음이 어지러운 상태'를 의미한다.[353] 이렇게 본다

---

352  각각 위계붕, 곽기(郭沂), 팽호의 견해이다.
353  魏啓鵬,「楚簡『老子』柬釋」,『道家文化硏究』17집, 247쪽.

면 죽간본의 "종신불무(終身不瓬)"는 '평생토록 마음이 어지럽지 않다'라는 뜻이 된다.

3. 賽其事(죽간본)
   濟其事(백서갑)

죽간본의 새(賽) 자는 형태상 색(塞) 자에 가깝다. 따라서 죽간본과 백서본의 이 구는 각각 "일을 틀어막으면"과 "일을 이루려면"이라는 서로 다른 의미를 지닌다.

4. 終身不逨(죽간본)
   終身不棘(백서을)

죽간본의 내(逨)는 내(勑) 자의 빌린 글자로 보인다. 이 勑 자의 의미에 대해서는 『광아』에서 "내(勑)는 순(順)의 뜻이다.(勑, 順也.)"라고 했다. 한편 백서본의 극(棘) 자는 칙(敕) 자와 그 형태가 유사하다. 그리고 왕념손(王念孫)은 "敕은 이(理)의 뜻이다. …… 勑과 敕는 서로 통한다(敕, 理也. …… 勑與敕通.)"라고 했다. 이렇게 본다면 죽간본의 逨와 백서본의 棘은 모두 理(혹은 順)의 의미로 풀이될 수 있다.[354]

**백서본과 왕필본**

1. 분장의 차이

백서 갑본에는 "沒身不殆"와 "塞其堄(兌)" 사이에 분장 부호로 보이

---

[354] 같은 곳.

는 ● 표시가 있다. 한편 죽간본에는 "沒身不殆" 이전 단락과 "見小曰明" 이후 단락이 없다. 내용상으로도 이 세 단락은 서로 잘 이어지지 않는다. 따라서 현행 왕필본 52장은 서로 다른 세 개의 장이 하나로 합쳐진 형태로 보인다.

## 2. 旣知其子

백서 갑본에는 "기지기자(旣知其子)" 구가 없다. 그러나 백서 을본과 왕필본, 그리고 대부분의 전통본에는 이 구가 들어 있다. 내용상으로는 "旣知其子" 구가 없어도 의미 연결에 큰 지장이 없다. 단 이 구가 있으면 의미가 보다 분명해진다. 따라서 "旣知其子"는 백서 을본의 형성 시기에 새로 첨가된 것으로 보인다.

## 3. 終身不棘(백서을)
### 終身不救(왕필본)

백서본의 棘 자는 救 자와 그 형태가 유사하다. 앞에서 살펴보았듯이 救은 勅과 서로 통하고, 그 뜻은 理 혹은 順이다. 따라서 백서본의 "종신불극(終身不棘)"은 '평생 순조롭지 않다'라는 뜻이 된다. 반면 왕필본의 "종신불구(終身不救)"는 '평생 이루지 못한다'로 해석된다.

## 4. 襲常(백서갑)
### 習常(왕필본)

하상공본, 경룡본 등에는 왕필본과 같이 '습상(習常)'이라 되어 있고, 엄준본, 부혁본 등에는 백서본과 마찬가지로 '습상(襲常)'이라 되어 있다. 그런데 습(習)과 습(襲)은 고대에 서로 통용되었다고 하므로,[355] 결국 양자는 의미가 동일하다.

355 高亨, 앞의 책, 111쪽.

# 53장

# 백성의 삶을 피폐하게 하는 지도자는
# 도둑의 우두머리다

나에게 작은 앎이라도 있다면 대도(大道)를 행하여

오직 삿된 길로 빠지게 될까 경계할 것이다.

'대도'은 넓고 평평한데, 백성들은 '샛길'만 좋아한다.


조정은 매우 깔끔하지만 논밭은 황폐하고 창고는 텅 비어 있다.

(위정자들은) 화려한 옷 차려입고 날카로운 검을 차며

배 터지게 먹고 재화는 넘쳐 난다.

이런 자는 '도둑의 우두머리'라고 하니

'도둑의 우두머리'는 도를 행하는 자가 아니다.


使我介有知,[356] 行於大道

---

**356** 백서 갑본에는 본래 "使我挈有知也"로 되어 있는데, 왕필본을 고려하여 백서 을본
에 따랐다.

唯迤是畏.

大道甚夷, 民甚好嶰.


朝甚除, 田甚蕪, 倉甚虛.

服文采, 帶利劍

厭食, 貨財有餘.

是謂, 盜竽.

盜竽, 非道也.


이 장에서는 당시 위정자들의 사치스러운 삶에 대해 비판하고 있다.

첫째 단락에서는 대도를 따르지 못하는 백성을 비판한다. "대도는 넓고 평평한데, 백성들은 샛길만 좋아한다.(大道甚夷, 民甚好嶰.)"

노자는 우선 자기 자신의 결연한 의지에 대해 말한다. "나에게 작은 앎이라도 있다면 대도를 행하여, 오직 샛된 길로 빠지게 될까 경계할 것이다.(使我介有知, 行於大道, 唯迤是畏.)" 이는 노자 스스로 다짐하는 말이다. 자신에게 조금이라도 분별력이 있다면 오직 대도를 따를 것이라고, 그리하여 결코 대도를 떠나 샛된 길로 빠지지 않을 것이라고. 여기에서 '대도(大道)'는 이중적 의미로 사용되었다. 하나는 『노자』에서 일반적으로 언급되는 추상적 이치나 원리로서의 도다. 그것은 누구나 따라야 할 위대한 도이기에 '대도'라 표현했다. 다른 하나는 구체적 대상으로서의 대도, 즉 말 그대로 '넓은 길'이다. 넓은 길을 따라 걸으면 편하듯이, 도를 따르면 모든 일이 순조롭고 편리하다. 따라서 조금이라도 지각이 있고 분별력이 있는 사람이라면 반드시 이 '대도'를 따를 것이라는 생각이다. 그런데 백성들은 이 넓고 평평한 길을 놓아두고 좁은 지름길만 좋아한다. 왜 그런가?

일차적으로는 백성들 자신의 무지함과 어리석음 때문이다. 겨자씨만 한 작은 '앎'조차도 없는 어리석은 사람들이기에 그들은 눈앞의 작은 이익에 미혹되어 저 넓고 편한 대도를 버리고 이 좁고 험한 샛길을 선택한다는 비판이다. '샛길'은 목적지에 빨리 도착할 수 있다는 장점이 있다. 그러나 샛길은 좁고 불편하다. 뿐만 아니라 거기에는 어떤 위험이 도사리고 있을지도 알 수 없다. 자칫 작은 이익을 좇다가 큰 이익을 놓칠 수 있다. 그래서 노자는 백성들이 인식의 지평을 좀 더 넓혀 대도를 따르기를 촉구하는 것이다.

그러나 노자가 보기에 백성이 대도를 버리고 샛길을 선택하는 데에는 보다 근본적인 이유가 있다. 그것은 바로 지도층 사람들이 모범을 보여 주지 못하기 때문이다. 지도층 사람들이 대도를 버리고 샛길을 택하고 있는 것이다. 둘째 단락에서 우선 노자는 당시 민생이 극도로 피폐해 있음을 지적한다. "조정은 매우 깔끔하지만 논밭은 황폐하고 창고는 텅 비어 있다.(朝甚除, 田甚蕪, 倉甚虛.)" "조정은 매우 깔끔하다."라는 말은 다음에 이어지는 "논밭은 황폐하다." 및 "창고는 텅 비어 있다."와 대비를 이룬다. 즉 궁궐만 깔끔하게 치장하느라 백성의 생활은 돌보지 않았다는 것이다. 그 결과 백성의 삶의 터전인 논밭은 황폐해지고 창고는 텅 비게 되었다.

노자는 이런 지경인데도 사치에 빠져 민생을 돌보지 않는 당시의 지도층을 심지어 '도둑의 우두머리〔盜竽〕'라고까지 비판한다. 『한비자』

「해로」 편에서는 '도우(盜竽)'에 대해 다음과 같이 설명한다. "우(竽)라는 것은 오음의 우두머리다. 그러므로 우가 소리를 내면 종과 가야금이 모두 뒤따르며, 우가 선창하면 뭇 악기가 모두 화답한다. 지금 크게 간악한 자가 일어나면 세상 사람들이 뒤따르고, 세상 사람들이 뒤따르면 작은 도둑들이 반드시 화답하듯 창궐한다. 그러므로 화려한 비단옷을 입고 날카로운 검을 차고 배 터지게 먹고 재화가 넉넉한 자, 이를 '도적의 우두머리(盜竽)'라 말한다.[357] 사치와 향락에 빠져 백성의 삶을 황폐화시킨 자들은 백성의 지도자가 아니라 도둑의 우두머리에 불과하다는 신랄한 비판이다.


## 판본 비교

### 백서본

갑: ●使我挈(挈)有知也, □□大道, 唯□□□. □□甚夷, 民甚好解(嶰). 朝甚除, 田甚芜(蕪), 倉甚虛. 服文采, 帶利□, □食, 貨□□□. □□□□. □□, □□□.

을: 使我介(挈)有知, 行於大道, 唯他(迤)是畏. 大道甚夷, 民甚好儞(嶰). 朝甚除, 田甚芜(蕪), 倉甚虛. 服文采, 帶利劍, 猒(厭)食而齎(貨)財□□, □□盜□. □□, 非□也.

---

357 "竽也者, 五聲之長者也. 故竽先則鍾瑟皆隨, 竽唱則諸樂皆和. 今大姦作則俗之民唱, 俗之民唱則小盜必和. 故服文采, 帶利劍, 厭飮食, 而資貨有餘者, 是之謂盜竽矣."

**왕필본**

使我介然有知, 行於大道, 唯施是畏. 大道甚夷, 而民好徑. 朝甚除, 田甚蕪, 倉甚虛. 服文綵, 帶利劍, 厭飲食, 財貨有餘, 是謂道夸. 非道也哉.

1. 使我挈有知也(백서갑)

　使我介有知(백서을)

　使我介然有知(왕필본)

백서 정리조는 백서 갑본의 설(挈)을 설(挈)의 이체자로 파악하고 다음과 같이 말한다. "挈은 곧 挈의 이체자로 각 판본에는 모두 개(介)로 되어 있다. 엄준의 『도덕지귀』에서는 이 구를 '부달포통, 제총설명(負達抱通, 提聰挈明)'이라고 주석한다. 이 주가 인용한 경문은 '설연유지(挈然有知)'인데, 경의 정문(正文)은 이미 介로 개작되었다."[358] 또한 『곡신자(谷神子)』의 주에서도 "설연유지행어대도자(挈然有知行於大道者)"로 되어 있다. 따라서 엄준본은 원래 '개연(介然)'이 아니라 '설연(挈然)'으로 되어 있었던 것이 분명하다. 현행본의 '介然'은 후대로 내려오면서 점차 개조된 것으로 보인다. 우선 백서 을본처럼 介로 고쳐졌다가, 이후 다시 어미 조사 연(然)이 붙어 왕필본처럼 '介然'이 되었을 것이다.

그렇다면 의미상의 차이는 어떠한가? 백서본에서 挈은 '잡다'의 뜻이므로,[359] "사아설유지(使我挈有知)"는, '가령 내가 지식을 지니게 된다면'의 뜻이 된다. 반면 왕필본에서 介는 일반적으로 미(微), 즉 '조금'으로

---

358 『馬王堆漢墓帛書』, 7쪽, 주 19.
359 『설문해자』에 "挈, 縣持也."로 되어 있다.

해석되므로[360] "使我介然有知"는 '가령 나에게 조금이라도 지식이 있다면'의 의미가 된다. 결론적으로 백서본과 왕필본은 의미상으로는 약간 다르지만 대체적으로 서로 비슷하다.

2. 唯他(迆)是畏(백서을)
  唯施是畏(왕필본)

백서본의 타(他)는 왕필본과 같은 시(施)로 볼 수도 있으나[361] 글자 형태상 이(迆)로도 볼 수 있다. 그리고 왕필본처럼 施, 즉 '베풀다'로 이해할 경우 전후 문맥상 부자연스러운 면이 있다. 가령 왕념손은 과거에 다음과 같이 말했다. "施는 迆로 읽어야 한다. 迆는 사(邪)다. 즉 대도를 행하는 가운데 오직 사도(邪道)에 빠질까를 두려워해야 한다는 의미다. 아래 문장 '대도심이, 이민호경(大道甚夷, 而民好徑)'에 대해 하상공주는 '경(徑)은 삿되어 바르지 않은 것이다'라고 했으니 이것이 그 증거다."[362] 施와 迆는 모두 야(也) 자의 소리를 따르므로 음이 동일해 서로 통용될 수 있다.[363] 따라서 현재 왕필본의 施도 迆로, 즉 邪(삿되다)의 의미로 읽어야 할 것이다.

3. 民甚好解(백서갑)
  而民好徑(왕필본)

360  朱謙之, 앞의 책, 210쪽 참조.
361  백서 정리조는 '施'로 해독한다.
362  王念孫, 『老子雜志』, 「讀書雜志」.
363  余培林, 앞의 책, 88쪽.

백서 정리조는 백서 갑본의 해(解)에 대해, "解는 아마 해(嶰)로 읽어야 할 것이다. 이때 嶰는 산골짜기의 샛길을 가리킨다."[364]라고 주를 달았다. 이때 嶰는 왕필본의 경(徑)과 유사한 뜻이 된다.

4. □□盜□. □□非□也(백서본)
   是謂道夸. 非道也哉(왕필본)

백서본은 훼손이 심해 그 원형을 알 길이 없으나 몇 가지 차이가 보인다.

먼저 '도□(盜□)'와 '도과(道夸)'의 차이를 살펴보자. 앞서 살펴보았듯이 『한비자』「해로」편에는 '盜竽'로 되어 있고, 현재 백서본에도 분명히 '盜□'로 되어 있다. 이로 보아 고본 『노자』의 원형은 '盜竽'였을 가능성이 크다. 우선 왕필본의 道 자는 마지막 구 "비도야재(非道也哉)"의 道 자로 인한 착오이거나, 혹은 盜와 음이 유사해 발생한 오자일 수도 있다. 한편 고형에 의하면 夸와 竽는 동일한 계통의 소리이기 때문에 옛날에는 통용되었다고 한다.[365] 따라서 왕필본의 夸는 竽의 빌린 글자일 수 있다.

다음으로 백서본에는 "非□也" 앞에 두 글자가 더 있는데, 이는 부혁본의 형태와 일치한다. 부혁본에는 이 부분이 "是謂道夸. 道夸非道也哉"로 되어 있다.

이상을 종합해 보면 이 구절의 원형은 "是謂盜竽. 盜竽, 非道也"일 것이다.

364 『馬王堆漢墓帛書』, 7쪽.
365 高亨, 앞의 책, 113쪽.

5. 文采(백서본)

   文綵(왕필본)

   猒食(백서을)

   厭飲食(왕필본)

   齎財(백서을)

   財貨(왕필본)

위 구절에서 차이가 보이나 의미상 크게 다르지는 않다.

# 54장

# 잘 세운 것은 뽑히지 않는다

잘 세운 것은 뽑히지 않고
잘 안은 것은 놓치지 않으니
자손 대대로 제사가 끊기지 않는다.

이 도를 나 자신에게 닦으면 그 덕이 참되고
이 도를 집안에 닦으면 그 덕이 넉넉해지며
이 도를 마을에 닦으면 그 덕이 오래가고
이 도를 나라에 닦으면 그 덕이 풍성해지며
이 도를 천하에 닦으면 그 덕이 널리 미친다.

나 자신으로 나 자신을 보고
집안으로 집안을 보며
마을로 마을을 보고
나라로 나라를 보며

천하로 천하를 본다.

천하가 그러함을 내 어찌 아는가?
이것, 즉 도를 통해서다.

善建者不拔
善抱者不脫
子孫以祭祀不絶.

修之身, 其德乃眞
修之家, 其德有餘
修之鄕, 其德乃長
修之邦, 其德乃豊
修之天下, 其德乃博.

以身觀身
以家觀家
以鄕觀鄕
以邦觀邦
以天下觀天下.

吾何以知天下之然哉?
以此.

이 장에서는 위정자가 세상을 잘 경영하고 길이 보존하는 방법에 대해 말하고 있는데, 그 핵심은 '도'를 포착해 잘 운용하고 활용하라는 것이다.

한 국가를 경영하는 지도자의 이상은 자기 국가를 온전히 그리고 오랫동안 보존하는 것이라 할 수 있다. 특히 왕조 시대의 군주에게 국가의 존망은 조상에 대한 제사의 존립과 직결되어 있었다. 노자는 이 장에서 바로 이 점에 착안했다.

어떻게 하면 조상들에 대한 제사가 끊기지 않고 자손 대대로 이어질 수 있는가? 조상 숭배의 전통이 깊었던 춘추 시대에 이 문제는 심각하고도 중요한 사안이었다. 이에 대한 답으로 노자는 말한다. "잘 세운 것은 뽑히지 않고, 잘 안은 것은 놓치지 않는다.(善建者不拔; 善抱者不脫.)" 무슨 의미인가? 이는 27장의 다음 말과 같은 맥락이다. "잘 걷는 사람은 자취를 남기지 않고, 잘 말하는 사람은 허물을 남기지 않는다."[366]

노자 철학의 체계에서 '잘 걷다[善行]' 및 '잘 말하다[善言]'는 도에 따르는 방식으로서의 행위와 말을 의미한다. 도의 본질은 무위이므로 도에 따르는 방식도 당연히 무위로 나타난다. 그러니까 무위의 방식으로 행위하고 말하면 그 어떤 자취나 흠도 남지 않는다는 말이다. 따라서 본문의 '잘 세움[善建]'과 '잘 안음[善抱]'도 도를 체득하여 무위의 방식으로 세우고 무위의 방식으로 안는 것을 뜻한다. 다시 말해 무위의 방식으로 국가를 세우고 잘 보듬으면 그 국가는 쉽게 뽑히거나 남에게 빼앗기지 않는다는 말이다. 그리고 이처럼 도로써 나라를 세우고 지키면

---

[366] "善行者, 无轍迹; 善言者, 无瑕謫."

그 나라는 대대손손 길이 보존되고, 그 결과 제사도 영원히 끊기지 않게 된다는 것이다.

도는 모든 것에 적용될 수 있다. "도는 넘실거리는 물처럼, 좌우 어디든 이를 수 있다."[367]라고 했듯이 도는 가까운 곳 먼 곳 가리지 않고 미친다. 가까이로는 자기 몸에, 멀리로는 천하에도 적용할 수 있다. 그리고 그 효능도 적용 대상에 따라 다양하게 나타난다.

두 번째 단락에서 "수지(修之)"의 '지'는 첫머리에서 말하는 잘 세우고 잘 안는 방법, 즉 '도'를 가리킨다. 노자는 이 도의 적용 대상을 자기 몸에서 시작하여 '집안→마을→국가→천하'로 점차 확대해 나간다. 이런 식의 사고는 유가 경전 『대학』에서 강조하는 '수신→제가→치국→평천하'의 방식과 매우 유사해 보인다. 유가 정치의 이상은 덕치(德治)다. 덕치의 출발점은 자기 자신의 도덕성 회복이며, 자신의 도덕성을 회복한 이후 이것을 집안, 국가, 천하로 확대 적용해 나가는 것을 이상시한다. 이러한 태도는 개별성보다 전체성을 중시하는 사고다.

그러나 노자의 사고는 이와 다르다. 노자는 전체성보다 개별성을 우선시한다. 노자는 "나 자신으로 나 자신을 보라.(以身觀身)"라고 말한다. 나 자신으로 나 자신을 보라는 것은 보는 주관과 보이는 객관이 나뉘지 않는 주객일치의 관법(觀法)을 말한다. 모든 개별자는 그 자체의 고유한 이치를 가지므로 그 자체의 관점에서 바라보아야 자신을 올바로 이해하고 정확히 파악할 수 있다.[368]

---

367 『노자』 34장. "道, 汎兮, 其可左右也."
368 일부 해석자는 "以身觀身"을 "나의 몸으로 타인의 몸을 살펴 본다."라고 풀이하기도 한다. 뒤의 身을 '타인의 몸'으로 해석한 것이다. 그러나 '身'은 어디까지나 '자기 자

이러한 관법은 어떻게 가능한가? 그것은 오로지 도의 자리에서 볼 때 가능하다. '도의 자리에서 본다'는 것은 무위의 방식으로 사물과 대상을 바라보는 것을 말하며, 이는 관찰자의 아집과 주관을 놓아 버리고 사물을 있는 그대로 보는 행위이다. 따라서 마을의 일을 살필 때는 오로지 마을 자체의 입장에서 살피고, 국가를 다스릴 때는 오로지 국가 자체의 입장에서 다스리며, 천하를 경영할 때는 오로지 천하 백성의 입장에서 경영해야 한다는 것이다. 결국 이러한 논리는 앞에서 말하는 '도를 닦다[修之]'의 구체적 방법론이 될 수 있다.

## 판본 비교

### 죽간본

을: 善建者不拔, 善保者不兌(脫), 子孫以其祭祀不屯. 攸(修)之身, 其悳(德)乃貞(眞); 攸(修)之豪(家), 其悳(德)又(有)舍(餘); 攸(修)之向(鄕), 其悳(德)乃長; 攸(修)之邦, 其悳(德)乃奉(豐); 攸(修)之天□□□□□□□□豪(家), 以向(鄕)觀向(鄕), 以邦觀邦, 以天下觀天下. 虗(吾)可(何)以智(知)天□□□□□

신'을 의미하지 '타인의 몸'을 의미할 수 없다. 만약 '타인의 몸'을 뜻하고자 했다면 마땅히 '以身觀人'으로 표현했을 것이다. 그리고 이 같은 풀이는 '나의 입장에서 남을 미루어 본다'는 유가적 사고, 즉 '추기급인(推己及人)'에 해당한다.

**백서본**

갑: 善建□□拔, □□□□□, 子孫以祭祀□□. □□□. □□□□. □□□,
□□□餘. 修之□, □□□□. □□□, □□□□. □□□□, □□□□. 以身□
身, 以家觀家, 以鄕觀鄕, 以邦觀邦, 以天□觀□□. □□□□□□□□□,
□□.

을: 善建者□□, □□□□□, 子孫以祭祀不絕. 脩之身, 其德乃眞; 脩
之家, 其德有餘; 脩之鄕, 其德乃長; 脩之國, 其德乃夆(豐); 脩之天下,
其德乃愽(溥[369]). 以身觀身, 以家觀□, □□□國, 以天下觀天下. 吾何□
知天下之然茲(哉)? 以□.


**왕필본**

善建者不拔, 善抱者不脫, 子孫以祭祀不輟. 修之於身, 其德乃眞;
修之於家, 其德乃餘; 修之於鄕, 其德乃長; 修之於國, 其德乃豐; 修
之於天下, 其德乃普. 故以身觀身, 以家觀家, 以鄕觀鄕, 以國觀國, 以
天下觀天下. 吾何以知天下然哉? 以此.


**죽간본과 백서본**

죽간본은 일부 훼손된 글자들이 있어 그 본모습을 온전히 알 수는
없으나, 문자상의 일부 차이를 제외하고는 백서본과 큰 차이가 없다.
단 백서본의 "이신관신(以身觀身)" 구를 죽간본에서는 찾아볼 수 없다.
훼손된 부분에 들어 있을 가능성도 생각해 볼 수 있으나, 글자 수를 따

---

**369** 백서 정리조는 '薄'(엷을 박)으로 해독하나, 문맥상 '愽'(넓을 박) 혹은 '溥'(넓을 부)가
더 잘 어울린다. 왕필본에도 '普'(넓을 보)로 되어 있다. 여기에서는 '溥'를 취한다.

져 보면 '以身觀身' 네 자가 들어갈 여지가 없다. 결국 백서본(그리고 왕필본)의 "以身觀身"은 후대에 새로이 추가된 구절로 추정된다.[370]

### 백서본과 왕필본

뚜렷한 차이점은 발견되지 않는다.

1. 其德有餘(백서을)

  其德乃餘(왕필본)

'유여(有餘)'와 '내여(乃餘)'의 차이다. 죽간본도 백서본과 같이 '有餘'로 되어 있다. 따라서 전후 다른 구절에 나타나는 '내진(乃眞)', '내장(乃長)', '내풍(乃豊)' 등의 문장 형식에 맞추기 위해 후대에 '有餘'를 '乃餘'로 고쳤을 가능성이 있다.

2. 백서 을본에는 "以鄕觀鄕" 구가 빠져 있다.

백서 갑본과 죽간본에는 이 구가 들어 있다. 따라서 백서 을본의 경우 베끼는 과정에서 이 구가 누락된 것으로 보인다.

---

370 그러면 어째서 '以身觀身'을 추가했을까? 여기에서 우리는 『대학』의 구절 "身脩而后家齊, 家齊而后國治, 國治而后天下平"을 떠올리게 된다. 여기에서 나타나는 '身→家→國→天下'의 도식이 백서본 『노자』에 그대로 적용되고 있는 것이다. 따라서 우리는 백서본의 일부 내용이 『대학』의 영향을 받았을 가능성을 생각해 볼 수 있다.

# 55장

# 갓난아이는 종일 울어도
# 목이 쉬지 않는다

덕이 두터운 사람은 갓난아이와 같다.
갓난아이는 독충이나 독사도 물지 않고
사나운 새나 맹수도 해치지 않는다.

뼈와 근육이 약하고 부드럽지만 잡는 힘이 세고
아직 남녀의 교합을 알지 못하지만 고추가 빳빳하니
이는 정기(精氣)가 지극하기 때문이다.
하루 종일 울어도 목이 쉬지 않으니
이는 완전한 조화를 이루었기 때문이다.

이러한 조화를 유지하면 오래 살 수 있고
이러한 조화의 이치를 알면 지혜가 밝아진다.
그러나 생명을 억지로 늘리면 흉해지고
마음이 기를 부리면 몸이 빳빳해진다.

---

사물은 강성해지면 곧 쇠락하게 되니
이는 도에 따르지 않기 때문이다.
도에 따르지 않으면 일찍 사라진다.


含德之厚者, 比於赤子.
蜂蠆虺蛇不螫
攫鳥猛獸不搏.


骨弱筋柔而握固
未知牝牡之會而朘怒
精之至也.
終日號而不嗄
和之至也.


和曰常
知和曰明.
益生曰祥
心使氣曰強.


物壯則老
謂之不道.
不道早已.

이 장에서는 덕이 풍부한 사람, 즉 도를 지닌 사람의 모습을 갓난아이에 비유해 말하고 있다.

동양의 이상적 인간상은 '덕'과 필연적 연관이 있다. 유가에서는 하늘이 부여한 덕을 잘 지키고 확장하여 그것을 사회와 국가, 심지어 전 우주의 영역으로까지 확장하는 것을 목표로 삼는다. 이 과정에서 '인의예지'로 대표되는 전통적 가치의 학습과 실천이 매우 중요한 요소로 작용한다. 그러나 도가의 이상적 인간상은 사회 문화적 가치 체계가 주입되기 이전의 선천적 자연성을 그대로 유지하는 인간이며, 노자는 그런 인간상을 '갓난아이'에 비유한다. 이때 선천적 자연성의 보존이 바로 '덕을 품음〔含德〕'이라는 말로 표현된다.

덕은 도의 드러남이다. 따라서 "덕이 두터운 사람"은 체득한 도의 경지가 높은 사람이다. 도를 체득했다는 것은 선천적 자연성을 회복했다는 의미이며, 그런 사람은 자연에 가까운 순수함을 지녔기에 갓난아이와 같다고 말할 수 있다.

갓난아이는 어떤 존재인가? 갓난아이는 아직 우주와 하나다. 나와 너의 구분이 없다. 부분이 아니라 전체로 존재한다. 주객 미분화의 상태다. 때문에 호랑이가 다가와도 호랑이의 무서움을 모른다. 독사를 만나도 끔찍하다거나 징그럽다는 생각을 하지 않는다. 그렇기에 해를 당하지 않고 그들과 한 공간에 머무를 수 있다.

갓난아이는 뼈도 약하고 근육도 부드럽다. 그럼에도 아기의 잡는 힘은 의외로 강해서 백일 지난 아기가 엄마의 손가락을 붙잡고 일어서기도 한다. 또한 종종 아기의 자그마한 고추가 빳빳해지기도 한다. 노자는 이런 현상들이 일어나는 이유는 아기의 정기가 왕성하기 때문이라고 보았다. 정기는 선천적으로 타고난 생명력 또는 에너지를 의미한다. 자연에서 분리된 지 얼마 되지 않은 갓난아이는 자연 상태의 정기를 거의 그대로 보존하고 있기 때문에 갓난아이가 그러하다고 보는 것이다.

어른들은 조금만 큰 소리를 내도 목이 금세 쉬어 버린다. 그런데 갓난아이는 하루 종일 울어도 목이 쉬지 않는다. 왜 그런가? 이 역시 아기가 자연에서 벗어난 지 오래지 않았기 때문이다. 아기는 아직 자연의 상태를 거의 그대로 보존하고 있는데, 자연은 곧 조화를 의미한다. 조화를 유지하고 있는 갓난아이는 자연의 조화에 따라 울므로 아무리 울어도 목이 쉬지 않는다. 아기의 울음에는 작위나 인위가 없다. 아기는 아직 자의식이 없기 때문에 나와 너의 구분이 없는 주객 미분화의 상태 놓여 있다. 그러므로 아기의 울음은 의도적이고 인위적인 행위가 아니라, 자연성에 따라 자발적으로 발생하는 행위이다. 요컨대 아기는 운다는 의식 없이 자연스럽게 울어대는 것이기에, 아무리 울어도 목이 쉬는 부자연스러운 현상이 나타나지 않는 것이다.

노자는 이러한 갓난아이의 조화를 유지하면 오래 살 수 있고 또 이러한 조화의 이치를 터득하면 지혜가 밝아진다고 말한다. 오래 살고 밝은 지혜를 얻는 것은 사람이라면 누구나 원하는 바인데, 노자의 관점에서 보면 그 비법은 단지 자연의 상태, 즉 조화를 유지하는 것이다. 즉 갓난아이의 마음을 유지할 수 있다면 누구나 장수하고 밝은 지혜를 얻을 수 있다.

그러나 이러한 조화의 이치를 깨닫지 못하고 억지로 생명을 늘리기 위해 온갖 인위적인 행위를 일삼으면 오히려 재앙을 불러온다고 노자는 경고한다. 그런 인위적인 행위 중 하나가 바로 "마음이 기를 부리는"

것이다. '마음이 기를 부리는' 행위는 당시 방사(方士)들이 양생을 위해 일삼던 호흡술을 가리키는 것으로 보인다. 이는 전통 무협지나 현대의 일부 심신 수련법에서도 찾아볼 수 있는데, 검증되지 않은 방법과 까다로운 과정으로 인해 오히려 해를 입는 일이 예로부터 잦았던 모양이다. 이런 폐단이 있었기 때문에 이미 2500여 년 전 노자가 이 행위를 비판한 것이다.

## 판본 비교

### 죽간본

갑: 酓(含)悳(德)之厚者, 比於赤子. 蟲(蜘)蠆蟲它(蛇)弗蚩(螫), 攫鳥獸(猛)獸弗扣. 骨溺(弱)蓳(筋)秣(柔)而捉固, 未智(知)牝戉(牡)之合然莣(怒), 精之至也. 終日虖(乎)而不惪(憂), 和之至也. 和曰禀(常), 智(知)和曰明. 賹(益)生曰羕(祥), 心貞(使)燹(氣)曰勞(強). 勿(物)壐(壯)則老, 是胃(謂)不道 ■

### 백서본

갑: □□之厚□, 比於赤子. 逢(蜂)徜(蠆)蠍(虺)地(蛇)弗螫, 攫鳥猛獸弗搏. 骨弱筋柔而握固, 未知牝牡□□而朘□, 精□至也. 終日〈日〉號而不㕤(嗄), 和之至也. 和曰常, 知和[371]曰明. 益生曰祥, 心使氣曰強. □□

---

371 『馬王堆漢墓帛書』에서는 常 자로 수정했으나, 원문 和 자 그대로 둔다. 백서 을본에는 常으로 되어 있으나, 죽간본에는 和로 되어 있다.

卽老, 胃(謂)之不道. 不口口口.

을: 含德之厚者, 比於赤子. 蠭(蜂)癘(蠆)虫(虺)蛇弗赫(螫), 據鳥孟(猛)獸弗捕(搏). 骨筋弱柔而握固, 未知牝牡之會而朘怒, 精之至也. 冬(終)日號而不嚘, 和口口口. 口口口常, 知常日明. 益生口祥, 心使氣日強. 物口卽老, 胃(謂)之不道. 不道蚤(早)已.


**왕필본**

含德之厚, 比於赤子. 蜂蠆虺蛇不螫, 猛獸不據, 攫鳥不搏. 骨弱筋柔而握固, 未知牝牡之合而全作, 精之至也. 終日號而不嚘, 和之至也. 知和日常, 知常日明. 益生日祥, 心使氣日強. 物壯則老, 謂之不道, 不道早已.


**죽간본과 백서본**

1. 未知牝牡之合然怒(죽간본)

   未知牝牡之會而朘怒(백서을)

우선 합(合)과 회(會)의 차이가 보이는데, 이들은 동일한 의미의 다른 글자에 지나지 않는다. 『설문해자』에서도 "會, 合也.〔회는 합의 뜻이다.〕"라고 했다. 왕필본을 비롯한 전통본에는 모두 죽간본과 같이 合으로 되어 있다.

다음으로 '연노(然怒)'와 '최노(朘怒)'의 차이가 보인다. 구석규는 죽간본의 연(然) 자를 백서본과 같이 최(朘) 자로 읽는다.[372] 글자 형태상 그

---

372 『郭店楚墓竹簡』, 116쪽, 주 71.

렇게 볼 수도 있다.


2. 不道早已(백서을)

죽간본에는 이 구가 없다. "物壯卽老, 謂之不道, 不道早已" 세 구는
백서본 및 왕필본 30장과 55장에 모두 나온다. 그러나 죽간본에는 앞
의 두 구 "物壯卽老, 謂之不道"만 이 장에 나온다. 따라서 "부도조이
(不道早已)"는 30장의 일부 구가 착오로 중복되어 나왔거나 후대에 새
로 첨가된 것으로 보인다.


**백서본과 왕필본**

1. 含德之厚者(백서을)
   含德之厚(왕필본)

하상공본, 엄준본 등도 왕필본처럼 자(者) 자가 없다. 그러나 부혁본,
범응원본, 사마본뿐만 아니라 죽간본에도 者 자가 있다. 따라서 왕필
본 등의 현행본은 문장을 정형화하면서 이를 생략한 것 같다. 者 자가
있을 때 문장의 의미가 보다 분명해진다.


2. 蜂蠆虺蛇弗螫, 攫鳥猛獸弗搏(백서본)
   蜂蠆虺蛇不螫, 猛獸不據, 攫鳥不搏(왕필본)

전통본들에서 이 구절은 크게 다음 네 가지 유형으로 나뉜다.


① 6-6형. 범응원본이 대표적이다. "毒虫虺蛇不螫, 猛獸攫鳥不搏."
② 6-4-4형. 왕필본이 대표적이다. "蜂蠆虺蛇不螫, 猛獸不據, 攫鳥

不搏."

③ 4-6형. 수주본이 대표적이다. "毒虫不螫, 攫鳥猛獸不搏."

④ 4-4-4형. 이 유형이 가장 많으며, 엄준본과 부혁본이 대표적이다. "毒虫不螫, 攫鳥不搏, 猛獸不據"(엄준본), "蜂蠆不螫, 猛獸不據, 攫鳥不搏"(부혁본).

백서본은 문자상 일부 차이가 있지만 갑·을본 모두 6-6형이다. 고명은 '백서본의 형태가 바로 고본『노자』의 원형이라고 주장한다. 그리고 하상공주에서 경문 "독충불석(毒虫不螫)"에 대한 주 '봉채사회불석(蜂蠆蛇虺不螫)'은 본문이 주로 잘못 끼어 들어간 것으로 볼 수 있다는 근거를 든다. 따라서 하상공주 역시 그 첫 구가 '蜂蠆蛇虺不螫' 여섯 자였을 것이라고 주장한다. 한편 다음 구 '확조맹수불박(攫鳥猛獸弗搏)'은 앞 구절과 상호 대구를 이루는 형태로 쓰였기 때문에 역시 고본『노자』의 원형임에 틀림없다고 주장한다. 즉 '봉채(蜂蠆)'와 '확조(攫鳥)'가 대구를 이루고, '사훼(蛇虺)'와 '맹수(猛獸)'가 대구를 이루는 형태라는 것이다.[373] 이처럼 이 구절을 6-6형으로 파악하는 고명의 주장, 즉 고본『노자』의 원형이 6-6형이었다는 주장은 죽간본에 의해서도 뒷받침된다.

3. 未知牝牡之會而脧怒(백서을)
    未知牝牡之合而全作(왕필본)

우선 회(會)와 합(合)의 차이가 보인다. 이들 會와 合은 동일하게 '교

---

373  高明, 앞의 책, 91~93쪽 참조.

합'의 의미를 지닌다. 전통본들과 죽간본도 왕필본처럼 合으로 되어
있다.

다음으로 '최노(朘怒)'와 '전작(全作)'의 차이가 보인다. 의미상 백서본
의 '朘怒'가 낫다.[374] 『광아』「석고」에 "노는 강건함이다.(怒, 健也.)"라고
되어 있으니, '朘怒'는 곧 남자아이의 생식기가 발기해 뻣뻣해지는 것
을 말한다. 왕필본에서 작(作)은 노(怒)와 유사한 의미를 지녔으므로
의차(義借)한 글자로 볼 수 있으나, 전(全)은 어떤 의미로 쓰였는지 알
수 없다.


### 4. 和曰常, 知和曰明(백서갑)
####　知和曰常, 知常曰明(왕필본)

고명을 비롯한 대부분의 학자들은 백서본 역시 애초 왕필본의 형태
였을 것이라고 주장한다. 즉 첫 번째 화(和) 자 앞에 지(知) 자가 누락
되었고, 두 번째 和는 상(常)의 오자라는 것이다.[375] 이는 아마 왕필본
16장의 "知常曰明, 不知常, 妄作凶, 知常容……"의 문장 형태에 근거
한 판단인 것 같다. 그러나 죽간본이 발굴됨으로써 이러한 견해는 옳
지 않다는 사실이 밝혀졌다. 죽간본도 백서본과 마찬가지로 "和曰常,
知和曰明"의 형태로 되어 있었던 것이다. 이 구절에서 연이어 언급되
는 和는 사실상 바로 앞 구 "화지지야(和之至也)"의 和를 받는 것으로
볼 수 있다. 즉 갓난아이가 종일 울어도 목이 쉬지 않는 것은 그가 아

---

374 하상공본에는 '朘蚵作'으로 되어 있고, 부혁본, 범응원본 등에는 '朘作'으로 되어
    있다.
375 고명, 앞의 책, 96쪽 참조.

직 자연의 상태와 분리되지 않은 和의 상태에 머물러 있기 때문이며, 이러한 자연의 和를 체득하면 곧 常으로 이어질 수 있고, 또 이러한 和의 이치를 아는 것이 바로 명(明)이라는 것이다. 이러한 和에 역행하는 것이 바로 뒤에 이어지는 '益生(생명을 조장하는 것)' 혹은 '心使氣(마음이 기를 부리는 것)' 등이다. 이처럼 죽간본과 백서 갑본을 통해 우리는 기존에 잘못 읽히고 이해되었던 구절을 바로잡을 수 있게 되었다.

# 56장

# 아는 사람은 말하지 않는다

도를 아는 사람은 말하지 않고
도를 말하는 사람은 알지 못한다.

오관의 '구멍'을 막고, 욕망의 '문'을 닫으며
드러나는 빛을 감추고, 세상과 하나가 되며
날카로움을 무디게 하고, 얽힌 것을 풀어 버린다.
이러한 경지를 '현동(玄同)'이라 한다.

그러므로 (이런 사람은) 친하게 사귈 수도 없고, 멀리할 수도 없으며
이롭게 할 수도 없고, 해롭게 할 수도 없으며
귀하게 만들 수도 없고, 천하게 만들 수도 없다.
이 때문에 그는 세상의 귀한 존재가 된다.

知(之)<sup>376</sup>者弗言
言(之)者弗知.

塞其兌, 閉其門
和其光, 同其塵
挫其銳, 解其紛.
是謂玄同.

故不可得而親, 亦不可得而疏
不可得而利, 亦不可得而害
不可得而貴, 亦不可得而賤.
故爲天下貴.


　이 장에서는 도를 체득한 사람의 모습을 그리고 있다. 도를 얻은 사람은 함부로 아는 체하거나 자신을 드러내지 않지만, 세상 사람들이 함부로 좌지우지할 수 없는 고귀함을 지니고 있다고 말한다.
　도를 체득한 사람은 함부로 아는 체하지 않는다. 노자는 첫머리에서 말한다. "도를 아는 사람은 말하지 않고, 도를 말하는 사람은 알지 못한다.(知之者弗言, 言之者弗知.)" 앞서 1장에서 "도가도, 비상도(道可道, 非常道)"라고 했듯이, 도는 언어로 표현될 수 없다. 도는 싱싱한 물고기처

---

**376** 죽간본에 근거해 보충했다. 아래도 마찬가지다.

럼 파닥파닥 살아 있는 데 반해 언어는 식은 재처럼 싸늘하게 죽어 있다. 때문에 죽은 언어로 살아 있는 도를 표현하기란 사실상 불가능하다. 그러므로 도에 대해 아는 척하는 사람은 제대로 알지 못하는 사람이다.

이 시점에서 한 가지 의문이 불쑥 튀어나온다. 그러면 노자 자신이 하는 말은 무엇이란 말인가? 현재 우리가 읽는 『노자』라는 책에는 약 5000자 정도가 담겨 있다. 그것이 모두 노자 자신이 직접 남긴 말은 아니라 하더라도 어쨌든 노자는 수많은 말을 했고 그 말들은 지금까지도 남아 있지 않은가. 얼핏 노자가 자기모순에 빠져 있는 것처럼 보이기도 한다.

여기에서 우리는 『노자』라는 책이 시의 형태로 되어 있다는 사실에 주목할 필요가 있다. 시는 침묵에서 나온다. 시는 한 침묵에서 다른 침묵으로 가는 길 위에 있다.[377] 시인은 자신이 하고자 하는 말을 압축하고 압축하여 최대한 간결한 언어로 표현해 놓는다. 그러한 과정을 통해 나온 시는 침묵의 또 다른 형태라 할 수 있다. 그것은 말이 아니라 침묵의 드러남이다. 노자는 시를 통해 말을 사라지게 했다. 함축된 시어를 통해 수많은 말을 침묵 속으로 밀어 넣었다. 그리고 상징과 은유를 통해 다시 침묵을 토해 냈다. 그것이 바로 『노자』라는 책이다. 노자는 수천 마디 말을 했지만 실제로는 단 한마디도 하지 않은 셈이다.

도를 체득한 사람은 침묵한다. 침묵하기 위해서는 "색기태, 폐기문(塞其兌, 閉其門)", 즉 '구멍'을 틀어막고 '문'을 닫아야 한다. 여기에서 '구멍'

---

377 막스 피카르트, 앞의 책, 143쪽.

과 '문'은 인간의 감각 기관을 가리킨다. 도를 얻은 사람은 침묵을 방해하고 욕망을 분출하는 감각 기관을 틀어막는다. 그럼으로써 욕망의 발현을 미리 차단한다. 그렇다고 노자가 인간의 기본적인 욕망까지 부정한 것은 아니다. 3장에서 "실기복(實其腹)"과 "강기골(強其骨)"을 말했듯이, 배가 고플 때는 먹어야 하고 피곤할 때는 자야 한다. 문제는 오색(五色), 오음(五音), 오미(五味) 등에 쏠리는 말초적인 욕망이다. 이들에 대한 욕망은 우리의 눈과 귀를 어지럽히고 결국에는 정신까지 흩뜨린다. 때문에 철저히 '구멍'을 틀어막고 '문'을 닫아야 한다는 것이다.

또한 도를 체득한 사람은 자신을 함부로 드러내지 않는다. 그러므로 노자는 또 말한다. "드러나는 빛을 감추고, 세상과 하나가 되며, 날카로움을 무디게 하고, 얽힌 것을 풀어 버린다." '빛', '날카로움', '얽힘' 등은 모두 한 극단으로의 치우침을 말한다. 극단으로 치우친 것은 오래가지 못한다. 뿐만 아니라 외부 세계와의 갈등을 야기하고 부딪치고 깨진다. 도는 조화를 지향한다. 모난 것은 둥글게 만들고 날카로운 것은 무디게 만든다. 마치 계곡의 모난 돌들이 개울물에 휩쓸리면서 둥글둥글한 조약돌이 되어 가듯이 말이다. 따라서 도를 지닌 사람은 드러나는 빛을 감추고 날카로운 것을 무디게 하고 얽힌 것을 풀어 버린다. 이렇게 하는 것은 결국 "동기진(同其塵)", 즉 세상과 하나가 되기 위한 노력들이다.

이 점은 특히 지도자에게 중요하다. 노자가 생각하는 이상적인 지도자는 "위에 머물러도 백성이 무겁게 여기지 않고, 앞에 머물러도 백성이 해롭게 여기지 않는"[378] 그런 사람이다. 그런 지도자가 되기 위해서

---

378 『노자』 66장. "處上而民不重, 處前而民不害."

는 어떻게 해야 하는가? 성격이 너무 날카로우면 사람들이 피한다. 빛이 너무 강해도 사람들이 가까이 다가오지 않는다. 지도자에게는 고고한 태도를 버리고 세상과 하나가 되는 낮은 자세가 필요하다. 그렇게 낮은 자세로 임할 때 비로소 백성들은 지도자와의 완전한 일치감, 즉 '현동'에 이르게 될 것이다.

이런 지도자는 "친하게 사귈 수도 없고, 멀리할 수도 없으며, 이롭게 할 수도 없고, 해롭게 할 수도 없으며, 귀하게 만들 수도 없고, 천하게 만들 수도 없다". 친하다/멀리하다, 이롭게 하다/해롭게 하다, 귀하게 하다/천하게 하다 등은 서로 대립하는 언어들이다. 또한 인간관계에서 나오는 사사로운 감정의 언어들이다. 그러나 도라는 것은 대립적 관계를 초월해 있고 사사로움을 떠나 있다. 따라서 도는 가까이한다고 가까워질 수 있는 것도 아니고, 멀리한다고 멀리할 수 있는 것도 아니며, 귀하게 대한다고 해서 귀하게 대할 수 있는 것도 아니다. 이런 도를 얻은 사람, 즉 성인도 마찬가지다. 성인은 피차와 시비를 구분하는 이분법적 관념을 초월한 사람이기에, 또 개인적인 감정에 치우치는 사사로움에서 벗어난 사람이기에 그를 친하게 할 수도, 이롭게 할 수도, 귀하게 할 수도 없다는 것이다.

왕필은 "친할 수 있으면 멀리할 수도 있고", "이롭게 할 수 있으면 해롭게 할 수도 있으며", "귀하게 만들 수 있으면 천하게 만들 수도 있다."고 했다. 이와 같은 관계는 상황이나 주위 사람들의 감정에 따라 수시로 바뀔 수 있다. 즉 세상이 부여한 '친함', '이로움', '귀함' 등은 한순간에 '소원함', '해로움', '천함' 등으로 뒤바뀔 수 있는 것이다. 그러나 도와 하나가 된 사람에게는 사적인 관계가 영향을 미치지 못한다. 성인은 가

변적인 상황에 좌우되지 않는 '항상됨[常]'을 잡고 있기 때문이다. 이러한 항상됨 때문에 성인은 참으로 "세상의 귀한 존재"가 될 수 있다.


## 판본 비교

### 죽간본

갑: 智(知)之者弗言, 言之者弗智(知). 閟〔閉〕其逸(兌), 賽(塞)其門, 和其光, 迵(同)其訢(塵), 劗其畲, 解其紛, 是胃(謂)玄同. 古(故)不可得天〈而〉新(親), 亦不可得而疋(疏); 不可得而利, 亦不可得而害; 不可得而貴, 亦可<sup>379</sup>不可得而戔(賤). 古(故)爲天下貴 ■


### 백서본

갑: □□弗言, 言者弗知. 塞其悶(兌), 閉其□, □其光, 同其軫(塵), 坐(挫)其閱(銳), 解其紛, 是胃(謂)玄同. 故不可得而親, 亦不可得而疏; 不可得而利, 亦不可得而害; 不可□而貴, 亦不可得而淺(賤). 故爲天下貴●

을: 知者弗言, 言者弗知. 塞其垌兌(兌), 閉其門, 和其光, 同其塵, 銼(挫)其兌(銳)而解其紛, 是胃(謂)玄同. 故不可得而親也, 亦□□得而□; □□得而利, □□□得而害; 不可得而貴, 亦不可得而賤. 故爲天下貴.


**379** 可는 불필요하게 쓰인 글자인 것 같다.

## 왕필본

知者不言, 言者不知. 塞其兌, 閉其門, 挫其銳, 解其分, 和其光, 同其塵, 是謂玄同. 故不可得而親, 不可得而疏; 不可得而利, 不可得而害; 不可得而貴, 不可得而賤. 故爲天下貴.

## 죽간본과 백서본

1. 知之者弗言, 言之者弗知(죽간본)

　　知者弗言, 言者弗知(백서을)

지(之) 자가 있고 없고의 차이다. 사소해 보이지만 의미를 파악하는 데 중요할 수 있다. 백서본의 '지자(知者)', '언자(言者)'는 일반적인 의미의 '아는 자', '말하는 자' 정도로 이해할 수 있다. 반면 죽간본의 경우는 之 자가 있음으로써 知와 言의 대상이 한정되며, 이때 之는 구체적으로 도를 가리키는 것으로 볼 수 있다. 그 결과 죽간본의 이 구절은 '도를 아는 자 말하지 않고, 도를 말하는 자 알지 못한다'라는 뜻이 된다. 이것은 도의 '불가언성(不可言性)'에 관한 표현으로, 1장의 "도라고 말할 수 있는 도는 참된 도가 아니다.(道可道, 非常道)"와 통한다.

2. 勪其𩒺(죽간본)

　　挫其銳(백서본)

죽간본의 이 구는 현재로서는 그 의미를 정확히 파악할 수 없다. 분명한 것은 글자 형태로 볼 때 백서본의 "좌기예(挫其銳)"와는 거리가 멀다는 사실이다.

**백서본과 왕필본**

1. 和其光, 同其塵; 挫其銳, 解其紛(백서갑)

   挫其銳, 解其分; 和其光, 同其塵(왕필본)

어순이 도치되어 있다. 죽간본 역시 백서본과 어순이 같다. 따라서 왕필본은 후대로 내려오면서 현재와 같은 어순으로 바뀐 것으로 보인다.


2. 解其紛(백서본)

   解其分(왕필본)

분(紛)과 분(分)의 차이다. 대부분의 전통본이 백서본과 같이 紛으로 되어 있으며, 죽간본 역시 마찬가지다. 따라서 왕필본의 分은 紛의 오자로 볼 수 있다. 紛의 의미는 전후 문맥상 '내적 갈등', 즉 이럴까 저럴까 방황하는 얽히고설킨 어지러운 마음이라고 볼 수 있다.

# 57장

# 지도자가 무위하면
# 백성은 저절로 변화한다

정도〔正〕로 나라를 다스리고
책략〔奇〕으로 군대를 움직이며
무사(無事)로 천하를 취해야 한다.
내 어떻게 그렇게 해야 하는 줄 아는가?

천하에 금기 사항이 많을수록 백성은 더 가난해지고
백성에게 편리한 도구가 많을수록 국가는 더 혼란해지며
사람에게 지식이 많을수록 기이한 물건이 더 생겨나고
진기한 물건이 늘어날수록 도적이 더 많아진다.

그러므로 성인은 다음과 같이 말한다.
내가 무위하니 백성이 저절로 변화하고
내가 고요함을 좋아하니 백성이 저절로 바르게 되며
내가 일삼는 바 없으니 백성이 저절로 부유해지고

내가 욕심 없고자 하니 백성이 저절로 순박해진다.


以正治邦
以奇用兵
以无事取天下.
吾何以知其然也哉?


夫天下多忌諱, 而民彌貧
民多利器, 而邦家滋昏
人多知, 而奇物滋起
法物滋章, 而盜賊多有.


是以聖人之言曰:
我无爲也, 而民自化
我好靜, 而民自正
我无事, 而民自富
我欲不欲, 而民自樸.


이 장에서는 무위로 세상을 다스려야 한다는 점을 여러 측면에서 말
하고 있다.

우선 노자는 천하를 얻는 방법에 대해 말한다. "정도로 나라를 다스

리고, 책략으로 군대를 움직이며, 무사(無事)로 세상을 취해야 한다."

작은 나라는 정도(正道), 즉 원리 원칙에 입각해 다스리면 된다. 군대를 부리고 전쟁을 수행할 때는 책략, 즉 각각의 상황에 합당한 전략 전술이 필요하다. 그러나 '천하'를 얻고자 하거나 그것을 경영할 때는 정도나 책략 같은 자잘한 '도구'에 의존할 수 없다. 물건은 큰데 그것을 다룰 도구는 작기 때문이다. 29장에서 말하듯이 "세상은 신기(神器)라, 억지로 도모할 수" 없다. 그러므로 천하를 "억지로 도모하고자 하는 자는 망치고, 애써 잡고자 하는 자는 놓친다".

억지로 도모하고 억지로 잡으려는 태도를 버리는 게 바로 무사(无事)다. '무사'는 무위의 또 다른 표현이다.[380] 어떤 일을 억지로 하지 않는 것을 가리키는 말이다. '천하'라는 대단위 사회를 경영하기 위해서는 인위적 태도를 버리고 천하를 그 자체의 원리에 맡겨야 한다는 것이다. 지도자의 역할은 천하의 흐름을 파악하고 그 흐름이 원활하도록 도와주는 것이다. 거기에 지도자 자신의 사사로운 의지나 욕망이 개입되면 천하의 흐름에 방해만 될 뿐이다.

다음으로 노자는 지도자가 무사(无事)하지 않을 때, 즉 인위적인 행위나 작위적인 태도를 보일 때 나타날 수 있는 여러 폐해들에 대해 지적한다.

첫째, "천하에 금기 사항이 많을수록 백성은 더 가난해진다". 금기가 많다는 것은 백성에 대한 지도자의 간섭이 잦다는 의미다. 많은 금기와 간섭은 백성의 자율적인 행위를 속박한다. 백성은 늘 윗사람의 눈치나

---

[380] 무위(無爲)가 포괄적이고 보편적인 개념이라면, 무사(無事)는 그보다 범위가 작은 구체적이고 제한적인 개념이라 할 수 있다.

보고 지시에 따라 움직이게 된다. 이렇게 각종 지시에 속박되고 자율적 행위가 줄어들면 생산성이 떨어지고, 생산성이 떨어지면 결국 가난해지게 마련이다. 현대의 시장 경제의 원리 또한 그러하다. 우리는 시장에 대한 국가의 간섭이 지나칠 때 경제 활동이 위축되는 모습을 자주 보아 왔다.

둘째, "백성에게 편리한 도구가 많을수록 국가는 더 혼란해진다". '이기(利器)'는 전통적으로 다양하게 풀이해 왔다. 한비자는 '상벌'로, 하상공은 '권모술수'로, 왕필은 '이로운 물건'으로, 범응원은 '성인의 지혜·인의·교묘한 이익[聖智仁義巧利]'으로 풀이했다. 또 근대의 학자 고형은 '날카로운 무기'로 해석하기도 했다. 그러나 『노자』에 나타난 용례를 살펴볼 때, 기(器)는 '도구' 혹은 '물건'의 의미로 해석하는 것이 가장 적합하다. 필자는 왕필주에 근거하여 '편리한 물건'으로 해석한다.

이러한 의미의 '이기'는 『장자』 「천지(天地)」 편에 나오는 '기심(機心)'의 고사를 떠올리게 한다. 장자는 편리한 기계가 있으면 기계로 일을 하게 되고, 기계로 일을 하다 보면 기계에 의존하는 마음이 생기게 되며, 기계에 의존하는 마음이 생기면 궁극적으로 인간 본래의 순수하고 소박한 마음이 훼손된다고 주장한다.[381] 요컨대 사람들이 편리한 물건에 의존하여 생활하다 보면 자꾸만 좀 더 쉽게 살아갈 방법을 찾게 되고, 그러다 보면 인간의 소박한 마음이 사라지면서 잔꾀만 늘어난다는 것이다. 이렇게 소박한 마음이 사라지고 기교만 늘다 보면 결국 인간 사회는 점점 더 어지러워질 것이다.

---

[381] "有機械者必有機事, 有機事者必有機心. 機心存於胸中, 則純白不備; 純白不備, 則神生不定; 神生不定者, 道之所不載也."

셋째, "사람에게 지식이 많을수록 기이한 물건이 더 생겨난다". '기물(奇物)'은 실생활에서의 유용성과는 관련이 없는 물건들을 말한다. 가령 나무나 쇠로 가공된 기기묘묘한 형태의 장식품들이 여기에 해당할 것이다. 현대에는 이른바 예술품이라는 이름으로 온갖 기이한 형태의 물건들이 많이 만들어지기도 한다. 그러나 소박한 삶을 중시하는 노자의 관점에서 보면 그런 것들은 실생활에 아무런 도움이 되지 않는 '기물'에 지나지 않는다. 무엇보다도 거기에는 노자가 싫어하는 기교가 개입되어 있기 때문이다. 아마 노자의 눈에 비치는 최상의 예술품은 자연의 힘으로 저절로 만들어진 자연물 자체일 것이다.

넷째, "진기한 물건이 늘어날수록 도적이 더 많아진다". '법물(法物)'은 사람들이 추구하는 '좋은 물건' 또는 '진기한 물건'을 의미한다. 진기하고 좋은 물건이 많아질수록 자연히 그것을 탐내는 도둑이 들끓게 마련이다. 그러므로 이 구절의 의미는 앞서 3장에서 말한 "얻기 어려운 재화 귀하게 여기지 말라, 그러면 백성들 도둑질 않을 것이다."[382]와 연결해 볼 수 있다. 견물생심(見物生心)이라고 하듯이, 순박한 사람도 눈앞에 갑자기 값지고 좋은 물건이 보이면 그것을 가지고 싶은 생각이 들 수 있다. 그러므로 노자는 위정자들에게 충고한다. "욕심낼 만한 것 내보이지 말라, 그러면 백성들 마음 어지럽지 않을 것이다."[383]

세 번째 단락에서는 무위의 통치 방식에 의해 발생하는 여러 효능들에 대해 말하고 있다. 그중 대표적인 것이 바로 "내가 무위하니 백성이 저절로 변화한다."이다.

---

[382] "不貴難得之貨, 使民不爲盜."
[383] 『노자』 3장. "不見可欲, 使民心不亂."

노자가 말하는 무위는 아무런 행위도, 움직임도 없는 절대적인 고요나 정적을 의미하지는 않는다. 그러나 분명한 것은 백성에 대한 간섭을 최소화하라는 주문이다. 작은 생선을 요리하듯이 백성에 대한 간섭을 되도록 줄일 것을 요구하며,[384] 심지어 최고의 정치는 백성이 단지 통치자의 존재만을 아는 정도라고[385] 말하기도 한다. 그리하여 어떤 공이 완성되고 일이 이루어져도 백성들이 '나 스스로 그렇게 되었다'[386]라고 생각할 정도가 되어야 한다는 것이다.

그러면 지도자가 이렇게 무위하고 간섭하지 않는데 백성은 어떻게 스스로 변화한다는 말인가? 여기에서 우선 짚고 넘어가야 할 문제는 '화(化)'의 내용과 의미다. 노자가 말하는 '화'는 기존의 A에서 또 다른 B로의 질적인 변화를 의미하지 않는다. 가령 유가에서 말하는 것처럼 예의염치를 모르는 막돼먹은 사람이 분별 있는 '교양인'으로 교화되는 것을 의미하지 않는다. 노자가 생각하는 '화'는 단지 백성들이 각자의 선천적 본성을 있는 그대로 발현하는 것을 말한다.

노자는 인간의 본성은 선악을 떠나 그 자체가 지극히 순수하다고 믿는다. 가공되지 않은 통나무처럼, 오염되지 않은 맑은 물처럼 맑고 순수하다. 이러한 백성의 순수한 본성을 있는 그대로 온전히 발현되도록 하는 게 참된 지도자의 역할이라고 노자는 생각한다. 그 방법이 바로 무위다. 지도자가 무위하면 백성은 각자의 본성을 드러내 각자의 방식대로 살아간다. 잘난 사람은 잘난 대로, 못난 사람은 못난 대로 각자

---

384 『노자』 60장. "治大國, 若烹小鮮."
385 『노자』 17장. "太上, 下知有之."
386 『노자』 17장. "功成事遂, 百姓皆謂我自然."

에게 적합한 삶의 방식을 찾아 나름의 삶을 살아간다. 이런 삶이 바로 '자화(自化)'다.

그런데 국가 지도자들은 대개 획일화된 가치나 기준을 제시하고 모든 백성에게 거기에 맞추어 살아가라고 요구한다. 백성 각자가 지닌 다양한 특성과 성격은 고려하지 않은 채 지배층의 이익과 욕구에 합당한 기준을 만들어 놓고 백성들에게 거기에 따르고 복종하길 강요한다. 노자의 관점에서 보면 백성이 교활해지고 욕심이 많아지는 것은 사회 또는 국가에서 백성들에게 인위적인 가치 체계를 주입하려 들고 지배층의 이익을 위해 백성을 이리저리 통제하려 들기 때문이다. 지도자가 잔머리를 굴리고 욕심을 부리면 백성들 또한 그러한 지도자를 모방하여 잔꾀를 부리고 욕망을 키워 간다. 이런 식으로 위아래가 서로 '지(知)'를 좇고 '욕망[欲]'을 쌓아 가면 결국 온 나라가 파멸의 길로 가고 말 것이다.

## 판본 비교

### 죽간본

갑: ■以正之(治)邦, 以䇂(奇)甬(用)兵, 以亡事取天下. 虗(吾)可(何)以智(知)其肰(然)也. 夫天多期(忌)韋(諱), 而民爾(彌)畔(叛); 民多利器, 而邦慈(滋)昏. 人多智(知)天〈而〉䇂(奇)勿(物)慈(滋)记(起). 法勿(物)慈(滋)章(彰), 覜(盗)惻(賊)多又(有). 是以聖人之言曰: 我無事而民自福(富), 我亡爲而民自䖝(化), 我好青(靜)而民自正, 我谷(欲)不谷(欲)而民自樸.

**백서본**

갑: ●以正之(治)邦, 以畸(奇)用兵, 以无事取天下. 吾何□□□□也戈
(哉)? 夫天下□□諱, 而民彌貧; 民多利器, 而邦家玆(滋)昏. 人多知, 而
何(奇)物玆(滋)□. □□□□, □盜賊□□. □□□□□□□: 我无爲也而民自
化, 我好靜而民自正, 我无事民□□, □□□□□□□.

을: 以正之(治)國, 以畸(奇)用兵, 以無事取天下. 吾何以知其然也才
(哉)? 夫天下多忌諱, 而民彌貧; 民多利器, □□□□昏. □□□□, □□□
□□. □物玆(滋)章, 而盜賊□□. 是以□人之言曰: 我无爲而民自化, 我
好靜而民自正, 我无事而民自富, 我欲不欲而民自樸.


**왕필본**

以正治國, 以奇用兵, 以無事取天下. 吾何以知其然哉? 以此. 天下
多忌諱, 而民彌貧; 民多利器, 國家滋昏; 人多伎巧, 奇物滋起; 法令
滋彰, 盜賊多有. 故聖人云: 我無爲而民自化, 我好靜而民自正, 我無
事而民自富, 我無欲而民自樸.


**죽간본과 백서본**

1. 夫天多忌諱, 而民彌叛(죽간본)

   夫天下多忌諱, 而民彌貧(백서을)

우선 천(天)과 천하(天下)의 차이가 보인다. 왕필본을 비롯한 전통본
모두 백서본과 같이 天下로 되어 있다. 문맥으로 보면 "백성들은 더욱
반란을 일으키다(民彌叛)"는 天下, 즉 인간 세상의 문제에 속하기 때문
에 죽간본에서 下 자가 잘못 탈락된 것 같다.

다음으로 '미반(彌叛)'과 '미빈(彌貧)'의 차이가 보인다. 왕필본도 백서본과 같이 '彌貧'으로 되어 있으나, 의미상으로 보면 죽간본의 '彌叛'이 더 적합할 수 있다. 죽간본에서 말하는 '금기가 많을수록 백성들이 더욱 반란을 일으키는' 것은 역사상 흔히 볼 수 있는 현상[387]이기 때문이다. 그러나 백서본의 "금기가 많을수록 백성은 더 가난해진다."라는 말도 충분히 가능하다.

2. 我無事……, 我亡爲……; 我好靜……, 我欲不欲……(죽간본)

　我无爲……, 我好靜……; 我无事……, 我欲不欲……(백서을)

어순에 차이가 있다. 이 구절을 굳이 분석해 보자면, 죽간본에서 앞의 '무사(無事)', '망위(亡爲)'는 소극적인 태도로, 뒤의 '호정(好靜)', '욕불욕(欲不欲)'은 적극적인 태도로 분류할 수 있다.[388] 그러나 백서본의 어순에서는 특별한 분류 기준을 찾아볼 수 없다.

**백서본과 왕필본**

1. 以正之邦(백서갑)

　以正治國(왕필본)

백서본의 之는 소리가 유사한 治의 빌린 글자로 볼 수 있다. 현대 중국어에서도 지(之)와 치(治)는 음이 서로 비슷하다.[389] 죽간본 역시 之로

---

387　그 대표적인 예가 진 제국이다. 진 제국은 많은 법령을 공포하고 엄격한 중형주의를 시행함으로써 백성들의 반발을 초래했으며, 그 결과 얼마 가지 못하고 망했다.

388　郭沂, 앞의 책, 490쪽.

389　'之'(zhī, 1성), '治'(zhì, 4성).

되어 있다.

2. 吾何以知其然也才(哉)(백서을)
   吾何以知其然哉, 以此(왕필본)

엄준본과 사마본을 비롯한 일부 전통본에도 백서본과 마찬가지로 '이차(以此)' 두 글자가 없다. 여기에서 '以此'는 불필요한 글자로, 후대에 덧붙인 것으로 보아야 한다. 죽간본도 백서본과 비슷하게 "오하이지기연야(吾何以知其然也)"로 되어 있다.

3. 人多知(백서갑)
   人多伎巧(왕필본)

문제의 부분은 부혁본에는 '지혜(知慧)', 역현본에는 '기교(技巧)', 사마본에는 '이교(利巧)'로 제각각이다. 그러나 죽간본은 백서본과 같이 '知'로 되어 있다. 전통본에서 보이는 '知慧', '技巧', '利巧' 등은 모두 知의 구체적 내용이 된다. 따라서 왕필본을 비롯한 전통본의 글자들은 知의 의미를 풀어 쓴 형태로 볼 수 있다.

4. 口物滋章(백서을)
   法令滋彰(왕필본)

전통본은 대부분 왕필본과 같이 "법령자창(法令滋彰)"으로 되어 있다. 단 하상공본과 경룡본 등 일부 판본은 "법물자창(法物滋彰)"으로 되어 있다. 백서본을 살펴보면 갑본은 이 부분이 훼손되어 글자를 알아볼 수 없고, 을본은 일부가 훼손되긴 했지만 분명히 令이 아닌 物로 되어 있다. 따라서 백서본의 원형은 '법물(法物)'로 추정해 볼 수 있다.

하상공주에서는 이 구에 대해 다음과 같이 설명한다. "法은 '좋다〔好〕'는 말이다. 진귀하고 좋은 물건이 많이 생겨나고 널리 드러나면 농사가 망가지고 굶주림과 추위가 함께 이른다. 그러므로 도적들이 많아지는 것이다." 이 점에 대해서는 일찍이 장석창도 다음과 같이 주장했다. "영(令) 자는 경룡본과 하상공본에 모두 物로 되어 있다. 노자로 노자를 비교해 보면 마땅히 이들을 따라야 할 것이다. 3장의 '얻기 어려운 재화 귀하게 여기지 말라, 그러면 백성들 도둑질 않을 것이다.', 19장의 '기교를 끊고 이익을 버리면, 도적이 사라질 것이다.', 53장의 '재화가 넘쳐 나는데, 이것이 도인가.' 등은 모두 재물과 도적을 연계하여 말하고 있으니 모두 그 예증이다." 이처럼 백서본과 하상공본에 나오는 '法物'이 고본『노자』의 원형이라는 사실은 죽간본의 "법물자창, 도적다유(法物滋彰, 盜賊多有)"에 의해 보다 확실하게 뒷받침된다.

따라서 지금까지 따라온 왕필본의 "法令滋彰, 盜賊多有"는 완전한 오류였음을 알 수 있다. 과거에 많은 사람들이 이 구절을 '법령이 많아지면 도적이 많아진다'는 뜻으로 해석하고, 법가에 대한 노자의 비판적 입장으로 이해해 왔다. 그러나 백서본이 발굴됨으로써 (더욱이 죽간본까지 발굴됨으로써) 이 구절은 9장의 "금과 옥이 마루에 가득 차면 아무도 지킬 수 없다.(金玉滿堂, 莫之能守)"나 12장의 "얻기 어려운 재화는 사람들의 행동을 어지럽힌다.(難得之貨, 令人行妨)" 등과 같은 의미로 이해해야 한다는 점을 알 수 있게 되었다.

5. 我欲不欲而民自樸(백서을)

   我無欲而民自樸(왕필본)

'욕불욕(欲不欲)'과 '무욕(無欲)'의 차이다. 엄준의 『노자지귀』에도 "人
主誠能欲不欲之欲, 則天下心虛志平"으로 되어 있고, 왕필주에도 "上
之所欲, 民從之速也. 我之所欲唯無欲, 而民亦無欲而自樸也"로 되어
있다. 따라서 엄준본이나 왕필본 역시 애초에는 '欲不欲'으로 되어 있
었을 가능성이 크다. 죽간본도 백서본과 동일하다.

# 58장

# 빛이 있어도 남을 눈부시게 하지 않는다

다스림이 어수룩할수록 백성은 더 순박해지고
다스림이 꼼꼼할수록 백성은 더 이지러진다.

화에는 복이 깃들어 있고, 복에는 화가 숨어 있으니
누가 그 궁극을 알겠는가? 일정하게 정해진 바가 없다.
바른 것이 변해 기이한 것이 되고, 선한 것이 변해 요사한 것이 되니
사람들이 미혹된 지 이미 오래되었다.

그러므로 성인은
반듯하여도 남을 재단하지 않고
예리하여도 남을 찌르지 않으며
올곧아도 남에게 거만하게 굴지 않고
빛이 있어도 남을 눈부시게 하지 않는다.

其政悶悶, 其民惇惇
其政察察, 其民缺缺.

禍, 福之所倚; 福, 禍之所伏.
孰知其極? 其无正也.
正復爲奇, 善復爲妖
人之迷也, 其日固久矣.

是以方而不割
廉而不劌
直而不肆
光而不燿.

 이 장은 서로 다른 내용의 세 단락으로 구성되어 있다. 둘째 단락과
셋째 단락은 억지로라도 연결해 볼 수 있지만, 첫째 단락은 나머지 부
분과 전혀 연결되지 않는다. 후대의 편집 과정에서 편집자의 착각으로
잘못 묶인 것으로 보인다.
 첫째 단락에서는 앞 장에 이어 백성을 순박하게 하는 무위 정치에
대해 말하고 있다. 따라서 이 단락은 앞 57장에 붙여 읽는 게 더 나을
수 있다.
 우선 노자는 무위 정치를 행할 때 나타나는 긍정적인 모습에 대해
묘사한다. "다스림이 어수룩할수록 백성은 더 순박해진다.(其政悶悶, 其

民惇惇.)" '민민(悶悶)'은 의식이 밝지 않아 흐리멍덩한 상태를 가리킨다. 무위 정치란 다스리는 듯 다스리지 않는 듯, 통치자가 있는 듯 없는 듯 한 정치다. 옳음과 그름을 명확히 따지지 않고 좋음과 나쁨을 분명히 구분하지도 않는다. 한마디로 그 다스림이 모질지 않다. 그러면 그런 다스림을 받는 백성은 순박해진다. 위정자의 다스림이 모질지 않으면 그에 따라 백성들의 마음도 순박해지고 넉넉해져 서로 화목하고 친밀하게 지낼 것이다.

다음으로는 무위 정치가 사라지고 정치가 인위로 흐를 때 나타나는 부정적인 모습에 대해 묘사한다. "다스림이 꼼꼼할수록 백성은 더 이지러진다.(其政察察, 其民缺缺.)" '찰찰(察察)'은 "형명(刑名)을 세우고 상벌(賞罰)을 밝히는"(왕필주) 등 '통치의 그물'을 촘촘히 하는 것을 의미한다. 이는 곧 수많은 법률과 금기 사항을 만들어 놓고 백성에게 일일이 따르도록 강요하는 것을 말한다. 이처럼 법망이 촘촘하고 금기 사항이 많으면 백성의 삶이 고달파진다. 그러므로 바로 앞 57장에서 말했다. "천하에 금기 사항이 많을수록 백성은 더 가난해진다."[390] 노자의 관점에서 보면 백성에 대한 간섭과 통제가 많을수록 백성의 삶은 이지러지고 나라는 점점 더 어려워진다. 그러므로 60장에서 "큰 나라를 다스릴 때는 작은 생선을 요리하듯이 하라."[391]라고 하는 것이다.

둘째 단락에서는 세상사의 돌고 도는 순환적 이치에 대해 말하고 있다. 화(禍)와 복(福) 같은 것은 고정된 게 아니라는 점을 강조한다. 즉 화와 복, 정(正)과 기(奇), 선(善)과 요(妖) 등은 서로 상반되는 것처럼 보

---

390 "天下多忌諱, 而民彌貧."
391 "治大國, 若烹小鮮."

이지만 사실은 서로 긴밀하게 맞물려 있다는 것이다. 이들은 모두 하나의 사물에 내재하는 두 가지 모습을 말한다. 양기가 극성한 하지(夏至)에서 음기가 감지되고 음기가 극성한 동지(冬至)에서 양기를 느낄 수 있듯이, 화와 복은 끊임없이 번갈아 갈마든다. 이것이 이른바 '극즉반(極則反)'의 이치이다. 또한 이것은 밤과 낮에 비유할 수도 있다. 낮이 지나면 밤이 오고, 밤이 지나면 낮이 온다. 낮과 밤은 본래 서로 다른 것이 아니다. 해가 떠오르면 낮이 되고 해가 사라지면 밤이 되는 것일 뿐이다. 낮이다, 밤이다 하는 것은 그저 우리 눈에 동일한 실체가 달리 드러나 보이는 것에 불과하다. 사실 우리는 늘 동일한 공간에 머물면서 낮과 밤을 따로 구분하는 셈이다.

오랜 미혹의 상태에 있다 보면 그 상태가 정상적인 것으로 인식되기도 한다. 성경에서는 아담이 선악과를 따 먹은 이후 비로소 선과 악을 구분하게 되었다고 말한다. 그러니까 기독교적 관념에서도 본래는 선과 악이 따로 존재하지도, 구분되지도 않았다는 말이다. 그런데 현재 우리는 선과 악을 구분하는 게 정상이라고 생각한다. 진실로 그 미혹됨이 오래된 것이다. 사람이 미혹에서 벗어나지 못하는 까닭은 옳다 그르다, 선이다 악이다 하는 상대적이고 이분법적인 관념의 울에 갇혀 있기 때문이다.

셋째 단락에서는 도를 체득한 성인의 성숙한 인품에 대해 말하고 있다.

첫째, 성인은 "반듯하여도 남을 재단하지 않는다(方而不割)". 이른바 품행이 방정한 사람은 그렇지 못한 사람들을 못마땅하게 여길 수 있다. 은연중 자신의 반듯함을 내세우면서 남의 방정하지 못한 행위를 비판하고 남의 비뚤어짐을 지적한다. 주변 사람들은 그로 인해 심한 상처를 입는다. 사람들이 종종 주변 사물의 날카로운 모서리에 부딪쳐 상처를 입듯이 말이다. 그러나 성인은 남에게 상처를 입히지 않는다. 나의 잣대로 남을 함부로 비판하거나 평가하지 않는다. "대방무우(大方無隅)"라고 했듯이 참으로 반듯한 사람에게는 '모서리'가 없다. 그 반듯함이 우주보다 크기에 거기에는 그 어떤 모서리도 존재하지 않으니, 자신의 잣대로 남의 굽음이나 비뚤어짐을 비판하지 않는다.

둘째, 성인은 "예리하여도 남을 찌르지 않는다(廉而不劌)". 여기에서 '염(廉)'은 '청렴하다'는 의미보다는 '예리하다'는 의미로 보는 게 더 적합하다. 바로 뒤에 '찌르다'라는 의미의 '자(刺)'를 동반하고 있기 때문이다. 성인은 명철한 지혜를 지녔기 때문에 안목이 예리하다. 그러나 성인은 자신의 예리함을 남을 공격하여 상처 입히는 데 쓰지 않는다.

셋째, 성인은 "올곧아도 남에게 거만하게 굴지 않는다(直而不肆)". 성인은 정직하고 올곧다. 그러나 정직하지 않거나 비뚤어져 있는 사람을 무시하거나 함부로 대하지 않는다. 자신의 올곧음을 내세우면서 남을 비판하지 않는다. 성인의 올곧음은 남을 의식하는 가식적인 올곧음이 아니기 때문이다.

넷째, 성인은 "빛이 있어도 남을 눈부시게 하지 않는다(光而不耀)". 우리는 종종 오랜 수행을 쌓은 사람이나 고매한 성품을 지닌 사람에게서 은은히 드러나는 광채를 목격한다. 얼굴 혹은 몸 전체에서 발산되는 은은한 빛을 느낀다. 예수나 부처의 그림에 그려져 있는 휘광은 바로 그러한 모습을 표현하는 것으로 볼 수 있다. 그러나 성인은 자신의 빛을 드러내 남의 눈부시게 하는 것을 원치 않는다. 오히려 행여 자신의 빛 때문에 다른 사람들의 주목을 받게 될까 두려워한다. 그러므로 노자는 "눈부신 것들은 완화하고, 세상의 먼지와 하나가 된다.(和其光, 同其塵)"라고 말한다.

## 판본 비교

### 백서본

갑: □□□□, □□□□; 其正(政)察察, 其邦(民)夬夬(缺缺). 禍(禍), 福之所倚; 福, 禍(禍)之所伏. □□□□□□□□□□□□□□□□□□□□□ □□□□□□□□□□□□□□□□□□

을: 其正(政)闒闒(悶悶[392]), 其民屯屯(惇惇); 其正(政)察察, 其□□□. 福, □之所伏, 孰知其極? □无正也. 正□□□, 善復爲□, □之悉(迷)也, 其日固久矣. 是以方而不割, 兼(廉)而不刺, 直而不絏(肆), 光而不眺(燿).

### 왕필본

其政悶悶, 其民淳淳; 其政察察, 其民缺缺. 禍兮福之所倚, 福兮禍之所伏. 孰知其極? 其無正. 正復爲奇, 善復爲妖, 人之迷, 其日固久. 是以聖人方而不割, 廉而不劌, 直而不肆, 光而不燿.

---

392  이 글자는 『馬王堆漢墓帛書』에 闒閔으로 해독되어 있다. 그러나 고명은 왕필본과 같은 悶悶으로 해독하고 있다. 여기에서는 고명의 견해를 따른다.

1. 其邦夬夬(缺缺)(백서갑)

  其民缺缺(왕필본)

고명을 비롯한 대부분의 학자들은 백서본의 방(邦)을 단순히 민(民)의 오자로 처리한다. 이는 아마도 앞 구절과의 대응 관계를 고려한 견해인 듯하다. 즉 앞에서 "其政……, 其民……"의 형식으로 되어 있으니, 다음 구절도 당연히 "其政……, 其民……"의 대구 형식을 띠는 게 타당하다고 보았을 것이다.

2. 禍, 福之所倚

백서 을본에는 이 구절이 없다. 백서 갑본에는 있으므로, 백서 을본의 경우 옮겨 쓰는 과정에서 일부가 누락된 것으로 보인다. 더욱이 뒤에 이어지는 "누가 그 궁극을 알겠는가? 일정하게 정해진 바가 없다.(孰知其極? 其无正也)"라는 말이 성립하기 위해서는, "복에는 화가 숨어 있다.(福, 禍之所伏.)"와 "화에는 복이 깃들어 있다.(禍, 福之所倚.)"라는 구절이 반드시 필요하다.

# 59장

# 오직 아낄 뿐이다

사람을 다스리고 하늘을 받드는 데 '아낌'만 한 게 없다.
무릇 오직 아낄 뿐이니, 그러면 일찌감치 도에 따르게 된다.
일찌감치 도에 따르면 덕이 두터이 쌓이게 되고
덕이 두터이 쌓이면 하지 못하는 일이 없으며
하지 못하는 일이 없으면 아무도 그 한계를 알지 못하고
아무도 그 한계를 알지 못하면 나라를 보유할 수 있다.
나라를 보유하는 근본을 지니면 영원할 수 있으니
이런 것을 뿌리를 깊게 하고 바탕을 튼튼히 하여
오랫동안 유지하는 도라고 말한다.


治人事天, 莫若嗇.
夫唯嗇, 是以早服.
早服, 是謂重積德.

重積德, 則无不克
无不克, 則莫知其極
莫知其極, 可以有國.
有國之母, 可以長久.
是謂深根固柢,
長生久視之道也.


이 장에서는 '색(嗇)', 즉 아낌의 도리에 대해 말하고 있다. 노자는 아낌의 도리를 통해 나라를 온전히 보존하고 유지할 수 있는 방법을 제시한다.

노자는 첫머리에서 말한다. "사람을 다스리고 하늘을 받드는 데 '아낌'만 한 게 없다.(治人事天, 莫若嗇.)" 원문의 '색'의 의미에 대해서는 주석가들마다 견해가 조금씩 다르다. 우선 왕필은 농부의 농사일과 관련지어 풀이했다. "색은 농부이다. 농부가 밭을 가꿀 때는 김을 매어 고르게 한다."[393] 농부가 잡초를 제거함으로써 곡식을 온전히 자라게 하듯이, 나라를 다스릴 때 불필요한 일들을 제거함으로써 나라를 온전히 보존할 수 있다는 것이다. 그러나 왕필을 제외한 대부분의 주석가들은 '색'을 '아끼다'로 해석한다. 『한비자』「해로」편에서는 "자신의 정신을 아끼고 자신의 지식을 아끼는 것"이라고 했고, 소철은 "간직한 채 쓰지 않는 것"이라고 했으며, 오징은 "들어온 것을 함부로 내보내지 않고, 쓰

---

393  樓宇烈 校釋, 앞의 책, 155쪽. "嗇, 農夫. 農人之治田, 務去其殊類, 歸於齊一也."

는 것을 많이 소모하지 않는 것"이라고 했다. 현대의 고형도 "이 '색' 자는 정신과 형체를 갈무리하여 쓰지 않고, 그럼으로써 무위로 돌아가는 것을 말한다."라고 했다. 결국 대부분의 주석가는 '색'을 '아끼다'의 뜻으로 풀이하는 셈이다.

그러면 무엇을 아낀다는 말인가? 무엇을 아끼면 "일찌감치 도에 따르게 된다."라는 것인가? 노자가 말하는 아낌의 대상은 무엇인가? 이 것은 세 가지로 생각해 볼 수 있다.

첫째, 말 그대로 재물을 아끼라는 의미다. 앞서 53장에서 노자는 당시의 위정자들이 재물을 함부로 낭비하면서 사치하는 상황을 신랄하게 비판했다. 위정자들이 사치를 함으로써 백성의 삶이 황폐해진다는 것이다. 이런 관점에서 보면, 이 구절은 위정자들은 모름지기 근검절약함으로써 백성들의 부담을 덜어 주어야 한다는 의미로 해석할 수 있다.

둘째, 백성에 대한 불필요한 간섭을 줄이라는 의미다. 이는 곧 무위정치와 연결되며, 이와 관련해 성현영은 다음과 같이 주를 달았다. "위로 천도에 합치하고 아래로 중생을 교화하는 데 무위의 법을 사용하는 것보다 더 나은 게 없다."[394] 무위 정치는 60장의 "치대국, 약팽소선(治大國, 若烹小鮮)"이라는 말에서 보듯이, 백성에 대한 간섭을 최대한 줄이는 것을 이상으로 여긴다. 노자의 관점에서 백성은 놓아둘 수록 순박해지고 간섭할수록 교활해진다고 보기 때문이다. 그러므로 바로 앞 장에서 이렇게 말했다. "다스림이 어수룩할수록 백성은 더 순박해지고, 다스림이 꼼꼼할수록 백성은 더 이지러진다."

---

394 蒙文通 輯校, 같은 책, 496쪽. "上合天道, 下化黎元者, 無過用無爲之法也."

셋째, 정신을 아끼고 욕망을 줄이라는 의미다. 쓸데없는 생각, 불필요한 걱정을 버리고 물질이나 명예에 대한 욕망을 줄이면 마음에 그만큼 더 여유가 생긴다. 특히 위정자의 경우 불필요한 정신적 소모를 없애고 세속적인 것에 대한 욕망을 줄이면 보다 청정한 몸과 마음을 갖게 될 것이다. 이는 곧 '정(靜)', 즉 고요함을 강조하는 노자의 근본정신과도 통한다. 이 점과 관련하여 한비자는 다음과 같이 말한다. "세상 사람들의 마음 씀은 조급하다. 조급하면 많이 소비하게 되니, 많이 소비하는 것을 '치(侈, 사치하다)'라 말한다. 그러나 성인의 마음 씀은 고요하다. 고요하면 적게 소비하게 되니, 적게 소비하는 것을 '색(嗇, 아끼다)'이라 말한다."[395]

이상의 세 가지 '아낌'은 모두 무위 정치와 직간접적으로 연결된다. 위정자가 근검절약하여 사치를 멀리하고 백성에 대한 간섭을 줄이며 몸과 마음을 닦는다면, 그것은 곧 무위자연의 도를 따르고 실천하는 행위가 되기 때문이다. 이렇게 도에 따르면 자연히 많은 덕이 쌓이게 되고, 덕이 쌓이면 온 백성이 자발적으로 복종하게 되며, 백성이 자발적으로 복종하면 가능하지 못한 일이 없게 된다. 그 결과 위정자는 나라를 온전히 오랫동안 보존할 수 있을 것이다.

---

395 焦竑, 앞의 책 4권, 1쪽. "衆人用神也, 躁. 躁則多費, 多費之謂侈. 聖人之用神也, 靜. 靜則少費, 少費之謂嗇"

## 판본 비교

### 죽간본

을: 絕(治)人事天, 莫若嗇. 夫唯嗇, 是以累(早), 是以累(早)備(服), 是胃(謂) □ 不克則莫智(知)其亙(極), 莫智(知)其亙(極), 可以又(有)或(國). 又(有)或(國)之母, 可以長 □, 長生舊視之道也.

### 백서본

갑: □□□□□□□□□□□□□□□□□□□□□□□□□□□□□□□□□□□. □□□□, 可以有國. 有國之母, 可以長久. 是胃(謂)深槿(根)固氐(柢), 長□□□□道也.

을: 治人事天, 莫若嗇. 夫唯嗇, 是以蚤(早)服. 蚤(早)服, 是胃(謂)重積□. 重□□□□□, □□□□莫知其□. 莫知其□, □□有國. 有國之母, 可□□久. 是胃(謂)□根固氐(柢), 長生久視之道也.

### 왕필본

治人事天, 莫若嗇. 夫唯嗇, 是謂早服. 早服謂之重積德, 重積德則無不克, 無不克則莫知其極, 莫知其極, 可以有國. 有國之母, 可以長久. 是謂深根固柢, 長生久視之道.

### 죽간본과 백서본

죽간본은 일부가 훼손되어 그 전모를 알 수 없다. 남아 있는 부분만 비교해 보면, 백서본의 "是以早服. 早服, 是謂……" 부분이 죽간본에는 "是以早, 是以早服, 是謂……"로 되어 있다. 죽간본에서는 '시이조 (是以早)' 세 자가 중복되고 있는데, 앞의 세 자는 불필요하게 덧붙은 글자로 보인다.

### 백서본과 왕필본

백서는 갑·을본 모두 훼손이 많은데, 특히 갑본은 훼손이 극심하여 21자만 남아 있다. 남아 있는 백서본의 문장을 왕필본과 비교해 보면, 다음과 같은 일부 문자상의 차이 외에 크게 다른 점은 없다.

是以蚤(早)服(백서을)

是謂早服(왕필본)

『노자지귀』와 부혁본에도 백서본과 같이 "시이조복(是以蚤服)"으로 되어 있다. 따라서 왕필본의 '시위(是謂)'는 옮겨 쓰는 과정에 생긴 착오로 보인다.

# 60장

# 작은 생선을 요리하듯
# 나라를 다스리라

큰 나라를 다스릴 때는
작은 생선을 요리하듯 하라.

도를 지니고 세상에 임하면
귀신이 조화를 부리지 못한다.
귀신이 조화를 부리지 못할 뿐만 아니라
조화를 부린다 해도 사람을 해치지 못한다.
귀신이 사람을 해치지 못할 뿐만 아니라
성인 또한 사람을 상하게 하지 못한다.
무릇 귀신과 성인 모두 사람을 해치지 못하면
진실로 덕이 번갈아 백성에게 몰려들 것이다.

治大國
若烹小鮮.

以道立天下
其鬼不神.
非其鬼不神也
其神不傷人也.
非其神不傷人也
聖人亦弗傷人也.
夫兩不相傷
故德交歸焉.


　이 장 역시 앞 장에 이어 무위 정치에 대해 노래하고 있다. 나라를 다스리는 것을 작은 생선을 요리하는 데 비유함으로써 불간섭주의의 무위 정치를 설명한다.
　첫머리에 제시된 "큰 나라를 다스릴 때는 작은 생선을 요리하듯 한다.(治大國, 若烹小鮮)"라는 표현은 시적 수사와 철학적 의미를 동시에 담고 있다. 우선 시적 수사의 측면에서 보자면, '큼(大)'과 '작음(小)'의 상대적 용어들을 서두에 제시함으로써 극적인 대비 효과를 노린다. 철학적 의미에서 보자면, 큰 나라일수록 다스리는 행위가 적어야 한다는 역설의 논리를 제시한다.
　작은 생선을 요리할 때는 되도록 뒤집지 말아야 한다. 작은 생선은

살이 연하기 때문에 부서지기 쉽다. 때문에 적당한 불만 가해 주면서 완전히 익을 때까지 가만히 놓아두어야 한다. 이는 바로 앞 장에서 말한 '아낌〔嗇〕'의 또 다른 실천이기도 하다. 나라를 다스리는 위정자도 마찬가지다. 노자의 정치 철학에서 다스림은 놓아둠이며 기다림이다. 백성을 규제하는 법률이나 예법을 느슨하게 하고, 백성을 인위적으로 이리저리 이끌고 가려 하기보다는 그들이 자연적인 본성을 온전히 발현하도록 놓아둔다. 설사 백성이 잘못된 길을 가더라도 즉시 처벌하고 제재하기보다는 그들 스스로 자신의 잘못을 깨닫고 돌아오길 기다려 준다.

이러한 무위 정치는 바로 도에 근거한 다스림이다. 도에 근거해 다스리면 여러 가지 효능이 나타난다고 한다. 여기에서 노자는 그 효능으로 두 가지를 제시한다. 하나는 귀신이 사람을 해치지 못한다는 것이고, 다른 하나는 성인이 사람을 해치지 못한다는 것이다.

"귀신이 조화를 부리지 못한다.(其鬼不神)" 또는 "귀신이 사람을 해치지 못한다.(其神不傷人也)"라는 말은 미신이나 사이비 종교에 의한 혹세무민의 관점에서 이해해 볼 수 있다. 세상이 어지럽고 삶이 불안정하면 사람들은 미신에 의지하거나 사이비 종교에 빠지기 쉽다. 미래에 대한 아무런 희망이 없고 한 치 앞을 내다볼 수 없는 불안정한 상황에 놓이면, 사람들은 자꾸만 점집이나 찾아다니고 사이비 종교의 괴상한 요언(妖言)에 귀가 솔깃해진다. 그러나 세상이 안정되고 잘 다스려지면 사람들은 만사를 합리적으로 생각하고 사리에 맞게 처리한다. 이런 때에는 사이비 종교나 미신이 힘을 쓰지 못한다.

"성인 또한 사람을 상하게 하지 못한다.(聖人亦弗傷人也.)"라는 말은 상식적으로 잘 이해되지 않을 수 있다. 이른바 '성인'이라는 존재가 어찌 사람을 해칠 수 있다는 말인가? 사람을 해치는 사람이라면 어찌 그를 '성인'이라 말할 수 있는가?

이 말의 의미는 17장의 "최고의 정치는 백성이 통치자의 존재만을 아는 것이다."[396]라는 말과 연결해 볼 수 있다. 노자는 성인의 존재가 백성에게 의식되는 것 자체를 "사람을 상하게 한다.〔傷人〕"로 표현했다고 볼 수 있다. 백성이 통치자를 의식하면 그들의 행위가 자연스럽지 못하게 되고, 행위가 자연스럽지 못하면 기교와 꾸밈이 생긴다. 통치자의 말과 행동에 신경을 써야 하기 때문이다. 이런 상황 자체가 바로 백성을 상하게 하는 상황으로 여겨질 수 있다. 무위의 도가 온전히 행해지는 세상에서는 성인이 성인으로 의식되지 않을 것이다. 이 점에 대해 왕필은 다음과 같이 말한다. "도가 미치면 귀신이 사람들을 해치지 못한다. 귀신이 사람들을 해치지 못하면 귀신이 귀신인 줄 알지 못하게 된다. (이와 마찬가지로) 도가 미치면 성인 또한 사람들을 상하게 하지 못한다. 성인이 사람들을 상하게 하지 못하면 성인이 성인인 줄 알지 못하게 된다."[397]


## 판본 비교

### 백서본

갑: □□□, □□□□. □□□天下, 其鬼不神. 非其鬼不神也, 其神不傷

---

396 "太上, 下知有之."
397 樓宇烈 校釋, 앞의 책, 158쪽. "道洽, 則神不傷人. 神不傷人, 則不知神之爲神. 道洽, 則聖人亦不傷人, 聖人不傷人, 則不知聖人之爲聖也."

人也. 非其申(神)不傷人也, 聖人亦弗傷□. □□不相□, □德交歸焉.

을: 治大國, 若亨(烹)小鮮. 以道立天下, 其鬼不神. 非其鬼不神也, 其神不傷人也. 非其神不傷人也, □□□弗傷〈人〉也. 夫兩□相傷, 故德交歸焉.

**왕필본**

治大國, 若烹小鮮. 以道莅天下, 其鬼不神. 非其鬼不神, 其神不傷人. 非其神不傷人, 聖人亦不傷人. 夫兩不相傷, 故德交歸焉.

백서본과 왕필본 사이에 뚜렷한 차이가 없다.

# 61장

# 큰 나라는 낮추어야 한다

큰 나라는 낮은 곳으로 흘러야 한다.
세상의 '암컷'이 되면 세상 사람들이 모여들 것이다.
암컷은 항상 고요함으로써 수컷을 이기는 것이니
고요함을 행하기 위해서는 마땅히 낮추어야 한다.

큰 나라가 작은 나라에 낮추면 작은 나라를 취할 수 있고
작은 나라가 큰 나라에 낮추면 큰 나라에 받아들여진다.
그러므로 혹 자신을 낮춤으로써 남을 취하기도 하고
혹 자신을 낮춤으로써 남에게 받아들여지기도 한다.

그러므로 큰 나라는 욕심부려 남을 병합하려 해선 안 되며
작은 나라는 무리하게 남을 섬기려 해선 안 된다.
큰 나라, 작은 나라 모두 각자 원하는 바를 얻었다면
큰 나라가 마땅히 낮추어야 한다.

大國者, 下流也.

天下之牝, 天下之交也.

牝恒以靜勝牡,

爲其靜也, 故宜爲下.


大國以下小國, 則取小國.

小國以下大國, 則取於大國.

故或下以取,

或下而取.


故大國者, 不過欲兼畜人

小國者, 不過欲入事人.

夫皆得其欲

則大者宜爲下.


앞 장에서 큰 나라를 다스리는 도리에 대해 말했는데, 이 장에서는 큰 나라가 취해야 할 바람직한 자세에 관해 말하고 있다.

우선 노자는 큰 나라가 취해야 할 낮춤의 도리에 대해 말한다. "큰 나라는 낮은 곳으로 흘러야 한다.(大國者, 下流也.)"

이 말은 66장의 "강과 바다가 온갖 계곡물의 왕이 될 수 있는 것은 계곡물에 자신을 잘 낮추기 때문이다."[398]라는 말과 같은 맥락에 놓여 있다. 강이나 바다가 그처럼 크고 거대한 물이 될 수 있는 것은 그들이 낮은 곳에 머물기 때문이다. 강은 낮은 곳에 머물기에 온갖 계곡물이 몰려들고, 바다는 지상에서 가장 낮은 곳에 머물기에 세상의 온갖 강물이 흘러든다. 이와 마찬가지로 큰 나라가 되기 위해서는 그 위정자가 지극히 낮은 자세로 세상을 섬겨야 한다는 것이다.

낮춤의 자세는 암컷의 모습이다. 그리고 암컷은 고요함이 특성이다. 노자는 이러한 암컷의 모습이 바로 수컷을 이기는 원동력이라고 본다. "암컷은 항상 고요함으로써 수컷을 이긴다.(牝恒以靜勝牡.)" 수컷은 자신을 드러내고 밖으로 치달리며 끊임없이 움직인다. 그러나 암컷은 자신을 감추고 안으로 침잠하며 고요히 머문다. 노자는 바로 이러한 암컷의 성질에 주목한다. 암컷의 고요함에 수컷을 이기는 강력한 힘이 깃들어 있다고 보기 때문이다.

고요함은 만물의 본질이다. 노자는 그것을 초목의 모습에서 찾아냈다. 지상의 가지와 잎사귀들이 어지러이 요동칠 때도 뿌리는 늘 고요함을 지키고 있다. 태풍이 불어와도 비바람이 몰아쳐도 뿌리는 항상 태산 같은 정적을 유지한다. 그리고 늦가을, 생기를 잃은 누런 나뭇잎들은 하나둘씩 뿌리를 향해 낙하한다. 그리고 고요히 침묵 속에 파묻힌다.

노자는 지도자들에게 이러한 고요함을 지킬 것을 권유한다. "비움에 이르기를 지극히 하고, 고요함 지키기를 돈독히 하라."[399] 도는 항상 무위하지만 이루지 못하는 게 없는데, 그런 무위의 힘은 바로 고요함에서 나온다. 무위하면 백성이 저절로 변하고, 고요하면 백성이 저절로 바르게 된다.

---

398 "江海所以能爲百谷王者, 以其善下之."
399 『노자』 16장. "至虛極也, 守靜篤也."

노자가 말하는 대국의 마땅한 도리는 '낮춤〔下〕', 이 한마디로 요약
될 수 있다. 강과 바다가 가장 낮은 곳에 처하여 넓고 큰 물을 형성하
듯이, 큰 나라 역시 자신을 낮추어 여러 작은 나라의 복종과 천하의 귀
의를 이끌어 낼 수 있다는 것이다. 대국과 소국의 바람직한 관계에 대
해 말하는 이상의 내용은 큰 나라가 작은 나라를 겸병하고 강한 나라
가 약한 나라를 위협하던 전국 시대의 상황을 반영한다.

『맹자』에서도 이와 유사한 발언을 찾아볼 수 있다. "제나라 선왕이
물었다. '이웃 나라와 교제하는 데에도 도가 있습니까?' 맹자가 대답
했다. '있습니다. 오직 어진 자만이 큰 나라로 작은 나라를 섬길 수 있
습니다. 그러므로 탕(湯) 임금이 갈(葛)을 섬겼고, 문왕(文王)이 곤이(昆
夷)를 섬겼습니다. 오직 지혜로운 자만이 작은 나라로 큰 나라를 섬길
수 있습니다. 그러므로 대왕(大王)이 훈육(獯鬻)을 섬겼고 구천(句踐)이
오(吳)를 섬겼습니다. 큰 나라로 작은 나라를 섬기는 자는 천도를 즐기
는 자이고, 작은 나라로 큰 나라를 섬기는 자는 천도를 두려워하는 자
입니다. 천도를 즐기는 자는 천하를 보존하고, 천도를 두려워하는 자는
겨우 자기 나라만 보존할 뿐입니다.'"[400]

---

400 『맹자』「양혜왕 하」. "齊宣王問曰: '交鄰國有道乎?' 孟子對曰: '有. 惟仁者爲能
以大事小, 是故湯事葛, 文王事昆夷; 惟智者爲能以小事大, 故大王事獯鬻, 句踐
事吳. 以大事小者, 樂天者也; 以小事大者, 畏天者也. 樂天者保天下, 畏天者保其
國.'"

## 판본 비교

### 백서본

갑: 大邦者, 下流也. 天下之牝, 天下之郊(交)也. 牝恒以靚(靜)勝牡.
爲其靚(靜)□, □宜爲下. 大邦□下小□, 則取小邦; 小邦以下大邦, 則取
於大邦. 故或下以取, 或下而取. □大邦者不過欲兼畜人, 小邦者不過
欲入事人. 夫皆得其欲, □□□□爲下.

을: 大國□, □□□. □□□牝也, 天下之交也. 牝恒以靜朕(勝)牡. 爲其
靜也, 故宜爲下也. 故大國以下□國, 則取小國; 小國以下大國, 則取
於大國. 故或下□□, □下而取. 故大國者不□欲幷畜人, 小國不□欲入
事人. 夫□□其欲, 則大者宜爲下.

### 왕필본

大國者, 下流. 天下之交, 天下之牝. 牝常以靜勝牡, 以靜爲下. 故大
國以下小國, 則取小國; 小國以下大國, 則取大國. 故或下以取, 或下
而取. 大國不過欲兼畜人, 小國不過欲入事人. 夫兩者各得其所欲, 大
者宜爲下.

1. 大邦者, 下流也, 天下之牝, 天下之郊(交)也(백서갑)
    大國者, 下流, 天下之交, 天下之牝(왕필본)
'천하지교(天下之交)'와 '천하지빈(天下之牝)'의 순서가 뒤바뀌어 있다.
이는 위 구절을 어떻게 끊어 읽고 해석하느냐에 따라 의미에 차이를 주
기도 하고 주지 않기도 한다. 우선 고명의 경우 이러한 어순의 차이 때

문에 의미상 중요한 차이가 발생한다고 주장한다. 그는 백서본의 이 구절을 "大國者, 下流也, 天下之牝. 天下之交也……"로 끊어 읽는다. 그 결과 이 구절은 "큰 나라는 물처럼 겸허히 아래로 흘러야 천하의 암컷이 될 수 있다. 천하의 교류는……"이라는 식으로 풀이된다. 여기에서 교(交)는 '교류하다' 혹은 '교제하다'로 해석되었으며, 이 같은 해석은 과거의 해석과 상당한 차이가 있다. 즉 과거에는 "天下之交"를 "(큰 나라는) 천하 선비와 백성이 모여드는 곳이다."[401] 혹은 "천하가 귀의하는 곳이다."[402]로 주석하여, 交를 '모여들다'(交會)로 해석했다.

한편 허항생을 비롯한 일부 학자들은 문제의 구절을 "大國者, 下流也. 天下之牝, 天下之郊(交)也"로 읽는다. 그러면 交는 과거의 일반적 해석과 같이 '모여들다'의 뜻이 되고, 이 구절은 "큰 나라는 아래로 흘러야 한다. 그래야 천하의 '암컷'이 되고, 천하가 모여든다."로 풀이된다. 이렇게 풀이할 경우 백서본은 왕필본과 단지 어구의 순서만 다를 뿐 의미에는 별 차이가 없게 된다. 문맥상으로 보면 후자의 독법이 좀 더 자연스럽다.


2. 大邦以下小邦, 則取小邦; 小邦以下大邦, 則取於大邦. 故或下以
   取, 或下而取(백서본)
   大國以下小國, 則取小國; 小國以下大國, 則取大國. 故或下以
   取, 或下而取(왕필본)
   이 구절은 그 문체나 해석을 놓고 예전부터 논란이 많았다. 우선 문

---

401 이석명 역주, 앞의 책, 352쪽. "大國, 天下士民之所交會."
402 樓宇烈 校釋, 앞의 책, 159쪽. "天下所歸會也."

체를 보면 전통본은 다음과 같이 각각 달랐다. 엄준본의 경우 전반부는 왕필본과 동일하나 후반부는 "故或下而取之, 或下而取於人."으로 다소 다르다. 또한 부혁본은 앞뒤의 取 다음에 모두 於가 있어 "故大國以下小國, 則取於小國; 小國以下大國, 則取於大國."이다. 그리고 당나라 시대의 역현본과 고환본 등에는 두 번째와 네 번째의 취(取)가 모두 취(聚)로 고쳐져, "故大國以下小國, 則取小國; 小國以下大國, 則聚大國. 故或下以取, 或下而聚."로 되어 있다.[403]

다음으로 해석을 보면 두 번째 取 자 다음에 어조사 어(於)의 유무에 따라 의미가 크게 달라진다. 백서본처럼 於가 있을 경우에는 '작은 나라가 큰 나라에 취해지다'의 뜻이 되지만, 왕필본처럼 於가 없으면 '작은 나라가 큰 나라를 취하다'의 뜻이 되어 일반적인 상황과 거리가 생긴다. 그래서 일부 주석가들은 이 구절을 '큰 나라가 작은 나라를 취하거나, 작은 나라가 큰 나라를 취할 때'의 바람직한 태도에 관한 기술로 이해하기도 한다. 그러나 이러한 풀이는 당시의 시대적 상황과 부합하지 않는다. 대국이 소국을 취하는 일이야 늘 있지만, 소국이 대국을 취하는 일은 불가능하기 때문이다. 더욱이 첫머리에서 "큰 나라는 낮은 곳으로 흘러야 한다.(大國者, 下流也.)"라고 기술함으로써 이 장의 주제가 대국이 취해야 할 태도에 관한 것임을 분명히 하고 있다.

바로 이러한 이유 때문에 앞서 언급했던 당나라의 몇몇 판본은 일부 取 자를 聚 자로 고칠 수밖에 없었던 듯하다. 그러나 백서본은 두 번째 取 다음에 於가 있어 '작은 나라가 큰 나라에 받아들여지다'라고 해석

---

403  高明, 앞의 책, 124쪽에서 재인용.

할 수 있으며, 이러한 풀이는 전국 시대의 상황과도 비교적 잘 부합한다. 또한 왕필주에서도 이 구절을 於가 있을 때와 같이 풀이한다.[404]

3. 夫皆得其欲(백서갑)

　夫兩者各得其所欲(왕필본)

의미상의 차이는 없으나 백서본이 왕필본에 비해 말의 군더더기가 적다. 왕필본에서는 내용을 좀 더 구체적으로 표현한다.

---

**404** "小國以下大國, 則取大國"에 "큰 나라가 작은 나라를 받아들인다.(大國納之也)"라고 주를 달았다.

# 62장

# 도를 잡고 있으면
# 천하가 몰려든다

도는 만물이 흘러드는 곳이니
선한 사람의 보배요
선하지 않은 사람도 보배로 여기는 바이다.


'아름다운 말'은 사람들을 불러 모을 수 있고
'존엄한 행위'는 사람들에게 영향을 미칠 수 있으니
사람이 선하지 않다 해서 어찌 버리겠는가?


그러므로 천자를 세우고 삼경(三卿)을 배치할 때
비록 옥을 받들고 사두마차를 앞세운다 할지라도
가만히 앉아 이 도에 나아가는 것만 못하다.
옛날에 이 도를 귀하게 여긴 까닭은 무엇인가?
구하는 것이 있으면 이것으로써 얻을 수 있고
죄가 있으면 이것으로써 면할 수 있기 때문이 아니겠는가?

---

그러므로 도는 세상에서 가장 귀한 것이 되었다.


道者, 萬物之注也,
善人之寶也
不善人之所寶也.


美言可以市
尊行可以加人.
人之不善也, 何棄之有?


故立天子, 置三卿
雖有共之璧, 以先四馬
不若坐而進此.
古之所以, 貴此者, 何也?
不謂求以得, 有罪以免與?
故爲天下貴.



지도자가 도를 받들고 나아가야 하는 이유에 대해 노래하고 있다.

우선 노자는 도가 만물의 근본임을 밝힌다. "도는 만물이 흘러드는 곳이다.(道者, 萬物之注也.)"

원문에서 '주'(注)는 왕필본에 '오'(奧)로 되어 있다. '오'는 방의 서남쪽

귀퉁이를 가리키는 말이다. 이곳은 햇볕이 잘 들어 방에서 가장 따뜻하고 아늑한 곳이다. 왕필은 "오는 '가리다[曖]'와 같으니, 덮을 수 있다는 말이다."[405]라고 풀이했고, 하상공은 "오는 '창고[藏]'라는 의미로, 도는 만물의 저장고이니 수용하지 못하는 것이 없다."[406]라고 풀이했다. 이 말들을 종합해 보면 '오'는 사물이 모여들고 귀의하는 보금자리, 또는 사물이 들고 나는 중심이라는 의미를 갖는다. 이는 곧 주(注)의 의미와 통한다. 강과 바다로 온갖 물이 흘러 들어가듯 도는 온갖 사물이 귀의하는 본원이라는 의미다.

이러하기에 선한 사람이 도를 자신의 소중한 보배로 여기는 것은 당연하다. 선한 사람은 맑은 심성을 지녔기에 도의 소중함을 본능적으로 파악하기 때문이다. 그러면 불선한 사람의 경우는 어떤가? 앞서 49장에서 도를 체득한 성인은 "선한 사람을 선하게 대하고, 불선한 사람도 선하게 대한다."[407]라고 했다. 도는 선과 불선을 분별하지 않는다. 도의 품은 무한히 넓기에 그 무엇도 거부하거나 버리지 않는다. 최악의 불선이라 할지라도 말이다. 때문에 불선한 사람도 현재는 비록 도에 가깝지 않지만 언젠가는 도를 자신이 보존해야 할 것으로, 앞으로 자신의 불선을 개선해야 할 근거로 삼아야 한다는 것을 안다. 그러므로 도는 "선한 사람의 보배요, 불선한 사람도 보존하는 바이다.(善人之寶, 不善人之所保.)"라고 말하는 것이다.

도를 체득한 성인의 말은 아름답다. 그 말에는 그윽한 향기가 있고

---

405 "奧, 猶曖也, 可得庇蔭之辭."
406 "奧, 藏也, 道爲萬物之藏, 無所不容也."
407 "善者, 善之; 不善者, 亦善之."

깊은 울림이 있다. 그렇기에 성인이 한번 입을 열면 사람들이 모여든다. 마치 시장 바닥에 수많은 사람들이 모여들듯이, 바다를 향해 온갖 강물이 모여들듯이 말이다. 또한 도를 얻은 사람의 행위는 존엄하다. 성인의 행위에는 은근한 무게가 있고 거역할 수 없는 힘이 있다. 그러므로 성인의 존엄한 행위를 보는 순간 사람들은 자발적으로 순종하고 복종하게 된다. 노자는 말한다. "'아름다운 말'은 사람들을 불러 모을 수 있고, '존엄한 행위'는 사람들에게 영향을 미칠 수 있다.(美言可以市, 尊行可以加人.)"

이처럼 도는 사람들을 끌어모으고 감화하는 강력한 힘을 지니고 있다. 그러므로 불선한 사람이라 하여 굳이 버릴 필요가 없다는 것이다. 아무리 불선하고 못된 사람이라 할지라도 도의 감화를 받는다면 언젠가는 변할 터이니 말이다. 노자는 또 말한다. "사람이 선하지 않다 해서 어찌 버리겠는가?(人之不善也, 何棄之有.)" 앞서 27장에서도 "성인은 항상 사람을 잘 찾아 쓰니, 버리는 사람이 없고, 버리는 물건이 없다."[408]라고 했다.

"천자를 세우고 삼경을 배치한다.(立天子, 置三卿.)"라는 것은 새로운 국가 지도자의 즉위를 의미한다. 또는 당시의 분열된 천하를 하나로 통일하고 새로운 제국을 건립하는 일을 의미할 수도 있다.[409] "옥을 받들고 사두마차를 앞세운다.(有共之璧, 以先四馬)"라는 것은 새로운 통치자의

---

**408** "聖人, 恒善求人, 而无棄人, 物无棄財."

**409** 이 장은 죽간본에는 없다. 따라서 이 장은 전국 시대 말기 백서본이 형성될 무렵 새롭게 편입되었을 가능성이 크다. 그렇다면 여기에서 "천자를 세운다."라는 말은 당시의 분열된 제후국들을 통일해 새로운 제국을 건립한다는 의미가 된다.

즉위 또는 새로운 국가 건립에 수반되는 의례 행사를 가리킨다. 요컨
대 새로운 지도자가 즉위하면서 그에 합당한 대대적인 의례 행사를 거
행한다는 것이다. 그러나 노자에게 거창한 의식은 그리 중요하지 않다.
그런 형식적인 의례보다는 지도자가 조용히 도를 향해 나아가고 도를
실천할 방안을 모색하는 일이 더 필요하다. 옛날의 성인들은 도를 귀히
여기면서 실제로 그렇게 실천했다는 주장이다.

　도는 만물의 본원이며 궁극적 귀의처다. 선한 사람, 불선한 사람 가
리지 않고 모두 끌어안는 무한한 포용력을 지니고 있다. 그렇기에 도를
잡고 있으면 만물이 자발적으로 순종해 오고, 사람들이 스스로 귀의해
온다. 또한 도를 잡고 있으면 이루지 못하는 일이 없다. 즉 "구하는 것
이 있으면 이것으로써 얻을 수 있고, 죄가 있으면 이것으로써 면할 수
있다(求以得, 有罪以免)". 그래서 예부터 사람들이 도를 귀하게 여겼다.


## 판본 비교

### 백서본

　갑: □者, 萬物之注也, 善人之葆(寶)也, 不善人之所葆(寶[410])也. 美言
可以市, 尊行可以賀(加)人. 人之不善也, 何棄□有? 故立天子, 置三卿,
雖有共之璧以先四馬, 不善(若)坐而進此. 古之所以貴此者何也? 不胃
(謂)□□得, 有罪以免輿(與)? 故爲天下貴●

---

410 『馬王堆漢墓帛書』에서는 保로 해독한다. 그러나 바로 앞의 동일한 글자를 寶로 해
　　독했으므로 이 역시 寶로 해독하는 게 타당하다.

을: 道者, 萬物之注也, 善人之葆(寶)也, 不善人之所保也. 美言可以市, 尊行可以賀(加)人. 人之不善, 何□□□? □立天子, 置三鄕(卿), 雖有□□璧以先四馬, 不若坐而進此. 古□□□□□□□□□? 不胃(謂)求以得, 有罪以免與? 故爲天下貴.

**왕필본**

道者, 萬物之奧, 善人之寶, 不善人之所保. 美言可以市, 尊行可以加人. 人之不善, 何棄之有? 故立天子, 置三公, 雖有拱璧以先駟馬, 不如坐進此道. 古之所以貴此道者何? 不曰以求得, 有罪以免邪? 故爲天下貴.

1. 萬物之注也(백서본)

　　萬物之奧(왕필본)

주(注)와 오(奧)의 차이다. 하상공본과 부혁본을 비롯한 대부분의 전통본은 奧로 되어 있다. 앞에서 설명했듯이 奧는 방의 서남쪽 귀퉁이로 방에서 가장 따뜻하고 아늑한 곳이다.

한편 고명은 백서본의 注는 主로 읽어야 하며 이것이 곧 왕필본의 奧와 통한다고 주장한다. 그리고 그 근거로 『예기』 「예운(禮運)」 편의 "고인이위오야(故人以爲奧也)"에 대한 정현의 주 "오(奧)는 주(主)와 같다.(奧, 猶主也.)"를 제시한다. 따라서 왕필본의 奧는 당연히 主(주인)로 풀이해야 하며 이 사실은 백서본을 통해서도 증명된다는 것이다. 그러므로 백서본의 "道者, 萬物之注也."는 왕필본 4장의 "도는 텅 비어 있으나 아무리 써도 고갈되지 않으니, 깊은 연못처럼 만물의 종주인 듯하

다.(道沖而用之或不盈, 淵兮似萬物之宗.)"와 같은 맥락에서 이해될 수 있다
고 말한다. 그는 나아가 현행본의 奧는 후세 사람들이 고친 것이라고
주장한다.[411]

고명의 이 같은 주장도 나름대로 설득력이 있기는 하지만 백서본의
注를 굳이 主로 고쳐 읽을 필요는 없다. 注는 '물이 흘러든다'는 뜻이
다. 그러므로 "道者, 萬物之注也."는 '도는 그것을 잡고 있으면 물이 흘
러들듯이 천하 백성이 모두 몰려드는 곳이다.'라는 의미가 된다. 이는
사실상 왕필본의 "도는 만물의 보금자리다."라는 말과 통한다.

2. 善人之葆(寶)也, 不善人之所葆(寶)也(백서갑)
　善人之寶, 不善人之所保(왕필본)

백서 갑본에는 왕필본의 보(寶)와 보(保)가 모두 보(葆)로 되어 있다.
그런데 백서 정리조나 고명은 앞의 葆는 寶로, 뒤의 葆는 保로 각기 달
리 해독한다. 즉 왕필본의 글자를 그대로 채용한 셈이다. 그러나 동일
한 글자를 한 문장 안에서 각기 다른 글자로 해독하는 것은 불합리하
다. 그러므로 백서본의 葆는 寶나 保 중 하나로 통일해야 할 것이다. 그
런데 葆는 옥(玉) 변이 있으므로 玉과 관련된 글자일 가능성이 크며,
그 의미는 寶와 관계가 있을 것이다.[412] 따라서 백서 갑본은 "善人之寶
也, 不善人之所寶也."로 이해할 수 있다.[413]

---

411　高明, 앞의 책, 127쪽 참조.
412　허항생은 葆를 葆와 같은 글자로 보고, 이때 葆의 의미를 寶로 본다.
413　단 백서 을본은 앞은 葆로, 뒤는 保로 되어 있어 "善人之寶也, 不善人之所保也"로
　　왕필본과 형태가 같다.

참고로 과거에 이 구절은 간혹 "善, 人之寶; 不善, 人之所不保."로 읽히기도 했다. 엄준본이나 돈황비본 등에는 뒤의 '소보(所保)'가 '소불보(所不保)'로 되어 있기 때문이다. 주겸지는 이러한 판본에 근거하여 "善, 人之寶; 不善, 人之所不保."로 읽는다.[414] 그러나 백서본에는 분명히 갑·을본 모두에 不 자가 없으므로 주겸지의 독법은 잘못된 판본에 근거한 오독이다.

3. 美言可以市, 尊行可以賀人(백서본)
　　美言可以市, 尊行可以加人(왕필본)

하(賀)와 가(加)는 그 음과 형태가 유사하다. 그러므로 賀는 加의 빌린 글자로 볼 수 있다.

이 구절은 전통적으로 그 독법을 둘러싸고 논란이 많았다. 우선 부혁본은 "美言可以于市, 尊言可以加于人.", 소철본에는 "美言可以市世, 尊行可以加人."으로 되어 있다. 한편 유월은 『회남자』「도응」편과 「인간」편의 인용문에 근거하여, "美言可以市尊, 美行可以加人."으로 읽어야 한다고 주장했다. 즉 현행본은 두 번째 미(美) 자가 탈락되었으므로 『회남자』에 근거하여 보충해야 한다는 것이다. 해동 역시 이 구절에서 시(市)는 '취하다(取)'로 가(加)는 '거듭(重)'으로 해석해야 하므로, '美言可以市', '尊行可以加人.'으로 끊어 읽는 것은 크게 잘못되었다고 주장한다. 그 역시 현행본은 두 번째 美 자가 탈락된 것으로 본다. 이들의 주장이 제기된 후 많은 사람들이 "美言可以市尊, 美行可以加人."으로

414 朱謙之, 앞의 쪽, 253쪽.

읽고 있다. 그러나 엄준본, 하상공본 모두 왕필본과 같이 "美言可以市,
尊行可以加人."으로 되어 있고 더욱이 백서본도 갑·을본 모두 이와 유
사하다. 따라서 백서본에 근거하여 과거의 잘못된 교정을 바로잡아야
할 것이다.


4. 置三卿(백서갑)
　　置三公(왕필본)
'삼경(三卿)'과 '삼공(三公)'의 차이다. 시대의 흐름에 따라 용어가 변화
한 것으로 보인다.


5. 不謂求以得(백서을)
　　不曰以求得(왕필본)
'구이득(求以得)'과 '이구득(以求得)'의 차이다. 부혁본,『노자지귀』등
의 판본도 백서본처럼 '求以得'으로 되어 있다. 더욱이 '求以得'은 다음
구절의 "유죄이면여(有罪以免與)"와 대구를 이루므로 백서본에 따라 '求
以得'으로 읽는 것이 타당하다.

# 63장

# 원한은 덕으로 갚는다

무위(无爲)를 행하고
무사(无事)를 일삼으며
무미(无味)를 맛본다.
큰일이든 작은 일이든
원한은 덕으로 갚는다.

어려운 일은 쉬울 때 도모하고
큰일은 미세할 때 행하라.
세상의 어려운 일은 쉬운 일에서 생겨나고
세상의 큰일은 미세한 일에서 일어나는 법,
때문에 성인은 끝내 큰일을 행하지 않으니
이로 인해 오히려 큰일을 이룰 수 있다.

무릇 쉽게 하는 대답은 반드시 믿음이 적고

너무 쉽게 여기면 반드시 큰 어려움을 맞게 되는 법,
때문에 성인은 매사를 항상 어렵게 여기니
그래서 끝내 어려운 일이 없다.


爲无爲
事无事
味无味
大小多少
報怨以德.


圖難乎其易也
爲大乎其細也.
天下之難作於易
天下之大作於細.
是以聖人終不爲大
故能成其大.


夫輕諾必寡信.
多易必多難.
是以聖人猶難之
故終於无難.

---

이 장은 앞뒤 내용이 잘 연결되지 않는다. 두 번째, 세 번째 단락은 내용상 오히려 다음 64장의 첫 단락과 연결된다. 죽간본에는 이 장의 중간 부분이 없다. 따라서 이 부분은 후대의 편집 과정에서 64장의 내용이 잘못 들어왔거나 혹은 주문(注文)이 경문(經文)으로 잘못 끼어든 것으로 보인다. 따라서 전체 내용을 억지로 꿰맞출 필요가 없다.

첫째 단락은 도를 실천하는 사람의 모습을 그리고 있다. 먼저 노자는 득도자의 무위의 태도에 대해 말한다. "무위를 행하고, 무사를 일삼으며, 무미를 맛본다.(爲无爲, 事无事, 味无味)" 모두 억지가 없는 자연스러운 행위에 대한 표현이다. 이 구절에 대해 하상공은 다음과 같이 풀이한다. "이미 이루어진 것에 말미암고 옛것을 그대로 닦을 뿐 무엇을 바꾸거나 새로 만들지 않으며, 미리 설치하고 준비하되 번거로운 것은 제거하고 불필요한 일은 생략하며, 깊이 생각하고 멀리 사려하여 '도의 뜻'을 음미한다."[415]

이어서 노자는 득도자의 상식을 뛰어넘는 행위에 대해 말한다. "큰일이든 작은 일이든 원한은 덕으로 갚는다.(大小多少, 報怨以德.)" '원한을 덕으로 갚는다'는 것은 상식적으로 받아들이기 힘든 사고다. 특히 사회적 정의를 중시하는 유가의 관점에서는 잘 이해되지 않을 수 있다. 공자의 한 제자가 물었다. "원한을 덕으로 갚으면 어떻습니까?(以德報怨, 何如?)" 그러자 공자가 대답했다. "그러면 덕은 무엇으로 갚을 것이냐? 원한은 그에 합당한 태도로 갚고, 덕은 덕으로 갚을 뿐이다.(何以報德? 以直報怨, 以德報德.)"[416] 공자의 태도는 사회 정의의 실현을 중시하는 입

---

415 "因成修故, 無所改作: 預設備, 除煩省事: 深思遠慮, 味道意也."
416 『논어』「헌문(憲問)」편에 나오는 내용이다.

장이다. 선한 행위는 선한 보상을 받아야 하고, 악한 행위는 그에 합당한 벌을 받아야 한다는 것이다. 이는 공자가 강조하는 정명(正名) 사상과도 통한다.

그러나 노자는 도의 관점에서 응대하고 있다. 우선 도의 차원에서는 선이니 불선이니 하는 분별이 없다. 도의 자리에서는 저 사람이 나에게 베풀어 준 게 있으니 언젠가 보답을 해야겠다는 생각, 또는 저 사람이 나에게 해를 끼쳤으니 언젠가 그 원수를 갚아야겠다는 생각은 의미가 없다. 도를 아는 사람은 이것과 저것으로 나누어 보는 이분법적 관념에 사로잡히지 않기 때문이다. 그런 사람에게는 덕이다, 원한이다 하는 분별 의식 자체가 있을 수 없다. 다음으로 도를 실천하는 사람은 자취를 남기지 않는다. 자취를 남기지 않으니 굳이 남에게 원한을 살 행동도 없다. 원한을 살 일이 남아 있지 않으니 원한을 갚을 일도 없는 것이다. 원한을 갚는 일이 없는 삶은 세상 사람들에게 마치 원한을 덕으로 갚는 고결한 모습으로 비칠 수 있다.

둘째 단락부터는 또 다른 이야기가 전개된다. 이곳의 내용은 오히려 다음 64장의 첫 단락과 연결된다. "어려운 일은 쉬울 때 도모하고, 큰 일은 미세할 때 행하라.(圖難於其易也, 爲大於其細也.)" 무슨 일이든 시초 혹은 근본을 중시하라는 발언이다. 어려운 일은 처음부터 어려운 일이 아니고 큰일은 처음부터 큰일이 아니다. 그것들을 처리할 적절한 시기를 놓치면 쉬운 일이 어려운 일이 되고 작은 일이 큰일이 되는 법이다. 그래서 노자가 "세상의 어려운 일은 쉬운 일에서 생겨나고, 세상의 큰일은 미세한 일에서 일어난다.(天下之難作於易, 天下之大作於細)"라고 말하는 것이다.

이런 이치는 누구나 다 아는 사실이다. 지금까지 우리가 살아오면서 겪어 온 일들이 이 사실을 입증해 준다. "호미로 막을 것을 가래로 막는다."라는 속담도 이와 관련이 있다. 그런데 세상 사람들은 이런 이치를 알면서도 제대로 실천하지 못한다. 조금만, 조금만 하면서 차일피일 미루다가 결국 쉬운 일이 어려운 일이 되고 작은 일이 큰일이 된다. 그리고 그렇게 된 이후에야 그것들을 처리하느라 허둥지둥하며 고생한다.

이런 점에서 성인은 우리와 다르다. 성인은 항상 일이 아직 쉽고 작을 때 미리미리 처리한다. 일이 생기면 즉시 처리하고 문제가 보이면 즉시 해결한다. 그러다 보니 성인은 '큰일'을 처리하느라 노심초사하는 경우가 거의 없다. 일이 커지기 전에 미리 처리하기에 항상 작은 일만 처리하는 것처럼 보인다. 그럼에도 불구하고, 아니 그렇게 하기 때문에 성인은 결과적으로 정말 큰일을 이룰 수 있는 것이다. 이어지는 셋째 단락도 이와 비슷한 맥락이다.

## 판본 비교

### 죽간본

갑 : ■爲亡爲, 事亡事, 未(味)亡未(味). 大少(小)之多惕(易)必多戁(難).
是以聖人猷(猶)戁(難)之, 古(故)終亡戁(難)■

### 백서본

갑 : ●爲无爲, 事无事, 味无未(味). 大小多少, 報怨以德. 圖難乎□□

□, □□□□□□. 天下之難作於易, 天下之大作於細. 是以聖人冬(終)不
爲大, 故能□□□. □□□□□□. □□必多難, 是□□人猷(猶)難之, 故
終於无難●

乙: 爲无爲, □□□, □□□. □□□□, □□□□. □□□□□□, □□乎其
細也. 天下之□□□易, 天下之大□□□. □□□□□□□, □□□□□. 夫
輕若(諾)□□信, 多易必多難, 是以耵(聖)人□□之, 故□□□□.


**왕필본**

爲無爲, 事無事, 味無味. 大小多少, 報怨以德. 圖難於其易, 爲大於
其細. 天下難事, 必作於易; 天下大事, 必作於細. 是以聖人終不爲大,
故能成其大. 夫輕諾必寡信, 多易必多難. 是以聖人猶難之, 故終無
難矣.


**죽간본과 백서본**

백서본은 훼손이 많다. 그러나 갑본과 을본에 남아 있는 글자들을
서로 보충하면 그 대략적인 모습을 살펴볼 수 있다.

죽간본과 백서본의 가장 두드러지는 차이점은, 백서본의 중간 부분
이 죽간본에는 보이지 않는다는 사실이다. 즉 죽간본의 "爲亡爲, 事亡
事, 味亡味. 大小"는 백서본의 앞부분에, "多易必多難. 是以聖人猶難
之, 故終亡難"은 백서본의 뒷부분에 해당한다.

이 사실에서 다음 세 가지 가능성을 추측해 볼 수 있다. 첫째, 백서
본은 (죽간본과 유사한) 고본 『노자』를 바탕으로 하여 새로운 내용을 일
부 추가했다. 둘째, 백서본의 중간 부분은 옮겨 쓰는 과정에서 다른 장

의 내용이 잘못 끼어들었다. 셋째, 백서본의 중간 부분은 본래 앞 구절에 대한 주문이었는데 옮겨 쓰는 과정에서 경문으로 잘못 옮겨졌다.

첫 번째 경우, 죽간본과 백서본을 비교하다 보면 종종 그와 같은 사례를 발견할 수 있다. 가령 5장·16장·20장·30장·48장·52장 등을 비교 분석해 보면 백서본이나 왕필본의 내용 중 일부만 죽간본에 나오는 경우를 보게 된다. 이러한 사실은 백서본이나 왕필본이 죽간본과 같은 기존의 고본 『노자』를 바탕으로 새롭게 문장을 첨가했을 가능성을 암시한다. 여기에서도 "보원이덕(報怨以德)" 이하의 구절이 첨가되었을 것이다.

두 번째 경우, 우리는 이 장의 중간 부분과 유사한 내용을 바로 다음 장에서 볼 수 있다. 64장의 앞부분 "其安易持, 其未兆易謀, 其脆易泮, 其微易散, 爲之於未有, 治之於未亂, 合抱之木, 生於毫末, 九層之臺, 起於累土, 千里之行, 始於足下"가 바로 논란이 되는 이 장의 중간 부분 "圖難乎其易也, 爲大乎其細也. 天下之難作於易, 天下之大作於細" 와 내용이 유사하기 때문이다. 따라서 이 장의 중간 부분은 본래 64장에 속했던 것이 잘못 들어간 것일 수 있다.

세 번째 경우, 백서본의 "圖難乎其易也, 爲大乎其細也. 天下之難作於易, 天下之大作於細. 是以聖人冬(終)不爲大, 故能成其大. 夫輕若(諾)必寡信"을 죽간본의 "大小之多易必多難"에 대한 주석문으로 볼 수도 있다. 여기에서 재미있는 사실은 백서본에서 "대소다소(大小多少)" 와 "다역필다난(多易必多難)" 사이의 구절을 없애 보면 사실상 죽간본의 "大小之多易必多難"이 될 수 있다는 것이다. 이는 역으로 죽간본의 "大小之多易必多難" 구가 분리되면서 백서본의 "大小多少"와 "多易必多

難"의 형태로 변형되었을 가능성을 암시한다. 이 경우 이 두 구 사이의 구절은 본래 "大小之多易必多難"에 대한 주문이었는데 본문으로 들어간 것일 수 있다.

참고로 윤진환은 이 장을 세 개의 장이 하나로 합쳐진 것이라고 주장한다. 내용상 서로 잘 연결되지 않는다고 보기 때문이다. 그는 이 장을 ①"爲無爲, 事無事, 味無味. 大小多少, 報怨以德", ②"圖難於其易, 爲大於其細. 天下難事, 必作於易; 天下大事, 必作於細. 是以聖人終不爲大, 故能成其大", ③"夫輕諾必寡信, 多易必多難. 是以聖人猶難之, 故終無難矣"의 세 단락으로 나누어 각각 별도의 장으로 구분했다.[417] 이 같은 주장은 그가 죽간본을 보지 못하고 제기한 것이므로 어느 정도 이해할 수 있다. 과거의 다른 주석가들도 이 장의 해석에 대해 많은 의견을 제시했다. 가령 요내(姚鼐)는 "'大小多少' 아래에 탈락된 글자들이 있으므로 억지로 해석할 수 없다."[418]라고 했고, 해동과 장석창도 이 설을 지지했다. 이들 모두 이 장에 무언가 오류가 있다는 점을 감지했던 것이다.

### 백서본과 왕필본

백서는 갑본과 을본 모두 훼손이 심하다. 남아 있는 부분만으로 비교해 볼 때, 일부 글자와 조사가 다른 것 말고는 현행 왕필본과의 뚜렷한 차이점을 발견할 수 없다.

---

417  尹振环, 앞의 책, 150쪽.
418  朱謙之, 앞의 책, 256쪽에서 재인용.

# 64장

# 어지러워지기 전에 다스려라

안정되었을 때 유지하기 쉽고
아직 조짐이 드러나지 않을 때 도모하기 쉬우며
연약할 때 부수기 쉽고
미세할 때 흩뜨리기 쉽다.
(그러므로) 일이 발생하기 전에 도모해야 하고
어지러워지기 전에 다스려야 한다.
아름드리나무도 털끝 같은 싹에서 자라나고
9층 누대도 한 삼태기의 흙에서 올라가며
백 길 높이도 발밑에서 시작한다.

억지로 도모하는 자는 망치고, 애써 잡고자 하는 자는 놓친다.
성인은 억지로 하는 게 없으므로 실패하는 것이 없고
억지로 잡는 게 없으므로 놓치는 것이 없다.
사람들의 일은 늘 거의 완성되는 단계에서 실패하곤 한다.

따라서 마지막도 처음처럼 신중히 한다면 실패하는 일이 없을 것이다.

이 때문에 성인은 욕망하지 않음을 욕망해 얻기 어려운 재화를 귀히 여기지 않고,

가르치지 않음을 가르쳐 사람들이 짓는 허물을 회복시킨다.

(이처럼 성인은) 만물의 '저절로 그러함'을 도울 뿐 감히 억지로 도모하지 않는다.


其安也, 易持也

其未兆也, 易謀也

其脆也, 易判也

其微也, 易散也.

爲之於其未有

治之於其未亂也.

合抱之木, 作於毫末

九成(層)之臺, 作於蔂土

百仞之高, 始於足下.


爲之者, 敗之; 執之者, 失之.

聖人无爲也, 故无敗也

无執也, 故无失也.

民之從事也, 恒於其成事而敗之.

故愼終若始, 則无敗事矣.

是以聖人欲不欲, 而不貴難得之貨,

教不教,[419] 而復衆人之所過,

能輔萬物之自然, 而弗敢爲.


이 장은 구성이 복잡해 예전부터 논란이 많았다. 가령 해동은 이렇게 주장했다. "'爲者敗之, 執者失之. 是以聖人無爲故無敗, 無執故無失.' 네 구는 위아래의 문장과 연속적이지 않다. 이 부분은 29장의 문장으로, 29장에서 아래 두 구가 떨어져 나가고 64장으로 잘못 끼어든 것이다."(『노자집해』) 마서륜도 이와 유사한 주장을 했고 진고응도 여기에 동조했다. 반면 고명은 문제가 되는 위 네 구가 백서본에 그대로 있다는 사실을 들어 해동 등의 주장이 잘못되었다고 반박했다. 그러나 현재 죽간본을 통해 살펴보면 이 64장은 서로 다른 두 개의 장이 하나로 묶인 형태라는 점을 분명히 알 수 있다.

앞 단락에서는 바로 앞 장의 후반부에 이어 무슨 일이든 그 일이 커지고 어려워지기 전에 미리 처리해야 한다는 점을 말하고 있다. 안정되었을 때 유지하기 쉽고, 아직 조짐이 없을 때 처리하기 쉽고, 연약할 때 부수기 쉽고, 미세할 때 흩뜨리기 쉽듯이 말이다. 이 점을 일깨우기 위해 노자는 아름드리나무, 9층 높이의 누대 등도 처음에는 아주 사소하고 보잘것없었다는 사실을 환기한다.

뒤 단락에서는 무위의 중요성과 그 실천 방법에 대해 말하고 있다.

---

**419** 백서본 원문에는 "學不學"으로 되어 있으나, 죽간 갑본에 근거해 수정했다.

앞 단락이 바로 앞 장의 후반부와 연결된다면, 이 부분은 오히려 앞 장의 전반부와 내용이 서로 통한다.

"억지로 하는 자는 실패하고, 억지로 잡는 자는 놓친다.(爲之者, 敗之; 執之者, 失之.)"는 앞서 29장에서도 나왔던 말로, 인위와 작위에 따르는 위험성에 대해 경고하고 있다. 이를 뒤집어 보자면, 노자는 이 말을 통해 사람들이 무위를 실천해야 할 당위성을 제시한다고 할 수 있다.

"사람들의 일은 늘 거의 완성되는 단계에서 실패하곤 한다.(民之從事也, 恒於其成事而敗之.)"는 인간이 범하기 쉬운 오류에 대한 말이다. 사람들은 어떤 일을 추진해 갈 때 처음에는 매우 신중을 기하고 아주 조심스럽게 처신한다. 일의 자연스러운 형세와 흐름을 따를 뿐 무리를 하지 않는다. 그런데 오랜 시간과 공을 들여 일이 거의 완성 단계에 이르면, 어느새 초심을 잃고 조바심을 내고 있는 자신의 모습을 발견한다. 몸과 마음이 지쳐 가면서 어서 빨리 이 일을 끝내고 싶다는 생각, 이 일 때문에 그동안 하지 못했던 다른 일들에 대한 욕망에 사로잡힌다. 그러다 보면 방심하게 되고, 방심하다 보면 무리하게 되며, 무리하다 보면 결국 대충 마무리하게 된다.

"욕불욕(欲不欲)"은 개인의 주관적인 의지를 버리고 무위의 삶을 살아가는 것을 의미한다. 인위와 작위는 곧 인간이 지닌 욕망의 또 다른 표현이다. 자연스러운 흐름을 거역하고 무리를 하는 이유는 개인의 욕망이 작동하기 때문이다. 그러므로 욕망이 멈추면 인위와 작위도 사라질 것이다. 이러한 상태, 즉 욕망이 사라진 경지에 이른 사람이 바로 성인이다. 이처럼 욕망이 사라지면 그 어떤 얻기 어려운 재물도 귀하게 여겨지지 않을 것이다.

"교불교(敎不敎)"는 2장에 나온 "행불언지교(行不言之敎)"의 또 다른 표현이다. 성인, 즉 참된 지도자는 백성에게 이래라저래라 명령하지 않는다. 지도자는 백성에게 허물이 있으면 백성 스스로 깨달을 때까지 말없이 기다린다. 지도자는 백성을 위해 많은 공을 세우고도 그 공을 자신의 것으로 내세우지 않는다. 이런 무언의 가르침이 바로 "가르치지 않음을 가르친다."의 의미다. 이렇게 함으로써 지도자는 백성을 진심으로 복종시키고, 혹 백성에게 허물이 있으면 백성 스스로 그 허물을 고치도록 유도한다.

요컨대 참된 지도자는 인위를 멀리하고 욕망을 버리며, 백성의 본성이 저절로 그러하게 흘러가도록 도와줄 뿐, 백성에게 이래라저래라 명령하면서 억지로 자신의 생각과 의지를 이루려 하지 않는다. 노자는 다음과 같이 마무리한다. "만물의 '저절로 그러함'을 도울 뿐 감히 억지로 도모하지 않는다.(能輔萬物之自然, 而弗敢爲.)"


## 판본 비교

### 죽간본

갑: 其安也, 易果(持)也. 其未菲(兆)也, 易悔(謀)也. 其靇(脆)也, 易畔(判)也. 其幾也, 易後(散)也. 爲之於其亡又(有)也. 絧(治)之於其未亂. 合□□□□□□□, 九成之臺甲□□□□□□□□□足下.

爲之者敗之, 執之者遠之. 是以聖人亡爲古(故)亡敗, 亡執古(故)亡遊(失). 臨事之紀, 誓(愼)冬(終)女(如)忖(始), 此亡敗事矣. 聖人谷(欲)不谷

(欲), 不貴難得之貨, 孝(教)不孝(教), 復衆之所＝化(過). 是古(故)聖人能
尃(輔)萬勿(物)之自肰(然), 而弗能爲.

병: 爲之者敗之, 執之者遊(失)之. 聖人無爲古(故)無敗也, 無執古(故)
□□□. 新(愼)終若忖(始), 則無敗事喜(矣). 人之敗也, 互(恒)於其叔(且)成
也敗之. 是以□人欲不欲, 不貴戁(難)得之貨; 學不學, 復衆之所迚(過).
是以能補(輔)㙜(萬)勿(物)之自肰(然), 而弗敢爲.


## 백서본

갑: ●其安也, 易持也. □□□□, 易謀□. □□□, □□□. □□□, □□
□. □□□□□, □□□□□. □□毫末. 九成之臺, 作於蠃
(蔂)土. 百仁(仞)之高, 台(始)於足□.

□□□□□, □□□□也, □无敗; □无執也, 故无失也. 民
之從事也, 恒於其成事而敗之. 故愼終若始, 則□□□□. □□□□欲不
欲, 而不貴難得之賸(貨); 學不學, 而復衆人之所過; 能輔萬物之自□,
□弗敢爲.

을: □□□□, □□□□□, □□□□□, □□□□□. □□□□□□□, □□
□□□□□. □□□木, 作於毫末. 九成之臺, 作於虆(蔂)土. 百千之高, 始
於足下.

爲之者敗之, 執者失之. 是以耴(聖)人无爲□, □□□□; □□□, □□□
□. 民之從事也, 恒於其成而敗之. 故曰愼冬(終)若始, 則无敗事矣. 是
以耴(聖)人欲不欲, 而不貴難得之貨; 學不學, 復衆人之所過; 能輔萬
物之自然, 而弗敢爲.

### 왕필본

其安易持, 其未兆易謀, 其脆易泮, 其微易散. 爲之於未有, 治之於未亂. 合抱之木, 生於毫末; 九層之臺, 起於累土; 千里之行, 始於足下.

爲者敗之, 執者失之. 是以聖人無爲故無敗, 無執故無失. 民之從事, 常於幾成而敗之. 愼終如始, 則則無敗事. 是以聖人欲不欲, 不貴難得之貨; 學不學, 復衆人之所過; 以輔萬物之自然, 而不敢爲.

### 죽간본과 백서본

이 장은 비교적 복잡하다. 현행본 64장에 해당되는 구절이 죽간본에는 세 곳에 흩어져 나온다. 특히 64장의 후반부에 해당하는 구절은 죽간본의 갑본과 병본에 모두 나오는데, 이 둘 사이에도 일부 차이점이 발견된다.

1. 執之者遠之(죽간갑)
   執之者失之(죽간병)
   執者失之(백서을)

죽간 병본이 백서 을본과 유사함을 알 수 있다. 시기적으로 죽간 병본은 비교적 늦게 형성된 것으로 알려져 있다. 따라서 고본 『노자』는 애초 "집지자원지(執之者遠之)"였는데, 이후에 "집지자실지(執之者失之)"로 변형되었고, 이런 형태가 백서본과 왕필본으로 전해진 것으로 추정된다.

2. 臨事之紀, 愼終如始, 此亡敗事矣(죽간갑)
   愼終若始, 則無敗事矣. 人之敗也, 恒於其且成也敗之(죽간병)

民之從事也, 恒於其成(事)而敗之. 故曰愼終若始, 則无敗事矣(백
서본)

우선 죽간본 자체에서 갑본과 병본 사이에 상당한 차이가 있음을 발
견할 수 있다. 죽간 병본에는 갑본의 "임사지기(臨事之紀)" 구가 없고 대
신, "……무패사의(無敗事矣)" 뒤에 "人之敗也, 恒於其且成也敗之" 구
가 이어진다. 한편 죽간 병본의 "人之敗也, 恒於其且成也敗之"는 사실
상 백서본의 "民之從事也, 恒於其成(事)而敗之"에 해당한다.

여기에서 우리는 『노자』의 한 변형 과정을 추론해 볼 수 있다. 첫째
죽간 병본의 "人之敗也, 恒於其且成也敗之"는 내용상 본래 죽간 갑본
의 "臨事之紀, 愼終如始, 此亡敗事矣"에 대한 주문이었을 가능성이
크다. 후대에 주문이 본문으로 끼어드는 과정에서 "臨事之紀"가 탈락
되었을 것이다. 그리고 이러한 죽간 병본은 백서본의 성립 시기에 앞뒤
구절이 일부 도치되었을 것이고, 또 그 과정에서 "인지패야(人之敗也)"
가 "민지종사야(民之從事也)"로 변형되었을 것이다.

또는 이런 가능성도 생각해 볼 수 있다. 즉 백서본의 "民之從事也,
恒於其成而敗之"는 애초 죽간 갑본의 "臨事之紀"에 대한 주문이었을
수 있다. 후대에 이 주문이 본문으로 편입되면서 내용상 "民之從事也"
와 의미가 겹치는 "臨事之紀"가 탈락되었을 것이다.

죽간본도 서로 차이가 있다는 사실은 여러 가지를 암시한다. 첫째,
죽간본이 존재하던 시기에도 이미 여러 형태의 『노자』 판본이 존재했
다. 둘째, 따라서 죽간본 역시 『노자』의 최고본(最古本)이 아니다. 셋째,
죽간본의 갑·을·병본은 각기 다른 계통의 전승일 수 있다. 또한 우리
는 위에서 죽간 병본과 백서본이 상당히 유사한 형태를 유지하고 있다

는 사실을 발견할 수 있다. 이는 곧 죽간 병본의 성립 시기가 백서본과 상당히 가깝다는 것을 의미한다.


3. 教不教(죽간갑)
　　學不學(죽간병)
　　學不學(백서본)

"교불교(教不教)"는 '가르치지 않음을 가르친다'는 의미로, 이는 곧 2장의 "말 없는 가르침을 실행할 뿐이다.(行不言之敎)"와 통한다. 그리고 이러한 의미는 바로 뒤에 이어지는 "사람들이 짓는 허물을 회복시킨다(復衆人之所過)"와 잘 연결된다. 사람들의 허물을 일깨우기 위해서는 '가르침[敎]'이 필요하기 때문이다. 따라서 죽간 병본과 백서본 그리고 왕필본의 "학불학(學不學)"은 "教不教"의 오류일 가능성이 크다.


4. 弗能爲(죽간갑)
　　弗敢爲(죽간병)
　　弗敢爲(백서본)

여기에서도 죽간 병본은 백서본과 같으나 죽간 갑본과는 다르다. 그리고 '불감위(弗敢爲)'와 '불능위(弗能爲)'는 의미상 약간의 차이가 있다. 전자는 '능력은 있으나 두려움 때문에 선뜻 행하지 못한다'는 뜻이다. 반면에 후자는 '아예 능력 자체가 없다'는 뜻을 내포한다. 따라서 죽간 갑본에 따르면 성인은 단지 만물 자체에 내재하는 저절로 그러한 성질이 드러나도록 도와줄 수 있을 뿐, 만물을 이러저러하게 변형하거나 본성에 역행하는 조작을 하지 않는다.

**백서본과 왕필본**

1. 九成之臺(백서본)

　九層之臺(왕필본)

층(層)과 성(成)은 음이 비슷하므로, 백서본의 成은 層의 빌린 글자로 보인다.(成의 사전적 의미에도 層의 뜻이 들어 있다.) 범응원본이나 초굉본 등에도 成으로 되어 있다. 따라서 『노자』의 원형은 成이었을 가능성이 크다. 죽간본 역시 成으로 되어 있다. 『여씨춘추』「계하기(季夏紀), 음초(音初)」 편에 "유융씨에게 아름다운 두 딸이 있었는데, 그녀들에게 9층의 누대를 만들어 주었다.(有娀氏有二佚女, 爲之九成之臺.)"라는 말이 있다. 여기에서도 成 자가 層의 뜻으로 쓰이고 있다.


2. 作於虆(虆)土(백서을)

　起於累土(왕필본)

작(作)과 기(起)는 같은 뜻이므로 통용될 수 있다. 문제는 '누토(虆土)'와 '누토(累土)'다.[420] 백서본의 虆는 그 형태가 虆와 비슷하다. 그리고 虆는 흙을 나르는 '들것'의 이름이다. 따라서 '虆土'는 '한 삼태기의 흙' 정도의 뜻이 된다. 한편 왕필본의 누(累)는 유(虆)와 그 형태가 유사하므로 虆의 빌린 글자로 볼 수 있다.

'累土'에 대한 해석은 크게 두 가지로 나뉜다. 하나는 '바닥[低土]'이고, 다른 하나는 '한 삼태기의 흙[虆土]'이다. 전자는 하상공·엄영봉 등의 해석이고, 후자는 임희일·고형 등의 해석이다. 특히 고형은 다음과

---

**420**　백서 갑본에는 '虆土'로 되어 있는데, 그 의미를 파악하기 힘들다. 여기에서는 백서 을본에 따른다.

같이 주장했다. "누(累)는 마땅히 유(虆)로 읽어야 한다. 즉 삼태기[土籠]다. '기어누토(起於累土)'는 '기어괴토(起於蕢土)'와 같은 것이다."[421] 이러한 고형의 해석은 현재 백서본에 의해 뒷받침되고 있다.

3. 百仁之高(백서갑)
   百千之高(백서을)
   千里之行(왕필본)

우선 백서 갑본의 인(仁)은 인(仞)의 빌린 글자이며, 을본의 천(千)은 인(仞)의 오자일 가능성이 있다. 따라서 백서본의 이 구는 '백인지고(百仞之高)'로 정리될 수 있다. 문제는 왕필본의 '천리지행(千里之行)'이다. 의미상 '千里之行'은 백서본의 '百仞之高'과 큰 차이가 있다. 전자는 거리에 대한 표현이고, 후자는 높이에 대한 표현이기 때문이다. 둘중 어느 것이 고본『노자』의 원형에 가까울까? 예전에 마서륜은 다음과 같이 말한 적이 있다. "먼 거리를 말할 때도 仞으로 칭할 수 있다. 그러나 고서에 나오는 仞은 모두 높이에 해당되는 말이다. 의심컨대 앞에 '9층(九層)'이라는 말이 있으니 (그 뒤는) 대개 '百仞'으로 썼을 것이다. 그런데 옮겨 쓰는 과정에서 잘못 베껴 '千里'가 된 것 같다."『노자지귀』나 수주본, 돈황본 등에도 '百仞之高'로 되어 있다. 따라서 왕필본의 '千里之行'은 백서본에 근거하여 '百仞之高'로 고쳐야 할 것이다.

---

421 高亨, 앞의 책, 133쪽.

## 65장

# 다스리기 어려운 것은
# 백성들이 아는 게 많기 때문이다


옛날에 도를 행하는 사람은
백성을 똑똑하게 만들지 않고 어리숙하게 만들고자 했다.
백성을 다스리기 어려운 것은 그들이 아는 게 많기 때문이니
그러므로 '지(知)'로 다스리는 것은 나라에 해가 되고
'부지(不知)'로 다스리는 것이 나라에 덕이 된다.

항상 이 두 가지 원리를 아는 것 또한 치국의 법도이니
항상 이 법도를 잘 알면 현묘한 덕을 지녔다 할 수 있다.
현묘한 덕은 그윽하기도 하고, 아득하기도 한 것
일반 사물과 반대되는 것 같지만, 결국 '크게 다스려짐'에 이르게 된다.


古之爲道者 [422]

非以明民也, 將以愚之也.

---

民之難治也, 以其知也
故以知治國, 國之賊也
以不知治國, 國之德也.

恒知此兩者, 亦稽式也.
恒知稽式, 此謂玄德.
玄德, 深矣, 遠矣
與物反矣, 乃至大順.


예부터 이 장 때문에 노자가 우민 정치를 조장했다고 비판을 받아
왔다. 나라를 쉽게 다스리기 위해서는 백성을 어리숙하게 만들어야 한
다는 주장이 문제가 되었다.

논란 해소의 관건은 지(知)를 어떻게 해석하느냐에 달려 있다. 『노자』
전체로 볼 때 '지'는 결코 긍정적 의미의 개념이 아니다. 3장의 "안다
고 하는 자들이 감히 나서지 못하게 하라.(使夫知不敢弗爲而已)", 10장의
"백성을 아끼고 나라를 다스림에, 지식으로 하지 않을 수 있는가?(愛民
治國, 能毋以知乎)", 18장의 "지혜가 출현하면 큰 거짓이 생겨난다.(智慧
出, 案有大僞)" 등에서 보듯이, 『노자』에서 지(智) 또는 지(知)는 지도층
이나 일반 백성이나 되도록 멀리해야 할 부정적인 대상으로 인식되고
있다.

**422** 백서 갑본에는 "故曰爲道者"로 되어 있다. 여기에서는 백서 을본에 따랐다.

이 장에서 말하는 '지' 또한 부정적 의미를 지닌다. 그것은 자잘하고 얄팍하며 이분법적인 '앎'이며, 계산 빠르고 영리하게 처신하는 이기적인 '앎'이다. 이런 '앎'으로 나라를 다스리면, 다시 말해 자잘한 지식으로 무장한 백성들이 넘치는 상태에서 나라를 다스리면 나라가 온전할 수 없다는 것이다. 그러므로 노자는 무지(無知) 무욕(無欲)하고 순박하며 우둔한 사람을 높인다. 때문에 "백성을 늘 무지 무욕하게 만들라." (3장)라고 충고한다. 노자 자신도 '우둔한 사람(愚人)'으로 자처한다. 그러므로 20장에서 말한다. "나는 바보 같은 사람이라, 어리석고 무지하네. 사람들은 (세상 이치에) 밝은데, 나 홀로 어둡고, 사람들은 똑똑한데, 나 홀로 흐리멍덩하네."

"이 두 가지(此兩者)"는 "지(知)로 다스리는 것은 나라에 해가 되고" "부지(不知)로 다스리는 것이 나라에 득이 된다."라는 사실이다. 노자는 이 두 가지가 바로 나라를 다스리는 기본적인 '법도'[423]가 된다고 본다. 그리고 이러한 법도를 아는 것이 통치자의 '현덕(玄德)'이라고 말한다.

여기에서 '현', 즉 '현묘하다'라는 표현을 사용하는 것은 노자가 말하는 치국의 법도는 세상의 일반적인 법도와 다르기 때문이다. 당시에 유행한 유가를 비롯한 다른 사상들에서는 배움을 강조하고 앎을 중시했다. 그들은 무지한 백성을 가르쳐 국가 정책을 잘 이해하고 사회 질서를 준수하는 문명화된 사람들로 만들고자 했다. 그러나 노자는 우려했다. 어설픈 앎은 자칫 백성의 얄팍한 꾀만 늘어나게 할 수 있다는 사실을, 그리고 그러한 '앎'이 늘어나다 보면 나라가 더욱더 혼란스러워진다

---

[423] '계식(稽式)'은 곧 '해식(楷式)'으로, 법식 또는 법도라는 의미를 지닌다.

는 사실을 말이다. 그래서 노자는 백성을 똑똑하게 만들기보다는 어리숙하게 만들 것을 요구하는 것이다.

노자가 주장하는 이러한 치국의 법도는 너무도 심오하여 보통 사람들의 눈에는 세상의 일반적인 법칙과 지나치게 모순되는 것처럼 보일 수 있다. 그러나 노자는 오랜 시간이 지난 후 그 결과를 보면 결국 자신이 제시한 치국의 법도가 '크게 다스려짐'에 이르는 참된 길임을 알게 될 거라고 역설한다.

노자가 '우민'을 주장한 것은 사실이다. 그러나 이 우민은 현대적 의미와 다르다. 노자가 말하는 우민은 단순히 무지몽매한 어리석은 대중이 아니다. 소박하고 우직하기에 잔꾀를 부릴 줄 모르는 어린아이 같은 사람들이다. 이런 사람들이 넘쳐 나는 사회는 지극히 평화로울 것이다. 또한 우리는 노자가 우민을 주장할 수밖에 없었던 시대적 배경도 고려해야 할 것이다. 노자가 활동했던 전국 시대에는 얕은꾀와 잡다한 지식으로 입신출세하려는 자들이 득실거렸다. 그리고 실제로 그렇게 출세하는 자들이 등장했다. 대표적인 예가 제후국 간의 합종연횡을 주도했던 장의(張儀)와 소진(蘇秦)이다. 그들은 교묘한 꾀와 잡박한 지식으로 무장하고 세 치 혀를 놀려 뭇 제후들을 좌지우지했다. 이에 세상 사람들 모두가 그러한 지모(智謀)를 닦는 데 힘쓰게 되었다. 그 결과 세상은 꾀와 꾀가 부딪치고 혀와 혀가 꼬이면서 더욱 혼란스럽고 어지러워졌다. 노자는 이러한 세태가 몹시 싫었을 것이다.

## 판본 비교

### 백서본

갑: 故曰: 爲道者, 非以明民也, 將以愚之也. 民之難□也, 以其知也. 故以知知邦(國), 邦(國)之賊也; 以不知知邦(國), □□德也. 恒知此兩者, 亦稽式也. 恒知稽式, 此胃(謂)玄德. 玄德, 深矣, 遠矣, 與物□矣, 乃□□□.

을: 古之爲道者, 非以明□□. □□□之也. 夫民之難治也, 以其知也. 故以知知國, 國之賊也; 以不知知國, 國之德也. 恒知此兩者, 亦稽式也. 恒知稽式, 是胃(謂)玄德. 玄德, 深矣, 遠矣, □物反也, 乃至大順.

### 왕필본

古之善爲道者, 非以明民, 將以愚之. 民之難治, 以其智多. 故以智治國, 國之賊; 不以智治國, 國之福. 知此兩者, 亦稽式. 常知稽式, 是謂玄德. 玄德, 深矣, 遠矣, 與物反矣, 然後乃至大順.

1. 故曰爲道者, 非以明民也(백서갑)

　古之善爲道者, 非以明民(왕필본)

백서 갑본의 '고왈(故曰)'에 대해서는 두 가지 경우를 생각해 볼 수 있다. 첫째는 단순 착오일 가능성이다. 즉 고(故)는 고(古)의 오자이고, 왈(曰)은 지(之) 대신 잘못 들어간 글자가 된다. 둘째는 이 장이 본래 앞 장과 같은 장이었을 가능성이다. 문맥으로 보면 충분히 그럴 가능성이 있다. 앞 장의 뒷부분에서 언급한 학(學)의 문제는 이 구절에서 말하는

지(知)와 바로 연결될 수 있기 때문이다. 단 백서 을본은 왕필본과 같이 '古之'로 쓰여 있다. 이는 백서 을본의 성립 당시 이미 '고지(古之)'로 바뀌었다는 것을 의미한다.


2. 知邦(國)(백서갑)

　　治國(왕필본)

고명 등 다수의 학자들은 백서본의 지(知)를 치(治)의 빌린 글자로 해독한다.


3. 以不知知(治)邦(國), 邦(國)之德也(백서본)

　　不以智治國, 國之福(왕필본)

이부지(以不知)와 불이지(不以智)의 차이, 그리고 덕(德)과 복(福)의 차이가 보인다.

우선 백서본의 '以不知'는 바로 앞의 '이지지(치)국(以知知(治)國)'을 받아 그와 상반되는 경우를 제시하는 말로, 知와 不知가 자연스럽게 대구를 이룬다. 따라서 왕필본의 '不以智'는 옮겨 쓰는 과정에 생긴 오류로 볼 수 있다.

다음으로 부혁본과 하상공본 등에는 왕필본과 같이 福으로 쓰여 있다. 그러나 수주본과 돈황신본(敦煌辛本) 등 일부 판본에는 백서본과 마찬가지로 德으로 되어 있다. 『문자』의 『노자』 인용문에서도 德으로 되어 있다.

# 66장

# 바다는 낮은 곳에 머물므로
# 물의 왕이 된다

강과 바다가 온갖 계곡물의 왕이 될 수 있는 것은
계곡물에 자기를 잘 낮추기 때문이니
그래서 온갖 계곡물의 왕이 될 수 있다.

그러므로 성인은 백성 위에 서고자 하면 반드시 말을 낮추어야 하고
백성 앞에 서고자 하면 반드시 자신을 뒤로해야 한다.
그러면 백성은 성인이 앞에 있어도 해롭게 여기지 않고
성인이 위에 있어도 무겁게 여기지 않는다.

세상 사람들 모두 기꺼이 받들며 싫증 내지 않는 것은
성인이 백성과 다투지 않기 때문 아니겠는가!
그러므로 세상 누구도 성인과 다툴 수 없다.

江海之所以能爲百谷王者
以其善下之
是以能爲百谷王.

是以聖人之欲上民也, 必以其言下之
其欲先民也, 必以其身後之.
故居前而民弗害也
居上而民弗重也.

天下樂推而弗厭也.
非以其无爭與?
故天下莫能與(之)[424]爭.


낮춤의 정치 철학에 대해 말하고 있다. 노자는 지도자나 지도자가
되기를 원하는 사람은 자신을 한없이 낮추어야 한다고 말한다. 마치 강
이나 바다처럼.

바다는 물 중의 물, 물의 왕이다. 누구나 알듯이 지상에 바다보다 더
큰 물은 없다. 그러면 바다가 바다가 될 수 있었던 이유는 어디에 있는
가? 지상의 온갖 물이 바다로 흘러드는 까닭은 무엇인가? 그것은 말할
것도 없이 바다가 지상에서 가장 낮은 곳에 위치하기 때문이다. 낮은

---

**424** 죽간본 및 왕필본에 근거해 보충했다.

곳 중에서도 가장 낮은 곳에 머물기에 각양각색의 물, 심지어 주택가 하수구의 물이나 공장 지대의 각종 폐수까지도 모두 바다로 흘러 들어간다. 이에 바다는 많은 물, 적은 물, 깨끗한 물, 더러운 물 가리지 않고 모두 하나로 끌어안는다. 그 결과물이 바로 한없이 깊고 넓은 바다인 것이다.

'낮은 곳'은 사람들이 꺼리고 싫어하는 자리다. 모두 낮은 곳을 피해 '저 높은 곳'을 향하여 달려간다. 가능하다면 조금이라도 더 높은 자리에 앉아 남을 내려다보길 바란다. 그러나 노자는 사람들에게, 특히 지도자들에게 낮은 자리를 권유한다. 낮은 곳으로 내려가 사람들을 올려다보며 섬기라고 말한다. 그래야만 참된 지도자가 되고 사람들이 받든다고 말한다. 결국 높아지기 위해서는 낮추어야 한다는 역설이다. 노자는 말한다. "성인은 백성 위에 서고자 하면 반드시 말을 낮추어야 하고, 백성 앞에 서고자 하면 반드시 자신을 뒤로해야 한다.(聖人之欲上民也, 必以其言下之; 其欲先民也, 必以其身後之.)" "그러면 백성은 성인이 앞에 있어도 해롭게 여기지 않고, 성인이 위에 있어도 무겁게 여기지 않는다.(居前而民弗害也, 居上而民弗重也.)"

어떤 이는 말한다. 노자의 말에서 모종의 권모술수적 냄새가 풍긴다고. 노자의 낮춤은 결국 높아지고자 하는 자신의 궁극적 목적을 숨긴 의도적 행위가 아니냐고 의심하기도 한다. 그러나 우리는 노자의 진심에 귀 기울여야 한다. 노자가 지향하는 이상적 인격, 즉 성인의 본래 모습을 응시해야 한다. 노자의 성인이 추구하는 길은 무위자연이다. 그 어떤 가식이나 인위적 의도도 허용치 않는 무위자연의 길에서 겸손은 수단이나 목적이 될 수 없다. 겸손은 속사람이 바뀌어 그 사람됨이 근본적으로 달라질 때 외부로 나타나는 자연적인 태도이다.[425] 노자는 낮은 곳에 머무는 강과 바다에서 성인의 성품을 읽었다. 성인에게는 지극히 낮은 자리에 서는 겸손, 무엇 하나 버리는 것 없는 포용성과 관대함이 있다.

낮추면 높아진다는 것은 동서고금의 보편적 진리다. 성경에서도 말한다. "무릇 자기를 높이는 자는 낮아지고, 자기를 낮추는 자는 높아지리라." 높아지기 위해 낮추는 게 아니라, 성인의 품성에 따라 낮추다 보니 어느새 높아져 있는 것이다. 높임을 위한 의도적 낮춤은 진정한 낮춤이 아니다. 그런 낮춤은 가식이고 위선이다.

진정한 낮춤은 곧 도의 본성이기도 하다. 그러므로 노자는 말한다. "물은 …… 남들이 싫어하는 곳에 머문다. 그러므로 물은 도에 가깝다."[426] 이러한 도를 체득하고 낮춤의 덕을 실천하는 지도자는 세상 사람들이 즐거이 받들면서 결코 싫증 내지 않을 것이다. 이는 그가 먼저 자신을 낮추면서 세상 사람들을 섬기기 때문이다. 앞장서 섬기려는 사람과 그 누가 다툴 수 있겠는가?

---

425  오강남 풀이, 앞의 책, 281쪽.
426  『노자』 8장. "水 …… 居衆人之所惡, 故幾於道矣." 간디도 이런 이치를 깨달았던 모양이다. 그 역시 이렇게 말한다. "모든 사람들의 발에 먼지가 된 사람은 하느님에 가깝다."(『날마다 한 생각』)

## 판본 비교

### 죽간본

갑: 江海(海)所以爲百浴(谷)王, 以其能爲百浴(谷)下, 是以能爲百浴(谷)王. 聖人之才(在)民前也, 以身後之; 其才(在)民上也, 以言下之. 其才(在)民上也, 民弗厚也; 其才(在)民前也, 民弗害也. 天下樂進而弗詀(厭), 以其不靜(爭)也, 古(故)天下莫能與之靜(爭).

### 백서본

갑: □江海之所以能爲百浴(谷)王者, 以其善下之, 是以能爲百浴(谷)王. 是以聖人之欲上民也, 必以其言下之; 其欲先□□, 必以其身後之. 故居前而民弗害也, 居上而民弗重也. 天下樂隼(推)而弗猒(厭)也. 非以其无靜(爭)與? 故□□□□□靜(爭)●

을: 江海所以能爲百浴(谷)□□, □其□下之也, 是以能爲百浴(谷)王. 是以耵(聖)人之欲上民也, 必以其言下之; 其欲先民也, 必以其身後之. 故居上而民弗重也, 居前而民弗害. 天下皆樂誰(推)而弗猒(厭)也. 不□其无爭與? 故天下莫能與爭.

### 왕필본

江海所以能爲百谷王者, 以其善下之, 故能爲百谷王. 是以欲上民, 必以言下之; 欲先民, 必以身後之. 是以聖人處上而民不重, 處前而民不害, 是以天下樂推而不厭. 以其不爭, 故天下莫能與之爭.

### 죽간본과 백서본

1. 以其能爲百谷下(죽간본)

  以其善下之(백서갑)

백서본에는 죽간본의 "능위백곡하(能爲百谷下)"가 간단히 "선하지(善下之)"로 처리되어 있다. 여기에서 우리는 죽간본의 표현이 구체적인 데 비해 백서본은 보다 추상적이라는 점을 알 수 있다. 또한 이는 문장의 표현 기법상 백서본이 죽간본보다 정형화되고 세련되었음을 의미한다.

2. 聖人之在民前也, 以身後之; 其在民上也, 以言下之(죽간본)

  是以聖人之欲上民也, 必以其言下之; 其欲先民也, 必以其身後之(백서본)

첫째, 문구가 서로 도치되어 있다.

둘째, 표현에 차이가 있다. 백서본에는 재(在) 대신 욕(欲)이 들어 있고, 매 문구의 후반구에 필(必) 자가 더해져 있다. 이러한 차이는 사소한 것으로 지나칠 수 있으나 중요한 의미를 지닌다. 백서본을 비롯한 대부분의 현행본은 특히 欲 자와 必 자가 들어 있기 때문에 이하의 구절을 권모술수적인 내용으로 볼 여지가 있었다. 즉 "성인이 ……하고자 하면, 반드시"라는 식으로 풀이되어 통치자의 강한 '의도적 지향성' 혹은 '전략적 태도'를 드러내게 되며, 그 결과 교묘한 통치술의 인상을 준다. 이러한 '의도적 지향성'은 노자가 본래 지향했던 '무위'와 정면으로 배치된다.

백서본에 보이는 이러한 변화는 무엇에 기인하는가? 이는 황로학적 배경과 관계가 있다. 백서본 『노자』의 성립 시기는 대략 황로학의 유행 시기와 일치한다. 황로학의 기본 이념은 군주의 이상적 통치술에 있으며, 그 구체적 내용은 '무위 정치론'으로 나타난다. 따라서 백서본은 당시에 유행한 황로학의 영향을 받아 기존 『노자』의 일부 내용을 통치술 차원으로 변형 발전시킨 것으로 보인다.[427]

3. 以其不爭也(죽간본)
　　非以其无爭與(백서본)

죽간본은 긍정 서술형인 반면 백서본은 부정 의문형을 취하고 있다. 또 죽간본은 다음 구와 함께 '以…… 故……'의 형식을 이루나, 백서본은 앞의 구 "천하락추이불염야(天下樂推而弗厭也)"에 대한 이유를 제시하는 형태가 된다. 왕필본은 오히려 죽간본과 비슷하다.

**백서본과 왕필본**

非以其无爭與(백서본)

以其不爭(왕필본)

백서본은 '非……與'의 반어문 형식이다. 왕필본도 해석하는 사람에 따라서는 반어문으로 볼 수도 있겠으나, 일반적으로는 뒤 구절과 연결해 평서문으로 해석한다. 그러나 백서본은 '……때문이 아니겠는가?'의 반어문으로 해석될 수밖에 없다.

현존하는 전통 판본은 대개 왕필본과 같다. 단 부혁본은 "불이기부쟁(不以其不爭)"으로, 돈황임본은 "비이기부쟁(非以其不爭)"으로 되어 있

---

427　혹자는 백서본이 정치적 목적하에 황로학자에 의해 재편집되었다고 주장하기도 하는데, 이런 점에서는 일리 있는 가설이다.

다. 그러면 어느 쪽이 고본 『노자』에 가까운가? 이에 대해 고명은 7장의 경우를 들어 백서본이 『노자』의 원형을 보존하고 있다고 보았다. 즉 7장의 "不以其无私與, 故能成其私"와 이 장의 "不以其无爭與, 故天下莫能與爭"이 같은 구조이므로, 이 장의 경우도 백서본의 형태가 고본이라고 주장한다.[428] 그러나 최근 발굴된 죽간본은 오히려 왕필본과 유사하다. 즉 "以其不爭也, 故天下莫能與之爭"으로, 어조사 '야(也)'가 있다는 것 말고는 왕필본과 일치한다. 따라서 시기적으로 앞선다고 하여 백서본이 반드시 왕필본보다 고본 『노자』의 형태에 가깝다고 볼 수는 없다.

---

**428** 高明, 앞의 책, 149쪽 참조.

# 67장

# 내게는 세 가지 보물이 있으니

세상 사람들은 모두 말한다. '당신의 도는 위대한 듯하나 참으로 그런 것 같지는 않다.'

무릇 오직 위대한 것 같지 않기 때문에 오히려 위대할 수 있는 것이니 위대한 것처럼 보였다면 이미 오래전에 하찮은 것이 되었을 것이다.

내게는 늘 세 가지 보물이 있으니, 그것을 지켜 소중히 보존한다.

하나는 '자애로움'이고, 둘은 '검소함'이며, 셋은 '감히 세상에 나서지 않음'이다.

무릇 자애롭기 때문에 용감할 수 있고

검소하기 때문에 넓어질 수 있으며

감히 세상에 나서지 않기에 큰 그릇이 될 수 있다.

만약 자애로움을 버리고 용감하기만 하고

검소함을 버리고 넓어지기만 하며

뒤섬을 버리고 앞서기만 한다면
곧 죽음의 길을 밟게 될 것이다.

무릇 자애로움으로 전쟁을 하면 승리할 것이고
자애로움으로 지키면 견고할 것이다.
하늘이 장차 사람을 세우려고 한다면
아마 자애로움으로 그를 감쌀 것이다.


天下皆謂我大, 大而不肖.
夫唯不肖, 故能大.
若肖, 久矣, 其細也夫.

我恒有三寶, 持而寶之.
一曰慈, 二曰儉, 三曰不敢爲天下先.
夫慈, 故能勇
儉, 故能廣
不敢爲天下先, 故能爲成器長.

今舍其慈, 且勇
舍其儉, 且廣
舍其後, 且先
則死矣.

夫慈, 以戰則勝
以守則固.
天將建之
如以慈垣之.[429]


　지도자가 갖추어야 할 세 가지 '보물'에 대해 말하고 있다. '자애로움', '검소함', '세상에 나서지 않음'이 그것이며, 이것들을 잘 지키면 무한한 공능이 발휘된다고 말한다.

　우선 노자는 자신의 말 또는 자신이 주장하는 도에 대한 세상 사람들의 평가에 대해 언급한다. 세상 사람들의 관점에서 보면 노자의 도는 위대한 듯하지만 참으로 위대한 것 같지는 않다. 뭔가 오묘한 것이 들어 있는 듯하지만 너무 비상식적이다. 노자가 말하는 도는 지나치게 추상적일 뿐만 아니라 현실감이 없기 때문이다.

　단지 보이는 것만 보고 들리는 것만 듣고 사는 사람들에게 도에 관한 말은 겉만 그럴듯할 뿐 알맹이가 없는 한낱 허황된 소리로 들릴 수 있다. 눈과 귀의 한계에 갇혀 있는 사람에게 도는 보이지도, 들리지도 않는 것이니 말이다. 그래서 노자는 당시 사람들로부터 비웃음을 샀을 것이다. 노자는 말한다. "어리석은 사람은 도를 들으면 크게 비웃는다. 비웃지 않으면 도라고 할 수 없다."[430]

---

429　이상의 원문은 주로 백서 을본에 근거했다.
430　『노자』 41장. "下士聞道, 大笑之. 弗笑, 不足以爲道."

장자도 '대붕의 이야기'를 통해 이 점을 지적했다. 대붕이 구만리 상공을 향해 비상하자 나뭇가지에서 놀고 있던 메추라기가 이를 비웃었다. "우리는 힘껏 날아 봐야 느릅나무나 다목나무에 겨우 다다를 뿐이고, 때로는 거기에도 이르지 못하고 땅바닥에 내동댕이쳐지기도 한다. 저 붕새는 뭣 때문에 구만리나 날아올라 남쪽으로 간단 말인가?" 하루 종일 이 나무에서 저 나무로 폴짝폴짝 옮겨 다니며 소소한 즐거움에 만족하며 살아가는 메추라기에게 대붕의 그 거대한 행위는 잘 이해가 되지 않는 것이다. 마찬가지로 일상에 매몰되어 그날그날의 삶을 온전히 살아가는 것도 버거운 보통 사람들에게 '자유의 성취'니 '영혼의 변화'니 '깨달음'이니 '도의 완성'이니 하는 것들은 단지 먼 나라 딴 세상의 이야기로 들릴 것이다.[431] 그런 것들은 현실의 삶에 아무런 도움이 되지 않는 허황된 말로 여겨질 뿐이다. 노자의 도 역시 세상 사람들에게는 그런 허황된 말로 들릴 것이다.

이어서 노자는 '삼보(三寶)', 즉 '세 가지 보물'을 언급한다. 여기에서 삼보는 노자가 평상시 말하는 도의 내용 중 특별히 지도자가 갖추어야 할 세 가지 중요한 덕목으로 볼 수 있다.

첫째는 자애로움[慈]이다. '자'의 의미에 대해 감산은 이렇게 풀이한다. "자는 인자한 어머니가 젖먹이를 기르듯이 만물을 감싸 안고, 덮어 기르되 빠뜨리는 것이 없는 것을 말한다."[432] 이는 모든 것을 포용하는 드넓은 어머니의 사랑을 말한다. 봄이 되면 모든 나뭇가지마다 싹이 트고 온 들판에 초록의 생명이 돋아난다. 그런 자연 현상을 보고 있노

---

431  이석명, 『장자, 나를 깨우다』, 32쪽.
432  감산, 앞의 책, 214쪽.

라면, "하늘 그물은 엉성하지만 놓치는 게 없다."[433]라는 노자의 말이 떠오른다. 그리고 자연의 더없이 깊은 배려와 자애로운 손길을 느끼게 된다. 이런 무한한 자애로움이 바로 노자의 도에 포함되어 있다.

둘째는 검소함[儉]이다. 노자의 철학 체계에서 위정자의 검소함은 국가 경영의 필수적 요소다. 앞서 59장에서 "치인사천, 막약색(治人事天, 莫若嗇)", 즉 "사람을 다스리고 하늘을 받드는 데 '아낌'만 한 것이 없다."라고 했다. 여기에서 말하는 아낌은 검소함의 다른 표현이다. 노자가 이처럼 검소함을 중요시하는 이유는 검소함을 실천하다 보면 자연히 도에 따르게 된다고 보기 때문이다. 검소한 삶이 바로 도에 합당한 삶이라는 것이다. 그래서 53장에서 "화려한 옷 차려입고 날카로운 검을 차며, 배 터지게 먹고 재화는 넘쳐 나는" 당시 위정자의 사치를 비판했다. 검소하게 산다는 것은 곧 욕망이 적어진다는 의미다. 욕망이 적어지면 인위적인 행위가 줄게 되고, 인위적인 행위가 줄어들면 무위의 삶이 실현된다. 그리고 이러한 무위의 실천은 궁극적으로 이루지 못하는 일이 없는 경지로 귀결된다. 노자는 말한다. "무릇 오직 아낄 뿐이니, 그러면 일찌감치 도에 따르게 된다. 일찌감치 도에 따르면 덕이 두터이 쌓이게 되고, 덕이 두터이 쌓이면 하지 못하는 일이 없으며, 하지 못하는 일이 없으면 아무도 그 한계를 알지 못한다."[434]

셋째는 '감히 세상에 나서지 않음[不敢爲天下先]'이다. 이것은 노자가 이 장에서 말하는 '삼보' 중 으뜸으로 볼 수도 있다. 왜냐하면 서두의

---

433 『노자』 73장. "天網恢恢, 疏而不失."
434 『노자』 59장. "夫唯嗇, 是以早服. 早服, 是謂重積德. 重積德, 則无不克, 无不克, 則莫知其極."

"위대한 것처럼 보였다면 이미 오래전에 하찮은 것이 되었을 것이다."라는 말은 바로 이 '감히 세상에 나서지 않음'의 태도에 바탕을 두기 때문이다. 감히 세상에 나서지 않으려는 마음을 지녔기에, 노자는 위대한 도를 지니고서도 그것을 함부로 드러내지 않았다. 소박한 삶을 지향한 노자는 세상에 드러나는 것을 좋아하지 않았다. 높이 우뚝 서는 것보다 낮은 곳에 머무르기를 좋아했고, 앞에 나서기보다는 뒤에 서기를 좋아했으며, 화려한 모습보다는 담박한 모습을 좋아했다. 그러기에 순자는 노자에 대해 "노자는 굽히는 것만 알고 펼침을 알지 못했다."(『순자』「천론(天論)」)라고 평가했다. 이러한 노자의 태도는 마치 강이나 바다의 모습과 같다. 강과 바다가 세상에서 가장 낮은 곳에 머묾으로써 오히려 온갖 물의 '왕'이 될 수 있듯이, "감히 세상에 나서지 않기에 큰 그릇이 될 수 있기" 때문이다.

다음으로 노자는 이상의 '세 가지 보물'이 발휘하는 효용에 대해 말한다.

첫째, "자애롭기 때문에 용감할 수 있다.(慈故能勇)" 자애로움은 기본적으로 모성의 사랑이라 했다. 모성에서 발휘되는 사랑의 힘은 강력하다. 그 예로 어미 닭의 경우를 들 수 있다. 평소 닭은 개를 보면 두려워 도망 다니기에 바쁘다. 그러나 새끼를 거느리는 어미 닭이 된 이후에는 상황이 달라진다. 즉 개가 병아리 근처에 얼씬거리기만 해도 어미 닭은 무서운 기세로 개를 향해 달려들곤 한다. 이런 것이 바로 모성애, 즉 자애로움의 힘이다. 어쩌면 예수가 십자가에 달려 죽을 결심을 하게 된 것도 인류에 대한 무한한 사랑, 즉 모성애적 사랑 때문이었을지 모른다.

둘째, "검소하기 때문에 넓어질 수 있다.(儉故能廣)" 검소하면 작은 것에도 만족할 수 있다. 작은 것에도 만족할 수 있으면 자연히 마음이 넓어진다. 돈을 모으려고 아등바등하지 않으니 마음에 여유가 있고, 그러면 타인을 돌아볼 여유도 생기기 때문이다. 어떤 이는 원문의 '능광(能廣)'을 '널리 베풀 수 있다'로 풀이하기도 하는데, 그럴듯한 풀이이기는 하지만 그 범위가 조금 좁다. 검소하면 마음이 넓어지고, 마음이 넓어지면 결과적으로 남에게 널리 베풀 수도 있을 것이다.

셋째, "감히 세상에 나서지 않기 때문에 큰 그릇이 될 수 있다.〔不敢爲天下先, 故能爲成器長.〕" 사람은 밖으로 뛰쳐나가기에 앞서 우선 제 마음속으로 파고들어야 한다. 밖으로 나가 세상의 자리를 높이고 넓히기에 앞서 안으로 들어가 자기 마음의 그릇부터 넓혀야 한다. 마음 그릇이 넓어지면 세상을 널리 포용할 수 있게 될 것이고, 그러면 자연히 세상의 큰 그릇으로 받들어질 것이다. 류영모 선생은 말한다. "자기를 반성하여 깊이 숨으면 숨을수록 더욱 빨리 고치가 되고 나비가 될 것이다. 세상에 나타나려고 하지 말고 숨으려고 하라. 숨으면 숨을수록 더 기쁨이 충만하게 된다. 그것은 더 높이 올라갈 수 있기 때문이다. 오르려는 사람은 깊이 숨어야 한다. 숨는다는 것은 더 깊이 준비하고 훈련한다는 것이다. 훈련에 훈련을 통하여 사람은 참된 도에 이르게 되는 것이다."(다석 어록)

자애로움이 없는 용기는 두려움이다. 겁 많은 개가 요란하게 짖는 법이다. 검소함이 없는 넓음은 허영이다. 헛된 욕망만 커져 불만과 불평이 쌓인다. 겸손함 없이 앞장서겠다고 나서다 보면 결국 끌어내려진다. 이들은 모두 도가 아니다. "도에 합치하지 않으면 일찍 끝장난다."[435]

마지막으로 노자는 다시 '자애로움'의 중요성을 반복한다. 이상의 세

가지 보물 중 지도자가 갖추어야 할 핵심 덕목은 '자애로움'이라 보았기 때문이다. 사랑이 넘치는 사람은 사소한 것에도 쉽게 만족할 것이고, 사소한 것에 만족할 수 있다면 사치스러움을 멀리하고 검소하게 살아갈 것이다. 검소한 삶에 만족하며 살아가는 사람이라면 굳이 세상에 나가 자신의 잘남을 드러내려 하지 않을 것이다. 그러니 '자애로움'이 보물 중의 보물이 될 수 있는 것이다.

이런 귀한 보물을 지닌 자라면 그 누가 당해 낼 수 있겠는가? 그러므로 노자는 말한다. "무릇 자애로움으로 전쟁을 하면 승리할 것이고, 자애로움으로 지키면 견고할 것이다.(夫慈, 以戰則勝, 以守則固.)" 노자는 앞서 31장에서도 이와 유사한 말을 했다. "많은 사람을 죽이면 슬픔으로 임하고, 전쟁에 이기면 상례로 처신하라."[436] 적군의 죽음을 슬퍼하고 적의 패배를 애도하는 마음을 지닌 자가 진정 자애로운 사람이고, 그런 사람이 전쟁에 나서면 적군도 스스로 무너지고 말 것이다. 이처럼 자애로움은 보물 중의 보물이다. 이 점은 하늘의 행위에서도 드러난다고 본다. 노자는 또 말한다. "하늘이 장차 사람을 세우려고 한다면, 아마 자애로움으로 그를 감쌀 것이다.(天將建之, 如以慈垣之.)"

---

**435** 『노자』 30장. "不道, 早已."
**436** "殺人衆, 以悲哀莅之 ; 戰勝, 以喪禮處之."

## 판본 비교

### 백서본

갑: □□□□□□, □□. 夫唯□, 故不宵(肖). 若宵(肖), 細久矣. 我恒有
三葆(寶), 之. 一曰玆(慈), 二曰檢(儉), □□□□□□□. □□, □□□□故
能廣, 不敢爲天下先故能爲成事長. 今舍其玆(慈)且勇, 舍其後且先, 則
必死矣. 夫玆(慈), □□則勝, 以守則固. 天將建之, 女(如)以玆(慈)垣之.

을: 天下□胃(謂)我大, 大而不宵(肖). 夫唯不宵(肖), 故能大. 若宵(肖),
久矣其細也夫. 我恒有三葆(寶), 市(持)而葆(寶)之. 一曰玆(慈), 二曰檢
(儉), 三曰不敢爲天下先. 夫玆(慈)故能勇, 檢(儉)敢(故)能廣, 不敢爲天
下先故能爲成器長. 今舍其玆(慈)且勇, 舍其檢(儉)且廣, 舍其後且先,
則死矣. 夫玆(慈), 以單(戰)則朕(勝), 以守則固. 天將建之, 如以玆(慈)
垣之.

### 왕필본

天下皆謂我道大, 似不肖. 夫唯大, 故似不肖. 若肖, 久矣其細也夫.
我有三寶, 持而保之. 一曰慈, 二曰儉, 三曰不敢爲天下先. 慈故能勇,
儉故能廣, 不敢爲天下先故能成器長. 今舍慈且勇, 舍儉且廣, 舍後且
先, 死矣. 夫慈, 以戰則勝, 以守則固. 天將救之, 以慈衛之.

1. 天下皆謂我大(백서을)
　　天下皆謂我道大(왕필본)
도(道) 자가 있고 없고의 차이다. 의미상으로 백서본의 아(我) 역시

'아도(我道)'의 의미를 지니고 있는 것으로 볼 수 있다. 이러한 이유 때문에 후대에 道를 보충해 넣은 것으로 볼 수 있다.


2. 夫唯□, 故不宵(肖)(백서갑)

　　夫唯不宵(肖), 故能大(백서을)

　　夫唯大, 故似不肖(왕필본)

백서 갑본의 □에는 아마 대(大) 자가 있었을 것이다. 우선 문장 형태를 보면 백서 갑본과 왕필본이 유사하고, 백서 을본은 이들과 차이가 있다. 즉 백서 갑본과 왕필본은 大가 앞에, 불초(不肖)가 뒤에 나오는 데 비해 백서 을본은 不肖가 앞에, 大가 뒤에 나온다.

앞뒤 문맥상으로는 백서 을본의 문장이 보다 순조롭다. 우선 바로 앞의 구절에서 왕필본이나 백서본 모두 不肖로 끝났으므로, 백서 을본처럼 不肖와 관련된 말이 이어지는 게 자연스럽다. 또 "오직 위대한 것 같지 않기 때문에 오히려 위대할 수 있는 것이다.〔夫唯不肖, 故能大〕"는 구절은 뒤에 이어지는 구절 "위대한 것처럼 보였다면 이미 오래전에 하찮은 것이 되었을 것이다.(若肖, 久矣, 其細也夫)"와 자연스럽게 호응 관계를 이룬다. 그러나 이러한 차이는 내용에 큰 영향을 미치지 않는다.


3. 故能爲成器長(백서을)[437]

　　故能成器長(왕필본)

백서본에는 위(爲)가 있다. 전통본 중 범응원본과 사마광본에도 爲가

---

**437** 갑본에는 "故能爲成事長"으로 되어 있다. 그러나 의미상으로는 을본과 별 차이가 없다.

있으며, 『한비자』「해로」편도 마찬가지다. 따라서 爲가 있는 쪽이 고본 『노자』의 본래 모습이었을 것으로 짐작된다.

그러면 爲가 있는 것과 없는 것에는 어떤 차이가 있는가? 이는 이 구절의 독법에 영향을 준다. 왕필본처럼 爲가 없는 경우에는 성(成)이 동사로 쓰이나, 백서본처럼 爲가 있는 경우에는 爲가 동사가 된다. 백서본이 발굴되기 이전에 유월은 이미 다음과 같이 주장했다. "『한비자』에는 고능(故能) 다음에 爲 자가 있으니 마땅히 이것을 따라야 한다. 대개 성기(成器) 두 자는 상호 인접하여 하나의 단어를 이룬다. 『좌전』「양공 14년(襄公十四年)」에 '성국불과반천자지거(成國不過半天子之車)'라는 말이 있는데, 두예(杜預)는 '성국(成國)은 대국(大國)이다'라고 주를 달았다."[438] 유월의 이 같은 주장은 왕필주에 의해서도 증명될 수 있다. 왕필은 "오직 자신을 뒤로해야 만물이 그에게 귀의하니, 그러한 후에야 큰 그릇을 세워 천하의 이로움이 되고 만물의 우두머리가 될 수 있다.(唯後外其身, 爲物所歸, 然後乃能立成器爲天下利, 爲物之長也)"라고 주를 달았기 때문이다.

4. 天將建之, 如以慈垣之(백서본)
   天將救之, 以慈衛之(왕필본)

우선 '건지(建之)'와 '구지(救之)'의 차이가 보인다. 의미상으로는 백서본의 '建之'가 '救之'보다 포괄적이다. '세워 주다(建之)'는 '구해 주다(救之)'를 포함하여 다층적인 의미를 지니기 때문이다. 다음으로 백서

438 戴維, 앞의 책, 58쪽에서 재인용.

본의 여(如)는 문장 구조상 없어도 무방하나, 이것이 있음으로써 보다 생생한 구어체 문장이 된다. 마지막으로, 백서본의 원(垣)은 왕필본의 위(衛)와 같은 의미로 이해할 수 있다. 『석명(釋名)』 「석궁실(釋宮室)」에 "垣은 '돕다'의 뜻이니, 사람이 장애물에 의지하여 도움으로 삼을 수 있다.(垣, 援也. 人可以依阻以爲援衛也.)"라고 했기 때문이다. 따라서 글자는 달라도 의미는 별 차이가 없는 셈이다.

## 68장

# 잘 싸우는 사람은 성내지 않는다


훌륭한 무사는 무용(武勇)을 드러내지 않고
잘 싸우는 사람은 성내지 않으며
잘 이기는 사람은 적과 맞붙지 않고
사람을 잘 부리는 사람은 자기를 낮춘다.

이것을 다투지 않음의 덕이라 하고
이것을 사람 쓰는 법이라 하니
이는 천고(千古)의 지극한 법칙들이다.


善爲士者, 不武
善戰者, 不怒
善勝敵者, 不與
善用人者, 爲之下.

是謂, 不爭之德

是謂, 用人

是謂, 天(千)古之極也.


　이 장은 다음 장과 더불어 병가의 색채가 짙다. 또한 이 장은 노자의 '정언약반(正言若反)'의 논리를 병법에 적용한 예라고도 할 수 있다.

　인간은 싸움을 품고 사는 존재다. '나'를 '너'로부터 분리해 생각하는 시점에서부터 나와 너 사이의 싸움은 필연적이다. 이 점은 나를 가리키는 아(我) 자 속에 무기를 의미하는 과(戈) 자가 들어 있고, 이런 '나'들이 모여 집단을 이룬 나라 국(國)에도 '과' 자가 들어 있다는 사실이 상징적으로 암시한다. 그러니까 인간은 개인적으로든 집단적으로든 항상 싸울 준비가 되어 있는 존재라는 것이다. 존재 자체가 경쟁이고 투쟁이니 어쩌면 우리 인간에게 싸움은 피할 수 없는 운명일 수도 있다. 때문에 노자도 싸움 자체를 부정하지는 않는다.

　문제는 싸움의 방식이다. 어떻게 싸우면 가장 잘 싸울 수 있을까? 어떻게 싸우면 상대방에게 효율적으로 이길 수 있을까? 여기에 대해 노자는 도의 속성인 '부드러움'과 '낮춤'을 제시하고 있다. "무용을 드러내지 않는다[不武]", "성내지 않는다[不怒]", "맞붙지 않는다[不與]"는 모두 강함이 아니라 부드러움에 입각한 태도다. 이런 태도가 무용을 드러내고 성내고 맞붙어 싸우는 것보다 더 강하다는 것이다. 앞서 36장에서 "부드러움이 강함을 이긴다.(柔弱勝强)"라고 했고, 또 76장에서는 "강하고 큰 것은 아래에 놓이고, 부드럽고 미세한 것은 위에 놓인다.[强大居下, 柔弱微細居上]"라고 말한다.

　노자가 볼 때 정말로 잘 싸우는 사람은 힘으로 상대를 제압하려 들지 않는다. 강함은 또 다른 강함을 불러들이고, 그 강함은 다시 또 다른 강함을 불러들인다. 그러므로 강함의 방식으로는 최후의 승리자가 될 수 없다. 병가(兵家)에서 늘 말하길, 전쟁에서 최고의 전술은 싸우지 않고 이기는 것이라고 한다. 그 어떤 싸움에서든 싸우지 않고 승리할 수 있다면 그보다 더 값진 승리는 없을 것이다. 그러면 싸우지 않고 이기는 방법은 무엇인가? 노자는 그 방법을 '불무(不武)', '불노(不怒)', '불여(不與)' 등으로 표현하고 있다. 상대와 직접 부딪치지 않으면서 은근히 상대를 제압하는 방법들이다. 드러나는 힘은 한계가 있지만 드러나지 않는 힘은 그 한계를 알 수 없다. 이는 곧 힘을 쓰지 않지만 그 힘이 미치지 못하는 곳이 없는 경지라 할 수 있다.


## 판본 비교

### 백서본

　갑: 善爲士者不武, 善戰者不怒, 善勝敵者弗□, 善用人者爲之下. □胃(謂)不靜(爭)之德, 是胃(謂)用人, 是胃(謂)天古之極也 ●

　을: 故善爲士者不武, 善單(戰)者不怒, 善朕(勝)敵者弗與, 善用人者爲之下. 是胃(謂)不爭□德, 是胃(謂)用人, 是胃(謂)肥(配)天古之極也.

善爲士者不武, 善戰者不怒, 善勝敵者不與, 善用人者爲之下. 是謂
不爭之德, 是謂用人之力, 是謂配天古之極.


1. 是胃(謂)用人(백서본)

　是謂用人之力(왕필본)

왕필본의 '지력(之力)'은 앞 구 "시위부쟁지덕(是謂不爭之德)"의 '지덕(之
德)' 때문에 후세 사람들이 임의로 첨가한 것이 아닌가 의심된다. 그러
나 의미에는 큰 차이가 없다.


2. 是胃(謂)天古之極也(백서갑)

　是謂配天古之極(왕필본)

백서 갑본에는 배(配) 자가 없는데, 이는 두 가지 측면에서 볼 수 있
다. 첫째, 백서 갑본은 천(天) 앞에 配가 잘못 탈락되었다. 이렇게 볼 수
있는 것은 백서 을본에도 配와 비슷한 글자로 볼 수 있는 비(肥)가 있
기 때문이다. 백서 정리조와 허항생을 비롯한 대다수 학자들이 이렇게
본다. 둘째, 配는 후대에 첨가된 불필요한 글자다. 백서 갑본 그대로 읽
어도 의미가 통하기 때문이다. 필자는 일단 백서 갑본을 따른다.

이 경우 다시 두 가지 독법이 가능하다. 하나는 "是謂天, 古之極也"
로 읽는 것이고, 다른 하나는 "是謂天(千)古之極也"로 읽는 것이다. 전
자는 "이를 자연의 이치라 하니, 옛날의 지극한 법칙이다."로, 후자는
"이는 옛날부터 변하지 않는 지극한 법칙이다."로 풀이할 수 있다. 필자
는 다음과 같은 이유에서 후자를 택한다. 첫째, 문자의 형태상 천(天)은

천(千)의 오자일 가능성이 크다. 둘째, 전후 맥락상 "시위부쟁지덕(是謂不爭之德)"과 "시위용인(是謂用人)"은 "시위천고지극야(是謂天古之極也)"와 병렬 관계로 볼 수 없다. 문장 구성상 "是謂不爭之德"은 앞의 "善爲士者不武, 善戰者不怒, 善勝敵者弗與"를, "是謂用人"은 "善用人者爲之下"를 가리킨다. 그러나 "시위천고지극야(是謂天古之極也)"에는 대응구가 없다. 따라서 이 구는 앞의 내용 전체를 종합 정리하는 결어구로 볼 수 있다. 이 점은 어조사 야(也)가 이 마지막 구에만 붙어 있다는 점에서도 간접적으로 증명될 수 있다.

과거 왕필본의 "시위배천고지극(是謂配天古之極)"에 대한 해석을 둘러싸고 많은 논란이 있었다. '배천고지극(配天古之極)'이라는 말의 해석이 순조롭지 않기 때문이다. 때문에 해동, 무내의웅(武內義雄), 유월을 비롯한 다수의 학자들은 고(古) 자를 빼야 한다고 주장했다. 가령 해동은 다음과 같이 말했다. "天 다음의 古는 의미가 통하지 않는다. 아마도 다음 장의 '용병유언(用兵有言)' 앞에 붙어 있던 '古之'가 잘못 끼어들면서 之 자는 탈락된 것 같다." 또한 유월은 문구의 형식이나 압운 등의 관점에 입각하여 古 자의 불필요성을 증명했다.[439] 그러나 현재 백서본에는 갑·을본 모두 古 자가 있으므로 기존의 주장들은 설득력을 잃게 되었다.

439  朱謙之, 앞의 책, 275~276쪽 참조.

# 69장

# 한 걸음 나아가기보다
# 두 걸음 물러서라

병법에 다음과 같은 말이 있다.
"나는 감히 먼저 공격하기보다 공격해 오길 기다리며,
나는 한 걸음 나아가기보다 두 걸음 물러선다."
이런 것을 진 없는 진을 펴고, 팔 없는 팔을 걷어붙이며
무기 없는 무기를 잡는다고 하니,
이렇게 하면 천하무적이 될 것이다.

상대할 적이 없는 상태가 되는 것보다 더 큰 화가 없으니
상대할 적이 없는 상태가 되면 나의 '보배'를 잃게 된다.
그러므로 겨루는 힘이 대등하면
적을 불쌍히 여기는 자가 승리할 것이다.

用兵有言曰:
吾不敢爲主而爲客
吾不進寸而退尺.
是謂行无行, 攘无臂, 執无兵
乃无敵矣.

禍莫大於无敵
无敵近亡吾寶矣.
故稱兵相若
則哀者勝矣.


이 장은 병법을 통해 67장에서 말한 "감히 세상에 나서지 않는다.[不敢爲天下先]"라는 이치를 설명하고 있다. 관점에 따라서는 67장부터 68장, 69장까지 연속적인 하나의 내용으로 볼 수도 있다. 미국 학자 헨릭스(R. G. Henricks)는 이 세 장을 하나로 연결해서 읽어야 한다고 주장하기도 했다.

원문의 "행무행(行无行)"에서 첫 번째 행은 '펼치다'라는 뜻이고, 두 번째 행은 전쟁터의 진을 뜻한다. 그러므로 왕필은 "행은 진을 펼친다는 뜻이다.[行, 行陣也.]"라고 주를 달았다. 여기에서 '무행'은 고정된 형태가 없는 진으로, 구체적으로는 적의 공세나 상황의 변화에 따라 수시로 바뀌는 진을 말한다. 따라서 진 없는 진을 편다는 뜻의 '행무행'은 고정된 형태가 없이 상황에 따라 응변하여 변화무쌍하게 펼치는 진법을 의미한다. 고정된 형태의 진은 상대가 파악하여 깨뜨릴 수 있지만, 고정된 형태가 없는 '무형의 진'은 파악할 수 없으니 깨뜨릴 수도 없다. 이하의 "양무비(攘无臂)", "집무병(執无兵)" 또한 이와 동일한 방식의 표현으로 이해할 수 있다.

'보(寶)'의 의미에 대해서는 주석가들마다 견해가 다르다. 왕필은 이를 67장에 나오는 '삼보(三寶)', 즉 '자애로움〔慈〕', '검소함〔儉〕', '감히 세상에 나서지 않음〔不敢爲天下先〕'의 세 가지로 보았다. 그러나 적을 가볍게 여기다가 전쟁에 지면 그 세 가지를 잃게 된다고 말하는 것은 다소 어색하다. 그래서 허항생은 '세 가지 보배' 중 '감히 세상에 나서지 않음'만 이 장의 '보배'에 해당하는 것으로 이해한다. 이러한 이해는 이 장의 첫머리에서 인용한 병법의 말, 즉 "나는 감히 먼저 공격하기보다 공격해오길 기다리며, 감히 한 걸음 나아가기보다 두 걸음 물러선다."의 의미와 부합된다. 한편 하상공주에서는 이 보배를 '몸〔身〕'으로 파악했는데,『여씨춘추』에서도 "모든 일의 근본은 반드시 먼저 몸을 다스리는 것이니, 그 큰 보배를 아낀다."[440]라고 하여 '몸'을 '보배'로 표현하고 있다.

그런데 마지막 구절에 "애자승의(哀者勝矣)", 즉 "적을 불쌍히 여기는 자가 승리할 것이다."라는 말이 나온다. 이 말은 67장의 세 가지 보배 중 '자애로움〔慈〕'과 연결된다. 따라서 소철은 다음과 같은 주를 달았다. "성인은 자애로움을 보배로 삼는다. 적을 가볍게 여기면 전쟁을 쉽게 여길 것이며, 전쟁을 쉽게 여기면 사람을 쉽게 죽이게 된다. 사람을 쉽게 죽이는 것은 자애로움을 상실하는 행위다."[441] 따라서 여기에서 말

---

440 "凡事之本, 必先治身, 嗇其大寶."
441 焦竑, 앞의 책 4권, 18쪽. "聖人以慈爲寶. 輕敵則輕戰, 輕戰則輕殺人. 殺人, 喪其

하는 '보배'는 문맥상 '자애로움'으로 보는 게 타당하다.

　마지막 구절의 "적을 불쌍히 여기는 자가 승리할 것이다."라는 말은 31장의 "많은 사람을 죽이면 슬픔으로 임하고, 전쟁에 이기면 상례로 처신하라."라는 말과 통한다. 노자의 관점에서 전쟁이란 어쩔 수 없는 상황에서 부득이하게 수행하는 행위이다. 따라서 비록 적이라도 그의 목숨을 가엾게 여기라는 것이다. 이렇게 적을 가엾게 여기는 덕 있는 지도자라야 아군뿐만 아니라 적군의 마음까지 얻을 것이고, 쌍방의 군사력이 비등한 상황에서 최종적으로 승리할 것이라는 주장이다.


## 판본 비교

### 백서본

갑: ●用兵有言曰: 吾不敢爲主而爲客, 吾不進寸而芮(退)尺. 是胃(謂)行无行, 襄(攘)无臂, 執无兵, 乃无敵矣. 鬸(禍)莫於(大)於无適(敵), 无適(敵)斤(近)亡吾吾⁴⁴²葆(寶)矣. 故稱兵相若, 則哀者勝矣.

을: 用兵又(有)言曰: 吾不敢爲主而爲客, 不敢進寸而退尺. 是胃(謂)行无行, 攘无臂, 執无兵, 乃无敵. 禍莫大於无敵, 无敵近亡吾㻁(寶)矣. 故抗兵相若, 而依(哀)者朕(勝)□.


所以爲慈矣."
**442** 吾 자 하나는 불필요하게 덧붙은 글자이다.

---

**왕필본**

用兵有言: 吾不敢爲主而爲客, 不敢進寸而退尺. 是謂行無行, 攘無臂, 扔無敵, 執無兵. 禍莫大於輕敵, 輕敵幾喪吾寶. 故抗兵相加, 哀者勝矣.

1. 用兵有言曰(백서갑)

　用兵有言(왕필본)

왈(曰) 자가 있고 없고의 차이다. 부혁본과 범응원본에도 백서본과 같이 曰이 있다. 단 범응원본에는 "용병자유언왈(用兵者有言曰)"이라 되어 있다.

2. 執无兵, 乃无敵矣(백서갑)

　扔無敵, 執無兵(왕필본)

첫째, 어순이 도치되었다. 『노자지귀』, 부혁본, 수주본 등도 백서본과 동일한 형태다. 그리고 이 구절에 대한 왕필주 "……執無兵, 扔無敵也."를 보더라도 왕필본의 원문 역시 백서본과 같았음을 알 수 있다. 백서본이 발굴되기 이전에 이미 역순정이 "'집무병(執無兵)'은 본래 '양무비(攘無臂)' 아래에 있었다. 이 점은 왕필주가 증명한다."라고 지적한 바있다.

둘째, 내(乃)와 잉(扔)의 차이가 보인다. 여기에는 두 가지 가능성이 있다. 하나는 백서본의 乃가 扔의 빌린 글자일 가능성이다. 백서 정리조는 백서본의 乃를 扔으로 해독하며, 허항생과 대유도 여기에 따른다. 다른 하나는 경문의 본 글자는 乃였는데 옮기는 과정에서 扔으로 잘못 썼을 가능성이다. 고명이 이 입장을 취한다. 두 경우 모두 가능하나 문맥상이나 의미상으로는 후자일 가능성이 크다. 특히 '내무적(乃无敵)'은 앞의 세 가지 행위로 나타나는 최종적 결과 내지 효과에 대한 결어구로 볼 수 있다. 즉 이 구절은 "진 없는 진을 펴고, 팔 없는 팔을 걷어붙이고, 무기 없는 무기를 잡으면(行无行, 攘无臂, 執无兵)" 그 결과 '곧 천하무적이 된다(乃无敵)'는 뜻으로 풀이할 수 있다. 더욱이 백서 갑본은 '내무적의(乃无敵矣)'로 어조사 의(矣)를 써서 문장을 종결짓는 의미가 강하다.

3. 禍莫大於无敵, 无敵近亡吾寶矣(백서을)
   禍莫大於輕敵, 輕敵幾喪吾寶(왕필본)

첫째, '무적(无敵)'과 '경적(輕敵)'의 차이가 보인다. 전통본 중 부혁본만 백서본과 같이 '무적(無敵)'으로 되어 있다. 돈황신본과 수주본에는 '侮敵'으로 되어 있으며, 그 밖의 판본은 대부분 왕필본과 마찬가지로 '輕敵'으로 되어 있다. 그런데 왕필주에는 "非欲以取强無敵於天下也. 不得已而卒至於無敵, 斯乃吾之所以爲大禍也."에서 보듯이 오히려 '無敵'으로 표현되어 있다. 따라서 왕필이 본 『노자』에도 애초에는 '無敵'으로 되어 있었음을 알 수 있다. 여러 전통본에 '輕敵'으로 되어 있는 것은 '無敵'을 '輕敵'의 의미로 이해한 결과로 보인다.

둘째, '근망(近亡)'과 '기상(幾喪)'의 차이가 보인다. 幾와 近, 喪과 亡은 각각 서로 뜻이 비슷하다.

4. 故稱兵相若, 則哀者勝矣(백서갑)

　　故抗兵相加, 哀者勝矣(왕필본)

　첫째, '칭병(稱兵)'과 '항병(抗兵)'의 차이가 보이는데, 이 둘은 동일한
의미로 볼 수 있다. 우선 왕필주에서 "항(抗)은 '일으키다'의 뜻이다."
[抗, 擧也.]라고 풀이했다. 그리고『상서』「목서(牧書)」에서 "너의 창을 일
으켜라.[稱爾戈]"라고 했고,『좌전』「양공 8년(襄公八年)」에서 "너는 어째
서 채나라에서 군대를 일으켰느냐.[汝何故稱兵於蔡]"라고 하여 稱을 모
두 '일으키다[擧]'의 의미로 사용했다.[443] 따라서 抗과 稱은 모두 '일으
키다(擧)'의 뜻으로 서로 통용될 수 있다.

　둘째, '상약(相若)'과 '상가(相加)'의 차이가 보이는데 이는 의미상 차
이가 있다. 즉 '相若'은 '(군대가) 상호 대등하다'라는 뜻인 반면, '相加'
는 '(군대가) 서로 교전하다'라는 뜻이다. 따라서 왕필본과 백서본 중 어
느 한쪽이 잘못되었을 것이다. 한편 누우열은 왕필주 "抗, 擧也. 加,
當也."에 대해 가(加)에는 당(當)의 의미가 없다고 보기 때문에 加 자
를 마땅히 若 자로 고쳐야 한다고 주장한다.[444] 이는 타당한 지적으로,
부혁본에도 "故抗兵相若, 則哀者勝矣."로 되어 있다. 따라서 왕필본
의 加 자는 부혁본과 백서본을 따라 若 자로 고쳐야 할 것이다. 의미상
으로도 '서로 교전하다[相加]'보다는 '서로 대등하다[相若]'가 문맥에 더
잘 맞는다.

443　高明, 앞의 책, 172쪽 참조.
444　樓宇烈 校釋, 앞의 책, 175쪽.

# 70장

# 내 말은 쉽지만
# 아무도 이해하지 못한다

나의 말은 매우 알기 쉽고 행하기 쉽다.
그러나 아무도 알 줄도 실천할 줄도 모른다.

말에는 핵심이 있고, 일에는 근본이 있는 법
사람들은 그저 무지하니, 이 때문에 나를 알지 못한다.

아는 자가 드물기에 오히려 나는 귀한 존재가 되는 것이니
그러므로 성인은 누더기를 걸치고 옥을 품는다.


吾言甚易知也, 甚易行也.
而人莫之能知也, 而莫之能行也.

言有君, 事有宗.

夫唯无知也, 是以不我知.

知者希, 則我貴矣.
是以聖人, 被褐而懷玉.


노자가 자신의 말을 이해 못 하고 실천 못 하는 세태를 비판하고 있다.

노자의 말은 간혹 이해하기 힘들게 느껴질 때가 있다. 노자는 상식과 어긋나는 발언으로 세상 사람들의 냉소를 사기도 하고, 또 때로는 너무도 심오한 이치를 툭 던지듯 내지름으로써 사람들을 당황스럽게 만들기도 한다. 일상에 안주하며 상식의 세계에 갇혀 있고 이것과 저것을 명확히 나누는 이분법적 사고에 익숙한 사람들에게, 그리고 당장의 효용성만 따지는 조급한 사람들에게 노자의 말은 쉽게 이해할 수도, 실천할 수도 없는 비현실적인 발언으로 느껴질 수밖에 없을 것이다.

그러나 진리의 말이 대부분 그러하듯 노자의 말 또한 평범하고 지극히 소박하다. 그의 말은 삶의 현장에서 벗어난 공리공담이 아니고, 언어유희나 지적 유희를 즐기는 사유를 위한 사유도 아니다. 인류가 지나온 생생한 삶의 현장에서의 다양한 경험들을 통해 흘러나온 오랜 지혜들을 집약적으로 표현하고 있을 뿐이다. 노자의 발언 밑바닥에는 인류의 오랜 역사적 경험이 깔려 있다. 그리고 자연과 인간에 대한 체험적 지혜들이 자리 잡고 있다. 그러므로 노자의 말은 노자 혼자만의 독창적인 발언이 아니다. 노자의 말은 노자 이전에 존재했던 수많은 옛사람들의 지혜를 대변한다.

그러므로 좀 더 근본적으로 따져 보고 좀 더 긴 안목으로 바라본다면 노자의 말은 쉽게 이해될 수 있을 것이다. 이해가 된다면 실천도 가능할 것이다. 그런데 사람들은 노자가 하는 말의 '껍질'에 갇혀 그 본질적 의미를 파악하지 못한다. "말에는 핵심이 있고 일에는 근본이 있는 법〔言有君, 事有宗〕"인데, 사람들은 핵심과 근본을 잡지 못하고 '말'의 언저리에서 맴돌고 있는 것이다.

세상 사람들, 특히 위정자들은 당장의 효과를 볼 수 있는 말이나 이론에 솔깃하게 된다. 그래서 전국 시대 말기의 진(秦)나라는 이상주의적 성향이 강한 도가나 유가의 이론보다 현실주의적 성향이 강한 법가의 이론을 지배 이념으로 채택했다. 그 결과 단시일 내에 부국강병을 이룰 수 있었고 마침내 천하 통일의 대업을 완수할 수 있었다. 그러나 그것의 역할은 거기까지였다. 법가 사상의 강압적인 방식으로는 천하를 통일할 수는 있었지만 통일된 천하를 지킬 수는 없었다. 그 때문에 진 제국은 15년 만에 역사의 무대에서 사라졌다. 진나라 위정자들의 무지함에서 비롯된 결과였다. 그들은 무지했기 때문에 노자의 말을 이해하지도 실천하지도 못했던 것이다.

노자는 세상으로부터 이해받지 못하는 자신을 "누더기를 걸치고 옥을 품은〔被褐而懷玉〕" 성인에 비유하고 있다. 고귀한 진리의 말을 선포해도 이해하지도, 실천하지도 못하는 세상 사람들을 보며 차라리 자신의 '빛'을 감추는 쪽을 선택한 것이다. 그는 자신을 이해하지 못하는 세상 사람들을 향해 굳이 자신의 '옥'을 알아 달라고 애원하거나 매달리지 않았다. 언젠가 눈 밝은 이가 나타나면 자신이 지닌 '옥'을 알아볼 날이 있으리라 믿었기 때문일 것이다.

이러한 노자의 태도는 진흙 속에 뿌리를 두되 진흙에 물들지 않는 연꽃의 모습과 비슷하다. 앞서 '나를 아는 자가 드물다.〔知者, 希〕'라고 했는데, 이는 성인이 '누더기'를 걸치고 있기 때문이다. 이때 '누더기를 걸친다'는 것은 대중 속에 섞여 특별히 드러나지 않음을 의미하다. 한편 "오히려 나는 귀한 존재가 된다.(則我貴矣)"라고 했는데, 이는 성인이 '옥'을 품고 있기 때문이다. 즉 성인은 표면적으로는 대중과 별 차이가 없으나, 내면에 '옥'을 품음으로써 대중과 구분된다. 왕필은 다음과 같이 풀이한다. "'누더기를 입는다'는 것은 세속과 같이한다는 것이요, '옥을 품는다'는 것은 자신의 참된 본성〔眞〕을 보배롭게 여긴다는 것이다. 성인을 알기 어려운 까닭은, 세속과 함께하여 특별한 바가 없고, 옥을 품고 있어도 겉으로 드러내지 않기 때문이다. 그러므로 성인은 알기 어렵고 또한 귀한 존재가 된다."[445]

## 판본 비교

### 백서본

갑: 吾言甚易知也, 甚易行也. 而人莫之能知也, 而莫之能行也. 言有君, 事有宗. 夫唯无知也, 是以不□□. □□□, □我貴矣. 是以聖人被褐而裏(懷)玉.

을: 吾言易知也, 易行也. 而天下莫之能知也, 莫之能行也. 夫言又

---

445 樓宇烈 校釋, 앞의 책, 176쪽. "被褐者, 同其塵; 懷玉者, 寶其眞也. 聖人之所以難知, 以其同塵而不殊, 懷玉而不渝, 故難知而爲貴也."

(有)宗, 事又(有)君. 夫唯无知也, 是以不我知. 知者希, 則我貴矣. 是以
耴(聖)人被褐而裹(懷)玉.

**왕필본**

吾言甚易知, 甚易行. 天下莫能知, 莫能行. 言有宗, 事有君. 夫唯無
知, 是以不我知. 知我者希, 則我者貴. 是以聖人被褐懷玉.

言有君, 事有宗(백서갑)
言有宗, 事有君(왕필본)
군(君)과 종(宗)의 위치가 앞뒤로 뒤바뀌어 있다. 백서 을본이나 대부
분의 전통본도 왕필본과 같다.(단 부혁본과 범응원본에는 君이 主로, 즉 "言
有宗, 事有主"로 되어 있다.)『회남자』「도응」 편이나 『문자』「미명(微明)」
편의 인용문도 모두 왕필본과 마찬가지로 "言有宗, 事有君"으로 되어
있다. 따라서 현행 왕필본과 같은 형태는 이미 백서 을본의 성립 시기
부터 정립되어 온 것으로 보인다.

# 71장

# 문제를 문제로 알면
# 문제가 아니다

아는 게 있어도 앎으로 여기지 않는 게 으뜸이고
모르면서도 아는 척하는 게 문제다.
그러므로 성인에게 문제가 없는 것은
문제를 문제로 여기기 때문이니
이 때문에 문제가 없다.


知, 不知, 尙矣
不知, 知, 病矣.
是以聖人之不病
以其病病
是以不病.

이 장에서는 지도자는 모름지기 매사에 신중해야 한다는 점에 대해 말하고 있다.

성인, 즉 참된 지도자는 늘 신중히 처신함으로써 경거망동하는 일이 없다. 무엇에 대해 잘 안다고 하여 그것을 쉽게 생각하거나 가볍게 처리하지 않는다. 아무리 쉬운 일도 가벼운 마음으로 쉽게 처리하다 보면 실수가 있게 마련이다. "돌다리도 두들겨 보고 건너라.", "아는 길도 물어 가라."라는 우리 속담이 있다. 모두 매사에 늘 조심하고 신중히 처신하라는 충고다. 노자는 63장에서 이렇게 말했다. "성인은 매사를 항상 어렵게 여기니, 그래서 끝내 어려운 일이 없다."[446]

사람들은 대개 어떤 일을 시작할 때는 최대한 정신을 모으고 마음을 집중하여 신중하게 대한다. 그러다가 어느 순간 마음이 흐트러져 방심하게 되고 결국 일을 망친다. 노자는 또 말한다. "사람들의 일은 늘 거의 완성되는 단계에서 실패하곤 한다. 따라서 마지막도 처음처럼 신중히 한다면 실패하는 일이 없을 것이다."[447] 이러한 이치는 구체적인 일뿐만 아니라 인간관계에도 적용된다.

"문제를 문제로 여기다.〔病病〕"라는 매사 조심하고 신중하여 긴장의 끈을 놓지 않는다는 말이다. 이것을 잘하기 때문에 성인에게는 큰 문제가 없는 것이다. 결국 문제를 문제로 여길 때 문제는 문제가 되지 않는 법이다.

---

446 "聖人猶難之, 故終於无難."
447 『노자』64장. "民之從事也, 恒於其成事而敗之. 故愼終若始, 則无敗事矣."

## 판본 비교

### 백서본

갑: 知不知, 尙矣; 不知不知, 病矣. 是以聖人之不病, 以其□□. □□ □□.

을: 知不知; 尙矣; 不知知, 病矣. 是以耶(聖)人之不□也, 以其病病 也, 是以不病.

### 왕필본

知不知, 上; 不知知, 病. 夫唯病病, 是以不病. 聖人不病, 以其病病, 是以不病.


1. 不知不知, 病矣(백서갑)

   不知知, 病(왕필본)

하상공본과 부혁본 등을 비롯한 대부분의 전통본이 왕필본과 같고, 백서 을본 역시 마찬가지다. 현재 대부분의 학자들이 백서 갑본이 잘 못되었다고 보고 왕필본을 따른다.


2. 夫唯病病, 是以不病(왕필본)

이 구절은 백서본에 나오지 않는다. 과거에 이 구절에 대해 다양한 의견이 제시되었다. 우선 장석창은 다음과 같이 주장했다. "『어람(御 覽)』「질병부(疾病部)」에는 '聖人不病, 以其病病. 夫唯病病, 是以不病' 로 되어 있는데, 다른 판본에 비해 뛰어나니 마땅히 여기에 근거하여 개정해야 한다. ······ '夫唯病病, 是以不病' 두 구가 '聖人不病, 以其病病' 두 구 앞에 잘못 놓였고, 또 마지막 구 '시이불병(是以不病)' 네 자는 불필요한 글자다. 그 결과 고본의 본래 모습을 잃게 되었다."[448] 그는 이러한 주장의 근거를 『노자』에 보이는 '夫唯······, 是以······' 형식의 용례에서 찾는다. 진고응 역시 장석창의 이 의견을 전적으로 따른다.

한편 유월은 『한비자』에 근거하여 다음과 같이 주장한다. "앞에서 이미 '夫唯病病, 是以不病'이라 했는데, 이어서 다시 '以其病病, 是以不病'이라 하면 문장이 중복된다. 『한비자』 「해로」 편에는 '聖人之不病也, 以其不病, 是以無病'이라고 했으니 마땅히 따라야 할 것이다."[449]

현재 백서본을 통해 보건대 장석창의 의견은 별로 타당성이 없는 반면, 유월의 견해는 백서본에 상당히 근접해 있다.(단 그가 근거로 든 『한비자』의 인용문은 백서본과 약간의 차이가 있다.[450]) 그리고 백서본에 근거할 때 현행 왕필본의 '夫唯病病, 是以不病'은 불필요하게 덧붙은 구절임을 알 수 있다. 또한 내용상으로도 이 구절은 "聖人不病, 以其病病"과 사실상 중복된다. 전통본 중에는 경룡비본과 돈황신본만 백서본과 일치한다.

---

448  陳鼓應, 앞의 책, 329쪽에서 재인용.
449  高明, 앞의 책, 179쪽에서 재인용.
450  '不病'/'病病' 및 '無病'/'不病'의 차이다.

# 72장

# 백성을 압박하지 말라

백성들이 군주의 위엄을 두려워하지 않게 되면
장차 큰 두려움이 이르게 될 것이다.

백성들의 터전을 좁게 하지 말고
그들의 삶을 압박하지 말라.
무릇 압박하지 않아야
백성들이 군주를 싫어하지 않는다.

그러므로 성인은 저 자신을 알 뿐 스스로를 드러내지 않고
저 자신을 아낄 뿐 스스로를 귀하게 여기지 않는다.
그러므로 '저것'을 버리고 '이것'을 취한다.

民之不畏威
則大畏將至矣.

毋狎其所居
毋厭其所生.
夫唯弗厭
是以不厭.

是以聖人
自知而不自見也
自愛而不自貴也.
故去彼取此.


　백성들이 군주의 위엄을 두려워하지 않을 정도로 백성들의 삶을 압
박해서는 안 된다는 점에 대해 말하고 있다.
　백성들이 군주의 위엄을 두려워하지 않게 된다는 것은 어떤 상황인
가? 강압적인 통치가 지속되는 암울한 정치 상황일 것이다. 통치자가
백성들을 마구잡이로 억누르면 결국에는 그 강압적인 상황에 염증을
느끼고 백성들이 목숨을 내던지며 반발한다. 즉 두려움을 두려워하지
않게 된다. 백성이 죽음 같은 두려움도 두려워하지 않는 지경에 이르
면 그 어떤 강력한 수단으로도 백성을 제어할 수 없게 된다. 그러므로
74장에서 말한다. "만약 백성이 죽음조차 두려워하지 않게 된다면, 어

찌 죽음으로 그들을 두렵게 할 수 있겠는가?"[451] 진시황의 제국이 천하를 통일한 지 겨우 15년 만에 맥없이 무너진 것도 바로 이런 상황에 이르렀기 때문이다.

그러면 이런 '큰 두려움'이 이르지 않게 하기 위해, 또는 백성이 통치자를 싫어하지 않게 하기 위해 군주는 어떻게 처신해야 하는가? 이에 대해 노자는 두 가지를 제시한다. 하나는 '스스로를 드러내지 않음[不自見]'이고, 다른 하나는 '스스로를 귀하게 여기지 않음[不自貴]'이다.

'스스로를 드러내지 않음'은 지혜로운 지도자가 갖추어야 할 일차적 덕목이다. 22장에서 "자신을 드러내지 않기에 밝게 나타난다.[不自見故明]"라고 했고, 24장에서는 "자신을 드러내는 자는 밝게 나타나지 못한다.[自見者不明]"라고 했다. 노자의 관점에서 자신을 드러내는 데 힘쓰는 지도자는 지혜로운 지도자가 아니다. 자신을 드러내기 위해서는 일단 자신의 존재를 백성들이 인식하도록 해야 하는데, 이런 상태는 "최고의 정치는 백성이 통치자의 존재만을 아는 것이다."[452]라는 노자의 이상에 역행한다. 또한 자신을 드러내기 위해서는 자신이 백성들을 위해 이러저러한 일들을 했다는 사실을 널리 알려야 하는데, 이런 행위는 "낳아 주되 소유하지 않고, 베풀어 주어도 자랑하지 않는다."[453]라는 자연법칙과 어긋난다. 그러므로 무위 정치를 실천하는 참된 지도자는 스스로를 드러내지 않도록 조심해야 하는 것이다.

한편 '스스로를 귀하게 여기지 않음'은 노자가 참된 지도자의 조건

---

451 『노자』 74장. "若民恒且不畏死, 奈何以殺懼之也?"
452 『노자』 17장. "太上, 下知有之."
453 『노자』 51장. "生而不有也, 爲而不恃也."

으로 자주 강조하는 낮춤의 태도에 해당한다. 39장에서 노자는 말했다. "반드시 귀해지고 싶다면 천함을 근본으로 삼아야 하고, 반드시 높아지고 싶다면 낮음을 바탕으로 삼아야 한다. 이 때문에 왕은 자기 자신을 '고아', '부족한 사람', '복 없는 사람'이라 말한다."[454] 스스로를 낮출수록 높아진다는 역설의 법칙을 깨달아야 한다는 것이다. 그러므로 7장에서 또 이렇게 말했다. "성인은 자기 몸을 뒤서게 하지만 오히려 앞서게 되고, 자기 몸을 도외시하지만 오히려 잘 보존된다."[455] 이처럼 지도자가 스스로를 낮추고 겸양의 태도를 취하면 백성은 지도자가 위에 있어도 무겁게 여기지 않고 앞에 있어도 불편하게 여기지 않을 것이다.[456]

## 판본 비교

### 백서본

갑: □□□畏畏(威)[457], 則大□□□矣. ●母(毋)閘(狎)[458]其所居, 毋猒其所生. 夫唯弗猒, 是□□□. □□□□□□□□□□, □□而不自貴也. 故去被(彼)取此●

---

454 "必貴而, 以賤爲本, 必高矣而, 以下爲基. 夫是以, 後王自謂曰: 孤, 寡, 不穀."
455 "聖人, 退其身而身先, 外其身而身存."
456 『노자』 66장. "居前而民弗害也, 居上而民弗重也."
457 백서 정리조는 威로 읽는다.
458 백서 정리조는 狎으로 해독한다.

을: 民之不畏畏(威), 則大畏<sup>459</sup>將至矣. 毋伊(狎)其所居, 毋猒其所生.
夫唯弗猒, 是以不猒. 是以耶(聖)人自知而不自見也, 自愛而不自貴也.
故去罷(彼)而取此.


**왕필본**

民不畏威, 則大威至. 無狎其所居, 無厭其所生. 夫唯不厭, 是以不
厭. 是以聖人自知不自見, 自愛不自貴. 故去彼取此.


1. 분장의 차이

백서 갑본에서는 "則大〈畏將至〉矣" 다음에 분장 표시로 보이는 ●
기호가 있다. "民之不畏畏, 則大畏將至矣"의 문장 형식은 바로 앞 장
의 뒷부분 "以其病病, 是以不病"과 유사하다. 또한 내용상 이 구절은
이하의 단락과 잘 이어지지 않는다. 따라서 이 구절은 본래 앞 71장에
속했는데 왕필본에 이르러 72장으로 잘못 분리되었을 가능성이 있다.


2. 畏畏(백서본)
   畏威(왕필본)

초횡에 따르면 위(威)와 외(畏)는 옛날에 통용되었다고 한다. 이 설명
이 옳다면 백서본의 '외외(畏畏)'도 왕필본과 같이 '외위(畏威)'로 읽을
수 있다. 현재 허항생, 고명 등을 비롯한 대부분의 학자들이 여기에 따
른다.

---

459 백서 정리조는 威로 읽지만 필자는 원문 그대로 읽는다.

3. 毌猒其所生. 夫唯弗猒, 是以不猒(백서을)

　無厭其所生. 夫唯不厭, 是以不厭(왕필본)

염(厭)과 염(猒)은 글자 형태도 비슷하고 음도 같아 서로 통용될 수 있다. 문제는 왕필본에서 "무염기소생(毌猒其所生)" 및 "부유불염(夫唯弗猒)"의 猒과 "시이불염(是以不猒)"의 猒을 같은 의미로 풀이할 수 있는가이다. '弗猒'과 '不猒'의 차이가 있기 때문이다. 백서본에서는 왕필본의 不 자가 대부분 弗 자로 표기되어 있는데, 이 구절만은 특이하게 弗과 不을 모두 쓰고 있다. 이처럼 '弗猒'과 '不猒'으로 표기를 달리한 데에는 둘의 어떤 차이를 표현하기 위한 의도가 있는 게 아닌가 의심된다. 이에 대해서는 이미 예전부터 의문이 제기되었다. 가령 고형은 다음과 같이 주장했다. "앞의 厭 자는 앞에서 말하는 '백성의 삶을 압박하지 말라(無厭其所生)'의 '厭(압박하다)' 자이고, 뒤의 厭 자는 곧 66장의 '세상 사람들이 모두 기꺼이 받들며 싫증 내지 않는다(天下樂進而弗厭)'의 厭(싫증 내다) 자이니, 무릇 군주가 오직 백성을 압박하지 않을 때 백성은 그 군주를 싫증 내지 않는다는 말이다."[460] 주겸지 또한 이와 비슷하게, "…… 앞의 厭과 뒤의 厭은 비록 글자는 같으나 의미는 다르다. 앞의 厭은 '압박하다(壓)'의 뜻이고, 뒤의 厭은 '싫어하다(惡)'의 뜻이다."[461] 라고 주장했다. 문맥으로 볼 때 고형과 주겸지의 말이 타당하다. 따라서 이 구절은 "그들의 삶을 압박하지 말라. 무릇 압박하지 않아야 백성들이 군주를 싫어하지 않는다.(毌壓其所生. 夫唯弗壓, 是以不厭)"라고 해석할 수 있다.

460　高亨, 앞의 책, 142쪽.
461　朱謙之, 앞의 책, 285쪽 참조.

## 73장

# 하늘 그물은 엉성하지만
# 놓치는 게 없다

감히 ……하는 데 용감하면 죽고
감히 ……하지 않는 데 용감하면 산다.
이 두 가지는 혹 이롭기도 하고 혹 해롭기도 한데
하늘이 싫어하는 바, 누가 그 이유를 알겠는가?

하늘의 도는
싸우지 않아도 잘 이기고, 말하지 않아도 잘 응답하며
부르지 않아도 스스로 오고, 허술한 듯하면서도 잘 도모한다.

하늘 그물은 넓고도 넓어라
엉성하지만 놓치는 게 없다.

勇於敢則殺

勇於不敢則活.

此兩者, 或利或害.

天之所惡, 孰知其故?


天之道

不戰而善勝, 不言而善應

弗召而自來, 繟而善謀.


天網恢恢

疏而不失.




개인의 강한 의지로 억지로 하려 들지 말고, 모든 것을 저절로 그러
한 하늘의 도에 맡길 것을 권유하고 있다.

'감히 ……하는 데 용감한 사람', 즉 과감한 사람은 이른바 강한 사
람이다. 그런 사람은 분을 참지 못하고 자기 뜻에 거슬리는 일을 참아
넘기지 못한다. 눈에는 눈, 이에는 이로 대응한다. 반대로 '감히 ……하
지 않는 사람', 즉 화나는 일이 있어도 화내지 않고 못마땅한 일이 있어
도 참아 넘기는 사람은 부드러운 사람이다.

노자는 늘 우리에게 강함을 버리고 부드러움을 취할 것을 권유한다.
왜 그런가? "강하고 딱딱한 것은 죽음의 무리이고, 부드럽고 미세한 것
은 삶의 무리이다."[462]라고 보기 때문이다. 그러므로 67장에서 '세 가지

보배〔三寶〕'를 말하며 '감히 세상에 나서지 않음〔不敢爲天下先〕'을 으뜸으로 들고 있다.

그러면 이 두 가지 태도 중 어느 것이 이롭고 어느 것이 해로운가? 노자의 관점에서는 당연히 '감히 ……하지 않는데 용감한' 태도가 이롭고 '감히 ……하는 데 용감한' 태도가 해롭다. 즉 '부드러움'이 이롭고 '강함'이 해롭다. 강함을 지향하는 태도는 인위에 가깝고 부드러움을 지향하는 태도는 무위에 가깝기 때문이다.

노자가 볼 때 하늘의 도는 "싸우지 않아도 잘 이기고, 말하지 않아도 잘 응답하며, 부르지 않아도 스스로 오고, 허술한 듯하면서도 잘 도모한다〔不爭而善勝, 不言而善應, 不召而自來, 繟然而善謀〕". 이는 인간의 상식적인 관념으로는 잘 이해되지 않지만 자연계에서는 일상적인 현상들이다. 흐르는 물은 장애물을 만나도 그것을 밀쳐 내지 않고 결국 제 갈 길을 가고, 계절이 바뀔 때마다 초목은 새싹, 꽃, 열매 등으로 적절히 응답하며, 바다는 가장 낮은 곳에 위치함으로써 지상의 모든 물이 스스로 몰려오게 하고, 기나긴 겨울의 끝자락에 봄은 올 듯 말 듯 답답하게 굴지만 어느 순간 이미 우리 곁에 와 있다.

하늘 그물은 무형으로 존재한다. 인간의 그물은 촘촘하게 얽혀 있지만 하늘 그물은 단 하나의 그물이나 그물코도 지니지 않는다. 그럼에도 불구하고 만물은 하늘 그물에서 벗어날 수 없다. 여기에서 하늘 그물은 물론 자연의 이치 또는 자연의 질서 체계에 대한 상징적 표현이다.

인간 사회의 질서는 '법'이라는 인위적인 그물망에 의해 유지된다. 인

---

462 『노자』 76장. "堅强者, 死之徒也; 柔弱微細, 生之徒也."

류 사회는 집단생활을 시작한 이래로 온갖 형태의 법을 만들어 왔다. 인지가 발달하고 문명이 발전하면서 법의 그물망은 점점 더 촘촘해져 왔다. 그러나 법망이 촘촘해질수록 법망을 벗어나려는 인간의 기교 또한 영악해지고 교활해지고 있다. 그 결과 아무리 세밀하고 치밀한 법체계를 만들어도 인간들은 언제나 법망을 벗어날 방법을 찾아낸다. 그러니 법질서를 아무리 정교하고 치밀하게 짠다고 한들 무슨 소용이 있겠는가?

'하늘 그물(天網)'은 엉성하고도 엉성하다. 하늘 그물은 저절로 그러함에 맡길 뿐 결코 무엇을 강요하거나 요구하지 않는다. 그럼에도 불구하고 만물은 이미 이루어져 있고, 모두 갖추어져 있다. 즉 '하늘 그물'은 아무것도 잡아 두지 않지만 이미 모든 것이 그 안에 들어 있다. 이는 곧 '하늘 그물'이 천하로 천하를 감싸고, 천하를 천하에 간직하기 때문이다.


## 판본 비교

### 백서본

갑: ●勇於敢者□□, □於不敢者則栝(活). □□□□, □□□□. □□□□, □□□□. □□□, □□□□□, 不言而善應, 不召而自來, 彈(繟)而善謀. □□□□, □□□□.

을: 勇於敢則殺, 勇於不敢則栝(活). □兩者, 或利或害. 天之所亞(惡), 孰知其故? 天之道, 不單(戰)而善朕(勝), 不言而善應, 弗召而自

來, 單(繟)而善謀. 天罔(網)䬻䬻(恢恢), 疏而不失.

### 왕필본

勇於敢則殺, 勇於不敢則活. 此兩者, 或利或害. 天之所惡, 孰知其
故? 是以聖人猶難之. 天之道, 不爭而善勝, 不言而善應, 不召而自來,
繟然而善謀. 天網恢恢, 疏而不失.

백서 갑본은 훼손이 많고 을본은 비교적 온전하므로 주로 을본에 근
거해 비교해 보면, 백서본과 왕필본 사이의 특별한 차이점은 발견되지
않는다. 단지 왕필본의 "시이성인유난지(是以聖人猶難之)" 구절이 백서본
에 나타나지 않는다.

이 구절에 대해서는 예전부터 많은 사람들이 의문을 제기했다. 일찍
이 해동은 "'是以……' 구절은 위아래의 문장과 잘 연결되지 않는다. 아
마 63장의 문장이 여기에 다시 나온 것 같다."라고 했고, 마서륜 또한
"'是以……' 구절은 63장이 착간되어 거듭 나온 것이다. 역주본(易州本)
에도 이 구절이 없으므로 이 점이 증명될 수 있다."[463]라고 했다. 이 밖
에 고형도 이들과 같은 견해를 밝혔으며, 경룡본·엄존본·수주본·돈황
신본 등에도 이 구절이 없다. 이상에 근거할 때, 그리고 백서본에서도
찾아볼 수 없다는 점을 고려할 때, 왕필본의 "是以聖人猶難之"는 본문
에서 삭제하는 것이 옳다.

---

463 이상은 陳鼓應, 앞의 책, 334쪽에서 재인용했다.

# 74장

# 백성이 죽음조차
# 두려워하지 않게 되면

만약 백성이 죽음조차 두려워하지 않게 된다면
어찌 죽음으로 그들을 두렵게 할 수 있겠는가?
백성이 죽음을 두려워하는데도 기이한 짓을 하는 자가 있다면
내가 잡아서 죽일 것이니
누가 감히 그런 짓을 행할 것인가!

만약 백성이 반드시 죽음을 두려워하게 되면
죽음을 관장하는 자에게 맡기면 된다.
만약 죽음을 관장하는 자를 대신해 죽인다면
이는 목수를 대신해 나무를 깎는 것과 같다.
무릇 목수를 대신해 나무를 깎는다면
제 손을 다치지 않을 자 드물다.

若民恒且不畏死
奈何以殺懼之也?
若民恒畏死則而爲(奇)[464]者
吾將得而殺之.
夫孰敢矣!

若民恒且必畏死
則恒有司殺者.
夫代司殺者殺
是代大匠斲也.
夫代大匠斲者
則希不傷其手矣.

　　백성이 죽음조차 두려워하지 않는 상황에 이르러서는 안 된다는 점과, 백성을 함부로 죽이는 행위를 삼가라는 메시지를 담고 있다.
　　앞서 72장에서 "백성들이 군주의 위엄을 두려워하지 않게 되면, 장차 큰 두려움이 이르게 될 것이다."라고 했다. 백성들이 두려움을 두려워하지 않게 되는 것은 삶이 죽음보다 못한 지경에 이르렀을 때다. 통치의 압박이 너무 심해 구차하게 살아 있으니 차라리 죽는 게 낫다고 판단된다면 민초들은 죽음을 불사하고 들고일어날 것이다. 역사상 수

---

**464** 백서 을본 및 왕필본에 근거하여 보충했다.

많은 강압 정치의 말로가 모두 이런 경로를 거쳤다. 가령 중국 고대의 하(夏)나라 마지막 임금인 걸(桀)의 폭정이 심해지자 "이 해가 언제 사라질꼬? 내 차라리 너와 함께 망하리라."[465]라는 백성의 원망이 있었고, 그 후 오래지 않아 하나라는 결국 은나라 탕왕에 의해 멸망하고 말았다.

그러나 삶이 안정되면 백성은 자연스럽게 죽음을 두려워하게 된다. 편안히 머무를 거처와 생업을 가지면 사람들은 죽음을 두려워하게 되며, 심지어 사소한 위법 행위도 꺼리게 된다. 누려야 할 안락함과 지켜야 할 소중한 것들이 있기 때문이다. 그래서 80장에서 노자는 "백성들이 죽음을 두려워하고 도구를 멀리하게 하라."[466]라고 말했다. 이런 안정된 상황에서는 범법자를 잡아 본보기로 처벌하면 모두 조심하면서 법을 위반하지 않는다. 이 부분에 대해 소철은 이렇게 풀이한다. "백성이 정치에 대해 편안함을 느끼면 늘 삶을 즐기고 죽음을 두려워하게 된다. 그렇게 된 이후 괴이한 짓거리로 무리를 어지럽히는 자를 잡아 죽인다면 감히 누가 복종하지 않겠는가?"[467]

"죽음을 관장하는 자〔司殺者〕"는 하늘을 말한다. 이때 하늘은 물론 인격적 주재신(主宰神)의 의미가 아니라, 저절로 그러하게 운행하고 있는 자연의 이치다. 자연은 생물을 살리고 죽임에 일정한 법도가 있다. 봄에는 온갖 초목을 생겨나게 하고 가을에는 시들고 죽게 만든다. 즉 자연은 때에 맞추어 생살을 집행할 뿐 아무 때나 함부로 죽이거나 살

---

465 『맹자』「양혜왕 상」. "時日, 害喪? 予及女, 偕亡."
466 "使民重死而遠送."
467 焦竑, 앞의 책 4권, 25쪽. "民安于政, 常樂生畏死. 然後執其詭異亂羣者而殺之. 孰敢不服哉."

리지 않는다. 이러한 자연의 이치를 통치자가 본받아야 한다는 것이니, 여기에는 곧 통치자의 자의적인 형 집행에 반대하는 노자의 생각이 들어 있다.

한편 노자는 통치자의 자의에 따라 함부로 사람을 죽이는 행위를 목수를 대신해 나무를 깎는 행위에 비유하고 있다. 노련한 목수는 나무의 결과 무늬에 맞추어 나무를 자르고 깎는다. 노련한 목수의 손놀림에는 리듬이 있고 심지어 오묘한 아름다움조차 깃들어 있다. 그러나 서툰 목수는 나무의 결이나 무늬를 살피지 않는다. 날카로운 연장을 마구잡이로 휘두르며, 결국에는 자기 손을 다칠 뿐만 아니라 연장과 나무까지도 망치고 만다. 역사상 등장하는 수많은 폭군과 독재자의 사례들이 이 점을 입증한다. 노자가 강조하는 무위 정치는 바로 이러한 통치자의 오류를 최대한 줄일 수 있는 정치 이념이다.

## 판본 비교

### 백서본

갑: □□□□□□□, 奈何以殺愳(懼)之也? 若民恒是(畏)死則而爲者, 吾將得而殺之, 夫孰敢矣! 若民□□必畏死, 則恒有司殺者. 夫伐(代)司殺者殺, 是伐(代)大匠斲也. 夫伐(代)大匠斲者, 則□不傷其手矣 ●

을: 若民恒且○不畏死, 若何以殺曜(懼)之也? 使民恒且畏死, 而爲畸(奇)者, □得而殺之, 夫孰敢矣! 若民恒且必畏死, 則恒又(有)司殺者. 夫代司殺者殺, 是代大匠斲. 夫代大匠斲, 則希不傷其手.

**왕필본**

民不畏死, 奈何以死懼之? 若使民常畏死, 而爲奇者, 吾得執而殺
之, 孰敢! 常有司殺者殺. 夫代司殺者殺, 是謂代大匠斲. 夫代大匠斲
者, 希有不傷其手矣.


1. 若民恒是(畏)死則而爲者, 吾將得而殺之(백서갑)

   若使民常畏死, 而爲奇者, 吾得執而殺之(왕필본)

첫째, '즉이위자(則而爲者)'와 '이위기자(而爲奇者)'의 차이가 있는데,
백서 을본은 오히려 왕필본과 같다. 우선 백서 갑본에는 즉(則) 자가
있는데, 이것은 의미에 별 영향을 주지 않으므로 따로 고려할 필요가
없다. 문제는 백서 을본과 왕필본에 있는 기(奇) 자가 성립 시기상 가장
오래된 백서 갑본에는 없다는 점이다. 이 점에 대해 허항생과 고명 등
은 백서 갑본에서 奇가 잘못 탈락된 것으로 보고 을본에 근거하여 奇
를 채워 넣는다.

둘째, '득이살지(得而殺之)'와 '득집이살지(得執而殺之)'의 차이에서, 왕
필본의 집(執)은 사실상 불필요한 글자이다. 得에 이미 執의 의미가 들
어 있기 때문이다.


2. 若民恒且必畏死, 則恒又司殺者(백서을)

   常有司殺者殺(왕필본)

우선 백서본의 '약민항차필외사(若民恒且必畏死)' 구절은 왕필본이
나 그 밖의 전통본에서 찾아 볼 수 없다. 그러나 문맥상으로 보면 백서
본의 형태가 낫다. 백서본은 '若民恒且不畏死, ……. 若民恒且畏死,

……. 若民恒且必畏死, ……'의 일관된 형식으로 전개되기 때문이다. 따라서 왕필본에서는 이 구절이 잘못 탈락된 것으로 보인다.

한편 백서본은 끝부분에 살(殺) 자가 없는데, 하상공본·돈황경본·경복비본에도 없다. 殺 자가 없어도 해석에 별 영향을 미치지 않는다.

# 75장

# 위에서 작위하면
# 백성이 다스려지지 않는다

사람들이 굶주리는 것은
위에서 세금을 많이 거둬들이기 때문이니
그래서 굶주리게 된다.
백성들이 다스려지지 않는 것은
위에서 작위하기 때문이니
그래서 다스려지지 않는다.

백성이 쉬이 죽는 것은[468]
생명에 집착함이 지나치기 때문이니
그래서 쉬이 죽게 된다.

---

**468** '輕死(경사)'는 일반적으로 "죽음을 가볍게 여긴다."로 해석되기도 한다. 과거에는 뒤 단락도 앞 단락과 연결되는 내용으로 오인하여, 통치자의 과도한 수탈로 인해 압박 받는 백성이 죽음조차 가볍게 여기는 상황을 비판한 것으로 이해했다. 그러나 백서 갑본에는 이 두 단락이 명확히 서로 다른 장으로 표시되어 있다.

자기 생명에만 집착하지 않는 사람이
생명을 중시하는 사람보다 현명하다.


人之飢也
以其取食稅之多也
是以飢.
百姓之不治也
以其上有以爲也
是以不治.


民之輕死
以其求生之厚也
是以輕死.
夫唯无以生爲者
是賢貴生.


　이 장에는 서로 다른 내용의 두 단락이 하나로 묶여 있다. 백서 갑본
에는 "시이불치(是以不治)"와 "민지경사(民之輕死)" 사이에 분장 표시로
보이는 ● 기호가 들어 있다. 따라서 이 두 단락은 서로 다른 별개의
장으로 처리하는 게 합당하다.
　앞 단락에서는 통치자의 지나친 욕심과 불필요한 통치 행위로 백성

이 고달파지는 상황을 말하고 있다.

예나 지금이나 지나친 세금은 늘 백성을 힘들게 한다. 지난날 왕조 시대에 반란이 발생하거나 역성혁명이 일어난 것은 대개 백성에 대한 국가의 수탈이 지나쳐 백성이 먹고살기가 힘들어졌기 때문이었다. 백성에게 과도한 세금이 부과되는 이유는 크게 두 가지다. 하나는 통치자 혹은 지배 계층의 사치 때문이다. 이 점에 대해서는 이미 53장에서 다음과 같이 비판했다. "(위정자들은) 화려한 옷 차려입고 날카로운 검을 차며, 배 터지게 먹고 재화는 넘쳐 난다."

또 하나는 통치자가 불필요한 일을 많이 벌여서다. 통치자 자신의 위엄을 높이기 위해, 또는 후세에 업적을 남기려는 욕심에 백성의 삶과는 아무 관련이 없는 사업들을 벌이는 경우다. 거기에 필요한 경비와 물자를 조달하기 위해서는 결국 백성에게 과도한 세금을 부과할 수밖에 없다. 이렇게 세금이 많아지고 백성이 살기 힘들어지면 나라는 자연히 혼란에 빠지게 된다.

뒤 단락에서는 지나치게 생명에 집착함으로써 오히려 죽음을 재촉하게 되는 상황을 지적하고 있다. 따라서 이 단락은 50장의 "삶에 집착해 바동거리다 모두 죽음으로 향하는 무리 또한 열에 셋이다. 무슨 까닭인가? 삶에 지나치게 집착하기 때문이다."라는 말과 같은 맥락에서 이해할 수 있다.

무엇에 대한 지나친 몰두나 집착은 늘 역효과를 불러온다. 우주와 인간의 흐름은 늘 균형을 지향하기 때문이다. 그러므로 무엇에 과도하게 집착하면 자연의 흐름이나 균형이 깨지고, 그 여파로 애초에 목적했던 것과 반대되는 결과가 나올 수 있다. 노자는 여기에서 그 대표적인 사례로 생명에 대한 집착을 들고 있다.

"자기 생명에만 집착하지 않는 사람이 생명을 중시하는 사람보다 현명하다.〔夫唯无以生爲者, 是賢貴生.〕"라는 말은 일종의 역설적 표현이다. 자기 생명을 중시하는 태도는 인간의 자연스러운 모습이다. 그러나 노자는 그러한 태도가 지나치면 오히려 자기 생명을 해치는 결과를 가져온다고 본다. 불로장생에 집착한 중국 역대 황제들이 여기에 해당한다. 그들은 불로장생하기 위해 도사들이 지어 바친 단약을 복용하다가 오히려 수은 중독으로 일찍 죽었다. 현대인의 삶도 이와 비슷하다고 하면 지나친 말일까?

## 판본 비교

### 백서본

갑: ●人之飢也, 以其取食迻(稅)之多也, 是以飢. 百姓之不治也, 以其上有以爲口, 是以不治. ●民之巠(輕)死, 以其求生之厚也, 是以巠(輕)死. 夫唯无以生爲者, 是賢貴生●

을: 人之飢也, 以其取食跣(稅)之多, 是以飢. 百生(姓)之不治也, 以其上之有以爲也, 口以不治. 民之輕死也, 以其求生之厚也, 是以輕死. 夫唯无以生爲者, 是賢貴生.

### 왕필본

民之饑, 以其上食稅之多, 是以饑. 民之難治, 以其上之有爲, 是以

難治. 民之輕死, 以其求生之厚, 是以輕死. 夫唯無以生爲者, 是賢於
貴生.


## 1. 분장의 차이

백서 갑본에는 "시이불치(是以不治)"와 "민지경사(民之巠(輕)死)" 사이
에 분장 표시로 보이는 ● 기호가 있다. 내용상 앞 단락과 뒤 단락이 전
혀 연결되지 않는 것은 아니나, 일단 백서 갑본에 따라 서로 분리한다.


## 2. 人之飢也, 以其取食稅之多也(백서을)
   民之饑, 以其上食稅之多(왕필본)

첫째, 인(人)과 민(民)의 차이가 보인다. 전통본 중 엄준본·역현본·형
현본·돈황신본·수주본 등도 백서본과 같이 人으로 되어 있다. 당나라
때의 문장에서는 당 태종 이세민(李世民)의 이름을 피하여 民 자를 종
종 人 자로 고쳐 쓰곤 했다. 이후 이 人 자를 다시 본래의 民으로 복원
하는 과정이 있었는데, 왕필본의 民 자는 이때 본래의 글자 人을 民으
로 잘못 고친 경우로 보인다.[469]

둘째, 기(飢)와 기(饑)의 차이다. 본래 饑와 飢는 각각 '곡식이 익지
않다'와 '굶주리다'로 뜻이 다르다.[470] 필원은 다음과 같이 말한다. "飢는
하상공본과 왕필본 등 여러 판본에서 모두 饑로 쓰고 있다. 살펴보건
대 옛날에는 '기근'을 饑로 썼고, '기아'를 飢로 썼다. 그러므로 이것은

---

469  高明, 앞의 책, 193쪽 참조.
470  『자림(字林)』에서 "飢는 굶주림이다.(飢, 餓也.)"로, "饑는 곡식이 익지 않은 것이
     다.(饑, 穀不熟.)"로 풀이했다.

마땅히 飢로 써야 한다." 주겸지 또한 여기에 동의한다.[471] 현재 백서본
도 갑·을본 모두 飢로 되어 있다. 따라서 비록 饑와 飢가 서로 통용되
기도 하지만 문맥상 본래 글자는 飢가 옳다.

셋째, 백서본에는 상(上) 자가 없고 대신 취(取) 자가 들어가 있다. 이
러한 차이로 인해 이 구절은 해석도 달라질 수밖에 없다. 이 구절의 주
어와 동사는 왕필본의 경우 각각 上과 식(食)이 되지만, 백서본의 경우
는 기(其)와 取가 되기 때문이다. 그런데 이 구절에서 '식세(食稅)'는 하
나의 단어로 볼 수 있다. '食稅'는 오늘날의 '세금'으로, 당시에는 곡물
로 세금을 거두었기 때문에 '食稅'라는 말을 사용했을 것이다.[472] 이렇
게 보면 왕필본의 문장은 동사가 없는 불완전한 형태가 된다. 또 왕필
본의 上 자는 다음 문장 "民之難治, 以其上之有爲"의 上 자로 인해 잘
못 들어간 글자일 수 있다.

3. 百姓之不治也, …… 是以不治(백서갑)
    民之難治, …… 是以難治(왕필본)

'불치(不治)'와 '난치(難治)'에는 의미상 미묘한 차이가 있다. 즉 전자는
'아예 다스려지지 않는 상황'을 뜻하고, 후자는 '다스려지기는 하되 다
소 힘든 상황'을 가리킨다. 한편 하상공주에는 "민지불가지차(民之不可
治者)"라는 말이 있고, 엄준본도 앞에서는 "백성난치(百姓難治)"라고 했
으나 뒷부분은 백서본과 같이 "시이불치(是以不治)"로 되어 있다. 이는
모두 고본『노자』가 '不治'로 되어 있었다는 하나의 증거가 될 것이다.

---

471  朱謙之, 앞의 책, 292쪽 참조.
472  박희준 평석, 『백서 도덕경: 노자를 읽는다』, 267쪽.

참고로 "이기구생지후(以其求生之厚)" 구절에 대해서는 과거에 많은 논란이 있었다.

첫째, 현재 많은 『노자』 텍스트에는 其 다음에 上 자가 있는 "以其上求生之厚"로 되어 있다. 이는 과거 엄영봉의 다음과 같은 주장에 근거한 것이다. "上 자는 원래 빠져 있으나, 부혁본[473]과 두도견본(杜道堅本)에는 모두 上 자가 있다. 왕필주에서도 '백성이 비뚤어지고 다스리기 어려운 것은 모두 윗사람[上]에게 말미암는 것이지 아랫사람 때문이 아니다. 백성은 윗사람을 따르는 것이다.[言民之所以僻, 治之所以亂, 皆由上, 不由其下也. 民從上也]'라고 했으니, 이 주에 따르면 앞의 두 구절과 마찬가지로 여기에도 上 자가 있어야 한다. 부혁본과 왕필주에 근거해 보충 교정한다."[474] 이후 고형 등을 비롯한 많은 학자들이 이러한 주장의 타당성을 인정하여 그대로 따랐다. 그러나 현재 백서본은 갑·을본 모두 上 자가 없다. 그리고 왕필본도 본래는 上 자가 없었다. 따라서 왕필본에 上 자가 없는 것은 본래 누락된 것이 아니며, 엄영봉 등의 학자들이 부혁본에 근거해 上 자를 첨가한 것은 오류였다. 부혁본의 편집자는 앞 장과 이 장을 하나의 장으로 착각했고, 그 결과 앞 장의 '이기상지유위(以其上之有爲)' 구와 문장 형식을 맞추기 위해 이 구에 임의로 上 자를 더한 것으로 보인다.

둘째, 혹자는 이 구가 마땅히 "以其生生之厚"가 되어야 한다고 주장하기도 했다. 대표적으로 역순정은 다음과 같이 주장한다. "살펴보건대

---

473  부혁본에는 실제로 "以其上求生生之厚"로 되어 있어, 엄영봉이 주장하는 "以其上求生之厚"와도 다르다.
474  陳鼓應, 앞의 책, 340쪽에서 재인용.

'구생지후(求生之厚)'는 마땅히 '生生之厚'가 되어야 한다. 『문선』「위도부」에 '以其生生之厚'로 되어 있고, 장재의 주에서도 『노자』를 인용하여 '人之輕生, 以其生生之厚也'라고 말하고 있다. …… 『회남자』「정신훈(精神訓)」, 『문선』「초료부(鷦鷯賦)」의 주, 『용재속필(容齋續筆)』에서도 모두 '生生之厚'로 인용하고 있으니, 모두 그 증거가 된다. 『노자』50장에서도 '夫何故, 以其生生之厚'라고 말하고 있으니 또한 이것을 증명한다."[475] 전통본 중 부혁본·경룡비본·돈황신본 등도 "生生之厚"로 되어 있다. 그러나 현재 백서본에 비추어 볼 때, 고본『노자』의 형태는 "生生之厚"가 아니라 왕필본의 "求生之厚"였다는 것을 확인할 수 있다.

---

475  高明, 앞의 책, 195쪽에서 재인용.

# 76장

# 강하면 부러진다

사람은 살아 있을 때는 유연하지만, 죽으면 마른 고기처럼 뻣뻣해지고
초목은 살아 있을 때는 부드럽지만, 죽으면 마른 나무처럼 딱딱해
진다.
그러므로 말한다. "강하고 딱딱한 것은 죽음의 무리이고,
부드럽고 미세한 것은 삶의 무리이다."

군대가 강하면 승리하지 못하고
나무가 강하면 오래가지 못한다.
강하고 큰 것은 아래에 놓이고
부드럽고 미세한 것은 위에 놓인다.


人之生也, 柔弱; 其死也, 筋肕堅強
萬物草木之生也, 柔脆; 其死也, 枯槁.

故曰堅強者, 死之徒也
柔弱微細, 生之徒也.

兵強則不勝
木強則竟.
強大居下
柔弱微細居上.


　하상공은 이 장에 '강함을 경계하라'는 의미의 '계강(戒强)'이라는 제목을 붙였다. 강함을 버리고 부드러움을 택하라는 가르침은 이 장에서만이 아니라 36장, 40장, 43장, 55장, 78장 등『노자』곳곳에서 찾아볼 수 있다.

　살아 있는 생명은 부드럽고 죽은 생명은 뻣뻣하다. 이 점은 우리가 일상적으로 경험하는 흔한 사실이다. 인간이나 동물의 신체가 그러하고 산과 들의 초목이 그러하다. 노자는 이러한 평범한 사실을 통해 험난한 세상을 이끌어 가는 지도자가 어떤 자세를 취해야 할지에 대해 말하고 있다. 강함을 좇지 말고 부드러움을 따르라는 것이다.

　이러한 이치를 노자는 다시 구체적 현실 상황에 적용하여 "군대가 강하면 승리하지 못한다."라고 주장한다. 무슨 말인가? 우리는 세계의 수많은 강한 군대들을 기억한다. 유럽 전역을 정복하고 중동, 아프리카까지 점령했던 로마 군대, 몽골 초원에서 일어나 중앙아시아, 유라시아까지 진출했던 몽골 군대……. 그런데 이들 강한 군대를 가졌던 나라들의 말로는 어떠했는가? 노자가 "거센 바람도 아침내 불지 못하고, 소나기도 하루 종일 내리지 못한다."(23장)라고 말했듯이, 막강한 군대를 가진 나라들은 일시적으로는 그 위세를 크게 떨쳤으나 결국에는 모두 허무하게 무너지고 말았다. 너무 강했기 때문이다. 강철이 그 강함 때문에 부러지듯이, 그 나라들은 너무 막강했기 때문에 결국 무너진 것이다.

마지막 구절 "강하고 큰 것은 아래에 놓이고, 부드럽고 미세한 것은 위에 놓인다.〔強大居下, 柔弱微細居上〕"의 의미는 왕필의 주석에 따라 나무의 성장 모습을 통해 설명해 볼 수 있다. 나무를 보면 밑동은 굵고 튼튼하다. 반면에 가지나 잎사귀는 부드럽고 연하다. 이것이 자연계에 나타나는 자연스러운 현상이다. 자연은 안정과 조화를 지향하기에, 강한 밑동은 아래에 머물게 하고 부드러운 가지와 잎사귀는 위에 둠으로써 나무가 안정적으로 성장하게 한다. 만약 그 반대의 경우라면 어떻게 되겠는가? 과연 나무가 하루라도 버텨 낼 수 있을까?

인간 사회도 마찬가지다. 국가 지도자들은 되도록 자신들의 강함과 무게를 줄여야 한다. 강한 아집과 큰 권세로 국민 위에 군림하려는 무거운 태도를 버려야 한다. 그래야 국민들이 부담을 느끼지 않고 기꺼이 그들을 받들 것이다. 만약 지도자들이 무겁게 여겨진다면 국민들은 견디지 못하고 결국 그들을 흔들어 떨어뜨리고 말 것이다. 강압과 폭정을 일삼던 수많은 독재 정권들이 국민들의 힘에 맥없이 무너졌듯이 말이다.

## 판본 비교

### 백서본

갑: ●人之生也柔弱, 其死也蓳仞賢(堅)强. 萬物草木之生也柔脆, 其死也棟(枯)槀(稿). 故曰: 堅强者, 死之徒也; 柔弱微細, 生之徒也. 兵强則不勝, 木强則恒. 强大居下, 柔弱微細居上.

을: 人之生也柔弱, 其死也䐃信堅强. 萬□□木之生也柔桙(脆), 其死也棟(枯)槁. 故曰: 堅强, 死之徒也; 柔弱, 生之徒也. □以兵强則不朕(勝), 木强則兢. 故强大居下, 柔弱居上.

### 왕필본

人之生也柔弱, 其死也堅强. 萬物草木之生也柔脆, 其死也枯槁. 故堅强者死之徒, 柔弱者生之徒. 是以兵强則不勝, 木强則兵. 强大處下, 柔弱處上.

1. 其死也蓳仞賢(堅)强(백서갑)

　其死也䐃信堅强(백서을)

　其死也堅强(왕필본)

여러 현행본에서는 백서본의 '항인(蓳仞)'이나 '항신(䐃信)' 같은 글자를 볼 수 없다. 하상공본·엄준본·부혁본 등은 모두 왕필본과 같이 단지 '堅强'으로 되어 있으며, 범응원본에는 '剛强'으로 되어 있다.

그러면 백서본의 '蓳仞'나 '䐃信'은 어떤 의미를 갖는가? 이에 대해 백서 정리조는 갑본의 주에서 다음과 같이 말한다. "蓳은 을본에 䐃으로 쓰여 있는데, '딱딱하다(硬)'라는 의미다. 인(仞)은 인(朋)으로 읽는 다. …… 『통속문(通俗文)』에서 '부드러우면서 단단한 것을 朋이라 한 다.(柔堅曰朋)'라고 했으며, 『관자』에서는 '근육은 단단하고 뼈는 강하 다.(筋朋而骨強)'라고 했는데 바로 이것을 말한다. 『옥편』「육부(肉部)」에 서 '朋은 딱딱한 고기이다.(朋, 堅肉也.)'라 했고, 『전예만상명의(篆隷萬象 名義)』「육부(肉部)」에서는 '朋은 딱딱한 육포이다.(朋, 脯堅.)'라 했으니, 모두 마른 고기를 가리키는 것으로 이 뜻과 더욱 가깝다." 결국 백서 정리조에 의하면 백서본의 '萡仞'이나 '䏠信'[476]은 모두 '딱딱한 마른 고 기'를 의미한다.[477]

2. 柔弱微細, 生之徒也(백서갑)

　柔弱, 生之徒也(백서을)

　柔弱者, 生之徒(왕필본)

　백서 갑본은 '유약(柔弱)' 다음에 '미세(微細)'가 덧붙어 있고 대신 자 (者) 자가 없다. 백서 을본은 왕필본과 동일하나 역시 者 자가 없다. 우 선 갑본이 을본보다 앞선 판본이라는 점을 감안하면, 『노자』의 원형은 갑본과 같았을 것이다. 이후 사람들이 문장을 세련되게 다듬으면서 일

---

[476] 仞과 信은 옛날 음이 같으므로 여기에서는 모두 朋 자의 빌린 글자로 볼 수 있다.
[477] 한편 고명은 이들 글자에 대해 다음과 같이 설명한다. "'人之生也柔弱'에서 '柔弱'은 인체의 근육 조직을 말한다. 갑본의 '董恒仞'이나 을본의 '䏠恒信' 역시 인체의 두 가지 근육 조직의 명칭이다. 그리고 仞과 信은 옛날 음이 같았으니, 여기에서는 모 두 朋 자의 빌린 글자로 볼 수 있다. 『관자』「내업」편에서는 '筋信而骨強'이라 하였 고, 「심술」편에서는 '筋仞而骨強'이라 했으니, 그 증거가 된다. 따라서 갑본의 '董恒 仞'이나 을본의 '䏠恒信'은 모두 '筋仞'으로 읽으면 된다."(高明, 앞의 책, 198쪽.)

차적으로 백서 을본과 같이 되었을 것이고, 좀 더 나아가 왕필본과 같이 정형화되었을 것이다.[478]


3. 木強則恒(백서갑)
   木強則兢(백서을)
   木強則兵(왕필본)

이 구에 대해서는 전통적으로 논란이 많았다. 엄준본·부혁본·하상공본 등 많은 판본에 마지막 글자가 공(共)으로 쓰여 있고, 수주본에는 공(拱)으로 쓰여 있다. 그러나 이런 글자는 모두 의미가 통하지 않는다. 앞의 구 "군대가 강하면 승리하지 못한다.(兵強則不勝)"는 '병강(兵強)'과 '불승(不勝)'의 상반되는 어구로 이루어져 있다. 따라서 이 구에서도 '목강(木強)'과 상반되는 어구가 나오는 것이 합당하다. 그러나 위의 글자들은 어느 것도 이 조건을 충족시키지 못한다. 황무재(黃茂材)는 『열자』에 근거하여 부혁본 등의 공(共) 자를 절(折) 자로 수정하면서 다음과 같이 주장했다. "『열자』는 노담의 말을 실어 말하길, '군대가 강하면 멸망하고, 나무가 강하면 부러진다.(兵強則滅, 木強則折)'라고 했다. 『열자』는 대개 『노자』의 의미를 풀어 쓴 책이며 또한 서로 시간적 거리도 멀지 않으니, '목강즉절(木強則折)'이 순조롭다. 지금 共 혹은 拱으로 썼는데 말이 통하지 않는다. 따라서 마땅히 『열자』에 근거하여 바로잡아야 할 것이다."[479] 유월·역순정·유사배·해동·마서륜·장석창·고형·주겸지

---

478  고명은 백서 갑본 외의 다른 판본에서는 찾아볼 수 없다는 이유로 '微細' 두 글자를 연문으로 처리한다.
479  高明, 앞의 책, 201쪽에서 재인용.

등이 모두 이 설을 따랐으며, 이후 이것이 거의 정론이 되었다. 그러나 현재 백서본은 항(恒) 혹은 긍(兢)으로 되어 있어 절(折) 혹은 왕필본의 병(兵)과는 거리가 멀다.

고명은 백서 을본의 긍(兢) 자를 경(競) 자로 읽는다.[480] 그리고 그에 따르면 백서 갑본의 恒과 競은 고음(古音)이 같으며, 이때 恒은 항(緪) 자[481]로 볼 수 있다. 『설문해자』에서는 "緪은 '다하다(竟)'의 뜻이다."라고 풀이하고 있다. 결국 갑본의 恒은 緪과 같으며, 그 의미는 竟인데, 을본에서는 竟을 競으로 썼다고 볼 수 있다. 따라서 백서본의 "木强則恒"과 "木强則兢"은 모두 '목강즉경(木强則竟)'으로 정리될 수 있으며, 이는 '나무가 강하면 종말을 맞는다.', 즉 부러진다는 의미이다. 또한 이것은 "군대가 강하면 승리하지 못한다."라는 앞 구와 대구를 이룬다.

480 현재 『마왕퇴한묘백서』에 정리되어 있는 백서본의 글자는 비단에 쓰인 옛 글자들을 오늘날의 한자와 유사한 글자로 옮겨 놓은 것이다. 따라서 글자 형태상 원본의 글자는 애초 競이었을 가능성도 배제할 수 없다.
481 백서 정리조 역시 "恒은 緪으로 읽어야 할 것 같다."라고 했다.

# 77장

# 하늘의 도는 덜어 내고 보태 준다

하늘의 도는 활을 당기는 것과 같다.
높은 것은 내리누르고 낮은 것은 들어 올리며
남는 것은 덜어 내고 모자란 것은 보태 준다.
그러므로 하늘의 도는 남는 데서 덜어 내어 모자란 것에 더해 준다.

그러나 인간의 도는 그렇지 않으니
모자란 데서 덜어 내어 남는 데에 바친다.
누가 남음의 상태에서 하늘의 도를 본받을 수 있는가?
오직 도를 지닌 사람뿐일 것이다!

그러므로 성인은 행위하고도 공을 소유하지 않고
공을 이루고도 거기에 머무르지 않는다.
이처럼 성인은 자신의 어짊을 드러내려 하지 않는다.

天之道, 猶張弓者也.

高者抑之, 下者擧之

有餘者損之, 不足者補之.

故天之道, 損有餘而益不足.


人之道則不然

損不足以奉有餘.

孰能有餘, 而有以取奉於天者乎?

唯有道者乎!


是以聖人, 爲而弗有

成功而弗居也.

若此, 其不欲見賢也.


이 장에서는 천도(天道)와 인도(人道)의 차이에 대해 말하고 있다. 천도는 고름과 균형을 지향하지만 인도는 불균형을 심화한다는 것이다.

활시위를 당기면 활대의 윗부분은 내려오고 아랫부분은 올라간다. 즉 높은 것은 덜어지고 낮은 것은 채워져 고름[均]을 향하게 된다. 노자는 이를 통해 천도, 즉 자연의 도를 비유하고 있다. 자연은 사사로움이 없기 때문에 '고름'을 지향한다.

달은 차면 기울고 기울면 다시 차오르며, 바닷물은 썰물이 되면 밀물이 들고 밀물이 나가면 썰물이 된다. 사계절의 변화를 보아도 그렇다.

자연계에는 일시적인 치우침은 있을지라도 궁극적인 불균형은 있을 수 없다. 이것이 하늘의 도이니, 하늘의 도는 공평·평등·조화·균형의 원리를 따라 운행된다. 동양 고전에서 자주 언급되는 중용(中庸), 시중(時中), 중도(中道) 등은 모두 이런 자연의 이치를 드러내는 말들이다.

그러면 인간의 도는 어떠한가? "아흔아홉 개를 가진 사람이 하나를 가진 사람의 것을 빼앗아 백 개를 채우려 한다."라는 우리 속담이 있다. '하나'는 아흔아홉 개를 가진 사람에게는 있어도 그만, 없어도 그만인 것에 지나지 않지만, 하나밖에 못 가진 사람에게는 전 재산이다. 인간의 욕망은 마치 밑 빠진 항아리와 같다. 가지면 가질수록, 얻으면 얻을수록 더욱더 많이 가지고 얻으려 든다. 채우고 채워도 우리 마음속에 도사리고 있는 욕망의 항아리는 끝끝내 채워지지 않는다. 오히려 채울수록 더욱더 커지는 게 바로 '욕망'이라는 이름의 항아리다.

또한 사람들은 대개 강자 앞에 서면 한없이 약해지고, 약자 앞에 서면 더없이 강해지려는 속성이 있다. 자기보다 높은 사람이나 부자를 만나면 비굴할 정도로 공손해지면서 있는 것 없는 것 다 모아 바치면서까지 상대의 환심을 사려고 애쓴다. 반면에 돈도 지위도 없는 보잘것없는 사람을 만나면 공연히 목이 뻣뻣해지고 상대를 무시하려 든다. 때로는 그를 아무 이유 없이 괴롭히고, 심지어는 그의 모든 것을 빼앗아 이미 가진 게 넘치는 사람에게 바치기도 한다. 노자는 이런 것이 바로 '인간의 길', 즉 인간 세상에서 흔히 나타나는 현상이라고 말한다.

성인은 자연의 도를 따르는 사람이다. 내면에 자연의 도를 품고 있기에 불균형의 심화가 아니라 고름과 균형을 지향하며, 채움이 아니라 비움을 실천한다. 따라서 성인은 백성을 위해 베풀고도 그것을 자신의 일로 내세우지 않고, 세상을 위해 큰일을 행하고도 그것을 자신의 공으로 자랑하지 않는다. 이처럼 성인은 자신의 어짊과 잘남을 드러내려 하지 않는다.


## 판본 비교

### 백서본

갑: 天下□□, □□□者也. 高者印(抑)之, 下者擧之; 有餘者敗(損)之, 不足者補之. 故天之道, 敗(損)有□□□□□; □□□□不然, 敗(損)□□□奉有餘. 孰能有餘而有以取奉於天者乎? □□□□□□□□□□□□□□□□□□□□□□見賢也.

을: 天之道, 酉(猶)張弓也. 高者印(抑)之, 下者擧之; 有余(餘)者云(損)之, 不足者□□. □□□□□, 云(損)有余(餘)而益不足; 人之道, 云(損)不足而奉又(有)余(餘). 夫孰能又(有)余(餘)而□□奉於天者? 唯又(有)道者乎? 是以耴(聖)人爲而弗又(有), 成功而弗居也. 若此其不欲見賢也.

### 왕필본

天之道, 其猶張弓與. 高者抑之, 下者擧之; 有餘者損之, 不足者補之. 天之道, 損有餘而補不足. 人之道則不然, 損不足以奉有餘. 孰能有餘以奉天下? 唯有道者. 是以聖人爲而不恃, 功成而不處, 其不欲見賢.

1. 孰能有餘而有以取奉於天者乎(백서갑)

   孰能有餘以奉天下(왕필본)

이 구절은 판본에 따라 다음과 같이 조금씩 차이가 있다.

하상공본: 孰能有餘以奉天下[482]

엄준본: 孰能損有餘而奉天下者

부혁본: 孰能損有餘而奉不足于天下者

크게 보면 하상공본과 왕필본이 비슷하고, 엄준본과 부혁본이 비슷하다. 백서본은 이런 전통본과 비교해 보면 두 가지가 다르다. 봉(奉)이 취봉(取奉)으로 되어 있다는 점과, 천하(天下)가 천(天)으로 되어 있다는 점이다.

우선 奉과 取奉은 그 의미가 크게 다르지 않다.[483] 문제가 되는 것은 天과 天下의 차이다. 위 구절은 왕필본의 경우 "누가 남는 것으로 천하를 받들 수 있는가?"로 풀이되는 반면, 백서본은 "누가 남음이 있으면서 하늘의 도를 취할 수 있는가?"로 해석된다. 여기에서 '하늘의 도를 취한다'는 것은, 하늘의 도가 그러하듯 남는 것은 덜어 내고 부족한 것은 채워 준다는 의미이며, 결국 하늘의 도를 본받는다는 말이다. 따라

---

[482] 『도장』본에는 "能以有餘奉天下"로 되어 있다.

[483] 고명은 奉을 法으로 이해한다. 그에 따르면 옛날에 奉과 法은 音이 같아 통용되었다고 한다. 따라서 백서본의 '取奉於天'은 '取法於天'으로 읽을 수 있다고 한다. 그러나 奉과 取奉의 의미 차이가 크지 않은데, 군이 이처럼 奉을 法으로 바꾸어서 볼 필요는 없다.

서 의미상 백서본이 보다 타당해 보인다. 또한 바로 앞 문장에서 '천지도(天之道)'와 '인지도(人之道)'가 제시되었으므로, 이 구절도 '天下'보다는 백서본처럼 '天(즉 天道)'으로 이어지는 것이 자연스럽다.

2. 聖人爲而弗有(백서을)
   聖人爲而不恃(왕필본)

'불유(弗有)'는 '소유하지 않다', '불시(不恃)'는 '자랑하지 않다'의 뜻으로 차이가 있다. 과거에는 일본의 시천광(市川匡)이나 중국의 해동의 주장처럼, 왕필본의 "是以聖人爲而不恃, 功成而不處, 其不欲見賢" 구절은 착간이라는 주장이 있었다. 예컨대 해동은 다음과 같이 주장했다. "이 세 구는 앞의 문장과 잘 부합하지 않는다. 앞의 두 구(즉 '爲而不恃'와 '功成而不處')는 이미 2장에서 나왔는데 여기에 다시 나왔다."[484] 진고응도 이들의 주장에 동의하여 이 구절을 본문에서 아예 빼고 있다. 그러나 백서본에는 문제의 구절이 그대로 들어 있으므로 단순히 착간이라고 할 수 없다.

3. 若此其不欲見賢也(백서을)
   其不欲見賢(왕필본)

왕필본에는 '약차(若此)' 두 글자가 없는데, 백서본에서 이 부분은 바로 앞에서 언급되는 '불유(弗有)'와 '불거(弗居)'를 받는 말이 된다.

---

**484** 陳鼓應, 앞의 책, 348쪽에서 재인용.

# 78장

# 약한 것이 강한 것을 이긴다

세상에 물보다 부드럽고 약한 것은 없다.
그러나 강한 것을 이기는 데 있어 아무도 물을 앞서지 못하니
아무도 물을 대신할 수 없기 때문이다.

그러므로 물이 굳센 것을 이기듯이
약한 것이 강한 것을 이긴다.
세상에 이 이치를 모르는 자 없으나
아무도 실천할 줄 모른다.

그러므로 성인은 말한다.
"나라의 욕됨을 감수하는 이, 사직의 주인이 되고
나라의 궂은일 떠맡는 이, 세상의 왕이 된다."
이처럼 바른말은 반대로 들린다.

天下莫柔弱於水.

而攻堅強者, 莫之能先也,

以其无以易之也.


故水之勝剛也

弱之勝強也.

天下莫弗知也, 而莫能行也.


故聖人之言云曰:

受國之詬, 是謂社稷之主

受國之不祥, 是謂天下之王.

正言若反.



　물의 성질을 통해 약한 것이 강한 것을 이긴다는 자연의 이치를 설명하고 있다.

　물은 지극히 부드럽다. 그래서 만나는 사물에 따라 자유자재로 그 형체를 바꾼다. 네모난 그릇에 담기면 네모가 되고, 세모난 그릇에 담기면 세모가 되며, 둥근 그릇에 담기면 둥글게 된다. 만졌을 때 그 감촉은 또 어떠한가? 그 무엇을 만지고 있다는 느낌을 가질 수 없을 정도로 부드럽다. 또한 물은 지극히 약하고 여리다. 흐르는 물은 나무나 바위 같은 장애물을 만나면 맞부딪쳐 쓰러뜨리기보다는 슬그머니 돌아서 비켜 간다. 높은 둑이 가로막고 있으면 가만히 멈춰 서서, 더 많은 물이 모여 넘쳐흐를 수 있을 때까지 기다린다. 이처럼 물은 지극히 부드럽고 연약하다. 그러나 물은 한번 그 힘을 발휘하면 바위도 뚫을 수 있고 무거운 배도 들어 올릴 수 있으며 온갖 더러운 것들을 한꺼번에 깨끗이 정화할 수도 있다.

세상 사람들 모두 이러한 물의 능력을 잘 안다. 물 같은 부드러움이 바위나 쇠 같은 강함을 이긴다는 사실도 안다. 그러나 아무도 '물'이 되려고 하지 않는다. 왜 그런가? 물의 능력을 발휘하기 위해서는, 그리하여 부드럽고 약한 것이 강한 것을 이기기까지는 아주 오랜 시간이 걸리기 때문이다. 사람들은 그 오랜 시간을 참아 내지 못한다. 당장 드러나는 효용과 능률을 중시하고 눈앞의 이익에 급급하여 물의 힘이 발휘되는 그 기나긴 시간을 기다리지 못한다.

현대는 강함을 지향하는 시대이다. 뒤서기보다는 앞서기가 강조되고, 낮은 곳보다는 높은 곳이 선호되며, 유약함보다는 강인함이 높이 평가되고, 자신을 감추는 사람보다는 적극적으로 드러내는 사람이 성공하는 시대다. 이러한 시대에 '부드러움이 강함을 이긴다'는 노자의 가르침을 몸소 실천하는 사람은 자칫 '어리석은 사람'으로 비웃음거리나 되기 쉽다. 그러나 노자는 거꾸로 말한다. 부드럽고 약하기 때문에 오히려 강한 것을 이길 수 있다고. 또한 물이 세상의 온갖 더러움을 다 씻어 주듯이, 스스로 세상의 온갖 욕됨과 궂은일을 도맡는 '걸레'가 될 때 비로소 천하의 주인이 될 수 있다고 말이다. 국가의 '걸레'가 되어 온갖 궂은일, 욕먹는 일을 스스로 도맡을 때 국가의 참된 지도자가 될 수 있다는 것이다. 이처럼 올바른 진리의 말은 항상 허튼소리처럼 들리게 마련이다. 이것이 바로 '정언약반(正言若反)'의 이치다.

## 판본 비교

### 백서본

갑: 天下莫柔□□□, □□堅強者, 莫之能□也, 以其无□易□□. □□□□, □勝剛, 天□□□□, □□□行也. 故聖人之言云曰: 受邦之訽(詬), 是胃(謂)社稷之主; 受邦之不祥, 是胃(謂)天下之王. □□若反.

을: 天下莫柔弱於水, □□□□□, □□□□, 以其無以易之也. 水之朕(勝)剛也, 弱之朕(勝)強也, 天下莫弗知也, 而□□□□也. 是故耵(聖)人之言云, 曰: 受國之訽(詬), 是胃(謂)社稷之主. 受國之不祥, 是胃(謂)天下之王. 正言若反.

### 왕필본

天下莫柔弱於水, 而攻堅強者, 莫之能勝, 其無以易之. 弱之勝強, 柔之勝剛, 天下莫不知, 莫能行. 是以聖人云, 受國之垢, 是謂社稷主; 受國不祥, 是謂天下王. 正言若反.

1. 水之勝剛也, 弱之勝強也(백서을)[485]
   弱之勝強, 柔之勝剛(왕필본)

첫째, 어순이 도치되어 있다. 어순의 도치는 왕필본과 백서본 사이에 종종 나타나는 현상이다.

둘째 수(水)와 유(柔)의 차이가 보인다. 고명은 『회남자』「도응」 편의

---

[485] 갑본의 이 구절은 대부분 훼손되고 마지막 '勝剛' 두 글자만 남아 있다.

인용문에 근거하여 『노자』의 원형은 柔로 되어 있었을 것이라고 주장한다. 『회남자』 「도응」 편의 인용문은 "柔之勝剛也, 弱之勝強也"로, 水 자가 柔 자로 되어 있는 것 외는 백서 을본과 같다. 따라서 백서본의 水 자는 앞 문장의 水로 인해 잘못 쓰인 글자라고 주장한다.[486] 그러나 백서본의 水 자를 본래 글자로 볼 수도 있는데, 그 근거는 다음과 같다. 첫째, 여기에서 水는 첫 문장 "天下莫柔弱於水"의 水를 직접 받는 말로 이해할 수 있다. 둘째, 엄준의 『노자지귀』에서도 이 구절은 "夫水之勝強, ……"으로 전개된다. 따라서 이 水 자는 단순한 오류로 단정하기 힘들다.


2. 以其無以易之也(백서을)
　以其無以易之(왕필본)

왕필본에도 애초에는 백서본과 같이 이(以) 자가 있었다고 할 수 있다. 이 문구에 대한 왕필주는 "以, 用也. 其, 謂水也, ……"로, 其 자 이전에 以 자를 설명하고 있기 때문이다. 또한 『노자』에서 "以其…… "의 형태는 자주 쓰이는 어법이다.[487]

이 구절의 해석에 대해서는 이전부터 논란이 많았다. 주요 쟁점은 이 (易) 자를 어떻게 풀이하느냐는 것이었다. 이 자는 크게 두 가지로, 즉 하나는 '용이하다' 혹은 '쉽다'로, 다른 하나는 '바꾸다' 혹은 '대신하다'

---

486　高明, 앞의 책, 211쪽 참조.
487　대표적인 사례는 다음과 같다. "天地之所以能長且久者, 以其不自生也"(7장), "夫何故也, 以其无死地焉"(50장), "民之難治也, 以其知也"(65장), "江海之所以能爲百谷王者, 以其善下之"(66장).

로 풀이하는 것으로 나뉘었다. 하상공주는 "무릇 단단하고 강한 것을
공격하는 데 물보다 더 쉬운 것은 없다.〔夫功堅强者, 無以易於水〕"라고 풀
이하여 전자의 입장을 대표하며, 왕필주는 "어떤 사물도 물을 대신할
수 없다.〔無物可以易之也〕"라고 풀이하여 후자의 입장을 대표한다. 이후
주석가들마다 전자 또는 후자의 입장을 취하여 각자 다양한 해석을 내
놓았다. 문맥상으로는 두 가지 해석이 모두 가능하나 필자는 왕필주를
따른다.

## 79장

# 큰 원한은 화해해도
# 앙금이 남는다

큰 원한은 화해해도 반드시 앙금이 남는 법이니
(원한을 맺은 후 화해함이) 어찌 선하다 할 수 있는가?
이 때문에 성인은 선한 행위를 도울 뿐
남에게 선한 행위를 강요하지는 않는다.

그러므로 덕 있는 사람은 선을 행하고
덕 없는 사람은 살인을 일삼는다.
무릇 천도는 특별히 친한 바가 없으나
항상 선한 사람과 함께한다.


和大怨, 必有餘怨
焉可以爲善?
是以聖人右介(价)

而不以責於人.

故有德司价
无德司孼.
夫天道无親
恒與善人.


　이 장에서 노자는 원한 맺는 일을 하고 나서 화해를 하느니, 차라리
그런 일 자체를 하지 말라고 충고한다. 원한 맺는 일이 없으면 굳이 화
해를 하고 말고 할 것이 없기 때문이다. 무위(無爲)하고 무사(無事)하면
원한을 맺거나 그것을 푸는 번거로움도 없을 것이다.
　예수는 원수를 사랑하라고 했다.[488] 나를 해치는 사람, 나를 비방하고
다니는 사람, 나를 원망하는 사람을 미워하지 않고 오히려 사랑하고 감
싸는 태도는 진정 고귀한 행위라 할 수 있다. 그러나 깊은 원한이 쌓인
사람을 진심으로 용서하고 나아가 그를 사랑한다는 것이 쉬운 일은 아
니다. 머리로는 '용서하자', '사랑하자'를 백번 외친다 하더라도 가슴 한
구석에는 여전히 완강한 감정의 찌꺼기가 남아 있게 마련이다.
　그러므로 노자는 아예 원한 살 일을 하지 말라는 가르침을 제시한
다. 서로 원수 관계가 된 이후 원수를 사랑하려 애쓰는 것보다, 아예 처
음부터 원수 관계를 맺지 않는 게 더 바람직한 행위라고 보기 때문이

---

**488** "너의 이 뺨을 치는 자에게 저 뺨도 돌려 대며, 네 겉옷을 빼앗는 자에게 속옷도 거
　　절하지 말라."(누가복음, 6:29)

다. 맺힌 감정이 없으면 풀어낼 감정도 없고, 쌓인 원망이 없으면 해소할 원망도 없을 것이다.


## 판본 비교

### 백서본

갑: 和大怨, 必有餘怨, 焉可以爲善? 是以聖〈人〉右介, 而不以責於人. 故有德司介, □德司䜣. 夫天道无親, 恒與善人.

을: 禾(和)大□, □□□□, □□□爲善? 是以𨤲(聖)人執左芥, 而不以責於人. 故又(有)德司芥, 无德司䜣. □□□□, □□□□. (德三千冊一.)

### 왕필본

和大怨, 必有餘怨, 安可以爲善? 是以聖人執左契, 而不責於人. 有德司契, 無德司徹. 天道無親, 常與善人.


是以聖右介(백서갑)
是以聖人執左契(왕필본)

첫째, 백서 갑본에는 왕필본에 있는 '인집(人執)' 두 글자가 없는데(백서 을본은 芥와 契의 차이가 있을 뿐 왕필본과 거의 같다.) 이는 이들 글자가 잘못 탈락된 형태로 볼 수도 있다. 그러나 있는 그대로 보아도 문제가 없다. 성(聖) 자 하나만으로도 '성인(聖人)'이라는 의미가 가능하고, 우(右)는 우(佑, 돕다)와 같은 글자로 볼 수 있기 때문이다. (이에 대한 상세한 고증은 아래에서 제시할 것이다.)

둘째, 백서 갑본의 '우개(右介)'는 왕필본과 그 밖의 전통본에는 모두 '좌계(左契)'로 되어 있다.(백서 을본은 '左芥'로 되어 있다.) 이때 契는 '계약 서' 또는 '채권 증서'로 풀이되며, 이에 따라 이 장은 전통적으로 다음 과 같이 해석한다.

> 큰 원한은 화해해도 반드시 앙금이 남는 법이니
> 어찌 선하다고 할 수 있겠는가?
> 이 때문에 성인은 채권 증서를 잡고 있을 뿐,
> 그것으로 사람들에게 독촉하지 않는다.
> 그러므로 덕 있는 사람은 채권 증서를 관장하고
> 덕 없는 사람은 세금을 관장한다.
> 무릇 하늘의 도는 특별히 친한 바는 없으나
> 항상 선한 사람과 함께한다.

그러나 이러한 전통적 해석에 따르면 몇 가지 석연치 않은 점이 발견 된다. 첫째, 이 장의 주제는 '원한을 쌓지 말라' 또는 '항상 선을 행하 라'라고 할 수 있다. 그렇다면 이러한 주제와 '계약서[契]'를 잡는 일이 어떤 관련이 있는가? 둘째, (비록 관계가 있다 하더라도) 계약서를 주관하 는 일과 세금을 주관하는 일이 어떻게 각각 '덕 있는 사람[有德]'과 '덕 없는 사람[無德]'으로 분류될 수 있는가? 셋째, 전체적으로 앞뒤 내용이 순조롭게 연결되지 않는다. 따라서 이 장의 의미에 대한 전통적 해석은 재검토할 필요가 있고, 그 관건은 백서 갑본의 개(介) 또는 을본의 개

(芥)에 있다.

현재 대부분의 해석자는 백서본의 介 또는 芥를 왕필본과 같은 契 자로 해독하고 있다. 그러나 그 근거에 대해서는 전혀 설명이 없다. 그러면 백서본의 介나 芥를 어떻게 이해할 것인가? 이에 대해 대유는 介나 芥가 价를 차용한 것이며, 이때 价는 '선하다〔善〕'의 뜻을 지닌다고 말한다. 『설문해자』에 "价는 선하다는 뜻이다.〔价, 善也.〕"라 되어 있고, 『시경』「판탕(板蕩)」편의 "价人帷藩"에 대한 『시전』의 풀이도 "价는 선하다는 뜻이다."라고 되어 있다.[489] 현대 중국어에서도 介, 芥, 价는 모두 'jie'로 발음한다. 또한 이 세 글자는 그 형태도 매우 유사하다. 따라서 백서본의 介나 芥는 '선하다'는 뜻의 价로 읽을 수 있다.

이렇게 이해하면 문맥도 보다 순조롭게 이어진다. 우선 '선하다'는 뜻으로서의 介나 芥는 첫 구절의 "어찌 선하다 할 수 있는가?〔焉可以爲善〕"부터 마지막 구절의 "무릇 천도는 특별히 친한 바가 없으나, 항상 선한 사람과 함께한다.〔夫天道无親, 恒與善人〕"까지 '선함〔善〕'으로 일관하는 이 장의 주제어와 잘 부합한다. 또 이럴 경우 "무덕사철(无德司儝)"의 儝 자도 기존처럼 세금을 의미하는 철(徹) 자로 읽을 필요가 없어진다. 현재 '儝'의 정확한 의미는 알 수 없으나, 刀 자로 보아 '죽임〔殺〕'의 의미와 연관이 있는 글자로 추정해 볼 수 있다. 이에 따라 지금까지 모호했던 "유덕사개, 무덕사철(有德司介, 无德司儝)"의 의미가 분명해진다. 즉 문제의 구절은 "덕 있는 사람은 선을 행하고, 덕 없는 사람은 살인을 일삼는다."로 풀이될 수 있으며, 이에 앞뒤가 정확히 대구를 이루게 된다.

---

**489** 戴維, 앞의 책, 77쪽.

# 80장

# 국가의 규모를 작게 하고
# 백성의 수를 적게 하라

국가의 규모를 작게 하고, 백성 수를 적게 하라.
편리한 도구를 쓰지 않게 하고
백성들이 죽음을 두려워하고 도구를 멀리하게 하라.
그러면 수레와 배가 있어도 탈 일이 없고
갑옷과 병기가 있어도 쓸 일이 없을 것이다.

백성들이 다시 노끈을 묶어 셈하게 하라.
그러면 자신의 음식을 달게 먹고, 자신의 옷에 만족하며
자신의 풍속을 즐기고, 자신의 거처를 편안히 여겨,
이웃 나라가 서로 보이고, 닭 울음 개 소리 서로 들려도
백성들은 늙어 죽을 때까지 서로 왕래하지 않을 것이다.

小國寡民.
使十百人之器毋用
使民重死而遠送.
有車舟无所乘之
有甲兵无所陳之.

使民復結繩而用之.
甘其食, 美其服
樂其俗, 安其居,
鄰國相望, 雞狗之聲相聞
民至老死, 不相往來.


노자가 자신이 그리는 이상향 혹은 이상 국가에 대해 말하고 있다.

독일의 실천적 경제학자이자 환경 운동가로 유명한 슈마허(E. F. Schumacher, 1911~1977)는 『작은 것이 아름답다』라는 책을 썼다. 그는 이 책을 통해 현대 문명의 거대주의와 기계주의를 비판하고 있다. 오늘날 대다수의 국가들이 고도의 기계화 문명을 추구하여 '세계 제일'을 외치며 자국민을 무한 경쟁으로 내몰고 있다. 그 결과 대중들은 노동으로부터 소외되고 대규모 조직 체계의 미소한 부품으로 전락하고 있다. 이에 슈마허는 인간이 스스로 조절하고 통제할 수 있는 정도의 소규모 경제 구조를 유지할 때 비로소 쾌적한 자연환경과 인간의 행복이 보장될 수 있다고 주장한다. 그래서 그는 '작은 것이 아름답다.'라고 외쳤다.

이런 주장은 이미 2500여 년에 노자에 의해서 제창되었다. 노자는 소국과민(小國寡民), 즉 국가의 규모를 작게 하고 국민의 수를 적게 하라고 외쳤다. 거대 국가를 지향하지 말고 소규모의 사회를 구성해 살라는 것이었다. 나아가 백성들이 분주하게 돌아다니지 않도록 하고, 옛날처럼 다시 노끈을 묶어 셈을 하게 할 것을 주장했다. 복잡한 문명을 거부하고 단순하고 소박한 삶을 지향하라는 것이다. 요컨대 노자가 제창한 '소국과민'은 일종의 향촌 공동체의 성격을 지닌다.

이런 소규모의 향촌 공동체에서는 개인 역량을 열 배, 백 배 능가하는 뛰어난 성능의 기계가 요구되지 않는다. 일차적으로는 국가 규모가 작기 때문에 굳이 요즘의 대형 트럭이나 포클레인 같은 기계를 쓸 일이 없기 때문이다. 과거의 농촌 사회를 생각해 보자. 당시에 사용된 농사 도구는 대개 호미나 삽이나 괭이, 쟁기 등이 전부였다. 또 당시의 논밭은 그 형태가 들쭉날쭉해 트랙터나 콤바인 같은 성능 좋은 기계가 있다 해도 사용할 수가 없었다. 이차적으로는 '기심(機心)'의 발생을 억제하고자 했기 때문이다. 『장자』「천지」 편에서는 자공과 한 시골 노인과의 대화를 빌려, 기계를 사용하다 보면 기계에 의존하는 마음이 생기고, 기계에 의존하는 마음이 생기면 순박한 마음이 훼손되어 도와 멀어지게 된다는 점을 지적한다. 노자 역시 이 점에 전적으로 동의한다. 그래서 "백성들이 다시 노끈을 묶어 셈하게 하라."라고 말한 것이다. 노끈을 묶어 계산을 한다는 것은 문명에 물들지 않은 지극히 소박한 삶을 살아감을 의미한다.

이런 소박한 사회에서의 삶은 또한 단순하고 평화롭다. 삶이 단순하기 때문에 이리저리 분주하게 옮겨 다닐 일이 없다. 한꺼번에 여러 가지 일을 처리하느라 정신없이 뛰어다닐 일이 없으며, 이 사람 저 사람

만나느라 많은 시간을 소비할 필요도 없다.

이들의 삶이 이처럼 단순하고 소박할 수 있는 것은 그들에게 근본적으로 욕심과 욕망이 없기 때문이다. 진미(眞味), 기미(奇味)를 추구하는 욕망이 없기에 거친 나물밥도 맛있게 먹을 수 있다. 계절마다 옷을 바꿔 입고 유행의 흐름에 따라 아름다운 옷을 입고자 하는 욕심이 없기에 사시사철 허름한 베옷을 입고도 만족할 수 있다. 궁궐처럼 멋진 집, 아름다운 주택에 대한 욕구가 없기에 누추한 오두막에서도 편히 잠들 수 있다. 남의 것, 기이한 것에 대한 호기심이 없기에 예부터 전해 오는 자신들의 풍속을 즐기며 살 수 있다.

이 장에서 제시하는 '소국과민'의 이상 사회에 대해서는 많은 비판이 있을 수 있다. 소박한 원시 공동체 사회를 꿈꾸는 이상주의의 산물이라거나 시대에 역행하고 영원히 실현 불가능한 몽상에 불과하다는 등의 비판이 가능하다. 그러나 우리는 노자가 정말로 이러한 이상 사회를 꿈꾸었는지 그리고 그것이 실현 가능하다고 보았는지를 따지기에 앞서 여기에 담긴 깊은 의미를 통찰할 필요가 있다. 중국의 전국 시대는 말 그대로 '전쟁의 시대'로, 수많은 겸병 전쟁을 통해 많은 '소국과민'의 작은 제후국들이 몇몇 '대국중민(大國衆民)'의 거대 국가 속으로 하나둘씩 통합되어 가던 혼란의 시기였다. 이러한 겸병 전쟁으로 가장 큰 피해를 보는 계층은 바로 일반 백성이었다. 백성들은 그들끼리 서로 싸워야 할 아무런 이유가 없었다. 그들은 서로 원수진 일도 없었고, 서로를 죽여서 얻는 이익도 없었다. 그럼에도 불구하고 그들은 단지 몇몇 위정자들의 욕심을 충족시키기 위해 아무런 원한 관계가 없는 사람들과 서로 싸우며 죽이고 죽는 고통과 희생을 겪어야 했다. 노자는 당시의 모든 혼란상과 문제점이 바로 강대국들이 추구하는 '대국중민' 정책에서 비롯되었다고 보았다. 19세기 일부 제국주의 국가들의 팽창주의 정책에 의해 다수의 약소국들이 침략당하고 고통받았듯이 말이다. 그러므로 노자는 이러한 상황에 반발하여 역으로 '소국과민'을 제창했을 것이다.


## 판본 비교

### 백서본

갑: ●小邦(國)募(寡)民. 使十百人之器毋用, 使民重死而遠送. 有車周(舟)无所乘之, 有甲兵无所陳口. 口口口口口口用之. 甘其食, 美其服, 樂其俗, 安其居. 鄰(鄰)邦(國)相墾(望), 雞狗之聲相聞, 民口口口口口口.

을: 小國寡民. 使有十百人器而勿用, 使民重死而遠徙. 又(有)周(舟)車无所乘之, 有甲兵无所陳之. 使民復結繩而用之. 甘其食, 美其服, 樂其俗, 安其居. 嬰(鄰)國相望, 雞犬之口口聞, 民至老死不相往來.


### 왕필본

小國寡民. 使有什佰之器而不用, 使民重死而不遠徙. 雖有舟輿, 無所乘之; 雖有甲兵, 無所陳之; 使人復結繩而用之. 甘其食, 美其服, 安其居, 樂其俗. 隣國相望, 雞犬之聲相聞, 民至老死不相往來.


### 1. 분장 순서의 차이

백서본에서 이 장은 왕필본 66장 다음에 놓여 있다. 이후 81장이 나오고, 81장 다음에 다시 67장 이후의 장들이 배열되어 있다. 즉 66장→80장→81장→67장의 순서로 되어 있다. 이는 왕필본의 순서로 보면 80장과 81장이 66장과 67장 사이에 끼어 있는 형태가 된다.

2. 使民重死而遠送(백서갑)
　使民重死而遠徙(백서을)
　使民重死而不遠徙(왕필본)

"사인중사이불사(使人重死而不徙)"로 쓰여 있는 수주본을 제외하고 전통본은 대부분 왕필본과 같다. 백서 정리조는 백서 갑본의 '원송(遠送)'을 백서 을본에 근거하여 '원사(遠徙)'로 정리한다. 그러나 송(送)을 사(徙)로 읽을 수 있는 이유에 대해서는 전혀 언급이 없다.

우선 백서 갑본 '遠送'을 문자 그대로 해석하면 '멀리 보내 버리다'라는 뜻이 된다. 따라서 "使民重死而遠送"은 "백성이 죽음을 두려워하고, 도구(혹은 병기)를 멀리하게 하라."로 풀이할 수 있다. 그리고 이는 아래에 도구 사용과 관련된, "수레와 배가 있어도 탈 곳이 없다.〔有車舟无所乘之〕" 및 "갑옷과 병기가 있어도 펼칠 곳이 없다.〔有甲兵无所陳之〕"와 잘 연결된다.[490] 따라서 백서 갑본의 '遠送'을 굳이 을본에 따라 '遠徙'로 수정하지 않아도 원문 그대로 이해할 수 있다는 점을 알 수 있다.

다음으로 백서 을본의 '遠徙'는 왕필본의 '불원사(不遠徙)'와 표면상 의미가 상반된다. 양자의 차이를 어떻게 이해할 것인가? 이 문제 해결의 관건은 遠의 해석에 달려 있다. 遠은 부사로 쓰일 경우 '멀리'가 되

---

**490**　戴維, 앞의 책, 55쪽 참조.

지만, 동사로 쓰일 경우는 '멀리하다(疏 혹은 離)'가 된다.[491] 이런 동사로 쓰일 경우 백서 을본의 遠은 바로 앞에 나오는 "중사(重死)"의 중(重)과 서로 호응하며, '重死'와 '遠徙'도 호응 관계를 이룬다. 따라서 백서 을본의 '遠徙'는 '멀리 이사하다'가 아니라, '이사를 멀리하다', 즉 '이사를 기피하게 하다'로 뜻으로 해석될 수 있다.[492] 한편 왕필본의 '不遠徙'는 백서 을본 '遠徙'의 변형으로 보인다. 즉 왕필본의 편집자가 "遠徙"의 遠을 부사로 잘못 이해하고, 의미를 통하게 하기 위해 不 자를 새로 더했다고 볼 수 있다.

이상에서 우리는 『노자』의 변형 과정을 추정해 볼 수 있다. 즉 문제의 구는 '遠送'→'遠徙'→'不遠徙'로 변화해 왔을 것이다. 이러한 과정에서 편집자의 주관이 개입되었을 수도 있고[493] 또는 단순한 오해로 수정되었을 수도 있다. 어쨌든 이러한 과정을 통해 『노자』는 부단히 변화해 왔을 것이다.


3. 樂其俗, 安其居(백서본)

　　安其居, 樂其俗(왕필본)

어순이 도치되어 있다. 『장자』「거협」편의 『노자』 인용문도 백서본과 순서가 같다.

---

491　『광아』「석고」에서 "遠, 疏也."로 풀고 있다. 그리고 이러한 용례로『논어』「학이」편의 "치욕을 멀리한다(遠恥辱)"라는 말이 있다.
492　高明, 앞의 책, 152쪽 참조.
493　백서 갑본의 "遠送"이 어떤 경로로 을본의 "遠徙"로 변형되었는지는 현재로서는 정확히 알 수 없다.

# 81장

# 반지르르한 말은 미덥지 않다

미더운 말은 반지르르하지 않고
반지르르한 말은 미덥지 않다.
깊이 아는 사람은 널리 알지 못하고
널리 아는 사람은 깊이 알지 못한다.
선한 사람은 많이 쌓아 두지 않고
많이 쌓아 두는 사람은 선하지 않다.

성인은 쌓아 두지 않는다.
남을 위할수록 자신의 것이 더욱 많아지고
남에게 베풀수록 자신은 더욱 넉넉해진다.
그러므로 하늘의 도는 이롭게 할 뿐 해치지 않고
성인의 도는 베풀 뿐 (남과 이익을) 다투지 않는다.

信言不美

美言不信.

知者不博

博者不知.

善者不多

多者不善.


聖人无積.

旣以爲人, 己愈有

旣以予人, 己愈多.

故天之道, 利而不害

(聖)⁴⁹⁴人之道, 爲而弗爭.



　이 장은 현행 왕필본『노자』에서 제일 마지막에 놓여 있다. 그래서
어떤 이는 이 장을『노자』전체의 내용을 결론짓는 말이라고 설명하기
도 한다. 그러나 백서『노자』에서는 앞의 80장과 함께 66장과 67장 사
이에 끼어 있다.『노자』라는 책 자체가 본래 시작도 끝도 없는 고전이기
에, 시작과 끝의 구분은 애초 별 의미가 없다. 그리고 이 장은 서로 다
른 내용의 두 단락으로 되어 있다. 왕필본에서는 하나의 장으로 묶었지
만, 백서본에 의하면 이들은 본질적으로 서로 다른 내용이므로 억지로

---

**494** 왕필본에 근거하여 보충했다.

연결해 이해할 필요는 없다.

　앞 단락에서는 일상에서 흔히 느끼게 되는 세 가지 경험적 사례를 제시한다.

　첫째, 말이 반지르르한 사람은 신뢰성에 문제가 있다는 것이다. '미언(美言)'은 겉보기에만 그럴듯할 뿐 알맹이가 없는 화려한 말이다. 입만 열었다 하면 청산유수로 말 잘하는 사람들이 있다. 그런 사람들은 겉이 화려한 것에 비례해 내용이 부실한 경우가 많다. 그렇기 때문에 그런 사람의 말은 별로 신뢰할 만하지 않다. 본래 빈 수레가 요란한 법이니 말이다.

　둘째, 이른바 박학다식한 사람은 제대로 알지 못한다는 것이다. 간혹 백과사전처럼 잡다한 지식들로 머리를 가득 채운 사람이 있다. 그런 사람은 호기심 많은 고양이처럼 여기저기 기웃거린다. 틈만 나면 이런 지식 혹은 저런 정보를 수집하기에 바쁘다. 그러나 "내가 정말 알아야 할 모든 것은 유치원에서 배웠다"라는 제목의 책도 있듯이, 인생살이에서 꼭 필요한 지식은 그리 많지 않다. 그리고 이것저것 잡박한 지식들을 건드리면 결코 '깊이'에 도달하지 못한다. 공자가 "나의 도는 하나로써 관통한다.〔吾道, 一以貫之〕"라고 말했듯이, 오히려 한 가지라도 제대로 알면 모든 것에 통할 수 있을 것이다.

　셋째, 쌓아 두기만 하고 베풀지 않는 사람은 선하지 않다는 것이다. 종종 돈 많은 부자들이 세상 사람들로부터 비난을 받는다. 왜 그런가? 쌓아 두기만 하고 베풀지 않기 때문이다. 내가 모은 재물이니 오로지 자기 자신과 자손들만 잘 먹고 잘살겠다는 심보가 보기 싫기 때문이다. 참된 부자는 마음이 넉넉하고 항상 이웃 사람들의 삶도 보살핀다.

경주 최 부잣집이 12대 300여 년 동안 만석꾼의 부를 유지할 수 있었던 이유는 어디에 있는가? '사방 백 리 안에 굶어 죽는 사람이 없게 하라.'라는 가훈에서 볼 수 있듯이, 늘 베푸는 삶을 실천했기 때문이다. 이런 사람은 참된 부자일 뿐만 아니라 진정 선한 사람으로 불릴 수도 있을 것이다. 그런데 이런 사람은 어쩌다 보일 뿐이다. 옛날이나 지금이나 부유함과 선함을 다 갖기는 쉽지 않은 모양이다.

뒤 단락에서는 비움의 덕을 실천하는 성인의 모습을 묘사하고 있다. 여기에서 노자는 성인, 즉 참된 지도자는 자기 자신만을 위해 쌓아 두기보다는 남을 위해 베푸는 행위에 치중한다는 점을 역설한다. 앞서 48장에서 "학문에 힘쓰는 사람은 날마다 쌓아 가고, 도에 힘쓰는 사람은 날마다 덜어 낸다."라고 했다. 세속적인 사람은 날마다 쌓아 두는 것에 힘쓰지만 참된 지도자의 길을 가는 사람은 날마다 덜어 내는 데 힘쓴다.

그러면 이렇게 덜어 낸 것은 어디로 가는가? 바로 타인, 즉 대중을 향해 간다. 참된 지도자는 자신이 가진 모든 것을 대중을 위해 사용한다. 물질적인 것이든 정신적인 것이든 자신의 모든 것을 대중을 위해 쏟아붓고 베푼다. 그 결과는 어떤가? 노자는 말한다. "남을 위할수록 자신의 것이 더욱 많아지고, 남에게 베풀수록 자신은 더욱 넉넉해진다." 어째서 그런가? 66장에서 말하듯이 참된 지도자, 즉 성인을 만나면 "백성은 성인이 앞에 있어도 해롭게 여기지 않고, 성인이 위에 있어도 무겁게 여기지 않기" 때문이다. 즉 대중은 자신들을 위해 모든 것을 아낌없이 베푸는 지도자를 만나면 그를 기꺼이 받들어 모시기 때문이다. 이러한 결과는 곧 7장에서 말한 "자기 몸을 뒤서게 하지만 오히려 앞서게 되고, 자기 몸을 도외시하지만 오히려 잘 보존된다."와 같은 맥락에서 바라볼 수 있다. 이런 지도자의 모습은 즉 "하늘의 도는 이롭게 할 뿐 해치지 않는다."라는 말을 잘 따른 결과이다. 그러므로 성인, 즉 참된 지도자는 "위이부쟁(爲而不爭)", 즉 "베풀 뿐 다투지 않는다".


## 판본 비교

### 백서본

갑: □□□□, □□不□. □者不博, □者不知. 善□□□, □者不善.
●聖人无積. □以爲□, □□□□□□□□□□□□□□□□□□□□□□□□
□□

을: 信言不美, 美言不信. 知者不博, 博者不知. 善者不多, 多者不善. 耶(聖)人无積, 旣以爲人, 己兪(愈)有; 旣以予人矣, 己兪(愈)多. 故天之道, 利而不害; 人之道, 爲而弗爭.

### 왕필본

信言不美, 美言不信. 善者不辯, 辯者不善. 知者不博, 博者不知. 聖人不積. 旣以爲人, 己愈有; 旣以與人, 己愈多. 天之道, 利而不害; 聖人之道, 爲而不爭.


1. 분장의 차이

백서 갑본에는 "다자불선(多者不善)"과 "성인부적(聖人不積)" 사이에 분장 기호 ●가 찍혀 있다. 또 내용상으로 보아도 이것을 경계로 앞뒤 단락의 내용이 연속적이지 않다. 그러므로 백서 갑본에 근거하여 앞뒤 단락을 분리하는 것이 타당하다.


　2. 知者不博, 博者不知. 善者不多, 多者不善(백서을)
　　善者不辯, 辯者不善. 知者不博, 博者不知(왕필본)
　첫째, 어순이 다르다. 대부분의 전통본은 왕필본과 순서가 같으나, 엄준본은 백서본과 같다.

　둘째, "善者不多, 多者不善"와 "善者不辯, 辯者不善"의 차이, 즉 변(辯)과 다(多)의 차이가 보인다. 의미상 이 두 글자는 큰 차이가 있으며, 또한 그 형태도 전혀 달라서 어느 한쪽을 단순히 '빌린 글자'라고 할 수도 없다. 그렇다면 어느 쪽이 『노자』 본의에 합당한가?

　우선 내용상으로 보자. 왕필본의 "善者不辯, 辯者不善"〔선한 사람은 언변이 좋지 않고, 언변이 좋은 사람은 선하지 않다.〕은 내용상 앞 문장의 "信言不美, 美言不信"〔미더운 말은 반지르르하지 않고, 반지르르한 말은 미덥지 않다.〕과 중복된다. '辯者'〔언변이 좋은 사람〕와 '美言'〔번지르르한 말〕은 사실상 비슷한 말이기 때문이다. 따라서 일단 왕필본에 착오가 있을 가능성이 크다.

　해석상으로는 백서본의 "善者不多, 多者不善"에서 허항생은 다(多)를 '말이 많다(多言)' 혹은 '많이 쌓아 두다(多積)'의 의미로 풀이한다.[495] 먼저 多를 '말이 많다'로 풀이한다면, 이 구절은 '선한 사람은 말이 많지

---

**495**　許抗生, 앞의 책, 54쪽.

않고, 말이 많은 사람은 선하지 않다.〔善者不多言, 多言者不善〕'라는 뜻
이 되어, 왕필본의 해당 구절과 별 차이가 없어진다. 그러나 이러한 해
석은 앞에서 말했듯이 앞 구절의 "信言不美, 美言不信"과 동어 반복
이 되므로 타당치 않다. 한편 多를 '많이 쌓아 두다(多積)'로 보는 관점
에는 고명 역시 동의하는데, 여기에서 '多積'은 곧 '재물을 많이 쌓아
두다'의 뜻이 된다. 고명은 多를 '多積'으로 해석해야 하는 이유로, 그
것이 다음에 이어지는 '聖人不積'과 의미가 연속적이라는 점을 들기도
한다.[496] '多者不善'과 '聖人不積' 사이에 분장 부호가 있으므로 이러한
주장을 온전히 받아들이기는 어렵지만, 어쨌든 多를 '多積'의 의미로
파악하는 것에는 필자도 동의한다.


3. 人之道, 爲而弗爭(백서을)
　　聖人之道, 爲而不爭(왕필본)
'인지도(人之道)'와 '성인지도(聖人之道)'의 차이다. 고명은 『노자』에서
'성인'의 행위는 주로 '무위'와 연계되어 기술된다는 점을 들어, 백서본
의 "人之道"가 바로 『노자』 본의에 합당하다고 주장한다. '人之道'로 볼
경우 바로 앞 구절의 '천지도(天之道)'와 대구를 이루어 문장상으로는
타당해 보인다.

　그러나 문제는 '爲而弗爭〔베풀되 다투지 않는다.〕'이라는 말이 '人之道
(인간의 도)'와 자연스럽게 연결되지 못한다는 점이다. 그런데 77장의 "聖
人爲而弗有〔성인은 행위하고도 공을 소유하지 않는다.〕"라는 말에서 '爲而

---

496 　高明, 앞의 책, 156쪽.

弗有'라는 표현은 이 장의 '爲而弗爭'과 문장 형식 및 의미가 유사하다. 또한 5장의 "天地不仁, 以萬物爲芻狗; 聖人不仁, 以百姓爲芻狗."에서 보듯이, 『노자』에서 '자연의 도'와 '성인의 도'는 종종 함께 거론된다. 이는 성인의 도가 자연의 도와 일치하기를 지향하기 때문이다. 따라서 이 장에서도 '天之道'와 '聖人之道'가 함께 거론되는 것이 자연스럽다. 또 이미 첫 구절에서 "聖人无積〔성인은 쌓아 두지 않는다.〕"이라 하여 '성인'을 화두로 삼고 있다. 그러므로 '성인'에 관한 말로 맺는 것이 당연하다. 이상으로 볼 때, 백서본의 '人之道'는 오히려 왕필본의 '聖人之道'로 수정해야 할 것이다. 백서본의 경우 '聖' 자가 잘못 탈락되었을 가능성이 크다.

# 참고 문헌

감산, 오진탁 옮김, 『감산의 노자 풀이』(서광사, 1990).

김용옥, 『노자: 길과 얻음』(통나무, 1995).

김용옥, 『노자와 21세기』 상·하(통나무, 1999).

김용옥, 『노자와 21세기』 3(통나무, 2000).

김충열, 『김충열 교수의 노장철학강의』(예문서원, 1995).

막스 피카르트, 최승자 옮김, 『침묵의 세계』(까치, 2008).

박영호 역저, 『노자: 빛으로 쓴 얼의 노래』(두레, 1998).

박희준 평석, 『백서 도덕경: 노자를 읽는다』(까치, 1991).

오강남 풀이, 『도덕경』(현암사, 2002).

우현민 역주, 『노자』(박영사, 1996).

유소감, 김용섭 옮김, 『노자 철학: 노자의 연대고증과 텍스트분석』
(청계, 2000).

유안, 이석명 옮김, 『회남자』 1(소명출판, 2010).

이석명 역주, 『노자도덕경하상공장구』(소명출판, 2005).

이석명 옮김, 『문자』(홍익출판사, 2002).

이석명, 『장자, 나를 깨우다』(북스톤, 2015).

장일순, 『노자 이야기 (상)』(다산글방, 1993).

최진석, 『노자의 목소리로 듣는 도덕경』(소나무, 2002).


高明, 『帛書老子校注』(北京: 中華書局, 1996).

高亨, 『老子正詁』(臺北: 中國書店, 1988).

郭沂, 「楚簡『老子』與老子公案」(『中國哲學』第20輯, 遼寧教育出版社, 1999).

郭沂, 『郭店竹簡與先進學術思想』(上海教育出版社, 2001).

『郭店楚墓竹簡』(北京: 文物出版社, 1998).

裘錫奎, 「郭店『老子』簡初探」(陳鼓應主編, 『道家文化研究』第17輯, 1999).

戴維, 『帛書老子校釋』(岳麓書社, 1998).

雷敦龢, 「郭店『老子』: 一些前提的討論」(陳鼓應主編, 『道家文化研究』第17輯, 1999).

廖名春, 「荊門郭店楚簡與先秦儒學」(『中國哲學』第20輯, 遼寧教育出版社, 1999).

樓宇烈, 『王弼集校釋』(北京: 中華書局, 1999).

『馬王堆漢墓帛書』(北京: 文物出版社, 1974).

蒙文通 輯校, 「道德經義疏」, 『圖書輯校十種』(成都: 巴蜀書社, 2001).

蒙文通 輯校, 「王介甫「老子佚文」」, 『圖書輯校十種』(成都: 巴蜀書社, 2001).

武漢大學中國文化研究院 編, 『郭店楚簡國際學術研討會論文集』(湖北人民出版社, 2000).

龐朴, 「古墓新知: 漫讀郭店楚簡」(『中國哲學』 第20輯, 遼寧教育出版社, 1999).

王博, 「關於郭店楚墓竹簡『老子』的結構與性質」(陳鼓應主編, 『道家文化研究』 第17輯, 1999).

王葆玹, 「試論郭店楚墓各篇的操作時代及其背景」(『中國哲學』 第20輯, 遼寧教育出版社, 1999).

王中江, 「郭店竹簡『老子』略說」(『中國哲學』 第20輯, 遼寧教育出版社, 1999).

劉文典 撰, 『淮南鴻烈集解』(中華書局, 1989).

劉宗漢, 「有關荊門郭店一號楚墓的兩個問題」(『中國哲學』 第20輯, 遼寧教育出版社, 1999).

尹振環, 『帛書老子釋析』9貴州人民出版社, 1998).

李零, 「郭店楚簡校讀記」(陳鼓應主編, 『道家文化研究』 第17輯, 1999).

李學勤, 「先秦儒家著作的重大發現」(『中國哲學』 第20輯, 遼寧教育出版社, 1999).

丁四新, 『郭店楚墓竹簡思想研究』(東方出版社, 2000).

丁原植, 「就竹簡資料看『文子』與解『老』傳承」(陳鼓應主編, 『道家文化研究』 第17輯, 1999).

池田知久, 「尙處形成段階的『老子』最古文本」(陳鼓應主編, 『道家文化研究』 第17輯, 1999).

陳鼓應, 「從郭店簡本看『老子』尙仁及守中思想」(陳鼓應主編, 『道家文化硏究』第17輯, 1999).

陳奇猷 校注, 『韓非子新校注』(上海古籍出版社, 2000).

焦竑, 『老子翼』(『漢文大系』9권(富山房, 1984)).

崔仁義, 『荊門郭店楚簡『老子』硏究』(北京: 科學出版社, 1998).

彭浩, 「郭店一號墓的年代與簡本『老子』的結構」(陳鼓應主編, 『道家文化硏究』第17輯, 1999).

許抗生, 「初讀郭店竹簡『老子』」(『中國哲學』第20輯, 遼寧敎育出版社, 1999).

許抗生, 『帛書老子注譯及硏究』(浙江人民出版社, 1985).

湖北省荊門市博物館, 「荊門郭店一號楚墓」, 『文物』(1997年 第7期)

Robert G. Henricks, *LAO-TZU: TE-TAO CHING*(Ballantine Books, 1992).

# 부록
## 『노자』의 역대 주요 판본들<sup></sup>*

### 석각본(石刻本)

경룡본(景龍本)  당(唐) 경룡(景龍) 2년(708년)에 새겨진 '역주용흥관도덕경비(易州龍興觀道德經碑)'를 말한다. 비의 양면에 걸쳐 새겨져 있으며, 『노자』 전문이 온전하게 남아 있다. 이 비는 현재 하북성 역현(易縣)에 소재한다. 경룡비본(景龍碑本) 또는 역주본(易州本)으로도 불린다.

역현본(易玄本)  당 개원(開元) 26년(738년)에 새겨진 '역주용흥관어주도덕경당(易州龍興觀御注道德經幢)'을 말한다. 당(幢, 경전을 새긴 돌기둥)의 여덟 면에 걸쳐 소영지(蘇靈芝)의 글씨로 새겨져 있으며, 『노자』 전문이 온전하게 남아 있다. 현재 하북성 역현에 소재한다. 어주본(御注本), 개원본(開元本), 개원비본(開元碑本) 등으로도 불린다.

형현본(形玄本)  당 개원 27년(739년)에 새겨진 '형주용흥관도덕경당

---

* 이상의 내용은 주겸지의 『노자교석』과 고명의 『백서노자교주』, 왕잡의 『노자도덕경하상공장구』에 실린 자료들을 참고해 정리했다.

(形州龍興觀道德經幢)'을 말한다. 당의 여덟 면에 걸쳐 새겨져 있으며 그 일부만 남아 있다. 현재 하북성 형태현(形台縣)에 소재한다.

광명본(廣明本) 당 광명(廣明) 원년(880년)에 새겨진 '태주노자도덕경 당(泰州老子道德經幢)'을 말한다. 당의 여덟 면에 걸쳐 새겨져 있었는데 현재는 일부만 남아 있다. 이 당은 청나라 함풍(咸豊) 5년(1855년)에 오 운(吳雲)이 강소성(江蘇省) 태주(泰州)에서 발견했으며, 나중에 진강(鎭 江) 초산(焦山)의 정혜사(定慧寺)로 옮겼다. 당은 이미 심각하게 훼손되 어 많은 글자의 형태를 알아보기 힘들었다. 광본(廣本), 초산본(焦山本) 으로도 불린다.

경복본(景福本) 당 경복(景福) 2년(893년)에 새겨진 '역주용흥관도덕경 비(易州龍興觀道德經碑)'를 말한다. 비의 양면에 걸쳐 새겨져 있으며, 현 재는 비가 깨어지고 부서져 그 일부만 알아볼 수 있는 상태이다. 현재 하북성 역현에 소재한다. 경본(景本), 역복본(易福本)으로도 불린다.

누정본(樓正本) 당나라 때(연대 미상) 새겨진 '협서주질현루관태도덕 경비(陝西盩厔縣樓觀台道德經碑)'를 말한다. 두 개의 비 각각 한 면에 새 겨져 있으며 『노자』 전문이 온전히 남아 있다. 말미에 "종남산고루관입 석어도조설경지대(終南山古樓觀入石於道祖說經之臺)"라는 열다섯 글자가 붙어 있다.

경양본(慶陽本) 송(宋) 경우(景祐) 4년(1037년)에 새겨진 '감숙천진관도 덕경당(甘肅天眞觀道德經幢)'을 말한다. 당의 여덟 면에 걸쳐 새겨져 있 었는데, 현재는 당이 깨어지고 부서져 그 일부만 남아 있다. 현재 감숙 성 경양현(慶陽縣)에 소재한다.

누고본(樓古本) 원(元) 지원(至元) 27년(1290년)에 새겨진 '협서루관대

도덕경비(陝西樓觀台道德經碑)'를 말한다. 두 개의 비 각 양면에 고도(高
翿)의 글씨로 새겨져 있으며, 현재 협서성 주질현(盩厔縣)에 소재한다.
고도본(高翿本), 지원본(至元本) 등으로도 불린다.

반계본(磻溪本) 원 대덕(大德) 3년(1299년)에 새겨진 '협서반계궁도덕
경당(陝西磻溪宮道德經幢)'을 말한다. 당의 여덟 면에 걸쳐 쓰였으며『노
자』전문이 온전하게 보존되어 있다. 현재 협서성 보계현(寶鷄縣)에 소
재한다.

수주본(遂州本) '수주도덕경비(遂州道德經碑)'를 말한다. 이름을 알 수
없는 사람이 쓴「도덕진경차해(道德眞經次解)」가 들어 있다. 수주비본(遂
州碑本), 용흥관본(龍興觀本), 형주본(邢州本) 등으로도 불린다.

### 돈황사본(敦煌寫本)

돈황갑본(敦煌甲本) 당나라 시대 돈황 사람이 옮겨 쓴 것으로, 1장에
서 5장까지 들어 있다.

돈황을본(敦煌乙本) 당나라 시대 돈황 사람이 옮겨 쓴 것으로, 9장에
서 14장까지 들어 있다.

돈황병본(敦煌丙本) 당나라 시대 돈황 사람이 옮겨 쓴 것으로, 10장
에서 15장까지 들어 있다.

돈황정본(敦煌丁本) 당나라 시대 돈황 사람이 옮겨 쓴 것으로, 27장
에서 36장까지 들어 있다.

돈황무본(敦煌戊本) 당나라 시대 돈황 사람이 옮겨 쓴 것으로, 39장
에서 41장까지 들어 있다.

돈황기본(敦煌己本) 당나라 시대 돈황 사람이 옮겨 쓴 것으로, 41장

에서 55장까지 들어 있다.

돈황경본(敦煌庚本) 육조 시대 돈황 사람이 옮겨 쓴 것으로, 57장에서 81장까지 들어 있다.

돈황신본(敦煌辛本) 당나라 시대 돈황 사람이 옮겨 쓴 것으로, 60장에서 80장까지 들어 있다. 나중에 성현영(成玄英)의 『도덕경개제서결의소(道德經開題序訣義疏)』의 일부로 밝혀졌다.

돈황임본(敦煌壬本) 당나라 시대 돈황 사람이 옮겨 쓴 것으로, 62장에서 73장까지 들어 있다.

돈황영본(敦煌英本) 당나라 시대 돈황 사람이 옮겨 쓴 것으로, 10장에서 37장까지 들어 있다. 현재 런던 영국 도서관에 소장되어 있다.

### 도장본(道藏本)

도장하상공본(道藏河上公本) 하상공의 『도덕진경주(道德眞經注)』를 말한다.

엄준본(嚴遵本) 한(漢) 엄준의 『도덕진경지귀(道德眞經指歸)』를 말하며, 엄본(嚴本) 또는 엄군평본(嚴君平本)으로 불리기도 한다.

도장왕본(道藏王本) 위(魏) 왕필(王弼)의 『도덕진경주(道德眞經注)』를 말한다.

부혁본(傅奕本) 당 부혁이 정리한 『도덕경고본편(道德經古本篇)』을 말한다.

현본(玄本) 당 현종(玄宗)이 친히 주를 단 『도덕진경소(道德眞經疏)』를 말한다.

고환본(顧歡本) 『도덕진경주소(道德眞經注疏)』를 말하며, 간략히 고본(顧本)으로 불리기도 한다. 예전에는 고환이 편찬한 것으로 알려졌으나, 당의 장군상(張君相)이 편찬한 것으로 고증되었다.

이가모본(李嘉謀本)  당 이영(李榮)의 『노자도덕경주(老子道德經注)』를 말한다.

두광정본(杜光庭本)  당 두광정의 『도덕진경광성의(道德眞經廣聖義)』를 말하며, 간략히 정본(庭本)으로 불리기도 한다.

관재질본(冠才質本)  금(金) 관재질(冠才質)의 『도덕진경사자고도집해(道德眞經四子古道集解)』를 말하며, 간략히 관본(冠本)으로 불리기도 한다.

육희성본(陸希聲本)  당 육희성의 『도덕진경전(道德眞經傳)』을 말하며, 간략히 육본(陸本)으로 불리기도 한다.

이약본(李約本)  당 이약의 『도덕진경신주(道德眞經新註)』를 말하며, 간략히 약본(約本)으로 불리기도 한다.

강사제본(強思齊本)  당 강사제의 『도덕진경현덕찬소(道德眞經玄德纂疏)』를 말하며, 간략히 강본(強本)으로 불리기도 한다.

휘본(徽本)  송(宋) 휘종(徽宗)이 친히 제작한 『도덕진경(道德眞經)』을 말한다.

진본(陳本)  송 진상(陳象)의 『고도덕진경해(古道德眞經解)』를 말한다.

여혜경본(呂惠卿本)  송 여혜경의 『도덕진경전(道德眞經傳)』을 말하며, 간략히 경본(卿本)으로 불리기도 한다.

임희일본(林希逸本)  송 임희일의 『도덕진경구의(道德眞經口義)』를 말하며, 간략히 임본(林本)으로 불리기도 한다.

소본(邵本)  송 소약우(邵若愚)의 『도덕진경직해(道德眞經直解)』를 말한다.

사마광본(司馬光本)  송 사마광의 『도덕진경론(道德眞經論)』을 말한다.

소철본(蘇轍本)  송나라 소철의 『도덕진경주(道德眞經注)』를 말하며, 간략히 소본(蘇本)으로 불리기도 한다.

동사정본(董思靖本)  송나라 동사정의 『도덕진경집해(道德眞經集解)』를 말하며, 간략히 동본(董本)으로 불리기도 한다.

송장태수휘각사가주본(宋張太守彙刻四家注本)  당명황(唐明皇)·하상공·왕필·왕방(王雱)의 주가 실린 『도덕진경집주(道德眞經集註)』를 말한다.

팽사본(彭耜本)  송나라 팽사의 『도덕진경집주』를 말하며, 간략히 팽본(彭本)으로 불리기도 한다.

진경원본(陳景元本)  송나라 진경원의 『도덕진경장실찬미편(道德眞經藏室纂微篇)』을 말하며, 간략히 찬본(纂本)으로 불리기도 한다.

임본(霖本)  송나라 이림(李霖)의 『도덕진경취선집(道德眞經取善集)』을 말한다.

조지견본(趙至堅本)  송나라 조지견의 『도덕진경소의(道德眞經疏義)』를 말하며, 간략히 견본(堅本)으로 불리기도 한다.

이식재본(李息齋本)  송나라 이영(李榮)의 『도덕진경의해(道德眞經義解)』를 말한다.

등기본(鄧錡本)  원나라 등기의 『도덕진경삼해(道德眞經三解)』를 말한다.

장사성본(張嗣成本)  원나라 장사성의 『도덕진경장구훈송(道德眞經章句訓頌)』을 말하며, 간략히 장본(張本)으로 불리기도 한다.

이도순본(李道純本)  원나라 이도순의 『도덕회원(道德會元)』을 말하며, 간략히 순본(純本)으로 불리기도 한다.

두도견본(杜道堅本) 원나라 두도견의 『도덕현경원지(道德玄經原旨)』를 말하며, 간략히 두본(杜本)으로 불리기도 한다.

오징본(吳澄本) 원나라 오징의 『도덕진경주(道德眞經註)』를 말하며, 간략히 오본(吳本)으로 불리기도 한다.

지본(志本) 원나라 임지견(林志堅)의 『도덕진경주』를 말한다.

유본(惟本) 원나라 유유영(劉惟永)의 『도덕진경집의(道德眞經集義)』를 말한다.

명태조본(明太祖本) 명나라 태조가 친히 주를 단 『도덕경』을 말한다.

위본(危本) 명나라 위대유(危大有)의 『도덕진경집의』를 말한다.

조병문본(趙秉文本) 금나라 조병문의 『도덕진경집해(道德眞經集解)』를 말한다.

김본(金本) 저작 연대와 저자를 알 수 없으나 김시옹(金時雍)의 서(序) 가 달려 있는 『도덕진경전해(道德眞經全解)』를 말한다.

무본(無本) 성명을 알 수 없는 무명씨의 『도덕진경해(道德眞經解)』를 말한다.

정본(正本) 왕수정(王守正)의 『도덕진경연의(道德眞經衍義)』를 말한다.


**간본(刊本)**

엄준본(嚴遵本) 엄준의 『노자지귀(老子指歸)』를 말한다. 성도(成都)의 이란당(怡蘭堂)에서 교정해 간행한 판본이다.

하상공본(河上公本) 『하상공노자도덕경장구(河上公老子道德經章句)』를 말한다. 상해 함분루(涵芬樓)에서 상숙구(常熟瞿)가 소장한 송대의 간 본을 영인한 판본이다.

왕필본(王弼本)  청나라 광서(光緒) 원년(1875년) 절강서국(浙江書局)에
서 명나라의 화정장자상본(華亭張子象本)에 근거해 간행한『왕필노자도
덕경주(王弼老子道德經注)』를 말한다.

부혁본(傅奕本)  『부혁도덕경고본편(傅奕道德經古本篇)』을 말한다. 상해
함분루에서 도장본에 근거해 영인한 판본이다.

세덕당본(世德堂本)  명나라의 세덕당에서 간행한 하상공본『노자』를
말한다.

마사본(麻沙本)  송나라의 마사본『노자도덕경』을 말한다. 1931년 고궁
박물원(故宮博物院)에서 영인한 천록림랑총서(天祿琳瑯叢書)의 하나다.

경륜당본(經綸堂本)  명나라에서 간행한 하상공본『도덕경평주(道德經
評註)』를 말한다.

민본(閔本)  명나라 민제급(閔齊伋)에서 간행한『노자』를 말한다.

사자본(四子本)  명나라에서 간행한 중도사자집본(中都四子集本)『노자
경(老子經)』을 말한다.

오면학본(吳勉學本)  명나라의 오면학이 교정한『노자도덕경』을 말한다.

몽집성현영본(蒙輯成玄英本)  성현영의『노자의소(老子義疏)』를 말한
다. 몽문통(蒙文通)이 강본(強本) 성소집본(成疏輯本)에 근거하여 사천성
립도서관(四川省立圖書館)에서 간행했다.

영락대전본(永樂大典本)  영락대전본『노자』를 말한다. 이 판본은 무
영전(武英殿)『취진(取珍)』에 근거했다.

진주본(晉註本)  『제명가평점노자진주(諸名家評點老子晉註)』를 말한다.
북경 대학교에 소장되어 있는『삼경진주(三經晉註)』무림계향관판(武林
溪香館版)이다. 부록으로「고금본고정(古今本考正)」이 실려 있다.

장지상본(張之象本) 절강서국에서 간행한 왕필주『노자』를 말한다.

집당본(集唐本)『고일총서집당자노자도덕경주(古逸叢書集唐字老子道德經注)』를 말하며, 고일총서본(古逸叢書本) 또는 여본(黎本)으로 불리기도 한다.

경훈당부혁본(經訓堂傅奕本) 경훈당에서 교정한 부혁본『노자도덕경』을 말한다. 이 판본은 필원(畢沅)의『도덕경고이(道德經考異)』에 근거했다.

범응원본(范應元本) 송나라 범응원의『노자도덕경고본집주(老子道德經古本集註)』를 말한다.

명화우혜본(明和宇惠本) 일본인 남총우혜(南總宇惠)의『왕필주노자도덕경』을 말한다.

초횡본(焦竑本)『초횡노자익(焦竑老子翼)』을 말한다. 점서촌사본(漸西村舍本)에 근거해 간행했다.

노자

1판 1쇄 찍음 2020년 6월 19일
1판 1쇄 펴냄 2020년 7월 3일

옮긴이 이석명
발행인 박근섭, 박상준
펴낸곳 (주)민음사
출판등록 1966. 5. 19 (제16-490호)
서울특별시 강남구 도산대로1길 62(신사동) 강남출판문화센터 5층 (우편번호 06027)
대표전화 02-515-2000
팩시밀리 02-515-2007
ⓒ 이석명, 2020. Printed in Seoul, Korea
ISBN 978-89-374-7268-8 03140